**단계별 교재 확인 및 수강신청은 여기서!**

gosi.Hackers.com

* 커리큘럼은 과목별·선생님별로 상이할 수 있으며, 자세한 내용은 해커스공무원 사이트에서 확인하세요.

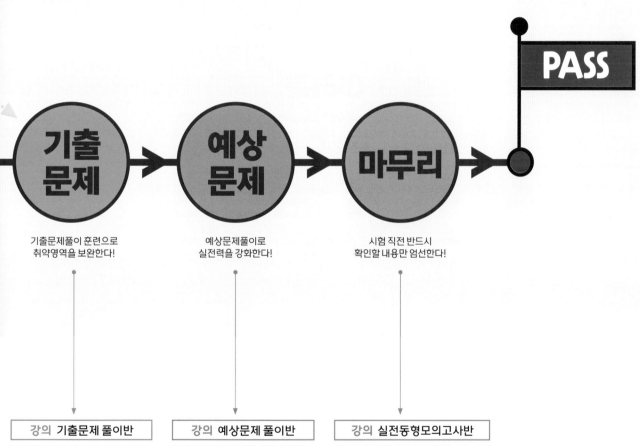

**PASS**

## 기출문제

기출문제풀이 훈련으로
취약영역을 보완한다!

**강의 기출문제 풀이반**

기출문제의 유형과 출제 의도를 이해하고, 본인의 취약영역을 파악 및 보완하는 강의

## 예상문제

예상문제풀이로
실전력을 강화한다!

**강의 예상문제 풀이반**

최신 출제경향을 반영한 예상 문제들을 풀어보며 실전력을 강화하는 강의

## 마무리

시험 직전 반드시
확인할 내용만 엄선한다!

**강의 실전동형모의고사반**

최신 출제경향을 완벽하게 반영한 모의고사를 풀어보며 실전 감각을 극대화하는 강의

**강의 봉투모의고사반**

시험 직전에 실제 시험과 동일한 형태의 모의고사를 풀어보며 실전력을 완성하는 강의

# 해커스공무원

# 단원별 적중

# 600제 한국사

해커스공무원

# 서문

---

⊙

---

## "모두 외운 내용인데
## 기억해내서 만점을 받을 수 있을까?"

몇 달 남지 않은 공무원 시험, 이론 학습이 부족하지는 않은 것 같고,
기출문제는 벌써 몇 번이나 풀어봤는데도, 여전히 세세한 개념들이 헷갈리고…
**만점을 받기 위해 혹시 보충할 것들이 있는지, 미처 몰랐던 유형의 문제는 없는지**
고민하게 됩니다.

진짜 승부는 이 시기에 결정납니다.
이론 학습과 기출문제 풀이 마무리를 짓고 정말로 자신에게 부족한 부분을 채워야 할
이때, 학습자 여러분이 제대로 개념을 적용하여 문제를 풀 수 있도록
**해커스는 『해커스공무원 단원별 적중 600제 한국사』를 출간하였습니다.**

최근 7개년 기출 경향 분석에 기반한 우선순위 핵심 적중개념을 통해
**짧은 시간 안에 공무원 한국사의 핵심을 정리할 수 있으며,**

단원마다 해당 이론이 적용된 최신 기출문제와 시험과 동일한 유형의 예상문제,
실전 감각을 극대화하고 실력을 최종 점검할 수 있는 모의고사까지 수록하여
**막바지 이론 정리, 기출 및 예상문제 풀이 연습을 동시에 할 수 있습니다.**

## 공무원 한국사 시험 만점 달성
## 해커스가 여러분과 함께합니다!

# 차례

약점 보완 해설집 [책 속의 책]

# 합격으로 이끄는 **이 책의 구성**

## 01 단 한 권의 교재로 핵심이론부터 실전까지 완벽 마무리!

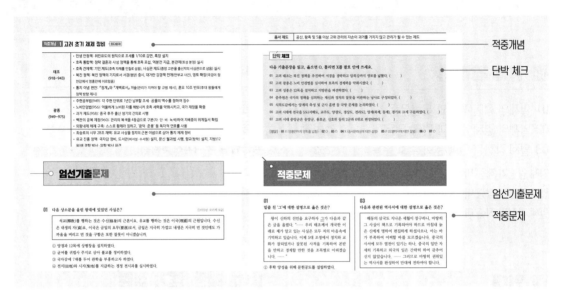

적중개념

단박 체크

엄선기출문제

적중문제

『해커스공무원 단원별 적중 600제 한국사』는 단원마다 '**적중개념＋단박 체크＋엄선기출문제＋적중문제**'를 함께 구성하여, 핵심이론을 점검하는 동시에 기출문제 및 예상문제 풀이를 할 수 있어 짧은 시간 안에 효과적인 수험 대비가 가능합니다.

## 02 우선순위 학습이 가능한 이론 구성

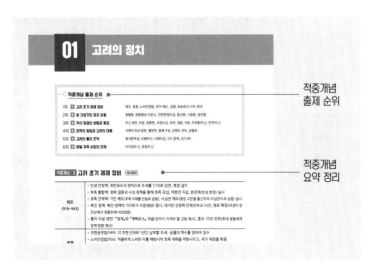

적중개념 출제 순위

적중개념 요약 정리

핵심 개념만 확실하게 점검할 수 있도록, 시대별로 시험에 꼭 나오는 **적중개념만 요약 정리**하였습니다. 또한, 본문 학습 전에 핵심 적중개념과 출제 순위를 한눈에 파악할 수 있도록, **적중개념 출제 순위를 제시**하여 시험 직전 시간이 부족할 경우 출제 순위가 높은 적중개념만 골라 집중 암기할 수 있습니다.

# 03 문제에 적용하는 능력을 향상시키는 단계별 문제풀이 구성

### 단박 체크

**다음 기출문장을 읽고, 옳으면 O, 틀리면 X를 괄호 안에 쓰세요.**

01 고려 태조는 북진 정책을 추진하여 서경을 경략하고 압록강까지 영토를 넓혔다. (　　)
02 고려 광종은 노비안검법을 실시하여 호족의 경제력을 약화시켰다. (　　)
03 고려 성종은 12목을 설치하고 지방관을 파견하였다. (　　)
04 중추원은 국가의 정책을 심의하는 재신과 정치의 잘못을 비판하는 낭사로 구성되었다. (　　)
05 식목도감에서는 양계의 축성 및 군사 훈련 등 국방 문제를 논의하였다. (　　)
06 고려 시대에 전국은 5도(서해도, 교주도, 양광도, 경상도, 전라도), 양계(북계, 동계), 경기로 크게 구분하였다. (　　)
07 고려 시대 중앙군은 응양군, 용호군, 신호위 등의 2군과 6위로 편성되었다. (　　)

[정답] 01 X (영흥만까지 영토를 넓힘) 02 O 03 O 04 X (중서문하성에 대한 설명) 05 X (도병마사에 대한 설명) 06 O 07 O

**단박 체크**

본격적인 문제풀이에 앞서, 기출문장을 활용한 OX 문제를 풀며 학습한 개념을 암기하였는지를 빠르게 체크할 수 있습니다.

---

### 엄선기출문제

**01 다음 상소문을 올린 왕대에 있었던 사실은?** [2021년 국가직 9급]

석교(釋教)를 행하는 것은 수신(修身)의 근본이요, 유교를 행하는 것은 이국(理國)의 근원입니다. 수신은 내생의 자(資)요, 이국은 금일의 요무(要務)로서, 금일은 지극히 가깝고 내생은 지극히 먼 것인데도 가까움을 버리고 먼 것을 구함은 또한 잘못이 아니겠습니까.

**엄선기출문제**

학습한 개념이 최근에 실제 시험에서 어떻게 출제되는지 최신 기출문제를 풀어봄으로써 기출 경향을 파악하고, 실전 감각을 다질 수 있습니다.

---

### 적중문제

**01**
밑줄 친 '그'에 대한 설명으로 옳은 것은?

왕이 신하의 진언을 요구하자 그가 다음과 같은 글을 올렸다. "…… 우리 태조께서 개국한 이래로 제가 알고 있는 사실은 모두 저의 마음속에 기억하고 있습니다. 이제 5대 조정에서 정치와 교

**03**
다음과 관련된 역사서에 대한 설명으로 옳은 것은?

해동의 삼국도 지나온 세월이 장구하니, 마땅히 그 사실이 책으로 기록되어야 하므로 마침내 늙은 신에게 명하여 편집하게 하셨사오나, 아는 바가 부족하여 어찌할 바를 모르겠습니다. 중국의

**적중문제**

공무원 한국사 시험 문제와 동일한 유형의 문제를 풀어보며, 학습한 개념을 문제풀이에 적용하는 연습을 할 수 있습니다.

---

### 고려 시대 적중 마무리문제 01

**01**
다음 건의를 받아들인 왕에 대한 설명으로 옳은 것은?

천예(賤隸)들이 때나 만난 듯이 윗사람을 능멸하고 저마다 거짓말을 꾸며 본 주인을 모함하는 자가 헤아릴 수 없었습니다. …… 바라건대, 전하

**03**
(가) 인물에 대한 설명으로 옳은 것은?

(가) 은/는 스스로 국공(國公)에 올라 왕태자와 동등한 예우를 받았으며 자신의 생일을 인수절(仁壽節)이라 칭하였다. 그는 남의 토지를 빼

**시대별 적중 마무리문제**

시대별로 다양한 유형의 적중 마무리문제를 풀어봄으로써, 학습한 개념을 종합적으로 점검하고 문제에 적용하는 능력을 완벽하게 향상시킬 수 있습니다.

# 04 만점 달성을 위한 고난도 문제 유형 수록!

**01**

밑줄 친 '이 나라'의 경제 정책에 대한 설명으로 옳지 않은 것은?

이 나라에서는 토지를 비옥도에 따라 상·중·하의 3등급으로 나누고 생산량의 10분의 1에 해당하는 조세를 거두었다. 지방에서 징수한 조세는 조운을 통해 경창으로 운반하였는데, 국방상 요충지인 북계와 동계에는 조창을 설치하지 않고 거둔 조세를 현지의 군사비로 사용하였다. 한편 이 나라에서는 수취한 부세의 출납 회계 업무를 관장하는 기구로 삼사를 두었다.

① 호부에서 양안과 호적을 작성하였다.
② 호는 인정(人丁)에 따라 9등급으로 나누었다.
③ 고리대의 이자를 제한하였으며 의창을 실시하였다.
④ 중강·회령 등의 개시를 통해 중국과 공무역을 전개하였다.

**02**

(가)와 (나)에 대한 설명으로 옳은 것을 〈보기〉에서 모두 고른 것은?

**03** 고난도 문제

다음 (가)~(라)에 대한 설명으로 옳은 것을 〈보기〉에서 모두 고른 것은?

개간된 땅의 수효를 총괄하고 기름진 땅과 메마른 땅을 구분하여 문무백관으로부터 부병(府兵), (가) 한인에 이르기까지 일정한 과(科)에 따라서 모두 다 토지를 주고 또 등급에 따라 땔나무를 베어 낼 땅을 주었는바 이러한 토지 제도를 (나) 전시과라고 하였다. …… (다) 부병은 나이가 20세가 되면 비로소 토지를 받고 60세가 되면 다시 바쳤다. …… 또한 (라) 공음 전시와 공해 전시가 있었다.
— 「고려사」

▸ 보기
⊙ (가) – 이들에게 지급되는 토지는 개정 전시과 때 규정이 마련되었다.
ⓛ (나) – 경기 지역에 한하여 토지를 지급하였다.
ⓒ (다) – 역을 세습할 경우 토지 또한 세습되었다.
ⓔ (라) – 5품 이상의 관리를 대상으로 하였다.

① ⊙, ⓒ     ② ⊙, ⓔ
③ ⓛ, ⓒ     ④ ⓒ, ⓔ

**고난도 문제**
엄선기출문제와 적중문제에 '고난도 문제' 유형을 수록하여, 만점 달성을 위해 필요한 심화 문제에 대비가 가능합니다.

# 05 실전 감각을 극대화하는 최종점검 모의고사 수록!

## 최종점검 모의고사 1회

제한 시간: 15분  시작 _____시 _____분 ~ 종료 _____시 _____분

**01** (가), (나) 국가에 대한 설명으로 옳은 것은?

(가) 여자의 나이가 열 살이 되면 서로 혼인을 약속하고, 신랑 집에서는 여자를 맞이하여 장성하도록 길러 아내로 삼는다. 여자가 성인이 되면 다시 친정으로 돌아가게 한다. 여자의 친정에서는 돈을 요구하는데, 신랑 집에서 돈을 지불한 후 다시 신랑 집으로 돌아온다.
(나) 해마다 5월이면 씨뿌리기를 마치고 귀신에게 제사를 지낸다. 떼를 지어 모여서 노래와 춤을 즐긴다. 술 마시고 노는데 밤낮을 가리지 않는다. …… 10월에 농사일을 마치고 나서도 이렇게 한다.

① (가) – 1세기 초에 왕호를 사용하였다.
② (가) – 왕과 신하들이 모여 국동대혈에서 제사를 지냈다.
③ (나) – 목지국의 지배자가 왕으로 추대되었다.

**03** (가) 인물에 대한 설명으로 옳은 것은?

왕이 고구려가 자주 국경을 침략하는 것을 걱정하여 수나라에 군사를 요청해 고구려를 치고자 [ (가) ]에게 명하여 걸사표를 짓도록 하였다. [ (가) ]이/가 말하기를, "자기가 살고자 남을 멸하는 것은 출가한 승려로서 적합한 행동은 아니지만, 제가 대왕의 땅에서 살고 대왕의 물과 풀을 먹고 있으니 감히 명을 따르지 않겠습니까."라고 하면서 글을 지어 바쳤다.

① 「해심밀경소」를 저술하였다.
② 세속오계를 만들었다.
③ 일심 사상을 바탕으로 화쟁 사상을 주장하였다.
④ 황룡사 9층 목탑의 건립을 건의하였다.

**최종점검 모의고사**
실제 공무원 한국사 시험과 동일한 문항 수·문제 유형으로 구성된 최종점검 모의고사 3회분을 수록하여 실전 감각을 극대화하고 실전 대비를 보다 철저히 할 수 있습니다.

# 06 한 문제를 풀어도 진짜 실력이 되는 상세한 해설 제공!

## 정답·해설
정답의 근거는 물론 문제의 자료와 모든 선택지의 해설을 제시하여 정답을 맞췄어도 부족한 부분이 무엇인지 알 수 있도록 상세한 해설을 수록하였습니다.

## 오답 분석
오답에 대해서도 모든 오답 선택지에 대해 해설하여 문제 풀이 효과를 극대화하였습니다.

## 이것도 알면 합격
출제 포인트 및 문제와 관련해 출제될 가능성이 높은 핵심 개념부터 심화 개념까지 요약 정리하여, 만점 달성에 필요한 심화 학습을 할 수 있습니다.

# 07 시험 직전! 막판 점검할 수 있는 한눈에 보는 시대별 암기 포인트 수록!

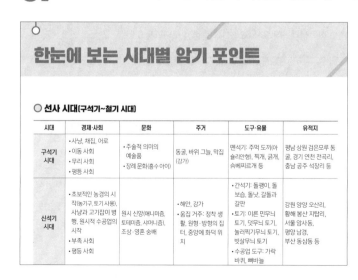

## 한눈에 보는 시대별 암기 포인트
방대한 한국사의 필수 암기 포인트만 시대별로 한눈에 볼 수 있으며, 중요한 키워드의 암기 여부를 막판 점검할 수 있습니다.

# 합격을 위한 **맞춤 학습 플랜**

## 핵심이론 + 문제풀이 병행 학습 플랜 | 30일 완성

시험에 출제되는 핵심이론을 학습하고 문제풀이를 병행하여 실력을 완성하고 싶은 수험생에게 추천합니다.

| 1일 | 2일 | 3일 | 4일 | 5일 |
|---|---|---|---|---|
| □ 선사 시대 01-02 | □ 선사 시대 적중 마무리 문제 01 | □ 고대 01 | □ 고대 02-03 | □ 고대 적중 마무리문제 01-03 |
| **6일** | **7일** | **8일** | **9일** | **10일** |
| □ 고려 시대 01 | □ 고려 시대 02-03 | □ 고려 시대 적중 마무리 문제 01-03 | □ 조선 전기 01 | □ 조선 전기 02-03 |
| **11일** | **12일** | **13일** | **14일** | **15일** |
| □ 조선 전기 적중 마무리 문제 01-02 | □ 조선 후기 01 | □ 조선 후기 02-03 | □ 조선 후기 04 | □ 조선 후기 적중 마무리 문제 01-02 |
| **16일** | **17일** | **18일** | **19일** | **20일** |
| □ 근대 01 | □ 근대 02-03 | □ 근대 적중 마무리문제 01-03 | □ 일제 강점기 01 | □ 일제 강점기 02-03 |
| **21일** | **22일** | **23일** | **24일** | **25일** |
| □ 일제 강점기 적중 마무리문제 01-03 | □ 현대 01 | □ 현대 02 | □ 현대 적중 마무리문제 01-02 | □ 시대 통합 01 |
| **26일** | **27일** | **28일** | **29일** | **30일** |
| □ 시대 통합 적중 마무리 문제 01 | □ 최종점검 모의고사 01 | □ 최종점검 모의고사 02 | □ 최종점검 모의고사 03 | □ 최종점검 모의고사 01-03 복습 |

### 학습 플랜 활용법

· 각 단원별로 정리된 핵심 적중개념 내용을 차근차근 학습하며, 이론을 학습한 후에는 교재에 수록된 연습 문제(단박 체크) 를 풀어보며 학습한 내용을 적용합니다.

· 엄선기출문제, 적중문제, 시대별 적중 마무리문제 등 교재에 수록된 다양한 문제를 풀고 틀린 문제의 해설을 꼼꼼히 읽으며 집중 학습합니다. 본인이 틀린 문제는 '포인트를 몰라서' 틀린 것인지, '아는 것이지만 실수로' 틀린 것인지를 확실 히 파악하고, [이것도 알면 합격]에서 제공하는 심화·보충 개념까지 완벽히 암기합니다.

· 모든 단원의 학습을 끝냈다면, 실력을 최종 점검한다는 마음으로 모의고사를 실제 시험처럼 제한 시간(15분)을 지키며 풉 니다. 틀린 문제는 해당 이론을 찾아가며 철저히 복습하여 동일한 포인트의 문제를 틀리지 않도록 합니다.

## 문제풀이 집중 훈련 학습 플랜 | **15일 완성**

시험과 동일한 유형의 예상문제풀이에 집중하여 실전 감각을 극대화하고 싶은 수험생에게 추천합니다.

| 1일 | 2일 | 3일 | 4일 | 5일 |
|---|---|---|---|---|
| □ 선사 시대 01-02, 적중 마무리문제 01 | □ 고대 01-03, 적중 마무리문제 01-03 | □ 고려 시대 01-03 | □ 고려 시대 적중 마무리문제 01-03 | □ 조선 전기 01-03, 적중 마무리문제 01-02 |
| **6일** | **7일** | **8일** | **9일** | **10일** |
| □ 조선 후기 01-03 | □ 조선 후기 04, 적중 마무리문제 01-02 | □ 근대 01-03 | □ 근대 적중 마무리문제 01-03 | □ 일제 강점기 01-03 |
| **11일** | **12일** | **13일** | **14일** | **15일** |
| □ 일제 강점기 적중 마무리문제 01-03 | □ 현대 01-02, 적중 마무리문제 01-02 | □ 시대 통합 01, 적중 마무리문제 01 | □ 최종점검 모의고사 01-03 | □ 최종점검 모의고사 01-03 복습 |

### 학습 플랜 활용법

· 각 단원별로 시험 출제 비율이 높은 핵심 적중개념을 요약해둔 [적중개념 출제 순위] 내용을 빠르게 훑으며, 각 적중개념 및 출제 포인트를 모두 알고 있는지 점검합니다.

· 공무원 한국사 시험 문제와 동일한 유형으로 구성된 다양한 예상문제(적중문제, 시대별 적중 마무리문제)를 풉니다. 틀린 문제를 다시 풀어보고, 반복해서 틀리는 문제는 해설의 정답 설명, 오답 분석을 한번 더 꼼꼼히 읽어 모르는 부분이 없을 때까지 확실히 학습합니다.

· 모든 단원의 문제풀이를 마친 후에는 최종점검 모의고사를 실제 시험처럼 제한 시간(15분)을 지키며 풉니다. 틀린 문제 위주로 점검하여 취약점을 완벽히 없애는 것이 중요합니다.

공무원시험전문 해커스공무원
**gosi.Hackers.com**

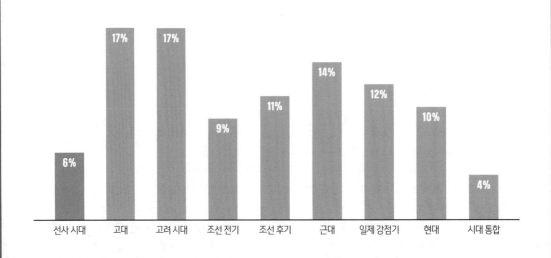

## ▌선사 시대 출제경향

\* 최근 7개년 국가직·서울시·지방직 9급 시험 기준

| 선사 시대 | 고대 | 고려 시대 | 조선 전기 | 조선 후기 | 근대 | 일제 강점기 | 현대 | 시대 통합 |
|---|---|---|---|---|---|---|---|---|
| 6% | 17% | 17% | 9% | 11% | 14% | 12% | 10% | 4% |

# I
# 선사 시대

# 01 역사의 의미와 선사 시대

## 적중개념 | 1 | 역사의 의미와 사관

### (1) 역사의 의미

| 구분 | 사실로서의 역사 | 기록으로서의 역사 |
|---|---|---|
| 의미 | • 과거에 있었던 사실, 객관적 의미의 역사<br>• 객관적 사실, 과거의 모든 사건(과거 사건들의 집합체) | • 조사되어 기록된 과거란 뜻으로 주관적 요소 개입<br>• 역사가들에 의해 특별한 의미가 부여된 사실 |
| 특징 | • 과거 사실의 객관적 복원 강조, 사료를 중시<br>• 수많은 과거 사건들의 집합체<br>• 역사는 바뀔 수 없음(절대성) | • 과거의 검증된 사실을 바탕으로 현재 역사가의 주관에 입각한 재구성 강조, 사관을 중시<br>• 역사가에 따라 역사는 바뀔 수 있음 |

### (2) 사관

| 구분 | 실증주의 사관 | 상대주의 사관 |
|---|---|---|
| 특징 | 객관적인 방법으로 과거를 재구성, 역사가의 주관적 해석을 배제한 객관적인 역사 서술 지향 | 역사를 고정된 실체로 보지 않고, 역사가의 주관적·현대적인 해석을 통해 역사적 진실을 추구 |
| 대표 학자 | • 랑케: "역사가는 자기 자신을 숨기고 사실 그것이 스스로 말하게 하라!"<br>• 엘튼: "중요한 것은 뽑을 수 없다. 그것 자체로 중요한 것이다." | • 콜링우드: "역사는 과거를 의식 속에서 되살리는 학문이다."<br>• 크로체: "모든 역사는 현재의 역사이다."<br>• 카: "역사란 역사가와 사실 사이의 부단한 상호 작용, 현재와 과거 사이의 끊임없는 대화이다." |

### (3) 사료와 사료 비판

| 사료 | 1차 사료 | 과거 사람들이 남긴 유물, 유적, 기록 등 |
|---|---|---|
| | 2차 사료 | 후대의 역사가들이 정리한 것 |
| 사료<br>비판 | 외적 비판 | 사료의 진위 여부 및 가공 여부 등을 파악, 사료가 생성된 장소·연대 등에 대하여 탐구 |
| | 내적 비판 | 사료의 내용이 신뢰할 만한 것인지 분석 |

## 적중개념 | 2 구석기 시대

### (1) 구석기 시대의 생활

| 시기 | 약 70만 년 전부터 시작 |
|---|---|
| 도구 | • 뗀석기(돌을 떼어 내어 만든 도구): 사냥 도구(주먹 도끼, 찍개, 팔매돌), 조리 도구(밀개, 긁개), 슴베찌르개<br>• 뼈 도구: 동물의 뼈나 뿔로 만든 도구 |
| 주거 생활 | • 위치: 동굴이나 바위 그늘에서 살거나 지상·강가의 막집에 거주<br>• 집터 규모: 작은 것은 3~4명, 큰 것은 10명 정도 살 수 있는 규모<br>• 특징: 구석기 시대 후기의 막집 자리에는 기둥 자리, 담 자리 및 불 땐 자리가 남아 있음 |
| 경제 생활 | 수렵·어로·채집 |
| 사회 생활 | 무리 사회(무리를 이루며 이동 생활), 평등 사회 |
| 예술 활동 | • 예술품: 석회암, 동물의 뼈나 뿔 등을 이용한 조각품 제작(사냥감의 번성을 비는 주술적 의미)<br>• 유적: 공주 석장리와 단양 수양개에서 고래와 물고기 등을 새긴 조각 발견 |

### (2) 구석기 시대의 유적지

| | | |
|---|---|---|
| 전기 | 충북 단양 금굴 | 가장 오래된 유적지 |
| | 경기 연천 전곡리 | 아슐리안형 주먹 도끼 출토(모비우스 학설 폐기) |
| | 충남 공주 석장리 | 전기~후기 구석기까지 계속된 유적(남한 최초 발견, 1964) |
| | 평남 상원 검은모루 동굴 | 주먹 도끼, 포유 동물의 뼈 출토 |
| 중기 | 덕천 승리산 동굴 | 한반도 최초로 인골 화석 출토(승리산인) |
| | 충북 제천 점말 동굴 | 남한 최초의 동굴 유적, 사람 얼굴을 새긴 털코뿔이 뼈 출토 |
| | 대전 용호동 | 구석기 중기~후기 유적, 화덕 자리 발견, 슴베찌르개 등 출토 |
| | 함북 웅기 굴포리 | 격지 석기, 매머드 화석 출토 |
| | 제주 빌레못 동굴 | 동물 뼈 화석, 찍개, 긁개 등 출토 |
| 후기 | 충북 청원 두루봉 동굴 | 어린 아이의 인골 발견(흥수 아이) |
| | 충북 단양 수양개 | 주거 유적 및 석기 제작지 발견, 물고기 조각품 등 출토 |

---

### 단박 체크

**다음 기출문장을 읽고, 옳으면 O, 틀리면 X를 괄호 안에 쓰세요.**

01 카의 역사관에 따르면 역사는 사실과 기록이라는 두 가지 측면으로 구성되어 있다. (    )

02 사료를 이해하기 위해 그 사료가 기록된 당시의 전반적 시대 상황을 살펴봐야 한다. (    )

03 구석기 시대에는 주로 동굴에 거주하거나 막집에 살았다. (    )

04 구석기 시대에는 반달 돌칼을 이용하여 벼를 수확하였다. (    )

05 구석기 시대에는 영혼 숭배와 조상 숭배가 나타났다. (    )

06 경기도 연천 전곡리에서 아슐리안형 주먹 도끼가 출토되었다. (    )

[정답]  01 O   02 O   03 O   04 X (청동기 시대)   05 X (신석기 시대)   06 O

**(1) 신석기 시대의 생활**

| 시기 | 기원전 8000년경부터 시작 |
|---|---|
| 도구 | • 간석기: 농기구(돌괭이, 돌낫, 돌보습 등), 조리 도구(갈돌, 갈판)<br>• 수공업 도구: 가락바퀴, 뼈바늘<br>• 토기: 이른 민무늬 토기, 덧무늬 토기, 눌러찍기무늬 토기, 빗살무늬 토기(밑이 뾰족하거나 둥근 형태) |
| 주거 생활 | • 위치: 강가나 바닷가에 움집을 지어 정착 생활<br>• 규모: 4~5명 정도의 한 가족이 거주하기에 알맞은 규모(소규모 취락 형태)<br>• 형태: 원형이나 모서리가 둥근 사각형 바닥, 반지하식 형태<br>• 구조: 취사와 난방을 위해 중앙에 화덕 위치, 화덕이나 출입문 옆에 저장 구덩이가 위치<br>• 용도: 집터의 크기가 일정하여 주거용으로만 사용되었을 것이라 추정 |
| 경제 생활 | • 농경의 시작: 조·피·수수 등의 잡곡 재배, 사냥과 고기 잡이 지속<br>• 원시적 수공업 시작: 가락바퀴와 뼈바늘로 옷, 그물 제작 |
| 사회 생활 | • 부족 사회: 혈연을 바탕으로 한 씨족이 기본 구성 단위, 족외혼을 통해 부족을 형성<br>• 평등 사회: 연장자나 경험이 많은 자가 부족을 지휘할 뿐, 계급이 없는 평등한 사회<br>• 모계 사회: 모계의 혈통을 중시하여, 태어난 사람은 모계의 씨족에 속하게 함<br>• 공동 사회: 공동 생산과 공동 분배 |
| 원시 신앙 | • 원시 신앙 등장: 농경과 정착 생활을 하게 되면서 자연의 섭리에 관심을 가지게 됨<br>• 애니미즘: 농사에 영향을 주는 자연 현상이나 자연물에 정령이 있다고 믿고 숭배<br>• 토테미즘: 자기 부족의 기원을 특정 동식물과 연결시켜 숭배<br>• 샤머니즘: 인간과 영혼·하늘을 연결시켜 주는 무당을 믿고, 그 주술에 대해 숭배<br>• 영혼 불멸 사상: 사람이 죽어도 영혼은 없어지지 않는다고 믿음<br>• 조상 숭배: 조상의 영혼이 자기 씨족을 보호한다고 믿음 |
| 예술 활동 | 예술품(치레걸이, 조개 껍데기 가면 등) 제작 |

**(2) 신석기 시대의 유적지**

| 강원 양양 오산리 | • 한반도에서 가장 오래된 신석기 시대 집터 유적지 발견<br>• 이른 민무늬 토기, 덧무늬 토기, 눌러찍기무늬 토기 출토 |
|---|---|
| 함북 웅기 굴포리 서포항 | • 구석기 중기·후기, 신석기, 청동기 유물 모두 출토<br>• 개, 뱀, 망아지 등으로 여겨지는 호신부(護身符)가 출토됨 |
| 황해 봉산 지탑리 | 탄화된 좁쌀이 발견되어 신석기 시대에 농경이 시작되었음을 보여줌 |
| 평양 남경 | |
| 평남 온천 궁산리 | • 빗살무늬 토기, 사슴뿔로 만든 괭이 등 출토<br>• 뼈바늘이 출토되어 신석기 시대에 원시 수공업이 시작되었음을 보여줌 |
| 서울 암사동 | 신석기 시대 집터 발견, 빗살무늬 토기 등 출토 |
| 제주 한경 고산리 | 이른 민무늬 토기, 덧무늬 토기, 눌러찍기무늬 토기 출토 |
| 부산 동삼동 | • 조와 기장, 조개 껍데기 가면, 빗살무늬 토기 등이 출토된 패총 유적<br>• 일본산 흑요석 화살촉 등이 출토되어 일본과 교류 사실을 보여줌 |
| 함북 청진 농포동 | 흙으로 만든 여성 조각품과 개 머리와 새 모양 조각품 등 출토 |

| 구분 | 청동기 시대(기원전 2000년 ~ 기원전 1500년경) | 철기 시대(기원전 5세기 경) |
|---|---|---|
| 유물 | • 청동기: 지배자의 장신구·무기·의기 등에 사용(비파형동검, 거친무늬 거울, 청동 방울)<br>• 석기: 반달 돌칼, 바퀴날 도끼, 홈자귀 등<br>• 토기: 덧띠새김무늬 토기, 민무늬 토기, 미송리식 토기, 붉은 간 토기, 송국리식 토기<br><br>▲ 비파형동검　　　▲ 반달 돌칼 | • 철제 무기 사용 → 청동기는 의식용 도구로 변화<br>• 독자적인 청동기 문화 발전: 세형동검, 잔무늬 거울, 거푸집<br>• 농기구: 철제 농기구 사용 → 생산력 증대<br>• 중국과의 교류: 명도전, 반량전, 오수전, 붓<br>• 토기: 민무늬 토기, 덧띠 토기, 검은 간 토기<br><br>▲ 세형동검　　　▲ 거푸집 |
| 경제 | 밭농사 중심 + 벼농사 시작 | |
| 주거지 | • 배산임수의 취락, 집터는 대체로 직사각형 모양<br>• 움집은 점차 지상 가옥화, 한쪽 벽면에 화덕 위치 | • 초가 지붕의 반움집, 귀틀집<br>• 부뚜막 등장 |
| 무덤 | 고인돌, 돌널무덤, 돌무지무덤 | 널무덤, 독무덤, 덧널무덤 |
| 사회 | 군장(족장)의 출현 | 연맹 왕국 등장 |
| | 사유 재산 발생, 빈부 격차와 계급의 분화, 남녀 역할 분화 | |
| 예술품 | • 청동 제품: 말·호랑이·사슴 등을 사실적으로 조각하거나 기하학적 무늬를 새김<br>• 토(土) 제품: 짐승·사람 모양의 토우(풍요로운 생산을 기원하는 주술적 의미)<br>• 울주 대곡리 반구대 바위그림: 많은 동물과 물고기를 새김(풍요, 다산 기원)<br>• 고령 양전동 알터 바위그림(고령 장기리 바위그림): 동심원, 십자형, 삼각형 무늬를 새김(태양 숭배)<br>• 울주 천전리 바위그림: 여러 동물, 추상적 도형 등 다양한 종류의 그림과 삼국 시대·통일 신라 시대의 바위그림 및 명문 등이 새겨져 있음 | |

---

### 단박 체크

**다음 기출문장을 읽고, 옳으면 O, 틀리면 X를 괄호 안에 쓰세요.**

01 신석기 시대에는 처음으로 농경이 시작되었다. (　　　)

02 신석기 시대에는 갈돌과 갈판을 이용하였다. (　　　)

03 청동기 시대에 일부 저습지에서는 벼농사를 지었다. (　　　)

04 청동기 시대에는 중국으로부터 철기와 함께 명도전, 반량전 등이 유입되었다. (　　　)

05 청동기 시대의 무덤 양식으로는 고인돌, 돌무지무덤, 돌널무덤 등이 있다. (　　　)

06 울주 반구대에는 사각형 또는 방패 모양의 그림이 주로 새겨져 있다. (　　　)

[정답]  **01** O  **02** O  **03** O  **04** X (철기 시대부터 유입)  **05** O  **06** X (고령 양전동 알터 바위그림)

# 엄선기출문제

## 01 다음 내용에 대한 설명으로 틀린 것은?

[2019년 경찰직(1차)]

> 역사가와 역사적 사실은 상호 불가분의 관계이다. 사실을 갖추지 못한 역사가는 뿌리가 없기 때문에 열매를 맺을 수 없다. 반면에 역사가가 없다면 사실은 생명이 없는 무의미한 존재일 뿐이다. 역사란 무엇일까? 이 질문에 대한 나의 궁극적인 답변은 다음과 같다. 역사는 역사가와 사실이 끊임없이 겪는 상호작용의 과정이며, 이는 현재와 과거의 끊임없는 대화인 셈이다.

① 사실로서의 역사를 강조하는 실증주의적 역사관을 잘 드러내고 있다.
② 역사는 사실과 기록이라는 두 가지 측면으로 구성되어 있다.
③ 카(E. H. Carr)가 쓴 『역사란 무엇인가?』에 나오는 문구이다.
④ 역사가의 주관적인 해석 과정은 객관적인 과거 사실 만큼이나 역사를 형성하는 데 중요하다.

해설　**역사의 의미(E. H. 카)** 제시문에서 역사는 역사가와 사실이 끊임없이 겪는 상호 작용의 과정이며, 이는 현재와 과거의 끊임없는 대화라는 내용을 통해 E. H. 카의 주장임을 알 수 있다.
① 사실로서의 역사를 강조하는 실증주의적 역사관을 드러낸 대표적인 학자는 랑케이다.

오답
분석　②, ③, ④ 카(E. H. Carr)는 그의 저술인 『역사란 무엇인가?』에서 역사를 '현재와 과거의 끊임없는 대화'라고 정의하였고, 이를 통해 역사를 구성하는 사실과 기록의 두 가지 측면을 모두 강조하며 실증주의 사관과 상대주의 사관의 절충적 견해를 제시하였다. 또한 그는 객관적인 과거의 사실만큼 역사가의 주관적인 해석 과정이 역사를 형성하고 이해하는 데 중요한 것임을 강조하였다.

정답 ①

## 02 (가) 시기의 생활상에 대한 설명으로 옳은 것은?

[2020년 국가직 9급]

> 1935년 두만강 가의 함경북도 종성군 동관진에서 한반도 최초로 　(가)　 시대 유물인 석기와 골각기 등이 발견되었다. 발견 당시 일본에서는 　(가)　 시대 유물이 출토되지 않은 상황이었다.

① 반달 돌칼을 이용하여 벼를 수확하였다.
② 넓적한 돌 갈판에 옥수수를 갈아서 먹었다.
③ 사냥이나 물고기 잡이 등을 통해 식량을 얻었다.
④ 영혼 숭배 사상이 있어 사람이 죽으면 흙 그릇 안에 매장하였다.

해설　**구석기 시대의 생활상** 제시문에서 함경북도 종성군 동관진에서 한반도 최초로 유물이 발견됐다는 내용을 통해 (가) 시기가 구석기 시대임을 알 수 있다.
③ 구석기 시대에는 뼈 도구와 뗀석기를 이용하여 짐승(수렵)이나 물고기(어로)를 사냥하거나 나무 열매와 뿌리를 채집하였다.

오답
분석　① 반달 돌칼을 이용하여 벼를 수확한 시기는 청동기 시대이다.
② 나무 열매나 곡물을 갈아서 먹기 위해 갈돌·갈판과 같은 조리 도구를 사용한 시기는 신석기 시대이다.
④ 영혼 숭배 사상 등의 원시 신앙이 있었으며, 시신을 흙 그릇 안에 매장하는 풍습이 있었던 시기는 신석기 시대이다.

정답 ③

**03** 신석기 시대 유적과 유물을 바르게 연결한 것만을 모두 고르면? [2021년 국가직 9급]

| ⊙ 양양 오산리 유적-덧무늬 토기 | ⓒ 서울 암사동 유적-빗살무늬 토기 |
| ⓒ 공주 석장리 유적-미송리식 토기 | ⓐ 부산 동삼동 유적-아슐리안형 주먹 도끼 |

① ⊙, ⓒ

② ⊙, ⓐ

③ ⓒ, ⓒ

④ ⓒ, ⓐ

해설 **신석기 시대 유적과 유물**
⊙ 양양 오산리 유적은 한반도에서 가장 오래된 신석기 시대 집터 유적으로, 덧무늬 토기와 이른 민무늬 토기 등이 출토되었다.
ⓒ 서울 암사동 유적은 신석기 시대 유적으로, 다수의 집터 유적과 함께 빗살무늬 토기가 발견되었다.

오답 ⓒ 공주 석장리 유적은 광복 이후 남한에서 최초로 발견된 구석기 시대 유적이며, 미송리식 토기는 청동기 시대의 유물이다.
분석 ⓐ 부산 동삼동 유적은 신석기 시대의 유적이 맞으나, 아슐리안형 주먹 도끼는 연천 전곡리 유적에서 발굴된 구석기 시대의 유물이다.

정답 ①

**04** 〈보기〉의 밑줄 친 '이 시대'와 가장 관련이 없는 것은? [2022년 서울시 9급(6월 시행)]

● 보기 ●

　이 시대에는 농경이 더욱 발달하여 조, 기장, 수수 등 다양한 잡곡이 재배되었다. 한반도 남부 지역에는 벼농사도 보급되었다. 한편 돼지와 같은 가축을 우리에 가두고 기르는 일도 흔해졌다. 사람들은 농경이 이루어지는 강가나 완만한 구릉에 마을을 이루어 살았다. 농경의 발달로 생산력이 늘어나자 인구가 늘어나고 빈부 차이와 계급이 발생하였다. 또한 식량을 둘러싼 집단 간의 싸움이 자주 일어나면서 마을에는 방어 시설이 만들어지기도 하였다.

① 고인돌

② 반달 돌칼

③ 민무늬 토기

④ 슴베찌르개

해설 **청동기 시대** 제시문에서 한반도 남부 지역에는 벼농사가 보급되었다는 것과 빈부 차이와 계급이 발생하였다는 내용을 통해 밑줄 친 '이 시대'는 청동기 시대임을 알 수 있다.
④ 슴베찌르개는 주로 구석기 시대 후기에 사용된 도구로, 나무나 뼈에 꽂아서 창처럼 사용하였다.

오답 ① 고인돌은 청동기 시대의 대표적인 무덤 양식이다. 고인돌은 계급 사회의 발생을 보여주는 무덤으로, 당시 지배층이 우세한 정치
분석 　 권력과 경제력을 가지고 있었다는 것을 보여준다.
② 반달 돌칼은 청동기 시대의 대표적인 유물로, 벼와 같은 곡식의 이삭을 자를 때 사용되었다.
③ 민무늬 토기는 청동기 시대의 대표적인 토기이다. 이 외에도 청동기 시대에는 미송리식 토기, 송국리식 토기 등이 사용되었다.

정답 ④

# 적중문제

## 01

역사의 의미에 대한 설명으로 옳지 않은 것은?

① 역사는 사실로서의 역사와 기록으로서의 역사로 구분된다.
② 사실로서의 역사는 현재까지 일어났던 모든 사건을 의미한다.
③ 기록으로서의 역사는 과거의 사실 중 역사가가 선택한 것이다.
④ 역사를 배운다는 것은 과거에 일어났던 사실을 모두 배우는 것이다.

## 02

다음 중 올바른 사료 탐구 자세가 아닌 것은?

① 사료를 이해하기 위해서는 당시의 시대적 상황을 살펴봐야 한다.
② 사료는 '과거에 있었던 사실'이므로 사료 비판이 필요하지 않다.
③ 사료는 역사가에 의해 기록된 것이므로 역사가의 가치관을 함께 분석해야 한다.
④ 동일한 사건을 다루고 있는 다른 사료들과 비교해보아야 한다.

## 03

다음에서 설명하고 있는 시기에 해당하는 유적으로 옳은 것은?

> • 동물의 뼈나 뿔로 만든 뼈 도구와 뗀석기를 가지고 사냥과 채집을 하면서 생활하였다.
> • 당시 사람들은 무리를 이루어 큰 사냥감을 찾아 다니며 생활하였다.

① 평양 남경 유적
② 청원 두루봉 유적
③ 온천 궁산리 유적
④ 여주 흔암리 유적

## 04

밑줄 친 '이 시기'에 있었던 사실로 가장 옳은 것은?

> 이 시기에는 도구가 발달하고 농경이 시작되면서 주거 생활도 개선되어 갔다. 집터는 대개 움집 자리로, 바닥은 원형이거나 모서리가 둥근 사각형이었다. 움집의 중앙에는 불씨를 보관하거나 취사와 난방을 하기 위한 화덕이 위치하였다. 집터의 규모는 4~5명 정도의 한 가족이 살기에 알맞은 크기였다.

① 소를 이용한 밭갈이 농사를 하였다.
② 반달 돌칼을 이용해 벼를 수확하였다.
③ 빗살무늬 토기와 가락바퀴가 제작되었다.
④ 한국식 동검이라 일컫는 세형동검을 사용하였다.

**05**

(가) 시기의 생활상에 대한 설명으로 옳은 것은?

> ___(가)___ 시대의 사람들은 혈연에 바탕을 둔 씨족을 사회의 기본 구성 단위로 하였다. 씨족별로 대략 20~30명씩 무리를 이루어 사냥, 어로, 채집, 농경 등을 행하며 공동체적인 삶을 영위하였다. ___(가)___ 시대의 대표적인 유적으로는 제주 고산리 유적이 있다.

① 동굴이나 막집에서 주로 생활하였다.
② 가락바퀴로 실을 뽑아 옷과 그물을 만들었다.
③ 죽은 자를 위해 거대한 무덤인 고인돌을 만들었다.
④ 밭농사가 중심이었지만, 일부 저습지에서는 벼농사를 짓기도 하였다.

**06**

(가) 시기에 대한 설명으로 옳은 것은?

> 1962년 남한강 유역에서 발견된 흔암리 유적은 1972년부터 서울대학교 박물관팀 등에 의해 본격적인 조사·발굴이 시작되었다. 이 유적에서 발견된 움집 터는 대체로 남북으로 긴 장방형 구조를 보였으며, 다양한 토기들이 함께 발견되었다. 특히 토기 안에서는 탄화된 보리와 좁쌀뿐만 아니라 쌀알까지 발견되어 ___(가)___ 시대의 농경 문화 수준을 가늠할 수 있는 중요한 자료가 되었다.

① 식량을 보관하는데 덧띠 토기와 검은 간 토기 등을 사용하였다.
② 석기 문화가 더욱 발달하여 주먹 도끼와 같은 다용도 석기가 제작되었다.
③ 취락 주변에 다른 부족의 침입을 막기 위해 환호와 목책 등을 설치하였다.
④ 사유 재산이나 계급이 발생하지 않았고, 경험이 많은 연장자 등이 부족을 통솔하였다.

**07**

밑줄 친 '이 무덤'이 만들어졌던 시기에 대한 설명으로 가장 옳은 것을 〈보기〉에서 모두 고른 것은?

> 이 무덤은 4개의 판석 형태의 굄돌을 세워서 돌방을 만든 후, 그 위에 거대하고 편평한 덮개돌을 얹는 형태가 전형적이다. 덮개돌 하나가 수십 톤에 이를 정도로 그 규모가 상당하다.

> ● 보기 ●
> ㉠ 청동으로 농기구를 제작하였다.
> ㉡ 조, 피, 수수 등 잡곡을 재배하기 시작하였다.
> ㉢ 곡식을 추수하는 데 반달 돌칼을 사용하였다.
> ㉣ 민무늬 토기, 미송리식 토기 등이 만들어졌다.

① ㉠, ㉢          ② ㉠, ㉣
③ ㉡, ㉢          ④ ㉢, ㉣

**08**

다음 그림과 관련된 시기에 대한 설명으로 옳지 않은 것은?

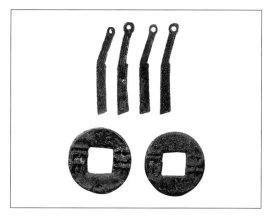

① 널무덤과 독무덤 등이 만들어졌다.
② 대표적인 토기로 송국리식 토기, 붉은 간 토기 등이 있다.
③ 부뚜막 시설과 '여(呂)'자형 모양의 가옥 형태가 등장하였다.
④ 창원 다호리 유적에서 출토된 붓을 통해 이 시기에 한자를 사용하였음을 알 수 있다.

정답·해설 p.2

─○ **적중개념 출제 순위**

| 1위 | **2** | **여러 나라의 성장** | 사출도, 형사취수제, 서옥제, 골장제, 책화, 천군, 소도, 제천 행사 |
|---|---|---|---|
| 2위 | **1** | **고조선의 전개** | 단군왕검, 위만 조선, 중계 무역, 8조법, 고조선 관련 기록 |

**적중개념 | 1 고조선의 전개**

**(1) 고조선의 건국과 발전**

| 건국 | 기원전 2333년 단군왕검이 건국(『삼국유사』와 『동국통감』의 기록 내용) |
|---|---|
| 세력 범위 | • 초기: 랴오닝(요령) 지방을 중심으로 성장하여 인근 족장 사회 통합<br>• 후기: 한반도까지 세력 확대(비파형동검, 북방식 고인돌, 미송리식 토기, 거친무늬 거울의 출토 지역으로 세력 범위 짐작 가능) |
| 발전 | • 기원전 4세기: 랴오시(요서) 지방을 경계로 연나라와 대립할 만큼 강성<br>• 기원전 3세기 초: 연나라 장수 진개의 침략을 받아 랴오둥(요동) 지역을 상실, 고조선의 중심지가 랴오허(요하) 유역에서 대동강 유역(평양)으로 이동<br>• 기원전 3세기경: 부왕, 준왕과 같은 강력한 왕이 등장하여 왕위 세습, 왕 아래에 상·대부·장군 등의 관직 설치 |
| 사회 | • 8조법(『한서』「지리지」): 살인자는 즉시 사형에 처한다(→ 인간 생명 중시), 상해한 자는 곡물로 보상한다(→ 노동력을 중시하는 농경 사회), 남의 물건을 도둑질한 자는 노비로 삼는 것이 원칙이며, 자속하려는 자는 50만 전을 내야 한다(→ 사유 재산이 인정되는 계급 사회), 여성의 정절 중시(→ 가부장제 사회)<br>• 한 군현 설치 이후 법 조항이 60여 개로 증가, 사회 풍속이 각박해짐 |
| 고조선 사회 모습 | • 농경 사회(풍백·우사·운사), 환웅 부족과 곰 숭배 부족(토테미즘)의 연합으로 고조선 형성<br>• 제정일치(단군: 제사장, 왕검: 정치적 군장), 선민사상(환인, 환웅의 자손), 홍익인간 |
| 고조선 관련 기록 | 『삼국유사』, 『제왕운기』, 『응제시주』, 『세종실록지리지』, 『동국여지승람』, 『동국통감』, 『표제음주동국사략』 |

**(2) 위만 조선의 발전과 멸망**

| 성립 | 진·한 교체기에 위만이 고조선으로 들어옴, 세력을 키운 뒤 위만은 준왕을 몰아내고 왕위에 등극(기원전 194) |
|---|---|
| 발전 | 철기 문화의 본격 수용(상업·무역 발달), 중국의 한과 남방의 진(辰) 사이에서 중계 무역으로 이익 독점 |
| 멸망 | 고조선의 우거왕이 한(漢)의 사신 섭하를 살해 → 한 무제가 보복을 위해 고조선 침략 → 전쟁 초기 고조선의 승리(패수 전투) → 전쟁의 장기화로 지배층 내분, 우거왕 피살, 성기 장군의 최후 항전 → 왕검성이 함락되어 고조선 멸망(기원전 108) → 한은 고조선에 4개의 군현을 설치 |

| | |
|---|---|
| 부여 | • 건국: 기원전 4세기경 만주 쑹화(송화)강 유역에서 건국<br>• 정치: 5부족 연맹체(왕 아래에 마가·우가·저가·구가 존재, 가들은 사출도라는 행정 구역을 통치하고 대사자·사자의 관리를 거느림, 가들은 왕을 추대하거나 왕에게 책임을 묻기도 함)<br>• 경제: 반농반목의 사회, 특산물(말·주옥·모피) 생산<br>• 사회: 제천 행사(영고, 12월), 풍속(순장, 우제점법, 형사취수제, 은력 사용), 법률(4조목, 1책 12법)<br>• 쇠퇴·멸망: 3세기 말 선비족의 침입으로 국력 쇠퇴 → 5세기 말 고구려 문자왕 때 고구려에 복속 |
| 고구려 | • 건국: 주몽에 의해 만주 졸본 지역에서 건국, 유리왕 때 국내성으로 천도<br>• 정치: 5부족 연맹체[5부족(계루부, 절노부, 소노부, 순노부, 관노부), 왕 아래에 대가(상가, 고추가)들이 존재, 대가들은 사자·조의·선인 등의 관리를 거느림, 가들은 제가 회의에 모여 국가의 중대사를 결정]<br>• 경제: 약탈을 통해 식량 문제를 해결, 지배층은 집집마다 부경(창고)을 둠<br>• 사회·문화: 제천 행사[동맹(10월), 왕과 신하들이 국동대혈에 모여 제사를 지냄], 풍속(서옥제, 우제점법, 형사취수제), 장례(돌을 쌓아 봉분을 만들고 봉분 주변에 소나무와 잣나무를 심음), 법률(1책 12법) |
| 옥저 | • 정치: 함경도 동해안 지역에 위치, 군장 국가(읍군, 삼로, 후라는 군장이 통치)<br>• 경제: 소금·해산물이 풍부, 농경이 발달, 고구려에 공물 납부<br>• 사회·문화: 민며느리제, 골장제(가족 공동 무덤)의 풍습<br>• 쇠퇴·멸망: 고구려의 압력을 받아 연맹 왕국으로 성장하지 못하고 멸망 |
| 동예 | • 정치: 강원도 동해안 지역에 위치, 군장 국가(읍군, 삼로, 후라는 군장이 통치)<br>• 경제: 특산물(단궁, 과하마, 반어피), 방직 기술 발달(명주, 삼베)<br>• 사회·문화: 제천 행사(무천, 10월), 풍속(족외혼, 책화), 철(凸)자형·여(呂)자형 집터<br>• 쇠퇴·멸망: 고구려의 압력을 받아 연맹 왕국으로 성장하지 못하고 멸망 |
| 삼한 | • 정치: 78개의 소국 연맹체로 형성[마한(54), 진한(12), 변한(12)], 마한의 목지국 지배자가 마한왕(진왕)으로 추대되어 삼한 연맹체를 주도<br>• 지배 세력: 대군장(신지, 견지), 소군장(부례, 읍차 등)<br>• 경제: 철제 농기구의 사용으로 벼농사 발달, 저수지가 많이 축조됨(김제 벽골제, 제천 의림지, 밀양 수산제 등), 변한에서는 다량의 철이 생산되어 낙랑·왜 등에 수출하거나 화폐(덩이쇠)처럼 사용되기도 함<br>• 사회·문화: 제정분리 사회[군장(정치적 지배자), 천군(제사장, 소도를 다스림)], 제천 행사[수릿날(5월), 계절제(10월)], 풍속(두레, 문신, 편두 등), 주거지(귀틀집, 초가집, 토실 등), 무덤(주구묘, 옹관묘)<br>• 변화·발전: 마한이 백제국에서 백제로, 변한이 구야국에서 가야 연맹으로, 진한이 사로국에서 신라로 발전 |

## 단박 체크

**다음 기출문장을 읽고, 옳으면 O, 틀리면 X를 괄호 안에 쓰세요.**

01  기원전 194년 위만은 우거왕을 몰아내고 스스로 왕이 되었다. (      )

02  위만 왕조의 고조선은 철기 문화를 본격적으로 수용해 상업과 무역도 발달하게 되었다. (      )

03  부여에서는 영고라고 하는 제천 행사를 개최하였다. (      )

04  고구려는 제가 회의에서 국가의 중대사를 결정하였다. (      )

05  동예에는 다른 읍락을 함부로 침범하면 노비, 소 등으로 변상하는 책화가 있었다. (      )

06  옥저에는 철이 많이 생산되어 왜, 낙랑 등에 수출하였다. (      )

[정답]  **01** X (준왕을 몰아내고 집권)  **02** O  **03** O  **04** O  **05** O  **06** X (삼한 중 변한)

**01** ㉠ 나라에 대한 설명으로 옳은 것은?                    [2018년 국가직 7급]

> 주나라가 쇠약해지자 연나라가 스스로 왕을 칭하고 동쪽으로 침략하려 하였다. ( ㉠ )의 후(侯) 역시 스스로 왕을 칭하고 군사를 일으켜 연나라를 공격하려 하였는데, 대부인 예(禮)가 간하여 중지하였다.

① 전연의 공격을 받아 심한 타격을 받았다.                ② 매년 10월 무천이라는 제천 행사를 열었다.

③ 박·석·김씨가 왕위를 교대로 계승하였다.               ④ 8조의 법을 제정하였는데 세 조항만 전해진다.

해설 **고조선** 제시된 자료에서 연나라가 왕을 칭하고 침략하려 하자 ㉠의 후(侯) 역시 스스로 왕을 칭하고 연나라를 공격하려 하였다는 내용 등을 통해 ㉠ 나라가 고조선임을 알 수 있다.
④ 고조선은 사회 질서를 유지하기 위해 8조의 법을 제정하였는데, 그 중 3개의 조항만 중국의 역사서인 『한서』를 통해 전해진다.

오답 분석
① 전연의 공격을 받아 심한 타격을 받은 나라는 고구려와 부여이다.
② 매년 10월 무천이라는 제천 행사를 연 나라는 동예이다.
③ 박·석·김씨가 왕위를 교대로 계승한 나라는 신라이다.

정답 ④

**02** 다음에 해당하는 나라에 대한 설명으로 옳은 것은?            [2021년 지방직 9급]

> ○ 은력(殷曆) 정월에 지내는 제천 행사는 나라에서 여는 대회로 날마다 먹고 마시고 노래하고 춤추는데, 이를 영고라 하였다. 이때 형옥을 중단하고 죄수를 풀어주었다.
> ○ 국내에 있을 때의 의복은 흰색을 숭상하며, 흰 베로 만든 큰 소매 달린 도포와 바지를 입고 가죽신을 신는다. 외국에 나갈 때는 비단 옷·수 놓은 옷·모직 옷을 즐겨 입는다.
> — 「삼국지」 「위서」 동이전

① 사람이 죽으면 뼈만 추려 가족 공동 무덤인 목곽에 안치하였다.

② 읍군이나 삼로라고 불린 군장이 자기 영역을 다스렸다.

③ 가축 이름을 딴 마가, 우가, 저가, 구가 등이 있었다.

④ 천신을 섬기는 제사장인 천군이 있었다.

해설 **부여** 제시문에서 은력 정월(음력 12월)에 영고라는 제천 행사를 거행하였다는 내용과 흰 베로 만든 옷을 입는다는 내용을 통해 부여에 대한 설명임을 알 수 있다.
③ 부여에는 왕 아래에 가축 이름을 딴 부족장인 마가, 우가, 저가, 구가 등의 가(加)들이 있었다. 이들은 저마다 사출도라는 별도의 행정 구획을 통치하였다.

오답 분석
① 사람이 죽으면 가매장한 다음 뼈만 추려 가족 공동 무덤인 목곽에 안치하는 골장제의 풍습이 있었던 나라는 옥저이다.
② 읍군이나 삼로라고 불린 군장이 자기 영역을 다스린 나라는 동예와 옥저이다.
④ 천신을 섬기는 제사장인 천군이 있었던 나라는 삼한이다. 삼한은 정치적 지배자인 군장 외에 제사장인 천군이 있어 소도에서 종교와 농경에 대한 의례를 주관하였다.

정답 ③

**03** 다음 풍습이 있었던 나라에 대한 설명으로 옳은 것은? [2022년 국가직 9급]

> ○ 가족이 죽으면 시체를 가매장하였다가 나중에 그 뼈를 추려서 가족 공동 무덤인 커다란 목곽에 안치하였다.
> ○ 목곽 입구에는 죽은 자가 먹을 양식으로 쌀을 담은 항아리를 매달아 놓기도 하였다.
> – 「삼국지」 「위서」 동이전

① 민며느리제라는 혼인 풍습이 있었다.
② 제가가 별도로 사출도를 다스렸다.
③ 소도라는 신성 구역이 존재하였다.
④ 무천이라는 제천 행사를 열었다.

해설 **옥저** 제시문에서 가족이 죽으면 시체를 가매장하였다가 나중에 그 뼈를 추려서 가족 공동 무덤인 커다란 목곽에 안치하였다는 내용을 통해 골장제의 풍습이 있었던 옥저임을 알 수 있다.
① 옥저에는 여자가 어렸을 때 남자 집에 살다가 성장한 후 남자가 여자 집에 예물을 치르고 혼인을 하는 민며느리라는 혼인 풍습이 있었다.

오답 분석
② 제가가 별도로 사출도를 다스린 나라는 부여이다.
③ 소도라는 신성 구역이 존재한 나라는 삼한이다. 삼한은 정치적 지배자인 군장 이외에도 제사장인 천군이 있어 소도에서 종교와 농경에 대한 의례를 주관하였다. 소도는 천군이 주관하는 별읍(別邑)이며 군장의 세력이 미치지 못하는 신성 구역으로, 죄인이 도망하여 이곳에 오면 잡아가지 못하였다.
④ 매년 10월에 무천이라는 제천 행사를 열었던 나라는 동예이다.

정답 ①

---

**04** 다음에 해당하는 나라에 대한 설명으로 옳은 것은? [2022년 간호직 8급]

> ○ 천군이 있어 소도라 불리는 신성한 지역을 다스렸다.
> ○ 씨를 뿌리고 난 5월과 농사를 마친 10월에는 하늘에 제사를 지냈다.

① 도읍을 국내성으로 옮겼다.
② 과하마라는 특산물이 있었다.
③ 영고라는 제천 행사가 있었다.
④ 신지, 읍차 등으로 불리는 지배자들이 다스렸다.

해설 **삼한** 제시된 자료에서 천군이 소도를 다스렸다는 것과, 5월과 10월에 하늘에 제사를 지냈다는 것을 통해 삼한에 대한 내용임을 알 수 있다.
④ 삼한은 신지, 읍차 등으로 불리는 지배자들이 다스렸다. 삼한에서는 지배자 중 세력이 큰 자는 신지·견지, 세력이 작은 자는 부례·읍차라고 불렸다.

오답 분석
① 도읍을 국내성으로 옮긴 나라는 고구려이다. 고구려는 주몽이 압록강 유역의 졸본에서 건국하였으며, 유리왕 때 졸본에서 국내성으로 천도하였다.
② 과하마(키가 작은 말)라는 특산물이 있었던 나라는 동예이다. 동예에는 과하마 이외에도 단궁(활), 반어피(바다표범 가죽) 등의 특산물이 있었다.
③ 12월에 영고라는 제천 행사를 거행한 나라는 부여이다.

정답 ④

# 적중문제

## 01

고조선의 세력 범위가 요동 반도에서 한반도까지 걸쳐 있었음을 추측할 수 있게 해 주는 유물을 모두 고른 것은?

| ㉠ 세형동검 | ㉡ 북방식 고인돌 |
|---|---|
| ㉢ 미송리식 토기 | ㉣ 잔무늬 거울 |

① ㉠, ㉡　　　　　　　　② ㉠, ㉢
③ ㉡, ㉢　　　　　　　　④ ㉢, ㉣

## 02 고난도 문제

(가)와 (나) 시기 사이의 사실로 옳지 않은 것은?

> (가) 서쪽 변경을 수비하는 임무를 맡은 위만은 망명자 무리를 꾀어 내어 세력을 키운 뒤, 왕을 몰아내고 스스로 왕이 되었다.
> (나) 한 무제가 대규모 무력 침략을 감행하여 마침내 왕검성을 함락시키고, 네 개의 군현을 설치하였다.

① 고조선이 군대를 보내 요동도위 섭하를 살해하였다.
② 예(濊)의 남려가 주민을 이끌고 한(漢)에 투항하였다.
③ 부왕, 준왕 같은 강력한 왕이 등장하여 왕위를 세습하였다.
④ 고조선이 한의 침입에 맞서 패수 전투에서 대승을 거두었다.

## 03

제시문에서 설명하는 국가에 대한 설명으로 옳은 것을 〈보기〉에서 모두 고른 것은?

> (가) 꺼리는 것이 많아 사람이 병들어 죽으면 집을 버리고 새 집을 짓는다. …… 낙랑단궁이라는 활, 바다표범 가죽[반어피], 무늬 있는 표범, 그리고 키가 작은 과하마가 난다.
> (나) 이 나라에서는 말, 소, 돼지, 개를 상징으로 하는 집단이 각각 일정한 구역을 다스렸는데 신채호는 윷놀이의 기원을 여기에서 찾기도 하였다.

> ● 보기 ●
> ㉠ (가) – 제가 회의에서 국가 중요 정책을 결정하였다.
> ㉡ (가) – 책화라는 풍습이 있었다.
> ㉢ (나) – 영고라는 제천 행사를 거행하였다.
> ㉣ (나) – 천군이 소도를 지배하였다.

① ㉠, ㉡　　　　　　　　② ㉠, ㉢
③ ㉡, ㉢　　　　　　　　④ ㉢, ㉣

## 04

다음 여러 나라에 대한 설명 중 옳은 것을 모두 고른 것은?

> ㉠ 부여 – 해마다 10월에 무천이라는 제천 행사를 열었다.
> ㉡ 고구려 – 남자가 일정 기간 처가에서 살다가 본가로 돌아가는 풍속이 있었다.
> ㉢ 옥저 – 씨족 사회의 전통인 족외혼의 풍습을 철저하게 지켰다.
> ㉣ 동예 – 신지·읍차라 불리는 정치적 지배자가 존재하였다.
> ㉤ 삼한 – 저수지가 축조되고 벼농사가 발달하였다.

① ㉠, ㉢　　　　　　　　② ㉡, ㉣
③ ㉡, ㉤　　　　　　　　④ ㉣, ㉤

## 05

다음 제시문에서 설명하는 국가에 대한 내용으로 옳은 것은?

> 형벌은 엄격하고 각박하여 사람을 죽인 자는 사형에 처하고, 그 가족은 적몰(籍沒)하여 노비로 삼았다. 도둑질을 하면 12배를 배상하게 하였다. 남녀 간에 음란한 짓을 하거나 부인이 투기하면 모두 죽였다. 투기하는 것을 더욱 미워하여 죽이고 나서 그 시체를 나라의 남산에 버려서 썩게 하였다. 친정집에서 (그 부인의 시체를) 가져가려면 소와 말을 바쳐야 하였다. – 「삼국지」 「위서」 동이전

① 철이 많이 생산되어 낙랑과 왜에 수출하였다.
② 사람이 죽으면 옛 집을 버리고 새 집을 짓고 살았다.
③ 과하마, 반어피 등의 특산물이 유명하였다.
④ 왕이 죽으면 주변 사람을 함께 묻는 순장의 풍습이 있었다.

## 06

(가)에 들어갈 나라에 대한 설명으로 옳은 것은?

> 고구려 개마대산 동쪽에 있는데 개마대산은 큰 바닷가에 맞닿아 있다. 지형은 동북 간이 좁고 서남 간은 길어서 천리 정도는 된다. 북쪽은 읍루, 부여와 남쪽은 예맥과 접해 있다. ……
> [ (가) ]은/는 큰 나라 사이에서 시달리고 괴롭힘을 당하다가 마침내 고구려에 복속되었다.

① 무천이라는 제천 행사를 열었다.
② 왕의 장례에 옥갑(玉匣)을 사용하였다.
③ 철제 농기구를 사용하여 농경이 발달하였고 벼농사를 지었다.
④ 사람이 죽으면 가매장하였다가 뼈만 추려 목곽에 넣는 풍습이 있었다.

## 07

다음 자료의 나라에 대한 설명으로 옳은 것은?

> 그 나라의 대가들은 농사를 짓지 않으므로, 앉아서 먹는 인구(坐食者)가 만여 명이나 된다. 하호는 먼 곳에서 식량과 고기와 소금을 운반하여 그들에게 공급한다. 10월에 하늘에 제사 지내는데, 온 나라가 대회를 가지므로 이를 동맹(同盟)이라 한다. – 「삼국지」 「위서」 동이전

① 서옥제라는 혼인 풍속이 있었다.
② 박·석·김의 세 성씨가 왕위를 교대로 계승하였다.
③ 정사암에 귀족들이 모여서 재상을 선출하였다.
④ 8조의 법을 제정하여 살인, 상해, 절도 등을 처벌하였다.

## 08

밑줄 친 '이 나라'에 대한 설명으로 옳은 것은?

> 이 나라는 대방(帶方)의 남쪽에 있는데, 동쪽과 서쪽은 바다로 경계를 삼고 남쪽은 왜(倭)와 접경하니, 면적이 사방 4000리쯤 된다. …… 나라마다 각각 장수가 있어서, 세력이 강대한 사람은 스스로 신지라 하고, 그 다음은 읍차라고 하였다.

① 민며느리제의 혼인 풍속이 있었다.
② 집집마다 부경이라는 작은 창고를 두었다.
③ 매년 5월과 10월에 제천 행사를 거행하였다.
④ 대가들이 사자·조의·선인 등을 거느렸다.

정답·해설 p.4

## 01

(가)에 해당하는 사실로 옳은 것을 〈보기〉에서 모두 고르면?

> 우리 민족의 역사적 삶의 (가)특수성을 이해하고 그 가치를 깨우치는 것이어야 한다. 우리 역사와 문화의 (가)특수성에 대한 이해는 한국사를 바르게 인식하는데 기초가 되며, 민족적 자존심을 잃지 않고 세계문화에 공헌하는 데도 필요하다.

● 보기 ●
㉠ 고대부터 신분제 사회가 형성되어 있었다.
㉡ 두레·계·향도 등의 공동체 조직이 발달하였다.
㉢ 현세 구복적이고 호국적인 성향의 불교가 발달하였다.
㉣ 전근대에는 율령을 반포하여 통치 체제를 정비하였다.

① ㉠, ㉡         ② ㉠, ㉢
③ ㉡, ㉢         ④ ㉢, ㉣

## 02

다음에 제시된 자료와 관련된 시기에 살던 사람들의 생활상으로 옳은 것을 〈보기〉에서 모두 고른 것은?

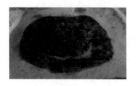 

● 보기 ●
㉠ 거푸집을 사용하여 도구를 제작하였다.
㉡ 먹다 남은 음식은 덧무늬 토기에 보관하였다.
㉢ 나무 열매나 곡물 껍질을 벗기기 위해 갈판과 갈돌을 사용하였다.
㉣ 동물을 사냥하거나 조리하는 데 찍개와 긁개 등을 사용하였다.

① ㉠, ㉡         ② ㉠, ㉢
③ ㉡, ㉢         ④ ㉢, ㉣

## 03

밑줄 친 '이 시기'에 대한 설명으로 옳은 것은?

> 이 시기에는 농기구가 개량되어 돌도끼나 홈자귀·괭이로 땅을 개간하여 곡식을 심을 수 있게 되고, 가을에는 반달 돌칼로 이삭을 잘라 추수하는 것이 가능해지면서 농경이 더욱 발전하였다.

① 덩이쇠가 생산되어 여러 나라에 공급되었다.
② 대표적인 유적지로는 공주 석장리, 서울 암사동 등이 있다.
③ 화덕의 위치가 대체로 움집 중앙에서 한쪽 벽면으로 이동하였다.
④ 무리 가운데 경험이 많은 사람이 지도자가 되었으나 정치 권력을 갖지는 못하였다.

## 04

다음 선사 시대에 대한 설명 중 옳은 것을 모두 고른 것은?

㉠ 구석기 시대에는 슴베찌르개, 바퀴날 도끼 등의 석기가 제작되었다.
㉡ 신석기 시대에는 움집을 세우는 데에 주춧돌을 이용하였다.
㉢ 청동기 시대에는 나무로 만든 농기구를 통해 땅을 개간하여 곡식을 심었다.
㉣ 초기 철기 시대에는 청동기 문화가 더욱 발달하여 잔무늬 거울 등이 제작되었다.

① ㉠, ㉡         ② ㉠, ㉣
③ ㉡, ㉢         ④ ㉢, ㉣

## 05

(가) 인물이 세운 왕조 시기의 고조선에 대한 설명으로 가장 옳은 것은?

> 연나라 사람 [ (가) ]도 망명하여 호복(胡服)을 하고 동쪽의 패수를 건너가서 준왕에게 투항하였다. [ (가) ]은/는 준왕을 설득하여 서쪽 경계에 거주하기를 구하였다. …… [ (가) ]은/는 사람을 보내 준왕에게 거짓으로 알리기를 '한나라의 군대가 10개의 길로 쳐들어오니, 들어가 숙위하기를 청합니다'라고 하고, 마침내 돌아와 준왕을 공격하였다.

① 청동기 문화를 본격적으로 수용하였다.
② 북방식 고인돌과 비파형동검의 분포 지역을 통해 통치 지역을 추측할 수 있다.
③ 우거왕이 연(燕)의 공격에 맞서 패수에서 대승을 거두었다.
④ 상·장군 등의 관직을 두고, 중국과 한반도를 잇는 중계 무역을 주도하였다.

## 06

다음을 통해 알 수 있는 고조선 건국에 대한 사실로 옳지 않은 것은?

> 옛날 환인의 아들 환웅이 천부인 3개와 3,000명의 무리를 이끌고 태백산 신단수 밑에 내려왔는데 이곳을 신시라 하였다. 그는 풍백, 우사, 운사로 하여금 인간의 360여 가지의 일을 주관하게 하였는데 …… 이때 곰과 호랑이가 사람이 되기를 원하므로 …… 곰은 금기를 지켜 21일 만에 여자로 태어났고 환웅과 혼인하여 아들을 낳았다. 이가 곧 단군왕검이었다.

① '곰'과 '호랑이'는 토테미즘을 숭배하는 집단을 뜻한다.
② '풍백', '우사', '운사'는 당시에 농경 사회가 발달하였음을 보여 준다.
③ '환인의 아들 환웅'과 혼인하여 '단군왕검'을 낳았다는 것은 고조선 건국 세력이 선민사상을 가지고 있었음을 보여준다.
④ '단군왕검'의 '단군'은 정치적 군장을 의미하고, '왕검'은 제사장을 의미한다.

## 07

선사 시대 유적지에 대한 설명 중 옳지 않은 것은?

① 청원 두루봉 동굴 – 흥수 아이라고 불리는 인골이 발견되었다.
② 부산 동삼동 – 조개 껍데기 가면 등의 예술품이 출토되었다.
③ 양양 오산리 – 환호, 목책 등 마을을 방어하는 시설이 발견되었다.
④ 부여 송국리 – 탄화미가 발견되어 벼농사가 이루어졌음을 알 수 있다.

## 08

다음 (가)~(라) 국가에 대한 설명으로 옳은 것은?

> (가) 장마와 가뭄이 연이어 오곡이 익지 않을 때, 왕에게 허물을 돌려 '왕을 마땅히 바꾸어야 한다'라거나 '왕을 마땅히 죽여야 한다'라고 하였다.
> (나) 나라에는 왕이 있고 …… 신분이 높고 낮음에 따라 각각 등급을 두었다. 왕의 종족으로서 대가는 모두 고추가로 불린다.
> (다) 그 나라 풍속에 여자 나이 10살이 되기 전에 혼인을 약속한다. 신랑 집에서 맞이하여 장성하도록 길러 아내를 삼는다.
> (라) 해마다 10월이면 하늘에 제사를 지내는데 밤낮으로 술 마시며 노래 부르고 춤추니, 이를 '무천'이라고 한다.

① (가) – 특산물로 말, 주옥, 모피 등이 유명하였다.
② (나) – 가족이 죽으면 가매장했다가 뼈를 추려 가족 공동 무덤에 안치하였다.
③ (다) – 동맹이라는 제천 행사가 행해졌다.
④ (라) – 아이가 출생하면 돌로 머리를 눌러 납작하게 하는 풍습이 있었다.

정답·해설 p.6

## **고대** 출제경향

* 최근 7개년 국가직·서울시·지방직 9급 시험 기준

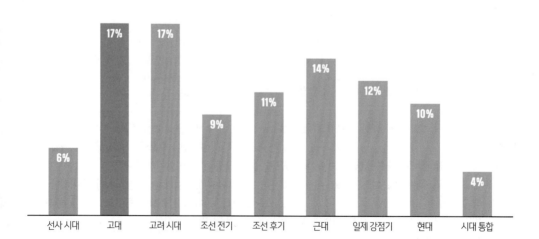

| 선사 시대 | 고대 | 고려 시대 | 조선 전기 | 조선 후기 | 근대 | 일제 강점기 | 현대 | 시대 통합 |
|---|---|---|---|---|---|---|---|---|
| 6% | 17% | 17% | 9% | 11% | 14% | 12% | 10% | 4% |

# II
# 고대

# 01 고대의 정치

| 1위 | **1** **삼국의 발전** | 소수림왕, 광개토 대왕, 장수왕, 근초고왕, 나·제 동맹, 무령왕, 성왕, 지증왕, 법흥왕, 진흥왕, 선덕 여왕 |
| 2위 | **6** **통일 신라의 발전** | 신문왕, 9주 5소경 완비, 관료전 지급, 국학 설치, 녹읍 폐지, 경덕왕, 녹읍 부활 |
| 3위 | **8** **발해의 발전** | 무왕, 문왕, 선왕, 신라도, 상경 용천부, 발해 국왕, 해동성국 |
| 4위 | **4** **신라의 삼국 통일 과정** | 고구려 부흥 운동, 백강 전투, 매소성 전투, 기벌포 전투 |
| 5위 | **3** **고구려의 대외 항쟁** | 살수 대첩, 연개소문, 안시성 전투 |
| 6위 | **7** **통일 신라의 쇠퇴와 후삼국 시대** | 원종·애노의 난, 김헌창의 난, 견훤 |
| 7위 | **2** **가야 연맹** | 금관가야, 대가야 |
| 8위 | **5** **삼국의 통치 조직** | 관등제, 화백 회의, 22담로, 5부, 5방 |
| 9위 | **9** **남북국의 통치 조직** | 집사부, 3성 6부제 |

---

**적중개념 | 1 삼국의 발전** ◁최다출제▷

**(1) 고구려**

| | | |
|---|---|---|
| **4C** | **미천왕(300~331)** | 서안평 점령(311), 낙랑군·대방군 축출(313~314) → 남쪽 진출의 발판 마련 |
| | **고국원왕(331~371)** | 전연(모용황)의 침입으로 수도(국내성) 함락, 백제 근초고왕의 공격으로 평양성에서 전사(371) |
| | **소수림왕(371~384)** | 전진과 수교, 태학 설립(372), 불교 수용·공인(372), 율령 반포(373) |
| **5C** | **광개토 대왕 (391~413)** | • 영락이라는 연호 사용<br>• 숙신(여진)·비려(거란) 정복, 후연(선비족)을 공격하여 요동 지역에 진출<br>• 백제의 한성을 공격하여 아신왕을 굴복시키고, 한강 이북 지역을 차지함<br>• 신라 내물 마립간의 요청을 받아들여 신라에 침입한 왜구 격퇴(400) |
| | **장수왕 (413~491)** | • 외교: 중국의 남북조와 각각 교류 → 상호 견제<br>• 남하 정책: 평양 천도(427) → 백제 한성을 함락(475)시켜 개로왕을 사살하고 죽령 ~남양만까지 영토 확장<br>• 광개토 대왕릉비 건립: 고구려 건국 신화·계보 및 광개토 대왕의 정복 활동 기록, 수묘인(능지기)의 숫자와 차출 방식·관리 규정, 독자적인 천하 의식 표출 등을 기록, 신묘년 기사의 해석(일본이 임나일본부설 근거로 제시) 대립 |
| **6~7C** | **영양왕 (590~618)** | • 여·수 전쟁: 수나라 양제의 침입 → 살수 대첩(을지문덕, 612)<br>• 한강 유역 공격(590, 온달 장군), 『유기』 100권을 이문진이 『신집』 5권으로 간추림 |
| | **보장왕 (642~668)** | • 여·당 전쟁: 당나라 태종의 침입 → 안시성 전투(645)<br>• 신라 문무왕 때 나·당 연합군의 공격으로 고구려 멸망(668) |

**32** 해커스공무원학원·공무원인강 gosi.Hackers.com

(2) 백제

| | | |
|---|---|---|
| 4C | 근초고왕<br>(346~375) | • 정치: 왕위의 부자 상속제 확립, 마한 정복, 황해도 지역을 놓고 고구려와 대결(평양성에서 고구려 고국원왕 전사), 중국의 요서·산둥 지방 진출, 동진과 교류, 일본의 규슈 지방까지 진출, 왜왕에게 칠지도 하사<br>• 문화: 『서기』 편찬(고흥), 일본에 선진 문물 전파(아직기) |
| | 침류왕<br>(384~385) | 불교 수용·공인(동진에서 온 인도의 승려 마라난타, 384) → 중앙 집권 체제를 사상적으로 뒷받침 |
| 5C | 비유왕(427~455) | 고구려 장수왕이 남하 정책을 전개하자, 신라 눌지 마립간과 나·제 동맹 체결(433) |
| | 개로왕<br>(455~475) | • 고구려의 남하 정책에 대응하여 북위에 원병을 요청하는 국서 전송<br>• 고구려 장수왕의 침입으로 한성이 함락되면서 전사(475) |
| | 문주왕<br>(475~477) | • 고구려 장수왕의 남하 정책으로 한성 함락 → 웅진(공주)으로 천도(475)<br>• 왕권이 약화되어 왕비족을 비롯한 귀족 세력에 의해 국정이 주도됨 |
| | 동성왕<br>(479~501) | • 웅진 토착 세력을 등용하여 귀족 세력을 견제하고 왕권을 강화하고자 함<br>• 신라 소지 마립간과 결혼 동맹 체결(나·제 동맹 강화, 493) → 고구려에 대항 |
| 6~7C | 무령왕<br>(501~523) | • 지방에 22담로를 설치하고 왕족 파견 → 지방에 대한 통제 강화<br>• 중국 남조의 양나라와 수교(무령왕릉이 남조의 영향을 받음) |
| | 성왕<br>(523~554) | • 체제 정비<br>  – 대외 진출이 용이한 사비(부여)로 천도(538)<br>  – 국호를 남부여로 변경<br>• 제도 정비<br>  – 중앙 관청을 22부로 확대·정비, 수도 5부·지방 5방 체제로 정비<br>  – 16관등제 확립<br>• 불교 전파: 일본에 노리사치계를 보내 불교를 전파함(552)<br>• 대외 정책: 신라와 연합하여 일시적으로 한강 하류 지역을 회복하였으나 진흥왕의 배신으로 한강 유역을 상실(553)하고, 신라와의 관산성 전투에서 전사(554) |
| | 의자왕<br>(641~660) | • 신라와의 대야성 전투에서 승리(대성을 비롯한 40여 성 탈취, 642)<br>• 나·당 연합군의 공격으로 사비성이 함락되면서 백제가 멸망함(660) |

### 단박 체크

**다음 기출문장을 읽고, 옳으면 O, 틀리면 X를 괄호 안에 쓰세요.**

01 고구려 소수림왕은 태학을 설립하고 율령을 반포하였다. (　　　)

02 고구려 장수왕은 평양으로 도읍을 천도하였다. (　　　)

03 백제 근초고왕은 북쪽으로는 고구려의 평양성까지 쳐들어가 고국천왕을 전사시켰다. (　　　)

04 백제의 비유왕은 고구려의 남하 정책에 대항하여 신라의 눌지왕과 동맹을 체결하였다. (　　　)

05 백제 무령왕은 북위에 사신을 보내 고구려를 공격해 줄 것을 요청하였다. (　　　)

06 백제 성왕은 국호를 남부여로 고치고 중흥을 꾀하였다. (　　　)

[정답]　01 O　02 O　03 X (고국원왕을 전사시킴)　04 O　05 X (개로왕 대의 사실)　06 O

(3) 신라 (통일 이전)

| | | |
|---|---|---|
| 4~5C | 내물 마립간<br>(356~402) | • 정치: 김씨의 왕위 세습 확립, '마립간(대군장)' 칭호 사용<br>• 정복 사업: 진한의 소국 정복<br>• 외교: 고구려를 통해 중국의 전진과 수교(전진에 사신 위두 파견, 382)<br>• 고구려(광개토 대왕)의 도움을 받아 왜구 격퇴 → 이후 고구려가 신라의 내정을 간섭(호<br>우명 그릇), 신라가 고구려를 통해 중국 선진 문물 수용 |
| | 눌지 마립간<br>(417~458) | • 왕위의 부자 상속제 확립<br>• 백제 비유왕과 나·제 동맹 체결(433)<br>• 불교 수용: 고구려의 승려 묵호자(또는 아도)가 불교 전파(공인 X, 민간에서 비밀리에<br>포교) |
| | 소지 마립간<br>(479~500) | • 백제 동성왕과 결혼 동맹 체결(493)<br>• 공문서 송달을 위해 우역(역참)을 설치하고, 수도 경주에 시장(시사) 개설 |
| 6~7C | 지증왕<br>(500~514) | • 국호 변경(사로국 → 신라), 왕호 변경(마립간 → 왕)<br>• 행정 구역 정비: 지방의 주·군 정비, 주에 군주 파견, 아시촌에 소경 설치<br>• 우경 장려, 순장 금지, 동시(시장)·동시전(시장 감독 기관) 설치<br>• 이사부를 보내 우산국(울릉도) 복속(512) |
| | 법흥왕<br>(514~540) | • 체제 정비: 율령 반포, 관등제 정비(17관등), 백관의 공복 제정(자·비·청·황색), 골품<br>제도 정비, '병부'와 '상대등' 설치<br>• 왕권 강화: '건원'이라는 자주적 연호 사용, 불교식 왕명 사용('성법흥대왕'이라 칭해지<br>기도 함)<br>• 이차돈의 순교를 계기로 불교 공인, 금관가야 정복(532) |
| | 진흥왕<br>(540~576) | • 체제 정비: 화랑도를 국가적인 조직으로 개편, 불교 교단 조직 정비, '경'과 '품주' 설치<br>• 대외 정책: 단양 적성비와 순수비 건립(한강 유역 등 영토 확보), 이사부를 보내 대가<br>야 정복(562)<br>• 연호 사용(개국, 대창, 홍제), 『국사』 편찬(거칠부), 황룡사 건립 |
| | 진평왕<br>(579~632) | • 아차산성 전투에서 고구려 온달 격퇴(590), 남산에 신성을 축조하고 남산 신성비를 건<br>립함(591)<br>• 수나라에 원광이 작성한 '걸사표(고구려 원정을 청하는 글)'를 바침 |
| | 선덕 여왕<br>(632~647) | • 첨성대 축조, 경주 분황사 모전 석탑 건립, 영묘사 건립, 자장의 건의로 황룡사 9층 목<br>탑 건립<br>• 백제 의자왕의 공격을 받아 대야성이 함락당함(642)<br>• 비담·염종의 난 발발(647) → 선덕 여왕 사후 김춘추, 김유신 등이 진압 |

## 적중개념 | 2 가야 연맹

(1) 전기 가야 연맹

| 성립 | 수로왕(뇌질청예)이 김해 지역에서 건국(42)한 금관가야를 중심으로 3세기경 정치 집단 간의 통합<br>이 일어나 전기 가야 연맹이 형성됨 |
|---|---|
| 발전 | 농경 문화(벼농사) 발달, 풍부한 철의 생산과 해상 교통을 이용하여 낙랑과 대방, 규슈 지방을 연결<br>하는 중계 무역을 전개 |
| 해체 | 4세기 초 백제와 신라의 팽창과 4세기 말~5세기 초에 고구려 광개토 대왕의 금관가야 공격으로 전<br>기 가야 연맹이 해체됨 |

(2) 후기 가야 연맹

| 성립 | 이진아시왕(뇌질주일)이 고령 지역에서 건국한 대가야를 중심으로 5세기 후반에 후기 가야 연맹 형성 |
|---|---|
| 발전 | • 5세기 후반 중국 남제와 수교, 6세기 초 전라북도 일부 지역까지 진출(백제, 신라와 대등하게 세력을 다툼)<br>• 국제적 고립에서 벗어나고자 신라와 결혼 동맹 체결(522) |
| 멸망 | • 금관가야 멸망(532): 구해왕(구형왕)이 신라 법흥왕에게 항복<br>• 대가야 멸망(562): 백제를 도와 관산성 전투에 참여하였으나 패배, 이후 신라 진흥왕이 보낸 이사부의 공격으로 멸망 |

### 적중개념 | 3 고구려의 대외 항쟁

| 고구려의 선제 공격 | 고구려 영양왕이 수나라의 요서 지방을 선제공격(598) |
|---|---|
| ↓ | |
| 수 문제의 침입 | 수 문제가 30만 대군을 이끌고 고구려에 침입했으나, 태풍으로 실패 |
| ↓ | |
| 수 양제의 침입과<br>살수 대첩 | 수 양제가 100만 대군을 이끌고 고구려에 침입 → 을지문덕이 살수에서 수나라 군대를 크게 격파(살수 대첩, 612) |
| ↓ | |
| 수의 멸망과<br>당의 건국 | 살수 대첩 이후에도 수나라는 두 차례 더 고구려를 공격하였으나 실패하였고, 거듭된 전쟁으로 인한 국력 소모와 내란으로 멸망(618) → 당 건국 |
| ↓ | |
| 천리장성 축조 | 영류왕 때 당의 침입에 대비하기 위해 천리장성 축조 시작(631, 연개소문이 관리·감독) |
| ↓ | |
| 연개소문의 정변<br>(대당 강경책) | 연개소문이 지방 군사력을 바탕으로 정변을 일으켜 영류왕을 제거하고 보장왕을 옹립(642)하여 정권 장악 → 이후 대당 강경책을 추진하여 당을 자극함 |
| ↓ | |
| 당 태종의 침입과<br>안시성 전투 | 당 태종이 고구려에 직접 침입하여 요동성, 개모성, 비사성 등 함락 → 그러나 안시성에서 군·민이 협력하여 당군(당 태종)을 격파(안시성 전투, 645) |

### 단박 체크

**다음 기출문장을 읽고, 옳으면 O, 틀리면 X를 괄호 안에 쓰세요.**

01 신라 지증왕은 울릉도를 정복해서 영토로 편입하였다. (     )

02 신라 법흥왕은 개국(開國), 대창(大昌), 홍제(鴻濟)라는 연호를 사용하였다. (     )

03 선덕 여왕 때 백제가 신라 대야성을 공격하여 함락시켰다. (     )

04 금관가야는 신라에 침입한 왜군을 낙동강 유역에서 물리쳤다. (     )

05 고구려의 을지문덕은 살수에서 수의 군대를 물리쳤다. (     )

06 고구려는 천리장성을 쌓고 방어 체제를 강화하는 등 수나라의 침략에 대비하였다. (     )

[정답] 01 O 02 X (개국, 대창, 홍제는 진흥왕의 연호) 03 O 04 X (고구려 광개토 대왕) 05 O 06 X (당의 침략에 대비)

## 적중개념 | 4 신라의 삼국 통일 과정

### (1) 나·당 동맹 체결(648)

| 배경 | 백제 의자왕이 신라의 대야성을 비롯한 40여 성을 탈취하고, 당항성을 공격(신라의 대당 교통로를 끊으려 함)<br>→ 신라는 고구려에 도움을 요청하였으나 거절당함 |
|---|---|
| 과정 | 고구려와의 동맹에 실패한 신라는 김춘추를 당에 보내 동맹을 제의 → 고구려 원정에 실패한 당이 신라의 동맹 제의를 수용하면서 나·당 동맹이 체결됨(648, 진덕 여왕) |

### (2) 백제의 멸망(660)과 부흥 운동(660~663)

| 백제 멸망 | • 원인: 백제 의자왕 말년에 왕을 비롯한 지배층의 사치와 향락으로 국력 소모<br>• 전개: 신라 김유신의 군대가 황산벌에서 계백의 결사대를 격파(황산벌 전투) → 이후 소정방이 이끄는 당군과 함께 백제의 사비성 공격<br>• 결과: 나·당 연합군의 공격으로 사비성이 함락되었고 웅진에 있던 의자왕이 항복하면서 백제 멸망(660, 의자왕) → 당이 백제의 영토에 웅진 도독부를 설치(660) |
|---|---|
| 백제 부흥 운동 | • 백제 유민의 저항: 복신과 도침은 주류성을 중심으로, 흑치상지와 지수신은 임존성을 중심으로 부여풍을 왕으로 추대하고 부흥 운동 전개<br>• 백강 전투(663): 왜의 수군이 백제 부흥군을 돕기 위해 백강 근처까지 왔으나 나·당 연합군에 패배 → 이후 백제 부흥 운동 실패 |

### (3) 고구려의 멸망(668)과 부흥 운동(669~673)

| 고구려 멸망 | • 거듭된 전쟁으로 인한 국력 소모와 연개소문 사후 지배층 분열<br>• 나·당 연합군의 공격으로 평양성이 함락되면서 고구려 멸망(668, 보장왕) → 당이 고구려의 영토에 안동 도호부를 설치(668) |
|---|---|
| 고구려 부흥 운동 | • 검모잠은 한성(황해도 재령)에서 보장왕의 서자 안승을 왕으로 추대하여 한때 평양성 탈환<br>• 고연무는 오골성에서 부흥 운동을 전개 → 그러나 고구려 부흥 운동은 결국 실패 |

### (4) 나·당 전쟁(670~676)과 신라의 삼국 통일(676)

| 원인 | 당이 한반도 지배 야욕을 드러냄(웅진 도독부, 계림 도독부, 안동 도호부 설치) |
|---|---|
| 과정 | • 소부리주 설치(671): 신라가 사비성을 공략하여 소부리주를 설치(신라가 백제의 옛 땅에 대한 지배권 장악)<br>• 고구려 부흥 운동 지원: 고구려 부흥 운동을 전개하던 안승이 검모잠을 죽이고 신라에 망명<br>　→ 신라는 안승을 금마저(익산)의 보덕국 왕에 봉함(674) → 이후 당의 세력을 축출하는 데 이용함<br>• 매소성 전투(675, 육군): 신라는 당나라 이근행의 20만 대군을 매소성에서 격파 → 신라가 전쟁의 주도권 장악<br>• 평양에 있던 안동 도호부를 요동성으로 축출<br>• 기벌포 전투(676, 수군): 신라가 금강 하구의 기벌포에서 당나라 설인귀의 수군 격파 → 나·당 전쟁 승리 |
| 결과 | 신라가 대동강에서 원산만을 경계로 삼국 통일 달성(676, 문무왕) |

**삼국의 통치 조직**

**(1) 중앙 통치 조직**

| 구분 | 고구려 | 백제 | 신라 |
|---|---|---|---|
| 관등 | • 10여 관등으로 구성<br>• 형 계열(족장 세력 출신)과 사자 계열(행정 관료 출신)로 구분 | • 16관등으로 구성<br>• 좌평 및 솔 계열, 덕 계열로 구성<br>• 관복색도 3색으로 구분 (자·비·청색) | 17관등(찬계) |
| 수상 | 대대로(대막리지) | 상좌평(내신좌평) | 상대등 |
| 귀족 회의 | 제가 회의 | 정사암 회의 | 화백 회의(만장일치제) |
| 관부 | • 내평: 내무 담당<br>• 외평: 외무 담당<br>• 주부: 재정 담당 | • 한성 시대: 6좌평(고이왕)<br>• 사비 천도 후: 내관 12부, 외관 10부의 22부(성왕) | 집사부와 병부 등 총 10부 |

**(2) 지방 행정 조직**

| 구분 | 고구려 | 백제 | 신라 |
|---|---|---|---|
| 수도 | 5부 | 5부 | 6부 |
| 지방 | 5부(욕살 파견)<br>→ 성(처려근지, 도사 파견) | 5방(방령 파견)<br>→ 군(군장 파견) | 5주(군주 파견)<br>→ 군(당주 파견) |
| 특수 행정 구역 | 3경: 국내성, 평양성, 한성 | 22담로<br>(지방 요충지, 왕족 파견) | 2소경: 북소경(강릉),<br>국원소경(충주) |

**(3) 군사 조직: 지방 행정 조직과 군사 조직의 일원화(대부분 지방관이 군 지휘관 겸임)**

| 구분 | 고구려 | 백제 | 신라 |
|---|---|---|---|
| 중앙 | 왕당이나 관군(국왕 직속 부대) | 각 부에 500명의 군대 배치 | 서당(국왕 직속 모병 부대) |
| 지방 | 각 성주가 병력 보유<br>(유사시 중앙에서 파견된 대모달,<br>말객이 군사 지휘) | 방령이 700~1,200명의<br>군사를 지휘 | 6정(주 단위로 배치, 군주가 지휘) |

---

**단박 체크**

**다음 기출문장을 읽고, 옳으면 O, 틀리면 X를 괄호 안에 쓰세요.**

**01** 신라의 김유신은 황산벌에서 백제군을 물리쳤다. (　　　)

**02** 복신과 도침 등이 주류성에서 군사를 일으켜 사비성의 당나라 군대를 공격하였다. (　　　)

**03** 백제·왜 연합군이 나·당 연합군과 백강에서 전투를 벌였다. (　　　)

**04** 신라는 당으로부터 사비성을 탈환하고 웅진 도독부를 대신하여 소부리주를 설치하였다. (　　　)

**05** 고구려의 지방은 5방으로 나뉘어 있었다. (　　　)

**06** 신라에는 상대등(上大等)을 의장으로 하는 만장 일치 합의체인 화백 회의가 있었다. (　　　)

**07** 신라의 관등은 크게 솔계 관등과 덕계 관등으로 나뉜다. (　　　)

[정답]　**01** O　**02** O　**03** O　**04** O　**05** X (5부)　**06** O　**07** X (백제)

## 적중개념 | 6 통일 신라의 발전

| 무열왕 | 집사부 중시(시중)의 기능 강화, 사정부(관리 감찰) 설치, 중국식 시호 사용, 백제를 멸망시킴(660) |
|---|---|
| 문무왕 | 삼국 통일 달성(676), 외사정(지방관 감찰) 파견, 관부 정비, 주의 장관 명칭을 군주에서 총관으로 변경 |
| 신문왕 | • 귀족 세력 숙청(김흠돌의 난 진압), 관료전 지급(687), 녹읍 폐지(689) → 전제 왕권 확립<br>• 중앙 관제 정비(집사부 이하 14관부), 지방 제도 정비(9주 5소경), 군사 조직 편성(9서당 10정), 국학 설치<br>• 달구벌(대구)로의 천도 시도, 만파식적 설화 전래 |
| 성덕왕 | 당과 국교 재개, 백관잠(관료들이 지켜야 할 덕목) 제시, 정전 지급(722), 국학 재정비 |
| 경덕왕 | 중국식 관직명 등을 사용, 국학을 태학(감)으로 개칭, 녹읍 부활(757), 불국사·석굴암 축조 |
| 혜공왕 | 왕권 약화(→ 진골 귀족들의 반란 → 김지정의 난으로 피살당함), 성덕 대왕 신종 완성 |

## 적중개념 | 7 통일 신라의 쇠퇴와 후삼국 시대

(1) 통일 신라의 쇠퇴

| 통일 신라 말의 상황 | • 중앙: 왕권 약화(왕위 쟁탈전, 155년간 20명의 왕위 교체), 6두품은 반신라적 경향을 띠며 호족과 결탁<br>• 지방: 민란이 빈번하게 발생, 호족의 성장(그 중 견훤과 궁예가 후백제·후고구려 건국 → 후삼국 시대 성립) |
|---|---|
| 통일 신라 말 주요 왕 | • 원성왕: 독서삼품과 실시, 주의 장관인 총관의 명칭을 도독으로 변경하여 행정적 성격 강화<br>• 헌덕왕: 웅천주 도독 김헌창의 난(822, 국호 장안·연호 경운), 김범문의 난(825, 김헌창의 아들)<br>• 흥덕왕: 집사부를 집사성으로 개칭, 완도에 청해진 설치(장보고, 828)<br>• 진성 여왕: 『삼대목』 편찬, 원종과 애노의 난(889), 적고적의 난(896) 등 농민 봉기 확산 |

(2) 후백제와 후고구려의 건국

| 후백제<br>(900~936) | • 건국: 견훤이 완산주(전주)에 후백제를 건국(900), 중국의 후당·오월 등과 적극적으로 교류<br>• 한계: 신라 경애왕을 살해하는 등 신라에 적대적, 지나친 조세 수취 |
|---|---|
| 후고구려<br>(901~918) | • 건국: 궁예가 송악에 후고구려 건국(901), 국호 변경(마진 → 태봉), 철원으로 천도(905)<br>• 한계: 지나친 조세 수취, 미륵 신앙을 통한 전제 정치, 궁예는 신하들에 의해 축출됨 |

## 적중개념 | 8 발해의 발전

| 고왕<br>(대조영, 천통) | 고구려 장군 출신, 고구려 유민과 말갈 집단을 기반으로 만주 동모산 기슭에서 진(震)국 건국(698)<br>→ 이후 대조영이 발해 군왕에 책봉되어 '발해'를 정식 국호로 채택 |
|---|---|
| 무왕<br>(대무예, 인안) | • 영토 확장, 북만주 일대 장악, 당과 흑수말갈이 연합하자 당의 산둥 지방을 선제공격(장문휴, 732)<br>• 돌궐·일본 등과 통교하여 당·신라 견제, 일본에 보낸 국서를 통해 고구려 계승 국가임을 표방 |
| 문왕<br>(대흠무, 대흥·보력) | • 당과 친교(문물 수입), 3성 6부제 정비, 주자감(교육 기관) 설치, 신라와의 상설 교통로를 통해 교류(신라도)<br>• 중경 현덕부 → 상경 용천부 → 동경 용원부로 천도(성왕 때 상경 용천부로 환도)<br>• 일본에 보낸 국서에서 '고려 국왕' 칭호 사용, 황제국 표방, 당으로부터 발해 국왕에 책봉됨 |
| 선왕<br>(대인수, 건흥) | • 말갈족 대부분을 복속하고 요동 지역까지 진출, 5경 15부 62주의 지방 조직 완비<br>• 해동성국이라 불리며, 당의 빈공과에서 다수의 급제자를 배출할 만큼 문물 번성 |
| 대인선 | 거란의 성장과 내부 귀족들의 권력 투쟁 등으로 국력 쇠퇴 → 거란(야율아보기)에 의해 발해 멸망(926) |

| 구분 | 통일 신라 | 발해 |
|------|-----------|------|
| 중앙 관제 | • 집사부를 중심으로 국정 운영<br>• 집사부 아래에 13부를 두어 행정 업무를 분담 | • 3성 6부제(당 제도 수용, 독자적 운영)<br>• 정당성 중심(대내상, 국정 총괄), 이원적 통치 체제 (좌사정, 우사정) |
| 최고 관직 | 시중(중시, 집사부의 장관) | 대내상(정당성의 장관) |
| 국립 대학 | 국학 | 주자감 |
| 감찰 기관 | 사정부(중앙), 외사정 파견(지방) | 중정대 |
| 지방 조직 | • 9주[주(총관 → 도독) ─ 군(태수 파견) ─ 현(현령 파견) ─ 촌(촌주, 파견 X)]<br>• 5소경(사신 파견) | • 5경(전략적 요충지)<br>• 15부(도독 파견)<br>• 62주[주(자사 파견) ─ 현(현승 파견) ─ 촌(촌장, 파견 X)] |
| 군사 조직 | • 중앙: 9서당(고구려, 백제, 말갈인 포함)<br>• 지방: 10정(각 주에 1정, 한산주에 2정 배치) | • 중앙: 10위(왕궁과 수도 경비)<br>• 지방: 농병 일치의 군대가 촌락 단위로 구성됨(지방관이 지휘)<br>• 특수군: 국경 요충지에 독립 부대 배치 |

### 단박 체크

**다음 기출문장을 읽고, 옳으면 O, 틀리면 X를 괄호 안에 쓰세요.**

01  신문왕 시기에 9서당 10정의 군사 조직을 갖추었다. (          )

02  경덕왕은 문무 관리에게 관료전을 지급하였다. (          )

03  발해 무왕은 장문휴를 시켜 당의 등주(산둥성)를 공격하였다. (          )

04  발해 선왕 때 대부분의 말갈족을 복속시키고 요동 지역으로 진출하였다. (          )

05  견훤은 900년에 무진주에서 후백제를 건국하였다. (          )

06  후고구려는 마진, 태봉 등의 국호를 사용하였다. (          )

07  발해는 전략적 요충지에는 5경을, 지방 행정의 중심부에는 15부를 두었다. (          )

08  발해의 군사 조직은 중앙군으로 10정을 두어 왕궁과 수도의 경비를 맡겼다. (          )

[정답]  01 O  02 X (신문왕의 업적)  03 O  04 O  05 X (완산주)  06 O  07 O  08 X (10위)

# 엄선기출문제

**01** 밑줄 친 '이 왕'에 대한 설명으로 옳은 것은? [2022년 국가직 9급]

> 백제 개로왕은 장기와 바둑을 좋아하였는데, 도림이 고하기를 "제가 젊어서부터 바둑을 배워 꽤 묘한 수를 알게 되었으니 개로왕께 알려드리기를 원합니다."라고 하였다. …(중략)… 개로왕이 (도림의 말을 듣고) 나라 사람을 징발하여 흙을 쪄서 성(城)을 쌓고 그 안에는 궁실, 누각, 정자를 지으니 모두가 웅장하고 화려하였다. 이로 말미암아 창고가 비고 백성이 곤궁하니, 나라의 위태로움이 알을 쌓아 놓은 것보다 더 심하게 되었다. 그제야 도림이 도망을 쳐 와서 그 실정을 고하니 <u>이 왕</u>이 기뻐하여 백제를 치려고 장수에게 군사를 나누어 주었다.
>
> – 「삼국사기」

① 평양으로 도읍을 천도하였다.
② 진대법을 처음으로 시행하였다.
③ 낙랑군을 점령하고 한 군현 세력을 몰아내었다.
④ 신라에 침입한 왜군을 낙동강 유역에서 물리쳤다.

**해설** **장수왕** 제시문에서 도림이 백제 개로왕의 실정을 고하자 백제를 치려하였다는 내용을 통해 밑줄 친 '이 왕'이 장수왕임을 알 수 있다. 이후 장수왕의 고구려군은 백제의 한성을 공격하였고, 이 과정에서 백제 개로왕이 전사하였다.
① 장수왕은 국내성에 기반을 둔 5부 귀족 세력을 약화시키고, 적극적인 남하 정책을 추진하기 위해 평양으로 천도하였다.

**오답 분석**
② 춘궁기에 곡식을 빌려주고 추수기에 갚도록 하는 진대법을 처음으로 시행한 왕은 고국천왕이다.
③ 낙랑군을 점령하고 한 군현 세력을 몰아낸 왕은 미천왕이다. 미천왕은 중국이 5호 16국 시대로 인해 혼란스러운 틈을 타 한반도에서 낙랑군과 대방군을 축출하여 대동강 유역을 차지하였다.
④ 신라에 침입한 왜군을 낙동강 유역에서 물리친 왕은 광개토 대왕이다. 광개토 대왕은 신라 내물 마립간의 요청에 따라 군사를 파견하여 신라에 침입한 왜군을 물리쳤다.

정답 ①

**02** 밑줄 친 '왕'에 대한 설명으로 가장 옳은 것은? [2022년 법원직 9급]

> 이때에 이르러 왕 또한 불교를 일으키려고 하였으나, 여러 신하들이 믿지 않고 이런저런 불평을 많이 하였으므로 왕이 근심하였다. …… 이차돈이 왕에게 아뢰기를, "바라건대 하찮은 신의 목을 베어 여러 사람들의 논의를 진정시키십시오."라고 하였다.
>
> – 「삼국사기」

① 이사부를 파견하여 우산국을 복속시켰다.
② 광개토 대왕의 지원으로 왜군을 격파하였다.
③ 대가야를 정복하여 가야 연맹을 해체시켰다.
④ 상대등을 설치하여 정치 조직을 강화하였다.

**해설** **법흥왕** 제시문에서 왕이 불교를 일으키려고 하였으나 신하들이 불평하자, 이차돈이 자신의 목을 베어 이를 진정시키라고 한 내용을 통해 밑줄 친 '왕'이 법흥왕임을 알 수 있다.
④ 법흥왕은 화백 회의의 주관자이자 귀족들의 대표인 상대등을 설치하여 정치 조직을 강화하였다.

**오답 분석**
① 이사부를 파견하여 우산국(울릉도)을 복속시킨 왕은 지증왕이다.
② 고구려 광개토 대왕의 지원으로 왜군을 격파한 왕은 내물 마립간이다.
③ 고령 지역의 대가야를 정복하여 가야 연맹을 해체시킨 왕은 진흥왕이다.

정답 ④

**03** 다음 사건을 시기순으로 바르게 나열한 것은?

> (가) 신라의 한강 유역 확보  (나) 관산성 전투
> (다) 백제의 웅진 천도  (라) 고구려의 평양 천도

① (가) → (라) → (나) → (다)  ② (나) → (다) → (가) → (라)

③ (다) → (나) → (가) → (라)  ④ (라) → (다) → (가) → (나)

해설  **삼국사의 전개**

④ 시기순으로 바르게 나열하면 (라) 고구려의 평양 천도(427) → (다) 백제의 웅진 천도(475) → (가) 신라의 한강 유역 확보(553) → (나) 관산성 전투(554)이다.

(라) 고구려 장수왕은 왕권 강화와 적극적인 남하 정책을 추진하기 위해 국내성에서 평양으로 천도하였다(427).

(다) 백제 문주왕은 고구려 장수왕의 남하 정책으로 한강 유역을 상실하고 개로왕이 살해당한 후 즉위하여 웅진(공주)으로 천도하였다(475).

(가) 신라 진흥왕은 백제와 연합하여 고구려로부터 한강 상류 지역을 빼앗고(551), 이후 나·제 동맹을 깨고 백제가 차지한 한강 하류 지역마저 빼앗아 한강 유역을 확보하였다(553).

(나) 백제 성왕은 신라 진흥왕에게 빼앗긴 한강 유역을 되찾기 위해 신라를 공격하였으나, 관산성 전투에서 전사하였다(554).

정답 ④

**04** (가) 나라에 대한 설명으로 옳은 것은?

> 북쪽 구지에서 이상한 소리로 부르는 것이 있었다. … (중략) … 구간(九干)들은 이 말을 따라 모두 기뻐하면서 노래하고 춤을 추었다. 자줏빛 줄이 하늘에서 드리워져서 땅에 닿았다. 그 줄이 내려온 곳을 따라가 붉은 보자기에 싸인 금으로 만든 상자를 발견하고 열어보니, 해처럼 둥근 황금알 여섯 개가 있었다. 알 여섯이 모두 변하여 어린아이가 되었다. … (중략) … 가장 큰 알에서 태어난 수로(首露)가 왕위에 올라 ___(가)___ 를/을 세웠다.
> – 「삼국유사」

① 해상 교역을 통해 우수한 철을 수출하였다.  ② 박, 석, 김씨가 교대로 왕위를 계승하였다.

③ 경당을 설치하여 학문과 무예를 가르쳤다.  ④ 정사암 회의를 통해 재상을 선발하였다.

해설  **금관가야** 제시문은 『삼국유사』에 수록된 가야의 건국 설화로, 가장 큰 알에서 태어난 수로가 왕위에 올라 나라를 세웠다는 내용을 통해 (가) 나라가 금관가야임을 알 수 있다.

① 금관가야는 해상 교역을 통해 낙랑, 일본 규슈에 우수한 철을 수출하였다. 금관가야에서는 대외 교역에 철로 만든 덩이쇠를 화폐와 같은 교환 수단으로 이용하기도 하였다.

오답 분석

② 박, 석, 김씨가 교대로 왕위를 계승한 나라는 신라이다. 신라는 내물 마립간에 의해 김씨가 독점적으로 왕위를 계승하기 전까지 박, 석, 김씨가 교대로 왕위를 계승하였다.

③ 경당을 설치하여 학문과 무예를 가르친 나라는 고구려이다. 경당은 고구려 장수왕 때 평양으로 천도한 이후 설립된 사립 교육 기관으로, 청소년에게 한학과 무술을 가르쳤다.

④ 정사암 회의를 통해 재상을 선발한 나라는 백제이다. 정사암 회의는 백제의 귀족 회의로, 회의에 참석한 백제의 귀족들이 정사암이라는 바위에서 재상을 선출하였으며 국가의 중대사를 결정하였다.

정답 ①

**05** 삼국 시대의 정치 제도에 대한 설명으로 옳은 것만을 모두 고르면?

[2018년 지방직 9급]

> ㉠ 삼국의 관등제와 관직 제도 운영은 신분제에 의하여 제약을 받았다.
> ㉡ 고구려는 대성(大城)에는 처려근지, 그 다음 규모의 성에는 욕살을 파견하였다.
> ㉢ 백제는 도성에 5부, 지방에 방(方)−군(郡) 행정 제도를 시행하였다.
> ㉣ 신라는 10정 군단을 바탕으로 영역을 확장하고 삼국 통일을 이룩하였다.

① ㉠, ㉡                    ② ㉠, ㉢
③ ㉡, ㉣                    ④ ㉢, ㉣

---

해설 **삼국 시대의 정치 제도**
㉠ 삼국의 관등제와 관직 제도 운영은 신분제에 의해 제약을 받았다. 특히 신라의 경우 골품제라는 신분제를 기준으로 관직의 승진과 가옥의 크기, 수레의 크기 등 일상생활까지 제한받았다.
㉢ 백제는 도성에 5부로 나누었으며, 지방에는 5방을 두었고 방(方)아래에는 군(郡)을 두었다. 지방의 5방에는 방령이, 방 아래의 군에는 군장이 파견되었다.

오답
분석
㉡ 고구려는 대성(大城)에 욕살을 파견하였고, 그 다음 규모의 성에 처려근지(또는 도사)를 파견하였다.
㉣ 신라의 지방군으로 10정 군단이 설치된 것은 삼국 통일 이후이며, 통일 이전에는 6정의 군단으로 조직되었다.

정답 ②

---

**06** 밑줄 친 '그'에 대한 설명으로 옳은 것은?

[2022년 지방직 9급]

> 이날 소정방이 부총관 김인문 등과 함께 기벌포에 도착하여 백제 군사와 마주쳤다. …(중략)… 소정방이 신라군이 늦게 왔다는 이유로 군문에서 신라 독군 김문영의 목을 베고자 하니, 그가 군사들 앞에 나아가 "황산 전투를 보지도 않고 늦게 온 것을 이유로 우리를 죄주려 하는구나. 죄도 없이 치욕을 당할 수는 없으니, 결단코 먼저 당나라 군사와 결전을 한 후에 백제를 쳐야겠다."라고 말하였다.

① 살수에서 수의 군대를 물리쳤다.
② 김춘추의 신라 왕위 계승을 지원하였다.
③ 청해진을 설치하고 해상 무역을 전개하였다.
④ 대가야를 정벌하여 낙동강 유역을 확보하였다.

---

해설 **김유신** 제시문에서 황산 전투를 치르고 왔다는 내용을 통해 밑줄 친 '그'가 신라의 김유신임을 알 수 있다. 김유신은 황산벌에서 백제 계백의 결사대를 격파(황산벌 전투)한 후, 소정방이 이끄는 당군과 함께 백제의 사비성을 함락시켰다.
② 김유신은 김춘추의 신라 왕위 계승을 지원하여 무열왕으로 즉위하는데 기여하였으며, 이후 신라의 삼국 통일에 큰 공을 세웠다.

오답
분석
① 살수에서 수의 군대를 물리친 인물은 고구려의 을지문덕이다. 을지문덕은 수 양제가 대군을 이끌고 고구려를 침공하자, 적을 유인해 살수(청천강)에서 수의 군대를 크게 격파하였다(살수 대첩).
③ 청해진을 설치하고 해상 무역을 전개한 인물은 통일 신라의 장보고이다. 장보고는 흥덕왕에게 건의하여 지금의 완도에 청해진을 설치하고 해적을 소탕하여 남해와 황해의 해상 교통권을 장악한 후, 당, 신라, 일본을 잇는 해상 무역을 전개하였다.
④ 대가야를 정벌하여 낙동강 유역을 확보한 인물은 신라의 진흥왕이다. 진흥왕은 이사부와 사다함을 파견하여 대가야를 정벌하고 낙동강 유역까지 영토를 넓혔다.

정답 ②

**07** 밑줄 친 '이 왕'에 대한 설명으로 옳은 것은?

[2021년 지방직 9급]

> 문무왕이 왜병을 진압하고자 감은사를 처음 창건하려 했으나, 끝내지 못하고 죽어 바다의 용이 되었다. 뒤이어 즉위한 이 왕이 공사를 마무리하였다. 금당 돌계단 아래에 동쪽을 향하여 구멍을 하나 뚫어 두었으니, 용이 절에 들어와서 돌아다니게 하려고 마련한 것이다. 유언에 따라 유골을 간직해 둔 곳은 대왕암(大王岩)이라고 불렀다.
>
> – 「삼국유사」

① 건원이라는 독자적인 연호를 사용하였다.    ② 국학을 설립하여 유학을 교육하였다.
③ 백성에게 처음으로 정전을 지급하였다.    ④ 진골 출신으로서 처음 왕위에 올랐다.

해설    **신문왕** 제시문에서 문무왕의 뒤를 이어 즉위하였다는 내용과 감은사 공사를 마무리하였다는 내용을 통해 밑줄 친 '이 왕'이 신문왕임을 알 수 있다.
② 신문왕은 유학 교육 기관인 국학을 설립하여 유학을 교육하고 유교 정치 이념을 확립하여 왕권을 강화하고자 하였다.

오답
분석    ① 건원이라는 독자적인 연호를 사용한 왕은 법흥왕이다. 법흥왕은 신라 최초로 '건원'이라는 독자적인 연호를 사용하였다.
③ 백성에게 처음으로 정전을 지급한 왕은 성덕왕이다. 성덕왕은 백성들에게 정전을 지급함으로써 국가의 토지 지배력을 강화하였다.
④ 진골 출신으로 처음 왕위에 오른 왕은 무열왕이다. 무열왕 이전까지는 성골 출신이 왕위를 계승하였으나, 진덕 여왕 이후 성골이 소멸되면서 진골 출신이었던 김춘추(무열왕)가 왕위에 오르게 되었다.

정답 ②

**08** 밑줄 친 '이 나라'에 대한 설명으로 옳은 것은?

[2022년 지방직 9급]

> ○ 이 나라에서 귀하게 여기는 것에는 태백산의 토끼, 남해부의 다시마, 책성부의 된장, 부여부의 사슴, 막힐부의 돼지, 솔빈부의 말, 현주의 베, 옥주의 면, 용주의 명주, 위성의 철, 노성의 쌀 등이 있다.
>
> – 「신당서」
>
> ○ 이 나라의 땅은 영주(營州)의 동쪽 2천 리에 있으며, 남으로는 신라와 서로 접한다. 월희말갈에서 동북으로 흑수말갈에 이르는데, 사방 2천 리, 호는 십여 만, 병사는 수만 명이다.
>
> – 「구당서」

① 중앙에 6좌평의 관제를 마련하였다.    ② 9서당 10정의 군사 조직을 갖추었다.
③ 지방을 5경 15부 62주로 편성하였다.    ④ 제가 회의에서 국가의 중대사를 결정하였다.

해설    **발해** 제시문에서 솔빈부의 말 등을 귀하게 여겼으며, 남으로는 신라와 접한다는 것을 통해 밑줄 친 '이 나라'가 발해임을 알 수 있다.
③ 발해는 선왕 때 지방 행정 구역을 5경 15부 62주로 편성하였다. 5경은 전략적 요충지에, 15부는 지방 행정의 중심지에 설치되었고, 부 아래에 는 62주와 현, 촌이 있었다.

오답
분석    ① 중앙에 6좌평의 관제를 마련한 나라는 백제이다. 백제는 고이왕 때 중앙 관제를 정비하여 6좌평제와 16관등제를 마련하고, 관리의 공복을 제정하였다.
② 9서당 10정의 군사 조직을 갖춘 나라는 통일 신라이다. 통일 신라는 신문왕 때 군사 조직을 정비하여 중앙군인 9서당과 지방군인 10정을 편성하였다.
④ 귀족 회의인 제가 회의에서 국가의 중대사를 결정하였던 나라는 고구려이다.

정답 ③

## 적중문제

### 01

밑줄 친 '왕'의 재위 기간에 있었던 사실로 옳은 것은?

> 동옥저를 정벌하여 그 땅을 취하고 성읍을 만들며 국경을 개척하였는데, 동으로는 창해(동해)에 이르고 남으로는 살수에 이르렀다. …… 왕이 군사를 일으켜 요동 서안평을 습격하여 대방령을 죽이고 낙랑 태수의 처자를 잡아 왔다.
>
> – 『삼국사기』

① 관구검의 침입으로 환도성이 함락되었다.
② 계루부의 고씨가 왕위를 독점적으로 세습하게 되었다.
③ 왕위 계승이 형제 상속제에서 부자 상속제로 확립되었다.
④ 낙랑군을 축출하고 대동강 유역을 차지하는 데 성공하였다.

### 02

다음의 상황이 일어났던 시기에 고구려에서 있었던 일로 옳은 것은?

> 백제가 서약을 어기고 왜와 화통하므로, 왕은 평양으로 순수해 내려갔다. 신라가 사신을 보내 왕에게 말하기를, '왜인이 그 국경에 가득차 성을 부수었으니, 노객은 백성된 자로서 왕에게 귀의하여 분부를 청한다.'라고 하였다.

① 고구려 최대 영토를 확보할 수 있었다.
② 후연, 숙신 등을 정벌하여 영토를 확장하였다.
③ 평양으로 천도하여 왕권과 국가 경쟁력을 강화시키고자 하였다.
④ 백제의 수도인 한성을 함락시키고 한강 유역으로 진출하였다.

### 03

신라 왕호의 변천 과정에서 ㉠에 들어갈 칭호를 사용한 시기에 있었던 사실로 옳지 않은 것은?

> 왕을 부르기를 거서간이라고 하는데, 진(辰)의 말로 왕이며 혹은 귀인을 부르는 칭호라고도 한다. 또 차차웅(次次雄) 혹은 자충(慈充)이라고도 한다. …… 또 이사금이라고도 하는데, 잇금을 이른 말이다. …… 혹자는 (왕을) ( ㉠ )(이)라고도 부른다. …… 거서간, 차차웅이란 이름을 쓴 이가 각기 하나요, 이사금이라 한 이가 열여섯이며, ( ㉠ )(이)라 한 이가 넷이다.
>
> – 『삼국유사』

① 사방에 우역(郵驛)을 두었다.
② 율령을 반포하고, 공복을 제정하였다.
③ 김씨에 의한 왕위 계승권이 확립되었다.
④ 고구려의 승려 묵호자가 불교를 전파하였다.

### 04

(가)와 (나) 시기 사이의 백제에 대한 설명으로 옳은 것은?

> (가) 왕은 신라에 사신을 보내 혼인을 청하였는데, 신라의 왕이 이벌찬(伊伐飡) 비지(比智)의 딸을 시집보냈다.
>
> (나) 왕은 신라를 습격하기 위하여 친히 보병과 기병 50명을 거느리고 밤에 구천(狗川)에 이르렀는데, 신라의 복병이 나타나 그들과 싸우다가 살해되었다.

① 도읍을 금강 유역의 웅진으로 옮겼다.
② 관등제를 정비하고 백관의 공복을 제정하였다.
③ 국호를 남부여로 고치고 중흥을 꾀하였다.
④ 동진으로부터 불교를 수용하여 공인하였다.

## 05

(가), (나) 사이에 있었던 사실로 옳은 것은?

> (가) 고구려가 백제를 치기 위하여 첩자 노릇을 할 만한 자를 구하자 승려 도림이 자원하였다. …… 도림은 거짓으로 죄를 지어 도망하는 체하고 백제로 들어왔다. 당시 백제의 왕 근개루는 장기와 바둑을 좋아하였는데, 도림이 일찍이 바둑을 배워 묘수의 경지를 알고 있다고 하자 이에 왕은 그를 귀한 손님으로 대우하였다.
>
> (나) 당의 여러 장수가 안시성을 급히 공격하였다. …… 당은 성의 동남쪽 모서리에서 토산을 쌓고 성을 위협하였는데, 성 안에서도 또한 성벽을 높이 쌓고 그에 맞섰다. …… 토산이 무너지며 성을 눌러서 성이 무너졌다. …… 황제는 요동이 일찍 추워져서 풀이 마르고 물이 얼므로 오래 머물기 어렵고, 또한 군량이 떨어져 갔으므로 명하여 철군하도록 하였다.

① 영락이라는 독자적인 연호를 사용하였다.
② 율령을 반포하여 국가 체제를 정비하였다.
③ 온달 장군을 보내 한강 유역을 공격하였다.
④ 부족적 5부를 행정적 5부로 개편하였다.

## 06

밑줄 친 '국왕'에 대한 설명으로 옳은 것은?

> 국왕은 병부를 설치하여 직접 병권을 장악하였고, 건원이라는 독자적인 연호를 사용하였다. 또한 영토 확장에 힘을 기울여 금관가야를 정복하였다.

① 최초로 소경을 설치하였다.
② 왕호를 이사금에서 마립간으로 바꾸었다.
③ 이차돈의 순교를 계기로 불교를 공인하였다.
④ 고령의 대가야를 정복하여 낙동강 유역을 확보하였다.

## 07 고난도 문제

(가), (나) 시기의 사실로 옳지 않은 것은?

| 평양성 전투 | 나·제 동맹 체결 | (가) | (나) | 관산성 전투 | 나·당 동맹 체결 |
|---|---|---|---|---|---|
| | | 나·제 결혼 동맹 체결 | | | |

① (가) - 고구려가 수도를 평양으로 옮겼다.
② (가) - 고구려가 한성을 비롯한 한강 유역을 차지하였다.
③ (나) - 백제가 수도를 사비로 옮기고 국호를 남부여로 바꿨다.
④ (나) - 금관가야가 멸망하여 신라에 병합되었다.

## 08

다음 (나) 시기에 일어난 사실로 옳은 것을 〈보기〉에서 모두 고른 것은?

> (가) 지방을 주·군·현 제도로 정비하고, 이사부를 실직주의 군주로 삼았다.
> (나)
> (다) 원광 법사로 하여금 수나라에 고구려 원정을 청하는 걸사표를 작성하도록 하였다.

● 보기 ●
㉠ 『백관잠』을 지어 관료들에게 나누어주었다.
㉡ 황룡사 9층 목탑을 건립하였다.
㉢ 고구려를 공격하여 한강 유역을 확보하였다.
㉣ 상대등을 설치하였다.

① ㉠, ㉢                  ② ㉠, ㉣
③ ㉡, ㉢                  ④ ㉢, ㉣

## 09

**밑줄 친 '왕'에 대한 설명으로 옳은 것은?**

> 신령한 사람이 일러서 "지금 너희 나라는 여자로서 임금을 삼았기 때문에 덕은 있으나 위엄이 없으므로 이웃 나라들이 해치려고 하니 … (중략)… 황룡사에 9층 탑을 세우면 이웃 나라들이 항복을 하고 9개 나라가 와서 조공할 것이며 왕위가 길이 평안하리라."하였다. …(중략)… 귀국하여 탑을 세우는 일에 대하여 <u>왕</u>에게 아뢰었다.

① 천체 관측 기구인 첨성대를 건립하였다.
② 화랑도를 국가적인 조직으로 개편하였다.
③ 오언태평송(五言太平頌)을 지어 당 고종에게 보냈다.
④ 각간 위홍으로 하여금 향가집인 『삼대목』을 편찬하게 하였다.

## 10

**밑줄 친 '그'에 대한 설명으로 옳은 것은?**

> <u>그</u>는 15세에 화랑이 되었는데, 당시 사람들은 <u>그</u>를 기꺼이 따르며 '용화향도'라고 불렀다. …… 진덕 여왕이 돌아가셨으나 대를 이를 자식이 없었다. <u>그</u>는 재상인 이찬 알천과 상의하여 이찬 춘추를 맞아들여 왕위에 오르게 하였다.

① 천리장성의 축조를 맡아 수행하였다.
② 비담, 염종이 일으킨 난을 진압하였다.
③ 의열사(義烈祠)와 충곡 서원에 제향되었다.
④ 적산촌에 법화원이라는 사찰을 건립하였다.

## 11

**㉠이 세운 나라에 대한 설명으로 옳지 않은 것은?**

> 어느 날, 김해의 구지봉에서 수상한 소리로 부르는 기척이 있었다. "구하구하(龜何龜何) 수기현야(首其現也) 약불현야(若不現也) 번작이끽야(燔灼而喫也)라고 노래를 부르면서 발을 구르고 춤추어라. 그러면 대왕을 맞이하게 될 것이다."라고 하였다. 그 말과 같이 모두 기뻐하면서 노래하고 춤추자 금으로 된 상자가 나타났다. 열어 보니 황금알 6개가 있었는데 둥근 것이 해와 같았다. … (중략)… 그중 맏이인 [ ㉠ ]이/가 그달 보름에 왕위에 올랐으며, 나머지 다섯도 각각 왕이 되었다.
> – 「삼국유사」

① 신라 진흥왕의 공격을 받아 멸망하였다.
② 낙랑, 규슈 등을 잇는 중계 무역을 전개하였다.
③ 덩이쇠를 화폐와 같은 교환 수단으로 이용하였다.
④ 시조인 ㉠은 아유타국에서 온 공주와 혼인을 하였다고 전한다.

## 12

**(가)에 들어갈 나라에 대한 설명으로 옳지 않은 것은?**

> 고령군은 본래 [ (가) ](으)로서 시조인 이진아시왕으로부터 도설지왕에 이르기까지 무릇 16세 520년 동안 존속되었다. …… 진흥대왕이 쳐서 멸망시켰고 경덕왕이 이름을 바꾸어, 지금도 그대로 따르고 있다.

① 신라 법흥왕과 결혼 동맹을 체결하였다.
② 5세기 후반에 가야의 주도 세력이 되었다.
③ 중국 남제에 사신을 파견하였다.
④ 광개토 대왕의 남하 정책으로 쇠퇴하였다.

## 13

(가)~(라)를 일어난 순서대로 바르게 나열한 것은?

> (가) 당 태종이 10만 명의 군대를 이끌고 침략하였으나, 고구려는 안시성 전투에서 승리하여 당군을 격퇴하였다.
>
> (나) 고구려가 수나라의 전략적 요충지였던 요서 지방을 선제공격하였다.
>
> (다) 을지문덕이 평양으로 직접 쳐들어오려는 수의 대군을 살수에서 궤멸시켰다.
>
> (라) 고구려가 북쪽의 부여성에서부터 남쪽의 비사성에 이르는 천리장성을 축조하기 시작하였다.

① (나) → (다) → (라) → (가)
② (나) → (라) → (다) → (가)
③ (다) → (나) → (라) → (가)
④ (다) → (가) → (나) → (라)

## 14

(가) 시기에 해당되는 사실로 옳은 것은?

> 김춘추는 앞서 고구려에 청병하였으나 이루지 못하여 마침내 당나라에 들어가 군사를 요청하였다.

↓

(가)

↓

> 보장왕은 연남산을 보내 수령 98명을 거느리고 흰 기를 들고 이적에게 나아가 항복하였다.

① 의자왕의 공격을 받아 신라의 대야성이 함락되었다.
② 나·당 연합군의 공격으로 사비성이 함락되면서 백제가 멸망하였다.
③ 당은 평양에 안동 도호부를 설치하고, 설인귀를 도호부사로 임명하였다.
④ 신라는 당나라의 대군을 매소성에서 격파하여 나·당 전쟁의 주도권을 장악하였다.

## 15 고난도 문제

밑줄 친 인물 (가), (나)에 대한 설명으로 옳은 것은?

> ○ 수임성(水臨城) 사람인 대형 모잠이 유민들을 모아 …… 그들은 신라로 향하던 중에 서해의 사야도(史冶島)에 이르러 고구려 대신 연정토의 아들 (가) 안승을 만나 한성 안으로 맞아들여 왕으로 삼았다.
>
> ○ 승려 도침과 옛 장수 (나) 복신이 무리를 이끌고 주류성에 웅거하며 반란을 일으켰다.

① (가) – 무열왕에 의해 보덕국의 왕으로 봉해졌다.
② (가) – 왜의 지원을 받아 백강에서 나·당 연합군과 전투를 벌였다.
③ (나) – 당에 항복하여 당군이 임존성을 함락하는 데 공을 세웠다.
④ (나) – 백제의 왕자 부여풍을 왕으로 추대하였다.

## 16

다음은 삼국 시대 귀족 회의에 대한 설명이다. ㉠~㉢에 해당하는 국가의 통치 체제에 대한 설명으로 옳은 것은?

> ㉠ 호암사에는 정사암이 있다. …… 사람 서너 명의 이름을 써서 상자에 넣고 봉하여 바위 위에 두었다가 …… 이름 위에 도장이 찍힌 자국이 있는 사람을 재상으로 삼았기 때문에 그렇게 불렀다.
>
> ㉡ 죄를 지은 자가 있으면 제가가 의논하여 곧바로 그를 죽이고, 죄인의 처와 자식은 노비로 삼는다.
>
> ㉢ 일이 있으면 반드시 여러 사람과 의논하여 결정하는데, 이를 화백이라 하였다. 한 사람이라도 다른 의견을 내면 중지하였다.

① ㉠에서는 대대로가 국정을 총괄하였다.
② ㉡의 관등은 크게 형(兄)계와 사자(使者)계로 구분된다.
③ ㉢에서는 정당성 아래에 있는 6부가 정책을 집행하였다.
④ ㉡과 ㉢은 지방을 크게 5부로 나누어 관리하였다.

**17**

다음 ㉠~㉢에 들어갈 내용으로 옳은 것은?

> 고구려는 지방을 5부로 나누어 ( ㉠ )을/를 파견하였고, 그 다음 규모의 성에는 ( ㉡ )을/를 파견하였다. …(중략)… 삼국의 지방 행정 조직은 그대로 군사 조직이기도 하였으므로 각 지방의 지휘관은 곧 군대의 지휘관이었다. 백제의 ( ㉢ )은/는 각각 700~1,200명의 군사를 거느렸다. ……

| | ㉠ | ㉡ | ㉢ |
|---|---|---|---|
| ① | 처려근지 | 욕살 | 군주 |
| ② | 욕살 | 처려근지 | 방령 |
| ③ | 욕살 | 방령 | 군주 |
| ④ | 처려근지 | 군주 | 욕살 |

**18** 고난도 문제

다음 향가가 만들어진 국왕 대의 사실로 옳은 것은?

> 임금은 아버지요 신하는 사랑하실 어머니시라.
> 백성을 어리석은 아이라 여기시니, 백성이 그 사랑을 알리라.
> 꾸물거리며 사는 물생들에게, 이를 먹여 다스리네.
> 이 땅을 버리고 어디로 가랴, 나라 안이 유지됨을 아리이다.
> 아아! 임금답게 신하답게 백성답게 할지면, 나라 안이 태평하리라.
> – 「안민가」

① 원종과 애노가 난을 일으켰다.
② 해적을 소탕하기 위해 청해진을 세웠다.
③ 인평(仁平)이라는 독자적인 연호를 사용하였다.
④ 국학을 태학(감)으로 고치고 학문을 장려하였다.

**19**

(가)와 (나) 인물에 대한 설명으로 옳은 것은?

> (가) 그는 머리를 깎고 승려가 되어 스스로 선종(善宗)이라고 이름하였다. 신라 말에 정치가 잘못되고 백성이 흩어져 반란 세력에 모여드는 것을 보고 이런 혼란기를 틈타 무리를 모으면 자신의 뜻을 이룰 수 있다고 생각하여 죽주의 도적 기훤에게 의탁하였다가, 다시 북원의 도적 양길에게 의탁하였다.
>
> (나) 그가 서쪽으로 순행하여 완산주에 이르니 그 백성이 환영하고 위로하였다. 그는 인심을 얻은 것을 기뻐하며 좌우에게 말하였다. "…… 내 이제 감히 완산에 도읍하여 의자왕의 묵은 분함을 씻지 않겠는가?" 드디어 후백제 왕을 자칭하고 관직을 마련하니, 이때가 신라 효공왕 4년이었다.

① (가) – 서경을 중시하여 북진 정책의 전진 기지로 삼았다.
② (가) – 국호를 마진으로 바꾸고 철원으로 천도하였다.
③ (나) – 예성강을 중심으로 성장한 해상 세력이다.
④ (나) – 고창 전투에서 왕건의 고려군에게 승리하였다.

**20**

(가) 재위 시기에 일어난 사실로 옳은 것은?

> 당 현종 개원 7년에 대조영이 죽으니, 그 나라에서 사사로이 시호를 올려 고왕(高王)이라 하였다. 아들 ____(가)____ 이/가 뒤이어 왕위에 올라 영토를 크게 개척하니, 동북의 모든 오랑캐가 겁을 먹고 그를 섬겼으며, 또 연호를 인안으로 고쳤다.
> – 「신당서」

① 당으로부터 해동성국이라는 칭호를 얻었다.
② 신라도를 통해 신라와 교류하기 시작하였다.
③ 당을 견제하기 위해 돌궐 및 일본 등과 교류하였다.
④ 왕을 '황상(皇上)'이라고 칭하여 황제국을 표방하였다.

## 21 고난도 문제

발해에서 다음과 같은 사실이 있었던 국왕 대의 통일 신라의 상황으로 옳은 것은?

- 중앙 관제를 3성 6부 체제로 정비하였다.
- 대흥이라는 연호를 사용하였다.

① 귀족 세력의 반발로 녹읍이 부활하였다.
② 외사정을 파견하기 시작하였다.
③ 김헌창이 웅주를 근거로 반란을 일으켰다.
④ 9주 5소경 체제로 정비하였다.

## 22

밑줄 친 '그'에 해당하는 발해 왕의 업적으로 옳은 것은?

그는 대조영의 동생 대야발의 후손이다. 그는 대부분의 말갈족을 복속시키고, 요동 지역으로 진출하였으며, 남으로는 신라와 국경을 접하는 넓은 영토를 차지하였다. 이후 전성기를 맞은 발해는 중국으로부터 해동성국(海東盛國)이라고 불렸다.

① 국호를 발해로 바꾸었다.
② 5경 15부 62주로 지방 제도를 완비하였다.
③ 불교의 이상적인 군주인 전륜성왕을 자처하였다.
④ 수도를 동경에서 상경으로 옮기고 '중흥' 연호를 사용하였다.

## 23

다음은 발해와 관련된 사건들이다. ㉠~㉣을 일어난 순서대로 바르게 나열한 것은?

㉠ 동경 용원부에서 상경 용천부로 수도를 옮겼다.
㉡ 장문휴로 하여금 산둥 지방을 공격하게 하였다.
㉢ 당으로부터 발해 군왕으로 책봉되었다.
㉣ 거란 야율아보기의 침입을 받았다.

① ㉠ → ㉡ → ㉣ → ㉢
② ㉠ → ㉣ → ㉡ → ㉢
③ ㉢ → ㉠ → ㉡ → ㉣
④ ㉢ → ㉡ → ㉠ → ㉣

## 24

(가) 국가에 대한 설명으로 옳지 않은 것은?

왕자 대봉예가 당 조정에 문서를 올려, (가) 이/가 신라보다 윗자리에 자리 잡기를 청하였다. 이에 대해 대답하기를, "국명의 선후는 원래 강약에 따라 일컫는 것이 아닌데, 조정 제도의 등급과 위엄을 지금 어찌 나라의 성하고 쇠한 것으로 인해 바꿀 수 있겠는가? 마땅히 이전대로 할 것이다."라고 하였다.

① 정당성의 장관이 국정을 총괄하였다.
② 사정부를 두어 관리의 비리를 감찰하였다.
③ 당의 제도를 모방하여 중앙에 3성 6부를 두었다.
④ 중앙 관부의 명칭에 충·인·의·예·지·신 등의 유교 덕목을 반영하기도 하였다.

정답·해설 p.8

# 02 고대의 경제와 사회

## 적중개념 출제 순위

| | | | |
|---|---|---|---|
| 1위 | **2** 통일 신라의 경제 | 신라 촌락 문서, 관료전, 녹읍, 정전, 대당 무역, 서시전·남시전 | |
| 2위 | **1** 삼국의 경제 | 우경 장려, 진대법, 동시전, 당항성 | |
| 3위 | **5** 남북국의 사회 모습 | 6두품의 지위 변화, 골품제의 변화, 호족, 원종과 애노의 난 | |
| 4위 | **4** 삼국의 사회 모습 | 골품제, 1책 12법, 순장 금지, 화랑도 | |
| 5위 | **3** 발해의 경제 | 신라도, 발해관 | |

## 적중개념 | 1 삼국의 경제

| 수취 제도 | • 조세: 재산의 정도에 따라 호(戶)를 상·중·하로 나누어 곡물·포 징수<br>• 공납: 해당 지역의 특산물을 현물로 징수<br>• 역: 요역(왕궁, 성, 저수지 등을 만드는 데 노동력이 필요하면 15세 이상의 남자를 동원), 군역 |
|---|---|
| 농업 정책 | 철제 농기구의 보급, 우경 장려, 황무지 개간 권장, 저수지 축조 및 수리 등 |
| 구휼 정책 | 고구려의 진대법(고국천왕 때 실시, 춘대추납제) |
| 수공업 | • 노비 이용: 건국 초기에는 기술이 뛰어난 노비에게 국가가 필요로 하는 무기, 장신구 등을 생산하게 함<br>• 장인 이용: 체제 정비 이후 관청을 두고, 수공업자를 배치하여 국가에서 필요한 물품을 생산 |
| 상업 | 신라 소지 마립간 때 시장 개설(5세기 말, 경주), 지증왕 때 동시(시장)·동시전 설치(시장 감독 관청, 6세기 초) |
| 무역 | 4세기 이후 크게 발달, 주로 공무역 형태로 이루어졌음 → 고구려(남북조 및 북방 민족과 교역), 백제(남중국 및 왜와 교역), 신라(고구려·백제를 통해 중국과 간접 교역 → 한강 확보 이후 당항성을 통해 중국과 직접 교역) |

## 적중개념 | 2 통일 신라의 경제 [최다출제]

### (1) 통일 신라의 경제 정책

| 수취 제도 | 조세(생산량의 1/10 징수), 공물(촌락 단위로 특산물 징수), 역(16~60세 남자 대상, 군역과 요역 부과) |
|---|---|
| 신라 촌락 문서<br>(신라 장적,<br>민정 문서) | • 발견: 1933년 일본 도다이사(동대사) 쇼소인(정창원)에서 발견<br>• 문서 작성: 촌주가 매년 변동 사항을 조사하여 3년마다 작성(지방관 작성 X)<br>• 조사 대상: 서원경 부근 4개 촌락의 호(戶), 인구, 소·말, 뽕·잣·나무의 수, 토지 종류·총면적 기록<br>• 토지 종류: 촌주위답, 내시령답, 연수유전답, 관모전답 등<br>• 기준: 사람(人)은 남·여를 각각 연령에 따라 6등급으로 나누어 조사, 호(戶)는 사람의 많고 적음에 따라 9등급으로 나누어 조사(최근 재산의 다과에 따라 구분하였다는 의견도 설득력을 얻고 있음) |
| 토지 제도의<br>변화 | • 관료전 지급(신문왕, 687), 녹읍 폐지(신문왕, 689): 수조권만을 인정하는 관료전을 지급하는 한편 귀족들의 녹읍을 폐지하여 국가의 토지 지배권과 왕권을 강화<br>• 정전 지급(성덕왕, 722): 백성에게 정전을 지급하여 국가의 토지 지배권을 강화<br>• 녹읍 부활(경덕왕, 757): 귀족들의 반발로 녹읍이 부활(왕권 약화) |

(2) 통일 신라의 경제 활동

| 시장 설치 | 농업 생산량 향상으로 경주의 인구가 증가, 상품 생산 증가로 서시·남시 추가 설치(효소왕) |
|---|---|
| 대외 무역의 발달 | • 대당 무역<br>  – 통일 후 무역 번성, 공무역(사신)과 사무역(상인) 발달<br>  – 산둥 반도와 양쯔강 하류 일대에 신라방(집단 거류지), 신라관(여관), 신라원(사원), 신라소(자치 행정 기구) 설치<br>  – 명주, 베, 인삼 등을 수출하고, 비단, 책, 사치품 등을 수입<br>• 무역로·무역항 발달<br>  – 대당 무역로: 전남 영암~중국 상하이, 경기 남양만(당항성)~산둥 반도<br>  – 국제 무역항: 울산항 번성(이슬람 상인까지 왕래)<br>• 대일 무역: 8세기 이후 이전에 비해 무역 활동이 활발해짐, 일본은 쓰시마 섬(대마도)에 신라 역어소를 설치하여 통역관 양성 |

## 적중개념 | 3 발해의 경제

| 수취 제도 | 조세(조·보리·콩 징수), 공물(특산물 징수), 부역(궁궐·관청 등에 농민 동원) |
|---|---|
| 경제 활동 | • 농업: 밭농사(조·보리·콩 재배) 위주, 일부 지역에서는 벼농사 실시<br>• 수공업: 금속 가공업(금, 은, 구리)·직물업(삼베, 명주, 비단)·도자기업 발달<br>• 상업: 수도인 상경 용천부 등 도시와 교통 요충지에서 상업 발달<br>• 목축과 수렵: 돼지·소·말·양 등을 사육, 모피 등 생산(솔빈부의 말은 주요 수출품) |
| 대외 무역 | • 대당 무역<br>  – 해로와 육로 무역 전개(서경 압록부를 중심으로 한 조공도), 8세기 후반 산둥 반도 덩저우에 발해관 설치<br>  – 모피·인삼·말 등 토산물, 불상·자기 등 수공업품을 수출, 비단, 책 등을 수입<br>• 대일 무역: 일본도를 통해 한번에 수백 명씩 일본에 왕래<br>• 신라와의 교류: 동경에서 남경을 거쳐 동해안에 이르는 신라도를 이용하여 신라와 교류 |

---

### 단박 체크

**다음 기출문장을 읽고, 옳으면 O, 틀리면 X를 괄호 안에 쓰세요.**

01 백제는 남중국 및 왜와 무역을 활발하게 전개하였다. (    )

02 신라는 한강 유역을 차지한 뒤에야 당항성을 통하여 중국과 직접 교역할 수 있게 되었다. (    )

03 신라 신문왕 때 관료전이 지급되었다. (    )

04 신라 민정 문서는 인구, 가호, 노비 및 소와 말의 증감까지 매년 작성하였다. (    )

05 신라 민정 문서에서 인구는 남녀를 망라하여 연령에 따라 6등급으로 나누었다. (    )

06 신라 성덕왕 대에 백성에게 정전을 처음으로 지급하였다. (    )

07 통일 신라는 교통로인 신라도를 통하여 당과 직접 교역하였다. (    )

08 발해는 당으로부터 비단, 서적 등을 수입하고, 말과 자기 등을 수출하였다. (    )

[정답] **01** O  **02** O  **03** O  **04** X (매년 조사, 3년마다 작성)  **05** O  **06** O  **07** X (신라도는 통일 신라와 발해의 교역로)  **08** O

**삼국의 사회 모습**

## (1) 삼국의 신분 구조

| 고구려 | • 고추가로 불린 왕족과 왕비족을 비롯한 5부 출신 귀족으로 지배층 구성, 지배층은 지위 세습·국정 운영 주도<br>• 일반 백성들은 대부분 자영 농민, 천민과 노비는 피정복민·몰락한 평민으로 구성 |
|---|---|
| 백제 | • 왕족인 부여씨와 8성 귀족으로 지배층 구성<br>• 일반 백성은 대부분 농민, 천민과 노비도 다수 존재 |
| 신라 | • 골품제 운영<br>• 골품에 따라 관등 승진의 상한선 존재, 관등에 따라 복색에 차등을 둠(자색·비색·청색·황색)<br>• 일상생활 규제(가옥의 규모, 수레, 복색 등) |

## (2) 신라의 골품제(법흥왕 때 정비)

| 변천 | 골제(왕족 대상, 성골·진골) + 두품제(일반 귀족 대상, 6~1두품) → 삼국 통일 이후 3두품 이하는 점차 평민화 |
|---|---|
| 구성 | • 성골: 김씨 왕족 가운데서도 왕이 될 수 있는 자격을 가진 신분, 진덕 여왕을 마지막으로 소멸<br>• 진골: 중앙의 정치권과 군사권 장악(화백 회의 구성원), 5관등 이상의 요직 독점, 태종 무열왕부터 왕위 계승, 신라 말 왕위 쟁탈전 전개<br>• 6두품: 득난이라고도 불림, 6관등 아찬까지 승진 가능, 학문·종교 분야에서 활동<br>• 5·4두품: 중·소 군장 출신, 5두품은 10관등 대나마까지, 4두품은 12관등 대사까지 진출 가능 |
| 성격 | • 정치적 제한: 골품에 따라 관등 승진의 상한선이 존재, 관등에 따라 복색에 차등을 둠<br>• 사회적 제한: 가옥의 규모, 복색, 수레 등 일상생활까지 규제 |
| 중위제 | • 승진에 제한이 있던 비진골 계열 관료의 불만을 무마하기 위해 실시한 특진 제도<br>• 골품제를 유지한 채 특정 관등(아찬·대나마 등)을 세분화<br>  − 아찬(6관등): 4중아찬으로 세분화<br>  − 대나마(10관등): 9중대나마로 세분화<br>  − 나마(11관등): 7중나마로 세분화 |

## (3) 삼국의 사회 모습

| 고구려 | • 사회 기풍: 생활 태도에 전투를 대비하기 위한 모습이 반영(상무적 기풍)<br>• 법률: 반역자는 화형 후 참형 + 가족은 노비로 삼음, 전쟁에서 항복·패한 자는 사형, 도둑질한 자는 훔친 물건의 12배로 배상(1책 12법)<br>• 혼인 풍습: 서옥제·형사취수제(지배층), 평민은 자유로운 교제를 통해 혼인 |
|---|---|
| 백제 | • 사회 기풍: 고구려와 언어, 풍속이 비슷하였으며, 상무적 기풍을 띰<br>• 법률: 패전·반역·살인자는 사형, 간음한 부녀자는 남편 집의 노비로 삼음, 도둑질한 자는 귀양과 함께 2배로 배상, 뇌물을 받은 관리는 종신 금고형과 3배 배상 |
| 신라 | • 사회 기풍: 씨족 사회의 전통을 오랫동안 유지(화백 회의와 화랑도), 순장 금지(지증왕, 노동력의 확보 목적)<br>• 화랑도: 원시 씨족 단체의 청소년 집단에서 비롯 → 진흥왕 때 국가적인 조직으로 개편, 확대<br>  − 구성: 화랑(진골 귀족) + 낭도(일반 귀족이나 평민)<br>  − 규율: 진평왕 때 원광 법사가 제시한 세속 5계를 행동 규범으로 삼아 활동(유 + 불 + 선의 가치관) |

## (1) 통일 신라의 사회 모습

| | |
|---|---|
| **통일 후 신라 사회의 변화** | • 왕권의 전제화: 신문왕이 김흠돌의 난을 계기로 일부 진골 귀족 세력을 숙청하여 귀족과 상대등의 세력이 약화되었고, 집사부 시중의 권한이 강화됨<br>• 진골 귀족: 세력은 약화되었으나, 여전히 정치적·사회적 권력을 독점<br>• 6두품<br>  – 학문적 식견과 실무 능력을 갖춘 6두품 세력이 중앙 정계에 진출하고, 국왕을 보좌<br>  – 신분의 제약으로 중앙 관청의 우두머리나 지방 장관에는 오르지 못함<br>• 골품제의 변화<br>  – 하급 신분층부터 골품의 구분이 점차 희미해짐(3~1두품의 평민화)<br>  – 중위제의 실시(비진골 출신들의 불만을 무마하기 위한 일종의 특진 제도): 6등급 아찬은 4중 아찬까지, 10등급 대나마는 9중 대나마까지, 11등급 나마는 7중 나마까지 승진 가능 |
| **통일 신라 말의 사회 모순** | • 왕권 약화<br>  – 진골 귀족: 왕위 쟁탈전 전개, 대토지 소유 확대 → 중앙 정부의 통제력 약화, 농민 수탈 강화<br>  – 6두품: 왕권 약화로 정치적 영향력 약화, 승진의 제한 → 당나라로 떠나 빈공과에 응시하거나, 지방으로 낙향하여 지방 호족과 결탁<br>• 지방 세력: 지방의 유력자를 중심으로 무장 조직이 결성, 호족 세력으로 성장<br>• 사회 모순 증폭: 정부의 강압적인 수취로 농민이 몰락하여 원종과 애노의 난, 적고적의 난 등 농민 반란이 발생함 |

## (2) 발해의 사회 구조

| | |
|---|---|
| **지배층** | • 구성: 왕족인 대씨와 귀족인 고씨 등 고구려인 + 일부 말갈인<br>• 생활: 중요한 관직을 차지하고 노비와 예속민을 거느림<br>• 문화: 상층 사회에서는 당의 제도와 문화를 수용, 빈공과 응시 |
| **피지배층** | • 구성: 대다수의 말갈인<br>• 생활: 일부는 지배층이 되거나 자신이 거주하는 촌락의 우두머리(촌장, 수령)가 됨<br>• 문화: 고구려나 말갈 사회의 생활 모습을 유지 |

---

### 단박 체크

**다음 기출문장을 읽고, 옳으면 O, 틀리면 X를 괄호 안에 쓰세요.**

**01** 고구려의 최고 귀족인 왕족과 왕비족은 고추가로 불렸다. (　　　)

**02** 골품 제도의 복색 기준은 신분에 따라 자색 → 단색 → 비색 → 녹색의 순서로 정하였다. (　　　)

**03** 골품 제도는 개인의 사회 활동과 일상생활을 규제하였다. (　　　)

**04** 화랑도는 진골 귀족에서 평민까지 포함하는 조직이었다. (　　　)

**05** 신라 말에는 6두품도 능력에 따라 최고 지위에 오를 수 있었다. (　　　)

**06** 신라 하대에는 지방의 호족과 6두품이 연계하여 사회 개혁을 추구하였다. (　　　)

**07** 발해의 주민 중 다수는 말갈인이었는데 이들은 지배층에 편입되지 못하였다. (　　　)

[정답] **01** O　**02** X (신분이 아닌 관등에 따라 자색 → 비색 → 청색 → 황색의 순서)　**03** O　**04** O
**05** X (신라 말에도 6두품은 골품제로 인해 관직 승진에 제한)　**06** O　**07** X (일부 말갈인은 지배층에 편입되는 경우도 있었음)

**01** 〈보기〉의 통일 신라 시대의 경제 제도를 시간 순으로 바르게 나열한 것은?  [2018년 서울시 9급(6월 시행)]

> **• 보기 •**
> ㉠ 중앙과 지방의 여러 관리에게 매달 주던 녹봉을 없애고 다시 녹읍을 주었다.
> ㉡ 중앙과 지방 관리들의 녹읍을 폐지하고 해마다 조(租)를 차등 있게 주었으며 이를 일정한 법으로 삼았다.
> ㉢ 처음으로 백성들에게 정전(丁田)을 지급하였다.
> ㉣ 교서를 내려 문무 관료들에게 토지를 차등 있게 주었다.

① ㉡ → ㉠ → ㉣ → ㉢
② ㉡ → ㉣ → ㉠ → ㉢
③ ㉣ → ㉢ → ㉡ → ㉠
④ ㉣ → ㉡ → ㉢ → ㉠

---

**해설** **통일 신라 시대의 경제 제도**

④ 순서대로 나열하면 ㉣ 관료전 지급(687) → ㉡ 녹읍 폐지(689) → ㉢ 정전 지급(722) → ㉠ 녹읍 부활(757)이 된다.
㉣ 신문왕 때 문무 관료들에게 관직의 높낮이에 따라 차등을 두어 관료전을 주었다(687).
㉡ 신문왕 때 녹읍을 폐지하여 귀족들의 경제적 기반을 약화시키고, 해마다 관등에 따라 조(租)를 차등 있게 지급하였다(689).
㉢ 성덕왕 때 왕토 사상에 근거하여 일반 백성들에게 정전(丁田)을 지급하였다(722).
㉠ 경덕왕 때에는 귀족들의 반발로 녹봉을 폐지하고 녹읍을 다시 지급하였다(757).

정답 ④

---

**02** 밑줄 친 '이 문서'에 대한 설명으로 옳은 것은?  [2019년 국가직 7급]

> 　　이 문서는 서원경 부근 4개 촌락의 상황을 전하고 있으며, 호수와 전답의 면적, 가축과 과실 나무의 수 등이 기록되어 있다.

① 건원이라는 연호가 기록되어 있다.
② 전시과와 녹봉 제도의 운영 양상이 나타나 있다.
③ 호(戶)는 인정(人丁)의 다소에 따라 9등급으로 나누었다.
④ 현존하는 세계 최고(最古)의 목판 인쇄물로 평가받고 있다.

---

**해설** **신라 촌락 문서(민정 문서)** 제시문에서 서원경 부근 4개 촌락의 상황을 전하고 있으며, 호수와 전답의 면적, 가축의 수와 나무의 수 등이 기록되어 있다는 내용을 통해 밑줄 친 '이 문서'가 통일 신라의 신라 촌락 문서(민정 문서)임을 알 수 있다.

③ 신라 촌락 문서에서 호(戶, 가구 수)는 사람(인정)의 많고 적음에 따라 상상호에서 하하호까지 9등급으로 나누어 기재되었다.

**오답 분석**
① 건원이라는 연호는 법흥왕 때 사용된 연호로, 통일 신라 시기에 작성된 신라 촌락 문서에는 건원이라는 연호가 기록되어 있지 않다.
② 전시과와 녹봉 제도를 운영한 것은 고려 시대로, 신라 촌락 문서와 관련이 없다. 한편 관리의 보수를 현물로 지급하는 녹봉제에 대한 삼국 시대의 기록은 많이 남아있지 않다. 그러나 통일 신라 신문왕 때 녹읍을 없애고, 대신 '조'를 해마다 주었다는 내용을 통해 녹봉제의 흔적을 찾아볼 수 있다.
④ 현존하는 세계 최고(最古)의 목판 인쇄물은 불국사 3층 석탑(석가탑)에서 발견된 『무구정광대다라니경』이다.

정답 ③

**03** 〈보기〉의 밑줄 친 ㉠에 관한 설명으로 옳은 것은?

[2019년 서울시 9급(2월 시행)]

> **• 보기 •**
>
> 신라에서는 사람을 등용하는 데에 ㉠을(를) 따진다. [때문에] 진실로 그 족속이 아니면, 비록 큰 재주와 뛰어난 공이 있더라도 넘을 수가 없다. 나는 원컨대, 서쪽 중국으로 가서 세상에서 보기 드문 지략을 떨쳐서 특별한 공을 세워 스스로 영광스러운 관직에 올라 고관대작의 옷을 갖추어 입고 칼을 차고서 천자의 곁에 출입하면 만족하겠다.

① 통일 신라기에 성립하였다.

② 국학이 설립되면서 폐지되었다.

③ 진골은 대아찬 이상의 고위 관등만 받을 수 있었다.

④ 혈통에 따른 신분제로서 승진의 상한선을 결정했다.

해설　**골품제** 제시문에서 신라에서 사람을 등용하는데 ㉠을 따진다는 내용을 통해 밑줄 친 ㉠이 골품제임을 알 수 있다.
④ 신라의 골품 제도는 혈통에 따른 신분제로, 관등제와 결합되어 운영되었기 때문에 골품에 따라 관등 승진의 상한선이 결정되었다.

오답분석　① 골품 제도는 신라가 중앙 집권 국가로 발전하는 과정에서 성립하였다.
② 골품 제도는 통일 신라가 멸망할 때까지 존속하였다.
③ 진골은 대아찬 이상의 고위 관등을 포함한 모든 관등에 진출할 수 있었다.

정답 ④

**04** ㉠과 ㉡ 두 인물의 공통된 신분상의 특징으로 옳은 것은?

[2017년 국가직 9급(4월 시행)]

> ○　　㉠　　은(는) 신문왕에게 「화왕계」를 통하여 조언하였다.
> ○　　㉡　　은(는) 진성 여왕에게 시무책 10여 조를 올렸다.

① 관등 승진에서 중위제(重位制)를 적용받았다.

② 중앙 관부의 최고 책임자를 독점하였다.

③ 자색(紫色)의 공복을 착용하였다.

④ 왕이 될 수 있는 신분이었다.

해설　**6두품** ㉠은 신문왕에게 「화왕계」를 통하여 조언을 하였다는 내용을 통해 설총임을, ㉡은 진성 여왕에게 시무책 10여 조를 올렸다는 내용을 통해 최치원임을 알 수 있다. 설총과 최치원의 신분은 모두 6두품이었다.
① 6두품은 관등 승진에서 일종의 특진 제도인 중위제(重位制)의 적용을 받았다. 6두품은 대아찬 이상의 관등에 오를 수 없었기 때문에 아찬에 이른 6두품을 승진시키기 위해 아찬 관등에 중위를 설정하였다.

오답분석　② 중앙 관부의 최고 책임자를 독점하였던 신분은 진골이다.
③ 자색의 공복을 입을 수 있었던 신분은 진골이다. 6두품은 승진의 상한으로 인해 비·청·황색의 관복만 입을 수 있었다.
④ 신라 상대에는 성골이 왕위에 올랐으며, 이후 성골이 소멸되면서 신라 중대·하대에는 진골 출신이 왕위에 올랐다.

정답 ①

**05** 신라 말 사회 모습에 대한 설명으로 가장 적절하지 않은 것은? [2018년 경찰직(1차)]

① 8세기 후반 혜공왕이 피살된 이후 150여 년 동안 20여 명의 왕이 교체되는 등 진골 귀족의 왕위 쟁탈전이 심화되었다.

② 당에서 돌아온 6두품 계열의 유학생들이 제시한 개혁안이 정치에 반영되었다.

③ 농민에 대한 수탈이 심해지면서 원종과 애노의 난을 시작으로 농민 봉기가 전국 각지에서 일어났다.

④ 견훤은 완산주에 도읍을 정하고 후백제를 세웠고, 궁예는 송악에 도읍을 정하고 후고구려를 세웠다.

---

**해설**　**신라 하대의 사회 모습**
② 신라 하대에 당에서 유학을 하고 돌아온 6두품 계열의 유학자 최치원이 진성 여왕에게 정치·사회 개혁 방안을 담은 시무 10여 조를 제시한 것은 맞지만, 개혁안이 정치에 반영되지는 않았다.

**오답
분석**　① 8세기 후반에 혜공왕이 피살된 이후, 진골 귀족 간에 치열한 왕위 쟁탈전이 벌어져 155년 동안 20명의 왕이 교체되었다.
③ 신라 하대에는 정부의 강압적인 조세 징수, 진골 귀족의 농민 수탈 강화 등으로 농민의 불만이 심화되면서 원종과 애노의 난(889)을 시작으로 전국에서 농민 봉기가 일어났다.
④ 신라 하대인 900년에 견훤이 전라도 지역의 군사력과 호족의 후원을 바탕으로 완산주에서 후백제를 세웠다. 901년에는 신라 왕족 출신의 궁예가 송악을 도읍으로 하여 후고구려를 건국하였다.

정답 ②

---

**06** 밑줄 친 '나라'에 대한 설명으로 가장 적절한 것은? [2018년 경찰직(3차)]

> 그 <u>나라</u>는 사방 2천 리에 이른다. 주와 현 및 객사와 역참이 없고 곳곳에 촌락이 있는데 모두 말갈 부락이다. 그 백성은 말갈이 많고 토인이 적다.
> － 「유취국사」

① 대가들의 호칭에 말, 소, 돼지, 개 등 가축의 이름을 붙였다.

② 민며느리제라는 혼인 풍습이 있었다.

③ 왕족과 귀족을 돌무지덧널무덤에 장사지냈다.

④ 고구려 유민이 촌장이 되어 지방을 다스렸다.

---

**해설**　**발해** 제시문에서 사방 2천리에 이르는 넓은 영토를 가지고 있으며, 백성 중 말갈인이 많고 토인(고구려인)이 적다는 내용을 통해 밑줄 친 '나라'가 발해임을 알 수 있다.
④ 소수의 고구려 유민들은 발해의 지배층을 형성하였으며, 자사와 현승, 촌장 등으로 임명되어 지방을 다스렸다. 한편 말단 행정 구역인 촌의 촌장(수령)에는 고구려인뿐만 아니라 말갈인도 임명되었을 것이라는 견해도 있다.

**오답
분석**　① 대가들의 호칭에 말, 소, 돼지, 개 등의 가축 이름을 붙여 각기 사출도를 주관하도록 한 나라는 부여이다.
② 민며느리제의 혼인 풍습이 있던 나라는 옥저이다.
③ 왕족과 귀족을 돌무지덧널무덤에 장사를 지낸 나라는 신라이다. 돌무지덧널무덤은 나무 덧널 위에 돌무지를 쌓고 봉토를 덮어 봉분을 만든 무덤 양식으로, 통일 이전 신라의 대표적인 무덤 양식이다. 한편 통일 이후에는 규모가 작은 굴식 돌방무덤이 발달하였다.

정답 ④

**01**

다음 자료와 관련된 나라의 경제 생활로 옳지 않은 것은?

> 한수(漢水) 동북 여러 부락인 가운데 15세 이상된 자를 징발하여 위례성을 수리하였다.
>
> – 「삼국사기」

① 공납을 현물로 징수하였다.
② 울산항이 국제 무역항으로 번성하였다.
③ 풍흉에 따라 차등을 두어 조세를 수취하였다.
④ 주로 곡물과 직물류를 왜에 수출하였다.

**02**

㉠ 왕이 실시한 정책으로 옳지 않은 것은?

> 우산국은 명주의 동쪽 바다에 있는 섬으로, 울릉도라고도 한다. 땅은 사방 백 리인데, 지세가 험한 것을 믿고 복종하지 않았다. 이찬 이사부가 하슬라주 군주가 되어 ⟦ ㉠ ⟧에게 말하길, …… 나무 사자를 만들어 전선에 나누어 싣고 우산국 해안에 다다랐다. …… 그 나라 사람들이 두려워 즉시 항복하였다.

① 품주를 설치하여 재정을 관리하였다.
② 시장 감독을 위해 동시전을 설치하였다.
③ 노동력 보호를 위해 순장을 금지하였다.
④ 농업 생산력 향상을 위해 우경을 장려하였다.

**03**

(가)와 (나) 국가의 경제에 대한 설명으로 옳은 것은?

> (가) 혼인하는 풍속을 보면, 구두로 약속이 정해지면 신부집에서 본채 뒤에 작은 별채를 짓는데, 이를 서옥(婿屋)이라 한다.
> (나) 명령을 내려 뇌물을 받거나 도적질한 관리는 그 세 배를 배상하며, 평생 금고형에 처하라 하였다.

① (가) – 진대법을 실시하여 농민을 구제하였다.
② (가) – 중국에 비단과 도자기 등을 수출하였다.
③ (나) – (가)를 통해 중국과의 무역을 전개하였다.
④ (나) – 솔빈부의 말이 대표적인 특산물이었다.

**04**

(가) 시기 신라의 사실로 옳은 것은?

| 삼국 통일 | 상원사<br>동종 주조 | (가) | 김헌창의 난<br>발발 | 「삼대목」<br>편찬 |
|---|---|---|---|---|

① 수도에 서시와 남시 등 시장이 설치되었다.
② 진골 귀족 세력의 반발로 녹읍을 부활시켰다.
③ 청해진이 설치되어 해상 무역권을 장악하였다.
④ 문무 관료들에게 관등에 따라 토지를 차등있게 지급하였다.

## 05

다음은 신라의 경제와 관련된 내용이다. 시간 순으로 바르게 나열한 것은?

> ㉠ 당항성을 통하여 중국과 직접 교역하였다.
> ㉡ 처음으로 백성에게 정전을 지급하였다.
> ㉢ 시장을 감독하기 위한 관청으로 동시전을 설치하였다.
> ㉣ 내외 관료의 녹읍을 혁파하고 매년 조(租)를 주었다.

① ㉠ → ㉢ → ㉡ → ㉣
② ㉠ → ㉣ → ㉡ → ㉢
③ ㉢ → ㉠ → ㉣ → ㉡
④ ㉢ → ㉡ → ㉠ → ㉣

## 06

밑줄 친 '이 문서'와 관련된 설명으로 옳지 않은 것은?

> 이 문서는 1933년 일본 도다이사 쇼소인에서 발견된 것으로, 신라의 5소경 중 하나에 속하는 사해점촌, 살하지촌 등의 인구, 논과 밭의 규모, 작물 종류 등 경제 상황이 기록되어 있다.

① 해당 지역의 촌주가 매년 작성하였다.
② 남자는 연령에 따라 6등급으로 나누어 기록하였다.
③ 서원경을 중심으로 하는 4개의 자연 촌락 관련 자료이다.
④ 정부는 이 문서를 근거로 조세, 공물, 부역 등을 징발하였다.

## 07

밑줄 친 '그 나라'의 경제에 대한 설명으로 옳은 것은?

> ○ 그 나라의 땅은 영주(營州)의 동쪽 2천 리에 있으며, 남으로는 신라와 서로 접한다. 월희 말갈에서 동북으로 흑수말갈에 이르는데, 사방 2천 리, 호는 십여만, 병사는 수만 명이다.
> ○ 그 나라는 …… 백성에는 말갈이 많고 토인은 적다. 모두 토인이 촌장을 하는데 대촌의 촌장은 도독이라고 부른다. 땅은 매우 추워 무논에 맞지 않는다.

① 흑창을 개편한 의창을 설치하였다.
② 빈민 구제를 위해 진대법을 실시하였다.
③ 말, 담비 가죽 등이 주요한 수출품이었다.
④ 내시령과 같은 관료에게 토지를 지급하였다.

## 08

다음 중 발해의 대외 무역에 대한 설명으로 옳지 않은 것은?

① 발해는 부여부를 거쳐 거란과 교역하였다.
② 발해는 당의 덩저우에 발해관 등을 설치하였다.
③ 신라도는 중경에서 남경을 거쳐 동해안까지 이르는 교통로였다.
④ 발해는 무왕 때 신라와 당을 견제하기 위해 일본과 활발하게 교류하였다.

## 09

밑줄 친 '법식'에 대한 설명으로 가장 옳은 것은?

> 매년 봄 3월부터 가을 7월까지, 관의 곡식을 내어 가구(家口)의 많고 적음에 따라 차등 있게 꾸어 주고, 겨울 10월에 이르러 갚게 하는 것을 법식으로 삼았다. 내외가 모두 크게 기뻐하였다.
>
> — 『삼국사기』 「고구려본기」

① 고국천왕 때 처음 시행되었다.
② 시장의 물가 조절을 위한 정책이다.
③ 향촌민이 자치적으로 운영하였다.
④ 고려 시대에 대비원으로 계승되었다.

## 10

다음 자료의 (가)에 대한 설명으로 옳지 않은 것은?

> 유리왕 9년에 17등급의 관위를 설치하였으니 1등은 이벌찬, 2등은 이찬, 3등은 잡찬, 4등은 파진찬, 5등은 대아찬이라고 하는데, 여기서 이벌찬까지는 오직 ___(가)___ 만이 받을 수 있고 다른 신분은 안 된다.
>
> — 『삼국사기』

① 자색 공복만 입을 수 있었다.
② 중앙 행정 기관의 장관직을 독점하였다.
③ 신라 말에 왕위 쟁탈전을 전개하였다.
④ 화백 회의의 구성원으로 국가 중대사를 결정하였다.

## 11

다음 시기에 나타난 사회 모습으로 옳은 것을 〈보기〉에서 모두 고른 것은?

> 나라 안의 여러 군현에서 공부(貢賦)를 바치지 않으니, 창고가 비고 나라의 쓰임이 궁핍해졌다. 왕이 사신을 보내어 독촉하자 곳곳에서 도적이 벌떼처럼 일어났다. 이에 원종, 애노 등이 사벌주에 웅거하여 반란을 일으켰다. 왕이 나마 영기에게 명하여 잡게 하였으나 영기가 적진을 쳐다보고는 두려워하여 나아가지 못했다.

**• 보기 •**

㉠ 적고적의 난 등 농민 반란이 빈번하게 일어났다.
㉡ 권력을 장악한 왕이 귀족 세력을 숙청하였다.
㉢ 지방에서 스스로 성주 또는 장군이라 칭한 이들이 등장하였다.
㉣ 6두품 세력의 사회 개혁안이 적극적으로 정치에 반영되었다.

① ㉠, ㉡          ② ㉠, ㉢
③ ㉡, ㉢          ④ ㉡, ㉣

## 12

(가) 나라의 사회 모습에 대한 설명으로 옳지 않은 것은?

> ___(가)___ 에서는 백두산의 토끼, 남해부의 다시마, 책성부의 된장, 부여부의 사슴, 막힐부의 돼지, 솔빈부의 말, 현주의 마포, 옥주의 면포, 용주의 명주, 위성현의 철, 노성의 벼, 미타호의 붕어, 환도현의 오얏, 약유현의 배 등이 유명하다고 전해진다.

① 귀족 자제들이 주자감에서 유학을 공부하였다.
② 지배층은 고구려계 사람으로만 이루어졌다.
③ 지식인들이 당에서 유학하여 빈공과에 응시하였다.
④ 당을 통해 들어온 타구, 격구 등이 유행하였다.

정답·해설 p.12

# 03 고대의 문화

## 적중개념 | 1 고대의 역사서 편찬과 유학자

| 삼국의<br>역사서 편찬 | • 고구려: 『유기』 100권을 이문진이 『신집』 5권(영양왕)으로 간추림<br>• 백제: 고흥의 『서기』(근초고왕)<br>• 신라: 거칠부의 『국사』(진흥왕) |
|---|---|
| 통일 신라의<br>유학자 | • 김대문: 진골 귀족 출신, 『화랑세기』, 『고승전』, 『한산기』, 『계림잡전』 저술<br>• 강수: 외교 문서 작성에 능통(「청방인문표」·「답설인귀서」 저술), 불교 비판<br>• 설총: 유교 경전에 능통, 이두(향찰) 정리, 「화왕계」 저술<br>• 최치원: 당 빈공과에 급제, 진성 여왕에게 시무 10여 조 건의, 『계원필경』·『제왕연대력』·「토황소격문」·<br>『중산복궤집』, 『법장화상전』, 『석이정전』, 「난랑비서문」 등 저술, 4산 비문과 해인사 묘길상탑지 등을 작성 |

## 적중개념 | 2 삼국과 통일 신라의 불교 [최다출제]

### (1) 삼국의 불교

| 구분 | 고구려 | 백제 | 신라 |
|---|---|---|---|
| 수용 | 소수림왕 때 전진의 승려 순도를 통해 수용(372) | 침류왕 때 동진에서 온 인도 승려 마라난타를 통해 수용(384) | 눌지 마립간 때 고구려의 승려 묵호자(또는 아도)를 통해 전래(457) → 법흥왕 때 이차돈의 순교를 계기로 국가적으로 공인(527) |
| 발전 | • 삼론종 발달<br>• 승랑: 중국 삼론종 발달에 기여<br>• 혜관: 일본에 삼론종 전파<br>• 보덕: 열반종을 창시하여 백제에 전파 | • 율종 발달, 호국 불교와 미륵 신앙 성행<br>• 겸익: 계율종의 대표적 승려, 인도의 율종 불경 도입·번역<br>• 노리사치계: 성왕 때 일본에 불상·불경 전래 | • 왕즉불 사상, 업설, 미륵불 사상, 밀교 유행<br>• 원광: 진평왕 때 세속 오계와 걸사표(수에 군사를 청하는 글) 작성<br>• 자장: 선덕 여왕 때 대국통에 임명, 황룡사 9층 목탑 건립 건의 |

(2) 통일 신라의 불교

| 대표 승려 | 활동 |
|---|---|
| 원효 | • 『대승기신론소』·『금강삼매경론』·『화엄경소』를 저술, 불교의 사상적 이해 기준을 확립(한국식 불교 등장)<br>• 일심(一心) 사상을 바탕으로 중관파·유식파 간의 대립을 극복하고자 『십문화쟁론』 저술(화쟁 사상)<br>• 아미타 신앙(정토종, 내세적 성격, 극락 정토 지향)을 보급하여 불교의 대중화를 위해 노력(무애가)<br>• 경주 분황사에서 교종의 한 종파인 법성종 개창(교종 5대 분파로 발전) |
| 의상 | • 당의 승려인 지엄의 문하에서 유학하였고, 영주 부석사에서 해동 화엄종을 개창<br>• 모든 만물은 서로 조화를 이루고 있다(일즉다 다즉일)는 화엄 사상 정립, 『화엄일승법계도』 저술(화엄 사상의 요지를 축약한 시)로 전제 왕권에 기여<br>• 아미타 신앙과 함께 현세에서의 고난 구제를 강조하는 관음 신앙을 전파(현세적 성격) |
| 원측 | • 당의 현장으로부터 유식학을 배우고 중국 서명사에서 서명학파 형성, 법상종 성립에 영향<br>• 『해심밀경소』, 『인왕경소』, 『성유식론소』, 『반야심경찬』 저술 |
| 혜초 | 당·인도·중앙아시아 순례, 『왕오천축국전』(기행문) 저술 |
| 진표 | 점찰 법회(미륵 신앙 바탕, 참회 중심)를 정착시켜 불교의 대중화에 기여, 금산사 중건, 법상종 계통 |

### 적중개념 | 3 도교와 풍수지리설

(1) 도교

| 고구려 | 강서 대묘의 사신도, 을지문덕의 오언시(『도덕경』의 내용 반영), 연개소문의 도교 장려 정책으로 발전 |
|---|---|
| 백제 | 산수무늬 벽돌, 무령왕릉 지석, 백제 금동 대향로, 사택지적비(4·6 변려체 사용) |
| 신라 | 화랑도를 풍류도·풍월도·국선도라는 도교적 명칭으로 지칭, 화랑도의 사상(유·불·선 + 고유 사상) |
| 통일 신라 | 최치원의 사산비명, 12지 신상 조각(김유신 묘), 신라 말 은둔적 경향의 유행으로 도교·노장 사상 확산 |
| 발해 | 발해 정효 공주 묘지 명문에 불로장생 사상 표현 |

(2) 풍수지리설

| 전래 | 신라 말 승려 도선 등 선종 승려들에 의해 중국(당)에서 유입 |
|---|---|
| 내용 | 지형과 지세가 인간의 길흉화복에 도움을 준다는 것으로, 도읍·주택·묘지 선정에 이용 |
| 영향 | 경주 이외의 다른 지방의 중요성 자각, 신라 말 지방 호족들의 지지 → 고려 건국의 사상적 배경으로 작용 |

### 단박 체크

다음 기출문장을 읽고, 옳으면 O, 틀리면 X를 괄호 안에 쓰세요.

01 고구려에서는 일찍부터 『유기』가 편찬되었으며, 영양왕 때 이문진이 이를 간추려 『신집』 5권을 편찬하였다. (        )

02 원광은 왕에게 수나라에 군사를 청하는 글을 지어 바쳤다. (        )

03 백제의 승려 원측은 당나라에 가서 유식론(唯識論)을 발전시켰다. (        )

04 원효는 부석사를 창건하여 해동 화엄종의 시조가 되었다. (        )

05 통일 신라의 김대문은 『화랑세기』, 『고승전』, 『제왕연대력』 등을 편찬하였다. (        )

06 풍수지리 사상은 신라 말기에 호족이 자기 지역의 중요성을 자부하는 근거로 이용되었다. (        )

[정답]  01 O  02 O  03 X (원측은 신라의 승려)  04 X (의상)  05 X (『제왕연대력』은 최치원이 저술)  06 O

| 구분 | | | 고분 양식 | 벽화 | 대표적 고분 | 특징 |
|---|---|---|---|---|---|---|
| 삼국 시대 | 고구려 | 초기 | 돌무지무덤 | × | 장군총 | 국내성 주변 만주 지안 일대에 분포, 돌을 정밀하게 쌓아 올려 만든 무덤 |
| | | 후기 | 굴식 돌방무덤 | ○ | 무용총, 쌍영총, 각저총, 강서 대묘 | 돌로 널방을 만들고 그 위에 흙으로 덮어 봉분을 만든 무덤, 만주 지안·황해도 안악 등지에 분포 |
| | 백제 | 한성 시기 | 계단식 돌무지 무덤 | × | 서울 석촌동 고분 | 고구려와 비슷(백제 건국 세력이 고구려 계통임을 추측) |
| | | 웅진 시기 | 굴식 돌방무덤 | – | 공주 송산리 1~5호분 | 거대한 규모 |
| | | | 벽돌무덤 | ○ | 공주 송산리 6호분 | 중국 남조의 영향을 받음, 벽화 존재(사신도·일월도) |
| | | | | × | 무령왕릉 | 중국 남조의 영향을 받음, 무령왕과 왕비의 무덤으로 지석, 금관, 귀고리 등이 출토됨 |
| | | 사비 시기 | 굴식 돌방무덤 | × | 부여 능산리 고분 | 규모는 작지만 세련된 형태 |
| | | | | ○ | 부여 능산리 1호분 | 연꽃 무늬, 구름 무늬, 사신도 |
| | 신라 | | 돌무지덧널무덤 | × | 천마총, 호우총, 황남대총, 금관총 | 도굴이 어려운 구조, 껴묻거리(부장품)가 많이 남아 있음 |
| 남북국 시대 | 통일 신라 | | 굴식 돌방무덤 | × | 김유신 묘, 성덕왕릉 | • 삼국 통일 직전에 굴식 돌방무덤 출현<br>• 둘레돌을 두르고 12지 신상 조각 |
| | | | 화장 + 수중릉 | – | 문무대왕릉 | 불교의 영향 |
| | 발해 | | 굴식 돌방무덤 | × | 정혜 공주 묘 | 모줄임 천장 구조(고구려의 영향), 돌사자상 |
| | | | 벽돌무덤 | ○ | 정효 공주 묘 | 벽돌로 무덤 벽을 쌓는 당나라 양식과 고구려의 평행 고임 구조가 결합된 형태 |

**적중개념 | 5** **고대의 예술**

(1) 고대의 사찰

| 백제 | 부여 능산리 절터, 익산 미륵사(무왕 때 건립, 백제 중흥 의지가 반영됨) |
|---|---|
| 신라 | 황룡사(진흥왕 때 건립), 분황사·영묘사(선덕 여왕 때 건립) |
| 통일 신라 | 불국사, 석굴암(인공 석굴 사원) → 경덕왕 때 김대성의 발원으로 건립됨 |

(2) 고대의 탑

| 고구려 | 주로 목탑 양식이 발달(현존하지 않음) |
|---|---|
| 백제 | 익산 미륵사지 석탑(목탑 양식의 석탑), 부여 정림사지 5층 석탑(조화미·균형미) |
| 신라 | 황룡사 9층 목탑(선덕 여왕 때 자장의 건의로 건립, 호국 불교적), 경주 분황사 모전 석탑(전탑을 모방한 석탑) |
| 통일 신라 | • 중대: 이중 기단 위에 3층으로 쌓는 석탑 양식 유행(감은사지 3층 석탑, 석가탑, 다보탑, 화엄사 4사자 3층 석탑)<br>• 하대: 양양 진전사지 3층 석탑, 선종의 영향으로 승탑 유행(흥법사 염거화상탑, 쌍봉사 철감선사 승탑), 탑비 유행(실상사 증각대사 탑비, 쌍계사 진감선사 탑비) |
| 발해 | 영광탑(벽돌로 쌓은 전탑) |

(3) 고대의 불상

| 삼국 공통 | 금동 미륵보살 반가 사유상(탑형으로 된 높이 솟은 보관, 삼산관을 쓰고 있음, 부드러운 몸매와 자애로운 미소) |
|---|---|
| 고구려 | 금동 연가 7년명 여래 입상(북조 양식, 긴 얼굴 모습과 두꺼운 의상, 광배 뒤에 글씨가 새겨져 있음) |
| 백제 | 서산 용현리 마애 여래 삼존상('백제의 미소'라는 별칭을 가짐) |
| 신라 | 경주 배리(배동) 석불 입상(신라 조각의 정수를 보여줌) |
| 통일 신라 | 석굴암 본존불과 보살상(불교의 이상 세계 실현, 균형미), 비로자나불이 제작됨 |
| 발해 | 이불 병좌상(두 부처가 나란히 앉아 있는 모습, 고구려 양식 계승) |

(4) 고대의 공예

| 통일 신라 | • 석조물: 무열왕릉비 받침돌, 불국사 석등, 화엄사 각황전 앞 석등, 법주사 쌍사자 석등<br>• 범종: 상원사 종[성덕왕, 현존 최고(最古)의 동종], 성덕 대왕 신종(경덕왕~혜공왕, 에밀레종) |
|---|---|
| 발해 | • 벽돌과 기와의 무늬(고구려의 영향), 연꽃무늬 와당(고구려 와당의 영향), 석등(상경에서 발굴됨)<br>• 자기 공예가 발달하여 당에 수출하기도 함 |

## 적중개념 | 6 고대 문화의 일본 전파

| 고구려 | 혜자(일본 쇼토쿠 태자의 스승), 담징(유교의 5경과 그림을 가르침, 종이·먹 제조법 전달, 호류사 금당 벽화 제작), 혜관(삼론종 시조, 불교 전파), 수산리 고분 벽화(일본 다카마쓰 고분 벽화에 영향) |
|---|---|
| 백제 | • 아직기(일본 도도 태자의 스승, 태자에게 한자를 가르침), 왕인(『천자문』, 『논어』 등의 경서를 전하고 가르침), 단양이·고안무(5경 박사, 유학 전파), 노리사치계(불경과 불상을 일본에 전달)<br>• 일본 아스카 문화 형성에 삼국 중 가장 큰 영향을 끼침 |
| 신라 | 조선술(배 만드는 기술)과 축제술(제방 축조 기술)을 전달, 축제술의 전파로 '한인의 연못'이라는 이름이 생겨남 |
| 가야 | 가야의 토기 제작 기술이 일본의 스에키 토기 제작에 영향을 줌 |
| 통일 신라 | • 원효·강수·설총이 발달시킨 불교·유교 문화가 전파됨, 심상(의상의 화엄 사상 전파, 일본 화엄종 부흥에 영향을 줌)<br>• 8세기 일본의 하쿠호 문화의 형성에 기여 |

### 단박 체크

다음 기출문장을 읽고, 옳으면 O, 틀리면 X를 괄호 안에 쓰세요.

01 백제의 계단식 돌무지무덤은 백제의 건국 세력이 고구려와 같은 계통이라는 사실을 뒷받침한다. (          )

02 익산 미륵 사지에는 목탑 양식의 석탑이 있다. (          )

03 신라의 돌무지덧널무덤에는 돌로 방을 만들고 외부와 연결되는 통로를 설치하였다. (          )

04 백제의 무령왕릉과 발해의 정효 공주 묘는 중국 문화의 영향을 받아 만들어진 벽돌무덤이다. (          )

05 발해의 영광탑은 고구려의 영향을 받은 석탑이다. (          )

06 신라 하대에 선종이 널리 퍼지면서 승려의 사리를 봉안하는 승탑이 유행하였다. (          )

07 고구려의 고안무가 일본에 유학을 전해 주었다. (          )

08 백제의 노리사치계가 일본에 불경과 불상을 전하였다. (          )

[정답]  01 O   02 O   03 X (굴식 돌방무덤의 특징)   04 O   05 X (당의 영향을 받은 전탑)   06 O
07 X (고안무는 백제의 5경 박사)   08 O

**01** 〈보기〉에서 (가)의 인명과 그의 저술을 옳게 짝지은 것은? [2022년 서울시 9급(2월 시행)]

> ● 보기 ●
>
> 진성왕 8년(894) 봄 2월에 _____(가)_____ 이 시무 10여 조를 올리자, 왕이 이를 좋게 여겨 받아들이고 아찬으로 삼았다.

① 김대문 - 『화랑세기』　　　　　　　② 김대문 - 『계원필경』
③ 최치원 - 『제왕연대력』　　　　　　④ 최치원 - 『한산기』

해설　**최치원과 그의 저술** 제시문에서 진성왕(진성 여왕) 때 시무 10여 조를 올렸다는 내용을 통해 (가)가 대표적인 6두품 유학자인 최치원임을 알 수 있다.
③ 최치원은 신라의 역사를 연표 형식으로 정리한 『제왕연대력』을 저술하였다. 이외에도 최치원은 「토황소격문」, 『계원필경』 등을 저술하였다.

오답분석　①, ④ 김대문은 신라 중대에 활동한 진골 귀족으로, 화랑들의 전기를 모은 『화랑세기』와 한산주 지방(한강 유역)의 역사·지리·풍속 등을 기록한 『한산기』를 저술하였다. 이외에 김대문은 『계림잡전』, 『고승전』 등을 저술하기도 하였다.
② 『계원필경』은 최치원의 저술이다.

정답 ③

**02** 다음 (가), (나) 승려에 대한 설명으로 옳은 것은? [2022년 국가직 9급]

> (가) 중국 유학에서 돌아와 부석사를 비롯한 여러 사원을 건립하였으며, 문무왕이 경주에 성곽을 쌓으려 할 때 만류한 일화로 유명하다.
> (나) 진골 귀족 출신으로 대국통을 역임하였으며, 선덕 여왕에게 황룡사 9층탑의 건립을 건의하였다.

① (가)는 모든 것이 한마음에서 나온다는 일심 사상을 제시하였다.
② (가)는 『화엄일승법계도』를 만들었다.
③ (나)는 『왕오천축국전』이라는 여행기를 남겼다.
④ (나)는 이론과 실천을 같이 강조하는 교관겸수를 제시하였다.

해설　**의상과 자장** (가)는 부석사를 비롯한 여러 사원을 건립하였으며, 문무왕 성곽 건축을 만류하였다는 내용을 통해 의상임을 알 수 있다. (나)는 대국통을 역임하였으며, 선덕 여왕에게 황룡사 9층탑의 건립을 건의하였다는 내용을 통해 자장임을 알 수 있다.
② 의상은 『화엄일승법계도』를 만들어 모든 존재가 상호 의존적인 관계에 있으면서 서로 조화를 이루고 있다는 화엄 사상을 정립하였다.

오답분석　① 모든 것이 한마음에서 나온다는 일심 사상을 제시한 승려는 원효이다. 원효는 일심 사상을 바탕으로 다른 종파들과 사상적 대립을 조화시키고 분파 의식을 극복하고자 하였다.
③ 인도와 중앙아시아를 여행하여 『왕오천축국전』이라는 여행기를 남긴 승려는 혜초이다.
④ 이론의 연마와 실천을 같이 강조하는 교관겸수를 제시한 승려는 고려의 의천이다. 의천은 교종과 선종의 사상적 통합을 위해 교관겸수와 내외겸전을 제창하였다.

정답 ②

**03** 다음과 같은 불교 사상의 영향을 받아 만들어진 문화재는?

[2018년 지방직 9급]

> 이 불교 사상은 개인적 정신 세계를 추구하는 경향이 강하였기 때문에 지방에서 독자적인 세력을 이루어 성주나 장군을 자처하던 자들로부터 큰 호응을 받았다.

① 성덕 대왕 신종
② 쌍봉사 철감선사탑
③ 경천사지 십층 석탑
④ 금동 미륵보살 반가 사유상

해설　**선종의 확산과 승탑의 유행** 제시문에서 가리키는 불교 사상은 신라 하대에 확산되었던 선종이다.
　② 쌍봉사 철감선사탑은 선종의 영향을 받아 만들어진 신라 하대의 대표적인 승탑이다. 신라 하대에는 참선을 통한 깨달음을 중요시하는 선종 사상이 확산됨에 따라 승려들의 사리를 봉안하는 승탑(부도)과 승려의 일대기를 비석에 새긴 탑비가 유행하였다.

오답분석　① 성덕 대왕 신종은 경덕왕이 아버지인 성덕왕의 공덕을 기리기 위해 제작하기 시작한 동종으로, 선종과는 관련이 없다.
　③ 경천사지 10층 석탑은 고려 후기에 유행하던 티벳 불교(라마교)의 영향을 받아 제작된 석탑이다. 경천사지 10층 석탑은 조선 세조 때 제작된 원각사지 10층 석탑에 영향을 주었다.
　④ 금동 미륵보살 반가 사유상은 삼국 시대에 미륵 사상의 영향을 받아 제작되었다. 미륵 사상은 미래에 미륵불이 내려와 중생들을 구제한다는 사상으로, 삼국 시대부터 미륵불을 표현한 불상이 많이 제작되었다.

정답 ②

---

**04** 우리나라 유네스코 세계유산에 대한 설명으로 옳지 않은 것은?

[2022년 국가직 9급]

① 미륵사지에는 목탑 양식의 석탑이 있다.
② 정림사지에는 백제의 5층 석탑이 남아 있다.
③ 능산리 고분군에는 계단식 돌무지무덤이 있다.
④ 무령왕릉에는 무덤 주인공을 알려주는 지석이 있었다.

해설　**우리나라 유네스코 세계 문화유산**
　③ 부여 능산리 고분군에는 계단식 돌무지무덤이 아닌 굴식 돌방무덤이 있다. 대표적인 백제의 계단식 돌무지무덤으로는 서울의 석촌동 고분이 있다.

오답분석　① 익산 미륵사지에는 목탑 양식의 석탑인 익산 미륵사지 석탑이 있다. 익산 미륵사지 석탑은 현존하는 우리나라 최고(最古)의 석탑으로, 이 석탑에서 백제 무왕의 비인 사택 왕후가 미륵사를 창건하고 탑을 세웠다는 내용의 사리 봉안기가 발견되었다.
　② 부여 정림사지에는 백제 때 건립된 정림사지 5층 석탑이 남아 있다. 조화미와 균형미가 뛰어난 부여 정림사지 5층 석탑은 한때 평제탑이라고 불리기도 하였다.
　④ 공주 무령왕릉(송산리 고분군 7호분)에는 무덤의 주인공이 무령왕임을 알려주는 지석이 있다. 무령왕릉 지석에는 토지신에게 무덤 자리를 매입했다는 표현이 담겨 있어 도교 사상의 영향을 받았음을 알 수 있다.

정답 ③

## 01

각 국가의 유교 교육에 대한 설명으로 옳지 않은 것은?

① 고구려 – 중앙에 태학을, 지방에 경당을 설립하였다.
② 백제 – 5경 박사, 역박사 등이 유교 경전과 기술학을 가르쳤다.
③ 신라 – 청소년들이 화랑도를 통해 경학을 배우고 무술을 연마하였다.
④ 통일 신라 – 성덕왕 때 국학을 설립하고, 공자의 화상을 안치하였다.

## 02

다음은 어느 국가의 불교 수용과 관련된 내용이다. 해당 국가의 문화에 대한 설명으로 옳은 것은?

> • 372년 6월, 전진에서 사신과 승려 순도를 파견하여 불상과 경문을 보내 왔다.
> • 375년 2월, 초문사를 창건하여 순도를 머물게 하고, 이불란사를 창건하여 아도를 머물게 하였다. 이것이 해동 불교의 시작이다.

① 도참 신앙과 결부된 풍수지리설이 유행하였다.
② 무덤 양식으로는 주로 돌무지덧널무덤을 사용하였다.
③ 금동 대향로를 통해 우수한 금속 공예 기술을 알 수 있다.
④ 강서 고분의 사신도를 통해 도교가 성행하였음을 알 수 있다.

## 03

다음 밑줄 친 '왕'의 재위 시기의 사실로 옳은 것은?

> 가야가 배반하니 <u>왕</u>이 토벌하도록 명령하였다. …… 사다함이 기병 5,000명을 거느리고 공격하니 모두 항복하였다.

① 영묘사를 창건하였다.
② 황룡사를 건립하였다.
③ 원광이 세속 5계를 제시하였다.
④ 불교식 왕명을 최초로 사용하였다.

## 04

다음과 같은 주장을 한 승려에 대해 옳은 설명을 〈보기〉에서 모두 고른 것은?

> 법의 성품은 원융하여 두 모습이 없고, 모든 불법은 부동하여 본래 고요하다. …(중략)… 하나 안에 일체가 있고, 모두 안에 하나가 있다. 하나가 곧 일체이며, 모두가 곧 하나이다. 하나의 티끌 가운데에 모든 방향을 포함하고, 낱낱의 티끌 가운데도 역시 모두 이와 같다.

━━● 보기 ●━━
㉠ 부석사를 건립하였다.
㉡ 『금강삼매경론』을 저술하였다.
㉢ 왕이 도성을 새로이 정비하려 할 때 백성을 위해 이를 만류하였다.
㉣ 승려들의 전기를 담은 『해동고승전』을 집필하였다.

① ㉠, ㉡         ② ㉠, ㉢
③ ㉡, ㉣         ④ ㉢, ㉣

## 05

밑줄 친 '그'에 대한 설명으로 옳은 것은?

> 그는 평등 가운데 차별이 있으며 차별 가운데 평등이 있다는 화엄 사상을 쉽게 풀이하여 '무애가'를 짓고, 이를 당시 교화에 활용하였다.

① 보현십원가를 통해 중생의 교화에 기여하였다.
② 『십문화쟁론』을 통해 분파 의식을 극복하려고 노력하였다.
③ 선덕 여왕 때 대국통에 임명되어 계율을 지키는 일에 힘을 보탰다.
④ 『화엄일승법계도』를 지어 화엄 사상을 정리하였다.

## 06

다음의 사상에 대한 설명으로 옳지 않은 것은?

> 불립문자(不立文字)라 하여 문자를 세워 말하지 않는다고 주장하고, 복잡한 교리를 떠나서 심성(心性)을 도야하는 데 치중하였다. 그러므로 이 사상에서 주장하는 바는 인간의 타고난 본성이 곧 불성(佛性)임을 알면 그것이 불교의 도리를 깨닫는 것이라는 견성오도(見性悟道)에 있었다.

① 고려 건국에 큰 영향을 미쳤다.
② 신라 하대에 풍수지리설과 함께 유행하였다.
③ 통일 신라 시기에 5개의 교단으로 정비되었다.
④ 탑비와 승탑의 유행에 영향을 미쳤다.

## 07

다음 두 자료에 공통적으로 반영되어 있는 사상에 대한 설명으로 옳은 것은?

> • 갑인년 정월 9일 내지성의 사택지적이 몸이 날로 쉽게 가고 달로 돌아오기 어려움을 슬피 여겨 금을 뚫어 금당을 만들고 옥을 깎아 탑을 세운다. – 사택지적비
> • 공주는 무악에서 영기(靈氣)를 받고 낙천에서 신선에 감응하였다. – 정효 공주 묘의 지석

① 도선이 중국으로부터 들여왔다.
② 실천 수행을 통하여 깨달음을 얻는 것을 강조하였다.
③ 신라에서는 지배층의 특권을 정당화하는 업설로 발전하였다.
④ 고구려에서는 연개소문이 귀족 세력을 억압하고자 이 사상을 장려하였다.

## 08

다음 고분들의 공통적인 특징으로 옳은 것은?

> • 금관총      • 황남대총
> • 호우총      • 천마총

① 다듬은 돌을 계단식으로 쌓아 올려 만들었다.
② 고분 주위에 12지 신상을 조각한 둘레돌을 세웠다.
③ 통일 이전 신라의 대표적인 무덤 양식으로 만들어졌다.
④ 고구려와 백제의 영향을 받은 무덤 양식으로 만들어졌다.

## 09

다음 (가), (나)의 무덤에 대한 설명으로 옳지 않은 것은?

(가)

(나)

① (가) - 백제 초기의 무덤이 이와 비슷한 양식을 취하고 있다.
② (가) - 무덤 주인의 생활을 표현한 벽화가 남아 있다.
③ (나) - 중국 남조의 영향을 받았음을 알 수 있다.
④ (나) - 도교의 영향을 받은 지석이 발견되었다.

## 11

다음 자료의 밑줄 친 내용과 관련된 발해 문화의 특성으로 옳은 것을 〈보기〉에서 모두 고르면?

> 무예(무왕)가 열국(列國)을 주관하고 제번(諸蕃)을 거느려, 고구려의 옛 땅을 회복하고 부여의 유속(遺俗)을 잇게 되었습니다. ……

---● 보기 ●---
㉠ 벽돌로 5층 높이의 영광탑을 축조하였다.
㉡ 유학 교육을 목적으로 주자감을 설치하였다.
㉢ 수도 상경의 궁궐에 온돌 장치를 설치하였다.
㉣ 소박하고 힘찬 모습의 연꽃무늬 수막새를 제작하였다.

① ㉠, ㉡          ② ㉡, ㉢
③ ㉢, ㉣          ④ ㉠, ㉣

## 10 고난도 문제

다음 중 고대의 도성에 대한 설명으로 옳지 않은 것은?

① 고구려 수도인 평양에는 장안성이 축조되었으며, 내성·북성·중성·외성의 4개의 성으로 구성되었다.
② 백제는 한성 시기에 나성을 갖추고 있었으며, 풍납토성과 몽촌토성 바깥으로 방어용 성곽이 만들어졌다.
③ 신라의 월성은 나성 대신 사방에 산성을 쌓아 도성을 방어하였다.
④ 발해의 상경은 당의 수도를 본떠 건설되었으며, 남북으로 주작대로를 내었다.

## 12

다음 자료와 관련된 나라의 문화유산으로 옳은 것은?

> 영동대장군인 사마왕은 62세가 되는 계묘년 5월 임진일인 7일에 돌아가셨다. 을사년 8월 갑신일인 12일에 안장하여 대묘에 모시며, 기록하기를 이와 같이 한다.

① 백률사 석당
② 법주사 쌍사자 석등
③ 창왕명 석조 사리감
④ 금동 연가 7연명 여래 입상

**13**

통일 신라 시대의 문화재에 대한 설명으로 옳은 것만을 모두 고르면?

> ㉠ 김대성이 전생의 부모를 위해 석굴암을 창건하였다.
> ㉡ 자장의 건의에 따라 황룡사 9층 목탑이 건립되었다.
> ㉢ 동양에서 현존하는 가장 오래된 천문 관측 시설인 첨성대가 건립되었다.
> ㉣ 선종의 유행으로 쌍봉사 철감선사 승탑 등 팔각 원당형의 승탑이 등장하였다.

① ㉠, ㉡        ② ㉡, ㉢

③ ㉠, ㉣        ④ ㉢, ㉣

**14**

(가)에 들어갈 국가의 문화에 대한 설명으로 옳은 것은?

> 지난 7월 중에  (가)  의 왕자가 장(狀)을 올려,  (가)  가/이 신라 위에 앉도록 허락해 주기를 청하였습니다. 삼가 이에 대한 칙지를 받들건대, "국명의 선후는 본래 강약에 의해서 따져 칭하는 것이 아니다. …… 마땅히 구례(舊例)대로 할 것이니 이에 선시(宣示)를 따르도록 하라"는 것이었습니다.

① 북방 가마 기술의 도입으로 분청사기가 생산되었다.
② 고구려의 양식을 계승한 이불 병좌상을 제작하였다.
③ 사택지적 비문을 통해 이 국가의 한문학의 수준을 가늠할 수 있다.
④ 관촉사 석조 미륵보살 입상과 같은 거대 불상이 제작하였다.

**15**

가야의 문화와 유적에 대한 설명으로 옳은 것을 모두 고르면?

> ㉠ 가야 토기는 일본의 스에키 토기에 영향을 주었다.
> ㉡ 우륵은 가야금 12악곡을 지어 통일 신라에 전하였다.
> ㉢ 고령 지산동 고분군은 금관가야 지배층의 무덤으로 추정된다.
> ㉣ 김해 대성동 고분군에서 청동 솥 등이 출토되었다.

① ㉠, ㉡

② ㉠, ㉣

③ ㉡, ㉢

④ ㉢, ㉣

**16**

다음은 일본으로 전파된 우리나라 고대 문화에 대한 설명이다. 바르게 연결된 것을 모두 고르면?

> ㉠ 고구려 - 종이와 먹 제조법을 전파하였다.
> ㉡ 백제 - 오경 박사를 파견하여 유학을 전해주었다.
> ㉢ 신라 - 제방을 만드는 축제술을 전해주었다.
> ㉣ 통일 신라 - 일본 아스카 문화 발달에 영향을 주었다.

① ㉠, ㉡

② ㉡, ㉢

③ ㉠, ㉡, ㉢

④ ㉠, ㉢, ㉣

정답·해설 p.14

## 01

(가)와 (나) 시기 사이의 고구려에 대한 설명으로 옳은 것은?

> (가) 진나라 왕 부견이 사신과 승려 순도를 파견하여 불상과 경문을 보내왔다. 왕이 사신을 보내 답례로 토산물을 바쳤다. 태학을 세워 자제들을 교육하였다.
>
> (나) 왕이 군사 3만을 거느리고 백제를 침공하여 백제 왕의 도읍지 한성을 점령한 후 백제 왕 부여 경을 죽이고 남녀 8천 명을 생포하여 돌아왔다.

① 신라에 침입한 왜를 격퇴해 주었다.
② 한반도에서 낙랑군을 완전히 몰아내었다.
③ 담징이 일본에 종이와 먹의 제조법을 전하였다.
④ 계루부 고씨의 독점적인 왕위 세습이 시작되었다.

## 02

다음 자료에 나타난 시기의 백제왕의 업적으로 옳은 것은?

> 구려(句麗)가 이미 요동을 경략하자, 백제 역시 요서, 진평의 두 군의 땅을 점거하여 스스로 백제 군(百濟郡)을 설치하였다.

① 왕권의 안정을 위해 웅진의 토착 세력을 등용하였다.
② 중앙에는 22부를 두고, 지방에는 5방을 설치하였다.
③ 양나라에 사신을 보내 고구려를 격파했다는 서신을 전했다.
④ 박사 고흥으로 하여금 역사서인 『서기』를 편찬하게 하였다.

## 03

다음 유적이 제작된 시기에 백제에 있었던 역사적 사실로 옳은 것은?

① 나·제 동맹을 체결하였다.
② 중앙 관청이 22부로 정비되었다.
③ 단양이와 고안무를 일본에 파견하였다.
④ 지방에 담로를 설치하여 왕족을 파견하였다.

## 04

다음 내용을 주장한 승려에 대한 내용으로 옳은 것은?

> 열면 헬 수 없고 가없는 뜻이 대종(大宗)이 되고, 합하면 이문(二門) 일심(一心)의 법이 그 요차가 되어 있다. 그 이문 속에 만 가지 뜻이 다 포용되어 조금도 혼란됨이 없으며 가없는 뜻이 일심과 하나가 되어 혼용된다.

① 구법 순례기인 『왕오천축국전』을 지었다.
② 진골 귀족 출신으로 원융 사상을 설파하였다.
③ 선 수행과 노동에 힘쓸 것을 주장하였다.
④ 무애가라는 노래를 지어 불교를 전파하였다.

## 05

(가)~(라)의 시기에 발생한 사건으로 옳지 않은 것은?

| | (가) | (나) | (다) | (라) | |
|---|---|---|---|---|---|
| | 고구려의 낙랑·대방군 축출 | 고구려의 고국원왕 전사 | 고구려의 평양 천도 | 백제의 웅진 천도 | 관산성 전투 |

① (가) - 고구려가 위나라 관구검이 이끄는 군대의 침략을 받았다.

② (나) - 고구려가 신라 내물왕의 요청을 받아들여 신라에 침입한 왜를 격퇴하였다.

③ (다) - 백제가 북위에 사신을 보내 고구려를 공격해 줄 것을 요청하였다.

④ (라) - 백제가 신라와 결혼 동맹을 체결하여 동맹 관계를 강화하였다.

## 06

다음 사실을 일어난 순서대로 바르게 나열한 것은?

⊙ 나·당 연합군의 공격으로 평양성이 함락되었다.

⊙ 왜의 지원군은 백강 근처에서 나·당 연합군에게 패배하였다.

⊙ 계백의 저항에도 불구하고 사비성이 함락되었다.

⊙ 신라가 안승을 보덕국의 왕으로 책봉하였다.

① ⊙ → ⊙ → ⊙ → ⊙

② ⊙ → ⊙ → ⊙ → ⊙

③ ⊙ → ⊙ → ⊙ → ⊙

④ ⊙ → ⊙ → ⊙ → ⊙

## 07

밑줄 친 '황상'에 대한 설명으로 옳은 것은?

공주는 여름 6월 9일 임진일에 사망하니, 나이는 36세였다. 이에 시호를 정효 공주라 하였다. 이 해 겨울 11월 28일 기묘일에 염곡의 서쪽 언덕에 매장하였으니, 이것은 예의에 맞는 것이다. 황상은 조회를 파하고 크게 슬퍼하여, 침소에 들어가지 않고 음악도 중지시켰다.

① '천통'이라는 연호를 사용하였다.

② 산둥 지방에 장문휴를 보내 당을 공격하였다.

③ 지방 행정 제도를 5경 15부 62주로 정비하였다.

④ 당으로부터 처음 발해 국왕으로 책봉되었다.

## 08

다음 문서를 작성한 국가의 지방 행정 제도로 옳지 않은 것은?

이 현의 사해점촌을 조사해 보니, 지형은 산과 평지로 이루어져 있으며, 마을의 둘레는 5725보, 공연의 수는 합하여 11호가 된다. 계연은 4, 나머지 3이다. 이 가운데 중하연 4호, 하상연 2호, 하하연 5호이다. 마을의 모든 사람을 합치면 147명이며 …(중략)… 논은 전부 102결 2부 4속인데, 관모전이 4결, 내시령답이 4결, 연수유답이 94결 2부 4속이며 그 중 촌주가 그 직위로 받은 논이 19결 70부가 포함되어 있다.

① 지방관을 감찰하기 위하여 외사정을 파견하였다.

② 전국을 9주로 나누고 장관으로 사신을 파견하였다.

③ 촌주가 관할하는 촌 이외에, 향·부곡이라는 행정 구역도 있었다.

④ 지방 세력을 일정 기간 수도에 머물게 하는 상수리 제도를 실시하였다.

정답·해설 p.18

## 01

밑줄 친 '왕'의 업적으로 옳은 것은?

> _왕_의 이름은 정명(政明)이고 문무대왕의 맏아들이다. 어머니는 자의왕후이다. 왕비 김씨는 소판 흠돌의 딸이다. 왕이 일찍이 태자로 있을 때 아내로 맞아들였는데, 오래도록 아들을 낳지 못하다가, 뒤에 자신의 아버지가 반란을 일으킨 데 연좌되어 궁에서 쫓겨났다.

① 갈문왕 제도를 폐지하여 왕권을 강화하였다.
② 청주 거로현을 국학생들의 녹읍으로 지급하였다.
③ 중앙 관제를 집사부 이하 14관부로 정비하였다.
④ 거칠부로 하여금 『국사』를 편찬하게 하였다.

## 02

밑줄 친 '그'가 활동하던 시기에 대한 설명으로 옳은 것은?

> _그_가 귀국하여 왕을 뵙고 아뢰기를, "중국의 어디를 가든지 우리나라 사람들을 노비로 삼고 있으니 청해에 진영을 설치하여 해적이 사람들을 잡아 서쪽으로 데려가지 못하게 해 주십시오."라고 하였다. 왕은 그 말에 따라 군사 만 명을 주어 해상을 방비하게 하였다.

① 전국의 지명을 중국식으로 바꾸었다.
② 왕이 사치를 금지하는 교서를 내렸다.
③ 원종과 애노가 사벌주에서 난을 일으켰다.
④ 당나라로부터 공자와 그 제자들의 화상(畵像)이 들어왔다.

## 03

신라 말 호족에 대한 설명으로 옳지 않은 것은?

① 스스로 성주 혹은 장군이라고 칭하였다.
② 관반제라는 독자적인 제도를 실시하였다.
③ 중앙의 권력 투쟁에서 밀려나 지방에서 세력을 쌓은 귀족이었다.
④ 경전과 교리를 중시하는 교종을 후원하였다.

## 04

삼국 시대 각 나라의 무역에 대한 설명이다. (가)~(라)에 들어갈 나라를 옳게 짝지은 것은?

> - (가) - 주로 남북조 및 유목민들과 교역하였다.
> - (나) - 주로 남중국 및 왜와 활발하게 교역하였다.
> - (다) - 풍부한 철의 생산과 해상 교통을 바탕으로 낙랑과 왜의 규슈를 연결하는 원거리 중계 무역을 전개하였다.
> - (라) - 한강 유역을 획득하기 이전에는 다른 나라를 통하여 중국과 무역을 하였으나, 한강 유역으로 진출한 이후에는 당항성을 통해 중국과 직접 교역하였다.

|   | (가) | (나) | (다) | (라) |
|---|------|------|------|------|
| ① | 신라 | 고구려 | 백제 | 가야 |
| ② | 백제 | 고구려 | 가야 | 신라 |
| ③ | 고구려 | 백제 | 신라 | 가야 |
| ④ | 고구려 | 백제 | 가야 | 신라 |

## 05

다음 (가), (나)에 대한 설명으로 옳은 것을 〈보기〉에서 모두 고르면?

> • 견훤이 태조에게 항복하니 태조가 매우 기뻐하며 양주를 ___(가)___ 으로 주고 겸하여 금, 비단, 말 10여 필 등을 내려주었다.
> • 청주의 거로현을 국학생의 ___(나)___ 으로 삼았다.

> **● 보기 ●**
> ㉠ (가) – 수조권과 함께 노동력 징발권이 부여되었다.
> ㉡ (가) – 관등에 따라 전지와 시지를 함께 지급하였다.
> ㉢ (나) – 신문왕이 귀족 세력을 약화시키기 위해 폐지하였다.
> ㉣ (나) – 대상 토지에 거주하는 가호의 수를 단위로 지급하였다.

① ㉠, ㉡   ② ㉠, ㉢
③ ㉡, ㉣   ④ ㉢, ㉣

## 06

(가), (나)가 가리키는 국가에 대한 설명으로 옳지 않은 것은?

> 부여씨가 망하고 고씨가 망하자 김씨가 ___(가)___ 을/를 영유하였고, 대씨가 ___(나)___ 을/를 영유하였다. 이것이 남북국이라 부르는 것으로, …… 무릇 대씨가 누구인가? 바로 고구려 사람이다. 그가 소유한 땅은 누구의 땅인가? 바로 고구려 땅이다.

① (가)의 국제 무역항인 벽란도에는 아라비아 상인까지 왕래하였다.
② (나)는 동해를 통해 일본과 활발한 무역 활동을 전개하였다.
③ 당나라에는 (가)와 (나)의 사람들을 위한 숙소가 설치되었다.
④ 8세기 무렵에 동해안 연안에 (가)와 (나)를 잇는 상설 교통로가 설치되었다.

## 07

㉠에 대한 설명으로 옳은 것은?

> • 성덕왕 21년(722) 처음으로 백성에게 ( ㉠ )을/를 지급하였다.

① 직무에 대한 봉급의 개념으로 지급되었다.
② 왕토 사상을 바탕으로 지급되었다.
③ 촌락 문서에 기록된 관모전답과 같은 성격의 토지이다.
④ 전쟁에서 큰 공을 세웠을 때 공로의 대가로 지급하였다.

## 08

다음은 신라의 관등제와 골품제의 관계를 나타낸 것이다. 〈보기〉에서 옳은 설명을 모두 고른 것은?

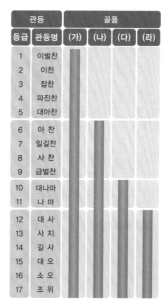

| 관등 | | 골품 | | | |
|---|---|---|---|---|---|
| 등급 | 관등명 | (가) | (나) | (다) | (라) |
| 1 | 이벌찬 | | | | |
| 2 | 이찬 | | | | |
| 3 | 잡찬 | | | | |
| 4 | 파진찬 | | | | |
| 5 | 대아찬 | | | | |
| 6 | 아 찬 | | | | |
| 7 | 일길찬 | | | | |
| 8 | 사 찬 | | | | |
| 9 | 급벌찬 | | | | |
| 10 | 대나마 | | | | |
| 11 | 나 마 | | | | |
| 12 | 대 사 | | | | |
| 13 | 사 지 | | | | |
| 14 | 길 사 | | | | |
| 15 | 대 오 | | | | |
| 16 | 소 오 | | | | |
| 17 | 조 위 | | | | |

> **● 보기 ●**
> ㉠ (가)를 위한 특진 제도로 중위제가 실시되었다.
> ㉡ (나)는 도당 유학생의 대부분을 차지하였다.
> ㉢ (다) 이하의 골품은 삼국 통일 후 점차 평민화 되었다.
> ㉣ (라)는 녹색의 공복만 입을 수 있었다.

① ㉡   ② ㉠, ㉢
③ ㉡, ㉣   ④ ㉡, ㉢, ㉣

정답·해설 p.19

## 01

다음에 나타난 신라 제도에 대한 설명으로 옳은 것은?

> 우리나라에는 현묘한 도가 있으니 풍류(風流)
> 라 이른다. …… 그 내용은 3교를 포함해 인간을
> 교화하는 것이다. 부모에게 효도하고 나라에 충
> 성하는 것은 공자의 가르침이며, 인위적으로 일
> 을 만들지 않고 자연의 말 없는 가르침을 실천하
> 는 것은 노자의 근본 사상이고, 악행을 하지 않고
> 선행을 실천하는 것은 석가모니의 교화와 같다.
>
> – 최치원, 난랑비 서문

① 개인의 사회 활동과 일상생활을 규제하였다.
② 만장일치의 원칙이며 회의의 의장은 상대등이었다.
③ 계층 간의 대립과 갈등을 완화하는 기능을 하였다.
④ 유교 경전을 가르치기 위해 박사와 조교를 두었다.

## 02

(가) 나라에 대한 설명으로 옳은 것은?

> 무덤은 <u>(가)</u> 의
> 중경 인근 용두산 고
> 분군의 정상에 자리잡
> 고 있다. 당나라의 양
> 식인 벽돌무덤 양식과
> 고구려의 양식인 평행 고임 천장 구조가 결합된
> 형태인 것이 특징이다. 묘지의 비문을 통해 이 무
> 덤이 <u>(가)</u> 의 공주의 무덤인 것을 알 수 있으
> 며, 무덤의 네 벽면에는 무사, 시위, 내시, 악사 등
> 공주를 모시는 인물들을 그린 벽화가 남아 있다.

① 벼농사가 농업의 중심을 이루었다.
② 녹용, 사향, 모피 등을 주로 수출하였다.
③ 당항성, 영암 등이 국제 무역항으로 번성하였다.
④ 공물을 토지 결 수에 따라 쌀 등으로 납부하였다.

## 03

밑줄 친 '그'에 대한 설명으로 옳지 않은 것은?

> • <u>그</u>가 당에서 돌아왔다. 진성 여왕 8년(894)에
> 시무책 10여 조를 올리니 왕이 기쁘게 받고 그
> 를 아찬으로 삼았다.
> • <u>그</u>가 중국에 유학하여 얻은 바가 많았다고 생
> 각해서 귀국한 뒤 자기의 뜻을 펴려고 하였다.
> 그러나 말세여서 의심과 시기가 많아 용납되지
> 않았다.
>
> – 『삼국사기』

① 문집 『계원필경』 20권을 저술하였다.
② 『법장화상전』에서 화엄종 승려의 전기를 적었다.
③ 당 희종 때 황소의 난이 일어나자 이를 꾸짖는 격문
을 지어 명성을 떨쳤다.
④ 『한산기』, 『계림잡전』, 『고승전』 등을 저술하였다.

## 04

밑줄 친 '그'의 활동으로 옳은 것은?

> 당에서 유학하면서 정립한 <u>그</u>의 사상의 핵심
> 이 담긴 일승법계도는 화엄일승법계연기(法界緣
> 起)의 핵심을 7언 30구 210자로 엮고, 형식면에
> 서 내용의 처음과 끝이 이어지는 상징적인 효과
> 를 위해 회문시(回文詩)의 형식을 채용하였다. 일
> 승법계도의 중심 내용은 일승(一乘)의 제창과 법
> 계연기설의 전개 및 중도의 강조 등이다.

① 일본에 삼론종을 전파하였다.
② 현장 법사에게 유식 불교를 배우고 서명 학파를 성
립시켰다.
③ 현세에서 고난을 구제받고자 하는 관음 신앙을 강조
하였다.
④ 일심 사상을 통해 다른 종파들과 사상적 대립을 조
화시키려고 하였다.

## 05

다음 (가)~(라) 시기에 백제에서 있었던 일로 옳지 않은 것은?

| | (가) | | (나) | | (다) | | (라) | |
|---|---|---|---|---|---|---|---|---|
| | 나·제<br>동맹 | | 웅진<br>천도 | | 사비<br>천도 | | 관산성<br>전투 | 백제<br>멸망 |

① (가) - 중국 산둥 지방과 일본의 규슈 지방에까지 진출하는 등 대외 활동을 벌였다.

② (나) - 지방에 22담로를 설치하여 왕자나 왕족을 파견하였다.

③ (다) - 신라와 연합하여 고구려를 공격하고 한강 유역을 되찾았다.

④ (라) - 귀족 세력을 견제하기 위해 익산 천도를 계획하고 미륵사를 창건하였다.

## 06

다음 자료를 통해 파악할 수 있는 고분에 대한 설명으로 옳은 것은?

① 고구려, 백제, 신라에서 공통적으로 조성되었다.

② 벽화가 많이 그려져 있어 가치가 높다.

③ 도굴이 어려워 부장품이 그대로 보존되어 있다.

④ 대표적으로 천마총, 서봉총, 쌍영총, 황남대총 등이 있다.

## 07

밑줄 친 '이 사상'과 연관된 것들을 〈보기〉에서 모두 고른 것은?

> 이 사상은 불로장생과 현세의 구복을 추구한 것으로, 여러 가지 신을 모시면서 재앙을 물리치고 복을 빌며 나라의 안녕과 왕실의 번영을 기원하였다.

● 보기 ●

㉠ 아미타 신앙
㉡ 백제 금동 대향로
㉢ 무령왕릉과 정효 공주 묘의 지석
㉣ 『도선비기』

① ㉠, ㉡　　② ㉡, ㉢　　③ ㉠, ㉢　　④ ㉢, ㉣

## 08

다음 글에 나타나는 사상과 관련이 있는 유물을 〈보기〉에서 모두 고른 것은?

> 빛나도다, 삼청(三淸)이시여! 능히 사람이 생존할 때나 죽음에 이르러서도 건져 주십니다. 정성스러운 생각이 마땅히 하늘과 통하니, 이에 작은 정성을 바쳐 감히 상제(上帝)가 들어주시기를 원하나이다. …… 이에 소격전을 세우고 엄숙한 기도의 의식을 거행합니다.

● 보기 ●

㉠ 사신도　　　　㉡ 임신서기석
㉢ 백제 금동 대향로　　㉣ 호류사 금당 벽화

① ㉠, ㉡　　　　　② ㉠, ㉢
③ ㉡, ㉣　　　　　④ ㉢, ㉣

정답·해설 p.21

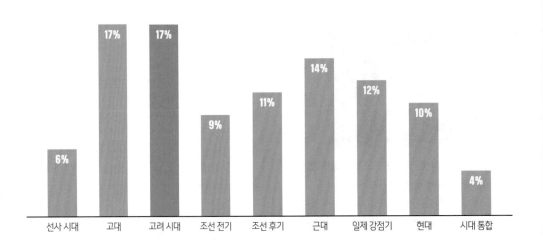

# Ⅲ
# 고려 시대

# 01 고려의 정치

## 적중개념 | 1 | 고려 초기 체제 정비 〈최다출제〉

| | |
|---|---|
| **태조**<br>(918~943) | • 민생 안정책: 취민유도의 원칙으로 조세를 1/10로 감면, 흑창 설치<br>• 호족 통합책: 정략 결혼과 사성 정책을 통해 호족 포섭, 역분전 지급, 본관제(토성 분정) 실시<br>• 호족 견제책: 기인 제도(호족 자제를 인질로 삼음), 사심관 제도(중앙 고관을 출신지의 사심관으로 삼음) 실시<br>• 북진 정책: 북진 정책의 기지로서 서경(평양) 중시, 대거란 강경책 전개(만부교 사건), 영토 확장(국경이 청천강에서 영흥만에 이르렀음)<br>• 통치 이념 편찬: 『정계』와 『계백료서』 저술(관리가 지켜야 할 규범 제시), 훈요 10조 반포(후대 왕들에게 정책 방향 제시) |
| **광종**<br>(949~975) | • 주현공부법(949): 각 주현 단위로 1년간 납부할 조세·공물의 액수를 정하여 징수<br>• 노비안검법(956): 억울하게 노비된 자를 해방시켜 호족 세력을 약화시키고, 국가 재정을 확충<br>• 과거 제도(958): 중국 후주 출신 쌍기의 건의로 시행<br>• 백관의 공복 제정(960): 관리의 복색을 4등급으로 구분(자·단·비·녹색)하여 지배층의 위계질서 확립<br>• 외왕내제 체제 구축: 스스로 황제라 칭하고, '광덕·준풍' 등 독자적 연호를 사용 |
| **성종**<br>(981~997) | • 최승로의 시무 28조 채택: 유교 사상을 정치의 근본 이념으로 삼아 통치 체제 정비<br>• 유교 진흥 정책: 국자감 정비, 도서관(비서성·수서원) 설치, 문신 월과법 시행, 향교(향학) 설치, 지방(12목)에 경학 박사·의학 박사 파견<br>• 통치 체제 정비<br>  – 중앙 관제: 2성 6부, 중추원과 삼사, 도병마사와 식목도감(현종 때 완비)<br>  – 지방 조직: 12목 설치(지방관인 목사 파견), 향리 제도 마련(지방 중소 호족을 향리로 편입), 문산계(중앙 문·무관)와 무산계(향리·노병 등)를 부여하여 관료와 호족 서열화<br>• 사회 정책 시행: 의창 설치(흑창 개편), 상평창 설치(개경·서경·12목), 재면법 실시, 자모상모법 시행, 연등회·팔관회 폐지 |
| **현종**<br>(1009~1031) | • 지방 행정 개편: 5도 양계, 4도호부, 8목<br>• 향리 제도 정비: 향리 정원제, 향리 공복제, 주현공거법(향리 자제의 과거 응시 자격 부여) |

**고려의 통치 조직**

## (1) 고려의 통치 조직

| | |
|---|---|
| 중앙 통치<br>조직 | • 중서문하성(재부): 중앙 최고 관서, 재신(2품 이상, 국가의 중요 정책 심의, 6부의 판사 겸임)과 낭사(3품 이하, 정책 비판)로 구성, 문하시중(수상)이 국정 총괄<br>• 상서성: 6부 관장, 행정 업무 집행<br>• 6부: 이부·병부·호부·형부·예부·공부 → 실제 행정 업무 담당<br>• 중추원(추부): 추밀(2품 이상, 군사 기밀 관장), 승선(3품, 왕명 출납, 숙위 담당)으로 구성<br>• 어사대: 관리를 감찰하고 정치의 잘잘못을 논하는 임무<br>• 삼사: 화폐·곡식의 출납에 대한 회계를 담당<br>• 도병마사: 국방·군사 문제를 담당하는 회의 기구 ┐<br>• 식목도감: 법의 제정 및 각종 시행 규정을 제정하는 입법 기구 ┘ ── 재추 합좌 기구<br>• 대간: 어사대의 관원(대관)과 중서문하성의 낭사(간관)로 구성되어 간쟁·봉박·서경권을 행사<br>    → 권력의 독점·부정 방지<br>• 기타 행정 기관: 한림원(예문관, 교서와 외교 문서 작성), 춘추관(실록·국사 편찬), 태의감(왕실의 의약 담당), 사천대(천문 관측) |
| 지방 행정<br>조직 | • 조직 정비(현종): 전국을 5도·양계·경기로 크게 구분한 후 3경·4도호부·8목 및 군·현·진 설치<br>• 5도: 상설 행정 기관이 없는 일반 행정 구역, 안찰사 파견, 도 아래 주·군·현 설치(지방관 파견)<br>• 양계: 군사적 행정 구역, 병마사 파견, 국방상 요충지에 '진' 설치(진장 파견)<br>• 3경: 개경(개성)·서경(평양)·동경(경주)으로 유수가 파견됨[문종 이후 동경(경주) → 남경(한양)]<br>• 향·부곡·소: 특수 행정 구역으로, 일반민에 비해 차별을 받음<br>• 주현·속현: 지방관이 파견되지 않은 속현의 행정 실무는 향리가 담당, 주현보다 속현의 수가 많았음 |
| 군사<br>조직 | • 중앙군: 2군(국왕 친위 부대)·6위(수도 경비, 국경 방어)로 구성, 군인전 지급, 군역 세습<br>• 지방군: 주현군(5도에 주둔)·주진군(양계에 주둔한 상비군)으로 조직, 군적에 오르지 못한 일반 농민(16세 이상의 장정)으로 편성 |

## (2) 관리 등용 제도

| | |
|---|---|
| 과거 제도 | 법적으로 양인 이상이면 누구나 응시 가능, 제술과·명경과·잡과·승과 등 |
| 음서 제도 | 공신, 왕족 및 5품 이상 고위 관리의 자손이 과거를 거치지 않고 관리가 될 수 있는 제도 |

### 단박 체크

**다음 기출문장을 읽고, 옳으면 O, 틀리면 X를 괄호 안에 쓰세요.**

**01** 고려 태조는 북진 정책을 추진하여 서경을 경략하고 압록강까지 영토를 넓혔다. (      )

**02** 고려 광종은 노비 안검법을 실시하여 호족의 경제력을 약화시켰다. (      )

**03** 고려 성종은 12목을 설치하고 지방관을 파견하였다. (      )

**04** 중추원은 국가의 정책을 심의하는 재신과 정치의 잘못을 비판하는 낭사로 구성되었다. (      )

**05** 식목도감에서는 양계의 축성 및 군사 훈련 등 국방 문제를 논의하였다. (      )

**06** 고려 시대에 전국을 5도(서해도, 교주도, 양광도, 경상도, 전라도), 양계(북계, 동계), 경기로 크게 구분하였다. (      )

**07** 고려 시대 중앙군은 응양군, 용호군, 신호위 등의 2군과 6위로 편성되었다. (      )

[정답]  **01** X (영흥만까지 영토를 넓힘)  **02** O  **03** O  **04** X (중서문하성에 대한 설명)  **05** X (도병마사에 대한 설명)  **06** O  **07** O

| 문벌 귀족의 성장과 분열 | 고려 초기 지방 호족이나 신라의 6두품 출신 유학자들이 문벌 귀족을 형성(과거·음서로 관직 독점, 공음전의 혜택, 왕실과 폐쇄적인 혼인 관계 형성) → 문벌 귀족 간의 갈등이 발생하여 분열(이자겸의 난, 묘청의 난) |
|---|---|
| 이자겸의 난 (1126, 인종) | • 배경: 경원 이씨 가문은 왕실의 외척으로 문종 대부터 80여 년간 정권을 장악, 이자겸이 예종의 측근 세력들을 몰아내고 자신의 외손자인 인종을 왕위에 옹립한 뒤 딸을 인종과 혼인시킴 → 권력을 독점<br>• 전개: 이자겸 세력의 권력 독점 → 인종의 이자겸 제거 시도 → 이자겸이 척준경과 함께 난을 일으킴(1126) → 인종이 척준경을 회유하여 이자겸 제거 → 인종이 척준경도 축출하여 난 진압 → 인종의 15개조 유신령 반포(1127)<br>• 결과: 왕실 권위 하락, 난의 수습 과정에서 김부식 등의 개경파가 성장하고 정지상 등의 서경파가 등장 |
| 묘청의 난 (1135, 인종) | • 배경: 이자겸의 난 이후 인종의 정치 개혁 추진 과정에서 김부식 중심의 개경파와 묘청·정지상 중심의 서경파가 대립<br>• 전개: 서경파(묘청 세력)의 서경(평양) 천도 추진 → 서경에 대화궁 건설, 칭제 건원·금국 정벌 주장 → 개경파의 반대로 중단 → 묘청이 국호를 대위, 연호를 천개, 군대를 천견충의군이라 하며 서경에서 난을 일으킴(1135) → 김부식이 이끄는 관군에 의해 약 1년 만에 진압됨<br>• 결과: 서경의 지위 하락(서경파 몰락, 서경의 분사 제도가 붕괴되기 시작), 숭문천무 풍조 심화(문신 위주의 관료 체제 강화, 무신에 대한 차별 심화) → 무신 정변(1170)이 일어나는 계기가 됨 |

(1) 무신 정권의 성립(1170, 무신 정변)

| 배경 | 묘청의 난 이후 숭문천무 사상 팽배, 군인전의 지급 차질로 하급 군인들의 불만 고조 + 의종의 사치와 향락 |
|---|---|
| 성립 | 보현원 사건을 계기로 정중부, 이의방, 이고 등의 무신들이 정변을 단행(1170, 무신 정변), 문신 세력을 제거하고 의종을 폐위시킨 후 명종을 옹립하여 무신 정권 성립 |

(2) 무신 정권의 전개

| 구분 | 집권자 | 내용 |
|---|---|---|
| 형성기 | 정중부 | • 이의방을 제거하고 권력 장악, 중방을 중심으로 독재권 행사<br>• 김보당의 난, 조위총의 난, 교종 승려들의 난 등 발생 |
| | 경대승 | 정중부를 제거하고 권력 장악, 도방(사병 집단) 설치 |
| | 이의민 | 천민 출신, 경대승이 병사한 후 정권 장악, 최충헌 형제에게 피살됨 |
| 확립기 | 최충헌 | • 도방 강화(군사적 기반), 진강후에 책봉됨, 흥녕부 설치(진주 지방 관리 목적), 교정도감(국정 총괄 기구) 설치 후 교정별감(장관)의 자리에 오름, 조계종 후원<br>• 봉사 10조(시무 10조) 제시, 문신들(이규보, 진화 등)을 등용하여 무신 견제 |
| | 최우 | • 정방·서방 설치, 마별초 설치, 야별초(삼별초) 조직<br>• 대몽 항쟁: 몽골의 침입(1231) → 장기 항쟁을 위해 강화도로 천도(1232), 재조대장경(팔만대장경) 조판 시작<br>• 진양부 설치: 최우가 진양후에 책봉되면서 설치됨 |
| | 최항 → 최의 | 최항 때 재조대장경(팔만대장경) 완성 |
| 붕괴기 | 무신 정권의 종결 | 김준 집권(무오정변, 1258) → 임연 집권 → 임유무 집권 → 원종 때 임유무가 제거됨 → 무신 정권 붕괴, 몽골과의 강화 성립, 개경 환도(1270) |

(3) 무신 정권의 권력 기반

| 구분 | 기구 | 특징 |
|---|---|---|
| 정치 | 교정도감 | 모든 기구 총괄, 최씨 무신 정권 시기의 최고 권력 기구, 교정별감(장관)은 최씨 정권의 집권자가 차지·세습 |
| | 정방 | 인사 행정 기구(인사권 장악) |
| | 서방 | 문신들의 숙위 기구, 정치 고문을 담당 |
| 경제 | 농장 | 대규모 농장을 소유하여 토지 제도의 붕괴 초래 |
| 군사 | 도방 | 최고 권력자의 신변 보호를 위한 사병 집단 |
| | 마별초 | 최씨 무신 정권의 사병으로 몽골 기병의 영향을 받아 조직 |
| | 삼별초 | 좌별초·우별초·신의군, 사병 집단이었으나 공적인 임무를 띠면서 최씨 무신 정권의 무력 기반 형성 |
| 사상 | 조계종 | 선종 중심으로 교선 통합(무신 정권의 사상적 기반) |

(4) 무신 정권 시기의 사회 동요

| 구분 | 봉기 | 특징 |
|---|---|---|
| 반(反) 무신 난 | 김보당의 난 | 동북면 병마사 김보당이 의종 복위 주장(정중부 집권기, 1173), 계사의 난이라고도 불림 |
| | 조위총의 난 | 서경 유수 조위총의 난(정중부 집권기, 1174) |
| | 교종 승려들의 난 | 문신 귀족들과 연결되어 있던 귀법사·중광사·흥왕사 등 교종 승려들의 난 |
| 하층민의 봉기 | 망이·망소이의 난 | • 신분 차별 철폐를 요구하며 공주 명학소에서 봉기(정중부 집권기, 1176)<br>• 고려 정부는 충순현으로 승격시켜 주면서 봉기 가담자를 회유함 → 이후 진압군을 파견하여 봉기를 진압함 |
| | 전주 관노의 난 | 경대승 집권기에 일어났으며(1182), 한때 전주를 점령함 |
| | 만적의 난 | 최충헌 집권기에 일어남(1198), 최충헌의 사노비인 만적이 신분 차별에 항거하려 했으나 거사 전에 발각됨 |
| 삼국 부흥 운동 | 김사미와 효심의 봉기 | • 김사미는 운문, 효심은 초전에서 봉기(이의민 집권기, 1193)<br>• 신라 부흥을 표방, 두 세력이 연계하여 경상도 전역을 장악 |
| | 최광수의 봉기 | 서경에서 고구려 부흥을 목표로 봉기(최충헌 집권기, 1217) |
| | 이연년의 봉기 | 담양에서 백제 부흥을 목표로 봉기(최우 집권기, 1237) |

**단박 체크**

다음 기출문장을 읽고, 옳으면 O, 틀리면 X를 괄호 안에 쓰세요.

**01** 고려 인종 때 이자겸은 국호를 대위, 연호를 천개로 정하고 반란을 일으켰다. (　　　)

**02** 고려 중기의 인물인 김부식은 개경 중심의 문벌 귀족 세력의 대표였다. (　　　)

**03** 최충헌은 자기 집에 정방을 설치하여 인사권을 장악하였다. (　　　)

**04** 최충헌은 봉사 10조를 올려 사회 개혁안을 제시하였다. (　　　)

**05** 최우는 사병 집단인 도방을 처음으로 조직하였다. (　　　)

**06** 무신 집권기에 일어난 망이·망소이의 난은 개경의 노비들이 서로 연락하여 난을 일으키려 하였으나 사전에 발각되어 실패하였다. (　　　)

[정답] **01** X (묘청) **02** O **03** X (최우) **04** O **05** X (경대승에 대한 설명) **06** X (만적의 난에 대한 설명)

**(1) 거란의 침입과 격퇴(10세기 말~11세기)**

| 구분 | 1차 침입(성종, 993) | 2차 침입(현종, 1010) | 3차 침입(현종, 1018) |
|---|---|---|---|
| 원인 | 고려의 친송 정책과 대거란 강경책에 대해 반발하며 거란의 소손녕이 침입 | 강조의 정변(1009)을 빌미로 강동 6주 반환 등을 요구하며 침략 | 고려 현종의 입조 약속 불이행, 강동 6주 반환 거부 등을 이유로 침략 |
| 결과 | • 서희의 외교 담판 → 강동 6주 획득(송과 외교 관계 단절 약속)<br>• 고려의 국경을 압록강까지 확장 | • 개경 함락(현종 나주 피난), 흥화진에서 양규의 선전으로 위기 모면<br>• 현종의 입조를 조건으로 강화 체결 | • 강감찬의 귀주 대첩(1019)<br>• 개경에 나성(1029) 축조, 천리장성(압록강 어귀~도련포) 축조(1033~1044), 초조대장경 제작 |

**(2) 여진 정벌과 금의 사대 요구 수용(12세기)**

| 여진 정벌 과정 | 여진과의 1차 접촉에서 고려 패배 → 윤관이 별무반을 조직(1104, 숙종) → 여진 정벌(1107, 예종) → 동북 9성 축조(1107) → 수비가 어려워지자 여진에 동북 9성 반환(1109) |
|---|---|
| 금의 사대 요구 수용 | • 금 건국: 여진족이 세력을 키워 금 건국(1115)<br>• 군신 관계 요구: 금은 거란(요)을 멸망시킨 후 고려에 군신 관계 요구 → 당시 집권자였던 이자겸과 척준경은 금의 사대 요구 수용(1126, 정권 유지 목적) |

**(3) 몽골의 침입(13세기)과 대몽 항쟁**

| 몽골 침입 과정 | 1차 (1231) | • 몽골 사신 저고여의 피살 사건(1225)을 구실로 침입, 박서의 귀주성 항쟁<br>• 강화 성립 후, 다루가치를 설치하여 고려 내정에 간섭 |
|---|---|---|
| | 2차 (1232) | 최우의 강화 천도(1232, 고종)를 구실로 침입, 승려 김윤후의 활약으로 처인성 전투에서 적장 살리타 사살, 대구 부인사의 초조대장경이 소실됨 |
| | 3차 (1235~1239) | • 황룡사 9층 목탑이 소실됨, 재조대장경(팔만대장경) 조판 시작<br>• 고려 국왕의 친조를 조건으로 강화 |
| | 4차 (1247) | 몽골 황제 정종의 사망으로 몽골군이 퇴각 |
| | 5차 (1253) | 충주산성 방호별감 김윤후가 충주성 전투에서 몽골군 격퇴 |
| | 6차 (1254~1259) | • 고려의 반원적 태도를 구실로 침입, 충주 다인철소 주민들의 항쟁<br>• 개경 환도와 태자의 몽골 입조를 조건으로 강화 |
| | 개경 환도 (1270) | • 강화 후에도 환도를 반대하던 무신 세력을 원종이 제거 → 개경으로 환도<br>• 삼별초는 독자 정부 수립 후 항전을 지속(1270~1273) |
| 삼별초의 항쟁 | 강화도 | 배중손의 지휘, 왕족 승화후 온을 왕으로 삼고 정부 수립, 진도로 이동 |
| | 진도 | • 진도에 용장성을 쌓고 도읍을 건설하며 서남해 지역을 장악<br>• 일본에 국서를 보내 대몽 연합 전선을 제의<br>• 여·몽 연합군과의 전투에서 배중손이 사망 → 김통정의 지휘 아래 제주도로 이동 |
| | 제주도 | 김통정의 지휘 아래 항전, 김방경이 이끄는 여·몽 연합군에 의해 진압되었음 |

**(4) 원의 내정 간섭**

| 영토 상실 | 쌍성총관부(철령 이북, 화주), 동녕부(자비령 이북, 서경), 탐라총관부(제주) 설치 |
|---|---|
| 관제 격하 | 2성을 첨의부로, 6부를 4사로 통폐합, 중추원을 밀직사로 격하 |
| 내정 간섭 | 정동행성 설치(내정 간섭 기구로 존속), 만호부 설치, 다루가치 파견 |
| 자원 수탈 | 공녀 징발(결혼도감 설치), 매 징발(응방 설치), 특산물 수탈 |

**적중개념 | 6 원 간섭기의 정치 상황**

**(1) 원 간섭기의 개혁 정치**

| | |
|---|---|
| 충렬왕 | • 전민변정도감 설치, 홍자번의 편민 18사 수용, 도병마사를 도평의사사(도당)로 개편<br>• 원으로부터 동녕부(1290), 탐라총관부(1301)를 반환 받음<br>• 성리학 수용(안향), 섬학전과 경사교수도감 설치(관학 진흥 목적) |
| 충선왕 | • 정방 폐지 시도, 사림원(왕명 출납 담당) 설치, 재상지종(왕실 종친과 혼인 관계를 맺을 수 있는 15개의 귀족 가문) 발표(충선왕의 복위 교서), 만권당 설치<br>• 전농사(농장·불법적 노비 조사) 설치, 의염창(소금 저장·배급 담당 관청) 설치 후 소금 전매제(각염법) 실시 |
| 충숙왕 | 찰리변위도감을 설치하여 경제·토지 개혁 시도 → 실패 |
| 충목왕 | 정치도감 설치 |
| 공민왕 | • 반원 자주 정책: 친원 세력(기철 등) 숙청, 정동행성 이문소 폐지, 관제 복구(2성 6부 체제), 몽골풍의 의복과 변발 금지, 쌍성총관부 공격 → 철령 이북 지역 수복(유인우, 1356)<br>• 왕권 강화 정책: 정방 폐지(왕의 인사권 장악, 권문세족 약화), 자제위 설치(국왕 호위, 지도자 양성 목적), 성균관 개편(유교 교육 강화), 전민변정도감 설치(1366, 신돈 등용, 권문세족의 경제 기반 약화 → 국가 재정 수입 기반 확대), 내재추제 신설(권문세족 중심의 도평의사사 권한 축소)<br>• 개혁 실패: 원의 간섭, 친원파의 저항으로 신돈이 제거되고, 공민왕이 시해됨 |

**(2) 홍건적과 왜구의 침입**

| | |
|---|---|
| 홍건적 | • 1차 침입(1359): 홍건적이 서경에 침입하였으나 이승경·이방실 등이 격퇴<br>• 2차 침입(1361): 홍건적의 공격으로 개경 함락 → 공민왕이 복주(안동)로 피난, 정세운·이성계·이방실 등이 격퇴 |
| 왜구 | 고려 말 국방력 약화 → 왜구 침입 → 홍산 대첩(1376, 최영), 진포 대첩(1380, 최무선, 화포 사용), 황산 대첩(1380, 이성계), 관음포 대첩(1383, 정지), 쓰시마섬 정벌(1389, 박위) 등을 통해 왜구 격퇴 |

**(3) 신흥 세력의 성장**

| | |
|---|---|
| 신진 사대부의 성장 | • 과거를 통해 중앙에 진출한 지방 향리 자제 출신, 불교의 폐단 및 권문세족의 비리 비판<br>• 혁명파 사대부(정도전, 조준, 윤소종 등)와 온건파 사대부(정몽주, 길재, 이색 등)로 분화 |
| 신흥 무인 세력의 성장 | 홍건적과 왜구의 침입을 격퇴하고, 흥왕사의 변(공민왕 시해 시도) 등을 진압하는 과정에서 최영, 이성계 등 신흥 무인 세력이 성장 |

---

**단박 체크**

다음 기출문장을 읽고, 옳으면 O, 틀리면 X를 괄호 안에 쓰세요.

**01** 서희는 거란과 협상하여 강동 6주 지역을 고려 영토로 확보하였다. (          )

**02** 고려 시대에 별무반은 여진족에 대처하기 위해 조직되었다. (          )

**03** 충렬왕은 만권당을 통해 고려와 원나라 학자들의 문화 교류에 힘썼다. (          )

**04** 충선왕 대 왕권을 강화하고 개혁을 주도하기 위한 기구로 사림원을 두었다. (          )

**05** 공민왕은 기철 일파를 제거하고 쌍성총관부의 관할 지역을 수복하였다. (          )

**06** 홍건적의 침입으로 공민왕이 복주(안동)로 피신하였다. (          )

[정답] **01** O  **02** O  **03** X (충선왕)  **04** O  **05** O  **06** O

**01** 다음 상소문을 올린 왕대에 있었던 사실은? [2021년 국가직 9급]

> 석교(釋敎)를 행하는 것은 수신(修身)의 근본이요, 유교를 행하는 것은 이국(理國)의 근원입니다. 수신은 내생의 자(資)요, 이국은 금일의 요무(要務)로서, 금일은 지극히 가깝고 내생은 지극히 먼 것인데도 가까움을 버리고 먼 것을 구함은 또한 잘못이 아니겠습니까.

① 양경과 12목에 상평창을 설치하였다.
② 균여를 귀법사 주지로 삼아 불교를 정비하였다.
③ 국자감에 7재를 두어 관학을 부흥하고자 하였다.
④ 전지(田地)와 시지(柴地)를 지급하는 경정 전시과를 실시하였다.

해설 **성종 대의 사실** 제시문에서 석교(불교)를 행하는 것은 수신의 근본이고, 유교를 행하는 것은 이국(나라를 다스림)의 근원이라는 내용을 통해 최승로의 시무 28조임을 알 수 있다. 최승로가 시무 28조를 올린 것은 고려 성종 때이다.
① 성종 대에 양경(개경과 서경), 12목에 물가 조절 기구인 상평창을 설치하였다. 상평창은 풍년일 때는 곡물을 사들여 값을 올리고, 흉년이면 팔아서 값을 내림으로써 물가의 안정을 꾀하였다.

오답
분석
② 균여를 귀법사의 주지로 삼아 불교를 정비한 것은 광종 대의 사실이다. 광종은 귀법사를 창건하고 균여를 주지로 삼아 화엄종을 중심으로 교종의 여러 종파를 통합하였다.
③ 국자감(국학)에 전문 강좌인 7재를 두어 관학을 부흥하고자 한 것은 예종 대의 사실이다.
④ 전지와 시지를 지급하는 경정 전시과를 실시한 것은 문종 대의 사실이다. 문종은 현직 관리의 관직만을 고려하여 전지와 시지를 지급하는 경정 전시과를 실시하였다.

정답 ①

**02** 고려의 중앙 정치 제도에 대한 설명으로 가장 옳지 않은 것은? [2022년 서울시 9급(6월 시행)]

① 중서문하성과 추밀원의 합좌 기구인 식목도감은 국가의 재정 회계를 관장하였다.
② 상서성의 6부가 각기 국무를 분담하였지만, 중서문하성에 강하게 예속되어 있었다.
③ 추밀원은 추부라고도 불렸는데 군기를 관장하고 왕명을 출납하는 등 중요한 기능을 담당했다.
④ 고려는 중서성과 문하성을 합해 중서문하성이라는 단일 기구를 만들어 정치의 최고 관부로 삼았다.

해설 **고려의 중앙 정치 제도**
① 고려 시대에 국가의 재정과 회계를 담당한 기구는 삼사이다. 한편 식목도감은 중서문하성의 재신과 중추원(추밀원)의 추밀이 모인 합좌 기구로, 대내적인 법제와 각종 시행 규정을 담당하는 일종의 입법 기관이었다.

오답
분석
② 고려는 상서성의 6부가 각기 국무를 분담하였다. 그러나 중서문하성에서 결정된 사항을 상서성의 6부에서 시행하였기 때문에, 실질적으로 6부는 중서문하성에 강하게 예속되어 있었다.
③ 고려의 추밀원은 중추원이 개편된 기관으로, 추부라고도 불렸으며, 군사 기밀을 관장하고 왕명을 출납하는 등의 기능을 담당하였다.
④ 고려는 중서성과 문하성을 통합한 중서문하성을 국정을 총괄하는 정치의 최고 관부로 삼았다. 이는 고려가 당의 3성 6부제를 모방하여 중앙 관제를 마련하였으나, 고려의 실정에 맞춰 제도를 운영하였음을 보여준다.

정답 ①

**03** 〈보기〉의 대외 관계에 관한 사실을 일어난 순서대로 바르게 나열한 것은? [2019년 서울시 7급(2월 시행)]

> **● 보기 ●**
>
> ⊙ 강감찬이 거란군을 맞아 귀주에서 크게 승리했다.
>
> ⓒ 윤관이 별무반을 편성하여 여진을 물리치고 동북 9성을 개척했다.
>
> ⓒ 서희가 소손녕과 담판하여 강동 6주를 영토로 편입시켰다.
>
> ⓔ 몽골과 강화를 맺고 개경으로 환도했다.

① ⊙ → ⓒ → ⓒ → ⓔ

② ⓒ → ⓒ → ⓔ → ⊙

③ ⓒ → ⊙ → ⓒ → ⓔ

④ ⓔ → ⓒ → ⓒ → ⊙

해설 **고려의 대외 관계**

③ 순서대로 나열하면 ⓒ 거란의 1차 침입(993, 성종) → ⊙ 귀주 대첩(1019, 현종) → ⓒ 동북 9성 개척(1107, 예종) → ⓔ 개경 환도(1270, 원종)가 된다.

ⓒ 성종 때 거란의 소손녕이 고려에 침입(거란의 1차 침입, 993)하자 서희는 거란의 소손녕과 담판하여 강동 6주를 고려의 영토로 편입시켰다.

⊙ 현종 때 일어난 거란의 3차 침입 당시 강감찬은 고려의 저항으로 퇴각하는 거란군을 맞아 귀주에서 크게 승리(1019)하였다.

ⓒ 예종 때 윤관은 별무반을 이끌고 여진족을 정벌한 뒤 한반도 동북 지역 일대에 동북 9성을 개척(1107)하였다.

ⓔ 몽골과의 강화 체결 이후 고려 정부는 개경으로 환도(1270)하였다.

정답 ③

---

**04** (가) 시기에 있었던 사실로 가장 옳은 것은? [2022년 법원직 9급]

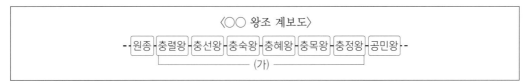

① 서경 유수 조위총이 난을 일으켰다.

② 정동행성 이문소가 내정을 간섭하였다.

③ 홍건적의 침입으로 왕이 복주로 피신하였다.

④ 삼별초가 진도와 제주도에서 항쟁을 전개하였다.

해설 **원 간섭기(충렬왕~충정왕 대)의 사실**

② (가) 시기인 충렬왕~충정왕 대에는 정동행성 이문소가 내정을 간섭하였다. 정동행성 이문소는 본래 범죄를 단속하는 사법 기관이었으나, 친원 세력을 억압하고 부원 세력을 대변하는 기구로 변질되었다. 이후 정동행성 이문소는 공민왕 때에 이르러 반원 자주 정책의 일환으로 혁파되었다.

오답 분석

① 서경 유수 조위총이 난을 일으킨 것은 (가) 시기 이전인 명종 때이다. 명종 때 서경 유수 조위총은 정중부와 이의방의 타도를 명분으로 서경(평양)을 중심으로 난(1174)을 일으켰으나 실패하였다.

③ 홍건적의 침입으로 왕이 복주(안동)로 피난한 것은 (가) 시기 이후인 공민왕 때이다(홍건적의 2차 침입, 1361).

④ 삼별초가 진도와 제주도에서 항쟁을 전개한 것은 (가) 시기 이전인 원종 때이다. 고려 정부가 몽골과 강화를 맺고 개경 환도를 단행하자 이에 반발한 삼별초는 강화도에서 봉기하였고, 이후 진도와 제주도로 이동하며 대몽 항쟁을 전개하였다(1270~1273).

정답 ②

# 적중문제

## 01
다음 사건을 발생한 순서대로 바르게 나열한 것은?

> ㉠ 고창 전투에서 고려군이 승리하였다.
> ㉡ 후백제 견훤이 경애왕을 살해하였다.
> ㉢ 신라 경순왕이 고려에 투항하였다.
> ㉣ 일리천 전투에서 고려군이 승리하였다.

① ㉠ → ㉡ → ㉢ → ㉣
② ㉡ → ㉠ → ㉢ → ㉣
③ ㉡ → ㉢ → ㉣ → ㉠
④ ㉣ → ㉡ → ㉢ → ㉠

## 02
다음 자료와 관련된 왕의 업적으로 옳은 것은?

> 제1조 우리나라의 대업은 부처께서 지켜 주는 힘
> 에 의지한 것이니, 후세에 간신들이 정권을
> 잡아, 승려들의 청에 따라 각자 맡은 사원
> 을 다투어 서로 빼앗지 못하게 하라.
> 제2조 모든 사원은 도선이 세울 곳을 정해 개창
> 하였으니 함부로 더 짓지 마라.
> 제6조 연등회와 팔관회를 가감하지 말고 시행하라.

① 흑창을 설치하였다.
② 신하들에게 전시과를 처음 지급하였다.
③ 지방 요충지에 12목을 설치하였다.
④ 개경을 황도로, 서경을 서도로 격상시켰다.

## 03
밑줄 친 '왕'의 업적으로 옳은 것은?

> ○ 평농서사 권신이 대상(大相) 준홍과 좌승(佐
> 丞) 왕동 등이 반역을 꾀한다고 참소하자 <u>왕</u>이
> 이들을 내쫓았다.
> ○ <u>왕</u>의 이름은 소(昭)다. 치세 초반에는 신하에
> 게 예를 갖추어 대우하고 송사를 처리하는 데
> 현명하였다. 빈민을 구휼하고, 유학을 중히 여
> 기며, 노비를 조사하여 풀어 주었다

① 제위보를 설치하였다.
② 주현공거법을 제정하였다.
③ 천수라는 독자 연호를 사용하였다.
④ 개경에 국자감을 설치하였다.

## 04
다음 글을 올린 인물에 대한 설명으로 옳은 것을 〈보기〉에서 모두 고른 것은?

> 태조께서 통일하신 후에 외관을 두고자 하셨으
> 나, 대개 초창기였으므로 일이 번잡하여 미처 그
> 럴 겨를이 없었습니다. 이에 제가 보건대 향리 토
> 호들이 늘 공무를 빙자하여 백성들을 침해하고
> 학대하므로 백성들이 명령을 감당하지 못하니, 청
> 하건대 외관을 두시옵소서.

> ─── ● 보기 ● ───
> ㉠ 광종을 비판하였다.
> ㉡ 연등회와 팔관회를 장려하였다.
> ㉢ 6두품 집안 출신이었다.
> ㉣ 독자적인 연호 사용을 건의하였다.

① ㉠, ㉡    ② ㉠, ㉢    ③ ㉡, ㉢    ④ ㉢, ㉣

## 05

밑줄 친 ⊙~ⓒ에 대한 설명으로 옳은 것은?

> 국가가 ⊙도병마사를 설치하여 시중·평장사·참지정사·정당문학·지문하성사로 판사(判事)를 삼고, 판추밀 이하로 사(使)를 삼아 일이 있을 때 회의하였기 때문에 합좌라는 이름으로 불리기도 하였다. 한 해에 한 번 모이기도 하고 여러 해 동안 모이지 않기도 하였다. 그 뒤에 ⓒ도평의사사로 고쳤고 …(중략)… 급한 일이 많아 ⓒ첨의·ⓒ밀직이 항상 합좌하였다.

① ⊙은 법이나 시행 세칙을 만드는 고려의 독자적인 기구이다.
② ⊙은 개경 환도 이후 ⓒ으로 개편되었다.
③ ⓒ은 원 간섭기에 중추원이 격하된 기구이다.
④ 충선왕은 ⓒ과 ⓒ을 문종 때의 제도로 복구하였다.

## 06

고려 시대의 지방 행정 조직에 대한 설명으로 가장 옳지 않은 것은?

① 특수 행정 구역인 소의 행정은 향리가 담당하였다.
② 양계에는 병마사를 파견하여 국경 지대를 수비하도록 하였다.
③ 5도는 안찰사가 파견되었으며, 도 아래의 모든 군현에는 지방관이 파견되었다.
④ 태조는 지방 출신의 중앙 고관을 사심관으로 임명하여 지방을 통제하였다.

## 07

(가) 왕의 재위 시기의 사실로 옳은 것을 〈보기〉에서 모두 고른 것은?

> ____(가)____ 왕 4년 7월에 국학에 7재(齋)를 설치하였다. 『주역』을 공부하는 곳은 이택재, 『상서』를 공부하는 곳을 대빙재 ……『춘추』를 공부하는 곳을 양정재, 『무학』을 공부하는 곳을 강예재라고 하였다. 시험을 치러 태학의 최민용 등 70명, 무학의 한자순 등 8명을 선발하여 각 재(齋)에 나누어 거처하게 하였다.

• 보기 •
⊙ 서경에 대화궁이 건립되었다.
ⓒ 여진을 정벌하고 9성을 축조하였다.
ⓒ 일부 지방에 감무관이 파견되었다.
ⓒ 김부식이 『삼국사기』를 편찬하였다.

① ⊙, ⓒ          ② ⊙, ⓒ
③ ⓒ, ⓒ          ④ ⓒ, ⓒ

## 08 고난도 문제

(가), (나)가 집권한 시기에 있었던 사실로 옳은 것은?

> ○ 청교역의 역리(驛吏)들이 ____(가)____ 부자를 살해하려 모의하며 여러 절의 승려를 불러 모았다. …… 이에 ____(가)____ 이/가 영은관에 교정별감을 설치하고, 그 무리를 수색하였다.
> ○ 무관 중 일부가 말하기를 "정시중이 문관들을 억눌러 우리들의 울분을 씻어 주었는데 시해당하다니, 누가 공을 시해한 ____(나)____ 을/를 토벌할 것인가?"라고 하였다. ____(나)____ 은/는 두려워 결사대 1백 수십 명을 불러 모아 자기 집에 머물게 하고 도방이라 불렀다.

① (가) - 15개조 유신령이 발표되었다.
② (가) - 금속 활자로 『상정고금예문』이 간행되었다.
③ (나) - 이의민이 계림(경주)에서 의종을 시해하였다.
④ (나) - 전주에서 죽동 등의 주현군과 관노들이 봉기하였다.

## 09

(가)~(라) 시기에 있었던 사실로 옳은 것은?

| | (가) | (나) | (다) | (라) | |
|---|---|---|---|---|---|
| | 보현원<br>사건 | 이의민<br>사망 | 최우<br>집권 | 김준<br>집권 | 개경<br>환도 |

① (가) – 만적이 신분 해방을 내세우며 반란을 모의하였다.
② (나) – 정방이 설치되고, 도방이 부활하였다.
③ (다) – 서방이 설치되어 사대부 집단이 성장하는 토대가 되었다.
④ (라) – 삼별초가 제주도로 이동하여 항쟁하였다.

## 10

밑줄 친 '우리'에 대한 설명으로 옳지 않은 것은?

> 소손녕이 서희에게 말하기를 "그대 나라는 신라 땅에서 일어났고 고구려 땅은 <u>우리</u>의 소유인데 그대들이 침범해왔다. 또 고려는 <u>우리</u>와 국경을 접하고 있는데 바다를 넘어 송(宋)을 섬겼으므로 이제 군사를 이끌고 온 것이다. 만일 땅을 떼어서 바치고 통교한다면 무사할 것이다"라고 하였다.

① 훈요 10조에서 이들을 멀리할 것을 당부하였다.
② 광군을 조직하여 이들의 침입에 대비하였다.
③ 이자겸이 권력 유지를 위해 이들의 사대 요구를 받아들였다.
④ 불법의 힘으로 이들의 침입을 극복하기 위해 초조대장경을 조판하였다.

## 11

(가), (나) 사이 시기의 사실로 옳은 것은?

> (가) 강조의 군사들이 궁문으로 마구 들어오자, 왕은 태후와 함께 목 놓아 울며 법왕사로 출어(出御)하였다. 잠시 후 황보유의 등이 대량원군을 받들고 도착하여 드디어 왕위에 올랐다.
>
> (나) 거란 병사들이 개경을 위협하자 강감찬이 김종현에게 병사 1만 명을 거느리게 하고 급히 개경으로 들어가 지키게 하고, …… 거란 병사가 귀주를 지나자 강감찬 등이 동쪽 들판에서 맞아 격렬히 공격하니 거란병이 패하여 달아났다.

① 국왕이 나주로 피난하였다.
② 고려가 강동 6주를 확보하였다.
③ 동북 9성에서 고려군이 철수하였다.
④ 몽골에 쫓겨 침입한 거란족을 강동성에서 격퇴하였다.

## 12

(가)에 대한 설명으로 옳은 것은?

> 윤관이 아뢰어 처음으로 ____(가)____ 을/를 설치하였다. 문무 관리 및 서리로부터 주·부·군·현의 민에 이르기까지 군인으로 삼았으며, …… 여러 사원의 승도를 징발하여 분속시켰다.

① 고려 성종 때 창설되었다.
② 신기군, 신보군, 항마군으로 구성되었다.
③ 강감찬의 지휘 하에 귀주 대첩에서 승리하였다.
④ 고려의 국경선이 청천강~영흥만 일대로 확장되는 데 기여하였다.

**13**

다음 사건을 일어난 순서대로 바르게 나열한 것은?

> ⊙ 충주 다인철소의 주민들이 몽골군을 격퇴하였다.
> ⓒ 박서가 귀주성에서 몽골군에 맞서 항쟁하였다.
> ⓒ 김윤후가 몽골의 장수 살리타를 사살하였다.
> ⓔ 고려 정부가 수도를 강화도로 옮겼다.

① ㉠ – ㉡ – ㉢ – ㉣
② ㉡ – ㉠ – ㉣ – ㉢
③ ㉡ – ㉣ – ㉢ – ㉠
④ ㉢ – ㉡ – ㉣ – ㉠

**14**

밑줄 친 '왕'에 대한 설명으로 옳은 것은?

> 황제가 왕을 원의 수도에 머물도록 명을 내렸다. 왕이 연경에 있는 사택 안에 만권당을 짓고 염복, 요수, 조맹부 등 당시의 저명한 학자들을 초청하여 어울리며 학문을 연구하는 것으로 즐거움을 삼았다.

① 도병마사를 도평의사사로 개편하였다.
② 사림원을 설치하여 개혁을 추진하였다.
③ 유인우를 파견하여 쌍성총관부를 공격하였다.
④ 개혁의 추진을 위해 승려 출신의 신돈을 중용하였다.

**15**

밑줄 친 '왕'의 재위 기간에 있었던 일로 옳지 않은 것은?

> 왕 10년 10월에 홍건적 10만 군사가 침입하였다. 11월에 왕과 공주가 복주로 피난하자, 홍건적이 경성을 점령하였다.

① 이제현이 『사략』을 저술하였다.
② 정방을 폐지하였다.
③ 정동행성을 설치하였다.
④ 성균관을 순수한 유교 교육 기관으로 개편하였다.

**16** 고난도 문제

㉠~㉢에 대한 설명으로 옳지 않은 것은?

> ○ 우왕 6년(1380) 8월 추수가 거의 끝나갈 무렵 ( ㉠ )은/는 500여 척의 함선을 이끌고 쳐들어와 충청·전라·경상도의 3도 연해의 주군을 돌며 약탈과 살육을 일삼았다. 고려 조정에서는 ( ㉡ )이/가 만든 화포로 왜선을 모두 불태워 버렸다.
> ○ ( ㉢ )이/가 이끄는 토벌군이 남원에 도착하니 왜구는 인월역에 있다고 하였다. 운봉을 넘어온 ( ㉢ )은/는 적장 가운데 나이가 어리고 용맹한 아지바투를 사살하는 등 선두에 나서 황산 전투를 독려하여 아군보다 10배나 많은 적군을 섬멸했다.

① 조운선이 ㉠의 목표물이 되어 국가 재정이 어려워지기도 하였다.
② ㉡은 진포 대첩에서 화포를 이용해 ㉠을 격퇴하였다.
③ ㉢은 철령위 설치에 대항하여 요동 정벌을 적극적으로 주장하였다.
④ ㉢이 창왕을 옹립한 이후 박위를 파견하여 ㉠의 소굴인 대마도를 정벌하였다.

정답·해설 p.23

# 02 고려의 경제와 사회

## 적중개념 1 고려의 경제 정책

### (1) 수취 제도

| 조세(전세) | • 토지 비옥도에 따라 3등급으로 나누어 부과(차등 징수), 생산량의 1/10 징수(민전)<br>• 거둔 조세는 조창까지 옮긴 다음 조운을 통해 개경의 좌·우창으로 운반 |
|---|---|
| 공물(가구세) | • 집집마다 특산물 징수(인정의 많고 적음에 따라 9등호로 나누어 징수)<br>• 조세보다 더 큰 부담, 상공(정기 납부)과 별공(수시 납부)이 있음 |
| 역(인두세) | • 16~60세 정남 대상(인정의 많고 적음에 따라 9등호로 나누어 징발)<br>• 군역(병역)과 요역(일반 노동력 제공)의 형태로 노동력을 무상으로 동원 |
| 잡세 | 어량세 및 어염세(어민), 상세(상인) 등을 징수 |

### (2) 국가 재정의 운영

| 재정 운영 관청 | • 호부: 양안과 호적을 작성하여 이를 토대로 인구와 토지를 파악·관리, 조세·공물·부역 등을 부과<br>• 삼사: 화폐와 곡식 출납에 대한 재정과 회계를 담당, 실제 조세 수취와 집행은 각 관청의 향리가 담당 |
|---|---|
| 재정 지출 | 관리의 녹봉, 국방비, 왕실 경비 등에 세금 사용 |

## 적중개념 2 고려의 경제 활동

### (1) 농업의 발달과 수공업 활동

| 농업 기술의 발달 | • 소를 이용한 깊이갈이의 일반화로 휴경 기간 단축, 시비법(녹비법·퇴비법) 발달<br>• 밭농사: 2년 3작의 윤작법(조, 콩, 보리를 2년 동안 돌려가며 재배) 시작·보급(일반화 X)<br>• 논농사: 남부 지방 일부에서 이앙법(모내기법) 실시<br>• 목화 전래(문익점이 목화씨를 들여옴), 농서 보급(『농상집요』) |
|---|---|
| 수공업 활동 | 고려 전기에 관청 수공업, 소(所) 수공업 중심 → 고려 후기에 민간 수공업, 사원 수공업 중심으로 변화 |

## (2) 상업과 무역 활동

| 상업 활동 | 전기 | • 도시: 개경, 서경 등에 시전 설치(관청·귀족이 주로 이용), 경시서 설치(상행위 감독), 관영 상점 설치<br>• 지방: 관아 근처에서 시장을 형성하여 일상에 필요한 쌀·베 등의 물품 거래, 행상이 지방 시장을 돌아다니며 물품 판매, 사원이 상업 활동 전개 |
|---|---|---|
| | 후기 | 개경의 인구가 증가하면서 시전의 규모가 확대되고 전문화됨, 소금 전매제 실시(각염법, 충선왕), 관청·관리·사원 등이 상업 활동에 개입 |
| 화폐 | | • 건원중보 주조(성종), 삼한통보·해동통보·해동중보와 고액 화폐인 활구(은병)라는 은전 발행(숙종)<br>• 그러나 널리 유통되지 못함(다점·주점 등에서만 제한적으로 사용), 민간에서는 주로 곡식·삼베 사용 |
| 무역 활동 | | • 벽란도가 국제적인 무역항으로 번성<br>• 송: 가장 활발하게 교역, 조공 무역 형태, 왕실·귀족의 수요품(비단, 약재) 수입, 수공업품(종이)·토산품(인삼) 등 수출<br>• 거란·여진: 모피·말·은 수입, 농기구·식량 수출<br>• 일본: 11세기 후반부터 교류, 금주(김해)를 통해 교역, 일본은 수은·황 등을 가지고 와서 식량, 인삼, 서적 등과 교환<br>• 아라비아: 벽란도를 통해 교역, 수은·향료·산호 등 수입, 금·비단 등 수출 |

## 적중개념 | 3 고려의 전시과 제도 〈최다출제〉

| 운영 방식 | | • 대상: 문무 관리부터 군인·한인(閑人) 등을 18등급으로 구분하여 지급<br>• 원칙: 전지와 시지를 지급하되, 수조권만 지급, 퇴직·사망 시 국가에 반납해야 하나 직역과 함께 점차 세습됨 |
|---|---|---|
| 정비 과정 | 역분전(태조) | 개국 공신 대상, 인품과 공로에 따라 지급(전시과 제도의 모체) |
| | 시정 전시과<br>(경종, 976) | 전·현직 관리 대상, 관품(자·단·비·녹색의 4색 공복과 문·무·잡업 계층으로 구분)과 인품을 고려하여 지급 |
| | 개정 전시과<br>(목종, 998) | • 전·현직 관리 대상, 관직만을 기준으로 지급, 문관 우대, 한외전 설치, 군인전이 규정됨<br>• 현직 우대, 16과 이하로는 시지 지급 X(토지 지급량 축소) |
| | 경정 전시과<br>(문종, 1076) | • 현직 관리 대상, 산직이 전시의 지급 대상에서 배제됨, 공음전·한인전 규정 마련<br>• 무관 대우 개선, 한외과 폐지, 15과 이하로는 시지 지급 X |
| 토지의 종류 | | 공해전(중앙과 지방의 각 관청에 지급하여 경비를 충당하게 함), 내장전(왕실의 경비 충당), 공음전(5품 이상의 관리에게 지급, 세습 가능), 군인전(2군 6위의 직업 군인에게 지급), 외역전(지방 향리에게 지급), 구분전(하급 관리와 군인의 유가족에게 지급), 한인전(6품 이하 하급 관리의 자제 중 관직에 오르지 못한 자에게 지급), 사원전(사원에 지급) |

### 단박 체크

다음 기출문장을 읽고, 옳으면 O, 틀리면 X를 괄호 안에 쓰세요.

**01** 고려 시대에 조(租)는 토지를 논과 밭으로 나누어 비옥한 정도에 따라 3등급으로 나누어 부과하였다. (      )

**02** 고려 시대에는 '소'라는 행정 구역의 주민이 국가에서 필요로 하는 물품을 생산하였다. (      )

**03** 전시과에서 관료들의 수조지는 경기도에 한정되었다. (      )

**04** 목종 대 개정 전시과가 실시되어 인품이 배제되고 관직만을 기준으로 토지를 지급하였다. (      )

**05** 경정 전시과에서는 무반과 일반 군인에 대한 대우가 전반적으로 향상되었다. (      )

[정답] **01** O　**02** O　**03** X (전국의 토지 대상)　**04** O　**05** O

## 적중개념 | 4 고려의 신분 제도

| 귀족 | • 특징: 왕족을 비롯한 5품 이상의 고위 관료로 음서·공음전의 특권 보유<br>• 지배층의 변천: 호족(고려 초) → 문벌 귀족 → 무신 → 권문세족 → 신진 사대부 |
|---|---|
| 중간<br>계층 | • 특징: 직역 세습, 그에 상응하는 토지를 국가로부터 지급 받음<br>• 구성: 하급 관리[잡류(중앙 관청의 말단 서리), 역리(지방의 역 관리)], 실무 관리[남반(궁중 실무를 담당하는 내료직),<br>상층 향리(호장·부호장, 지방의 실질적 지배층, 과거 응시 자격을 가짐), 하층 향리(말단 행정직, 행정 실무 담당)], 기술<br>관리[역관, 의관 등의 잡과 출신], 직업 군인[군반(하급 장교로 군공을 세우면 무반으로 신분 상승 가능)] |
| 양민 | • 백정: 일반 농민 → 과거 응시에 법적 제한 없음, 조세·공납·역의 의무 수행<br>• 특수 집단민: 향·부곡민(농업에 종사), 소민(수공업·광업에 종사), 진촌민·역촌민(육로·수로 교통 종사)<br>　　→ 일반 양민보다 과중한 세금 부담, 거주지 이전의 자유 없음, 과거 응시가 제한됨, 국자감에 입학<br>　　불가, 승려가 되는 것 금지<br>• 기타: 화척·양수척(도살업), 재인(광대), 진척(뱃사공) 등 → 호적 등재 금지 및 부역이 없었음 |
| 천민 | 공노비 | • 입역 노비: 궁중·관청에 소속되어 잡역에 종사, 급료를 받아 생활<br>• 외거 노비: 지방에 거주하면서 농업에 종사, 수입 중 일부를 관청에 신공 납부 |
| | 사노비 | • 솔거 노비: 주인 집에서 거주, 잡일 담당<br>• 외거 노비: 주인과 떨어져 독립생활, 주인에게 신공 납부, 토지·가옥 등의 소유 및 재산의 증식이 가능,<br>양민 백정과 비슷하게 독립된 경제생활을 영위 |

## 적중개념 | 5 고려의 사회 모습

(1) 사회 제도

| 농민 구휼책 | • 흑창(태조) → 의창(성종): 평상시 곡물을 저장하였다가 흉년에 빈민 구휼에 사용<br>• 제위보(광종): 일정 기금을 만들어 그 이자로 빈민을 구제하는 기구 |
|---|---|
| 물가 조절 기구 | 상평창(성종): 개경·서경·12목에 설치, 풍년이면 곡물을 사들여 값을 올리고 흉년에 팔아서 값을 내림 |
| 의료 기관 | • 동·서 대비원(개경의 동·서쪽에 설치, 서경에 분사 설치, 빈민 치료)<br>• 혜민국(예종 때 백성의 질병 치료를 위해 설치)<br>• 구제도감·구급도감(빈민 구제를 위한 임시 기구) |
| 법률 제도 | • 기본법은 중국 당률을 기반으로 한 71개조의 법률 시행, 대부분 관습법을 따름(지방관이 사법권 행사)<br>• 태·장·도·유·사형의 5종 형벌<br>• 귀향형(일정 신분 이상의 사람이 죄지은 경우 본관지로 돌려보내 중앙 정치에서 배제시킴), 반역죄·불효<br>죄는 중죄로 처벌, 가벼운 범죄일 경우 돈을 내면 처벌 면제(수속법) |

(2) 향도(농민 조직)

| 의미 | 불교 신앙 조직이자, 대표적인 농민 공동체 조직 |
|---|---|
| 활동 | 매향 활동을 진행하고 매향비를 건립, 초기에는 불교 신앙 조직으로 불상·사찰 건립 활동 주도<br>→ 후기에는 농민 공동체 조직으로 변모하여 마을의 공동 의식 주도 |

(3) 풍습

| 혼인 풍습 | • 대체로 남자는 20세 전후, 여자는 18세 전후에 혼인, 일부일처제가 일반적이었음<br>• 서류부가혼이 일반적, 데릴사위제도 적지 않았음<br>• 고려 초기 왕실에서는 근친혼(족내혼) 성행, 귀족은 유력 가문과 중첩된 폐쇄적인 혼인 관계 형성 |
|---|---|
| 장례와 제사 | 민간에서는 토착 신앙과 불교·도교 의식 거행 |

| 불교 행사 | • 연등회: 2월 15일에 개최, 전국적 불교 행사 |
|---|---|
| | • 팔관회: 10월 15일(서경)·11월 15일(개경)에 개최, 토속 신앙과 불교 융합, 국제 교류의 장 |

## (4) 여성의 지위

| 재산 상속 | 자녀에게 골고루 상속, 남편이 먼저 죽으면 아내가 재산 분배권 행사 |
|---|---|
| 제사 | 아들이 없으면 딸이 제사 담당, 자녀들이 교대로 제사 지냄(윤회 봉사), 상복에서도 처가·외가가 큰 차이가 없음 |
| 호주·호적 | 태어난 순서대로 남녀 구분 없이 호적에 기록, 여성 호주도 가능 |
| 음서 혜택 | 사위는 물론 외손자까지 음서 혜택 적용 |
| 재가 | 여성의 이혼과 재가가 비교적 자유로웠고, 재가녀의 자식도 사회 진출 가능 |

## (5) 원 간섭기의 사회 변화

| 지배 세력 | 친원 세력 등장(전공을 세우거나 몽골 귀족과의 혼인 또는 몽골어에 능통하여 출세) → 권문세족으로 성장 |
|---|---|
| 풍속 | • 몽골풍: 고려에서 몽골의 풍습(변발, 몽골식 복장, 몽골어, 족두리, 연지 등)이 유행 |
| | • 고려양: 몽골에 끌려간 고려 사람들에 의해 고려의 의복, 그릇, 음식 등의 풍습이 몽골에 전파 |
| | • 조혼 성행: 몽골(원)에 공녀로 끌려가지 않기 위해 조혼의 풍습이 유행, 예서제 증가 |
| 강제 징발 | 공녀 징발(결혼도감을 통해 징발), 매 징발(응방 설치), 특산물 수탈(금·은·인삼 등) |

---

### 단박 체크

다음 기출문장을 읽고, 옳으면 O, 틀리면 X를 괄호 안에 쓰세요.

**01** 고려 시대에 귀족의 자제는 음서를 통해 관직에 진출할 수 있었다. (　　　)

**02** 고려 시대의 잡류는 궁중의 잡일을 맡는 내료직(內僚職)이다. (　　　)

**03** 고려의 향·부곡·소민은 군현민과 같은 양인이지만 사회적 차별을 받았다. (　　　)

**04** 고려 시대에 사노비 중 솔거 노비는 독립된 경제생활을 영위하였다. (　　　)

**05** 고려 시대에는 기금을 마련한 뒤 이자로 빈민을 구제하는 제위보가 설치되었다. (　　　)

**06** 고려 시대에 개경, 서경 및 각 12목에는 상평창을 두어 물가의 안정을 꾀하였다. (　　　)

**07** 향도는 고려 후기에 이르러 자신들의 이익을 위하여 조직되는 향도에서 점차 신앙적인 향도로 변모되었다. (　　　)

**08** 고려 시대에는 사위가 처가의 호적에 입적하는 경우도 자주 있었다. (　　　)

[정답] **01** O　**02** X (남반)　**03** O　**04** X (외거 노비)　**05** O　**06** O　**07** X (불교 신앙 조직에서 점차 농민 공동체 조직으로 변화)
**08** O

**01** (가)~(다)를 일어난 순서대로 바르게 나열한 것은?                [2021년 법원직 9급]

> (가) 은병을 만들어 화폐로 썼는데, 은 한 근으로 만들되 우리나라 지형을 본떴다. 민간에서는 활구라 불렀다.
> (나) 원년 11월에 처음으로 직관과 산관 각 품의 전시과를 제정하였는데, 관품의 높고 낮음은 따지지 않고 단지 인품으로만 이를 정하였다.
> (다) 도평의사사에서 상서하여 과전을 지급하는 법을 정할 것을 청하니, 그 의견을 따랐다. …… 경기는 사방의 근본이므로 마땅히 과전을 두어 사대부를 우대한다.

① (가) - (나) - (다)                          ② (가) - (다) - (나)
③ (나) - (가) - (다)                          ④ (나) - (다) - (가)

해설  **고려 시대의 화폐와 토지 제도의 변천**
③ 순서대로 나열하면 (나) 시정 전시과 실시(976, 경종) → (가) 은병(활구) 주조(1101, 숙종) → (다) 과전법 실시(1391, 공양왕)가 된다.
(나) 경종은 전·현직 관리에게 관등과 인품에 따라 전지와 시지를 지급하는 시정 전시과를 처음으로 시행하였다(976).
(가) 숙종은 주전도감을 설치하는 등 화폐의 유통을 권장하였으며, 은병(활구)이라는 고액의 화폐를 주조하기도 하였다(1101).
(다) 고려 말 공양왕 때 이성계와 연합한 신진 사대부 세력은 권문세족의 대농장을 해체하고, 자신들의 경제적 기반을 마련하고자 과전법을 실시하였다(1391). 과전법 체제에서는 경기 지역에 한정하여 전·현직 관리에게 토지에 대한 수조권을 지급하였다.

정답 ③

**02** 고려 시대 토지 제도에 대한 설명으로 옳은 것은?                [2017년 서울시 9급]

① 6품 이상의 관리는 전시과 이외에도 공음전을 받아 자손에게 물려줄 수 있었다.
② 전시과에서는 문무 관리, 군인, 향리 등을 9등급으로 나누어, 토지를 주었다.
③ 후삼국을 통일한 태조 왕건은 공신, 군인 등을 대상으로 그들의 공로에 따라 차등을 두어 역분전을 지급하였다.
④ 국가는 왕실 경비를 마련하기 위해서 공해전을 지급하였다.

해설  **고려 시대의 토지 제도**
③ 후삼국을 통일한 고려의 태조 왕건은 공신, 군인 등을 대상으로 인품과 공로에 따라 차등을 두어 역분전을 지급하였다.

오답
분석
① 고려 시대에는 6품이 아닌 5품 이상의 관리가 공음전을 지급받아 자손에게 물려줄 수 있었다. 고려 시대에 공음전은 음서 제도와 함께 귀족의 지위를 유지해 나갈 수 있는 기반으로서 작용하였다.
② 고려 시대 전시과에서는 문무 관리로부터 군인, 한인에 이르기까지 9등급이 아닌 18등급으로 나누어 전지(농경지)와 시지(땔감을 얻을 수 있는 땅)를 차등 있게 지급하였다.
④ 고려 시대에 국가는 왕실 경비를 마련하기 위해서 내장전을 지급하였다. 공해전은 중앙과 지방의 각 관청의 경비를 충당하기 위해 지급되었던 토지이다.

정답 ③

**03** 밑줄 친 '이 나라'의 경제 상황에 대한 설명으로 옳지 않은 것은? [2022년 국가직 9급]

> 이 나라에는 관리에게 정해진 면적의 토지에서 조세를 거둘 수 있는 권리를 나누어주는 전시과라는 제도가 있었다. 농민은 소를 이용해 깊이갈이를 하기도 했으며, 시비법의 발달로 휴경지가 점차 줄어들었다. 밭농사는 2년 3작의 윤작법이 점차 보급되었다. 이 나라의 말기에는 직파법 대신 이앙법이 남부 지방 일부에 보급될 정도로 논농사에 변화가 나타났다. 또한 이암에 의해 중국 농서인 『농상집요』도 소개되었다.

① 재정을 운영하는 관청으로 삼사를 두었다.
② 공물 부과 기준이 가호에서 토지로 바뀌었다.
③ 생산량의 10분의 1에 해당하는 조세를 거두었다.
④ '소'라는 행정 구역의 주민이 국가에서 필요로 하는 물품을 생산하였다.

해설 **고려의 경제 상황** 제시문에서 전시과, 『농상집요』 소개 등의 내용을 통해 밑줄 친 '이 나라'가 고려임을 알 수 있다.
② 공물 부과 기준이 가호에서 토지로 바뀐 것은 대동법 실시의 결과로, 조선 후기의 경제 상황에 대한 설명이다.

오답
분석 ① 고려 시대에 재정을 운영하는 관청으로 삼사를 두었다. 삼사는 화폐와 곡식의 출납과 회계 등을 담당하였다.
③ 고려 정부는 개인 소유지(민전)에 대해 생산량의 10분의 1을 조세를 거두었다. 한편 국유 토지의 경우 생산량의 4분의 1을 거두기도 하였다.
④ 고려 시대에는 '소'라는 특수 행정 구역의 주민들이 국가에서 필요로 하는 특정 물품을 생산하여 국가에 공물로 바쳤다.

정답 ②

---

**04** 고려 시대 향리에 대한 설명으로 옳은 것만을 모두 고르면? [2021년 국가직 9급]

> ㉠ 부호장 이하의 향리는 사심관의 감독을 받았다.
> ㉡ 상층 향리는 과거로 중앙 관직에 진출할 수 있었다.
> ㉢ 일부 향리의 자제들은 기인으로 선발되어 개경으로 보내졌다.
> ㉣ 속현의 행정 실무는 향리가 담당하였다.

① ㉠                 ② ㉠, ㉡
③ ㉡, ㉢, ㉣          ④ ㉠, ㉡, ㉢, ㉣

해설 **고려 시대의 향리**
㉠ 고려 시대에 부호장 이하의 향리는 사심관의 감독을 받았다. 고려 시대에는 중앙 고관을 출신 지역의 사심관으로 임명하고, 부호장 이하의 향리 임명권을 주어 이들을 감독하도록 하였다.
㉡ 고려 시대의 지방의 실질적 지배층이었던 상층 향리는 과거를 통해 중앙 관료로 진출할 수 있었다.
㉢ 고려 시대에 일부 향리의 자제들은 기인으로 선발되어 개경으로 보내졌다. 이는 지방 세력을 견제하기 위한 일종의 인질 제도로, 통일 신라의 상수리 제도를 계승한 것이다.
㉣ 고려 시대에 향리는 지방관이 파견되지 않은 속현이나 속군의 행정 실무를 담당하였다.

정답 ④

**05** **(가)에 들어갈 기관으로 옳은 것은?**

[2020년 국가직 9급]

> 5월에 조서를 내리기를 "개경 내의 사람들이 역질에 걸렸으니 마땅히 ___(가)___ 을/를 설치하여 이들을 치료하고, 또한 시신과 유골은 거두어 묻어서 비바람에 드러나지 않게 할 것이며, 신하를 보내어 동북도와 서남도의 굶주린 백성을 진휼하라."라고 하였다.
>
> – 「고려사」

① 의창

② 제위보

③ 혜민국

④ 구제도감

| 해설 | **구제도감** 제시문에서 역질에 걸린 사람들을 치료하고, 시신을 처리하며, 굶주린 백성을 진휼하는 역할을 한다고 한 것을 통해 구제도감임을 알 수 있다. |
|---|---|
| | ④ 구제도감은 예종 때 개경에 전염병이 크게 유행하여 다수의 사망자가 발생하고 시체가 방치되자, 병자의 치료와 병사자 처리, 빈민 구제를 위해 임시로 설치한 구호 기관이다. |
| 오답 분석 | ① 의창은 백성을 구휼하기 위한 기관으로, 태조 때 설치한 흑창을 성종 때 확대·개편한 것이다. |
| | ② 제위보는 광종 때 설치한 일종의 재단으로, 일정 기금을 만들어 그 이자로 빈민을 구제하였다. |
| | ③ 혜민국은 예종 때 백성의 질병을 고치기 위해 설치한 기관으로, 백성들에게 의약품을 제공하였다. |

정답 ④

**06** **고려 사회에 대한 설명으로 옳은 것만을 모두 고른 것은?**

[2017년 지방직 7급]

> ㉠ 여성은 재혼이 가능하였다.
> ㉡ 여성은 호주가 될 수 없었다.
> ㉢ 부모의 재산은 아들과 딸의 구분 없이 고르게 상속되었다.
> ㉣ 결혼할 때 여성이 데려온 노비에 대한 소유권은 남편에게 귀속되었다.

① ㉠, ㉡

② ㉠, ㉢

③ ㉡, ㉣

④ ㉢, ㉣

| 해설 | **고려 사회의 모습** |
|---|---|
| | ㉠ 고려 시대에는 여성의 재혼이 가능하였으며, 재혼한 경우에도 자식의 사회적 진출에 차별을 두지 않았다. |
| | ㉢ 고려 시대에는 자녀 균분 상속의 원칙으로 부모의 재산은 아들과 딸의 구분 없이 고르게 상속되었다. |
| 오답 분석 | ㉡ 고려 시대에 여성은 호주가 될 수 있었으며, 호적에서도 남녀 간의 차별을 두지 않고 연령순으로 기록하였다. |
| | ㉣ 고려 시대에는 결혼 시 여성이 데려온 노비에 대한 소유권은 여성의 것이었다. 또한, 친정에서 가져온 재산도 여성이 관리할 수 있었다. |

정답 ②

## 01

밑줄 친 '이 나라'의 경제 정책에 대한 설명으로 옳지 않은 것은?

이 나라에서는 토지를 비옥도에 따라 상·중·하의 3등급으로 나누고 생산량의 10분의 1에 해당하는 조세를 거두었다. 지방에서 징수한 조세는 조운을 통해 경창으로 운반하였는데, 국방상 요충지인 북계와 동계에는 조창을 설치하지 않고 거둔 조세를 현지의 군사비로 사용하였다. 한편 이 나라에서는 수취한 부세의 출납 회계 업무를 관장하는 기구로 삼사를 두었다.

① 호부에서 양안과 호적을 작성하였다.
② 호는 인정(人丁)에 따라 9등급으로 나누었다.
③ 고리대의 이자를 제한하였으며 의창을 실시하였다.
④ 중강·회령 등의 개시를 통해 중국과 공무역을 전개하였다.

## 02

(가)와 (나)에 대한 설명으로 옳은 것을 〈보기〉에서 모두 고른 것은?

• 처음으로 (가) 전시과를 제정하였는데 관품의 높고 낮음을 논하지 않고 오직 인품만으로 결정하였다.
• 문종 30년에 양반에게 지급하는 (나) 전시과 규정을 다시 고쳐 정했다.

• 보기 •
㉠ (가) – 태조 왕건이 공신들의 공로를 치하하기 위해 시행하였다.
㉡ (가) – 광종이 제정한 4색의 공복에 따라 등급을 나누었다.
㉢ (나) – 기존보다 무반에 대한 대우가 크게 향상되었다.
㉣ (나) – 현직 관리와 더불어 산직자에게도 전시가 지급되었다.

① ㉠, ㉡          ② ㉡, ㉢
③ ㉡, ㉣          ④ ㉢, ㉣

## 03

**고난도 문제**

다음 (가)~(라)에 대한 설명으로 옳은 것을 〈보기〉에서 모두 고른 것은?

개간된 땅의 수효를 총괄하고 기름진 땅과 메마른 땅을 구분하여 문무백관으로부터 부병(府兵), (가) 한인에 이르기까지 일정한 과(科)에 따라서 모두 다 토지를 주고 또 등급에 따라 땔나무를 베어 낼 땅을 주었는바 이러한 토지 제도를 (나) 전시과라고 하였다. …… (다) 부병은 나이가 20세가 되면 비로소 토지를 받고 60세가 되면 다시 바쳤다. …… 또한 (라) 공음 전시와 공해 전시가 있었다.   – 「고려사」

• 보기 •
㉠ (가) – 이들에게 지급되는 토지는 개정 전시과 때 규정이 마련되었다.
㉡ (나) – 경기 지역에 한하여 토지를 지급하였다.
㉢ (다) – 역을 세습할 경우 토지 또한 세습되었다.
㉣ (라) – 5품 이상의 관리를 대상으로 하였다.

① ㉠, ㉢          ② ㉠, ㉣
③ ㉡, ㉢          ④ ㉢, ㉣

## 04

다음 자료가 작성된 시기에 볼 수 있는 모습으로 가장 옳은 것은?

벽란정은 예성항의 연안 옆에 있으며, 왕성에서 30리 떨어져 있다. 사신의 배가 연안에 닿으면 군사들이 금고(金鼓)를 울리며 조서를 맞아 인도하여 벽란정에 들어간다.   – 「선화봉사고려도경」

① 자기를 빚고 있는 소의 주민
② 북평관에 도착한 여진의 사신
③ 『농상집요』를 읽고 있는 지방 향리
④ 시전의 상행위를 감동하는 동시전 관리

## 05

(가)~(라) 국가와의 교역에 대한 설명으로 옳은 것을 〈보기〉에서 모두 고른 것은?

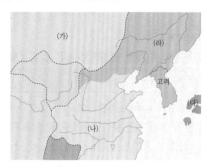

—— ● 보기 ● ——

㉠ 북진 정책으로 인하여 고려 정부는 (가)와는 교역하지 않았다.

㉡ (나)와의 교역은 고려의 대외 무역에서 가장 큰 비중을 차지하였다.

㉢ 고려는 (다)로부터 수은·향료·산호 등을 주로 수입하였다.

㉣ 고려는 (라)로부터 은·말·모피 등을 수입하고, 농기구·식량 등을 수출하였다.

① ㉠, ㉡　　　　　② ㉠, ㉢
③ ㉡, ㉣　　　　　④ ㉢, ㉣

## 06

다음 정책을 실시한 왕 대에 발행된 화폐로 옳은 것은?

○ 김위제의 건의로 남경 건설을 추진하였다.
○ 윤관의 건의로 별무반을 조직하였다.

① 지원보초　　　　② 건원중보
③ 해동통보　　　　④ 상평통보

## 07

〈보기〉의 활동과 관련하여 학생들이 설정한 인물의 신분에 대한 설명이 잘못된 것은?

—— ● 보기 ● ——

• 활동 내용: 역할극
• 주제: 고려 시대 사람들의 생활
• 활동 순서: 등장 인물들의 신분 설정 → 인물에 대한 설명 작성 → 대본 작성 → 역할극 발표

| | 이름 | 신분 | 설명 |
|---|---|---|---|
| ① | ○○○ | 귀족 | 음서를 통해 중앙 고관으로 진출하였다. |
| ② | △△△ | 잡류 | 중앙 관청의 말단 행정 실무를 담당하였다. |
| ③ | □□□ | 향리 | 성종 때 호장에 임명되어 지방 행정을 맡았다. |
| ④ | ◇◇◇ | 백정 | 도축업에 종사하며 천민 취급을 받았다. |

## 08

다음과 같은 지역에 거주하던 고려 시대 사람들의 생활에 대한 설명으로 옳은 것은?

이제 살펴보건대, 신라가 주군을 설치할 때 그 전정이나 호구가 현(縣)에 미달하는 곳에는 향을 두기도 하고, 부곡을 두기도 하여 소재 읍에 속하게 하였다. 고려 때에는 또한 소라고 칭하는 것이 있었는데, 금소, 은소 …… 자기소, 어염소 등의 구별이 있어 각기 생산하는 물건을 바쳤다.

① 직역의 대가로 외역전을 지급받았다.
② 주인과 따로 살면서 일정량의 신공을 바쳤다.
③ 사회·경제적으로 일반 군현민과 동등한 대우를 받았다.
④ 과거의 응시가 제한되었으며 국자감에 입학할 수 없었다.

**09**

(가)에 대한 설명으로 옳은 것은?

> 왕 12년 2월에 …… (가) 을/를 설치하였다. 그리고 왕께서 말씀하시기를 "『한서』「식화지」에 '천승(千乘)의 나라에서는 반드시 천금(千金)의 값이 있어 그 해가 풍년인지 흉년인지에 따라서 국가 기관에서 곡식을 팔거나 사들이는 일을 행한다. 백성에게 여유가 있으면 적게 거두고, 백성에게 부족함이 있을 때는 이를 많이 나누어 주었다.'라고 하였다. 그러니 이제 이 법에 의거하여 이를 행한다."

① 개경, 서경, 12목에 설치하였다.
② 태조 때 설치된 흑창을 확대·개편한 것이다.
③ 예종 때 빈민 구제를 위해 설치된 임시 기구이다.
④ 일정 기금을 만들어 그 이자로 빈민을 구제하였다.

**10**

다음 자료에 나타난 시기의 가족 제도에 대한 설명으로 가장 옳은 것은?

> 지금은 남자가 장가들면 여자 집에 거주하여, 남자가 필요로 하는 것은 모두 처가에서 해결하고 있습니다. 그리하여 장인과 장모의 은혜가 부모의 은혜와 똑같습니다. 아아, 장인께서 저를 두루 보살펴 주셨는데 돌아가셨으니, 저는 장차 누구를 의지해야 합니까.
> – 「동국이상국집」

① 아들이 없으면 양자를 들이는 것이 일반적이었다.
② 사위와 외손자에게는 음서의 혜택이 주어지지 않았다.
③ 부모의 재산은 남녀 구분 없이 고르게 상속되었다.
④ 여성의 재가는 자유롭게 이루어졌지만, 그 자손은 사회 진출에 큰 차별을 받았다.

**11**

다음 자료와 관련된 조직에 대한 설명으로 옳은 것은?

> 천인이 계(契)를 맺어 매향하며 발원하여 지은 글
> 무릇 무상묘과를 얻으려 한다면 반드시 행함과 원함이 서로 도와야 한다. 행함이 있고, 원함이 없으면, 그 행함은 반드시 외롭고 원함이 있고, 행함이 없으면, 그 원함은 헛되이 설치된다. …… 이 향을 지니고 있다가 미륵여래에게 공양하니, 청정법(淸淨法)을 깨닫고 윤회를 끊고 불퇴지(不退地)를 이루기를 원한다.

① 주자의 『여씨향약』을 토대로 조직되었다.
② 수령이 세금을 부과할 때 자문 역할을 하였다.
③ 조선 시대의 상두꾼이 이 조직에서 유래되었다
④ 고려 후기에 이르러 불상, 석탑 등의 제작을 주도하는 신앙 조직으로 변모하였다.

**12**

다음 작품이 지어졌을 당시의 사회 모습으로 옳은 것은?

> 국성의 자는 중지(中之)요, 고향은 주천이다. 어렸을 때부터 서막에게 사랑을 받아 그의 이름과 자(字)는 모두 그가 지어 주었다. …… 성은 어려서부터 도량이 넓고 침착하여 아버지는 물론 손님들도 그를 매우 사랑해 말하기를 "이 아이의 도량이 아주 넓은 물과 같아서, 가라앉더라도 더 이상 맑아지지 않으며, 흔들어도 더 이상 탁해지지 않으니, 우리는 자네보다는 이 아이와 함께 이야기 하는 것이 더 좋네."
> – 「국선생전」

① 빈공과에 급제하는 도당 유학생들이 많았다.
② 무신들이 권력을 앞세워 대규모 농장을 소유하였다.
③ 도둑질한 자는 훔친 물건의 12배를 배상하게 하였다.
④ 동성 마을이 많이 생겼고, 부계 위주로 족보를 편찬하는 것이 일반적이었다.

정답·해설 p.26

# 03 고려의 문화

## 적중개념 | 1 고려 유학의 발달과 교육 기관

### (1) 유학의 발달

| 초기<br>(자주적·주체적) | • 태조: 최언위, 최응, 최지몽 등 6두품 계통 유학자들이 활동<br>• 광종: 과거 제도를 실시하여 유학에 능숙한 사람을 관료로 등용<br>• 성종: 최승로의 시무 28조와 김심언의 봉사 2조를 수용하여 유교 정치 사상을 정비 |
|---|---|
| 중기 (보수적) | 문벌 귀족 사회의 발달로 보수적 성격이 짙어짐, 대표적인 유학자로는 최충, 김부식이 있음 |
| 무신 정변 이후 | 문벌 귀족 세력이 몰락하여 유학이 한동안 크게 위축 |

### (2) 교육 기관과 관학 진흥책

| 초기 | 특징 | 국립 교육 기관(관학)의 정비 |
|---|---|---|
| | 국자감 | • 중앙 교육 기관으로 성종 때 설치<br>• 유학부(국자학, 태학, 사문학), 기술학부(율·서·산학) |
| | 향교 | 지방 교육 기관으로, 주로 지방 관리와 서민 자제의 교육을 담당 |
| 중기 | 특징 | 사학의 발달과 관학 진흥책 |
| | 사학 융성 | 최충의 문헌공도(9재 학당)를 포함하여 사학 12도가 설립되는 등 사학이 융성하고 관학이 위축됨 |
| | 관학<br>진흥책 | • 숙종: 국자감에 서적포를 설치하여 서적 간행 활성화<br>• 예종: 전문 강좌인 관학 7재 설치, 양현고(장학 재단) 설치, 도서관 겸 학문 연구소인 청연각·보문각 설치<br>• 인종: 경사 6학을 정비, 7재 중 강예재(무학) 폐지, 향교(향학)를 중심으로 지방 교육 강화<br>• 충렬왕: 섬학전 설치(양현고 보강 목적), 경사교수도감 설치<br>• 공민왕: 성균관에서 기술학부 분리 → 순수한 유교 교육 기관으로 개편 |

**(3) 성리학의 수용과 발전**

| 수용 | • 충렬왕 때 안향이 원에서 『주자전서』와 공자 · 주자의 화상을 들여와 성리학을 소개<br>• 백이정이 충선왕을 따라 원에 가서 성리학을 배우고 이제현과 박충좌에게 전수 |
|---|---|
| 심화 | 북경의 만권당에서 이제현이 원의 학자들과 교류 → 이색 등에게 성리학 전파 |
| 확산 | 공민왕 때 이색이 정몽주 · 권근 · 정도전 등을 가르쳐 성리학을 확산시킴 |

## 적중개념 | 2 고려의 역사서

| 초기 | 특징 | 역사서를 통해 고구려 계승 의식 표방 |
|---|---|---|
| | 대표 역사서 | 『7대실록』(거란의 침입으로 소실된 태조~목종 대의 역사를 기록하여 다시 편찬), 『고려왕조실록』 |
| 중기 | 특징 | 유교적 합리주의 사관(문벌 유지 및 합리화를 위한 보수적 경향), 신라 계승 의식 강화 |
| | 대표 역사서 | • 『삼국사기』(김부식): 인종 때 왕명으로 김부식이 주도하여 편찬(1145), 현존하는 우리나라 최고(最古) 역사서, 기전체 서술 방식, 신라 계승 의식 강조(신라에 대해 유리하게 서술), 『구삼국사』를 토대로 유교적 합리주의 사관에 기초하여 서술<br>• 『편년통록』(김관의): 의종 때 편찬한 고려의 역사서(태조 왕건의 6대조부터 서술), 현존하지 않음 |
| 후기 | 특징 | 몽골의 침입을 극복하기 위해 민족적 자주 의식을 표출하는 역사서 편찬 |
| | 대표 역사서 | • 『동명왕편』(명종 때 이규보): 고구려 시조 동명왕을 영웅으로 칭송한 서사시(체계성 미흡)<br>• 『해동고승전』(고종 때 각훈): 삼국 시대 이래의 승려들의 전기 기록(현재 일부만 남아 있음)<br>• 『삼국유사』(충렬왕 때 일연): 단군 신화 수록, 고대의 민간 설화 · 14수의 신라 향가 수록, 고유 문화와 전통 중시<br>• 『제왕운기』(충렬왕 때 이승휴): 단군 조선부터 서술, 우리 역사를 중국 역사와 대등하게 파악, 발해사를 최초로 우리의 역사로 기록 |
| 말기 | 특징 | 정통 의식과 대의명분을 중시하는 성리학적 유교 사관의 역사서 편찬 |
| | 대표 역사서 | 『본조편년강목』(충숙왕 때 민지가 편찬), 『사략』(공민왕 때 이제현이 편찬) |

### 단박 체크

**다음 기출문장을 읽고, 옳으면 O, 틀리면 X를 괄호 안에 쓰세요.**

01 고려 예종 때 도서관 겸 학문 연구소인 청연각, 보문각을 설치하였다. (      )

02 최충은 9재 학당을 건립하여 후진을 양성하였다. (      )

03 이제현은 원의 수도에 세워진 만권당에서 활동하였다. (      )

04 김부식이 편찬한 『삼국사기』는 현존하는 가장 오래된 역사서로 편년체로 기술되어 있다. (      )

05 이규보의 『동명왕편』은 고구려 계승 의식을 강조하였다. (      )

06 일연의 『삼국유사』에는 단군의 건국 이야기가 수록되었다. (      )

07 원 간섭기에 편찬된 『제왕운기』는 중국과 구별되는 우리 역사의 독자성을 강조하였다. (      )

08 이제현의 『사략』은 대의명분을 중시하는 성리학적 사관을 반영하였다. (      )

[정답] 01 ○ 02 ○ 03 ○ 04 X (기전체로 기술) 05 ○ 06 ○ 07 ○ 08 ○

**고려의 불교와 여러 사상** 최다출제

## (1) 왕실의 불교 정책

| 태조 | 사찰 건립(흥국사, 개태사), 훈요 10조에서 불교 숭상 및 연등회·팔관회 개최 당부, 승록사(불교 행사 관장 관청) 설치 |
|---|---|
| 광종 | 승과 실시, 국사·왕사 제도 실시, 귀법사 창건(주지: 균여) → 교종 정비, 법안종(선종) 도입, 사원에 토지 지급, 승려에게 면역 혜택 부여 |
| 성종 | 연등회와 팔관회 폐지 |
| 현종 | 연등회와 팔관회 부활, 현화사 건립 |

## (2) 시기별 불교의 특징과 대표 승려

| 초기 | • 특징: 화엄종 성행, 선종과 교종이 함께 유행<br>• 대표 승려(광종 재위 시기): 균여(화엄 사상 정비, 보살의 실천행 강조, 성상융회 주장, 보현십원가 저술), 혜거(중국에서 법안종 도입하여 선종 정리), 의통(중국 천태종의 16대 교조), 제관(『천태사교의』 저술) |
|---|---|
| 중기 | • 특징: 왕실과 문벌 귀족의 지원으로 교종 발달 → 화엄종·법상종 융성<br>• 대표 승려: 의천<br>　- 교단 통합 운동: 원효의 화쟁 사상을 사상적 토대로 하여 교단의 통합을 시도, 흥왕사를 근거지로 삼고 화엄종 중심의 교종 통합 시도 → 국청사를 중심으로 해동 천태종 창시 → 교종 중심으로 선종 통합(교관겸수·내외겸전 제창) → 의천 사후 교단 분열<br>　- 『신편제종교장총록』 편찬, 교장 간행, 화폐 사용 주장 |

| 무신 집권기 | • 특징: 무신들의 선종 후원으로 선종 불교 타락 → 신앙 결사 운동 전개<br>• 대표 승려 |  |
|---|---|---|
| | 지눌 | • 불교계 타락상을 비판하며 수선사 결사 운동 전개(독경·선 수행·노동 등 승려 본연의 자세로 돌아가자는 개혁 운동), 송광사(길상사·수선사)를 중심으로 전개<br>• 선종 계통의 조계종을 중심으로 교·선 통합(정혜쌍수·돈오점수 제창) |
| | 요세 | 천태종 승려, 진정한 참회를 강조하는 법화 신앙을 중시하여 백련사 결사 운동(강진 만덕사) 전개 → 지방 토호와 지방민들의 호응 |
| | 혜심 | 유·불 일치설을 주장하고 인간의 심성 도야를 강조하여 성리학 수용의 사상적 토대 마련 |

| 말기 | • 특징: 불교가 귀족 세력과 연결되면서 불교계가 타락, 결사 운동 쇠퇴, 원으로부터 티벳 불교(라마교) 유입<br>• 대표 승려: 보우<br>　- 공민왕 때 왕사, 우왕 때 국사를 지냄, 9산 선문 통합 운동을 전개하였으나 실패, 남경 천도 주장<br>　- 원으로부터 임제종 도입 → 조선 시대에 선종 불교의 주류로 발전 |
|---|---|

## (3) 도교와 풍수지리 사상

| 도교 | 특징 | 불로장생과 현세의 구복을 추구, 나라와 왕실의 안녕과 번영 기원 |
|---|---|---|
| | 발전 | • 초제 거행: 도교 제사인 초제가 성행함<br>• 복원궁 건립: 예종 때 건립된 최초의 도교 사원(=도관)<br>• 팔관회 개최: 도교 + 불교 + 민간 신앙, 명산대천에서 제사를 지냄 |
| | 한계 | 일관된 교리 체계의 부재, 교단 형성 실패로 민간 신앙으로만 전개됨 |
| 풍수지리 사상 | 특징 | 미래의 길흉화복을 예언하는 도참 사상과 융합하여 크게 유행함 |
| | 영향 | • 초기: 개경 길지설, 서경 길지설(북진 정책, 묘청의 서경 천도 운동에 영향을 줌)<br>• 중기 이후: 한양 명당설이 대두하면서 문종 때 한양이 남경으로 승격됨, 숙종 때 김위제의 건의로 남경개창도감을 설치하고 남경에 궁궐 건설 |
| | 서적 | 『도선비기』, 『해동비록』 등 |

| | | |
|---|---|---|
| **목판 인쇄술** | | • 특징: 통일 신라 때부터 발달한 목판 인쇄술이 고려 시대에 더욱 발달, 한 종류의 책을 다량 인쇄하는 데 적합<br>• 대장경: 경(경전)·율(계율)·론(해석) 등 삼장으로 구성된 불교 경전에 대한 총칭 |
| | 초조대장경 | • 현종 때 부처의 힘을 빌려 거란의 침입을 격퇴하기 위해 제작<br>• 개경 흥왕사에서 보관하다가 대구 부인사로 이동 → 몽골의 2차 침입 때 소실<br>• 인쇄본 중 일부를 일본 난젠사(남선사)에서 보관하고 있음 |
| | 교장 | • 의천이 고려·송·요·일본의 대장경 주석서를 모아 불서 목록인 『신편제종교장총록』<br>을 간행 → 이후 흥왕사에 교장도감을 설치하여 교장 간행<br>• 몽골 침입 때 소실되었으나 인쇄본 일부가 순천 송광사와 일본 동대사에 보존되<br>어 있음 |
| | 재조대장경<br>(팔만대장경) | • 몽골 침입을 불력으로 극복하고자 간행, 고종 때(최우 집권기) 강화도에 대장도감을<br>설치하여 대장경 제작 → 경남 합천 해인사 장경판전에 모두 보존되어 있음<br>• 유네스코 세계 기록유산에 등재(2007), 세계에서 가장 우수한 대장경으로 평가받음 |
| | | • 의의: 불교 경전 집대성, 호국 불교적 성격, 고려 목판 인쇄술의 우수성 입증 |
| **금속 활자 인쇄술** | | • 발달 배경: 목판 인쇄술의 발달, 청동 주조 기술의 발달, 인쇄에 적합한 먹과 종이의 제조 등이 어우러진 결과<br>• 특징: 여러 종류의 책을 소량으로 인쇄하는 데 적합, 공양왕 때 서적원 설치(활자 제작과 인쇄 관장)<br>• 대표적인 금속 활자본 |
| | 『상정고금예문』 | • 몽골과 전쟁 중이던 강화도 천도 시기(최우 집권기)에 금속 활자로 인쇄(1234)<br>하였다는 기록이 『동국이상국집』에 남아 있음<br>• 서양에서 금속 활자 인쇄가 시작된 것보다 200여 년 앞서 이루어진 것(현존 X) |
| | 『직지심체요절』 | • 청주 흥덕사에서 간행된 불교 서적(1377, 우왕)<br>• 현존 세계 최고(最古)의 금속 활자본, 유네스코 세계 기록유산에 등재(2001)<br>• 현재 프랑스 국립 도서관에서 보관(← 개화기 프랑스 공사 플랑시가 수집하여 가져감) |
| **제지술** | | • 배경: 전국적으로 닥나무의 재배를 장려, 종이 제조 담당 관청 설치<br>• 특징: 등피지·경면지라고 불리던 고려의 종이는 품질이 좋아 중국으로 수출(조공품으로도 선호) |
| **천문학·<br>역법과 의학** | | • 천문학·역법: 사천대(천문과 역법 담당, 원 간섭기 이후 서운관) 설치, 수시력 채택(충선왕), 대통력 사용(공민왕)<br>• 의서: 『향약구급방』 → 현존하는 우리나라 최고(最古)의 의서로 각종 질병의 처방법과 국산 약재를 소개 |

---

**단박 체크**

다음 기출문장을 읽고, 옳으면 O, 틀리면 X를 괄호 안에 쓰세요.

**01** 의천은 해동 천태종을 창시하여 교종의 입장에서 선종까지 포섭하려고 하였다. (　　　)

**02** 지눌은 돈오점수를 바탕으로 한 꾸준한 수행을 강조하였다. (　　　)

**03** 요세는 강진에 백련사를 결사하여 법화 신앙을 내세웠다. (　　　)

**04** 보우는 원의 불교인 임제종을 들여와서 전파시켰다. (　　　)

**05** 풍수지리 사상은 하늘에 제사 지내는 초제의 사상적 근거가 되었다. (　　　)

**06** 고려 시대에는 몽골과의 전쟁 중에 부처님의 힘으로 국난을 극복하고자 초조대장경을 간행하였다. (　　　)

**07** 청주 흥덕사에서 간행한 『직지심체요절』이 현존하는 세계 최고(最古)의 금속 활자본으로 공인받고 있다. (　　　)

[정답] **01** O　**02** O　**03** O　**04** O　**05** X (도교)　**06** X (재조대장경)　**07** O

**적중개념 | 5** **고려의 불교 문화재**

(1) 고려의 사원

| 주심포 양식 | • 특징: 송의 영향을 받음, 배흘림 기둥의 목조 건축물 유행 |
|---|---|
| | • 건물: 안동 봉정사 극락전(현존하는 가장 오래된 목조 건물, 맞배 지붕), 영주 부석사 무량수전(배흘림 기둥, 팔작 지붕), 예산 수덕사 대웅전 |
| 다포 양식 | • 특징: 원의 영향을 받음, 웅장한 지붕이나 건축물을 화려하게 꾸밀 때 사용 |
| | • 건물: 황해도 사리원의 성불사 응진전, 함경남도 안변 석왕사 응진전 |

(2) 고려의 석탑·승탑·불상

| 석탑 | • 특징: 지역에 따라 삼국의 전통 계승한 석탑 조성, 다양한 형태의 석탑 제작, 다각 다층탑 유행 |
|---|---|
| | • 대표 석탑: 전기(개성 불일사 5층 석탑, 부여 무량사 5층 석탑, 개성 현화사 7층 석탑), 중기(평창 월정사 8각 9층 석탑), 후기(개성 경천사지 10층 석탑) |
| 승탑 | • 특징: 신라 말에 유행하던 승탑(부도)이 고려 시대에도 제작됨 |
| | • 대표 승탑 |
| | – 팔각 원당형 승탑: 신라 후기 승탑의 전형적인 기본 양식 계승(여주 고달사지 원종대사탑) |
| | – 특이한 형태의 승탑: 충주 정토사지 홍법국사탑과 원주 법천사지 지광국사탑 |
| 불상 | • 특징: 지역적 특색이 반영된 불상 제작, 신라의 불상 양식을 계승하였으나 균형을 이루지 못하여 조화미가 부족한 형태가 많았음 |
| | • 대표 불상: 하남 하사창동 철조 석가여래 좌상(광주 춘궁리 철불), 논산 관촉사 석조 미륵보살 입상, 안동 이천동 마애여래 입상, 파주 용미리 마애이불 입상, 부석사 소조 아미타여래 좌상(균형미, 신라 양식 계승) |

**적중개념 | 6** **고려의 문학과 예술**

(1) 고려의 문학

| 전기 | | • 향가: 균여 「보현십원가」 11수(광종) |
|---|---|---|
| | | • 한문학: 중국 모방 단계를 벗어나 독자적인 모습(초기) → 당·송의 한문학을 숭상하는 풍조 유행(중기) |
| 무신 집권기 | | • 초기의 수필 형식 문학: 『파한집』(이인로) |
| | | • 최씨 무신 집권기: 『동국이상국집』(이규보), 『보한집』(최자) |
| 후기 | | • 특징: 신진 사대부와 민중을 중심으로 전개 |
| | | • 국문학 |

| | 경기체가 | • 신진 사대부들이 향가 형식을 계승하여 창작, 주로 유교 정신과 자연의 아름다움을 표현 |
|---|---|---|
| | | • 한림별곡, 관동별곡·죽계별곡(안축) 등 |
| | 시가 문학 | 어부가(전원 생활의 한가로움을 표현) |
| | 고려 가요 (장가, 속요) | 일반 백성들 사이에서 유행한 작자 미상의 민요풍 가요, 서민의 생활 감정을 대담하고 자유분방한 형식으로 드러냄(청산별곡, 가시리, 쌍화점 등) |

• 한문학

| | 설화 문학 | 형식에 구애 받지 않는 설화 형식을 통해 현실을 비판 |
|---|---|---|
| | 패관 문학 | 민간 구전을 한문으로 기록한 것[『백운소설』(이규보, 시화집), 『역옹패설』(이제현) 등] |
| | 가전체 문학 | • 사물을 의인화하여 일대기를 구성한 것 |
| | | • 대표작: 『국순전』(임춘), 『국선생전』(이규보), 『죽부인전』(이곡) 등 |
| | 한시 | 이제현, 이곡, 정몽주 등 유학자들을 중심으로 한시 발달 |

## (2) 고려의 공예 예술

| 자기 공예 | • 순수 청자(11세기): 순수 비취색이 나는 청자로, 다양한 형태와 고상한 무늬가 특징 |
| | • 상감 청자(12세기 중엽): 상감법이라는 독창적인 기법 개발(대표 작품: 청자 상감 운학무늬 매병) |
| | • 원 간섭기 이후: 원으로부터 북방 가마 기술이 도입되며 청자의 빛깔이 퇴조, 소박한 분청사기 제작 |
| 금속 공예 | • 특징: 불교 도구 중심으로 크게 발전하였으며, 은입사 기술 발달 |
| | • 대표 작품: 청동 은입사 포류수금문 정병(버드나무와 동물 무늬를 새김) |
| 나전 칠기 공예 | • 특징: 옻칠한 바탕에 자개를 붙여 무늬를 나타내는 나전 칠기 공예가 크게 발달 |
| | • 작품: 경함(불경 보관함), 문방구 등과 자연의 모습을 새겨 넣은 작품 등이 있음 |
| 범종 | • 특징: 신라 시대의 양식을 그대로 계승 |
| | • 대표 작품: 화성 용주사 동종, 해남 대흥사 탑산사명 동종, 부안 내소사 동종, 성거산 천흥사명 동종(현존하는 가장 오래된 고려 시대 범종) |

## (3) 고려의 글씨·그림·음악

| 글씨 | • 전기: 왕희지체와 구양순체 유행, 특히 간결한 구양순체가 주류를 이룸, 신품 4현(神品四賢)이라 불리는 유신·탄연(승려)·최우·김생(통일 신라 시대 인물)이 유명하였음 |
| | • 후기: 중국의 송설체(조맹부체)가 유행하여 조선까지 계승되었고, 이암이 유명하였음 |
| 그림 | • 전기: 도화원에 소속된 전문 화원들 중심, 대표적으로 이령(예성강도)과 그의 아들 이광필이 유명하였음 |
| | • 후기: 사군자 중심의 문인화가 유행하였으나 현전하지 않음, 천산대렵도(공민왕 때 제작, 원대 북화의 영향을 받음), 양류관음도(관음보살도, 혜허가 제작한 불화로 일본에 현존) 등이 있음 |
| 음악 | • 아악(궁중 음악): 예종 때 송에서 전래된 대성악이 궁중 음악으로 발전 |
| | • 향악(속악): 우리 고유 음악이 당악의 영향을 받아 발전, 동동, 한림별곡, 대동강, 오관산, 정과정 등이 유명하였으며, 궁중 연회에서 많이 연주됨 |
| | • 가면극과 산대극: 처용무 등을 중심으로 한 산대극 유행, 주로 부도덕한 지배층과 타락한 승려 풍자 |

---

### 단박 체크

**다음 기출문장을 읽고, 옳으면 O, 틀리면 X를 괄호 안에 쓰세요.**

01 고려 시대에는 주심포 양식과 다포 양식이 유행하였는데, 영주 부석사 무량수전과 예산 수덕사 대웅전은 주심포, 안동 봉정사 극락전은 다포 양식이다. (　　　　)

02 영주의 부석사 무량수전은 주심포 양식과 배흘림 기둥이 잘 어우러진 건축물이다. (　　　　)

03 이곡은 술을 의인화한 『국순전』을 저술하여 현실을 풍자했다. (　　　　)

04 이제현은 삼국 시대부터 고려 시대까지의 유명한 시화를 모은 『백운소설』을 저술하였다. (　　　　)

05 고려 후기 원 간섭기에 서예에서 구양순체가 주류를 이루었다. (　　　　)

06 고려의 귀족 문화를 대표하는 백자는 상감 기법을 이용한 것이다. (　　　　)

07 고려 시대에는 자기 제작에 상감 기법이 개발되어 무늬를 내는 데 활용되었으나 원 간섭기 이후에는 퇴조하였다.

(　　　　)

[정답] **01** X (안동 봉정사 극락전은 주심포 양식) **02** O **03** X (임춘의 저술) **04** X (이규보) **05** X (송설체 유행) **06** X (청자)
**07** O

**01** 다음 자료와 관련된 고려 정부의 대응으로 가장 옳은 것은? [2020년 법원직 9급]

> 최충이 후진들을 모아 열심히 교육하니, 유생과 평민이 그의 집과 마을에 차고 넘치게 되었다. 마침내 9재로 나누었다. …… 이를 시중 최공의 도라고 불렀다. 의관자제로서 과거에 응시하려는 자들은 반드시 먼저 이 도에 속하여 공부하였다. …… 세상에서 12도라고 일컬었는데, 최충의 도가 가장 성하였다.

① 원으로부터 성리학을 수용하였다.
② 『주자가례』와 『소학』을 널리 보급하였다.
③ 국학에 처음으로 양현고를 설치하였다.
④ 만권당을 짓고 유명한 학자들을 초청하였다.

해설 **사학에 대한 고려 정부의 대응** 제시문에서 최충이 사학을 열고 9재를 만들었으며, 이후 12도가 형성되었다는 내용을 통해 고려 중기 사학의 발달에 관한 것임을 알 수 있다. 이에 고려 정부는 관학을 진흥시키기 위한 정책을 추진하였다.
③ 고려는 예종 때 관학의 경제 기반을 강화하기 위하여 일종의 장학 재단인 양현고를 설치하였다.

오답 분석 ① 원으로부터 성리학이 수용된 것은 관학 진흥과 관계가 없다. 성리학은 충렬왕 때 안향에 의해 고려에 전래되었다.
② 『주자가례』와 『소학』이 널리 보급된 것은 16세기 조선 시대 사림들에 의해서이다.
④ 만권당은 충선왕이 원의 수도인 연경에 설치한 학문 연구소로, 관학 진흥책과는 관련이 없다.

정답 ③

**02** 다음 내용의 역사서에 대한 설명으로 옳은 것은? [2021년 지방직 9급]

> 왕께서는 "우리나라 사람들은 유교 경전과 중국 역사에 대해서는 자세히 말하는 사람이 있으나 우리나라의 사실에 이르러서는 잘 알지 못하니 매우 유감이다. 중국 역사서에 우리 삼국의 열전이 있지만 상세하게 실리지 않았다. 또한, 삼국의 고기(古記)는 문체가 거칠고 졸렬하며 빠진 부분이 많으므로, 이런 까닭에 임금의 선과 악, 신하의 충과 사악, 국가의 안위 등에 관한 것을 다 드러내어 그로써 후세에 권계(勸戒)를 보이지 못했다. 마땅히 일관된 역사를 완성하고 만대에 물려주어 해와 별처럼 빛나도록 해야 하겠다."라고 하셨습니다.

① 불교를 중심으로 신화와 설화를 정리하였다.
② 유교적인 합리주의 사관에 따라 기전체로 서술되었다.
③ 단군 조선을 우리 역사의 시작으로 본 통사이다.
④ 진흥왕의 명을 받아 거칠부가 편찬하였다.

해설 **『삼국사기』** 제시문은 고려 인종 때 김부식이 쓴 『삼국사기』의 서문이다.
② 『삼국사기』는 현존하는 우리나라 최고(最古)의 역사서로, 유교적 합리주의 사관에 따라 기전체로 서술되었다.

오답 분석 ① 불교를 중심으로 신화와 고대의 민간 설화를 정리한 역사서는 충렬왕 때 일연이 편찬한 『삼국유사』이다.
③ 단군 조선을 우리 역사의 시작으로 보고, 고려 말까지의 역사를 통사 체계로 구성한 역사서는 조선 성종 때 서거정 등이 편찬한 『동국통감』이다.
④ 신라 진흥왕의 명을 받아 거칠부가 신라 왕조의 역사를 정리해 편찬한 역사서는 『국사』이다.

정답 ②

**03** (가), (나)를 주장한 승려들에 관한 설명으로 옳은 것은?

[2018년 법원직 9급]

> (가) 교(敎)를 배우는 이는 대개 안의 마음을 버리고 외면에서 구하고, 선(禪)을 익히는 이는 인연을 잊고 안의 마음을 밝히기를 좋아하니, 모두 한쪽에 치우친 것으로 두 극단에 모두 막힌 것이다.
>
> (나) 지금의 불교계를 보면, 아침 저녁으로 하는 일들이 비록 부처의 법에 의지하였다고 하나, 자신을 내세우고 이익을 구하는 데 열중하여 세속의 일에 골몰한다. 도덕을 닦지 않고 옷과 밥만 허비하니, 비록 출가하였다고 하나 무슨 덕이 있겠는가?

① (가) - 천태종의 신앙 결사체인 백련사를 조직하였다.
② (가) - 중국에서 도입한 법안종을 중심으로 선종을 정리하였다.
③ (나) - 선을 중심으로 교학을 포용하고자 하였다.
④ (나) - 유교와 불교의 통합을 시도하며 유·불 일치설을 주장하였다.

해설 **의천과 지눌** 제시문 (가)는 '교관겸수'에 대한 내용으로서 대각 국사 의천의 주장이고, (나)는 불교의 타락상을 비판하며 승려 본연의 자세로 돌아가기를 강조하는 『권수정혜결사문』의 내용으로 보조 국사 지눌의 주장이다.
③ 지눌은 선종을 중심으로 교종을 포용하고자 선(선종)과 교학(교종)이 근본적으로 하나라는 선교 일치를 주장하였다.

오답분석
① 천태종의 신앙 결사체인 백련사를 조직한 승려는 요세이다.
② 승려 혜거 등을 통해 중국에서 도입한 법안종을 중심으로 선종을 정리하고자 한 인물은 광종이다.
④ 유교와 불교의 통합을 시도하며 유·불 일치설을 주장한 승려는 혜심이다.

정답 ③

**04** 다음 일이 있었던 시대의 문화에 대한 설명으로 가장 적절하지 않은 것은?

[2020년 경찰직(1차)]

> 박유가 왕에게 글을 올려 말하기를 "[중략] 청컨대 여러 신하, 관료들로 하여금 여러 처를 두게 하되, 품계에 따라 그 수를 줄이도록 하여 보통 사람에 이르러서는 1인 1첩을 둘 수 있도록 하며 여러 처에게서 낳은 자식들도 역시 본가가 낳은 아들처럼 벼슬을 할 수 있게 하기를 원합니다."라고 하였다. [중략] 당시 재상들 가운데 그 부인을 무서워하는 자들이 있었기 때문에 그 건의는 결국 실행되지 못하였다.

① 단아하고 균형 잡힌 석등이 꾸준히 만들어졌으며 법주사 쌍사자 석등이 대표적인 작품이다.
② 다포 양식 건물이 등장하여 지붕을 웅장하게 얹거나 건물을 화려하게 꾸밀 때 쓰였다.
③ 자기 제작에 상감 기법이 개발되어 무늬를 내는 데 활용되었으나 원 간섭기 이후에는 퇴조하였다.
④ 이 시대에는 불화가 많이 그려졌는데 혜허의 관음보살도가 유명하다.

해설 **고려 시대의 문화** 제시문에서 박유가 왕에게 글을 올렸다는 것, 당시 재상들 가운데 그 부인을 무서워하는 자들이 있어서 1인 1첩이 실시되지 못했다는 내용을 통해 고려 시대임을 알 수 있다.
① 법주사 쌍사자 석등과 같이 단아하고 균형 잡힌 석등이 만들어진 시기는 고려 시대가 아닌 통일 신라 때이다.

오답분석
② 고려 후기에는 원의 영향을 받아 다포 양식이 등장하여 지붕을 웅장하게 얹거나 건물을 화려하게 꾸밀 때 사용되었다.
③ 고려 시대에는 자기 제작에 상감 기법이라는 독창적인 기법이 개발되어 무늬를 내는 데 활용되었으나, 원 간섭기 이후에는 퇴조하였다.
④ 고려 후기에는 왕실과 권문세족의 구복적 요구에 따라 불화가 많이 그려졌다. 대표적으로 혜허의 관음보살도(양류관음도)가 있다.

정답 ①

## 01

밑줄 친 '그'에 대한 설명으로 옳은 것은?

> 왕이 신하의 진언을 요구하자 그가 다음과 같은 글을 올렸다. "······ 우리 태조께서 개국한 이래로 제가 알고 있는 사실은 모두 저의 마음속에 기억하고 있습니다. 이제 5대 조정에서 정치와 교화가 잘되었거나 잘못된 사적을 기록하여 본받을 만하고 경계할 만한 것을 조목별로 아뢰겠습니다. ······ "

① 후학 양성을 위해 문헌공도를 설립하였다.
② 『불씨잡변』을 저술하여 불교의 폐단을 비판하였다.
③ 연경의 만권당에서 원나라의 학자들과 교유하였다.
④ 유교 사상을 치국의 근본으로 삼아 시무 28조를 올렸다.

## 02

다음은 고려 시대의 교육 정책과 관련된 사실들이다. ㉠~㉣을 순서대로 바르게 나열한 것은?

> ㉠ 개경에 국자감이 설립되었다.
> ㉡ 장학 재단인 양현고가 설치되었다.
> ㉢ 성균관에서 기술학부가 완전히 분리되었다.
> ㉣ 관리 교육을 위해 경사교수도감이 설치되었다.

① ㉠ – ㉡ – ㉢ – ㉣
② ㉠ – ㉡ – ㉣ – ㉢
③ ㉡ – ㉠ – ㉢ – ㉣
④ ㉡ – ㉠ – ㉣ – ㉢

## 03

다음과 관련된 역사서에 대한 설명으로 옳은 것은?

> 해동의 삼국도 지나온 세월이 장구하니, 마땅히 그 사실이 책으로 기록되어야 하므로 마침내 늙은 신에게 명하여 편집하게 하셨사오나, 아는 바가 부족하여 어찌할 바를 모르겠습니다. 중국의 사서에 모두 열전이 있기는 하나, 중국의 일만 자세히 기록하고 외국의 일은 간략히 하여 갖추어 싣지 않았습니다. ······ 그러므로 마땅히 권위있는 역사서를 완성하여 만대에 전하여야 합니다.

① 단군 신화가 수록되어 있다.
② 고종의 명에 따라 각훈이 저술하였다.
③ 유교적 합리주의 사관과 신라 계승 의식에 기초하여 서술되었다.
④ 무신 집권기의 사회 혼란 속에서 고려의 역사 전통을 고취할 목적으로 편찬되었다.

## 04

다음 내용이 수록된 역사서에 대한 설명으로 옳은 것을 〈보기〉에서 모두 고르면?

> 삼국의 시조가 모두 신이(神異)한 데서 나왔다고 한들 무엇이 괴이하겠는가? 이것이 기이편(紀異篇)을 이 책의 첫머리에 실은 까닭이며 그 의도가 여기에 있다.

> ● 보기 ●
> ㉠ 14수의 향가가 기록되어 있다.
> ㉡ 서사시의 형태로 고구려 계승 의식이 반영되었다.
> ㉢ 『가락국기』를 인용하여 가야의 건국 설화를 수록하였다.
> ㉣ 삼국에서 고려까지 불교 승려의 전기를 정리하였다.

① ㉠, ㉢          ② ㉠, ㉣
③ ㉡, ㉢          ④ ㉢, ㉣

밑줄 친 '이 책'이 편찬된 왕 대의 사실로 옳은 것은?

> 신(臣)이 이 책을 삼가 편수하여 두 권으로 나누고 바로잡아 …… 중국은 반고부터 금국에 이르기까지, 동국은 단군으로부터 본조에 이르기까지, 처음 일어나게 된 근원을 책에서 다 찾아보아 같고 다른 것을 비교하여 요점을 취하고 읊조림에 따라 장(章)을 이루었습니다.

① 교육 기금인 섬학전을 설치하였다.
② 중국의 수시력을 처음 채용하였다.
③ 국자감에 서적포를 설치하였다.
④ 대장도감을 설치하고 대장경을 조판하였다.

**06** 고난도 문제
(가) 승려에 대한 설명으로 옳은 것을 고르면?

> (가) 은/는 북악의 법통을 이으신 분이다.
> …… (가) 은/는 항상 남악 화엄종과 북악 화엄종의 뜻이 분명해지지 않아 서로 모순됨을 탄식하여, 많은 분파가 생기는 것을 막아 한 길로 모이기를 바랐다. …… (가) 은/는 요점만 추려서 깎아내고, 뜻이 잘 드러나지 않는 것은 상세히 궁구하여 그 뜻을 표현했다.

① 『천태사교의』를 저술하였다.
② 교종 내의 대립을 해소하고자 성상융회를 주장하였다.
③ 불교계 폐단을 개혁하기 위해 9산 선문의 통합을 주장하였다.
④ 승려 본연의 자세로 돌아가자는 개혁 운동인 수선사 결사를 제창하였다.

**07**
밑줄 친 '그'에 대한 설명으로 옳은 것은?

> 그는 문종의 아들로 11살에 출가하여 영통사에서 공부하였으며, 송나라에서 유학하였다. 이후 고려에 귀국한 그는 송나라에서 견문한 것들을 바탕으로 숙종에게 화폐 사용을 건의하였으며 흥왕사에 교장도감을 두고 『신편제종교장총록』을 편찬하기도 하였다.

① 돈오점수와 정혜쌍수를 강조하였다.
② 국청사를 중심으로 해동 천태종을 창시하였다.
③ 법안종을 도입하여 선종을 정리하려 하였다.
④ 풍수지리 사상을 정립하여 궁궐과 사찰의 입지 선정에 큰 영향을 미쳤다.

**08**
다음 주장을 한 인물에 대한 설명으로 옳은 것은?

> • 한 마음을 몰라서 한없이 번뇌를 일으키는 이가 중생이고, 한 마음을 깨달아서 한없는 지혜와 능력을 드러내는 이가 부처이다. 중생과 부처가 한 마음을 깨닫고 깨닫지 못하는 데서 갈리는 것이니, 이 마음을 떠나서 불교를 논할 수 없다.
> • 하루는 같이 공부하는 사람 10여 인과 약속하였다. 마땅히 명예와 이익을 버리고 산림에 은둔하여 같은 모임을 맺자. 항상 선을 익히고 지혜를 고르는 데 힘쓰고, 예불하고 경전을 읽으며 ……

① 유·불 일치설을 주장하여 성리학 수용의 토대를 마련하였다.
② 선을 중심으로 교학을 포용하고자 하였다.
③ 왕에게 「화왕계」라는 글을 올려 조언하였다.
④ 강진 만덕사를 중심으로 백련 결사 운동을 전개하였다.

**09**

다음은 고려 시대의 불교 문화에 대한 답사 계획서이다. (가)~(라)에 들어갈 내용으로 옳지 않은 것은?

| 고려 시대의 불교 문화 – 답사 계획서 | | | |
|---|---|---|---|
| 답사 기간 | ○○○○년 ○○월 ~ ○○월<br>※ 매월 마지막 주 토요일 | | |
| 답사 일정 | 순서 | 답사 장소 | 주제 |
| | 1회차 | 안동 봉정사 | (가) |
| | 2회차 | 영주 부석사 | (나) |
| | 3회차 | 순천 송광사 | (다) |
| | 4회차 | 합천 해인사 | (라) |
| | ⋮ | | |

① (가) – 우리나라 최고(最古)의 목조 건축물
② (나) – 신라 양식을 계승한 고려 불상의 균형미
③ (다) – 참회를 강조하는 법화 신앙 중심의 결사 운동
④ (라) – 유네스코 세계 기록유산에 등재된 대장경

**10**

(가)에 들어갈 문화재의 명칭으로 옳은 것은?

> 일부 장식을 제외한 전체가 화강암으로 되어있는 __(가)__ 은/는 강원도 지역의 대표적인 불교 문화유산으로, 여러 번의 화재를 겪었음에도 축조 당시의 원형을 잘 갖추고 있는 석탑이다. 2000년대에 주변 지역의 지표 조사가 실시되었는데, __(가)__ 의 건립 시기를 보여주는 송나라의 동전이 발굴되기도 하였다.

① 미륵사지 석탑
② 현화사 7층 석탑
③ 원각사지 10층 석탑
④ 월정사 8각 9층 석탑

**11**

다음 글에 나타난 사상에 대한 설명으로 가장 옳은 것은?

> 여러 사원들은 모두 도선이 산수(山水)의 순응하고 거스르는 기운을 점쳐서 개창한 것이다. 도선이 말하기를, '내가 점쳐서 정한 곳 외에 함부로 사원을 지으면 지덕(地德)을 손상시켜 왕업(王業)이 영원히 이어지지 못할 것이다.'라고 하였다.

① 불로장생과 현세의 구복을 추구하였다.
② 개인의 참선과 깨달음을 중요시하였다.
③ 서경 천도 운동의 이론적 배경이 되었다.
④ 예종 때 복원궁이 건립되는 근거가 되었다.

**12** 고난도 문제

고려 시대의 문학과 관련된 설명으로 옳지 않은 것은?

① 『보한집』 – 최자가 『파한집』을 보완하여 저술한 수필체의 시화집이다.
② 『파한집』 – 이인로가 개경, 평양, 경주 등 역사 유적지의 풍속과 풍경 등을 묘사하였다.
③ 「어부가」 – 전원 생활의 한가로움을 표현한 시가 문학이다.
④ 『역옹패설』 – 이규보가 떠도는 시화와 민간 구전을 수록하여 저술하였다.

**13**

고려 시대의 인쇄술과 관련된 설명으로 옳은 것은?

① 무신 집권기에 강화도에서 인쇄된 『상정고금예문』은 현존 최고(最古)의 금속 활자본이다.
② 『직지심체요절』은 개경 흥왕사에서 간행되었다.
③ 초조대장경은 거란의 침입을 물리치기 위해 제작된 금속 활자 인쇄본이다.
④ 의천은 송·요·일본 등의 불교 자료를 정리한 후 속장경을 간행하였다.

**14**

고려 시대의 문화에 대한 설명으로 옳은 것을 〈보기〉에서 모두 고른 것은?

● 보기 ●
㉠ 신진 사대부의 성장과 함께 고사관수도와 같은 문인화가 그려졌다.
㉡ 초기에 하사창동 철조 석가여래 좌상과 같은 대형 철불이 유행하였다.
㉢ 고려 말에 재조대장경을 보관하기 위해 해인사에 장경판전이 건립되었다.
㉣ 서예 분야에서 전기에는 간결한 구양순체가, 후기에는 유려한 송설체가 유행하였다.

① ㉠, ㉢                    ② ㉡, ㉢
③ ㉡, ㉣                    ④ ㉢, ㉣

**15**

밑줄 친 '이 시기'의 문화적 사실로 가장 옳은 것은?

> 이 시기에는 재상으로부터 하급 관료까지 머리털을 바싹 깎지 않은 이가 없었다. 오직 궁궐 내에 있는 학관(學官)만이 그렇게 하지 않았다. 좌승지 박항이 집사관을 불러 타이르자 이에 학생까지 머리털을 바싹 깎았으니, 이는 대개 원나라를 두려워했기 때문이었다.

① 소박한 백자가 유행하였다.
② 요세가 백련 결사를 제창하였다.
③ 경천사지 10층 석탑이 제작되었다.
④ 의학 서적인 『향약구급방』이 편찬되었다.

**16**

(가), (나) 사이 시기의 사실로 옳은 것은?

> (가) 왕이 위봉루를 찾아 윤관·오연총에게 부월(鈇鉞)을 하사하였다. 동계에 이르러 윤관과 오연총이 장춘역에 병사를 주둔하였다. …… 여진은 윤관이 이끄는 군사들의 위엄이 매우 장대함을 보고 모두 도망쳐 달아났다.
> (나) 최우가 재추를 자신의 집으로 모아 천도할 일을 의논하였다. 당시 사람들은 자신의 거처를 편안하게 여겨 천도를 곤란하게 여겼으나, 최우를 두려워하여 감히 말하는 자가 없었다. …… 최우가 여러 도에 사자를 보내 백성을 섬이나 산성으로 옮기도록 했다.

① 김부식이 『삼국사기』를 저술하였다.
② 최무선이 진포에서 왜구를 격퇴하였다.
③ 수기의 주도 아래 대장경 조판이 시작되었다.
④ 승려를 대상으로 한 승과가 처음 실시되었다.

정답·해설 p.29

## 01

다음 건의를 받아들인 왕에 대한 설명으로 옳은 것은?

> 천예(薦譽)들이 때나 만난 듯이 윗사람을 능욕
> 하고 저마다 거짓말을 꾸며 본 주인을 모함하는
> 자가 헤아릴 수 없었습니다. …… 바라건대, 전하
> 께서는 옛일을 심각한 교훈으로 삼아 천인이 윗
> 사람을 능멸하지 못하게 하고, 종과 주인 사이의
> 명분을 공정하게 처리하십시오. …… 전대에 판
> 결한 것을 캐고 따져서 분쟁이 열리지 않도록 해
> 야 하겠습니다.

① 광덕, 준풍 등 중국과 다른 독자적인 연호를 사용하
   였다.
② 나라를 다스리는 데에 참고할 정책 방안을 담은 훈
   요 10조를 남겼다.
③ 관리의 등급에 따라 자·단·비·녹색의 공복을 제정
   하였다.
④ 연등회를 축소하고 팔관회를 폐지하여 대규모 불교
   행사를 억제하였다.

## 02

고려 시대의 정치와 사회에 대한 설명으로 옳은 것을
〈보기〉에서 모두 고르면?

> ● 보기 ●
> (가) 5도에는 안찰사가, 양계에는 병마사가 파견
>     되었다.
> (나) 중방은 2군 6위의 지휘관으로 구성된 합좌
>     기구였다.
> (다) 음서로 관직에 오른 관리는 고관으로 승진
>     할 수 없었다.
> (라) 지방의 향리는 실질적인 향촌 사회의 지배 세
>     력으로, 사심관에 임명되었다.

① (가), (나)
② (가), (라)
③ (나), (다)
④ (나), (라)

## 03

(가) 인물에 대한 설명으로 옳은 것은?

> ____(가)____ 은/는 스스로 국공(國公)에 올라 왕태
> 자와 동등한 예우를 받았으며 자신의 생일을 인
> 수절(仁壽節)이라 칭하였다. 그는 남의 토지를 빼
> 앗고 공공연히 뇌물을 받아 집에는 썩는 고기가
> 항상 수만 근이나 되었다.

① 『삼국사기』를 저술하였다.
② 과전법의 제정을 주도하였다.
③ 서경으로 천도할 것을 주장하였다.
④ 금의 군신 관계 요구를 수용하였다.

## 04

고려의 관학 진흥책에 대한 설명으로 옳지 않은 것은?

① 숙종 때 서적 간행의 활성화를 위해 국자감에 서적
   포를 설치하였다.
② 예종 때 관학을 진흥시키기 위해 국학에 7재를 설치
   하였다.
③ 충렬왕 때 유학을 진흥시키기 위해 경사교수도감을
   설치하였다.
④ 충선왕 때 관학의 경제 기반을 강화하기 위해 양현
   고를 설치하였다.

## 05

밑줄 친 '왕' 재위 시기의 사실로 옳은 것은?

> 최무선은 영주 사람으로 천성이 기술에 밝고, 병법을 말하기 좋아하였다. 그가 일찍이 말하기를, "왜구를 제어함에는 화약만한 것이 없다"라고 하였으나, 국내에는 아는 사람이 없었다. …… 최무선이 여러 해를 두고 건의하니 결국 왕이 그 성의에 감동해 화통도감을 설치하였고, 최무선을 제조로 삼아 마침내 화약을 만들어 내게 되었다.

① 정동행성이 설치되었다.
② 삼군도총제부를 설치하였다.
③ 『직지심체요절』이 간행되었다.
④ 이방원에 의해 정몽주가 암살되었다.

## 06

(가)에 들어갈 내용으로 옳은 것을 〈보기〉에서 모두 고른 것은?

> 거란이 고려에 옛 고구려 땅을 내놓을 것과 송과 단절할 것을 요구하며 침입하였다.

↓

> (가)

↓

> 소배압이 개경 부근까지 침입하였으나 퇴각하던 중 귀주에서 강감찬에 의해 섬멸당하였다.

── 보기 ──
㉠ 양규가 흥화진 전투에서 승리하였다.
㉡ 강조의 정변을 구실로 거란이 침입하였다.
㉢ 천리장성과 나성을 축조하여 침입에 대비하였다.
㉣ 거란의 침입에 대비하여 광군을 조직하였다.

① ㉠, ㉡
② ㉠, ㉢
③ ㉡, ㉢
④ ㉢, ㉣

## 07

다음 글을 올린 인물에 대한 설명으로 옳은 것은?

> 1. 새로 지은 궁궐에 길일을 택하여 들어갈 것
> 3. 벼슬아치들의 토지 겸병으로 인한 폐단이 많으므로 토지 대장에 따라 원주인에게 돌려줄 것
> ⋮
> 5. 공물 진상을 금지하여 각 지역 관리가 공물 진상을 구실로 약탈 행위를 하지 못하게 할 것
> 10. 신하의 간언은 용납할 것

① 인사 기구인 정방을 설치하였다.
② 이규보 등의 문인을 등용하였다.
③ 몽골의 침입에 대항하기 위해 팔만대장경을 조판하였다.
④ 치안 유지를 위해 야별초를 조직하였다.

## 08

(가)~(다) 토지 제도에 대한 설명으로 옳은 것은?

> (가) 목종 원년 12월 문무 양반 및 군인들의 전시과를 개정하였다.
> (나) 문종 30년에 양반 전시과를 다시 개정하였다.
> (다) 경종 원년 11월에 비로소 직관·산관의 각 품의 전시과를 제정하였다.

① (가) – 산직이 지급 대상에서 배제되었다.
② (나) – 경기 8현에 한하여 지급하도록 하였다.
③ (다) – 문반, 무반, 잡업 계층으로 구분하여 지급하였다.
④ (가)~(다) – 문무 관리에게 지급된 전지와 시지는 대대로 세습되는 것이 원칙이었다.

정답·해설 p.32

## 01

고려 시대 중앙 정치 제도에 대한 설명으로 옳은 것은?

① 삼사가 간쟁·봉박·서경권을 행사하였다.
② 당과 송의 제도를 모방하여 도병마사를 두었다.
③ 중서문하성은 2품 이상의 재신과, 3품 이하의 낭사로 구성되었다.
④ 어사대는 조선 시대의 승정원과 같이 왕명의 출납 업무를 담당하였다.

## 02

다음은 고려 후기의 역사적 사실이다. 시간 순서대로 바르게 나열한 것은?

> ㉠ 전민변정도감을 최초로 설치하였다.
> ㉡ 홍자번이 편민 18사를 건의하였다.
> ㉢ 철령 이북의 쌍성총관부 관할 지역을 탈환하였다.
> ㉣ 화통도감을 설치하여 화기를 제작하였다.

① ㉠ - ㉡ - ㉢ - ㉣
② ㉠ - ㉢ - ㉣ - ㉡
③ ㉡ - ㉠ - ㉢ - ㉣
④ ㉡ - ㉢ - ㉠ - ㉣

## 03

다음 글에서 말하고 있는 문제점을 해결하기 위해 시행한 토지 제도의 내용으로 옳은 것은?

> 조준이 글을 올려 아뢰기를 " …… 근년에 이르러 토지의 겸병이 더욱 심하여 간흉한 무리가 산천으로 표를 삼아 모두 이를 가리켜 조업전(祖業田)이라 하여 서로 빼앗아, 한 땅의 주인이 5~6명을 넘으며, 1년에 조세를 8~9 차례나 거두게 되었습니다."

① 권문세족의 경제적 기반이 되었다.
② 땔감을 채취하는 시지를 농지와 함께 지급하였다.
③ 전·현직 관리에게 경기 지역의 토지를 지급하였다.
④ 5품 이상의 관료에는 세습이 가능한 공음전을 지급하였다.

## 04 고난도 문제

고려 시대의 수취 제도에 대한 설명으로 옳은 것은?

> (가) 조세는 토지의 비옥도에 따라 6등급으로 나누어서 징수하였다.
> (나) 조창으로 옮겨진 세곡은 조운을 통해 개경으로 운반되었다.
> (다) 중앙 관청에서 필요한 공물은 향, 소, 부곡에 직접 부과하였다.
> (라) 역은 호적에 등록되어 있는 16세에서 60세까지의 정남(丁男)을 대상으로 하였다.

① (가), (다)
② (나), (다)
③ (나), (라)
④ (다), (라)

## 05

(가)에 대한 설명으로 옳은 것은?

○ __(가)__ 은/는 시전을 감독하는 일을 맡은 기관으로, 목종 때 영(令, 장관)을 두었다.

○ 신우 7년(1381) 8월에 개성 물가가 치솟았는데 장사하는 자들이 조그마한 이익을 가지고 서로 다투므로 최영이 이를 미워하여, 무릇 시장에 나오는 물건은 모두 __(가)__ 에서 물건 값을 평가하고 세를 바쳤다는 도장을 찍게 한 뒤에 비로소 사고 팔게 하였다.

① 조선 세조 때 평시서로 개칭되었다.
② 봄에 곡식을 빌려 주고 가을에 갚게 하였다.
③ 지방의 장시를 하나의 유통망으로 연계시켰다.
④ 개경과 서경 및 12목 등의 주요 지역에 설치되었다.

## 06

다음과 같은 상황이 나타난 시기에 볼 수 있는 모습으로 옳지 않은 것은?

우리나라의 자녀들이 뽑혀서 서쪽 원으로 끌려가기를 거른 해가 없다. 비록 왕실 친족과 같이 귀한 신분이라도 자식을 숨길 수 없고, 어미와 자식이 한번 이별하면 아득히 만날 기약이 없다. 슬픔이 골수에 사무치고 심지어 병들어 죽는 이도 한둘이 아니었으니, 지극히 천하에 원통한 일이 이보다 더한 것이 어디 있겠는가. — 수령 옹주 묘지명

① 매를 사육하는 응방의 관리
② 분청사기를 만들고 있는 수공업자
③ 『정감록』을 읽고 있는 부곡의 주민
④ 개간을 통해 사패전을 지급받은 권문세족

## 07

고려 시대의 화폐에 대한 설명으로 옳지 않은 것은?

① 우리나라의 지형을 본뜬 은병이 제작되었다.
② 중국의 지폐인 지원보초가 유통되기도 하였다.
③ 주점, 다점 등의 관영 상점을 중심으로 화폐가 사용되었다.
④ 삼한통보, 해동통보, 십전통보 등이 주조되었다.

## 08

(가)에 대한 설명으로 옳은 것은?

우리나라는 봄에 연등을 베풀고, 겨울에는 __(가)__ 을/를 열어 널리 사람을 동원하고 노역이 매우 번다하오니 원컨대 이를 감하여 백성들이 힘을 펴게 하소서. — 시무 28조

① 토속 신에게 제사를 지냈다.
② 태조 왕건이 이를 억제할 것을 강조하였다.
③ 성종 때 폐지되었다가 문종 때 다시 시행되었다.
④ 매향 행위를 함으로써 내세의 복을 빌기도 했다.

정답·해설 p.33

## 01

고려 시대의 토지 제도에 대한 설명으로 옳은 것을 모두 고르면?

> (가) 지방에 파견된 관리에게 외역전이 지급되었다.
> (나) 왕실의 경비를 충당하기 위해 내장전이 지급되었다.
> (다) 군인 유가족의 생계 유지를 위해 한인전이 지급되었다.
> (라) 중앙과 지방 관청의 경비를 충당하기 위해 공해전이 지급되었다.

① (가), (나)  ② (가), (다)
③ (나), (라)  ④ (다), (라)

## 02

(가)~(라) 승려에 대한 설명으로 옳지 않은 것은?

> (가) 고려 초기에 화엄 사상을 정비하고 보살의 실천행을 강조하였다.
> (나) 흥왕사를 근거지로 삼아 화엄종을 중심으로 교종을 통합하려 하였다.
> (다) 명리에 집착하는 당시 불교계의 타락상을 비판하며 수선사 결사를 제창하였다.
> (라) 백성의 신앙적 욕구를 고려하여 강진 만덕사에서 백련 결사를 제창하였다.

① (가) - 보현십원가를 지었다.
② (나) - 해동 천태종을 창시하였다.
③ (다) - 교관겸수의 수행법을 강조하였다.
④ (라) - 천태교학의 법화 신앙을 강조하였다.

## 03

㉠, ㉡과 관련된 설명으로 가장 옳은 것은?

> 심하도다. 몽골의 환란이여. 잔인한 것은 말할 것도 없고, 지극히 어리석기는 짐승보다 심하니, 어찌 천하에서 공경하는 바를 알겠으며, 불법(佛法)이 있음을 알겠습니까? 그들은 지나가는 곳마다 불상과 불서를 모두 불태워 ㉠부인사에 소장된 대장경 판본도 남기지 않고 쓸어버렸습니다. …… 이런 큰 보물이 없어졌는데 어찌 감히 역사(役事)가 클 것을 염려하며, ㉡고쳐 만드는 일을 주저할 수 있겠습니까?
> － 이규보, 「동국이상국집」

① ㉠은 교장도감에서 제작된 경판이다.
② ㉠은 거란의 격퇴를 기원하며 제작한 금속 활자 인쇄본이다.
③ ㉠과 ㉡은 경(經), 율(律), 논(論) 삼장의 불교 경전을 모아 간행한 것이다.
④ 의천은 ㉡을 보완하기 위해 송, 요, 일본의 불교 자료서를 모아 속장경을 편찬하였다.

## 04

(가)의 인물이 수행한 활동으로 옳은 것은?

> 정(定)은 본체이고 혜(慧)는 작용이다. 작용은 본체를 바탕으로 존재하므로 혜가 정을 떠나지 않고, 본체가 작용을 가져오게 하므로 정은 혜를 떠나지 않는다. 정은 곧 혜인 까닭에 허공처럼 텅 비어 고요하면서도 항상 거울처럼 맑아 영묘하게 알고, 혜는 곧 정이므로 영묘하게 알면서도 허공처럼 고요하다.
> － (가)

① 유·불 일치설을 주장하였다.
② 임제종을 들여와 전파하였다.
③ 교종의 입장에서 선종을 통합하였다.
④ 깨달음과 실천을 강조하는 돈오점수를 주장하였다.

## 05

**밑줄 친 '왕'이 재위하던 시기의 사실로 옳은 것은?**

> 왕의 휘(諱)는 장(璋)이고, 몽고의 휘는 익지례
> 보화(이지르부카)이다. 선왕의 맏아들이며 어머니
> 는 제국대장공주이다. 을해년 9월 정유일에 출생
> 하였다. 성품이 총명하고 굳세며 결단력이 있었
> 다. 이로운 것을 일으키고 폐단을 제거하여 시정
> 에 그런대로 볼 만한 것이 있었으나 부자(父子) 사
> 이는 실로 부끄러운 일이 많았다. 오랫동안 상국
> (上國)에 있었는데, 스스로 귀양가는 욕을 당하
> 였다. 왕위에 있은 지 5년이며, 수는 51세였다.

① 전제 개혁을 위해 과전법을 실시하였다.
② 안향에 의해 고려에 성리학이 전래되었다.
③ 소금 전매제를 실시하여 국가 재정을 확보하였다.
④ 원나라의 연호와 관제를 폐지하였다.

## 06

**다음에 나타난 사상과 관련된 설명으로 가장 옳지 않은 것은?**

> 태자가 안경공 왕창을 맞이하여 잔치하고 풍악
> 을 울려 밤을 새웠다. 나라 풍속이 도가의 말에
> 의하여 매번 이날이 되면 반드시 모여 마시고 밤
> 이 새도록 자지 않았다. 이것을 '경신을 지킨다(守
> 庚申)'라고 한다.
> – 『고려사절요』

① 팔관회가 거행되는데 영향을 주었다.
② 문종 때 남경 설치의 배경이 되었다.
③ 예종 때 복원관을 세워 도사를 맞이하였다.
④ 하늘에 제사 지내는 초제의 사상적 근거가 되었다.

## 07

**(가) 역사서에 대한 설명으로 옳은 것은?**

> 『구삼국사』를 얻어서 그 곳에 수록된 동명왕의
> 본기를 읽어보니, 그 신기하고 이상한 사적이 세
> 상에서 이야기하고 있는 것보다 더했다. 역시 처
> 음에는 믿지 못하였으니, 귀신이나 허구로 의심
> 하였기 때문이다. 그러나 여러 번 거듭 읽고 음
> 미하여 점차 그 근원을 찾아가니, 그것은 귀(鬼)
> 가 아니라 신(神)이었다. …… 이것을 기술하지 않
> 으면 후세 사람들이 앞으로 무엇을 보고 알 것인
> 가? 그러므로 [ (가) ]을/를 지어 기록하여 우
> 리나라가 본래 성인(聖人)의 나라라는 것을 천하
> 에 알리려고 한다.

① 원 간섭기에 편찬되었다.
② 단군의 건국 이야기가 수록되었다.
③ 5언시로 구성된 일종의 서사시이다.
④ 우리나라에 현존하는 가장 오래된 역사서이다.

## 08

**(가)에 대한 설명으로 옳은 것은?**

> [ (가) ]은(는) 우왕 때 청주 흥덕사에서 간행
> 된 것으로 선(禪)의 요체를 깨닫는 데 중요한 것
> 들을 정리한 것이다.

① 세계 최고(最古)의 목판 인쇄물이다.
② 유네스코 세계 기록유산에 등재되었다.
③ 석가탑을 보수하는 과정에서 발견되었다.
④ 외규장각 도서와 함께 프랑스군에 의해 약탈당하
   였다.

정답·해설 p.35

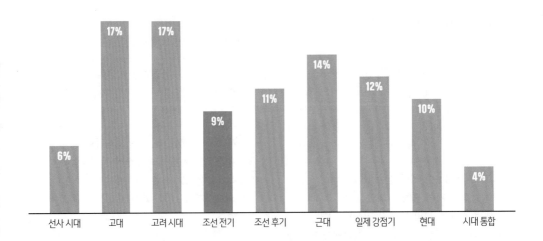

**│조선 전기** 출제경향

\* 최근 7개년 국가직·서울시·지방직 9급 시험 기준

| 선사 시대 | 고대 | 고려 시대 | 조선 전기 | 조선 후기 | 근대 | 일제 강점기 | 현대 | 시대 통합 |
|---|---|---|---|---|---|---|---|---|
| 6% | 17% | 17% | 9% | 11% | 14% | 12% | 10% | 4% |

# IV
# 조선 전기

# 01 조선 전기의 정치

## ○ 적중개념 출제 순위

| 순위 | | 제목 | 내용 |
|---|---|---|---|
| 1위 | 1 | 조선의 체제 정비 과정 | 정도전, 『조선경국전』, 한양 천도, 태종, 사병 혁파, 6조 직계제, 세종, 『경국대전』 편찬 |
| 2위 | 4 | 사림의 대두와 붕당 정치 | 훈구, 사림, 「조의제문」, 사화, 조광조, 『소학』 보급, 동인, 서인 |
| 3위 | 2 | 조선의 통치 조직 | 의정부, 6조, 삼사(사헌부, 사간원, 홍문관), 유향소, 5위 |
| 4위 | 6 | 왜란과 호란의 전개 | 임진왜란, 이순신, 중립 외교, 정묘호란, 병자호란 |
| 5위 | 3 | 조선의 관리 등용 제도 | 소과, 대과, 잡과, 식년시, 상피제 |
| 6위 | 5 | 조선 초기의 대외 관계 | 사대 정책, 교린 정책, 비변사 |

## 적중개념 | 1 조선의 체제 정비 과정 [최다출제]

| 태조 (1392~1398) | • 한양 천도(1394) 이후 한양에 도성을 쌓고 경복궁을 비롯한 궁궐, 종묘와 사직 등을 건설<br>• 정도전의 문물 제도 정비: 재상 중심의 정치 주장, 민본적 통치 규범 마련(『조선경국전』, 『경제문감』), 불교를 비판(『불씨잡변』)함으로써 성리학적 통치 이념 확립, 요동 정벌 추진(『진도』 편찬)<br>• 제1차 왕자의 난(1398, 이방원이 이방석·이방번·정도전 등을 제거) → 이후 이방원이 정치적 실권 장악 |
|---|---|
| 태종 (1400~1418) | • 왕권 강화: 6조 직계제(6조에서 국왕에게 직접 보고) 실시, 사간원 독립(대신과 외척 세력 견제 목적), 사병 혁파(국왕의 군사 지휘권 장악)<br>• 국가 재정 확보 및 민생 안정: 양전 사업 실시(20년마다 양안 작성), 호구를 조사하여 3년마다 호적 작성, 호패법 실시(16세 이상의 모든 남자에게 호패를 착용하도록 함), 사원의 토지와 노비 몰수, 억울한 노비 해방, 신문고 설치<br>• 문화 정책: 주자소 설치, 창덕궁 건립 |
| 세종 (1418~1450) | • 왕도 정치: 유교적 민본 사상 실현, 공법(貢法) 제도 실시, 의창제 확대, 사형수 3심제(삼복법), 의정부 서사제 시행(6조에서 올라온 일을 의정부에서 논의한 후 국왕에게 보고), 인사·군사 문제는 국왕이 직접 처리, 집현전 육성, 오례 중심의 국가 의례 정비, 『주자가례』 시행 장려<br>• 대외 정책: 4군(최윤덕) 6진(김종서)을 설치, 쓰시마 정벌, 삼포 개항, 계해약조 체결<br>• 문화 정책: 훈민정음 창제, 과학 기구 제작(측우기, 앙부일구, 자격루 등), 편찬 사업(『칠정산』 「내외편」, 『농사직설』, 『총통등록』, 『삼강행실도』 등), 경자자·갑인자 주조 |
| 세조 (1455~1468) | • 계유정난(1453): 수양 대군이 정변을 일으켜 김종서·황보인 등을 제거하고 실권 장악<br>• 왕권 강화: 6조 직계제 실시, 집현전 폐지, 경연 중지, 『경국대전』 편찬 시작<br>• 경제·사회 정책: 직전법 실시(수신전·휼양전 폐지), 팔방통보 주조, 호패 제도 강화<br>• 반란 진압: 이징옥의 난(1453, 수양 대군에 맞서 일으킨 반란), 이시애의 난(1467, 유향소 폐지)<br>• 문화 정책: 원각사지 10층 석탑 건립, 간경도감(불경 간행) 설치, 토지 측량 기구인 인지의·규형 제작 |
| 성종 (1469~1494) | • 통치 체제 확립: 『경국대전』 완성·반포, 홍문관 설치(집현전 계승), 경연 활성화, 관수 관급제 실시<br>• 유교 정치 체제 정비: 사림파 등용, 유향소 부활, 도첩제 폐지(승려의 출가 금지) |

**적중개념 | 2 조선의 통치 조직**

**(1) 조선의 중앙 정치 조직**

| 의정부 | 조선 최고 관부, 재상들의 합의로 국정 총괄 및 운영 |
|---|---|
| 6조 | 왕명을 집행하는 행정 기관, 이조·호조·예조·병조·형조·공조로 구성 |
| 승정원 | 왕명 출납을 담당하는 국왕 직속의 비서 기관(왕권 강화에 기여), '후원', '은대'라고도 불림 |
| 의금부 | 국왕 직속의 상설 사법 기관, 대역·모반죄 등의 중죄 처결, 왕권 강화에 기여 |
| 삼사 | • 언론 활동(권력의 독점과 부정 방지): 사헌부(종2품 대사헌 중심, 감찰 기관으로 관리의 비리를 규찰하고 감찰), 사간원(정3품 대사간 중심, 국가 정책이나 왕명을 비판, 간쟁·봉박 업무 담당), 홍문관(정2품 대제학 중심, 경연·서연 담당, 경적과 문한 관리 및 학술·문필 업무 담당, 옥당이라고도 불림)<br>• 양사(대간, 사헌부·사간원)의 역할: 5품 이하의 관리를 처음 임명할 때 동의권을 행사(서경 제도) |
| 기타 | • 4관: 예문관(교지 작성), 승문원(외교 문서 작성), 성균관(최고 교육 기관), 교서관(궁중의 서적 간행)<br>• 춘추관: 역사서 편찬·보관 담당, 실록청을 설치하여 왕조 실록을 편찬<br>• 한성부: 수도(서울)의 행정과 치안 담당, 토지·가옥에 관한 소송 담당 |

**(2) 조선의 지방 행정 조직**

| 특징 | | 모든 군·현에 수령 파견, 향·소·부곡 소멸, 수령의 권한 강화, 향리의 지위가 고려에 비해 격하됨 |
|---|---|---|
| 행정<br>조직<br>구조 | 8도 | 지방의 최고 행정 조직, 관찰사 파견(종2품, 임기 360일, 감찰·행정·사법·군사권 보유, 수령을 지휘·감독) |
| | 부·목·군·현 | 인구·토지 기준으로 구분, 수령 파견[수령 7사 업무 수행, 임기 약 5년(1800일), 지방의 행정·사법·군사권 장악] |
| | 면·리·통 | 수령이 면장(면), 이정(리), 통수(통) 선발(1리 = 5통, 1통 = 5가구) |
| 유향소와 경재소 | | • 유향소: 좌수·별감 선출, 수령 감시·보좌, 향리 규찰, 풍속 교정, 향촌 자치 시행<br>• 경재소: 세종 때 제도화, 지방 출신 중앙 고관으로 구성, 유향소와 정부 간의 연락 담당 |

**(3) 조선의 군역 제도와 군사 조직**

| 군역 제도 | 양인 개병제: 16세~60세의 모든 양인 남자가 군역 부담, 현직 관료·학생·향리는 군역 면제 |
|---|---|
| 군사 조직 | • 중앙군(5위): 의흥위, 용양위, 호분위, 충좌위, 충무위로 궁궐과 수도 방어 담당, 갑사(직업 군인), 정군(정병), 특수병(왕족·공신·고관의 자제)으로 편성<br>• 지방군: 육군과 수군으로 편성, 초기에는 영이나 진에 소속되어 복무(영진군)<br>• 잡색군: 서리, 잡학인, 전직 관리, 향리, 신량역천인, 노비 등으로 구성된 예비군 |

---

**단박 체크**

**다음 기출문장을 읽고, 옳으면 O, 틀리면 X를 괄호 안에 쓰세요.**

**01** 조선 태조 때 정도전은 『조선경국전』을 편찬하여 왕조의 통치 규범을 마련하였다. (     )

**02** 태종은 국가의 경제 기반을 확충하기 위해 호패법을 실시하였다. (     )

**03** 세종은 압록강과 두만강 지역에 4군 6진을 설치하였다. (     )

**04** 세조는 홍문관을 설치하고 『경국대전』을 반포하였다. (     )

**05** 홍문관은 정치의 득실을 논하고 관리의 잘못을 규찰하고 풍기·습속을 교정하는 일을 담당하였다. (     )

**06** 의금부는 왕명을 받아 중죄인을 심문하는 사법 기관이었다. (     )

[정답]  **01** O  **02** O  **03** O  **04** X (성종)  **05** X (사헌부)  **06** O

**(1) 과거 제도**

| 내용 | 문과 | • 소과: 초시(700명, 각 도의 인구 비례로 뽑음) → 복시(생원·진사 각 100명 선발, 성적에 따라 선발), 생원과(유교 경전 시험)와 진사과(문예 시험)가 있음, 합격자에게 백패 지급<br>• 대과: 초시(240명 선발, 각 도의 인구 비례로 뽑음) → 복시(33명 선발, 성적 순으로 선발) → 전시(순위 결정), 합격자에게 홍패 수여<br>• 양인 이상이면 응시 가능, 탐관오리의 아들이나 재가한 여자의 자손 및 서얼은 응시 제한 |
|---|---|---|
| | 무과 | • 소과 없이 바로 대과 실시<br>• 대과(문과와 동일한 방식): 초시 → 복시(28명) → 전시(순위 결정), 합격자에게 홍패 지급, 선달이라는 호칭 수여<br>• 주로 서얼·중간 계층이 응시 |
| | 잡과 | • 기술관 시험(역과, 의과, 음양과, 율과), 초시 → 복시, 합격자에게 백패 수여 |
| 시행 | | • 정기 시험: 식년시(3년에 한 번씩 실시하는 시험)<br>• 부정기 시험: 증광시(국가의 특별한 경사가 있을 때 실시), 알성시(국왕이 성균관 문묘 제례 시 실시), 백일장(시골 유생의 학문 장려 목적) 등 |

**(2) 특별 채용 제도**

| 음서 | • 대상: 공신 및 2품 이상 관리의 자손·사위, 실직 3품 관리의 자손 등(고려 시대에 비해 대상 축소)<br>• 문과 불합격 시 고관 승진이 어려움 |
|---|---|
| 취재 | 간단한 시험을 거쳐 서리 또는 하급 관리로 선발, 산학(호조 주관)·화학(도화서 주관)·악학(장악원 주관) |
| 천거 | 3품 이상 고관(문관: 3품 이상, 무관: 2품 이상)의 추천을 받은 관리 등용, 대개 기존 관리를 대상으로 실시(현량과) |

**(3) 인사 관리 제도**

| 상피제 | 친인척과 같은 관청에서 근무할 수 없고, 연고지의 지방관으로 임명하지 않음 |
|---|---|
| 임기제 | 지방관의 임기 설정(관찰사 360일, 수령 1800일) |
| 서경 제도 | 5품 이하 관리 임명 시 대간이 그 사람을 조사한 뒤 그 가부를 승인 |
| 포폄제 | 고관이 하급 관리의 근무 성적을 평가하는 제도, 승진·좌천의 자료로 사용 |
| 한품서용제 | 신분과 직종에 따른 승진의 품계 제한(서얼, 서리 등의 승진 제한) |

## 적중개념 4 사림의 대두와 붕당 정치

**(1) 훈구와 사림**

| 구분 | 훈구 | 사림 |
|---|---|---|
| 기원 | 혁명파 사대부(정도전·조준·권근 등) | 온건파 사대부(정몽주·이색 등) |
| 성립 | 계유정난에서 공을 세우며 세력 확대 | 성종 때부터 등용되다가 선조 때부터 집권 |
| 기반 | 막대한 토지를 소유한 대지주 | 영남·기호 지방의 중소 지주 |
| 특징 | • 중앙 집권, 민생 안정, 부국강병 주장<br>• 현실적, 사장(한문학) 중시, 타 사상에 대해 개방적·관용적<br>• 15세기 문물 제도 정비에 크게 기여 | • 향촌 자치·왕도 정치 주장<br>• 이상적, 경학(유교 경전) 중시, 성리학 이외의 사상 배척<br>• 16세기 성리학 사상 체계 완성 |

## (2) 사화와 붕당의 출현

| | | |
|---|---|---|
| 사림의 성장 | | • 성종 때 김종직과 그의 문인들이 중앙에 진출하기 시작<br>• 주로 언관직을 차지하며 훈구를 비판 |
| 사화 | 무오사화<br>(1498, 연산군) | 김일손이 스승 김종직의 「조의제문」을 『실록』의 초안인 「사초」에 기록한 것을 훈구가 문제로 삼음 → 연산군이 김일손을 처형하고, 다수의 사림들을 유배 보냄 |
| | 갑자사화<br>(1504, 연산군) | 연산군의 측근 세력이 폐비 윤씨 사건을 고발(임사홍의 고변) → 폐비 윤씨 사건을 주도한 훈구와 이 사건에 연루된 사림이 제거됨 → 두 차례의 사화와 연산군의 폭정 → 중종반정 |
| | 기묘사화<br>(1519, 중종) | 중종이 공신 세력인 훈구를 견제하기 위해 조광조를 비롯한 사림을 등용하였으나, 조광조의 급진적인 개혁 정치로 훈구의 반발이 심화됨 → 위훈 삭제, 주초위왕 사건을 계기로 조광조 등 사림 세력 제거 |
| | 을사사화<br>(1545, 명종) | 선대왕인 인종 외척(대윤, 윤임)과 명종 외척(소윤, 윤원형)의 대립 → 인종이 즉위하였으나 일찍 죽고 명종이 즉위 → 문정 왕후의 수렴청정, 윤원형(소윤) 집권 → 윤원형 중심의 척신 정치 시작, 사림 숙청 → 낙향한 사림들은 서원과 향약을 바탕으로 꾸준히 세력을 확대 |
| 붕당의 출현 | | 선조 즉위 후 이조 전랑 임명 문제와 척신 정치의 청산 문제를 계기로 동인과 서인으로 분당<br>– 동인: 김효원 지지(신진 사림, 척신 정치 청산에 적극적), 이황·조식·서경덕 학문 계승<br>– 서인: 심의겸 지지(기성 사림, 척신 정치 청산에 소극적), 이이와 성혼의 문인 계열 |

## (3) 붕당 정치의 전개

| | | |
|---|---|---|
| 선조 | 동인의<br>남·북 분당 | 동인의 주도권 장악 → 정여립 모반 사건(기축옥사), 정철의 건저 문제 → 남·북 분당[북인(조식 학풍): 강경파(서인 처리에 강경한 입장), 남인(이황 학풍): 온건파(서인 처리에 온건한 입장)] |
| 광해군 | 북인의<br>집권과 몰락 | 왜란 때 다수의 의병장을 배출한 북인 집권 → 광해군(북인)이 명·후금 사이에서 중립 외교 추진 및 폐모살제 → 서인 반발 → 인조 반정 → 북인 몰락 |
| 인조 | 서인 주도+<br>남인 공존 | • 인조 반정(1623) → 반정을 주도한 서인이 남인과 공존 체제 형성<br>• 상호 비판적인 공존 체제 유지, 산림이 여론 주도 |
| 현종 | 서인과 남인의<br>대립 | 예송 논쟁(인조의 계비인 자의 대비의 상복 착용 기간을 두고 대립)<br>– 기해예송(1659, 1차): 효종 사후, 서인(1년복, 기년복) vs 남인(3년복) → 서인 승리<br>– 갑인예송(1674, 2차): 효종비 사후, 서인(9개월복, 대공복) vs 남인(1년복, 기년복) → 남인 승리 |

---

### 단박 체크

**다음 기출문장을 읽고, 옳으면 O, 틀리면 X를 괄호 안에 쓰세요.**

01 조선 시기에는 고려 시기와 달리 과거를 보지 않고 관직으로 진출할 수 있는 음서 제도가 폐지되었다. (       )

02 문과는 3년마다 시행하는 정기 시험인 식년시 외에도 증광시, 알성시 등의 부정기 시험이 있었다. (       )

03 훈구는 부국강병과 왕권 강화를 통한 중앙 집권 체제를 추구하였다. (       )

04 동인과 서인은 이조 전랑 자리를 놓고 서로 경쟁하였다. (       )

05 명종 재위 시기에 외척 간의 세력 다툼으로 을사사화가 발생하였다. (       )

06 붕당은 학문의 경향과 상관없이 정치적 이념에 따라 결집하였다. (       )

07 남인은 효종의 비가 죽었을 때 시어머니인 자의 대비가 대공복을 입어야 한다고 주장하였다. (       )

[정답] **01** X (조선 시대에도 유지) **02** O **03** O **04** O **05** O **06** X (학문적 경향과 정치적 이념에 따라 결집)
**07** X (기년복을 입을 것을 주장)

**(1) 명과의 관계(사대 정책)**

| | |
|---|---|
| 건국 직후<br>(태조) | • 표전문 사건: 정도전이 명에 보낸 일종의 외교 문서인 표전의 문구를 트집잡아 명이 정도전의 압송을 요구하였고, 이에 반발하여 정도전이 요동 정벌을 추진<br>• 종계변무 문제: 명나라의 역사서에 조선 태조 이성계가 이인임의 아들로 잘못 기록된 것을 수정해 달라고 요청한 것으로 선조 때에 가서야 해결됨<br>• 고명·금인 문제: 명에서 정도전의 대명 강경책과 외교 문제를 구실로 명이 왕위를 승인하는 고명과 금인을 보내주지 않았다가 정도전이 피살된 이후인 태종 때 이를 보내줌<br>• 여진과의 관계 문제: 조선이 명의 여진인 송환 요구를 거절하자, 명은 조선이 요동을 침략하기 위해 여진을 회유하고 있다고 의심 → 불편한 관계 유지 |
| 태종 이후 | • 원칙적으로는 사대 관계였으나 명의 구체적인 내정 간섭은 없었고, 정기적·부정기적으로 명에 사신을 파견하였으며, 사신에 의한 무역 활동(사행 무역)이 전개됨<br>• 정기 사절과 비정기 사절 |

| 정기 사절 | 비정기 사절 |
|---|---|
| • 하정사: 정월 초에 파견 | • 주청사: 주청(특별한 요청)을 위한 사절 |
| • 성절사: 황제, 황후 생일에 파견 | • 사은사: 황제의 은혜에 대한 답례로 파견 |
| • 천추사: 태자 생일에 파견 | • 진하사: 황제 등극, 황태자 책봉 때 파견 |
| • 동지사: 동지에 파견 | • 진위사: 황제, 황후 상사 때 파견 |

| | |
|---|---|
| 16세기 | 사림 집권 후 존화주의로 인해 지나친 친명 정책으로 변화 |

**(2) 여진과의 관계(교린 정책)**

| | |
|---|---|
| 강경책 | 태조 때 두만강 지역을 개척, 세종 때 4군(최윤덕) 6진(김종서) 개척 |
| 회유책 | 여진족의 귀순을 장려하고(관직·토지·주택 제공), 한성에 북평관을 설치하여 조공 무역 허용, 경성·경원에 무역소를 두고 국경 무역을 허용(태종 때 설치) |
| 사민 정책과<br>토관 제도 | • 사민 정책: 삼남 지방의 주민을 북방으로 이주시키는 정책<br>• 토관 제도: 토착민을 관리로 임명하여 민심을 수습하려는 정책 |

**(3) 일본과의 관계(교린 정책)**

| | |
|---|---|
| 강경책 | 세종 때 이종무가 쓰시마 섬(대마도) 정벌(1419) → 왜구 근절 |
| 회유책 | • 세종 때 3포(부산포·제포·염포)를 개항(1426)하고 왜관 설치<br>• 계해약조 체결(1443): 제한된 범위 내에서 무역 허락(세견선 50척, 세사미두 200석으로 제한) |

**(1) 왜란 이전 일본과의 대립**

| | |
|---|---|
| 배경 | 일본과의 무역량에 대한 조선 정부의 통제가 강화됨 |
| 중종 | • 삼포왜란 발생(1510) → 조선 정부는 비변사를 설치(임시 기구)<br>• 임신약조 체결(1512): 제포만 개항, 세견선 25척, 세사미두 100석<br>• 사량진왜변 발생(1544): 일본과의 교역 중단 |
| 명종 | 을묘왜변(1555): 국교 일시 단절, 비변사 상설 기구화 |

(2) 왜란의 전개

| 임진왜란 발발 (1592) | 왜군의 20만 대군이 북상 → 부산진·동래성 함락 → 충주 탄금대 전투 패배(신립 전사) → 선조의 피난(개성 → 평양 → 의주, 광해군의 분조 활동) → 왜군이 20여 일 만에 한양 함락 → 명나라의 원군이 조선에 도착 |
| --- | --- |
| 조선 수군의 승리 (이순신의 활약) | 옥포 해전 승리 → 사천포 해전(거북선 최초 이용) 승리 → 당포·당항포 해전 승리 → 한산도 대첩(학익진 전법) 승리 |
| 의병의 항쟁 | • 전국 각지에서 의병이 자발적으로 조직, 향토 지리에 밝은 이점을 활용하여 왜군을 물리침<br>• 대표적인 의병장으로 정인홍, 곽재우, 조헌, 정문부, 사명 대사, 서산 대사 등이 있음 |
| 조선의 반격 | • 수군과 의병의 승전, 조·명 연합군의 평양성 탈환(휴정 등 승군 합세, 1593. 1.), 행주 대첩 승리(권율 지휘, 1593. 2.) → 휴전 협상 시작(명과 왜 사이)<br>• 휴전 협상 중 조선의 전열 정비: 중앙군으로 포수·사수·살수의 삼수병을 중심으로 한 훈련도감 설치(1593), 지방군을 속오군으로 개편하고 운용 체제를 진관 체제로 전환(1594) |
| 정유재란 발발 (1597, 왜군의 재침입) | 3년여에 걸친 휴전 협상 결렬 → 일본의 재침입(1597. 1.) → 칠천량 해전 패배(원균의 지휘부 전멸, 1597. 7.) → 조·명 연합군이 직산 전투에서 왜군 격파 → 이순신의 재등장 → 명량 해전 승리(1597. 9.) → 도요토미 히데요시 사망, 왜군 철수(1598) → 노량 해전 승리(1598. 11., 이순신 전사) |

(3) 호란의 전개

| 정묘호란 (1627) | 원인 | 인조반정(1623)으로 정권을 장악한 서인의 친명 배금 정책 추진, 명나라 장수 모문룡의 가도 주둔 사건(1623), 이괄의 난(1624)을 구실로 조선 침략 |
| --- | --- | --- |
| | 전개 | 후금의 침입 → 인조가 강화도로 피난, 정봉수(철산 용골산성)와 이립(의주) 등이 의병을 일으켜 후금에 대항 |
| | 결과 | 정묘약조 체결(형제 관계 수용), 후금에 조공, 중강·회령 개시 허용, 명과 후금 사이에서 중립 유지 약속 |
| 병자호란 (1636) | 원인 | 후금이 '청'으로 국호를 고치고 조선에 군신 관계 요구, 명나라 정벌을 위한 군량미·병선을 요구 |
| | 전개 | • 청의 요구에 주화론(최명길)과 척화 주전론(김상헌, 윤집, 홍익한, 오달제)으로 국론 분열<br>• 척화 주전론이 우세해지자 청이 조선에 침입 → 인조는 남한산성으로 피난 → 청군에 항복 |
| | 결과 | 청과 군신 관계 체결(삼전도의 굴욕), 소현 세자·봉림 대군·척화론자들(홍익한, 윤집, 오달제 등)이 청에 압송됨 |

**단박 체크**

**다음 기출문장을 읽고, 옳으면 O, 틀리면 X를 괄호 안에 쓰세요.**

01 조선은 여진족에 대해 토벌 위주의 정책을 추진하였다. (    )

02 세종 때 부산포, 제포, 염포 등 3포를 개항하였다. (    )

03 중종 때 삼포에서 4~5천 명의 일본인이 난을 일으켰다. (    )

04 임진왜란 때 첨사 정발은 부산포에서, 도순변사 신립은 상주에서 일본군과 맞서 싸웠지만 패배하였다. (    )

05 임진왜란 때 권율은 행주 산성에서 왜군을 대파하였다. (    )

06 정묘호란으로 조선은 후금과 굴욕적인 형제의 맹약을 맺었다. (    )

07 병자년에 청군이 서울을 점령하자 인조는 강화도로 피난하여 항전하였다. (    )

[정답] **01** X (강경책과 회유책의 교린 정책 추진) **02** O **03** O **04** X (신립은 충주 탄금대에서 전투) **05** O **06** O
**07** X (남한산성으로 피난)

**01** 밑줄 친 '그'에 대한 설명으로 옳은 것을 〈보기〉에서 모두 고른 것은?

[2022년 법원직 9급]

> 참찬문하부사 하륜 등이 청하였다. "정몽주의 난에 만일 그가 없었다면, 큰일이 거의 이루어지지 못하였을 것이고, 정도전의 난에 만일 그가 없었다면, 또한 어찌 오늘이 있었겠습니까? …… 청하건대, 그를 세워 세자를 삼으소서." 임금이 말하기를, "경 등의 말이 옳다."하고, 드디어 도승지에게 명하여 도당에 전지하였다. "…… 나의 동복(同腹) 아우인 그는 개국하는 초에 큰 공로가 있었고, 또 우리 형제 4, 5인이 성명(性命)을 보전한 것이 모두 그의 공이었다. 이제 명하여 세자를 삼고, 또 내외의 여러 군사를 도독하게 한다."

• 보기 •

㉠ 영정법을 도입하였다.　　　　　　　㉡ 호패법을 시행하였다.
㉢ 『경국대전』을 편찬하였다.　　　　　㉣ 6조 직계제를 실시하였다.

① ㉠, ㉡　　　　　　　　　　　　　② ㉠, ㉢
③ ㉡, ㉣　　　　　　　　　　　　　④ ㉢, ㉣

해설　**태종 이방원** 제시문에서 정몽주의 난, 정도전의 난(제1차 왕자의 난)을 진압하였다는 것과, 왕(정종)의 아우로 개국에 큰 공로가 있어 세자가 되었다는 것을 통해 밑줄 친 '그'가 태종 이방원임을 알 수 있다.
㉡ 태종은 농민의 이탈을 방지하고, 안정적인 조세 징수와 군역 부과를 위해 16세 이상의 남자에게 호패(일종의 신분증)를 가지고 다니게 하는 호패법을 시행하였다.
㉣ 태종은 6조의 업무를 의정부를 거치지 않고 직접 왕에게 재가를 받도록하는 6조 직계제를 실시하였다.

오답　㉠ 전세를 풍흉에 관계없이 토지 1결당 미곡 4~6두로 고정한 영정법을 도입한 왕은 인조이다.
분석　㉢ 조선의 기본 법전인 『경국대전』은 세조 때부터 편찬되기 시작하여 성종 때 완성·반포되었다.

정답 ③

**02** 조선 시대의 관청에 대한 설명으로 옳은 것은?

[2022년 국가직 9급]

① 사간원 – 교지를 작성하였다.　　　　② 한성부 – 『시정기』를 편찬하였다.
③ 춘추관 – 외교 문서를 작성하였다.　　④ 승정원 – 국왕의 명령을 출납하였다.

해설　**조선 시대의 관청**
④ 승정원은 국왕의 명령을 출납하는 일종의 비서 기구이다. 승정원은 국왕의 직속 기구로, 도승지 이하 6명의 승지가 6조를 각각 분담하였다.

오답　① 국왕의 교지를 작성한 관청은 예문관이다. 한편, 사간원은 왕에게 간쟁과 논박을 하며 정사를 비판하는 역할을 하였다.
분석　② 『시정기』를 편찬한 관청은 춘추관이다. 춘추관은 역사서의 편찬과 보관을 담당한 관서로, 각 관청에서 작성한 업무 일지인 『등록』을 모아 정기적으로 『시정기』를 편찬하였다. 한편, 한성부는 서울의 행정과 치안 및 관련 재판을 담당하였다.
③ 외교 문서를 작성한 관청은 승문원이다. 승문원은 외교 문서를 작성하고, 외교 문서에 쓰이는 문체인 이문의 교육을 담당하였다.

정답 ④

**03** (가) 인물에 대한 설명으로 옳은 것은?

[2021년 국가직 9급]

> 　(가)　이/가 올립니다. "지방의 경우에는 관찰사와 수령, 서울의 경우에는 홍문관과 육경(六卿), 그리고 대간(臺諫)들이 모두 능력 있는 사람을 천거하게 하십시오. 그 후 대궐에 모아 놓고 친히 여러 정책과 관련된 대책 시험을 치르게 한다면 인물을 많이 얻을 수 있을 것입니다. 이는 역대 선왕께서 하지 않으셨던 일이요, 한나라의 현량과와 방정과의 뜻을 이은 것입니다. 덕행은 여러 사람이 천거하는 바이므로 반드시 헛되거나 그릇되는 일이 없을 것입니다."

① 기묘사화로 탄압받았다.

② 「조의제문」을 사초에 실었다.

③ 문정 왕후의 수렴청정을 지지하였다.

④ 연산군의 생모 윤씨를 폐비하는 데 동조하였다.

해설 **조광조** 제시문에서 한나라의 현량과와 방정과의 뜻을 이어 능력 있는 사람을 천거하게 하자는 내용을 통해 (가) 인물이 현량과의 실시를 추진한 조광조임을 알 수 있다.

① 조광조는 성리학 이념을 바탕으로 하는 도학 정치를 주장하며 위훈 삭제 등의 급진적 개혁을 시도하였으나, 위훈 삭제에 반발한 훈구 세력이 일으킨 기묘사화로 탄압받았다. 기묘사화로 인해 조광조는 유배되어 곧 사약을 받고 죽었으며, 그를 따르던 대부분의 사림도 정계에서 제거되었다.

오답 분석
② 세조의 왕위 찬탈을 비난한 「조의제문」을 「사초」에 실은 인물은 김일손이다.

③ 문정 왕후의 수렴청정을 지지한 인물은 윤원형 등의 소윤(명종의 외척)이다.

④ 연산군의 생모 윤씨를 폐비하는 데 동조한 인물은 한명회를 비롯한 훈구 세력과 김굉필 등의 사림 세력이다.

정답 ①

**04** 임진왜란의 주요 사건을 시기 순으로 바르게 나열한 것은?

[2020년 지방직 7급]

> (가) 김시민이 진주성에서 일본군을 저지하였다. （나) 조선 수군이 명량 해전에서 크게 승리하였다.
> (다) 이순신이 옥포 해전에서 승리하였다. 　（라) 조명 연합 수군이 노량 해전에서 승리하였다.
> (마) 조명 연합군이 평양성을 탈환하였다.

① (가) → (다) → (마) → (라) → (나)

② (가) → (마) → (다) → (나) → (라)

③ (다) → (가) → (나) → (마) → (라)

④ (다) → (가) → (마) → (나) → (라)

해설 **임진왜란·정유재란의 전개**

④ 시기 순으로 나열하면 (다) 옥포 해전(1592. 5.) → (가) 진주 대첩(제1차 진주성 전투, 1592. 10.) → (마) 평양성 탈환(1593. 1.) → (나) 명량 해전(1597. 9.) → (라) 노량 해전(1598. 11.)이 된다.

(다) 왜군의 침입으로 20여 일 만에 한양이 함락되는 등 큰 위기에 빠졌으나, 이순신이 이끄는 수군이 옥포에서 처음으로 승리를 거두었다(1592. 5.).

(가) 진주 목사 김시민의 지휘 하에 관민이 합심하여 왜군의 침입을 물리쳤다(제1차 진주성 전투, 1592. 10.).

(마) 수군 및 의병의 승전에 이어 유성룡과 명나라 장군 이여송이 이끄는 조·명 연합군이 왜군으로부터 평양성을 탈환하였다(1593. 1.).

(나) 명나라와 일본간의 휴전 협상이 전개되었으나 끝내 결렬되자 왜군이 조선을 재침입하였다(1597, 정유재란). 이후 이순신이 12척의 배를 이끌고 울돌목(명량)에서 일본 수군을 격파하였다(1597. 9.).

(라) 전세가 왜군에게 불리해진 상황에서 임진왜란을 주도했던 도요토미 히데요시가 사망하며 왜군은 철수를 결정하였다. 이에 이순신의 수군이 퇴각하는 왜군을 공격하여 승리를 거두었으나, 이 전투에서 이순신이 전사하였다(1598. 11.).

정답 ④

## 01

다음 글을 쓴 인물에 대한 설명으로 옳은 것은?

> "임금의 직책은 한 사람의 재상을 논의하는 데 있다."라고 하였으니, 바로 총재를 두고 한 말이다. 총재는 위로는 군부(君父)를 받들고, 아래로는 백관을 통솔하며 만민을 다스리는 것이니 그 직책이 크다. 또 임금의 자질에는 어리석은 자질도 있고 현명한 자질도 있으며 강력한 자질도 있고 유약한 자질도 있어서 한결같지 않으니, 총재는 임금의 아름다운 점은 순종하고 나쁜 점은 바로잡으며, 옳은 일은 받들고 옳지 않은 것은 막아 임금으로 하여금 대중(大中)의 경지에 들게 해야 한다.

① 성리학 입문서인 『입학도설』을 저술하였다.
② 요동 정벌을 계획하고 진법서인 『진도』를 편찬하였다.
③ 두만강 지역에 여진족을 몰아내고 6진을 개척하였다.
④ 현량과를 시행하여 유교의 이상 정치를 실현하려고 하였다.

## 02

다음 밑줄 친 '그'가 왕이 되어 실시한 정책으로 옳은 것은?

> 하륜 등이 청하기를, "정몽주의 난에 만일 그가 없었다면 큰 일을 이룰 수 없었을 것이고, 정도전의 난에 만일 그가 없었다면 또한 어찌 오늘이 있었겠습니까? …… 청하건대, 그를 세자로 삼으소서."라고 하였다. 임금이 말하기를, "경들의 말이 매우 옳다."하고, 드디어 도승지에게 명하여 도당에 전지하였다.

① 신문고 제도를 부활시켰다.
② 16세 이상의 남자들에게 호패를 발급하였다.
③ 압슬형, 낙형 등의 악형을 폐지하였다.
④ 사림을 등용하여 훈구 대신들을 견제하였다.

## 03

다음은 어느 서적의 서문이다. 이 서적이 편찬된 왕 대의 사실로 옳은 것은?

> 농사는 천하의 대본(大本)이다. 예로부터 성왕(聖王)이 이를 힘쓰지 아니한 사람이 없었다. …… 여러 도의 감사에게 명하여 주현의 나이 많은 농부들을 방문토록 하여, 농토의 이미 시험한 증험에 따라 갖추어 아뢰게 하시고, 또 신 정초에게 순서에 따라 얽게 하시고 종부소윤 변효문과 더불어 교열하고 참고하여 그 중복된 것을 버리고 그 절실하고 중요한 것만 뽑아서 찬집하여 한 편(編)을 만들게 하고 ……

① 금속 활자인 계미자를 주조하였다.
② 홍문관을 학술 기관으로 정비하였다.
③ 간경도감을 설치하여 불경을 한글로 번역하였다.
④ 사가 독서제를 실시하여 학문 활동을 장려하였다.

## 04

밑줄 친 ㉠~㉣에 대한 설명으로 옳은 것은?

> ㉠상왕이 나이가 어려 무릇 조치하는 바는 모두 ㉡의정부 대신에게 맡겨 논의 시행하였다. 지금 ㉢내가 명을 받아 왕통을 물려받아 군국 서무를 아울러 자세히 듣고 헤아려 다 조종의 옛 제도를 되살린다. 지금부터 형조의 사형수를 뺀 모든 서무는 ㉣6조가 저마다 직무를 맡아 직계한다.

① ㉠ – 이시애의 난 이후 폐위되었다.
② ㉡ – 태조 때 도평의사사를 폐지하고 설치하였다.
③ ㉢ – 수신전과 휼양전을 폐지하였다.
④ ㉣ – 이를 통해 ㉢은 왕권과 신권을 조화시키고자 하였다.

## 05

다음 ㉠에 대한 설명으로 옳은 것은?

> ___㉠___은 임금의 대변인이 되는 곳으로서 그 임무가 매우 중요하고 임금과 가깝기 때문에, 나라에서 이를 중시하여 당상관은 이조나 대사간을 거쳐야 겨우 맡을 수 있었다. ……
> ___㉠___은 임금의 명령을 받아 내보내고 받아들이는 일을 담당하므로 그 책임이 가장 막중하여, 승지에 임명되는 자는 인망이 마치 신선과 같으므로 세속 사람들이 '은대 학사'라고 부른다.

① 홍문관, 사헌부와 더불어 3사라고 불렸다.
② 5품 이하 관리에 대한 서경권을 가지고 있었다.
③ 왕의 일과 및 의례적 사항 등을 기록하였다.
④ 왕의 자문에 응하는 일을 맡았으며, 옥당이라고 불렸다.

## 06

다음 자료와 관련된 시기의 지방 제도에 대한 설명으로 옳지 않은 것은?

> 무릇 민호(民戶)는 그 이웃과 더불어 모으되, 가족 숫자의 다과와 재산의 빈부에 관계없이 다섯 집마다 한 통(統)을 만들고, 통 안에 한 사람을 통수로 삼아 통의 일을 맡게 한다.

① 군사적 요충지에 유수부를 설치하였다.
② 관찰사는 자신의 출신지에는 임명될 수 없었다.
③ 향리가 지방에서 행정, 사법, 군사권을 행사하였다.
④ 경재소를 설치하여 중앙에서 유향소를 통제하였다.

## 07

다음은 어떤 인물의 연보이다. 밑줄 친 (가)~(라)에 대한 설명으로 옳은 것을 〈보기〉에서 모두 고르면?

> 1453년 (23세) 진사시에 합격하여 (가)성균관에 입학하였다.
> 1459년 (29세) 문과에 합격하여 (나)승문원 권지 부정자가 되었다.
> 1467년 (37세) (다)홍문관 수찬에 임명되었다.
> 1486년 (56세) (라)예문관 제학이 되어 『동국여지승람』의 발문을 작성하였다.

**● 보기 ●**

㉠ (가)는 조선 시대 최고(最高)의 국립 교육 기관이었다.
㉡ (나)는 궁중의 서적 출판과 간행 업무를 관장하였다.
㉢ (다)는 발해의 중정대, 고려의 어사대와 같은 역할을 하였다.
㉣ (라)는 임금의 교지를 작성하는 역할을 담당하였다.

① ㉠, ㉡          ② ㉠, ㉣
③ ㉡, ㉢          ④ ㉢, ㉣

## 08

다음 ㉠~㉣에 대한 설명으로 옳지 않은 것은?

> 조선 시대의 관리 선발 제도로는 과거와 ㉠음서, ㉡천거가 있었는데 이 중 과거를 가장 중시하였고 문과, 무과, 잡과 중 문과가 가장 중요한 시험이었다. 문과는 ㉢정기 시험과 부정기 시험인 ㉣증광시, 알성시 등이 있었다.

① ㉠ – 과거를 치르지 않으면 고관으로 승진하기 어려웠다.
② ㉡ – 3품 이상 고관의 추천을 받아 관리를 등용하는 제도였는데, 대개 기존의 관리를 대상으로 하였다.
③ ㉢ – 3년에 한 번씩 실시되는 것이 원칙이었다.
④ ㉣ – 국왕이 성균관 문묘 제례를 할 때 실시되는 시험이었다.

## 다음 글을 지은 인물에 대한 설명으로 옳은 것은?

> 꿈에 신(神)이 칠장의 의복을 입고 헌칠한 모습으로 와서 스스로 말하기를 "나는 초나라 회왕인 손심인데 서초패왕에게 살해되어 빈강에 잠겼다." …… 나는 꿈을 깨어 놀라며 생각하기를 "회왕은 남초 사람이요, 나는 동이 사람으로 지역의 거리가 만여 리가 될 뿐 아니라 세대의 전후도 천 년이 넘는데, 꿈속에 와서 감응하니 이것이 무슨 상서로움일까. 또, 역사를 상고해 보아도 강에 잠겼다는 말은 없으니 어찌 항우가 사람을 시켜서 비밀리에 쳐 죽이고 그 시체를 물에 던진 것일까? 이는 알 수 없는 일이다."하고 드디어 글을 지어 조문한다.

① 훈구 세력의 위훈 삭제를 주장하였다.
② 안동의 병산 서원에 봉사되었다.
③ 김굉필, 김일손 등을 제자로 길렀다.
④ '동방 이학의 조(祖)'라는 칭호로 불렸다.

## 10

## 다음 사건을 발생한 순서대로 바르게 나열한 것은?

> ㉠ 폐비 윤씨 사사 사건에 연루된 훈구와 사림이 숙청되었다.
> ㉡ 훈구 세력의 주도로 연산군을 몰아내는 반정이 일어났다.
> ㉢ 주초위왕 사건으로 사림 세력이 정계에서 축출되었다.
> ㉣ 윤원형 세력이 선왕(先王)의 외척을 역적으로 몰아 숙청하였다.

① ㉠ → ㉡ → ㉢ → ㉣
② ㉠ → ㉢ → ㉡ → ㉣
③ ㉡ → ㉣ → ㉢ → ㉠
④ ㉡ → ㉠ → ㉣ → ㉢

## 11

## ㉠, ㉡ 붕당에 대한 설명으로 옳은 것은?

> 후에 김효원이 마침내 전랑이 되어 많은 명망 있는 사람들을 끌어들여 자기편으로 하면서 명성이 대단해졌다. 그때 심의겸의 동생 심충겸이 전랑의 후임으로 적합하다면서 추천하는 사람이 있었다. 그러자 김효원이 말하기를 "이조의 관원 자리가 어찌 외척들의 집안 물건이냐?"며 저지하였다. …… 당시 김우옹·류성룡 등이 김효원을 지지했는데, 이들은 ( ㉠ )이라고 불렸다. …… 박순·김계휘 등은 심의겸을 지지했는데, 이들은 ( ㉡ )이라고 불렸다.

① ㉠ – 인조반정을 주도하였다.
② ㉡ – 척신 정치 청산에 소극적이었다.
③ ㉡ – 정여립 모반 사건 등을 계기로 북인과 남인으로 분화되었다.
④ ㉠, ㉡ – 학문의 경향과 상관없이 정치적 이념에 따라 결집하였다.

## 12

## 다음은 조선이 (가)에 시행한 정책이다. 다음 중 (가)와 관련된 사실로 옳지 않은 것은?

> 주민의 자치적 지역 방어 체제를 확립하여 ___(가)___ 의 침략에 효과적으로 대처함과 동시에 국토의 균형 있는 발전을 꾀하고자 하였다. 이에 삼남 지방(충청도·전라도·경상도)의 주민들을 대거 이주시켜 지역 개발을 추진하였다.

① 김종서가 두만강 유역에 6진을 개척하였다.
② 지방관을 파견하지 않고 토착민을 관리로 임명하였다.
③ 경성과 경원에 무역소를 설치하고 국경 무역을 허용하였다.
④ 표전문의 내용이 불손하다는 구실로 정도전의 압송을 요구하였다.

**13**

예송 논쟁에 대한 설명으로 옳지 않은 것은?

① 효종의 왕위 계승에 대한 정통성과 관련하여 일어났다.

② 2차 예송에서 남인은 1년설을, 서인은 9개월설을 주장하였다.

③ 서인은 왕실과 사대부가 같은 예를 따라야 한다고 주장하였다.

④ 1차 예송은 남인, 2차 예송은 서인이 승리하였고, 서인 정권은 경신환국 전까지 유지되었다.

**14**

다음 내용이 포함된 조약으로 옳은 것은?

> • 세견선은 50척으로 하고 이밖에 특송선 몇 척을 허용한다.
> • 3포에 머무는 자의 체류 기간은 20일로 하고, 상경(上京)한 자의 배를 지키는 간수인은 50일로 하며, 식량을 배급한다.
> • 쓰시마 도주에게 해마다 쌀·콩 200석을 준다.

① 계해약조

② 기유약조

③ 임신약조

④ 정미약조

**15**

다음 임진왜란의 전개 과정을 순서대로 나열한 것은?

> ㉠ 이순신이 한산도에서 왜군을 크게 무찌르고 제해권을 장악하였다.
> ㉡ 김시민이 왜의 대군을 맞아 격전 끝에 진주성을 지켜냈다.
> ㉢ 신립이 탄금대에서 왜군과 맞서 싸웠지만 패배하였다.
> ㉣ 권율이 행주산성에서 왜군을 대파하였다.

① ㉠ → ㉢ → ㉡ → ㉣

② ㉠ → ㉡ → ㉣ → ㉢

③ ㉢ → ㉠ → ㉡ → ㉣

④ ㉢ → ㉡ → ㉣ → ㉠

**16**

(가), (나) 시기에 있었던 역사적 사실에 대한 설명으로 옳은 것은?

| | (가) | (나) | |
|---|---|---|---|
| 후금의 건국 | 병자호란의 발발 | 1차 나선 정벌 | |

① (가) - 서인 정권이 중립 외교 정책을 펼쳤다.

② (나) - 윤휴 등 남인이 북벌 운동을 전개하였다.

③ (가) - 논공행상에 불만을 품은 이괄이 난을 일으켰다.

④ (나) - 명나라에 재조지은(再造之恩)을 갚기 위해 만동묘가 설치되었다.

정답·해설 p.37

# 02 조선 전기의 경제와 사회

## 적중개념 1 조선 전기 토지 제도의 변화 [최다출제]

| 구분 | 과전법 | 직전법 | 관수 관급제 | 직전법 폐지 |
|---|---|---|---|---|
| 시기 | 공양왕(1391) | 세조(1466) | 성종(1470) | 명종(1556) |
| 내용 | • 신진 사대부의 경제적 기반 마련, 국가재정 확충 목적<br>• 경기 지역의 전지 지급, 전·현직 관리를 18과로 나누어 150결~10결까지의 수조권 지급, 세습 금지 (수신전·휼양전 제외) | • 경기도의 과전 부족(관리들의 토지 세습)<br>• 토지 부족 보완 목적<br>• 현직 관리에게만 수조권 지급, 수신전·휼양전 폐지 → 관리들의 토지 사유화, 수조권 남용 | • 관리의 농민에 대한 과도한 수취<br>• 국가의 토지 지배권 강화<br>• 국가가 조세를 거둔 뒤 관리에게 나누어 줌 → 국가의 토지 지배력 강화, 관리들의 농장 확대 심화 | • 수조지 부족 현상<br>• 재정 확보, 국가의 토지 지배권 강화 목적<br>• 관리들에게 녹봉만 지급(수조권 소멸) → 지주 전호제 일반화(농민 대부분이 소작농으로 전락) |

## 적중개념 2 조선 전기 수취 제도의 확립과 변질

### (1) 수취 제도의 확립

| 조세 (전세) | • 토지에 부과하는 세금(쌀·콩) 징수: 과전법(건국 초) → 공법(세종)<br>  – 과전법: 수확량의 1/10 징수(1결당 30두 징수), 답험 손실법 시행(풍흉에 따라 납부액 조정)<br>  – 공법: 전분 6등법(토지 비옥도에 따라 6등급으로 구분), 연분 9등법(풍흉의 정도에 따라 9등급으로 구분)<br>    → 토지 1결당 최고 20두에서 최하 4두 징수 |
|---|---|
| 공납 | • 토산물(특산물) 징수: 중앙 관청에서 각 지역의 토산물을 조사하여 군현에 물품과 액수 할당 → 군현은 각 가호마다 이를 할당하여 징수[상공(정기적 납부), 별공(부정기적 납부), 진상(각 도의 지방관이 왕에게 상납)]<br>• 폐단: 빈부 격차를 고려하지 않음, 생산되지 않는 공물 강요, 전세보다 더 큰 부담 |
| 역 | • 16~60세의 호적에 등재된 정남에게 부과<br>• 군역(정군과 보인으로 구성, 양반·서리·향리·성균관 유생 등은 면제), 요역(초기에는 가호를 기준으로 정남의 수를 고려하여 선발 → 성종 대에 토지 8결당 1인을 선발하여 동원, 1년에 6일 이내로 동원을 제한, 실제로는 임의로 징발) |

(2) 수취 제도의 변질

| 공납의 폐단 | • 폐단: 공납 납부의 어려움(빈부 격차 고려 X, 생산되지 않는 공물 강요) → 방납의 성행 → 유망 농민 급증 |
| --- | --- |
| | • 개선책: 조광조가 공안 개정과 수미법을 주장, 이이·유성룡 등도 수미법 주장 |
| 군역의 폐단 | • 배경: 농민들의 요역 기피 → 군인들을 각종 토목 공사에 동원(군역의 요역화) → 군인들도 군역 기피 |
| | • 폐단: 방군수포(관청이나 군대에 포를 내고 군역을 면제 받음)와 대립(다른 사람을 사서 군역을 대신하게 함)이 성행 |
| 환곡의 폐단 | 지방 수령과 향리들이 정해진 이자(1/10)보다 많이 거두면서 고리대로 변질 |

## 적중개념 | 3 조선 전기의 경제 활동

| 농업 | • 정부의 농민 보호책: 중농 정책 실시(개간 장려, 각종 수리 시설 보수·확충), 농서 간행(『농사직설』, 『금양잡록』 등) |
| --- | --- |
| | • 농업 기술의 발달: 밭농사(조·보리·콩을 재배하는 2년 3작의 윤작법의 일반화), 논농사(일부 남부 지방에서는 이앙법(모내기법)의 보급으로 벼와 보리의 이모작 가능), 상경화(녹비법의 보급으로 시비법이 발달하여 휴경하지 않고 매년 농경지 경작), 기타(과수 및 목화 재배 확대, 농기구 개량, 저수 시설 확충) |
| | • 농민의 유망과 대책: 16세기 이후 지주제 확대, 자연재해, 고리대·조세 부담의 증가 등으로 소작농이 증가하고, 농민의 토지 이탈 현상이 심화됨 → 정부는 『구황촬요』 보급, 호패법·5가작통법 등을 시행 → 농민 통제를 강화 |
| 수공업 | • 관영 수공업: 장인(기술자)은 공장안에 등록되어 관청에서 필요한 물품 제작, 16세기 이후 상공업 발달과 부역제의 해이로 관영 수공업 쇠퇴 |
| | • 민영 수공업: 주로 농민을 상대로 농기구 제작, 양반 사치품 등도 생산 |
| | • 가내 수공업: 농가에서 자급자족의 형태로 생활 필수품 제작, 면직물로 무명, 명주, 삼베, 모시 등이 생산됨(면직물을 물품 화폐처럼 사용함, 포화라고 불림) |
| 상업 | • 시전: 왕실이나 관청에 물품을 공급하는 대신에 독점 판매권을 부여 받음, 국가가 종로에 시전을 설치하여 장사를 허용, 육의전이 번성, 경시서에서 불법 상행위를 감독하고 물가 조절(세조 때 평시서로 개편) |
| | • 장시: 15세기 후반에 전라도 지역에서 등장하였으며, 16세기 중엽 전국적으로 확대됨(보부상이 활동) |

### 단박 체크

다음 기출문장을 읽고, 옳으면 O, 틀리면 X를 괄호 안에 쓰세요.

01 과전은 관리를 18등급으로 나누어 경기 지방의 전지와 시지를 지급한 것이었다. (      )

02 과전 지급 지역은 경기에 한정되었고, 지급 대상은 현직 관리였다. (      )

03 세조 대에 직전법으로 바꾸어 현직 관리에게만 수조권을 지급하였다. (      )

04 성종 대에는 관수 관급제를 실시하여 전주의 직접 수조를 지양하였다. (      )

05 공법을 실시하여 전세는 풍흉에 따라 6등급으로 나누어 부과하였다. (      )

06 조선 성종 때에는 경작하는 토지 8결을 기준으로 한 사람씩 요역에 동원하도록 하였다. (      )

07 조선 전기에 밭농사에서는 조, 보리, 콩의 2년 3작이 이루어지고, 논농사에서는 이앙법도 가능해졌다. (      )

08 조선 전기에 장인의 활동은 정부의 통제를 받지 않았다. (      )

[정답] **01** X (시지는 지급하지 않음) **02** X (전직 관리에게도 수조권 지급) **03** O **04** O **05** X (9등급으로 나누어 부과) **06** O **07** O **08** X (정부의 통제를 받음)

## 적중개념 | 4 조선의 신분 제도

**(1) 양천 제도(15세기) - 법제적 신분 제도**

| 양인 | 과거 응시가 가능하여 관직에 진출할 수 있는 자유민, 조세와 국역의 의무 담당 |
|------|------------------------------------------------------------------|
| 천인 | 비자유민, 개인이나 국가에 소속되어 천역 담당 |

**(2) 반상 제도(16세기) - 실제적 신분 제도(4신분제)**

| 양반 | • 의미: 본래 관료(문반 + 무반)를 뜻하였으나 추후 그 가문까지 칭하는 신분으로 정착<br>• 특권: 토지와 노비 소유(지주층), 고위 관직 독점(관료층), 각종 국역 면제<br>• 특권 유지책: 사족과 이서층(서리층)의 분화, 서얼을 차별(관직 진출 제한) |
|------|------|
| 중인 | • 의미: 좁게는 기술관, 의관, 역관 등만을 의미, 넓게는 양반과 상민의 중간 신분 계층을 의미, 서얼과 향리를 포괄<br>• 형성: 15세기부터 형성되어 조선 후기에 이르러 하나의 독립된 신분층으로 정착<br>• 구분: 중인(서리, 향리, 기술관 → 직역 세습, 같은 신분끼리 혼인, 관청 근처 거주), 서얼(중서 → 문과 응시 금지, 무과·<br>잡과를 통해 관직 진출, 무반직에 등용되어도 한품서용에 따라 승진 제한) |
| 상민 | • 의미: 백성 대다수로 농민, 수공업자, 상인 등을 말함<br>• 구분: 농민(조세·공납·부역 의무), 수공업자, 상인, 신량역천(칠반천역, 조례·수군·나장·일수·봉수군·역졸·조졸) |
| 천민 | • 구성: 노비(법적인 천민), 백정, 무당, 광대 등<br>• 노비: 공노비(입역 노비, 납공 노비), 사노비(솔거 노비, 외거 노비)로 구분, 일천즉천(부모 중 한쪽이 노비이면 그 자<br>식도 노비가 됨) 적용, 재산으로 취급되어 매매·상속·증여의 대상이 됨 |

## 적중개념 | 5 조선의 사회 제도와 법률 제도

**(1) 사회 제도**

| 환곡 제도 | 국가가 주도하여 의창(15세기)·상평창(16세기 이후)을 통해 춘궁기에 양식과 종자를 빌려주고 추수기에 이를 회수하였으나 점차 고리대화됨 |
|-----------|------|
| 사창 제도 | 향촌 자치적으로 운영, 농민 생활을 안정시켜 양반 중심의 향촌 질서를 유지하기 위한 목적으로 시행 |

**(2) 의료 기관과 법률 제도**

| 의료 기관 | • 혜민국: 혜민서(세조 때 개칭), 백성의 질병 치료를 위한 약 처방<br>• 제생원: 서민 질병 진료 기관·의학 교육<br>• 동·서 활인서: 동·서 활인원을 세조 때 활인서로 개칭, 도성 내의 유랑자를 모아 수용하고 진료와 구휼 담당 |
|-----------|------|
| 사법 기관 | • 중앙: 의금부(국왕 직속, 중대 범죄 담당), 사헌부(관리 감찰), 형조(사법 행정 감독), 한성부(수도의 치안, 토지·가옥에 관한 소송), 장례원(노비 장부와 소송 담당)<br>• 지방: 관찰사와 수령이 관할 구역 내의 사법권 행사 |
| 형법 | • 『경국대전』『형전』의 조항이 소략하기 때문에 『대명률』 적용<br>• 반역죄·강상죄는 중죄로 다룸(연좌제 적용, 심한 경우 범죄가 발생한 고을의 등급을 강등하거나 수령을 파면) |
| 민법 | • 재판권을 가지고 있는 지방관(관찰사, 수령)이 관습법에 따라 처리<br>• 소송 내용: 15세기 노비 관련 소송이 주류 → 16세기 조상의 묘지에 관한 소송(산송)이 주류 |

**조선 전기 향촌 사회와 유교 윤리의 보급**

**(1) 조선 전기 향촌 사회 모습**

| 유향소 | • 기능: 좌수·별감 선출, 수령 보좌, 향리 규찰, 풍속 교정, 향촌 자치 시행 |
|---|---|
| | • 변천: 설립(조선 초기) → 혁파(태종) → 복립(세종) → 재혁파(세조) → 재복립(성종) → 향청으로 변화(선조) |
| 경재소 | 지방 출신 고관으로 구성, 유향소와 정부 간의 연락 담당 |
| 사족의 향촌 지배 | • 향안 작성: 지방 사족의 명단, 임진왜란을 전후하여 각 군현마다 보편적으로 작성됨 |
| | • 향회 조직: 향안에 이름이 오른 사족들의 총회, 향촌에서 세력을 확보하고 지방민을 통제하기 위해 시행 |
| | • 향규 마련: 향회의 운영 규칙으로, 향원들의 비리를 규제하고 서리와 농민들을 통제하기 위한 수단으로 작용 |
| 서원과 향약 | • 목적: 향촌 사림 세력 결집·지위 강화 |
| | • 서원: 선현의 제사와 인재 교육, 향음주례, 향촌 교화의 역할, 백운동 서원(→ 소수 서원, 최초의 사액 서원) |
| | • 향약(향촌 내 사람들 간의 약속): 사림의 지위 강화, 조선 사회의 풍속 교화, 질서 유지, 치안 담당 |
| | 　→ 주자의 여씨향약(조광조), 예안향약(이황), 해주향약(이이) 등이 전국적으로 확산·보급 |

**(2) 유교 윤리의 보급**

| 예학 | • 의미: 삼강오륜을 기본 덕목으로 종족 내부의 의례 규정 |
|---|---|
| | • 목적: 성리학적 도덕 윤리 강조, 양반 중심의 신분 질서의 안정 추구 |
| | • 보급: 16세기 중반 학문적 연구 시작 → 16세기 후반 성리학자들에 의해 확산 |
| | • 영향: 『소학』 보급, 사림의 향촌 사회에 대한 지배력 강화, 가묘와 사당 건립 |
| 보학 | • 의미: 족보를 통해 종족의 종적인 내력과 횡적인 종족 관계 확인 |
| | • 목적: 양반들의 신분적 우월성을 확보하기 위함, 붕당 구별에 활용 |
| | • 기능: 종족의 내부 결속력 강화, 신분적 우월 의식 과시 |
| | • 대표 족보: 『안동 권씨 성화보』, 『문화 류씨 가정보』, 왕실 족보(『선원록』, 『종친록』, 『유부록』) 등 |

---

**단박 체크**

**다음 기출문장을 읽고, 옳으면 O, 틀리면 X를 괄호 안에 쓰세요.**

**01** 조선 전기의 서얼은 『경국대전』에 의해 문과 응시가 가능했지만 실제로는 제약을 받았다. (　　　)

**02** 조선 시대에 범죄 중 가장 무겁게 취급된 것은 반역죄와 강상죄였다. (　　　)

**03** 향약은 선현에 대해 제사 지내고 인재 교육, 향음주례 등의 역할을 담당하였다. (　　　)

**04** 영남 지방에서는 이이가 만든 예안향약을 표본으로 삼은 향약이 유행하였다. (　　　)

**05** 조선 시대에는 족보가 배우자를 구하거나 붕당을 구별하는 데 중요한 자료로 활용되기도 하였다. (　　　)

[정답] **01** X (법적으로 문과 응시 불가) **02** O **03** X (서원) **04** X (이황) **05** O

**01** 다음은 고려·조선 시대 토지 제도의 폐단을 기술한 것이다. 이를 시정하기 위해 실시한 내용으로 옳은 것은?

[2018년 지방직 7급]

> (가) 권문세족의 대토지 소유와 토지 겸병으로 국가 재정이 부족해졌다.
> (나) 수신전, 휼양전, 공신전 세습과 증가로 신진 관료에게 지급할 수조지가 부족해졌다.
> (다) 수조권을 받은 관료가 권한을 남용하여 과다하게 수취하는 일이 빈번하게 발생하였다.
> (라) 거듭되는 흉년과 왜구의 침입 등으로 국가 재정이 악화되어 직전이 유명무실해졌다.

① (가) - 권문세족이 겸병한 토지를 몰수하고, 전국 토지의 수조권을 관료에게 지급하였다.
② (나) - 공신전을 몰수하고 신진 관료에게 수조권 지급을 중지하였다.
③ (다) - 관료의 직접적인 수조권 행사를 금지하고 관청에서 수조권 행사를 대행하였다.
④ (라) - 관료에게 수조권과 함께 녹봉도 지급하였다.

---

해설 **고려·조선 시대의 토지 제도**
③ 수조지를 받은 관리들이 조세를 과다하게 수취하는 경우가 많아지자, 조선 성종 때 관료가 직접 수조권을 행사하는 것을 금지하고, 관청에서 조세를 거둔 후 관리에게 지급하는 관수 관급제가 시행되었다.

오답 ① 과전법에서는 전국이 아닌 경기 지역 토지에 한하여 수조권을 관리들에게 지급하였다.
분석 ② 직전법으로 인해 몰수된 것은 공신전이 아닌 수신전과 휼양전이다.
④ 조선 명종 때 직전법을 폐지하여 관료에게는 수조권이 지급되지 않았고 녹봉만 지급되었다.

정답 ③

---

**02** 밑줄 친 '제도'에 대한 설명으로 옳은 것은?

[2017년 지방직 9급]

> 국왕이 말했다. "나는 일찍부터 이 제도를 시행해 여러 해의 평균을 파악하고 답험(踏驗)의 폐단을 영원히 없애려고 해왔다. 신하들부터 백성까지 두루 물어보니 반대하는 사람은 적고 찬성하는 사람이 많았으므로 백성의 뜻도 알 수 있다."

① 토지의 비옥도에 따라 조세를 차등 징수하였다.
② 풍흉에 상관없이 1결당 4~6두를 조세로 징수하였다.
③ 토지 소유자에게 1결당 미곡 12두를 조세로 징수하였다.
④ 토지 소유자에게 수확량의 10분의 1을 조세로 징수하였다.

---

해설 **공법** 제시문의 밑줄 친 '제도'는 세종 때 실시한 공법이다.
① 세종은 공법을 실시하여 토지를 비옥도에 따라 6등급으로 구분(전분 6등법)하였으며, 수확한 연도의 풍흉에 따라 9등급으로 구분(연분 9등법)하여 1결당 4~20두의 조세를 수취하였다.

오답 ② 풍흉에 상관없이 토지 1결당 4~6두를 조세로 징수하는 제도는 인조 때 실시된 영정법이다.
분석 ③ 토지 소유자에게 1결당 미곡 12두를 수취하는 것은 광해군 때 처음 실시된 대동법이다.
④ 토지 소유자에게 수확량의 10분의 1을 조세로 징수한 것은 공법 이전에 실시된 조선의 조세 제도이다.

정답 ①

**03** 밑줄 친 '농서'가 편찬된 왕 대의 경제 생활로 옳은 것은? [2016년 국가직 7급]

> 각 지역의 풍토가 달라 곡식을 심고 가꾸는 법이 옛 글과 다 같을 수 없습니다. 이에 여러 도의 감사들이 주현의 늙은 농부를 방문하여 실제 농사 경험을 들었습니다. 저희 정초 등은 이를 참고하여 <u>농서</u>를 편찬하였습니다.

① 칠패 시장에서 어물을 판매하였다.
② 녹비법을 활용하여 지력을 회복하였다.
③ 고구마·감자를 구황 작물로 활용하였다.
④ 시전에서 남초를 거래하였다.

해설 **조선 전기(세종 대)의 경제 생활** 제시문에서 주현의 농부를 방문하여 실제 농사 경험을 들었다는 내용과 정초 등이 편찬했다는 내용을 통해 밑줄 친 '농서'가 조선 전기 세종 때 편찬된 『농사직설』임을 알 수 있다.
② 조선 전기에는 콩과 녹두를 심었다가 갈아엎고 썩혀서 비료로 쓰는 녹비법과 인분과 재를 거름으로 쓰기도 하면서 땅의 지력을 회복하였다.

오답 분석
① 칠패(남대문) 시장에서 어물을 판매한 것은 조선 후기의 사실이다. 조선 후기에는 사상들이 서울의 칠패, 이현(동대문) 등에서 활발하게 상행위를 전개하였다.
③ 고구마(18세기, 일본)·감자(19세기, 청) 등의 구황 작물이 생산된 것은 조선 후기의 사실이다.
④ 남초(담배) 등의 상품 작물이 재배·거래된 것은 조선 후기의 사실이다.

정답 ②

**04** 조선 시대 노비 제도 및 노비의 역할에 대한 설명으로 가장 옳은 것은? [2019년 서울시 7급(2월 시행)]

① 조선 시대 노비의 자식들은 대대로 노비 신분이 세습되었으나, 일정 기간 국역(國役)에 종사하면 양인으로 신분이 상승하는 게 일반적이었다.
② 조선 시대 사노비는 주인이 마음대로 매매·양도·상속할 수 있었을 뿐 아니라, 주인이 사노비를 함부로 죽이거나 사형(私刑)을 가하는 게 법으로 허용되었다.
③ 사노비는 주인의 집에서 거주하는 솔거 노비와 주인과 떨어져 거주하는 외거 노비가 있었는데, 그 수는 솔거 노비가 절대 다수였다.
④ 외거하는 사노비는 주인으로부터 사경지(私耕地)를 받아 그 수확을 자신이 차지하여 재산을 축적하기도 하였다.

해설 **조선 시대의 노비**
④ 조선 시대의 사노비 중 외거 노비는 일정량의 신공을 바치고, 주인으로부터 일부 땅을 사경지(私耕地)로 받아 그 수확을 자신이 차지하여 재산을 축적하기도 하였다.

오답 분석
① 조선 시대 노비는 신분이 세습되었으며, 국역의 의무가 없었다.
② 조선 시대 사노비는 주인 마음대로 매매·양도·상속이 가능하였으나, 주인이 함부로 노비에게 형벌을 가하거나 죽이는 것은 법으로 금지되어 있었다.
③ 조선 시대에는 사노비 중 주인의 집에서 거주하는 솔거 노비의 수보다 주인과 떨어져 거주하는 외거 노비의 수가 절대적으로 많았다.

정답 ④

**05** 조선 시대 사회 제도와 법률에 대한 설명으로 가장 적절하지 않은 것은? [2018년 경찰직(3차)]

① 소송은 원칙적으로 신분에 관계없이 제기할 수 있었다.

② 동일한 범죄에 대해서는 신분에 관계없이 동일한 처벌이 따랐다.

③ 유교에서 중요시하는 삼강오륜을 어긴 것을 강상죄라 하여 중대 범죄로 취급하였다.

④ 민간인 사이에 다툼이 있거나 범죄가 발생하면『경국대전』과 명의 형법 규정인『대명률』을 적용하였다.

---

해설 **조선 시대의 사회 제도와 법률**
② 조선 시대에는 동일한 범죄라도 신분에 따라 처벌에 차등을 두어, 양인보다 노비가 더 엄격한 처벌을 받았다.

오답
분석
① 조선 시대에 소송은 원칙적으로 신분에 관계없이 제기할 수 있었다.
③ 조선 시대에는 유교에서 중요하게 생각하는 삼강오륜을 어긴 것을 강상죄라 하여 중대한 범죄로 취급하였다. 중대한 범죄의 경우 연좌제가 적용되어 가족들이 함께 처벌 받거나 해당 고을의 수령이 파면 당하기도 하였다.
④ 조선 시대에 민간에서 다툼이 발생하거나 범죄가 일어나면『경국대전』의「형전」과 명나라의 형법 규정인『대명률』이 적용되었다.

정답 ②

---

**06** 밑줄 친 '이 기구'에 대한 설명으로 가장 옳지 않은 것은? [2022년 법원직 9급]

> • 앞서 이 기구의 사람들이 향중(鄕中)에서 권위를 남용하여 불의한 짓을 행하니, 그 폐단이 많았습니다. 그래서 선왕께서 폐지하였던 것입니다. 간사한 아전을 견제하고 풍속을 바로 잡는 것은 수령이 해야 할 일인데, 만약 모두 이 기구에 위임한다면 수령은 할 일이 없지 않겠습니까?
> • 전하께서 다시 이 기구를 세우고 좌수와 별감을 두도록 하였는데, 나이가 많고 덕망이 높은 자를 추대하여 좌수로 일컫고, 그 다음으로 별감이라 하여 한 고을을 규찰하고 관리하게 하였다.
>
> — 『성종실록』

① 경재소를 통해 중앙의 통제를 받았다.

② 향촌 사회의 풍속을 교화하는 데 기여하였다.

③ 수령을 보좌하고 향리를 감찰하는 역할을 하였다.

④ 전통적 공동 조직에 유교 윤리를 가미하여 만들었다.

---

해설 **유향소** 제시문에서 향중(향촌 내)에서 권위를 남용하고, 좌수와 별감을 두도록 하였다는 내용을 통해 밑줄 친 '이 기구'가 유향소임을 알 수 있다.
④ 전통적 공동 조직에 유교 윤리를 가미하여 만든 것은 향약이다. 향약은 전통적 공동 조직에 삼강오륜을 중심으로 한 유교 윤리를 가미하여 만든 향촌 자치 규약이다.

오답
분석
① 유향소는 경재소를 통해 중앙의 통제를 받았다. 경재소는 유향소와 정부 사이의 연락을 담당하던 기구로, 중앙의 현직 고관이 출신 지역의 유향소를 통제하였다.
②, ③ 유향소는 지방 사족이 향촌 자치를 위하여 설치한 기구로, 향촌 사회의 풍속을 교화하는 데 기여하였으며, 수령을 보좌하고 향리를 감찰하는 역할을 하였다.

정답 ④

# 적중문제

## 01

다음 표의 (가)와 (나)에 들어갈 토지 제도에 대한 설명으로 옳지 않은 것은?

① (가) – 전·현직 관리에게 토지의 수조권을 지급하였다.
② (가) – 전국의 민전이 수조 대상지로 선정되어 운영되었다.
③ (나) – 수조권자의 과다한 수취를 막기 위해 시행되었다.
④ (나) – 국가의 토지 지배력이 강화되는 결과를 가져왔다.

## 02

(가) 토지 제도에 대한 설명으로 옳은 것은?

> 경기는 사방의 근본이니 이제 ☐(가)☐ 을/를 두어 사대부를 우대하였다. 경성의 왕실을 시위하는 자는 시임과 원임을 막론하고 과에 따라 ☐(가)☐ 을/를 받고, ☐(가)☐ 을/를 받은 자가 죽은 후 재가하지 않은 아내나 유약한 자손이 있으면 수신, 휼양하게 하였다.

① 전지와 시지를 함께 지급하였다.
② 지주와 소작인 사이에 병작반수제가 허용되었다.
③ 정부에서 직접 조세를 거두어 관리에게 나누어 주었다.
④ 품계에 따라 최고 150결에서 최하 10결까지 지급하였다.

## 03

다음 제시문의 (가)에 대한 설명으로 옳지 않은 것은?

> 각 도의 수전(水田)·한전(旱田)의 소출 다소를 자세히 알 수가 없으니 ☐(가)☐ 에서의 수세액을 규정하기가 어렵다. 지금부터는 전척(田尺)으로 측정한 매 1결에 대하여 상상(上上)의 수전에는 몇 석을 파종하고, 상상년에는 수전은 몇 석, 한전은 몇 석을 수확하며 …… 각 관의 관둔전에 대해서도 과거 5년간의 파종 및 수확의 다소를 위와 같이 조사하여 보고토록 한다.

① 세종 때 제정한 조세 수취 방법이다.
② 토지를 측량할 때 등급에 따라서 사용하는 척이 달랐다.
③ 조세 액수를 1결당 최고 20두에서 최하 4두를 내도록 하였다.
④ 그 해의 풍흉에 따라 토지를 6등급으로 매겨 조세를 수취하였다.

## 04

조선 전기의 대외 무역에 대한 설명으로 옳지 않은 것은?

① 명에게는 주로 인삼, 가죽 등을 수출하였다.
② 일본으로부터 구리, 황, 후추 등을 수입하였다.
③ 여진과 국경 지역인 경성·경원에 설치한 무역소를 통하여 교역하였다.
④ 조선 전기에는 사신을 통한 공무역 이외에 사무역은 허용하지 않았다.

## 05

다음 글이 편찬된 시대의 경제 활동으로 옳은 것을 〈보기〉에서 모두 고르면?

> 우리나라는 여러 임금이 대를 이어 백 년이나 인재를 길렀으므로 인물이 그동안 나와 좋은 정기를 한데 모아 글을 짓게 되었는데 생동적이고 뛰어난 글이 또한 옛날보다 못하지 않을 정도입니다. 이것은 곧 우리 동방의 문(文)은 송(宋)과 원(元)의 문도 아니고 한(漢)과 당(唐)의 문도 아니며 바로 우리나라의 문입니다. 마땅히 중국 역대의 문과 나란히 천지의 사이에 행하게 하여야 합니다.

**• 보기 •**
- ㉠ 해동통보와 은병 같은 화폐를 만들어 사용하였다.
- ㉡ 보부상은 장시에서 농산물, 수공업 제품 등을 판매하였다.
- ㉢ 시비법이 발달해 경작지를 묵히지 않고 계속 농사를 지을 수 있었다.
- ㉣ 수리 시설이 확충됨에 따라 이앙법이 전국적으로 보급되었다.

① ㉠, ㉡　　② ㉠, ㉢　　③ ㉡, ㉢　　④ ㉢, ㉣

## 06

조선 전기의 상업 및 수공업에 대한 설명으로 옳은 것을 〈보기〉에서 모두 고르면?

**• 보기 •**
- ㉠ 장인은 공장안에 등록되어 관청에서 필요한 물품을 제작하였다.
- ㉡ 시전 상인은 특정 상품에 대한 독점 판매권을 부여받았다.
- ㉢ 정부가 조선통보를 유통시킴으로써 동전 화폐 유통이 활발해졌다.
- ㉣ 경시서를 두어 지방의 장시를 통제하였다.

① ㉠, ㉡　　② ㉠, ㉢　　③ ㉡, ㉣　　④ ㉢, ㉣

## 07

다음 자료에서 알 수 있는 시대의 신분제 특징으로 적절하지 않은 것은?

> 대사헌 채수가 아뢰었다. "어제 전지를 보니 통역관, 의관을 권장하고 장려하고자 능통하고 재주가 있는 자는 동서 양반에 발탁하여 쓰라고 특별히 명령하셨다니 듣고 놀랐습니다. 무릇 벼슬에는 높고 낮은 것이 있고 직책에는 가볍고 무거운 것이 있습니다. 무당, 의관, 약사, 통역관은 사대부의 반열에 낄 수 없습니다. …… 의관, 역관 무리는 미천한 계급 출신으로서 사족이 아닙니다."

① 문무 양반의 관직을 받은 자만 사족으로 인정하였다.
② 양반들은 자신들의 기득권을 지키기 위해 양반 수의 증가를 억제하고자 하였다.
③ 양천제를 법제적인 신분제로 채택하였다.
④ 서얼금고법에 의해 서얼은 관직에 진출하지 못하였다.

## 08

다음 중 조선 시대의 노비에 대한 설명으로 옳지 않은 것은?

① 매매·상속·증여의 대상이었다.
② 개인이나 국가에 소속된 비자유민이었다.
③ 수군, 봉수군, 역졸 등과 같은 천한 역을 도맡았다.
④ 거주 이전의 자유가 없었으며, 관직으로의 진출이 거의 불가능하였다.

## 09

다음 중 조선 시대의 사법 제도에 관한 설명으로 옳은 것을 모두 고른 것은?

> ㉠ 형법은 주로 관습법을 따랐다.
> ㉡ 노비의 장부와 소송을 담당하는 기관으로 장례원이 있었다.
> ㉢ 대역·모반죄 등 왕권과 관계된 중죄를 처리하는 기관으로 의금부가 있었다.
> ㉣ 중앙 고위 관료가 죄를 지은 경우 고향으로 돌려보내는 귀향형이 있었다.

① ㉠, ㉡　　　　　　② ㉠, ㉢
③ ㉡, ㉢　　　　　　④ ㉢, ㉣

## 10

(가) 기구에 대한 설명으로 옳지 않은 것은?

> • 세상에는 향리보다 백성을 더 괴롭히는 자가 없습니다. …… 비록 경재소라 하더라도 귀와 눈이 미치지 못하는 곳에는 규명해 낼 수가 없습니다. …… _____(가)_____의 법은 매우 훌륭했습니다. 하지만 중간에 폐지하여 이러한 큰 폐단이 생겼으니, 복설하는 것이 어떠하신지요?
> • 간사한 아전을 견제하고 풍속을 바로잡는 것은 수령이 해야 할 일인데, 만약 모두 여기에 맡긴다면 수령은 할 일이 없지 않겠습니까? 그러니 절대 _____(가)_____ 복설은 아니되옵니다.

① 수령을 보좌하고 향리를 감찰하는 역할을 하였다.
② 고려 시대의 사심관 제도가 분화되는 과정에서 형성되었다.
③ 주세붕이 처음 설립하였으며, 이후 많은 사액이 이루어졌다.
④ 지방 사족들이 운영하는 향촌 자치 기구로, 좌수·별감 등의 향임(鄕任)이 있었다.

## 11

다음은 향촌 사회의 어떤 조직과 그 운영에 대한 것이다. 이에 관한 설명으로 옳지 않은 것은?

> 가입하기를 원하는 자에게는 반드시 먼저 규약문을 보여 몇 달 동안 실행할 수 있는가를 스스로 헤아려 본 뒤에 가입하기를 청하게 한다. …… 사람을 시켜 약정(約正)에게 바치면 약정은 여러 사람에게 물어서 좋다고 한 다음에야 글로 답하고, 다음 모임에 참여하게 한다.

① 사림의 지위 강화에 기여하였다.
② 덕업상권, 과실상규, 예속상교, 환난상휼 등을 주요 강령으로 하였다.
③ 군현마다 하나씩 설립되었으며, 중앙에서 교수를 파견하였다.
④ 지방 유력자가 주민을 위협, 수탈하는 배경을 제공하는 부작용도 있었다.

## 12 　고난도 문제

다음 족보와 관련된 설명으로 옳지 않은 것은?

> 내가 생각하건대 옛날에는 종법이 있어 대수(代數)의 차례가 잡히고, 적자와 서자의 자손이 구별지어져 영원히 알 수 있었다. 종법이 없어지고는 족보가 생겨났는데, 무릇 족보를 만듦에 있어 반드시 그 근본을 거슬러 어디서부터 나왔는가를 따지고, 그 이유를 자세히 적어 그 계통을 밝히고 친함과 친하지 않음을 구별하게 된다.
>
> – 「안동 권씨 성화보」

① 자녀는 출생 순서에 따라 기재하였다.
② 딸이 재혼하였을 경우 재혼한 남편의 성명을 기재하였다.
③ 자녀가 없는 사람이 양자를 들인 사례는 거의 없다.
④ 조선 명종 때에 간행된 현존하는 가장 오래된 족보이다.

정답·해설 p.40

# 03 조선 전기의 문화

## 적중개념 | 1 한글 창제와 교육 기관

### (1) 한글 창제

| 배경 | 고유 문자의 부재, 피지배층의 도덕적 교화(양반 중심의 사회 유지 목적), 농민의 사회적 지위 상승(의사소통의 필요성 증가) |
|---|---|
| 반포 | 세종 때 집현전에 정음청 설치 → 훈민정음 창제(1443) → 훈민정음 반포(1446) |
| 보급 노력 | • 한글 서적 보급:「용비어천가」(왕실 조상의 덕을 찬양),「월인천강지곡」(부처님의 덕을 기림),『석보상절』 등의 한글 서적을 보급하고, 불경·농서·윤리서·병서 등 다양한 서적을 한글로 번역<br>• 행정 실무에 이용: 서리 선발 시 훈민정음 시험 도입 |

### (2) 조선의 교육 기관

| 교육 단계 | 교육 기관 | 설치한 곳 | 특징 | 교육 내용 |
|---|---|---|---|---|
| 초등 교육 | 서당 | 마을 단위 | 사설 교육 기관, 선비와 평민 자제들이 입학 | 『천자문』, 『명심보감』 등 |
| 중등 교육 | 서원 | 군·현 | 백운동 서원(주세붕)이 시초, 선현의 제사, 성리학 연구, 향음주례, 향촌 사회 교화 담당 | 『소학』, 4서 5경 |
| | 향교 | 부·목·군·현 | 공자의 제사와 유생 교육, 지방민의 교화 담당, 중앙에서 교수와 훈도 파견, 군현 인구에 따라 정원 배정 | |
| | 4부 학당 | 한양 (동·서·남·중) | 8세 이상의 양인 남성이면 입학 가능, 교수와 훈도가 교육 | |
| 최고 학부 | 성균관 | 한양 (서울) | • 생원·진사가 입학, 성적 우수자는 문과 초시 면제<br>• 구조: 대성전(문묘의 정전, 공자 사당), 동무·서무(공자의 제자와 중국·우리나라 선현들의 사당), 명륜당(강의실), 동재·서재(기숙사), 존경각(도서관), 비천당(과거 시험장) 등 | 4서 5경, 『성리대전』 등 |

**적중개념 | 2** **조선 전기의 과학 기술과 서적** 최다출제

(1) 조선 전기의 과학 기술

| 각종 기구 발명 | • 세종: 혼천의·간의(천체 관측), 측우기(강우량 측정), 자격루(물시계), 앙부일구(해시계)<br>• 세조: 인지의·규형(토지 측량과 지도 제작에 활용) |
|---|---|
| 천문학 | 태조 때 고구려의 천문도를 바탕으로 천상열차분야지도 제작 |
| 역법서 | 『칠정산』(세종)은 우리나라 최초로 서울을 기준으로 천체 운동을 정확하게 계산한 자주적인 역법서로, 중국의 수시력(「내편」)과 아라비아의 회회력(「외편」)을 참고하여 편찬 |
| 의학서 | 『향약채취월령』(세종, 약재 이론서, 우리나라의 자생 약재 소개), 『향약집성방』(세종, 우리나라 풍토에 맞는 약재와 치료 방법을 개발·정리), 『태산요록』(세종, 임산부와 어린 아이의 질병 치료에 관한 의서), 『의방유취』(세종, 동양 의학을 집대성한 의학 백과사전) |
| 활자 인쇄술 | 주자소 설치(태종), 계미자 주조(태종), 갑인자·경자자 주조(세종), 식자판 조립 방안 창안(세종, 인쇄 능률 향상) |
| 제지술 | 조지서 설치(전문적으로 다양한 종이를 대량 생산) |
| 농서 편찬 | 『농사직설』(세종, 정초), 『양화소록』(세조, 강희안), 『금양잡록』(성종, 강희맹), 『구황촬요』(명종) |
| 병서 편찬 | 『진법』(태조, 정도전), 『총통등록』(세종), 『동국병감』(문종) |
| 무기 | • 무기 제조: 최해산에 의해 화약 무기 제조, 화포와 화차(신기전) 제작<br>• 병선 제조: 태종 때 거북선(돌격용 배)·비거도선(소형 전투선)이 제작되어 수군의 전투력이 향상 |

(2) 조선 전기의 서적

| 윤리·의례서 | 『삼강행실도』(세종), 『국조오례의』(성종), 『이륜행실도』(중종), 『동몽수지』 |
|---|---|
| 법전 | 『조선경국전』(태조, 정도전), 『경제문감』(태조, 정도전), 『경제육전』(태조, 조준, 최초의 성문 법전), 『경국대전』(세조 때 편찬 시작, 성종 때 완성) |
| 역사서 | • 건국 초기: 『고려국사』(정도전), 『동국사략』(권근), 『조선왕조실록』(태조~철종)<br>• 15~16세기: 『고려사』(문종), 『고려사절요』(문종), 『삼국사절요』(성종), 『동국통감』(세조 때 편찬 시작, 성종 때 완성), 『동국사략』, 『기자실기』 |
| 지도·지리서 | • 지도: 혼일강리역대국도지도(태종), 동국지도(세조), 조선방역지도(명종)<br>• 지리서: 『신찬팔도지리지』(세종), 『세종실록』「지리지」(단종), 『동국여지승람』(성종), 『신증동국여지승람』(중종) |

---

### 단박 체크

**다음 기출문장을 읽고, 옳으면 O, 틀리면 X를 괄호 안에 쓰세요.**

01 주세붕이 최초의 서원인 백운동 서원을 건립하였다. (       )

02 향교의 성적 우수자는 문과의 초시를 면제해 주었다. (       )

03 조선 초기에는 고구려의 천문도를 바탕으로 천상열차분야지도를 제작하였다. (       )

04 태종 때 토지 측량 기구인 인지의(印地儀)와 규형(窺衡)을 제작하였다. (       )

05 세종 때 이암이 중국 화북 지역의 농사법을 반영한 『농상집요』를 도입하였다. (       )

06 『경국대전』은 세종 때 법전 편찬을 시작하여 성종 때 완성하였다. (       )

07 문종 때 고려의 역사를 자주적 입장에서 정리한 『고려사절요』를 편찬하였다. (       )

[정답] **01** O **02** X (성균관의 성적 우수자) **03** O **04** X (세조) **05** X (고려 시대의 사실) **06** X (세조 때 편찬 시작) **07** O

## 적중개념 | 3 조선 전기 성리학의 발달

### (1) 성리학 연구의 선구자

| 서경덕 | • 주기론 주장: 기가 스스로 작용하여 만물을 존재하게 하며, 우주자연이 기로 구성되어 있다고 주장(기 일원론)<br>• 불교·노장 사상에 개방적인 태도 |
|---|---|
| 조식 | 노장 사상에 개방적인 태도, 학문의 실천성 강조(경과 의), 절의와 기개를 중시(곽재우·정인홍 등이 의병으로 활약) |
| 이언적 | 주리론 주장, 중종에게 「일강십목소」(나라를 다스리는 10가지 대책)를 바침 |

### (2) 이황과 이이

| 구분 | 퇴계 이황 | 율곡 이이 |
|---|---|---|
| 계열 | 주리론(主理論) | 주기론(主氣論) |
| 계보 | 이언적 → 이황(주리론 집대성) | 서경덕 → 이이(주기론 집대성) |
| 특징 | • 주자의 이기이원론 계승('동방의 주자'로 불림)<br>• 도덕적 행위의 근거로 인간의 심성 중시<br>• 근본적·이상주의적(도덕의 절대성 강조)<br>• 경의 실천을 중시(수양 방법) | • 일원론적 이기이원론<br>• 이기론 집대성<br>• 현실주의, 개혁주의적(경장론 주장) → 다양한 개혁 방안 제시(수미법, 10만 양병 등 제시) |
| 이론 | 이기호발설: 이가 움직이면 기가 이를 따르고(이발이 기수지), 기가 발하면 이가 기를 올라타서 조종한다(기발이이승지)는 뜻 → 이의 중요성 강조 | • 기발이승일도설: 기가 발하고 이는 올라타 있다고 주장 → 기의 역할 강조<br>• 이통기국론: 이는 통하고 기는 국한된다는 주장, 이는 우주 만물을 지탱하는 이치라는 의미 |
| 저서 | 『주자서절요』, 『성학십도』, 『전습록논변』 등 | 『동호문답』, 『격몽요결』, 『성학집요』, 『기자실기』, 『만언봉사』 등 |
| 붕당 | 영남 학파 → 동인(남인 계열) | 기호 학파 → 서인 |
| 영향 | 일본 성리학 발전에 영향, 위정척사 사상 → 의병 항쟁 | 실학 사상 → 개화 사상 → 애국 계몽 운동 |
| 활동 | • 사단과 칠정은 이에 속하는지, 기에 속하는지에 대해 기대승과 사단 칠정 논쟁 전개<br>• 백운동 서원 사액(→ 소수 서원), 예안 향약 보급<br>• 안동 도산 서당에서 후학 양성 | • '구도장원공(九度壯元公)' → 9번의 과거에서 모두 장원<br>• 해주 향약 보급 |

## 적중개념 | 4 왕실의 불교 정책과 민간 신앙

| 불교 정책 | • 태조: 도첩제를 실시하여 승려 수 제한, 사원의 지나친 건립 금지<br>• 태종: 사원의 토지와 노비 몰수<br>• 세종: 여러 교단을 선종과 교종으로 통합한 후 각 18개씩 36개의 사찰만 인정, 내불당 설치<br>• 세조: 간경도감 설치, 불교 경전의 간행·보급, 서울 원각사지 10층 석탑 건립<br>• 성종: 도첩제 폐지, 간경도감 폐지<br>• 중종: 승과 제도 폐지<br>• 명종: 문정 왕후의 지원으로 승려 보우 중용, 승과 제도 부활 |
|---|---|
| 민간 신앙 | • 도교: 소격서(참성단에서 거행하는 초제 담당 관청) 설치, 원구단 설치<br>• 풍수 지리설: 조선 초기 한양 천도에 반영, 양반들의 묘지 선정에 영향(산송의 원인)<br>• 기타 사상: 무격(무당) 신앙, 산신 신앙 등이 유행, 환인·환웅·단군을 국조로 모시는 삼성사가 설치되고 단군 사당이 평양에 건립됨 |

**조선 전기의 건축과 예술**

## (1) 조선 전기의 건축

| 15세기 | 공공 건축 | • 궁궐<br>　– 경복궁: 태조 때 창건, 정도전이 이름을 지음, 이칭은 북궐, 근정전, 교태전, 선원전 등으로<br>　　구성, 경회루, 보루각과 간의대 등이 있음<br>　– 창덕궁: 태종 때 창건, 이칭은 동궐, 임진왜란 때 소실되어 광해군 때 중건<br>　– 창경궁: 세종 때 지은 수강궁을 성종 때 수리·확장<br>　– 경희궁: 광해군 때 창건, 이칭은 서궐<br>• 4대문: 정도전이 유교의 4가지 덕목을 담아 이름을 지음, 흥인지문(동대문), 돈의문(서대문),<br>　숭례문(남대문), 숙정문(북대문)<br>• 4소문: 혜화문(동북 동소문), 광희문(동남 남소문), 창의문(서북 북소문), 소의문(서남 서소문)<br>• 종묘와 사직: 경복궁의 좌측(동쪽)에는 종묘가, 우측(서쪽)엔 사직이 위치(좌묘우사)<br>　– 종묘: 조선의 왕과 왕비의 신주를 모시고 제사를 지내는 유교 사당<br>　– 사직: 땅의 신과 곡식의 신에게 제사를 지내는 사당 |
|---|---|---|
| | 사원 건축 | 강진 무위사 극락전, 합천 해인사 장경판전 |
| 16세기 | 서원 건축 | 경주 옥산 서원, 안동 도산 서원 등 서원 건축 활발 |

## (2) 조선 전기의 예술

| 그림 | • 15세기: 몽유도원도(안견, 현실 세계와 이상 세계를 표현), 고사관수도(강희안)<br>• 16세기<br>　– 산수화·사군자 유행: 송하보월도(이상좌), 초충도 (신사임당), 모견도(이암)<br>　– 시·서·화에 능한 3절: 이정은 대나무(풍죽도), 황집중은 포도(묵포도도), 어몽룡은 매화(월매도)를 잘 그<br>　리기로 유명 |
|---|---|
| 음악 | • 15세기: 아악의 체계화, 여민락, 「정간보」 창안(세종), 『악학궤범』(성종, 성현)<br>• 16세기: 당악과 향악 → 속악으로 발전(서민 음악) |
| 공예 | 분청사기(15세기) → 순백자 유행(16세기), 제기, 문방구 등 생활용품 발달 |

---

**단박 체크**

**다음 기출문장을 읽고, 옳으면 O, 틀리면 X를 괄호 안에 쓰세요.**

**01** 이황은 주희의 성리설을 받아들였으며, 이기 철학에서 이(理)의 절대성을 주장하였다. (　　　)

**02** 이황은 기호 학파를 형성하였다. (　　　)

**03** 이이는 왕이 지켜야 할 왕도 정치 규범을 체계화한 『성학십도』를 지었다. (　　　)

**04** 이이는 이(理)는 두루 통하고 기(氣)는 국한된다고 하였다. (　　　)

**05** 세종은 불교 종파를 선·교 양종으로 병합하였다. (　　　)

**06** 경복궁의 동쪽에 사직이, 서쪽에 종묘가 각각 배치되었다. (　　　)

**07** 세종 때 『악학궤범』과 『동국여지승람』을 편찬하였다. (　　　)

**08** 조선 시대의 공예는 생활용품이나 문방구 등에서 특색 있는 발달을 보였다. (　　　)

[정답] **01** O　**02** X (이이)　**03** X (이황)　**04** O　**05** O　**06** X (경복궁의 동쪽에 종묘, 서쪽에 사직 배치)　**07** X (성종)　**08** O

## 엄선기출문제

**01** (가) 교육 기관에 대한 설명으로 옳은 것은?

[2019년 국가직 9급]

> 주세붕이 비로소 ___(가)___ 을/를 창건할 적에 세상에서 자못 의심했으나, 그의 뜻은 더욱 독실해져 무리들의 비웃음을 무릅쓰고 비방을 극복하여 전례 없던 장한 일을 이루었습니다. …(중략)… 최충, 우탁, 정몽주, 길재, 김종직, 김굉필 같은 이가 살던 곳에 ___(가)___ 을/를 건립하게 될 것입니다. － 「퇴계집」

① 지방의 군현에 있던 유일한 관학이다.
② 선비와 평민의 자제에게 『천자문』 등을 가르쳤다.
③ 성적 우수자는 문과의 초시를 면제해 주었다.
④ 학문 연구와 선현의 제사를 위해 설립된 사설 교육 기관이다.

해설 **서원** 제시문에서 주세붕이 창건하였다는 내용을 통해 (가) 교육 기관이 서원임을 알 수 있다.
　　④ 서원은 학문 연구와 선현의 제사를 지내기 위해 지방에 설립된 사설 교육 기관이다.

오답
분석 ① 지방의 군현에 있던 유일한 관학(국립 교육 기관)은 향교이다.
　　② 선비와 평민의 자제에게 『천자문』 등의 기초 학문을 가르친 것은 초등 교육을 담당하는 사립 교육 기관인 서당이다.
　　③ 성적 우수자에게 문과(대과)의 초시를 면제해 준 것은 국립 고등 교육 기관인 성균관이다.

정답 ④

**02** 〈보기〉에서 설명하는 책의 제목으로 가장 옳은 것은?

[2020년 서울시 9급(특수 직렬)]

> ● 보기 ●
> • 1433년(세종 15)에 편찬되었다.
> • 각종 병론(病論)과 처방을 적었다.
> • 전통적인 경험에 기초했다.
> • 조선의 약재를 중시했다.

① 『향약집성방』　　　② 『동의보감』　　　③ 『금양잡록』　　　④ 『칠정산』

해설 **『향약집성방』** 제시문에서 1433년(세종 15)에 편찬되었고, 각종 병(病, 질병)과 처방에 관련된 내용을 기록하였으며, 조선의 약재를 중시하고 전통적인 경험에 기초했다는 것을 통해 세종 때 편찬된 『향약집성방』임을 알 수 있다.
　　① 『향약집성방』은 세종 때 저술된 의학서로 7백여 종의 국산 약재와 1천 종의 병에 대한 치료·예방법을 소개하였다.

오답
분석 ② 『동의보감』은 허준이 광해군 때 편찬한 의학서로, 우리의 전통 한의학을 체계적으로 정리한 의서이다.
　　③ 『금양잡록』은 강희맹이 성종 때 편찬한 농서로, 금양(지금의 경기도 시흥과 과천 일대)에서 직접 농사 지은 경험을 토대로 저술한 농서이다.
　　④ 『칠정산』은 세종 때 제작한 역법서로, 우리나라 역사상 최초로 한양을 기준으로 천체 운동을 정확히 계산하였다.

정답 ①

**03** 밑줄 친 '저'에 대한 설명으로 옳은 것은? [2022년 지방직 9급]

> 올해 초가을에 비로소 저는 책을 완성하여 그 이름을 『성학집요』라고 하였습니다. 이 책에는 임금이 공부해야 할 내용과 방법, 정치하는 방법, 덕을 쌓아 실천하는 방법과 백성을 새롭게 하는 방법이 실려 있습니다. 또한 작은 것을 미루어 큰 것을 알게 하고 이것을 미루어 저것을 밝혔으니, 천하의 이치가 여기에서 벗어나지 않을 것입니다. 따라서 이것은 저의 글이 아니라 성현의 글이옵니다.

① 예안 향약을 만들었다.
② 『동호문답』을 저술하였다.
③ 백운동 서원을 건립하였다.
④ 왕자의 난 때 죽임을 당했다.

해설 **이이** 제시문에서 『성학집요』를 지었다는 내용을 통해 밑줄 친 '저'가 이이임을 알 수 있다. 이이는 『성학집요』를 저술하여 현명한 신하가 군주에게 성학을 가르쳐 그 기질을 변화시켜야 한다고 주장하였다.
② 이이는 『동호문답』을 저술하여 왕도 정치의 이상을 문답 형식으로 정리하였으며, 방납의 폐단을 시정하기 위한 방안으로 수미법의 실시를 주장하였다.

오답 분석 ① 예안 향약을 만든 인물은 이황이다. 이황은 조광조가 소개한 중국의 여씨 향약을 토대로 경북 안동의 예안 지방에서 예안 향약을 만들어 보급하였다.
③ 백운동 서원을 건립한 인물은 주세붕이다. 주세붕은 중종 때 풍기 군수로 부임한 후, 안향을 제사 지내기 위해 우리나라 최초의 서원인 백운동 서원을 건립하였다. 이후 백운동 서원은 명종 때 이황의 건의로 소수 서원으로 사액되었다.
④ 왕자의 난 때 이방원에 의해 죽임을 당한 인물은 정도전, 남은 등이다.

정답 ②

---

**04** 조선 전기 문화에 대한 설명으로 옳은 것은? [2020년 국가직 9급]

① 『어우야담』을 비롯한 야담, 잡기류가 성행하였다.
② 유서(類書)로 불리는 백과사전이 널리 편찬되었다.
③ 『동문선』이 편찬되어 우리 문학의 독자성을 강조하였다.
④ 중인층을 중심으로 시사가 결성되어 문학 활동을 벌였다.

해설 **조선 전기의 문화**
③ 조선 전기 성종 때 『동문선』이 편찬되어 우리 문학의 독자성을 강조하였다. 『동문선』은 서거정, 노사신 등이 삼국 시대부터 조선 초까지 시와 산문 중 뛰어난 작품을 선별하여 편찬한 시문집이다.

오답 분석 ① 『어우야담』을 비롯한 야담, 잡기류가 성행한 것은 조선 후기의 일이다. 『어우야담』은 광해군 때 유몽인이 저술한 설화집으로, 조선 후기 성행한 야담류 서적의 효시이다.
② 유서로 불리는 백과사전이 널리 편찬된 것은 조선 후기의 일이다. 대표적인 유서(백과사전)로는 이수광의 『지봉유설』이 있다.
④ 중인층을 중심으로 시사가 결성되어 활발하게 문학 활동을 벌인 것은 조선 후기의 일이다. 조선 후에 중인 이하의 계층인 위항인들이 문학 활동에 참여하면서 시사를 조직하고, 자신들의 시를 모은 시집 등을 편찬하였다.

정답 ③

## 적중문제

### 01

밑줄 친 ㉠에 대한 사실로 옳지 않은 것은?

> 나라말이 중국과 달라서 문자로 서로 통하지 못한다. 고로 어리석은 백성들이 말하고 싶은 바가 있어도 마침내 그 뜻을 펴지 못하는 이가 많다. 내 이를 매우 딱하게 여겨 ㉠새로 스물 여덟 글자를 만들어 내니 사람마다 쉽게 익히어 나날이 사용이 편리하도록 함에 있다.

① 왕실 조상의 덕을 찬양하는 「용비어천가」가 ㉠으로 편찬되었다.
② 『삼강행실도』 등이 ㉠으로 간행되어 유교 윤리를 백성들에게 보급하였다.
③ 세조는 간경도감을 설치하여 불교 경전을 ㉠으로 번역하여 간행하였다.
④ 제작 과정에서 최만리 등 양반 관료층의 적극적인 지지를 받았다.

### 02

(가)에 대한 설명으로 옳은 것은?

> ___(가)___ 는 조선 시대의 유학 교육 기관으로, 이 곳에 입학하는 유생들은 동재와 서재에 나누어 기숙하면서 공부하였다. 유생 중 반은 생원·진사로 입학한 상재생이었으며, 나머지 반은 기재생이라 하여 유학(幼學) 중에서 선발하였다. ___(가)___ 의 주요 시설로는 대성전, 명륜당, 존경각 등이 있다.

① 유학부와 기술학부로 구성되었다.
② 소속 학생은 군역에서 면제되었다.
③ 군현의 인구 비례로 정원을 배정하였다.
④ 성적 우수자는 소과의 초시가 면제되었다.

### 03

밑줄 친 '왕' 대에 있었던 사실로 옳은 것은?

> 왕은 원나라의 수시력을 참고하여 역법을 만들게 하였다. 그 책의 말미에 동지·하지 후의 일출·일몰 시각과 밤낮의 길이를 나타낸 표가 실려 있는데, 우리나라 역사상 최초로 한양을 기준으로 하여 계산한 것이다.

① 인지의와 규형이 제작되었다.
② 천상열차분야지도가 제작되었다.
③ 『경국대전』의 편찬이 시작되었다.
④ 시간과 강우량을 측정하는 기구가 제작되었다.

### 04

(가)에 대한 설명으로 옳지 않은 것은?

> ___(가)___ 을/를 설치하는 것은 당초에 학문을 하고 심신을 수양하는 선비들을 대우하기 위한 것이니, 사당을 세우고 높이 받들어 향사(享祀)할 사람에 대해서는 반드시 한 시대에 밝게 알려져서 사표(師表)가 될 만한 사람을 해당시켜야 합니다. 그런데 지금은 그렇지 않아서, …(중략)… 지금부터 새로 창설하는 곳에 대해서는, 모두 본조(本曹)에 보고하여 조정에서 함께 의논해서 공론이 허가를 내린 다음에 창설하도록 하는 것이 타당하겠습니다.

① 붕당의 근거지가 되었다.
② 국가의 공인을 받는 경우 면세 등의 특권이 부여되었다.
③ 영조 때 그 수가 대폭 줄어들었다.
④ 중종 때 조광조의 건의로 처음 설치되었다.

**05**

조선 시대 인쇄술에 대한 설명으로 옳지 않은 것은?

① 태종 때 주자소를 설치하고 계미자를 만들었다.
② 세종 때 경자자, 갑인자 등 금속 활자를 주조하였다.
③ 성종 때 밀랍 대신 식자판을 조립하는 방안을 창안하였다.
④ 종이를 전문적으로 생산하는 조지서에서 서적에 필요한 여러 가지 종이를 제조·관리하였다.

**06**

밑줄 친 '이 농서'에 대한 설명으로 옳은 것은?

> 『농상집요』는 중국 화북 지방의 농사 경험을 정리한 것으로서 기후와 토질이 다른 조선에는 도움이 될 수 없었다. 이에 농사 경험이 풍부한 각 도의 농민들에게 물어서 조선의 실정에 맞는 농법을 소개한 이 농서가 편찬되었다.

① 서호수가 정조의 명으로 편찬한 책이다.
② 명종 때 간행된 흉년에 대비한 책이다.
③ 못자리에서 모를 옮겨 심는 방법 등 다양한 농법을 소개하였다.
④ 강희맹이 금양에서 직접 농사지은 경험을 바탕으로 저술한 것이다.

**07**

다음은 조선 시대에 편찬된 어느 책의 서문이다. 이 책이 편찬된 국왕 때에 만들어진 서적으로 옳은 것은?

> 음악은 하늘에서 나와서 사람에게 붙인 것이요, 공허한 데서 출발하여 자연에서 이루어지는 것이니, 사람의 마음으로 하여금 감동하여 움직이게 하고 혈맥이 통하고 정신을 기쁘게 하는 것이다. 느낀 바가 같지 않기 때문에 소리도 같지 않아 기쁜 마음을 느끼면 그 소리가 날려 흩어지고, 노한 마음을 느끼면 그 소리가 거칠어서 매서우며, 슬픈 마음을 느끼면 그 소리가 급하여서 날카로우며, 즐거운 마음을 느끼면 그 소리가 느긋하여 태연하게 되는 것이다. 그 같지 않은 소리를 합해서 하나로 만드는 것은 임금의 인도 여하에 달렸다. 인도함에는 정(正)과 사(邪)의 다름이 있으니 풍속의 성쇠 또한 여기에 달렸다. 이것이 음악의 도(道)가 백성을 다스리는 데 크게 관계되는 이유이다.

① 『이륜행실도』
② 『동문선』
③ 『양화소록』
④ 『동사강목』

**08**

(가)~(라)에 대한 설명으로 옳지 않은 것은?

> (가) 『향약집성방』
> (나) 『농사직설』
> (다) 『칠정산』
> (라) 조선방역지도

① (가) – 현존하는 우리나라 최고(最古)의 의학 서적이다.
② (나) – 우리나라 풍토에 맞는 농법을 정리한 것이다.
③ (다) – 중국의 수시력과 아라비아의 회회력을 참고하여 만든 것이다.
④ (라) – 만주와 대마도를 우리 영토로 표기하였다.

**조선 시대의 통치 기록에 대한 설명으로 옳지 않은 것은?**

① 『국조보감』은 『실록』 중 역대 국왕의 업적 등을 발췌하여 수록한 것이다.

② 『의궤』는 국가 행사의 내용을 정리한 기록으로, 현재 임진왜란 이후에 제작된 『의궤』만 남아있다.

③ 『등록』은 춘추관에서 정기적으로 편찬한 것으로, 국가 정사에 대한 기록을 담고 있다.

④ 『실록』은 왕이 죽은 후에 편찬하는 것이 관례였다.

**10**

**다음과 같은 주장을 한 인물에 대한 설명으로 옳은 것은?**

> 천하의 사물은 반드시 각각 그렇게 되는 까닭이 있고 바로 그렇게 되어야 하는 법칙이 있는데, 그것을 이(理)라고 한다. …… 무릇 모든 사물은 능히 그렇게 되고 반드시 그렇게 되는 것이니, 이는 사물에 앞서 존재한다.

① 『주자대전』을 발췌하여 『주자서절요』를 편찬하였다.

② 서리망국론을 통해 서리의 폐단을 비판하였다.

③ 『성학집요』, 『격몽요결』 등을 저술하였다.

④ 불교와 노장 사상에 대하여 개방적인 태도를 보였다.

**11**

**다음 주장을 한 16세기 인물의 활동으로 옳은 것은?**

> 이(理)가 아니면 기(氣)가 근거할 데가 없으며 기가 아니면 이가 의거할 데가 없다. 이미 두 개의 물건이 아닌 즉, 또한 하나의 물건도 아니다. 하나의 물건이 아니니 하나이면서도 둘이고, 두 개의 물건이 아니니 둘이면서도 하나이다. …(중략)… 이와 기는 서로 떨어지지 않을 수 없으나 묘하게 결합된 가운데 있다.

① 수미법을 주장하였다.

② 예안 향약을 만들었다.

③ 『동몽선습』을 편찬하였다.

④ 군주 스스로 성학을 따를 것을 주장하였다.

**12**

**밑줄 친 '이 탑'이 만들어진 시기의 불교와 관련된 설명으로 옳은 것은?**

> 이 탑은 경천사 10층 석탑을 모방하여 만든 것이다. 당시 왕조의 통치 이념이 불교와 달랐던 관계로 불교계는 대체로 위축되었다. 그럼에도 이런 탑이 만들어지게 된 것은 불교가 왕실로부터 비호를 받은 것과 관련이 있다. 탑의 재질은 대리석이고, 모양은 기단부가 3중의 꺾인 십자형 형태이며, 탑신부는 10층으로 되어 있다.

① 간경도감에서 불교 경전을 간행하였다.

② 왕실의 지원을 받아 화엄종이 융성하였다.

③ 제관과 의통이 남중국에 가서 천태학을 전하였다.

④ 부안 개암사 등 장식성이 강한 사원 건물이 많이 세워졌다.

**13**

조선 시대의 불교 정책에 대한 설명으로 옳지 않은 것은?

① 태종은 사원의 토지와 노비를 몰수하였다.
② 세종은 불교 종파를 선종과 교종으로 정리하였다.
③ 성종은 도첩제를 폐지하여 승려의 출가를 금지하였다.
④ 중종은 승과 제도를 다시 시행하였다.

**14** `고난도 문제`

다음은 조선 시대의 궁궐들이다. (가) ~ (다)에 대한 설명으로 옳지 않은 것은?

(가) 경복궁

(나) 창덕궁

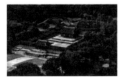

(다) 경희궁

① (가)는 태조 이성계가 창건하였으나 임진왜란 때 불에 탔다.
② (나)는 광해군 때 중건되어 조선의 법궁 역할을 하였다.
③ (다)에는 세종 때 만든 자격루와 간의대가 있다.
④ 건립된 순서대로 나열하면 (가) → (나) → (다)가 된다.

**15**

15~16세기의 건축물을 〈보기〉에서 모두 고르면?

───── ● 보기 ●─────
㉠ 안동 도산 서원
㉡ 강진 무위사 극락전
㉢ 김제 금산사 미륵전
㉣ 논산 쌍계사 대웅전

① ㉠, ㉡          ② ㉠, ㉣
③ ㉡, ㉣          ④ ㉢, ㉣

**16**

밑줄 친 서적이 편찬된 시기의 문화에 대한 설명으로 옳지 않은 것은?

『총통등록(銃筒謄錄)』을 여러 도의 절제사와 처치사(處置使)에게 주고 유시하기를, "이제 『등록』 한 권을 보낸다. 주조하는 방식과 약을 쓰는 기술이 세밀하게 갖춰 실려 있다. 군국에 있어 지극히 중하니, 마땅히 항상 비밀히 감추라."하고, 또 명하여 춘추관에 비장하였다.

① 우리나라의 전쟁사를 정리한 『동국병감』이 편찬되었다.
② 「용비어천가」와 「월인천강지곡」을 한글로 간행하였다.
③ 우리 풍토에 맞는 약재 등을 정리한 『향약구급방』이 편찬되었다.
④ 동양 의학을 집대성한 의학 백과사전인 『의방유취』가 간행되었다.

정답·해설 p.42

## 01

밑줄 친 '임금'의 업적으로 옳은 것은?

> 임금께서 전지하기를 "직전의 폐단이 있다 하기에 대신에게 의논하니, 모두 말하기를, '사대부의 봉록이 적어 직전을 갑자기 혁파할 수 없다' 하므로, 나도 또한 그렇게 여겼는데, 지금 들으니 조정 관원이 그 세(稅)를 지나치게 거두어 백성들이 심히 괴롭게 여긴다 한다." …… 신하들이 아뢰기를, "직전의 세는 관에서 거두어 관에서 주면 이런 폐단이 없을 것입니다. ……" 하였다. 이에 전지하기를, "직전의 세는 소재지의 관청으로 하여금 감독하여 거두어 주게 하라 ……" 하였다.

① 도첩제를 실시하였다.
② 성균관에 존경각을 지었다.
③ 문하부 낭사를 사간원으로 독립시켰다.
④ 이종무로 하여금 쓰시마 섬을 정벌하게 하였다.

## 02

다음 중 조선의 지방 행정 조직에 대한 설명으로 옳은 것은?

> ⊙ 8도 – 관찰사가 파견되어 수령을 감찰하였다.
> ⓒ 부·목·군·현 – 수령이 행정권과 사법권, 군사권 등을 행사하였다.
> ⓒ 유향소 – 성종 때 일시적으로 혁파되었다.
> ⓔ 6방 – 좌수, 별감 등이 중심이 되어 수령을 보좌하였다.

① ⊙, ⓒ
② ⊙, ⓔ
③ ⓒ, ⓒ
④ ⓒ, ⓔ

## 03

다음은 조선 시대에 시행된 군사 체제이다. (가)~(다)에 대한 설명으로 옳은 것은?

> 조선 초기에 시행된 지방 방어 체계인 [ (가) ] 체제는 많은 외적의 침입을 막는 데 어려움이 있어 16세기 후반 [ (나) ] 체제가 수립되었다. 그러나 임진왜란 중에 약점이 드러나자, 다시 [ (가) ] 체제를 복구하고 [ (다) ] 체제로 지방군을 정비하였다.

① (가) – 유사시 각 지역의 군사를 한 곳으로 모아 중앙에서 파견되는 장수가 지휘하였다.
② (나) – 지방군을 육군과 수군으로 나누어 군사 요지인 영과 진에 배치하였다.
③ (다) – 양반에서 노비까지 전 계층이 편제되었다.
④ (가), (나), (다) – 『기효신서』를 바탕으로 편제된 것이었다.

## 04

조선의 수취 제도에 대한 설명으로 옳지 않은 것은?

① 평안도와 함경도에서 수취한 조세는 바닷길을 통해 경창으로 운송되었다.
② 공납에는 정기적인 상공과 부정기적인 별공이 있었다.
③ 성종 때 경작하는 토지 8결을 기준으로 한 사람씩 요역에 동원하도록 하였다.
④ 공법 이전에는 수확량의 1/10을 원칙으로 수취하였는데, 이는 대개 1결당 30두 정도였다.

## 05

다음 (가)에 대한 설명으로 옳지 않은 것은?

> 풍기 군수 이황은 삼가 목욕재계하고 백 번 절 하며 글을 올립니다. ······ 주세붕이 비로소 __(가)__ 을/를 창건할 적에 세속에서 자못 의심했으나, 그의 뜻은 더욱 독실해져 사람들의 비웃음을 무릅쓰고 비방을 물리치면서 전례에 없던 장한 일을 이루었습니다. ······ 최충, 우탁, 정몽주, 길재, 김종직, 김굉필 같은 이가 살던 곳에 __(가)__ 을/를 건립하게 될 것입니다.

① 흥선 대원군에 의해 철폐되었다.
② 수령 보좌를 목적으로 설치되었다.
③ 향촌 사람을 결집시키는 역할을 하였다.
④ 선현에 대한 제사와 인재 교육을 담당하였다.

## 06

밑줄 친 '왕' 재위 시절의 과학 기술의 발달에 대한 설명으로 옳지 않은 것은?

> 왕께서 전제상정소(田制詳定所)에 전지하기를, "토지 결복(結卜)의 개정 및 전품(田品)의 등급과 연분(年分)의 고하(高下)를 분간하여 조세 받는 법을 정하되, 먼저 충청도의 청안·비인과, 경상도의 함안·고령과, 전라도의 고산·광양 등 6개의 고을에 금년부터 시험적으로 시행하고자 하니 그 조건들을 의논하여 올리라" 하였다.

① 윤리서인 『이륜행실도』가 간행되었다.
② 의학 백과사전인 『의방유취』가 편찬되었다.
③ 경자자, 갑인자, 병진자 등의 금속 활자가 주조되었다.
④ 화약 무기의 제작과 그 사용법을 정리한 『총통등록』을 편찬하였다.

## 07

다음과 같이 주장한 인물에 대한 설명으로 옳은 것은?

> 임금된 자의 마음은 만기(滿機)가 연유하는 곳이고, 많은 책임이 모이는 곳인데, 욕심이 서로 침해하면 간사함이 서로 꿰뚫게 됩니다. 조금이라도 태만하고 소홀하면 마음이 무너지니 이를 누가 막겠습니까? 옛 성군은 이를 걱정하였습니다. ······ 스스로 몸과 마음을 다스림은 이같이 엄격한 것이 없습니다. 오만하게 스스로 성자 같은 태도를 취하고 왕공과 수많은 백성들의 추대에 들떠서 방자하니, 이러다가 망하게 된다 한들 괴이한 일이겠습니까?

① 일본 주자학의 발달에 큰 영향을 끼쳤다.
② 양명학과 노장 사상의 영향을 받아 주자의 학설을 비판하였다.
③ 일반민을 도덕 실천의 주체로 인정하고 신분제 폐지를 주장하였다.
④ 6경과 제자백가에서 성리학의 모순을 해결할 사상적 기반을 찾으려고 하였다.

## 08

조선 전기 문화계의 동향으로 옳은 것을 모두 고른 것은?

> ㉠ 진경 산수화와 풍속화가 유행하였다.
> ㉡ 역법으로 선명력을 채택하여 사용하였다.
> ㉢ 『필원잡기』, 『용재총화』와 같은 설화 문학이 쓰여졌다.
> ㉣ 동동, 처용가 등이 한글로 수록된 『악학궤범』이 편찬되었다.

① ㉠, ㉡          ② ㉠, ㉣
③ ㉡, ㉢          ④ ㉢, ㉣

정답·해설 p.45

## 01

다음 자료의 사건과 관련된 사실로 옳은 것은?

> 갑자년에 역적들이 일으킨 반란으로 종묘사직이 위태로웠는데, 난리가 일어나게 된 원인을 깊이 생각해 보니 허물은 실로 나에게 있었다. …… 이후 이웃의 적들이 틈을 엿보는데도 나는 깨닫지 못하여, 반역한 오랑캐들이 서쪽 변방을 갑자기 쳐들어와서 의주의 큰 진(鎭)이 하루아침에 함락되는 바람에 무기와 군량이 모두 적들의 차지가 되었다. 흉도들은 내지를 침범하여 이미 정주를 지났는데 저돌적인 기세를 막을 수가 없었다. …… 여러 의론을 채택하여 강화도로 피난하도록 하였다.

① 사건 직후 소현 세자와 봉림 대군이 인질로 끌려갔다.
② 정봉수와 이립 등이 의병을 일으켜 항전하였다.
③ 압록강과 두만강에 4군 6진을 개척하게 되는 계기가 되었다.
④ 비변사가 상설 기구로 발전하는 계기가 되었다.

## 02

조선의 관리 등용 제도에 대한 설명으로 옳은 것을 모두 고른 것은?

> ㉠ 서얼은 과거 응시가 불가하였다.
> ㉡ 잡과에 응시하기 위해서는 성균관에 입학해야만 했다.
> ㉢ 잡과는 여러 관서의 기술관을 선발한 것으로 초시와 복시만 행해졌다.
> ㉣ 승과는 국초나 명종 때 실시되었다는 기록이 있으나 실제로는 거의 실시되지 않았다.

① ㉠, ㉡   ② ㉠, ㉣
③ ㉡, ㉢   ④ ㉢, ㉣

## 03

밑줄 친 '그'에 대한 설명으로 옳은 것은?

> 그는 타고난 자질이 참으로 아름다웠으나 학문에 충실하지 못하여 시행한 것에 지나침이 있었기 때문에 결국 실패하고 말았다. …… 요순 시대의 임금과 백성같이 되게 하는 것이 아무리 군자의 뜻이라 하더라도 때와 역량을 헤아리지 못한다면 안 되는 것이다. 기묘(己卯)의 실패는 여기에 있었다.
> ― 「퇴계집」

① 「조의제문」을 작성하였다.
② 해주 향약을 만들어 보급하였다.
③ 도교 행사를 주관하던 소격서 혁파를 주장하였다.
④ 『경제문감』을 통해 재상 중심의 정치를 주장하였다.

## 04

다음은 조선 전기의 토지 제도에 대한 내용이다. (가)~(다)에 대한 설명으로 옳은 것을 〈보기〉에서 모두 고르면?

> (가) 국가 재정과 신진 사대부의 경제적 기반을 확보하고자 시행하였다.
> (나) 관료들에게 지급할 토지가 부족해지자 현직 관리에게만 토지를 지급하였다.
> (다) 국가가 그 해의 생산량을 조사하여 조(租)를 거두고 이를 관리에게 나누어 주었다.

— 보기 —
> ㉠ (가)는 관료들에게 전지와 시지를 함께 지급하였다.
> ㉡ (나)가 국가 재정의 악화로 폐지된 이후 관리들에게는 녹봉만 지급되었다.
> ㉢ (다)는 (나)로 인한 폐단을 시정하고자 실시되었다.
> ㉣ (나) - (다) - (가)의 순서대로 실시되었다.

① ㉠, ㉡   ② ㉠, ㉣   ③ ㉡, ㉢   ④ ㉢, ㉣

## 05

다음 (가) 제도에 대한 설명으로 옳은 것을 〈보기〉에서 모두 고르면?

> 과전(科田)은 사대부(士大夫)를 기르는 것입니다. 신(臣)이 듣건대, 장차 　(가)　 을/를 두려고 한다 하지만, 그러나 지금의 관리들은 이미 그 봉록을 먹고서 또 　(가)　 을/를 먹게 되는데, 관직에서 물러난 신하와 무릇 공경 대부의 자손들은 장차 1결(結)의 토지도 가질 수 없게 되니, 이른바 대대로 국록을 주는 뜻에 어긋나는 듯합니다.

> ● 보기 ●
> ㉠ 수신전과 휼양전이 폐지되었다.
> ㉡ 국가에서 직접 세금을 거두어 관리에게 지급하였다.
> ㉢ 현직 관리에게만 조세와 역 징발권을 부여하였다.
> ㉣ 관리들의 수조권 남용이 심화되는 결과를 가져왔다.

① ㉠, ㉡　　　　　　　　② ㉠, ㉣
③ ㉡, ㉢　　　　　　　　④ ㉢, ㉣

## 06

(가)에 대한 설명으로 옳지 않은 것은?

> 1. 여러 사람들은 나이와 덕망과 학술을 지닌 한 사람을 추대하여 도약정으로 삼고, 학문과 덕행을 지닌 두 사람을 부약정으로 삼는다. 　(가)　 의 구성원 중에서 교대로 직월과 사화를 맡는다
> 1. 세 가지 장부를 두어 　(가)　 에 가입하기를 원하는 자들, 덕업이 볼 만한 자들, 과실이 있는 자들을 각각의 장부에 기록한다. 이를 직월이 맡았다가 매번 모임이 있을 때 약정에게 알려서 각각 그 차례를 매긴다.

① 조광조가 (가)의 실시를 주장하였다.
② 향촌에서 사족들의 지위 유지에 기여하였다.
③ 전통적인 공동 조직과 미풍양속을 계승하였다.
④ 오가작통제를 중심으로 지역의 풍속 교화를 담당하였다.

## 07

『국조오례의』가 완성·간행된 왕대의 편찬 사업에 대한 설명으로 옳지 않은 것은?

① 강희맹이 경기 지역의 농사 경험을 토대로 『금양잡록』을 편찬하였다.
② 신숙주가 일본의 사정을 자세하게 소개한 견문록인 『해동제국기』를 편찬하였다.
③ 노사신 등이 『팔도지리지』 등을 참고하여 『동국여지승람』을 편찬하였다.
④ 서거정 등이 고조선부터 고려 말까지의 역사를 유교적 명분론에 입각하여 『동사강목』을 편찬하였다.

## 08

다음은 역법과 관련된 사실들이다. ㉠~㉤을 순서대로 바르게 나열한 것은?

> ㉠ 수시력 도입　　　　㉡ 선명력 도입
> ㉢ 『칠정산』 편찬　　　㉣ 시헌력 도입
> ㉤ 대통력 도입

① ㉠ → ㉡ → ㉢ → ㉣ → ㉤
② ㉡ → ㉠ → ㉤ → ㉢ → ㉣
③ ㉡ → ㉤ → ㉢ → ㉣ → ㉠
④ ㉤ → ㉡ → ㉣ → ㉢ → ㉠

정답·해설 p.47

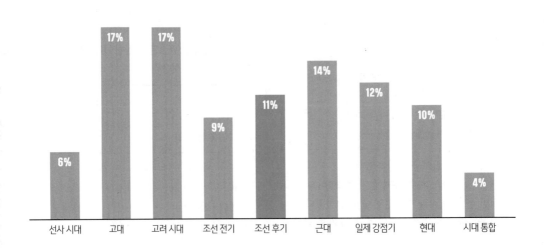

## ▌조선 후기 출제경향

\* 최근 7개년 국가직·서울시·지방직 9급 시험 기준

| 선사 시대 | 고대 | 고려 시대 | 조선 전기 | 조선 후기 | 근대 | 일제 강점기 | 현대 | 시대 통합 |
|---|---|---|---|---|---|---|---|---|
| 6% | 17% | 17% | 9% | 11% | 14% | 12% | 10% | 4% |

# V
# 조선 후기

## 적중개념 출제 순위

## 적중개념 | 1 조선 후기 통치 체제의 변화

(1) 정치 구조의 변화

| | |
|---|---|
| 비변사의 기능 강화 | • 초기: 삼포왜란(중종)을 계기로 임시 회의 기구로 비변사를 설치<br>• 을묘왜변 이후: 독립된 정식 관청이 되면서 상설 기구화<br>• 임진왜란 이후: 모든 정무를 총괄 → 기존의 의정부와 6조 체제가 유명무실해짐, 3정승을 비롯한 고위 관원으로 구성원 확대 |
| 3사의 기능 변질 | 공론보다는 각 붕당의 이해 관계를 대변하며, 상대 세력을 비판하여 견제 |
| 전랑의<br>권한 변질 | • 중·하급 관리 인사권과 후임자 추천권을 행사하며 자기 세력을 확대<br>• 붕당의 대립을 심화시키는 수단으로 이용됨(영조와 정조 때에 권한이 축소됨) |

(2) 군사 제도의 변화

| | |
|---|---|
| 중앙군의 개편 | • 배경: 5위제 기능 상실 → 5군영 설치(정세에 따라 임기응변적으로 설치됨)<br>• 5군영: 훈련도감(선조, 삼수병으로 구성, 직업적 상비군으로 조직), 어영청(인조, 효종 때 수도 방어와 북벌 담당으로 강화됨), 총융청(인조, 이괄의 난 진압 이후 설치, 북한산성과 경기 북부 수비 담당), 수어청(인조, 남한산성 및 경기 남부 수비 담당), 금위영(숙종, 훈련별대와 정초군을 통합하여 기병과 번상병 등으로 구성, 국왕 호위와 수도 수비 담당) |
| 지방군의 체제 변화 | • 배경: 임진왜란 도중 제승방략 체제의 한계가 드러남 → 속오군 체제로 정비하고 진관을 복구<br>• 속오군 편성: 양반에서 노비까지 전 계층으로 구성, 평상시에는 생업에 종사하다가 유사시 전투 동원, 양반들의 군역 회피로 상민과 노비의 부담 가중 |

(3) 통치 체제의 변화

| | |
|---|---|
| 수취 제도 개편 | 전세 → 영정법, 공납 → 대동법, 군역 → 균역법 |
| 향촌 지배 방식 변화 | 수령·향리 중심의 지배 체제(관권 강화), 호패법·오가작통제 강화(농민의 향촌 이탈 방지) |

**붕당 정치의 변질**

| 변질 | | 숙종 때 명목상의 탕평책(편당적인 인사 조치)으로 환국 발생 → 특정 붕당의 권력 독점, 비판적 공존 체제 붕괴 |
|---|---|---|
| 숙종 | 경신환국<br>(1680) | • 원인: 남인인 허적이 왕실용 천막을 무단으로 사용하여 왕의 불신을 샀고, 때마침 서인이 허적의 서자 허견 등의 역모를 고발함<br>• 결과: 남인이 몰락하고 서인 집권(서인이 노론과 소론으로 분열) |
| | 기사환국<br>(1689) | • 원인: 희빈 장씨 아들(경종)의 원자 정호 문제<br>• 결과: 서인(송시열 등)이 처형·축출되고 남인이 정권 장악 |
| | 갑술환국<br>(1694) | • 원인: 남인이 인현 왕후 복위 운동을 빌미로 서인을 제거하려다 실패<br>• 결과: 남인 몰락·서인(소론) 재집권, 서인 내부에서는 남인의 처벌을 두고 노론(강경파)과 소론(온건파)의 갈등이 심화됨 |
| 경종 | 신임사화<br>(1721~1722) | 소론 강경파가 노론이 경종 암살 음모를 꾸미고 있다고 고발하여 김창집, 이이명 등 노론 4대신을 비롯한 노론의 대다수를 제거하고 실권을 장악한 사건(신축옥사·임인옥사) |

**영조의 탕평 정치** 최다출제

| 탕평 정치 | • 완론 탕평: 붕당을 없앨 것을 내세우며 탕평파를 중심으로 정국 운영<br>• 탕평 교서 반포(1725), 성균관 입구에 탕평비 건립(1742), 이조 전랑의 3사 선발권(통청권)·후임자 추천권(자대권) 폐지, 산림의 존재 부정, 서원 정리 |
|---|---|
| 개혁 정치 | • 균역법 시행(1750): 농민의 군포 부담을 2필에서 1필로 경감<br>• 통청윤음(서얼의 청요직 진출 허용)·수성윤음(수도 방위 체제 확립) 발표<br>• 신문고 부활, 청계천 정비(준천사 설치), 삼심제(삼복법) 시행, 노비종모법 실시 |
| 편찬 사업 | 『동국문헌비고』(한국학 백과사전), 『속대전』(법전), 『속오례의』(국가 왕실 의례서), 『(속)병장도설』(군사 훈련 지침서) |
| 한계 | • 붕당 정치의 근본적인 폐단 해결에는 실패 → 이후 노론 중심의 정국 전개<br>• 사도 세자의 죽음(임오화변, 1762)으로 소론이 축출되고 시파와 벽파의 대립 격화 |

---

**단박 체크**

**다음 기출문장을 읽고, 옳으면 O, 틀리면 X를 괄호 안에 쓰세요.**

**01** 비변사는 삼포왜란을 계기로 설치된 임시 관청이며, 1555년 을묘왜변을 계기로 정식 관청이 되었다. (       )

**02** 인조는 훈련도감을 신설하고 포수, 사수, 살수 등 삼수병을 두었다. (       )

**03** '경신환국'의 결과 서인은 송시열을 영수로 하는 노론과 윤증을 중심으로 하는 소론으로 분당되었다. (       )

**04** 서인은 기사환국으로 다시 집권하였다. (       )

**05** 숙종 때 금위영을 발족시켜 5군영 제도가 성립되었다. (       )

**06** 영조 대에 특정 붕당이 정권을 독점하는 일당 전제화의 추세가 대두되었다. (       )

**07** 영조 재위 시기에 장용영이 창설되었다. (       )

**08** 영조는 신문고 제도를 부활시키고 『동국문헌비고』를 편찬하여 문물과 제도를 정비하였다. (       )

**09** 영조는 붕당의 주장이 옳고 그른지를 가리는 적극적인 탕평책을 추진하였다. (       )

[정답] **01** O  **02** X (선조)  **03** O  **04** X (남인)  **05** O  **06** X (숙종)  **07** X (정조)  **08** O  **09** X (정조)

**정조의 탕평 정치**

| 탕평 정치 | 준론 탕평: 각 붕당의 정책에 대한 시시비비를 명백히 밝힘, 영조 때 세력이 커진 척신과 환관을 제거하고, 권력에서 배제되었던 소론과 남인 계열의 시파를 등용 |
| --- | --- |
| 왕권 강화 정책 | • 정치 사상: 군주도통론(산림도통론 부정, 도학의 정통성이 군주에게 있다고 주장), 만천명월주인옹(군주의 초월성 및 애민 사상 강조)<br>• 규장각 설치(1776)<br>  - 왕실 도서관 역할과 문한 기능, 국왕 비서 기능, 정책 자문·경연까지 담당<br>  - 규장각 검서관에 서얼 출신(이덕무, 유득공, 박제가 등) 등용<br>• 장용영 설치(국왕의 친위 부대), 수령의 권한 강화(수령이 군현 단위의 향약을 직접 주관)<br>• 초계문신제 시행(신진 인물이나 중·하급 관리 중 유능한 인사를 재교육)<br>• 수원 화성 건설<br>  - 사도 세자 묘를 수원으로 이전, 정치적·군사적 기능 부여<br>  - 화성 행차 시 격쟁과 상언을 통해 백성들의 의견을 정책에 반영 |
| 경제 정책 | • 신해통공 반포: 육의전을 제외한 시전 상인의 금난전권 철폐, 사상들의 자유로운 상업 활동 보장<br>• 제언절목을 반포하여 저수지 수축 독려 |
| 문물 제도 정비 | • 문물 수용: 청으로부터 『고금도서집성』(중국의 백과사전) 수입<br>• 문체 반정: 신문체 사용 금지(당시 노론이 주로 신문체 사용) → 신문체 대신 고문체를 사용하게 함<br>• 편찬 사업: 『대전통편』(법전), 『동문휘고』(외교 문서 집대성), 『무예도보통지』(종합 무예서), 『일성록』(국왕의 동정과 국정을 기록, 정조의 개인 일기에서 공식 국정 일기로 전환), 『규장전운』(한자 음운 정리서), 『탁지지』(호조 업무 사례집), 『추관지』(형조 업무 사례집), 『홍재전서』(정조의 시문·편지 정리), 『증보동국문헌비고』 편찬, 『자휼전칙』(걸식하거나 버려진 아이들을 위한 구호 법령) 편찬 |
| 한계 | 붕당 자체의 해체 실패, 정조 사후 세도 정치 전개 |

**세도 정치**

| 배경 | | 정조 사후 정치 균형의 붕괴 → 소수 유력 가문에 권력 집중 |
| --- | --- | --- |
| 전개 | 순조 | • 정순 왕후의 수렴청정으로 노론 벽파가 권력을 장악<br>• 정순 왕후 사후, 순조의 장인 김조순을 중심으로 안동 김씨가 권력 장악 |
| | 헌종 | 헌종이 8세의 어린 나이로 즉위하자 외척인 풍양 조씨 가문이 득세 |
| | 철종 | 강화도에 있던 왕족 이원범이 철종으로 즉위하면서 안동 김씨 가문이 다시 집권 |
| 권력 구조 | | • 정치 집단<br>  - 소수 유력 가문이 정치 주도: 왕실의 외척(안동 김씨, 풍양 조씨 등), 산림 또는 관료 가문 중심의 소수 집단이 정권 장악<br>  - 남인·소론 등은 권력에서 배제<br>• 권력 구조의 변화<br>  - 비변사에 권력 집중: 세도 가문이 비변사와 주요 관직 차지<br>  - 왕권 약화, 의정부와 6조 체제 유명무실화 |
| 세도 정치의 폐단 | | • 개혁 의지 상실: 세도 정권은 권력 유지에만 집중, 새로운 정치 질서 확립에 대한 노력 결여<br>• 정치 기강 문란: 과거 시험의 부정 행위와 수령직의 매관매직 등 비리 만연 → 탐관오리와 향리의 수탈이 심화되면서 삼정의 문란도 극심해짐<br>• 백성의 저항: 백성들은 괘서·벽서 등을 통해 불만을 표출하다 이후 민란의 형태로 저항, 홍경래의 난(1811)과 임술 농민 봉기(1862) 발발 |

**조선 후기의 대외 관계**

(1) 청과의 관계

| | |
|---|---|
| **북벌 운동** | • 효종 때 서인의 주도 하에 어영청을 중심으로 군대 양성, 남한산성 복구 등 북벌 추진<br>→ 북벌은 서인의 정권 유지 수단으로 이용됨<br>• 숙종 때 윤휴(남인) 등이 북벌 주장(실패) |
| **북학론** | 17~18세기 청이 문화 국가로 발전 → 청을 배척하기보다 청을 배우자는 북학론 대두 |
| **나선 정벌** | • 배경: 효종 때 청이 러시아 정벌을 위한 원병을 요청하자 조선은 두 차례에 걸쳐 조총 부대를 러시아에 파견<br>• 전개<br>– 제1차 나선 정벌(1654, 효종 5): 변급 외 150여 명이 출전하여 쑹화강(송화강)에서 러시아군 격퇴<br>– 제2차 나선 정벌(1658, 효종 9): 신유 외 200여 명이 출전하여 헤이룽강(흑룡강) 유역에서 러시아군 격퇴 |
| **간도 문제** | • 배경: 청이 만주를 성역화한 상황에서 조선인이 만주에 이주하자 국경 분쟁 발생<br>• 백두산 정계비 건립(1712): 숙종 때 조선과 청이 서쪽으로 압록강, 동쪽으로 토문강을 경계(비문 기록)로 국경을 확정하고 정계비 건립<br>• 간도 귀속 문제 발생: 19세기 후반 토문강의 위치를 놓고 분쟁 발생 → 일본과 청의 간도 협약(1909) 체결로 간도 지역이 청의 영토로 귀속됨 |

(2) 일본과의 관계

| | |
|---|---|
| **기유약조 체결** | 광해군 때 에도 막부의 요구로 기유약조 체결(1609) → 제한된 범위 내에서의 교섭 허용 |
| **통신사 파견** | 에도 막부의 요청으로 1607년에서 1811년까지 총 12회에 걸쳐 통신사 파견 |
| **울릉도와<br>독도 문제** | • 숙종 때 안용복의 활약(일본에 건너가 울릉도와 독도가 조선의 영토임을 확인 받음)<br>• 19세기 말 조선 정부의 울릉도 이주 장려, 울릉도에 관리 파견 |

## 단박 체크

**다음 기출문장을 읽고, 옳으면 O, 틀리면 X를 괄호 안에 쓰세요.**

**01** 정조는 초계문신제를 신설하여 인재 재교육 정책을 추진하였다. (      )

**02** 정조는 친위 부대인 장용영을 설치하여 왕권을 뒷받침하는 군사적 기반을 갖추었다. (      )

**03** 정조는 『대전통편』을 편찬하여 법령을 정비하였다. (      )

**04** 세도 가문들은 의정부와 병조를 권력의 핵심 기구로 삼고 인사권을 장악하였다. (      )

**05** 세도 가문들은 과거 시험의 합격자를 남발하고 뇌물이나 연줄로 인사를 농단하였다. (      )

**06** 숙종 때 청의 정세 변화를 이용하여 송시열을 중심으로 북벌 움직임이 제기되었다. (      )

**07** 청 건국 후 조선과 청은 양국의 모호한 경계를 확정하기 위해 1712년 백두산 정계비를 세웠다. (      )

**08** 조선은 임진왜란 이후 일본으로 통신사를 매년 파견하여 교류하였다. (      )

**09** 숙종 때 안용복이 일본에 가서 울릉도와 우산도가 우리 영토임을 확인받았다. (      )

[정답] **01** O  **02** O  **03** O  **04** X (비변사를 권력의 핵심 기구로 삼음)  **05** O  **06** X (윤휴)  **07** O
**08** X (통신사는 부정기적인 사절단으로, 매년 파견되지 않음)  **09** O

# 엄선기출문제

**01** 다음 관청에 대한 설명으로 옳지 않은 것은?

[2020년 국가직 7급]

> 중앙과 지방의 군국 기무를 모두 관장한다. …(중략)… 도제조(都提調)는 현임과 전임 의정이 겸임한다. 제조는 정수가 없으며, 왕에게 아뢰어 차출하되 이조·호조·예조·병조·형조의 판서, 훈련도감과 어영청의 대장, 개성·강화의 유수(留守), 대제학이 예겸(例兼)한다. 4명은 유사당상(有司堂上)이라 부르고 부제조가 있으면 예겸하게 한다. 8명은 팔도구관당상(八道句管堂上)을 겸임한다. — 『속대전』

① 삼포왜란 중에 상설화되었다.
② 흥선 대원군 집권 시기에 사실상 폐지되었다.
③ 본래 외적의 침입에 대비한 임시 기구였다.
④ 임진왜란을 계기로 군사 및 정무 전반을 관할하였다.

**해설** **비변사** 제시문의 관청은 비변사이다.
① 비변사는 삼포왜란(1510, 중종) 중에 임시 기구로 설치되었으며, 을묘왜변(1555, 명종) 이후 상설 기구화되었다.

**오답분석** ②, ③, ④ 비변사는 삼포왜란 때 왜구 및 여진족의 침입에 대비하기 위한 임시 기구로 설치되었다. 을묘왜변 이후 상설 기구가 된 비변사는 임진왜란 이후에 그 구성원이 더욱 확대되고 권한도 강화되어 조선의 군사와 정무 전반을 관장·처리하는 최고 기구가 되었다. 조선 후기에 비변사로 권한이 집중되자 기존의 의정부-6조 체제는 유명무실화되었고, 이러한 경향은 세도 정치 시기에 더욱 심화되었다. 그러나 고종 즉위 이후 흥선 대원군은 실추된 왕권을 강화하기 위해 비변사를 축소·폐지하고, 의정부와 삼군부의 기능을 부활시켰다.

정답 ①

**02** (가)와 (나) 사이의 시기에 있었던 일로 옳은 것은?

[2020년 지방직 9급]

> (가) 남인들이 대거 관직에서 쫓겨나고 허적과 윤휴 등이 처형되었다.
> (나) 인현 왕후가 복위되고 노론과 소론이 정계에 복귀하였다.

① 송시열과 김수항 등이 처형당하였다.
② 서인과 남인이 두 차례에 걸쳐 예송을 전개하였다.
③ 서인 정치에 한계를 느낀 정여립이 모반을 일으켰다.
④ 청의 요구에 따라 조총 부대를 영고탑으로 파견하였다.

**해설** **경신환국과 갑술환국 사이의 사실** (가)는 경신환국(1680), (나)는 갑술환국(1694)이다.
① 송시열과 김수항 등이 처형당한 것은 기사환국(1689)으로 (가)와 (나) 사이의 시기에 있었던 사실이다. 기사환국은 희빈 장씨 아들(경종)의 원자 책봉 문제로 인해 일어난 환국으로, 남인이 집권하는 계기가 되었다.

**오답분석** 모두 (가) 이전의 사실이다.
② 서인과 남인이 효종의 왕위 계승에 대한 정통성을 둘러싸고 두 차례의 예송 논쟁을 벌인 것은 현종 때이다.
③ 정여립이 모반을 일으킨 것은 선조 때이다. 정여립 모반 사건(1589, 기축옥사)은 정여립이 급진적인 일부 동인과 함께 역성 혁명을 준비하였다는 혐의로 처형되고, 이에 연루된 동인들이 대거 제거된 사건이다.
④ 청의 요구에 따라 조총 부대를 영고탑으로 파견한 것(나선 정벌)은 효종 때이다.

정답 ①

**03** 밑줄 친 '나'가 국왕으로 재위하던 기간에 있었던 일은? [2022년 지방직 9급]

> 팔순 동안 내가 한 일을 만약 <u>나</u> 자신에게 묻는다면 첫째는 탕평책인데, 스스로 '탕평'이란 두 글자가 부끄럽다. 둘째는 균역법인데, 그 효과가 승려에게까지 미쳤다. 셋째는 청계천 준설인데, 만세에 이어질 업적이다. …(하략)…
>
> - 『어제문업(御製問業)』

① 장용영이 창설되었다.
② 나선 정벌이 단행되었다.
③ 홍경래의 난이 발생하였다.
④ 『동국문헌비고』가 편찬되었다.

해설 **영조 재위 기간의 사실** 제시문에서 탕평책과 균역법을 실시하였으며, 청계천을 준설하였다는 것을 통해 밑줄 친 '나'가 영조임을 알 수 있다.
④ 영조 때 우리나라의 역대 문물 제도를 분류하고 정리한 백과사전인 『동국문헌비고』가 편찬되었다.

오답 ① 장용영이 창설된 것은 정조 때이다. 정조는 국왕의 친위 부대인 장용영을 창설하여 왕권을 강화하고자 하였다.
분석 ② 나선 정벌이 단행된 것은 효종 때이다. 효종 때 청의 요청으로 러시아 정벌을 위해 두 차례에 걸쳐 청에 조총 부대를 파견하였다 [1654(1차, 변급), 1658(2차, 신유)].
③ 홍경래의 난이 발생한 것은 순조 때이다. 세도 정치 시기에 평안도 지역의 차별 대우에 반발한 몰락 양반 홍경래가 난을 일으켜 청천강 이북을 점령하였으나, 5개월 만에 관군에 의해 진압되었다.

정답 ④

---

**04** (가)~(라) 국왕 대에 있었던 사실로 옳지 않은 것은? [2022년 국가직 9급]

> 조선 시대 국가를 운영하는 핵심 법전인 『경국대전』은 세조 대에 그 편찬이 시작되어 [ (가) ] 대에 완성되었다. 이후 여러 차례의 전쟁으로 혼란에 빠진 국가 체제를 수습하고 새로운 정치·사회적 변화에 대응하기 위해 법전 정비가 필요하게 되었다. 이에 따라 [ (나) ] 대에 『속대전』을 편찬하였으며, [ (다) ] 대에 『대전통편』을, 그리고 [ (라) ] 대에는 『대전회통』을 편찬하였다.

① (가) – 홍문관을 두어 집현전을 계승하였다.
② (나) – 서원을 붕당의 근거지로 인식하여 대폭 정리하였다.
③ (다) – 사도 세자의 무덤을 옮기고 화성을 축조하였다.
④ (라) – 삼정의 문란을 바로잡기 위해 삼정이정청을 설치했다.

해설 **성종·영조·정조·고종 대의 사실** 『경국대전』이 완성된 것은 (가) 성종 때이고, 『속대전』은 (나) 영조, 『대전통편』은 (다) 정조 때 편찬되었으며, 『대전회통』은 (라) 고종 때 흥선 대원군의 주도로 편찬되었다.
④ 삼정의 문란을 바로잡기 위해 삼정이정청을 설치한 것은 철종 대의 사실이다. 철종 때 삼정의 문란으로 인하여 임술 농민 봉기가 일어나자 조선 정부는 이를 바로잡기 위해 삼정이정청을 설치하였으나 근본적인 해결책을 마련하지는 못하였다.

오답 ① 성종 때 모든 홍문관의 관원이 경연관을 겸하게 하는 등 홍문관의 학술·언론 기능을 강화하였다.
분석 ② 영조 때 붕당의 근거지였던 서원을 대폭 정리하였다.
③ 정조 때 아버지인 사도 세자의 무덤을 수원으로 옮겨 현륭원이라 하고, 수원 화성을 축조하여 정치적·군사적 기능을 부여하였다.

정답 ④

## 01

밑줄 친 '이 기구'에 대한 설명으로 옳지 않은 것은?

> 오늘에 와서 큰 일이건 작은 일이건 중요한 것으로 이 기구에서 취급되지 않는 것이 없는데, 정부는 한갓 헛이름만 지니고 육조는 모두 그 직임을 상실하였습니다. 명칭은 '변방의 방비를 담당하는 것'이라고 하면서 과거에 대한 판하(判下)나 비빈(妃嬪)을 간택하는 등의 일까지도 모두 이 기구를 경유하여 나옵니다.

① 임진왜란 중 상설 기구화되었다.
② 임진왜란 이후 중요 관원들로 구성원이 확대되었다.
③ 세도 정치 시기의 핵심 권력 기구였다.
④ 고종 즉위 후 흥선 대원군에 의해 폐지되었다.

## 02

(가)에 대한 설명으로 옳은 것은?

> 계사년 10월, 거가(임금의 가마)가 환도하니 불타다 남은 너저분한 것들이 성안에 가득하고 …… 이때에 □□(가)□□ 을/를 설치하여 군사를 훈련시키라 명하시고, 나를 도제조로 삼았다. …… 얼마 안 되어 수천 명을 얻어 조총 쏘는 법과 창·칼 쓰는 기술을 가르쳐서 초관(哨官)과 파총(把摠)을 세워서 그들을 거느리고 ……

① 갑사와 정군으로 구성되었다.
② 5군영 중 가장 나중에 설치되었다.
③ 소속 군인 대부분은 일정한 급료를 받는 상비군이었다.
④ 후금의 침입에 대비하여 설치되었으며 효종 때 강화되었다.

## 03

다음 사실들을 일어난 순서대로 바르게 나열한 것은?

> ㉠ 특정 붕당이 정권을 독차지하는 일당 전제화의 추세가 나타났다.
> ㉡ 조대비의 상복 문제로 서인과 남인이 대립하였다.
> ㉢ 이조 전랑직을 둘러싼 갈등을 계기로 사림이 분화되었다.
> ㉣ 정여립 모반 사건과 건저 문제를 계기로 동인이 분열되었다.
> ㉤ 안동 김씨와 풍양 조씨 등의 일부 가문이 고위 관직을 독점하였다.

① ㉠ → ㉢ → ㉣ → ㉡ → ㉤
② ㉡ → ㉠ → ㉤ → ㉢ → ㉣
③ ㉢ → ㉣ → ㉡ → ㉠ → ㉤
④ ㉣ → ㉤ → ㉢ → ㉡ → ㉠

## 04

(가), (나) 붕당에 대한 설명으로 옳은 것은?

> 예조가 아뢰기를, "자의 왕대비께서 선왕의 상에 입어야 할 복제를 결정해야 하는데, □□(가)□□ 은/는 삼년복을 입어야 한다고 하고 □□(나)□□ 은/는 기년복을 입어야 한다고 하니 어떻게 결정해야 할지 모르겠습니다." 라고 하였다. 이에 국왕은 여러 대신에게 의견을 물은 다음 기년복으로 결정하였다.

① (가)의 주도로 인조반정이 일어났다.
② 예송 논쟁 당시 (나)는 왕권을 강화하려는 입장을 보였다.
③ 숙종 때 허견의 역모 사건을 계기로 (가)가 몰락하였다.
④ 효종비의 장례 때 (나)의 주장에 따라 자의 대비의 상복 기간이 결정되었다.

## 05

(가)~(라) 사건에 대한 설명으로 옳은 것을 〈보기〉에서 모두 고른 것은?

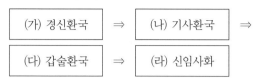

●보기●
- ㉠ (가)의 결과 서인이 집권하였다.
- ㉡ (나)는 희빈 장씨 아들의 원자 정호가 원인이 되어 일어났다.
- ㉢ (다)를 계기로 서인이 노론과 소론으로 분열되기 시작하였다.
- ㉣ (라)는 연잉군의 대리청정 문제 등으로 소론이 대거 제거된 사건이다.

① ㉠, ㉡        ② ㉠, ㉢
③ ㉡, ㉢        ④ ㉡, ㉣

## 06 고난도 문제

(가), (나) 사이 시기에 있었던 사실로 옳은 것은?

(가) 김창집과 이이명 등의 청으로 연잉군을 세워 세제로 삼으니 사람들이 크게 기뻐하였다. 나아가 김창집이 왕세제에게 국정을 대리(代理)하게 할 것을 청하였다. …… 김창집이 체포되어 성주에 이르자 사사하라는 명이 내려졌다.

(나) "아! 과인은 사도 세자의 아들이다. 선대왕께서 종통(宗統)의 중요함을 위하여 나에게 효장 세자를 이어받도록 명하신 것이다. 아! 전일에 선대왕께 올린 글에서 '근본을 둘로 하지 않는 것'에 관한 나의 뜻을 볼 수 있을 것이다."

① 희빈 장씨가 사사되었다.
② 국왕이 기유처분을 발표하였다.
③ 박지원이 『열하일기』를 저술하였다.
④ 평안도에서 홍경래가 반란을 일으켰다.

## 07

영조의 업적으로 옳은 것을 모두 고른 것은?

- ㉠ 만동묘와 전국의 서원을 철폐하였다.
- ㉡ 『속오례의』, 『동국문헌비고』 등을 편찬하였다.
- ㉢ 백성들의 군역 부담을 줄이기 위해 균역법을 시행하였다.
- ㉣ 특권 정치 세력을 배제하고 각 붕당의 옳고 그름을 명백히 가리는 적극적인 탕평책을 추진하였다.

① ㉠, ㉡        ② ㉠, ㉢
③ ㉡, ㉢        ④ ㉢, ㉣

## 08

다음 글을 쓴 왕에 대한 설명으로 옳은 것은?

달은 하나이며 물은 수만이다. 물이 달을 받으므로 앞 시내에도 달이요, 뒤 시내에도 달이다. 달의 수는 시내의 수와 같은데 시내가 만 개에 이르더라도 그렇다. 그 이유는 하늘에 있는 달이 본디 하나이기 때문이다. 달은 본래 천연으로 밝은 빛을 발하며, 아래로 내려와서는 물을 만나 빛을 낸다. 물은 세상 사람이며, 비추어 드러나는 것은 사람들의 상이다. 달은 태극이며, 태극은 바로 나다.

① 명나라 신종을 제사하는 대보단을 설치하였다.
② 『속대전』을 편찬하여 국정 수행의 편의를 도모하였다.
③ 백성의 여론을 정치에 반영하기 위해 신문고 제도를 부활시켰다.
④ 당하관 관료의 재교육을 위해 초계문신제도를 시행하였다.

**09**

밑줄 친 '왕'의 재위 시기에 있었던 일로 옳은 것은?

> 교서관에서 『동문휘고』를 인쇄하여 올렸다.
> 왕이 하교하기를, "『동문휘고』를 인쇄하여 올렸으니 이로부터 공사 간에 흩어진 사대교린의 문자(文字)를 모아서 정리할 수 있게 되었다."

① 금위영이 설치되어 5군영 체제가 완비되었다.
② 통치 체제를 재정리하기 위해 『대전회통』을 편찬하였다.
③ 신해통공을 단행하여 사상들의 자유로운 상업 활동을 보장하였다.
④ 이조 전랑의 후임자 추천권과 3사 관리 추천권을 없앴다.

**10**

다음 사건 이후의 일로 옳은 것은?

> 해도 빛을 잃었다. 임금이 세자와 함께 푸른 옷을 입으시고 서문으로 나가셨다. 성에 있던 사람들이 통곡하니 울부짖는 소리가 하늘에 사무쳤다. …… 신하들이 돗자리 깔기를 청하니 임금께서 말씀하셨다. '황제 앞에서 어찌 감히 자신을 높이리오.' 세 번 절하고 아홉 번 고개를 조아리는 예를 행하시고 성에 오르셔서 서쪽을 향하여 제단 위에 앉으셨다.

① 총융청과 수어청이 설치되었다.
② 강홍립이 이끄는 원군을 명에 파견하였다.
③ 포로의 송환 교섭을 위해 일본에 사신을 파견하였다.
④ 청이 러시아 정벌군을 파병하면서 조선에 원병을 요구하였다.

**11**

밑줄 친 (가), (나)가 가리키는 임금에 대한 설명으로 옳은 것은?

> ○ (가) 임금이 양역을 절반으로 줄이라고 명하셨다. 왕이 말하였다. "호포나 결포는 모두 문제점이 있다. 이제는 1필로 줄이는 것으로 온전히 돌아갈 것이니 경들은 대책을 강구하라."
> ○ 서토(西土)에 있는 자 어찌 억울하고 원통하지 않을 자 있겠는가. 막상 급한 일을 당해서는 …… 과거에는 반드시 서로(西路)의 힘에 의지하고 서토의 문을 빌었으니 400년 동안 서로의 사람이 조정을 버린 일이 있는가. 지금 나이 어린 (나) 임금이 위에 있어서 권세 있는 간신배가 날로 크게 일어난다.

① (가) - 『만기요람』을 편찬하였다.
② (가) - 수성윤음을 반포하였다.
③ (나) - 장용영을 설치하였다.
④ (나) - 공·사노비 제도를 철폐하였다.

**12**

다음 자료에 나타난 시기의 상황으로 옳지 않은 것은?

> 떵떵거리는 수십 집안이
> 대를 이어가며 국록을 먹는다.
> 서로를 돌아가며 싸우고 죽이면서
> 약한 이를 고기 삼아 힘센 놈이 먹어치우네.
> 세력을 휘두르는 대여섯 집안이
> 재상 자리 대감 자리 모두 다 차지하고
> 관찰사 절제사도 완전히 차지하네
>
> – 『여유당전서』

① 비변사가 최고 권력 기구로 자리잡았다.
② 향촌에서는 관권이 약화되고 사족의 권한이 강화되었다.
③ 매관매직으로 임명된 수령의 농민 수탈이 극심하였다.
④ 농민 봉기가 일어나 진주성을 점령하기도 하였다.

## 13

밑줄 친 '왕'의 재위 기간 중에 있었던 사실로 옳은 것은?

> "군정(軍政)은 이미 품처(稟處)를 거쳐 행회(行會)하였는데, 구파(口疤)·동포(洞布) 사이에 각기 편의를 따라서 할 것이 요구됩니다. 전정(田政)은 오로지 다시 양전하는 길뿐인데, 이는 일시에 한꺼번에 할 수 있는 일이 아닙니다. 환곡에 관한 한 가지 일을 지금 바로잡아야 할 정사인데, 환상이라는 이름을 폐지시킨 후에야 비로소 나라를 보존하고 백성을 편안하게 할 수 있습니다. ………왕이 하교하기를, "이정청을 설치한 지 상당히 오래되었는데, 백성을 위한 일념이 더욱 간절하여 마음을 가눌 수가 없었다. … 그러나 충분히 강구하여 기어이 실효가 있게 하라" 하였다.

① 신유박해로 시파 계열을 숙청하였다.
② 성균관 입구에 탕평비를 건립하였다.
③ 서얼의 청요직 진출을 허용하였다.
④ 공노비 중 일부를 양인으로 해방시켜 주었다.

## 14

(가)~(라) 시기에 있었던 역사적 사실로 옳은 것은?

| | (가) | (나) | (다) | (라) |
|---|---|---|---|---|
| 광해군 즉위 | 인조 즉위 | 병자호란 | 기사환국 | 이인좌의 난 |

① (가) – 세견선 감소에 불만을 품은 왜인들이 을묘왜변을 일으켰다.
② (나) – 청의 요청으로 조선은 러시아 정벌에 조총병을 파병하였다.
③ (다) – 조선이 청(후금)과 굴욕적인 형제의 맹약을 맺었다.
④ (라) – 안용복이 일본에 가서 울릉도와 우산도가 우리 영토임을 확인받았다.

## 15

다음 역사적 사실을 순서대로 바르게 나열한 것은?

> ㉠ 인조가 남한산성으로 피난하여 항전하였다.
> ㉡ 북벌 계획에 따라 어영청을 정비하여 화포병과 기병을 늘렸다.
> ㉢ 도성을 수비하기 위해 기병과 훈련도감군의 일부를 주축으로 금위영이 설치되었다.
> ㉣ 이괄이 평안북도에서 반란을 일으켜 한양을 점령하였다.

① ㉠ → ㉡ → ㉢ → ㉣
② ㉠ → ㉢ → ㉡ → ㉣
③ ㉢ → ㉠ → ㉣ → ㉡
④ ㉣ → ㉠ → ㉡ → ㉢

## 16

조선의 대외 관계에 대한 설명으로 옳지 않은 것은?

① 왜란 후 막부의 요청으로 일본에 통신사가 파견되었다.
② 광해군 때 기유약조가 체결되어 일본과 제한된 범위 내에서 교섭이 허용되었다.
③ 호란의 결과 인조 때 백두산 정계비가 건립되어 북방 영토를 청에 빼앗겼다.
④ 숙종 때 청에서 삼번의 난이 일어나자 윤휴 등이 북벌론을 제기하였다.

정답·해설 p.49

# 02 조선 후기의 경제

## 적중개념 출제 순위

| | | | |
|---|---|---|---|
| 1위 | **1** 조선 후기 수취 제도의 개편 | 방납의 폐단, 대동법, 영정법, 균역법, 인징, 족징, 결작, 선무군관포 |
| 2위 | **4** 조선 후기 상품 화폐 경제의 발달 | 도고, 송상, 경강상인, 내상, 장시, 보부상, 객주, 여각, 상평통보 |
| 3위 | **2** 조선 후기 농촌 경제의 변화 | 지주 전호제, 이앙법(모내기법), 견종법, 광작, 도조법 |
| 4위 | **3** 조선 후기 수공업과 광업의 발달 | 공장안, 설점수세제, 덕대, 혈주 |

## 적중개념 | 1 조선 후기 수취 제도의 개편 최다출제

### (1) 영정법(1635, 인조)

| 배경 | 지주 전호제가 일반화되어 대부분의 농민들이 소작농으로 전락, 세종 때 마련된 공법의 적용이 복잡 |
|---|---|
| 내용 | 전세를 풍흉에 관계없이 1결당 미곡 4두~6두로 고정 |
| 한계 | 전세율이 낮아졌으나 농민 대부분이 소작농이었기 때문에 큰 혜택은 없었음, 여러 부가세가 농민에게 전가됨 |

### (2) 대동법(1608, 광해군)

| 배경 | 과중한 공물(공납)의 부담, 특히 방납의 폐단으로 농민의 부담 심화 |
|---|---|
| 내용 | 기존: 가호를 기준으로 현물을 징수 → 변화: 소유한 토지 결수에 따라 쌀(1결당 12두)·삼베·동전 등으로 징수 |
| 운영 | 담당 관청으로 선혜청 설치, 공인이 국가에서 거둔 대동세를 공가로 미리 받아 물품을 사서 국가에 납부 |
| 확대 | 경기도(1608, 광해군) → 강원도(인조) → 충청도(효종)·전라도(연해-효종, 내륙-현종) → 함경도·평안도를 제외한 전국에서 실시(1708, 숙종) |
| 결과 | • 공납의 전세화(토지 소유 정도에 따라 차등 부과), 조세의 금납화(현물 징수를 미곡·포목 등으로 대체)<br>• 지주의 부담은 증가하고, 농민의 부담은 일시적으로 경감됨, 지방 장시·자유 상공업 활성화(관영 < 민영)<br>• 공인의 활동이 활발해지면서 각 지방에 장시가 발달, 상품 화폐 경제의 발달 |
| 한계 | 상공에만 적용, 별공·진상은 존속, 상납미 증가와 유치미 감소로 수령 및 아전들의 농민 수탈 심화 |

### (3) 균역법(1750, 영조)

| 배경 | • 양난 이후 5군영의 성립으로 모병제가 제도화되자 수포군(군역을 대신하여 포를 납부)이 증가<br>• 5군영, 지방의 감영·병영에서 독자적으로 군포 징수 → 장정 한 명에게 중복 징수, 군포의 양을 초과 징수<br>• 군포액의 증가: 임진왜란 이후 납속·공명첩으로 양반 수(면역)가 증가 → 군역 대상자(군포 부담자)가 감소<br>• 군포 수납 과정에서 인징·족징 등의 폐단 발생, 농민 유망의 심화 |
|---|---|
| 내용 | • 기존에 1년에 2필씩 내던 군포를 1필만 부과 → 재정 부족분 발생<br>• 재정 보충책: 결작 부과(1결당 2두), 선무군관포 징수(1년에 1필), 잡세(염세·선박세) 수입을 국고로 전환 |
| 한계 | 일시적으로 농민의 군포 부담이 감소하였으나 지주가 소작농에게 결작을 전가하는 등 농민 부담 가중 |

**조선 후기 농촌 경제의 변화**

**(1) 양반 지주의 경영 변화**

| 지주 전호제 경영 | 양난 이후 지주들은 개간·매입을 통해 토지를 확대하였으며, 이 토지를 소작농에게 빌려주고 소작료를 받는 방식의 지주 전호제로 경영 |
|---|---|
| 지주 – 전호 관계 | 상품 화폐 경제의 발달과 전호(소작농)들의 저항으로 지주들은 전호의 소작권(도지권)을 인정하고 소작료를 낮추거나 정액화, 지주와 전호의 관계가 신분적 예속 관계에서 경제적 계약 관계로 변화 |
| 양반의 계층 분화 | 천석꾼, 만석꾼 등 대지주 등장, 반면 경제 변동 과정에 적응하지 못하여 몰락하는 양반(잔반)도 등장 |

**(2) 농민 경제의 변화**

| 농민들의 노력 | 양난 이후 황폐해진 농토 개간 및 수리 시설 복구, 농기구와 시비법 개량, 새로운 영농 방법 시도 |
|---|---|
| 농업 기술의 발달 | • 견종법의 보급: 농종법(이랑에 씨를 뿌림)이 견종법(고랑에 씨를 뿌림)으로 변화하면서 생산력 증대<br>• 이앙법(모내기법)의 전국적 확대: 남부 일부 지방을 시작으로 이앙법이 점차 전국으로 확산 → 노동력 절감, 벼와 보리의 이모작으로 단위 면적당 생산량 증가, 보리 재배 확대(보리는 수취 대상에서 제외되었기 때문에 소작농들이 선호함) |
| 농업 방식의 변화 | • 광작 실시<br>　- 이앙법의 보급으로 농가의 경작 가능한 농지 면적 증가, 1인당 생산 가능한 경작지의 규모가 확대되어 광작이 성행<br>　- 일부 농민은 경영형 부농으로 성장하였으나, 다수의 소작농들은 소작지를 잃고 임노동자로 전락함<br>• 상품 작물 재배: 쌀, 면화, 채소, 담배, 약초 등 상품 작물을 재배·판매, 쌀의 상품화 현상이 활발해짐<br>• 다양한 작물 생산: 고구마(18세기, 일본)·감자(19세기, 청) 등의 구황 작물 재배, 고추·호박 등 새로운 작물 생산, 인삼·담배(남초, 17세기, 일본)의 재배가 확산되면서 농업 생산 품목 다양화<br>• 농기구의 개량: 쟁기, 호미 등의 농기구 개량, 소를 이용한 쟁기의 사용이 보편화되면서 생산력 증대 |
| 지대(소작료) 납부 방식의 변화 | 타조법(지주가 생산량의 반을 가져가는 지대 납부 방식) 대신 도조법(풍·흉에 관계없이 해마다 일정량의 지대 납부 방식)이 확산됨 |
| 농민층의 계층 분화 | • 부농층: 일부 농민들은 광작 등을 통해 부를 축적하여 부농(지주)으로 성장<br>• 빈농층: 다수의 농민들은 부세의 부담과 지주들의 토지 확대로 소작지를 상실하고 농촌을 떠남<br>　　　　　　→ 이들은 상공업에 종사하거나 임노동자로 전락 |

**단박 체크**

다음 기출문장을 읽고, 옳으면 O, 틀리면 X를 괄호 안에 쓰세요.

**01** 영정법에서는 풍흉에 관계없이 토지 1결당 4~6두의 세금을 징수했다. (　　　)

**02** 대동법의 재정 감소분을 결작 등으로 보충하였다. (　　　)

**03** 대동법의 실시로 정부에 관수품을 조달하는 공인이 등장했다. (　　　)

**04** 이앙법은 직파법보다 풀 뽑는 노동력을 절약할 수 있었다. (　　　)

**05** 조선 후기에 지대 납부 방식이 점차 타조법으로 바뀌었다. (　　　)

**06** 조선 후기 밭농사에서는 농종법이 보급되었다. (　　　)

**07** 조선 후기에는 담배·채소·약재 등을 상품 작물로 재배하여 수익을 올리는 부농이 나타났다. (　　　)

[정답] **01** O　**02** X (균역법)　**03** O　**04** O　**05** X (도조법이 점차 확산)　**06** X (견종법)　**07** O

**조선 후기 수공업과 광업의 발달**

### (1) 민영 수공업의 발달

| | |
|---|---|
| 발달 배경 | • 물품 수요 증대: 상품 화폐 경제 발달로 수공업 제품 생산 활발, 도시의 인구가 급증하여 제품의 수요 증가, 대동법 시행으로 관수품 수요 증가<br>• 관영 수공업 쇠퇴: 16세기 부역제의 해이로 관영 수공업이 제 기능을 못함, 17세기 각 관청 작업장에서 민간 기술자를 고용하기도 함<br>• 납포장 증가: 장인세만 부담하면 비교적 자유롭게 생산 활동에 종사하는 민간 수공업자(납포장)가 증가하여 관영 수공업자의 수가 크게 감소 |
| 선대제 수공업의 발달<br>(17세기 중·후반) | • 생산 방식: 민간 수공업자들은 원료의 구입과 제품의 처분에서 상인 등 자본가에게 의존해야 했음 → 민간 수공업자들은 공인이나 상인으로부터 물품 주문과 함께 자금과 원료를 미리 받아 제품을 생산<br>• 결과: 민간 수공업자들이 제품 생산에 있어 상업 자본의 지배를 받게 됨 |
| 독립 수공업의 발달<br>(18세기 후반) | • 자본을 축적한 수공업자가 독자적으로 종이·화폐 등의 제품을 직접 생산하고 판매함<br>• 18세기 말 정조 때 장인 등록제인 공장안이 폐지됨 |

### (2) 민영 광산의 증가

| | |
|---|---|
| 배경 | 민영 수공업의 발달로 그 원료인 광물의 수요 급증, 청과의 무역 확대로 은의 수요 급증 |
| 광산 정책의 변화 | • 조선 초: 국가가 독점 채굴(사채 금지), 농민들을 부역에 동원하여 채굴<br>• 17세기<br>  – 설점수세제(효종): 정부의 감독 아래 민간인 채굴(사채)을 허용하고 호조의 별장이 세금 징수<br>  – 은광 개발 성행: 은의 수요 급증으로 17세기 말 70여 개소의 은점이 설치됨<br>• 18세기 후반<br>  – 수령수세제(영조): 수령에게 신고·세금 납부하고 광물 채굴, 민영 광산 증가<br>  – 잠채 성행: 몰래 광물을 채굴하는 잠채가 성행함 |
| 광산 경영 방식 | • 경영 전문화: 광산을 경영하는 전문가인 덕대가 상인 물주의 자본을 바탕으로 채굴업자(혈주)·채굴 노동자·제련 노동자 등을 고용하여 광물을 채굴·제련<br>• 작업 과정: 분업(채굴, 운반, 분쇄, 제련)을 토대로 한 협업으로 진행 |

**조선 후기 상품 화폐 경제의 발달**

### (1) 사상의 대두

| | |
|---|---|
| 사상의 성장 | • 배경: 상품 화폐 경제 발달로 사상의 활동이 활발해지면서 시전 상인과의 마찰 심화 → 신해통공을 반포(1791, 정조)하여 육의전을 제외한 시전 상인의 금난전권 철폐 → 사상의 자유로운 상업 활동이 보장됨<br>• 활동<br>  – 활동 영역: 이현(동대문)·칠패(남대문)·송파와 개성·평양·의주·동래<br>  – 지방의 장시들을 연결하고 물화를 교역 |
| 도고 상인의 성장 | 사상을 비롯한 공인(대동법 실시로 관수품을 조달하던 어용 상인)이 독점적 도매 상인인 도고로 성장 |
| 대표적 사상 | • 송상: 개성 중심, 전국에 지점(송방) 설치, 인삼 재배·판매, 청과 일본 간 중계 무역(의주의 만상과 동래의 내상)에 관여<br>• 경강 상인: 한강 중심, 미곡·소금·어물 등의 운송·판매, 선박의 건조 등 생산 분야에 진출<br>• 기타: 유상(평양), 만상(의주, 대청 무역에 참여), 내상(동래, 대일 무역에 참여) |

(2) 장시의 발달

| 장시의 증가 | 15세기 말 남부 지방에서 개설되기 시작하여 18세기 중엽 전국적으로 확대 |
|---|---|
| 장시의 특징 | • 지방민의 교역 장소, 인근 장시와 연계하여 하나의 지역적 시장권 형성<br>• 대표적 장시: 송파장(광주), 강경장(은진), 원산장(덕원), 마산포장(창원) 등 |
| 보부상의 활동 | • 지방 장시를 연결하여 하나의 유통망 형성, 생산자와 소비자를 이어주는 역할<br>• 전국의 장시를 무대로 활동, 자신들의 이익을 지키기 위해 보부상단 결성 |

(3) 포구에서의 상업 활동

| 포구의 발달 | • 15세기에 포구는 세곡·소작료의 운송 기지였으나, 18세기에 이르러 상업 중심지로 성장, 장시보다 큰 규모<br>• 대표적 포구: 칠성포, 강경포, 원산포 |
|---|---|
| 포구 상인 | • 선상의 활동: 전국의 포구를 하나의 유통망으로 형성, 각 지방에서 구입한 물품을 포구에서 처분, 경강 상인(운송업에 종사하다 거상으로 성장)이 대표적<br>• 객주·여각의 발달: 선상이 가져 온 상품의 매매·중개, 운송·보관·숙박·금융업 종사 |

(4) 대외 무역의 발달

| 대청 무역 | • 발달 시기: 17세기 중엽부터 활발하게 전개<br>• 무역 형태: 공무역인 개시와 사무역인 후시 활발, 의주의 만상이 주도<br>• 교역품: 은·종이·무명·인삼 등을 수출하였고, 비단·약재·문방구 등을 수입함 |
|---|---|
| 대일 무역 | • 발달 시기: 17세기 이후 관계가 점차 정상화되면서 대일 무역 성행<br>• 무역 형태: 왜관 개시를 통한 공무역과 왜관 후시를 통한 사무역 전개, 동래의 내상이 주도<br>• 교역품: 인삼, 쌀, 무명 등을 수출하였고, 은·구리·황·후추 등을 수입함 |

(5) 화폐의 유통

| 배경 | 상공업이 발달함에 따라 교환의 매개로서 동전(상평통보)이 전국적으로 유통 |
|---|---|
| 상평통보의<br>주조·유통 | • 인조: 상평청에서 동전(조선통보, 상평통보 등) 주조, 개성 등을 중심으로 통용<br>• 효종: 서울 및 일부 지방에서 유통<br>• 숙종: 상평통보를 법화로 채택하여 전국적으로 유통 확대 |
| 전황 발생 | 지주나 대상인들이 화폐를 고리대나 재산 축적 수단으로 이용 → 전황(화폐 유통량의 부족 현상) 발생 |
| 신용 화폐 등장 | 환·어음 등의 신용 화폐가 점차 보급되어 대규모의 상거래에 이용됨 |

---

## 단박 체크

**다음 기출문장을 읽고, 옳으면 O, 틀리면 X를 괄호 안에 쓰세요.**

**01** 조선 후기에는 상인 자본이 장인에게 돈을 대는 선대제가 성행하였다. (        )

**02** 정조는 신해통공을 반포하여 육의전의 금난전권을 폐지하였다. (        )

**03** 조선 후기의 광산 경영 전문가인 덕대는 대개 상인 물주에게 자본을 조달받았다. (        )

**04** 조선 후기에는 상품 화폐 경제의 발달로 쌀을 비롯하여 인삼, 면화, 고추 등의 상품 작물을 재배하였다. (        )

**05** 조선 후기 동래의 내상은 선박의 건조 등 생산 분야에까지 진출하였다. (        )

**06** 조선 후기 객주나 여각은 상품의 매매를 중개하고, 숙박, 금융 등의 영업도 하였다. (        )

[정답] **01** O  **02** X (육의전을 제외한 시전 상인의 금난전권 폐지)  **03** O  **04** O  **05** X (경강 상인)  **06** O

**01** 〈보기 1〉에서 나타나는 폐단을 해결하기 위한 정책과 관련하여 바르게 서술한 것을 〈보기 2〉에서 모두 고른 것은?

[2022년 서울시 9급(6월 시행)]

●보기 1●

　여러 도감에 바치는 물품은 각 고을에서 현물로 바치려고 해도 여러 궁방에서 방납하는 것을 이롭게 여겨 각 고을에다 협박을 가하여 손을 쓸 수 없도록 합니다. 그러고는 그들의 사물(私物)로 자신에게 납부하게 하고 억지로 높은 값을 정하는데 거위나 오리 한 마리의 값이 소나 말 한 마리이며 조금만 시일을 지체하면 갑절로 징수합니다.
　　　　　　　　　　　　　　　　　　　　　　　　　　　　　　　　　　　　　　　　　　－『선조실록』

●보기 2●

　㉠ 풍흉에 관계없이 토지 1결당 4~6두의 세금을 징수했다.
　㉡ 공물을 토지의 결수에 따라 쌀, 무명, 동전 등으로 납부하게 했다.
　㉢ 이 정책의 실시로 정부에 관수품을 조달하는 공인이 등장했다.

① ㉠　　　　　　② ㉡　　　　　　③ ㉠, ㉡　　　　　　④ ㉡, ㉢

해설　**대동법** 제시문은 방납의 폐단에 대한 내용으로, 이를 해결하기 위해 실시한 정책은 대동법이다.
　㉡ 대동법은 기존의 현물(가호 기준) 대신 소유한 토지 결수에 따라 쌀(1결당 12두)·삼베·무명·동전 등으로 납부하게 한 법이었다.
　㉢ 대동법의 실시로 왕실과 관청 등 정부에서 필요한 관수품을 구해 조달하는 공인이 등장하였다.

오답
분석　㉠ 풍흉에 관계없이 토지 1결당 미곡 4~6두의 세금을 징수한 것은 인조 때 실시한 영정법이다.

정답 ④

**02** 다음 정책을 시행한 시기를 시대순으로 바르게 나열한 것은?

[2020년 국가직 7급]

　(가) 경기도에 처음으로 대동법을 시행하였다.
　(나) 종래 상민에게만 거두었던 군포를 양반에게도 징수하였다.
　(다) 풍년과 흉년에 관계없이 전세를 고정시키는 영정법을 시행하였다.
　(라) 신해통공으로 육의전을 제외한 시전의 금난전권을 폐지하였다.

① (가) → (다) → (라) → (나)　　　　　② (가) → (라) → (나) → (다)
③ (다) → (가) → (라) → (나)　　　　　④ (다) → (라) → (나) → (가)

해설　**조선 후기의 경제 정책**
　① 순서대로 나열하면 (가) 대동법 최초 실시(광해군) → (다) 영정법 실시(인조) → (라) 신해통공 반포(정조) → (나) 호포제 실시(고종, 흥선 대원군)가 된다.
　(가) 대동법은 광해군 때 경기도에서 처음 실시되었고, 숙종 때에 이르러 전국적으로 확대 실시되었다.
　(다) 인조 때 풍흉에 관계없이 전세를 토지 1결당 4~6두로 고정하여 수취하는 영정법을 시행하였다.
　(라) 정조는 신해통공을 반포하여 육의전을 제외한 시전 상인의 금난전권을 폐지하였다.
　(나) 흥선 대원군은 국가 재정의 확충을 위해 상민에게만 거두던 군포를 양반에게도 징수하는 호포제를 실시하였다.

정답 ①

**03** 다음 농법의 결과로 나타난 현상으로 옳지 않은 것은?　　　　　　　　　　　　　　　[2018년 법원직 9급]

> 　가물 때도 마르지 않는 무논을 가려 2월 하순에서 3월 상순까지에 갈아야 한다. 그 무논의 10분의 1에 모를 기르고 나머지 9분에는 모를 심을 수 있게 준비한다. 먼저, 모를 기를 자리를 갈아 법대로 잘 다듬고 물을 빼고서 부드러운 버드나무 가지를 꺾어다 두텁게 덮은 다음 밟아 주며, 바닥을 볕에 말린 뒤 물을 댄다. …… 모가 4촌(寸) 이상 자라면 옮겨 심을 수 있다.

① 농민 수입의 증가로 농촌 내 빈부 격차가 줄어들었다.
② 농사에 필요한 노동력이 절감되어 광작이 가능해졌다.
③ 벼·보리의 이모작이 가능해져 보리 농사가 성행하였다.
④ 머슴을 고용하여 농토를 직접 경영하는 지주가 생겨났다.

해설　**이앙법의 결과** 제시문의 농법은 이앙법(모내기법)이다.
① 이앙법의 시행 결과 농민의 빈부 격차가 심화되었다. 이앙법의 시행으로 일부 농민이 부농층으로 성장한 반면에, 일부 농민은 토지를 잃고 소작농이나 임노동자로 전락하였다.

오답
분석　② 이앙법의 시행으로 김매기에 필요한 노동력이 절감되면서 넓은 토지를 경영하는 광작이 가능해졌다.
③ 이앙법의 시행으로 볍씨를 키우는 동안 농지에서 보리를 키울 수 있게 되면서 벼와 보리의 이모작이 가능해졌다.
④ 이앙법의 시행으로 농사에 필요한 노동력이 절감되면서 지주들이 소작을 주는 대신 노비를 이용하거나 머슴을 고용하여 농토를 직접 경영하는 경우가 많아졌다.

정답 ①

---

**04** 조선 후기 사회 경제적 변동에 대한 설명으로 옳은 것만을 모두 고르면?　　　　　　　[2019년 지방직 7급]

> ㉠ 박지원의 『과농소초』와 서호수의 『해동농서』 등을 비롯한 여러 농서가 편찬되었다.
> ㉡ 담배 · 채소 · 약재 등을 상품 작물로 재배하여 수익을 올리는 부농이 나타났다.
> ㉢ 청으로부터 유황 · 구리 등을 수입하여 일본에 수출하였다.
> ㉣ 지대 납부 방식이 도조법에서 타조법으로 전환되었다.

① ㉠, ㉡　　　　　　　　　　　　　　　② ㉠, ㉢
③ ㉡, ㉣　　　　　　　　　　　　　　　④ ㉢, ㉣

해설　**조선 후기 사회 경제적 변동**
㉠ 조선 후기에 박지원의 『과농소초』, 서호수의 『해동농서』 등의 농서가 편찬되었다.
㉡ 조선 후기에는 담배·채소·약재 등 상품 작물을 재배하여 수익을 올리는 부농이 나타났다.

오답
분석　㉢ 유황, 구리는 일본에서 수입한 상품이다. 조선 후기에 일본으로부터 은, 구리, 유황 등을 수입하고 일본에 인삼, 쌀, 무명 등을 수출하였다.
㉣ 조선 후기에는 지대 납부 방식이 일정 비율로 소작료를 납부하는 타조법에서 일정 액수로 소작료를 납부하는 도조법으로 전환되었다.

정답 ①

## 01

(가) 제도에 대한 설명으로 옳은 것은?

> 호조가 아뢰기를, " (가) 을/를 경기 지방에 실시한 지 지금 20년이 되어 가는데, 백성들이 매우 편하게 여기고 있습니다. 팔도 전체에 통용시키면 팔도 백성들이 그 혜택을 받을 수 있을 텐데, 폐조 때에는 각 관청의 아전들과 이익을 독점하는 세가(勢家)가 온갖 방법을 동원하여 저지시켰으므로, 그 편리한 점을 알면서도 시행하지 못한 지 오래입니다." 하였다.
> ─ 「인조실록」

① 호(戶)를 기준으로 세금이 부과되었다.
② 공인이 등장하는 계기가 되었다.
③ 인징과 족징 등의 폐단을 시정하기 위해 시행되었다.
④ (가) 실시 이후 현물 징수가 완전히 사라졌다.

## 02

다음은 조선 후기의 수취 제도와 관련된 설명이다. ㉠~㉣을 순서대로 바르게 나열한 것은?

> ㉠ 경기도에 대동법을 실시하였다.
> ㉡ 조세 액수를 풍흉에 관계없이 4~6두로 고정하였다.
> ㉢ 군포 부과액이 2필에서 1필로 감소하였다.
> ㉣ 대동법을 전국적으로 확대 실시하였다.

① ㉠ ─ ㉡ ─ ㉢ ─ ㉣
② ㉠ ─ ㉡ ─ ㉣ ─ ㉢
③ ㉡ ─ ㉠ ─ ㉢ ─ ㉣
④ ㉡ ─ ㉠ ─ ㉣ ─ ㉢

## 03

밑줄 친 (가)에 해당하는 정책에 대한 설명으로 옳은 것은?

> "군포는 나라의 반쪽이 원망하고 호포는 한 나라가 원망할 것이다. 그러나 민심은 진정을 시켜야지 선동을 해서는 안 된다. 지금 내가 어탑에 앉지 않는 것은 마음에 겸연한 바가 있어서 그러한 것이다. 경 등은 알겠는가? 호포나 결포나 모두 구애되는 단서가 있기 마련이다. 이제 1필은 감하는 정사로 온전히 돌아가야 할 것이니, (가)1필을 감한 대체를 경 등은 잘 강구하라." 하였다.

① 호포법을 시행하여 양반들도 군포를 부담하게 하였다.
② 일부 부유한 평민층에게 선무군관이라는 칭호를 주고 군포를 거두었다.
③ 민간의 광산 개발 참여를 허용하는 대신 세금을 거두었다.
④ 수공업자들에게 생산품의 자유로운 판매를 허용해 주는 대가로 세금을 거두었다.

## 04

밑줄 친 '이 농법'의 확산으로 인해 나타난 현상으로 옳은 것을 〈보기〉에서 모두 고르면?

> 논농사가 특히 한해(寒害)를 입는 것은 파종하는 방법을 버리고 오직 이 농법만을 숭상하기 때문입니다. 이것은 옛날에는 없던 방법으로 우리나라에서는 남도에서 시작되어 다른 도가 모두 본받아 이제는 보편적인 방법이 되었습니다.

— 보기 •
> ㉠ 양반 지주들이 소작지를 확대하였다.
> ㉡ 이모작이 가능해져 한 농지에서 벼와 함께 보리가 재배되었다.
> ㉢ 생산력이 향상되어 농촌 내 빈부 격차가 줄어들었다.
> ㉣ 농사에 필요한 노동력이 절감되어 광작이 유행하였다.

① ㉠, ㉡
② ㉠, ㉢
③ ㉡, ㉣
④ ㉢, ㉣

## 05

다음 상황이 나타난 시기의 경제 모습으로 옳은 것은?

> 정존겸이 아뢰기를, "저자의 백성들이 도성에 전황(錢荒)이 든 것을 근래의 큰 폐해로 여기고 있습니다. 폐해를 구제하는 방도는 오직 돈을 주조하는 것에 있는데, 다만 매우 큰 역사여서 경솔하게 의논할 수 없습니다."라고 하였다. …(중략)… 김화진·서유린 등이 말하기를, "전황의 폐해를 구제하는 것은 돈의 주조만한 것이 없는데, 진실로 물력을 조치하여 마련하기가 어렵습니다."라고 하였다. 존겸이 다시 더 확실하게 알아보고 처리하기를 청하였다.

① 민간인에 의한 은광 개발이 금지되었다.
② 삼한통보, 해동통보 등의 화폐가 만들어져 유통되었다.
③ 공인 중 일부가 독점적 도매 상인인 도고로 성장하기도 하였다.
④ 『양화소록』을 통해 고추 등 상품 작물의 재배법이 소개되었다.

## 06

다음 자료에 나타난 시기의 상업 활동에 대한 설명으로 옳은 것은?

> 이현과 칠패는 모두 난전이다. 도고 행위는 물론 집방하여 매매하는 것이 어물전의 10배에 이르렀다. 또 이들은 누원점의 도고 최경윤, 이성노, 엄차기 등과 체결하여 동서 어물이 서울로 들어오는 것을 모두 사들여 쌓아두었다가 이현과 칠패에 보내서 난매(亂賣)하였다.
> ─ 『각전기사』

① 부산의 왜관에서 팔포 무역이 행해졌다.
② 신해통공으로 육의전의 금난전권이 폐지되었다.
③ 송상은 의주를 중심으로 중국과의 무역을 주도하였다.
④ 보부상 및 선상의 활약으로 전국이 하나의 유통망으로 연결되어 갔다.

## 07

다음 자료에 나타난 시기의 경제 상황으로 옳은 것을 〈보기〉에서 모두 고른 것은?

> 이른 새벽 보슬비에 담배 심기 참 좋다네 담배 모종 옮겨다가 울 밑 밭에 심어 보세 금년 봄엔 가꾸는 법, 영양법을 배워 들여 황금같은 잎담배를 팔아 일 년 살아보세

─● 보기 ●─
㉠ 지대 납부 방식으로 도조법이 확산되었다.
㉡ 벽란도가 국제 무역항으로 크게 번성하였다.
㉢ 상업이 활발해지면서 고액 화폐인 활구가 주조되었다.
㉣ 덕대가 물주의 자본을 바탕으로 노동자를 고용하여 광산을 경영하였다.

① ㉠, ㉢　　　　　② ㉠, ㉣
③ ㉡, ㉢　　　　　④ ㉢, ㉣

## 08

다음 자료에 나타난 시기의 경제 상황에 대한 설명으로 옳지 않은 것은?

> 여러 관청 중에서 내자시, 사도시, 예빈시, 제용감 등은 소속 장인이 없어졌다. 그 밖의 여러 관청들은 장인의 종류도 서로 달라졌고, 정해진 인원도 상당히 들쭉날쭉하였다. 그리고 장인들을 공조에 등록하던 규정들은 점차 폐지되어 시행되지 않고 있다.
> ─ 『대전통편』

① 수공업자들이 모여 사는 마을인 점촌이 발달하였다.
② 객주와 여각에서 거래를 중개하는 거간이 등장하였다.
③ 밭농사에서 2년 3작의 윤작법이 보급되기 시작하였다.
④ 대규모 상거래에서 동전 대신 환과 어음 등의 신용 화폐를 사용하였다.

정답·해설 p.52

# 03 조선 후기의 사회

## 적중개념 **1** 조선 후기 사회 구조의 변동 [최다출제]

### (1) 신분제의 동요

| 양반층의 분화 | • 붕당 정치의 변질로 일당 전제화 전개<br>• 권력을 잡은 일부 양반(권반)을 제외한 다수의 양반이 몰락 → 향반과 잔반으로 분화 |
|---|---|
| 상민·노비 수 감소 | 부를 축적한 부농층의 신분 상승으로 양반의 수는 증가하고, 상민과 노비의 수는 감소 |

### (2) 중간 계층의 신분 상승 운동

| 서얼의<br>신분 상승<br>운동 | • 배경: 임진왜란 이후 서얼에 대한 차별 완화, 정부의 납속책 실시와 공명첩 발급 등을 통해 관직에 진출<br>• 내용: 서얼 통청 운동 전개(영·정조 때 허통·통청·후사권을 요구하는 신분 상승 운동과 집단 상소 운동 전개)<br>• 결과: 정조 때 유득공, 이덕무, 박제가 등의 서얼 출신이 규장각 검서관으로 등용됨, 철종 때 서얼의 완<br>전한 청요직 진출이 허용됨(신해허통) |
|---|---|
| 기술직<br>중인의<br>신분 상승<br>운동 | • 배경: 서얼의 신분 상승 운동에 영향을 받음 → 축적한 재산과 실무 경험을 바탕으로 신분 상승 추구<br>• 내용: 철종 때 대규모의 소청(통청) 운동 전개<br>• 결과: 신분 상승 운동은 실패했으나, 향촌 사회에서 재력을 바탕으로 성장<br>• 활약: 중인 중에서도 역관들은 서학을 비롯한 외래 문화 수용에 선구적 역할을 수행함 |

### (3) 노비의 해방

| 노비의<br>신분 상승 | • 신분 상승: 군공과 납속을 통해 신분 상승, 신공의 부담에서 벗어나기 위해 도망, 재물을 바치고 합법적<br>으로 신분 상승(속량)<br>• 국가의 노비 시책: 노비종모법으로 어머니가 양인이면 양인이 됨 |
|---|---|
| 공노비 해방 | 공노비의 도망·합법적 신분 상승 등으로 노비안에 이름만 있을 뿐 신공을 받을 수 없게 됨<br>→ 순조 때 내수사를 비롯한 각 궁방과 중앙 관서의 공노비 6만 6,000여 명을 해방시킴(모든 공노비 X) |
| 노비제 폐지 | 1886년 공·사노비의 세습제 폐지 → 1894년 제1차 갑오개혁 때 공·사노비제가 법적으로 일체 폐지됨 |

**적중개념 | 2 조선 후기 가족·혼인 제도의 변화**

**(1) 가족 제도의 변화**(부계와 모계가 함께 영향을 미치는 형태에서, 점차 부계 위주의 형태로 변화)

| 조선 초기~중기 | 남귀여가혼(처가살이), 자녀 균분 상속, 제사의 책임 분담, 호적 연령순 기재, 여성 호주 가능, 친손과 외손 구별 없이 모두 기재(족보) |
|---|---|
| 조선 후기<br>(17세기 이후) | 부계 중심의 가족 제도 확립, 친영 제도 정착, 장자 중심의 제사와 상속제 확산, 양자를 들이는 것이 일반화됨(이성불양의 원칙 적용), 여성 호주 금지 |

**(2) 혼인 제도**

| 혼인 형태 | 일부일처제가 기본이나 축첩제 허용, 부인과 첩을 엄격하게 구분(적서 차별, 첩의 자식은 과거 응시·제사·상속 등에서 차별을 받음) |
|---|---|
| 혼인 연령 | 법적으로 남자는 15세, 여자는 14세에 혼인할 수 있었음 |

**적중개념 | 3 조선 후기 향촌 사회의 변화**

| 양반의 향촌<br>지배력 약화 | • 향촌 질서의 변화: 일부 평민과 천민이 재산을 모아 부농층(요호부민)이 되어 향촌에서 영향력을 키운 반면, 양반이 임노동자로 전락하는 경우도 증가<br>• 양반의 향촌 지배력 강화 노력: 향안과 청금록 작성, 족보 제작, 촌락 단위의 동약을 실시하고 동족 마을 형성, 서원과 사우(사당) 건립 |
|---|---|
| 부농층의<br>도전 | • 배경: 정부가 재정 확보를 위해 납속·향임직 매매 허용 → 부농층이 합법적으로 신분 상승을 할 수 있게 됨<br>• 전개: 수령을 중심으로 한 관권과 결탁 → 향안에 이름을 올리고 향회를 장악, 향촌 사회에 영향력 행사<br>• 활동: 향임직에 진출하여 정부의 부세 제도 운영에 적극 참여하며 향촌 사회에서 영향력을 행사하였으나, 향촌 지배에 참여하지 못한 부농층도 여전히 많았음 |
| 향전의<br>발생 | • 배경: 향촌 운영을 둘러싸고 구향(기존에 향촌 사회를 지배하던 재지 사족)과 신향(부농층을 비롯하여 향촌에서 소외당한 양반·서얼·중인층이 포함된 세력)의 대립이 격화되어 향권을 둘러싸고 향전 발생<br>• 전개: 신향은 수령과 타협적인 관계를 유지하면서 향촌 사회를 장악, 이에 반해 구향은 촌락 단위로 동약을 실시하고 족적 결합을 강화하여 향촌 내에서의 입지를 유지하고자 함<br>• 결과: 수령과 향리들의 세력이 강해지며 농민에 대한 수탈이 강화됨, 향회가 수령의 부세 자문 기구로 전락 |

---

**단박 체크**

**다음 기출문장을 읽고, 옳으면 O, 틀리면 X를 괄호 안에 쓰세요.**

**01** 조선 후기 서얼은 수차례에 걸친 집단 상소를 통해 관직 진출의 제한을 없애줄 것을 요구하였다. (　　　)

**02** 조선 후기 서얼의 신분 상승 운동은 중인에게 자극을 주었다. (　　　)

**03** 조선 후기에는 납속책의 실시와 공명첩의 발행 등을 통해 신분의 변동이 심해졌다. (　　　)

**04** 조선 후기에 혼인은 친영제에서 남귀여가혼으로 변화되었고, 재산은 균등하게 상속되었다. (　　　)

**05** 조선 후기에 재지 사족은 동계와 동약을 통해 향촌 사회에 대한 영향력을 유지하려 하였다. (　　　)

**06** 조선 후기에 수령은 경재소와 유향소를 연결하여 지방 통치를 강화하였다. (　　　)

**07** 조선 후기 신향층은 수령과 그를 보좌하는 향리층과 결탁하였다. (　　　)

[정답] **01** O **02** O **03** O **04** X (친영제 정착, 재산 상속 시 큰아들 우대) **05** O **06** X (경재소는 선조 때 폐지) **07** O

| 배경 | • 이앙법 확산과 광작의 실시, 영농 방법 개선으로 부를 축적한 농민 등장<br>• 대동법과 균역법의 효과 미흡, 부세의 증가로 몰락하는 농민 증가 |
|---|---|
| 분화 | • 농민 일부: 경영형 부농으로 성장, 상공업자로 전환<br>• 농민 다수: 소작농으로 전락, 농촌을 이탈하여 생계 유지를 위해 도시나 광산의 임노동자가 됨<br>　　　　　→ 정부는 호패법·5가작통법 등으로 농민을 통제 |

**적중개념 | 5 사회 변혁의 움직임**

**(1) 사회 불안의 심화**

| 정치 기강 문란 | 19세기 세도 정치의 폐단(매관매직), 탐관오리의 탐학과 횡포로 농민의 생활이 더욱 악화됨 |
|---|---|
| 사회 동요 | 지배층과 농민층의 갈등 심화로 양반 중심의 지배 체제가 무너지고, 삼정의 문란 등으로 농민 생활이 파탄 |
| 도적의 출현 | • 화적: 수십 명씩 무리 지어 지방의 토호·부상 공격<br>• 수적: 배를 타고 강·바다를 무대로 조운선·상선 약탈 |
| 불안 고조 | 재난과 질병이 발생하고 연해에 이양선까지 출몰하여 민심이 불안하였음 |
| 농민 의식 성장 | 농민 의식이 성장 → 기존의 소청, 괘서, 벽서 등의 소극적인 항거에 그치지 않고 농민 봉기와 같은 적극적인 항거가 전개되었음 |

**(2) 예언 사상의 대두**

| 예언 사상 유행 | 비기·도참설을 이용하여 말세의 도래, 왕조의 교체, 변란의 예고 등의 낭설이 횡행하였고, 특히 『정감록』이 널리 유행하였음 |
|---|---|
| 무격·미륵 신앙 유행 | 현세에서 얻지 못하는 복을 무격(무당) 신앙에서 구하고자 하였고, 일부 무리들은 미륵불을 자처하며 미륵 신앙을 유포하였음 |

**(3) 농민의 항거**

| 배경 | | 탐관오리의 부정과 탐학이 심화된 상황에서 삼정의 문란으로 농민 수탈이 강화됨 | |
|---|---|---|---|
| 농민의 항거 | | • 소극적 저항: 초기에 소청·벽서·괘서 등의 소극적인 형태로 저항 → 그러나 그들의 의견이 수용되지 않고 수탈이 심화되자 점차 집단 항의 시위, 농민 봉기와 같은 적극적인 형태의 저항을 전개<br>• 농민 봉기 | |
| | 구분 | 홍경래의 난(1811, 순조) | 임술 농민 봉기(1862, 철종) |
| | 배경 | 평안도 지역에 대한 차별 대우(중앙 진출 제한, 상공업 활동 억압) | 삼정의 문란(특히, 환곡의 폐단) + 경상우병사 백낙신의 수탈 |
| | 중심<br>세력 | 몰락 양반 홍경래의 지휘 + 영세 농민, 중소 상인, 광산 노동자 합세 | 몰락 양반 유계춘 중심 |
| | 전개 | 처음 가산에서 봉기 → 청천강 이북 지역 장악 → 정주성에서 5개월 만에 관군에 의해 진압됨 | 경상도 단성 봉기에 자극 → 유계춘 중심으로 진주에서 봉기하며 진주성 점령 → 전국적 확산(함흥~제주) |
| | 결과 | 관리들의 부정과 탐학이 지속됨 | 박규수를 안핵사로 임명, 삼정이정청 설치<br>(박규수의 건의 → 얼마 지나지 않아 폐지됨) |

## (1) 천주교의 전파

| 전파 및 확산 | • 전파: 중국에 다녀온 우리나라 사신들에 의해 학문(서학)으로 소개됨(『지봉유설』·『천주실의』소개)<br>• 확산: 남인 계열 실학자(이가환 등)에 의해 신앙으로 수용(18세기 후반) → 백성들 사이에서 인간 평등의 논리·내세 신앙의 교리에 대한 공감을 이끌며 점차 확산됨 |
|---|---|
| 탄압 | • 을사 추조 적발 사건(정조, 1785): 이승훈, 이벽 등이 김범우의 집에서 미사를 드리다가 발각된 사건으로, 김범우만 유배형에 처해짐(천주교에 관대)<br>• 신해박해(정조, 1791): 진산 사건(윤지충 모친상 당시 신주를 불사르고 천주교식으로 장례를 치른 사건)으로 윤지충, 권상연 처형(2명만 처형, 대대적인 박해는 이루어지지 않음)<br>• 신유박해(순조, 1801): 노론 벽파가 남인 시파 탄압 목적으로 정약용·정약전 형제를 비롯한 약 400명을 유배 보냄, 중국인 신부 주문모와 이승훈, 정약종 등 처형 → 황사영 백서 사건(1801)으로 박해가 더욱 심화됨<br>• 기해박해(헌종, 1839): 신자 색출을 위해 5가작통법 시행, 정하상과 프랑스 신부들을 처형, 척사윤음을 반포<br>• 병오박해(헌종, 1846): 김대건 처형(한국인 최초의 천주교 신부)<br>• 병인박해(고종, 1866): 프랑스인 신부와 남종삼 등 수천 명의 신도 처형 → 병인양요의 원인이 됨 |

## (2) 동학의 발생

| 창시 | 철종 때 경주 지역 잔반 출신 최제우가 창시(1860) |
|---|---|
| 성격 | 유교 + 불교 + 도교 + 천주교의 일부 교리 + 민간 신앙 융합 |
| 사상 | 평등 사상(시천주, 인내천 사상), 보국안민(반외세), 후천개벽(반봉건) |
| 확산 | 민중들의 지지를 받으며 삼남 지방을 중심으로 확산됨 |
| 탄압 | 혹세무민이라는 죄목으로 1대 교주 최제우가 처형됨(1864) |
| 교단 정비 | 2대 교주 최시형이 최제우가 지은 『동경대전』과 『용담유사』를 간행하여 교리를 정리하고 포접제를 통해 교단 조직을 정비함 |

---

### 단박 체크

**다음 기출문장을 읽고, 옳으면 O, 틀리면 X를 괄호 안에 쓰세요.**

01 조선 후기에는 농촌을 떠나 도시나 광산 등에서 임노동자가 되는 농민이 늘어났다. (　　)

02 조선 후기에는 『정감록』, 『토정비결』 등 비기·도참에 따른 예언 사상이 유행하였다. (　　)

03 홍경래는 평안도 지역에 대한 차별과 지배층의 수탈에 항거하였다. (　　)

04 임술 농민 봉기가 전국으로 확대되자 조선 정부는 농민들의 요구에 대응하여 삼정이정청을 설치하였다. (　　)

05 신유박해는 윤지충이 모친상을 당해 신주를 불태운 것이 알려지면서 일어났다. (　　)

06 신해박해 때 황사영이 북경에 있는 프랑스인 주교에게 군대를 동원하여 조선에서 신앙과 포교의 자유를 보장받을 수 있도록 청하는 서신을 보내려다 발각되었다. (　　)

07 동학 사상을 바탕으로 『동경대전』과 『용담유사』가 편찬되었다. (　　)

[정답] **01** O **02** O **03** O **04** O **05** X (신해박해) **06** X (신유박해) **07** O

**01** (가), (나) 신분층에 대한 설명으로 옳지 않은 것은? [2020년 국가직 9급]

> 오래도록 막혀 있으면 반드시 터놓아야 하고, 원한은 쌓이면 반드시 풀어야 하는 것이 하늘의 이치다. (가) 와/과 (나) 에게 벼슬길이 막히게 된 것은 우리나라의 편벽된 일로 이제 몇백 년이 되었다. (가) 은/는 다행히 조정의 큰 성덕을 입어 문관은 승문원, 무관은 선전관에 임명되고 있다. 그런데도 우리들 (나) 은/는 홀로 이 은혜를 함께 입지 못하니 어찌 탄식조차 없겠는가?

① (가)의 신분 상승 운동은 (나)에게 자극을 주었다.
② (가)는 수차례에 걸친 집단 상소를 통해 관직 진출의 제한을 없애 줄 것을 요구하였다.
③ (나)에 해당하는 인물로는 정조 때 규장각 검서관으로 등용된 유득공, 박제가, 이덕무 등이 있다.
④ (나)는 주로 기술직에 종사하며 축적한 재산과 탄탄한 실무 경력을 바탕으로 신분 상승을 추구하였다.

해설 **서얼과 중인** 제시문에서 (가)는 조정의 큰 성덕을 입어 관직에 임명되고, (나)는 여전히 관직을 얻지 못한다는 내용을 통해 (가)는 서얼, (나)는 중인임을 알 수 있다.
③ 정조 때 규장각 검서관에 등용된 유득공, 박제가, 이덕무 등은 중인이 아닌 서얼 출신이었다.

오답 분석
① 서얼의 신분 상승 운동이 성공하자 기술직 중인들도 자극을 받아 소청 운동을 전개하였다.
② 조선 후기에 서얼들은 납속, 공명첩 등을 통해 과거 응시권을 획득한 후 관직에 진출하였고, 이를 계기로 수차례에 걸친 집단 상소를 통해 관직 진출의 제한을 없애줄 것을 요청하였다.
④ 중인은 주로 기술직에 종사하며 축적한 재산과 탄탄한 실무 경력을 바탕으로 신분 상승을 추구하였다.

정답 ③

**02** 다음 사실이 있었던 시기의 향촌 사회에 대한 설명으로 옳지 않은 것은? [2020년 국가직 9급]

> 황해도 봉산 사람 이극천이 향전(鄕戰) 때문에 투서하여 그와 알력이 있는 사람들을 무고하였는데, 내용이 감히 말할 수 없는 문제에 저촉되었다.

① 향전의 전개 속에서 수령의 권한이 강화되었다.
② 신향층은 수령과 그를 보좌하는 향리층과 결탁하였다.
③ 수령은 경재소와 유향소를 연결하여 지방 통치를 강화하였다.
④ 재지 사족은 동계와 동약을 통해 향촌 사회에 대한 영향력을 유지하려 하였다.

해설 **조선 후기의 향촌 사회** 제시문은 조선 후기 향촌 사회에서 구향과 신향 사이에 향권을 두고 벌어진 향전에 대한 내용이다.
③ 경재소는 조선 전기에 유향소와 정부 사이의 연락을 담당하던 기구로, 선조 때에 폐지되었다. 더불어 수령이 경재소와 유향소를 연결하였다는 설명도 옳지 않다.

오답 분석
① 조선 후기에는 향전이 전개되면서 기존 재지 사족의 힘은 약화되고, 새로 성장한 부농층을 수령이 포섭하면서 관권이 강화되었다.
② 조선 후기 향촌 사회에서 신향층은 수령과 수령을 보좌하는 향리층과 결탁하였고, 향촌 사회에서 영향력을 확대하고자 하였다.
④ 조선 후기에 향촌 지배력이 약화된 재지 사족들은 기존의 군현 단위의 향약에서 그 범위를 좁힌 촌락 단위의 동계와 동약을 실시하여 향촌 사회에 대한 영향력을 유지하고자 하였다.

정답 ③

**03** 다음 사건에 대한 설명으로 옳은 것은?

[2020년 국가직 7급]

> 진주민 수만 명이 머리에 흰 수건을 두르고 손에는 나무 몽둥이를 들고 무리를 지어 진주 읍내에 모여 서리들의 가옥 수십 호를 불사르고 부수어서, 그 움직임이 결코 가볍지 않았다. 우병사가 해산시키려고 장시에 나갔다. 그때 흰 수건을 두른 백성들이 그를 빙 둘러싸고 백성의 재물을 횡령한 조목, 그리고 아전들이 세금을 포탈하고 강제로 징수한 일들을 여러 번 문책하였다. 그 능멸하고 핍박함이 조금도 거리낌이 없었다.

① 신유박해를 시작하게 된 계기가 되었다.
② 이필제가 난을 주도하였다.
③ 전봉준 등이 사발통문을 보내 봉기를 호소하였다.
④ 삼정이정청을 설치하게 된 배경이 되었다.

해설 **임술 농민 봉기** 제시된 자료에서 진주민 수만 명이 무리를 지어 봉기하였다는 내용을 통해 진주 지방을 중심으로 시작된 임술 농민 봉기(1862, 철종)임을 알 수 있다.
④ 조선 정부는 임술 농민 봉기의 발생 원인인 삼정의 문란 문제를 해결하기 위하여 삼정이정청을 설치하였으나 근본적인 해결책을 마련하지는 못하였다.

오답
분석
① 임술 농민 봉기는 신유박해 이후에 발생한 사건이다. 신유박해(1801)는 순조 즉위 후 정권을 장악한 노론 벽파가 남인 시파를 탄압하기 위한 목적으로 일으킨 천주교 박해 사건이다.
② 동학 교도인 이필제가 경상도 지역에서 교조 신원을 주장하며 난을 일으킨 것(1871)은 고종 때이다.
③ 전봉준 등이 사발통문을 보내 봉기를 호소한 것은 고부 군수 조병갑의 수탈로 인해 일어난 고부 농민 봉기(1894)이다.

정답 ④

**04** 〈보기〉의 조선의 천주교 전파 상황을 순서대로 바르게 나열한 것은?

[2022년 서울시 9급(2월 시행)]

> ● 보기 ●
> ㉠ 이승훈이 북경에서 서양 신부에게 영세를 받고 돌아왔다.
> ㉡ 윤지충이 모친상 때 신주를 불사르고 천주교 의식을 행하였다.
> ㉢ 이수광이 『지봉유설』에서 마테오 리치의 『천주실의』를 소개하였다.
> ㉣ 황사영이 북경에 있는 프랑스인 주교에게 군대를 동원하여 조선에서 신앙과 포교의 자유를 보장받을 수 있도록 청하는 서신을 보내려다 발각되었다.

① ㉠ → ㉡ → ㉣ → ㉢
② ㉠ → ㉢ → ㉣ → ㉡
③ ㉢ → ㉠ → ㉡ → ㉣
④ ㉢ → ㉡ → ㉠ → ㉣

해설 **천주교 전래와 역사적 사건**
③ 순서대로 바르게 나열하면 ㉢ 이수광의 『천주실의』 소개(1614) → ㉠ 이승훈의 세례(1784) → ㉡ 윤지충의 신주 소각 사건(1791, 진산 사건) → ㉣ 황사영 백서 사건(1801)이 된다.
㉢ 이수광이 광해군 때 저술한 백과사전류 서적인 『지봉유설』에서 처음으로 마테오 리치의 『천주실의』를 소개하였다(1614).
㉠ 이승훈이 정조 때 아버지를 따라 북경에 갔다가 서양 신부에게 영세(세례)를 받고 돌아왔다(1784).
㉡ 정조 때 천주교 신자였던 윤지충이 모친상에서 조상의 신주를 불사르고 천주교식으로 장례를 치렀다(1791, 진산 사건).
㉣ 순조 때 신유박해가 일어나자, 천주교 신자 황사영이 북경에 있는 프랑스인 주교에게 군대를 동원하여 조선에서 신앙과 포교의 자유를 보장 받을 수 있도록 청하는 서신을 보내려 하다가 발각되었다(1801).

정답 ③

# 적중문제

## 01
다음과 같은 관행이 확산된 시기의 사회상으로 가장 옳지 않은 것은?

> 딸은 출가한 후에는 다른 집안 사람이 되어서 남편을 따르는 의리가 중하기 때문에 성인들이 예법을 만들 때 차등을 두었다. 그런데 요즘 사대부 집에서는 …… 사위와 외손은 제사를 빠뜨리는 경우가 많고, 제사를 지내더라도 제물이 정갈하지 못하고 정성이 부족하여 제사를 지내지 않는 것만 못하다. …… 그러니 사위나 외손에게는 결단코 제사를 윤행시키지 말라.

① 기술직 중인들의 청요직 허통이 이루어졌다.
② 부농층이 납속책 등을 통해 신분을 상승시켰다.
③ 남귀여혼의 결혼 풍습이 점차 쇠퇴하고 친영 제도가 정착되었다.
④ 경작지를 상실한 많은 수의 농민들은 임노동자로 전락하였다.

## 02
(가) 계층에 대한 설명으로 가장 옳은 것은?

> [ (가) ]은/는 본시 모두 사대부였는데 또는 의료직에 들어가고 또는 통역에 들어가 그 역할을 7~8대나 10여 대로 전하니 사람들이 서울 중촌(中村)의 오래된 집안이라고 불렀다. 문장과 대대로 쌓아 내려오는 미덕은 비록 사대부에 비길 수 없으나 유명한 재상, 지체 높고 번창한 집안 외에 이들보다 나은 자는 없다.
> ─ 『상원과방』

① 규장각 검서관에 등용되기도 하였다.
② 신분상 양인이지만 천역을 담당하였다.
③ 위항 문학을 바탕으로 시사를 조직하여 활동하였다.
④ 이들과 관계되는 사실을 서술한 역사서로 『규사』가 있다.

## 03
다음 상소가 작성되었던 시기에 볼 수 있었던 모습으로 옳지 않은 것은?

> 작위의 높고 낮음은 조정에서만 써야 할 것이고 적자와 서자의 구별은 한 집안에서만 통용되어야 할 것입니다. …… 공사천의 신분으로서 면천된 사람은 그래도 벼슬을 받기도 하고 아전으로서 관직을 받은 자가 오히려 높은 자리에 오르기도 하는데, 저희들은 한번 낮아진 신분이 대대로 후손에게 전해져 영구히 서족이 됨에 따라 훌륭한 임금이 다스리는 시대에 버려진 사람들이 되었습니다.

① 재산을 상속할 때 큰아들이 우대 받았다.
② 과부의 재가를 금지하고 효자나 열녀를 표창하였다.
③ 촌락 단위의 동약이 실시되었다.
④ 사위가 처가의 호적에 입적하여 처가에서 생활하는 것이 일반적이었다.

## 04
다음과 같은 문제가 제기된 시기의 상황으로 옳은 것을 <보기>에서 모두 고른 것은?

> 향회라는 것이 한 마을 사족의 공론에 따른 것이 아니고, 수령의 손 아래 놀아나는 좌수·별감들이 통문을 돌려 불러 모은 것에 불과합니다. 그 향회에서는 관의 비용이 부족하다는 핑계로 제멋대로 돈을 거두고 법을 만드니, 일의 원통함이 이보다 심한 것이 없습니다.

─ 보기 ─
㉠ 양반의 수가 증가하고 상민 및 노비의 수는 감소하였다.
㉡ 비기·도참설에 따른 예언 사상이 유행하였다.
㉢ 중앙에 경재소를 설치하여 유향소를 통제하고자 하였다.
㉣ 부농층과 재지 사족의 향권 다툼 속에서 수령의 권위는 약화되었다.

① ㉠, ㉡
② ㉠, ㉢
③ ㉡, ㉢
④ ㉡, ㉣

## 05

**(가), (나)에 대한 설명으로 옳지 않은 것은?**

> (가) 조정에서는 관서를 버림이 분토(糞土)와 다름없다. …(중략)… 지금 임금이 나이가 어린 까닭으로 권세 있는 간신배가 그 세를 날로 떨치고, 김조순·박종경의 무리가 국가 권력을 오로지 갖고 노니, 어진 하늘이 재앙을 내린다.
>
> (나) 금번 난민이 소동을 일으킨 것은 오로지 전 우병사 백낙신이 탐욕을 부려서 수탈하였기 때문입니다. 병영에서 포탈한 환곡과 전세 6만 냥을 집집마다 배정하여 억지로 받으려 하였습니다.

① (가) – 몰락 양반 세력 주도 아래 영세 상인, 광산 노동자 등이 가담하였다.
② (가) – 토지를 골고루 나누어 경작하게 할 것을 주장하였다.
③ (나) – 유계춘의 지휘 아래 진주성을 점령하기도 하였다.
④ (나) – 정부는 삼정이정청을 설치하고 수취 제도 개혁을 약속하였다.

## 06

**다음 내용과 관련된 천주교 박해 사건으로 옳은 것은?**

> • 저 정약전·정약용 형제는 정약종의 동기로서, 몰래 이승훈에게 요서를 받아 밤낮으로 탐혹하여 명교를 어지럽히고 윤리를 멸절시켰으니, 세상에서 지목받은 지 여러 해가 되었는데 …… 그 죄를 감하여 살려주어 유배길에 오르게 하는데 불과하였습니다.
>
> • 죄인 황사영은 사족으로서 사술에 미혹됨이 가장 심한 자였는데, …… 붙잡아 그의 문서를 수색하니 백서가 있어, 장차 북경의 천주당에 통하려고 한 것이었다. 서폭에 꽉 찬 흉악하고 참람한 말은 주문모 이하의 여러 죄인이 복법되었다는 일을 서양인에게 상세히 보고하려 한 것이었다.

① 기해박해　　　　　② 병인박해
③ 신유박해　　　　　④ 신해박해

## 07

**(가)와 관련된 설명으로 옳은 것은?**

> 사간이 말하기를, "제사를 금하는 ⬜(가)⬜ 의 요술(妖術)이 나라 안에 유입되어 민심을 미혹시킬 염려가 없지 않으니, 청컨대 역관을 엄중히 타일러 경계하고 금지하는 조칙을 만들어 요사한 서책을 무역해 오는 폐단을 끊으소서."라고 하였다.

① 청을 다녀온 사신들에 의하여 학문으로 소개되었다.
② 유·불·선의 주요 내용과 민간 신앙을 수용하였다.
③ 18세기에 서인 계열 학자들에게 신앙으로 수용되기 시작하였다.
④ 안동 김씨의 세도 정치기에 탄압이 강화되어 대규모의 박해를 받았다.

## 08

**다음 자료와 관련된 종교에 대한 설명으로 옳은 것을 〈보기〉에서 모두 고른 것은?**

> 사람이 곧 하늘이라. 그러므로 사람은 평등하며 차별이 없나니 사람이 마음대로 귀천을 나눔은 하늘을 거스르는 것이다. 우리는 차별을 없애고 선사의 뜻을 받들어 생활하기를 바라노라.

──● 보기 ●──
㉠ 순조가 즉위한 직후 대대적인 탄압을 받았다.
㉡ 경상도 지역에서 창시되어 삼남 지방으로 확산되었다.
㉢ 서학에 반발하며 천주교의 교리를 적극적으로 배격하였다.
㉣ 교리 경전인 『동경대전』과 포교 가사집인 『용담유사』를 간행하였다.

① ㉠, ㉢　　　　　② ㉡, ㉢
③ ㉡, ㉣　　　　　④ ㉢, ㉣

정답·해설 p.54

# 04 조선 후기의 문화

## 적중개념 | 1 조선 후기 성리학의 변화와 양명학의 수용

(1) 성리학의 절대화 경향과 이에 대한 반발

| | |
|---|---|
| 성리학의 절대화 | 송시열을 비롯한 서인 정권은 의리와 명분론을 강화하고 주자 중심의 성리학을 절대화(교조화)하면서 자신들의 학문적 기반을 강화하였음 |
| 성리학의 상대화 | • 17세기 후반 성리학을 상대화하고, 6경과 제자백가 등에서 사상적 기반을 찾으려는 경향이 등장<br>• 윤휴: 서경덕의 영향을 받음, 유교 경전에 대하여 독자적인 해석 시도(『중용주해』) → 사문난적으로 몰림<br>• 박세당: 학문 연구의 자유로운 비판 강조, 양명학과 노장 사상의 영향을 받아 『사변록』 저술, 개방성과 포용성을 강조, 실학 사상 체계화에 기여함 → 사문난적으로 몰림 |

(2) 성리학의 이론 논쟁(호락 논쟁)

| 구분 | 호론 | 낙론 |
|---|---|---|
| 주장 | 인물성이론(인간과 사물의 본성은 다름 → 청을 오랑캐로, 조선을 중화로 보려는 대의명분론) | 인물성동론(인간과 사물의 본성은 같음 → 화(華)와 이(夷)를 구분하는 중국 중심적인 화이론 부정) |
| 지방 | 호서 – 충청도 지역 | 낙하 – 서울, 경기 지역 |
| 학자 | 권상하, 한원진 | 이간, 이재, 김창협 |
| 계승 | 북벌론, 위정척사 사상 | 북학론, 개화 사상 |

(3) 양명학의 수용

| | |
|---|---|
| 배경 | 양명학은 중종 때 조선에 전래되었으나 당시 이단으로 간주됨 → 이황의 비판(『전습록논변』) |
| 연구 | 17세기 양명학이 본격적으로 수용 → 불우한 왕실 종친과 소론(최명길 등) 중심으로 본격적으로 연구 |
| 강화 학파 | • 형성: 18세기 초 정제두(소론, 『존언』 저술)가 강화도를 중심으로 형성<br>• 주장: 일반민을 도덕 실천의 주체로 인정, 지행합일을 강조, 양반 신분제 폐지를 주장, 주자학 비판<br>• 발전·계승: 실학자들과 영향을 주고 받으며 발전, 집안의 후손과 인척 중심으로 가학(家學)의 형태로 계승<br>• 영향: 구한말과 일제 강점기에 이건창, 박은식 등이 계승하여 민족 운동 전개 |

## (1) 실학의 등장(17~18세기)

| 성격 | 사실을 기반으로 진리를 탐구하는 실사구시의 학문으로, 실용적·개혁적인 성격을 띠었음 |
|---|---|
| 실학의 선구자 | • 이수광은 세계 50여 개국의 정치·문화를 다룬 『지봉유설』을 저술하여 문화 인식의 폭을 확대<br>• 한백겸은 『동국지리지』를 저술하여 고대 국가의 지명을 고증 |

## (2) 농업 중심의 개혁론(중농학파, 경세치용학파)

| 유형원 | • 『반계수록』 저술, 균전론(관리, 선비, 농민 등 신분에 따라 차등 있게 토지 재분배) 주장, 경무법 주장, 양반 문벌·과거제·노비제의 모순 비판, 병농 일치제 주장 |
|---|---|
| 이익 | • 『성호사설』 저술, 제자를 양성하여 성호 학파 형성, 중국 중심의 역사관에서 벗어나 우리 역사를 체계화할 것을 주장<br>• 한전론(영업전 이외의 토지 매매 허용) 주장(『곽우록』), 6가지 폐단(노비제, 과거제, 양반 문벌제, 사치와 미신 숭배, 승려, 게으름) 비판 |
| 정약용 | • 여전론(마을 단위로 공동 경작하고, 그 수확물을 노동량에 따라 차등 분배) 주장 → 이후 타협안으로 정전론을 주장<br>• 『경세유표』, 『목민심서』, 『흠흠신서』 등을 저술, 과학 기술 중시(거중기·배다리 등 제작) |

## (3) 상공업 중심의 개혁론(중상학파, 이용후생학파)

| 유수원 | • 북학 사상의 선구자, 사농공상의 직업적 평등화와 전문화를 강조, 『우서』 저술<br>• 토지 제도의 개혁보다는 농업의 상업적 경영과 기술 혁신을 통해 생산성을 높일 것 강조 |
|---|---|
| 홍대용 | • 부국강병을 위한 기술 혁신, 문벌 제도 철폐, 성리학 극복 등 강조<br>• 『임하경륜』: 선비들의 생산 활동 종사 역설, 균전제를 통해 성인 남성에게 2결씩 토지 분배 등 주장<br>• 『의산문답』: 지전설·무한 우주론을 주장하며 중국 중심의 세계관 비판, 성리학 극복 강조 |
| 박지원 | • 『열하일기』에서 청의 문물 소개(수레·선박의 이용 및 화폐 유통의 필요성 주장)<br>• 『과농소초』에서 영농 방법의 혁신을, 「한민명전의」에서 한전제(토지 소유의 상한선 설정)를 주장<br>• 양반 문벌 제도의 비생산성 비판(「허생전」, 「양반전」) |
| 박제가 | 『북학의』에서 청과의 통상 강화 주장, 절약보다 소비 중시(우물론), 수레와 선박의 이용 주장 |
| 서유구 | 『임원경제지』 편찬(농업과 농촌 생활의 백과사전) , 둔전론(부농층과의 연대를 통해 토지 제도 개혁) 주장 |

---

### 단박 체크

**다음 기출문장을 읽고, 옳으면 O, 틀리면 X를 괄호 안에 쓰세요.**

**01** 정제두는 교조화된 주자학을 비판하다가 사문난적으로 몰리어 죽음을 당하였다. (       )

**02** 낙론은 인성과 물성이 같다는 인물성동론을 주장하였다. (       )

**03** 호론은 조선 후기 실학 운동으로 이어지는 사상적 기반이 되었다. (       )

**04** 양명학은 누구나 양지를 가지고 있음을 주장하고, 지행일치를 강조하였다. (       )

**05** 유형원은 한 마을을 단위로 토지를 공동 소유하고 공동 경작할 것을 강조하였다. (       )

**06** 유수원은 『반계수록』에서 신분에 따라 토지를 차등 있게 재분배하자고 주장하였다. (       )

**07** 박지원은 '사농공상은 직업적으로 평등해야 한다.'고 주장하였다. (       )

**08** 박제가는 『북학의』를 저술하여 청의 선진 기술을 적극적으로 수용할 것과 상공업 육성 등을 역설하였다. (       )

[정답]  **01** X (윤휴)  **02** O  **03** X (낙론)  **04** O  **05** X (정약용)  **06** X (유형원)  **07** X (유수원)  **08** O

| | |
|---|---|
| 국사 연구 | • 『동사찬요』(오운): 기전체, 신라 중심+고려 역사를 서술<br>• 『여사제강』(유계): 편년체·강목체, 고려 역사를 서술<br>• 『동사(東事)』(허목): 기전체, 단군 조선~삼국 시대까지 서술, 조선의 자연 환경과 풍속의 독자성 강조<br>• 『동국역대총목』(홍만종): 편년체, 단군 조선의 정통성 강조<br>• 『성호사설』(이익): 실증적인 역사 서술 중시(시세 강조), 중국 중심의 사관 탈피, 우리 역사의 체계화를 주장<br>  → 안정복에게 영향<br>• 『동사강목』(안정복)<br>  – 고조선~고려 말까지의 역사를 강목체 형식의 편년체 통사로 서술<br>  – 독자적인 삼한(마한) 정통론(단군 조선 – 기자 조선 – 삼한 – 통일 신라 – 고려) 제시, 삼국은 무통으로 처리<br>• 『연려실기술』(이긍익): 조선의 정치·문화사를 객관적·실증적으로 서술한 야사 총서, 기사본말체로 서술<br>• 『해동역사』(한치윤): 고조선~고려 말까지의 역사를 기전체로 서술, 540여 종의 중국·일본 자료 참고<br>  → 민족사 인식의 폭 확대에 기여<br>• 『동사(東史)』(이종휘): 기전체 사서, 고대사 연구의 시야를 만주 지방까지 확대, 발해를 고구려를 계승한<br>  나라로 봄(고구려사 강조)<br>• 『발해고』(유득공): 고대사 연구의 시야를 만주 지방까지 확대, 최초로 '남북국 시대' 용어 사용<br>• 『금석과안록』(김정희): 북한산비·황초령비가 진흥왕 순수비임을 고증 |
| 지리 연구 | • 역사 지리서: 한백겸의 『동국지리지』, 정약용의 『아방강역고』 등<br>• 인문 지리서: 이중환의 『택리지』(각 지역의 자연환경과 물산, 풍속, 인심 등을 분석)<br>• 지도 : 정상기의 동국지도(최초로 100리 척 사용), 신경준의 동국여지도(우리나라 전도·도지도·열읍도를 묶어 제<br>  작), 김정호의 대동여지도(10리마다 눈금 표시, 산맥·하천·포구·도로망을 정밀하게 표시, 목판으로 제작) |
| 국어 연구 | • 음운 연구: 최석정의 『경세정운』, 신경준의 『훈민정음운해』, 유희의 『언문지』 등<br>• 어휘집: 권문해의 『대동운부군옥』(어휘 백과사전), 이의봉의 『고금석림』(해외 언어 정리), 정약용의 『아언각비』 |
| 백과사전의<br>편찬 | 이수광의 『지봉유설』, 이익의 『성호사설』(우리나라와 중국 문화에 대해 천지·만물·경사·인사·시문의 5개 부분으로<br>정리하여 백과사전식으로 소개), 이덕무의 『청장관전서』, 서유구의 『임원경제지』, 홍봉한의 『동국문헌비고』 등 |

| | |
|---|---|
| 서양 문물의<br>수용 | • 17세기경부터 사신을 통해 서양 문물이 전래됨 → 곤여만국전도 전래(선조 때, 이광정), 천리경·자명종·천<br>문서(인조 때, 정두원) 등<br>• 서양인의 표류(벨테브레 – 서양식 대포 제조법과 조종법을 전수, 하멜 – 조총 기술 전수, 네덜란드로 돌아가 『하멜표<br>류기』를 저술) |
| 천문학 | • 천문학의 발달: 이익(서양 천문학에 관심), 김석문(우리나라 최초로 지전설 주장, 『역학도해』 저술), 홍대용(지전<br>설·무한 우주론 주장, 『의산문답』 저술), 최한기(『명남루총서』, 『지구전요』 저술)<br>• 역법의 개량: 시헌력 도입(효종, 김육), 천세력 간행(정조) |
| 수학 | 『기하원본』 도입, 『구수략』(최석정, 전통 수학 집대성), 『이수신편』(황윤석), 『주해수용』(홍대용, 우리나라·중국·<br>서양 수학의 연구 성과 정리) |
| 의학서 | 『동의보감』(허준, 우리나라 전통 한의학 정리), 『침구경험방』(허임, 침구술 집대성), 『마과회통』(정약용, 제너의 종두<br>법을 최초로 소개), 『방약합편』(황도연·황필수, 한글로 약재 소개), 『동의수세보원』(이제마, 사상 의학 확립) |
| 농서 | 『농가집성』(효종, 신속), 『색경』(숙종, 박세당), 『산림경제』(숙종, 홍만선), 『해동농서』(정조, 서호수), 『임원경제<br>지』(헌종, 서유구) |
| 기술 개발 | 『기예론』(정약용), 거중기 제작(정약용, 『기기도설』 참고하여 제작, 수원 화성 건설에 사용), 배다리(주교) 설치(정약<br>용, 정조의 화성 행차 시 사용) |

## (1) 서민 문화의 발달

| 배경 | 상공업 발달, 농업 생산력 증대로 서민의 경제력 상승, 서당 교육의 보급 → 서민의 경제적·신분적 지위 향상 |
|---|---|
| 특징 | 감정을 적나라하게 표현 → 양반의 위선적인 모습 비판, 사회의 부정과 비리 풍자·고발 |
| 분야 | 한글 소설, 사설 시조, 판소리, 탈춤, 풍속화, 민화 등 발달 |

## (2) 문학과 예술의 발달

| 분야 | | 내용 |
|---|---|---|
| 문학 | 한글 소설 | 「홍길동전」(허균)·「춘향전」 등을 통해 사회 부조리(서얼 차별 등)와 신분 차별의 비합리성 비판 |
| | 사설시조 | 격식의 구애 없이 서민의 감정을 솔직하게 표현 |
| | 한문학 | 정약용(삼정의 문란을 폭로하는 한시), 박지원(「양반전」, 「허생전」, 「호질」 등 양반 사회의 허구성 지적) 등 |
| | 시사 조직 | 중인층과 서민층이 시인 모임으로 시사를 조직하여 활발한 문예 활동 전개 |
| 공연 | 판소리 | 춘향가, 심청가, 흥보가, 적벽가 등 → 직접적이고 솔직한 감정 표현, 서민 문화의 중심으로 성장 |
| | 탈춤 | 마을 굿의 일부로 공연되었으며 사회적 모순에 대해 폭로하고 풍자함 |
| | 산대놀이 | 가면극이 민중 오락으로 정착한 것으로, 상인과 중간층의 지원을 받아 성행 |
| 미술 | 그림 | • 진경 산수화: 우리나라의 자연을 사실적으로 표현, 정선의 인왕제색도와 금강전도<br>• 풍속화: 김홍도, 김득신(서민 생활), 신윤복(양반·부녀자의 생활, 남녀 사이의 애정 등을 해학적으로 묘사)<br>• 민화: 민중의 염원과 미적 감각 표현, 소박한 정서 반영<br>• 기타: 강세황(서양화 기법 접목, 영통동구도), 장승업(강렬한 필법·채색법, 군마도), 심사정 |
| | 글씨 | 동국진체(이광사), 추사체(김정희) |
| 건축 | 17세기 | 불교의 사회적 지위 향상, 양반 지주층의 경제적 성장을 반영하여 다층 건물이지만 내부는 통층 구조인 거대한 규모의 건축물 건립(화엄사 각황전, 법주사 팔상전, 금산사 미륵전 등) |
| | 18세기 | 부농과 상인의 지원을 받아 장식성이 강한 사원 건립(논산 쌍계사, 부안 개암사) |
| | 19세기 | 경복궁의 근정전과 경회루 재건 → 왕실의 권위 향상 |
| 공예 | | 백자를 널리 사용, 청화 백자 유행(주로 양반들이 애호, 서민들은 옹기 사용), 목공예·화각 공예 발달 |

---

### 단박 체크

**다음 기출문장을 읽고, 옳으면 O, 틀리면 X를 괄호 안에 쓰세요.**

**01** 이익은 500여 종의 중국 및 일본의 자료를 참고하여 기전체 형식의 『해동역사』를 저술하였다. (　　)

**02** 유득공의 『발해고』에는 남북국이라는 용어가 사용되었다. (　　)

**03** 홍대용은 지전설을 바탕으로 중국 중심의 세계관을 비판하였다. (　　)

**04** 지석영은 서양 의학의 성과를 토대로 서구의 종두법을 최초로 소개하였다. (　　)

**05** 효종 때 신속이 벼농사 중심의 수전 농법을 소개한 『농가집성』을 편찬하였다. (　　)

**06** 조선 후기에는 「양반전」, 「허생전」 등의 한글 소설을 통해 양반 사회를 비판·풍자하였다. (　　)

**07** 신윤복은 주로 도시인의 풍류 생활과 부녀자의 풍속, 남녀 사이의 애정 등을 감각적이고 해학적인 필치로 묘사하였다.

(　　)

[정답] **01** X (한치윤) **02** O **03** O **04** X (정약용의 『마과회통』에서 소개) **05** O **06** X (「양반전」과 「허생전」은 한문 소설) **07** O

**01** 〈보기〉의 ㉠과 ㉡에 들어갈 인물에 대한 설명으로 가장 옳은 것은? [2019년 서울시 7급(2월 시행)]

> ● 보기 ●
>
> 조선 후기에 과학 및 기술 분야에서 많은 저술 활동이 이루어졌다. ( ㉠ )은(는) 『과농소초』를 집필하여 농업 기술 발달에 기여하였고, ( ㉡ )은(는) 『마과회통』을 저술하여 의학 분야 발달에 기여하였다.

① ㉠은(는) 천주교도를 탄압한 신유사옥 때 유배형에 처해졌다.
② ㉡은(는) 여전제 실시를 주장하였다.
③ ㉠은(는) 서얼 출신으로 상공업 육성과 청과의 통상 무역 등을 주장하였다.
④ ㉡은(는) 『반계수록』을 집필해 토지 재분배의 필요성을 주장하였다.

해설　**박지원과 정약용** 제시문에서 ㉠은 『과농소초』를 집필하였다는 내용을 통해 박지원임을 알 수 있고, ㉡은 『마괴회통』을 저술하였다는 내용을 통해 정약용임을 알 수 있다.
　　② 정약용은 한 마을을 단위로 토지를 공동으로 소유, 경작하여 노동량에 따라 수확물을 분배하는 여전제의 실시를 주장하였다.

오답　① 천주교도를 탄압한 신유사옥(신유박해) 때 유배형에 처해진 인물은 ㉡ 정약용이다.
분석　③ 서얼 출신으로 상공업 육성과 청과의 통상 무역 등을 주장한 인물은 박제가이다.
　　④ 『반계수록』을 집필해 토지 재분배의 필요성을 주장한 인물은 유형원이다.

정답 ②

**02** 〈보기〉의 내용을 주장한 인물에 대한 설명으로 가장 옳은 것은? [2018년 서울시 9급(3월 시행)]

> ● 보기 ●
>
> 국가는 마땅히 한 집의 생활에 맞추어 재산을 계산해서 토지 몇 부(負)를 한 호의 영업전으로 한다. 그러나 땅이 많은 자는 빼앗아 줄이지 않고 미치지 못하는 자도 더 주지 않으며, 돈이 있어 사고자 하는 자는 비록 천백 결이라도 허락해 주고, 땅이 많아서 팔고자 하는 자는 다만 영업전 몇 부 이외에는 허락한다.

① 『목민심서』를 저술하는 등 실학을 집대성하였다.
② 발해사를 우리나라 역사로 체계화 할 목적으로 『발해고』를 저술하였다.
③ 전국의 자연 환경과 인물, 풍속 등을 정리한 『택리지』를 저술하였다.
④ 천지·인사·만물·경사·시문 등 5개 부문으로 나누어 우리나라와 중국의 문화를 백과사전식으로 소개·비판한 『성호사설』을 저술하였다.

해설　**이익** 〈보기〉의 내용을 주장한 인물은 조선 후기의 실학자 이익이다.
　　④ 이익은 『성호사설』에서 우리나라와 중국 문화를 천지·인사·만물·경사·시문으로 구분하여 백과사전식으로 정리하였다.

오답　① 『목민심서』와 『경세유표』 등을 저술하면서 실학을 집대성한 인물은 정약용이다.
분석　② 발해사를 우리나라 역사로 체계화할 목적으로 『발해고』를 저술한 인물은 유득공이다.
　　③ 전국의 자연 환경과 인물, 풍속, 인심 등을 분석하여 정리한 인문 지리서인 『택리지』를 저술한 인물은 이중환이다.

정답 ④

**03** (가), (나)에 들어갈 이름을 바르게 연결한 것은?

[2021년 지방직 9급]

> ___(가)___ 는/은 『북학의』를 저술하여 청의 선진 기술을 적극적으로 수용할 것과 상공업 육성 등을 역설하였다. 한편, ___(나)___ 는/은 중국 및 일본의 방대한 자료를 참고하여 『해동역사』를 편찬함으로써, 한·중·일 간의 문화 교류를 잘 보여주었다.

|  | (가) | (나) |
|---|---|---|
| ① | 박지원 | 한치윤 |
| ② | 박지원 | 안정복 |
| ③ | 박제가 | 한치윤 |
| ④ | 박제가 | 안정복 |

해설 **박제가와 한치윤** (가), (나)에 들어갈 인물을 바르게 연결하면 (가) 박제가, (나) 한치윤이다.

(가) 박제가는 청에 다녀온 경험을 토대로 『북학의』를 저술하여 청의 선진 기술을 적극적으로 수용하고 상공업을 육성할 것 등을 주장하였다. 또한 그는 생산과 소비의 관계를 우물에 비유하며 소비를 권장하였다.

(나) 한치윤은 500여 종의 중국 및 일본의 방대한 자료를 참고하여 고조선부터 고려 말까지의 역사를 고증하고 이를 기전체로 저술한 『해동역사』를 편찬하였다.

오답 분석
- 박지원은 청에 다녀온 후 『열하일기』를 저술하여 청의 문물을 소개하고, 수레·선박 이용 및 화폐 유통의 필요성을 주장하였다.
- 안정복은 단군 조선에서 고려 말까지의 역사를 강목체로 서술한 『동사강목』을 저술하여 우리 역사의 독자적인 정통론을 체계화하였다.

정답 ③

**04** 〈보기〉의 내용 중 옳은 것을 모두 고른 것은?

[2022년 서울시 9급(2월 시행)]

> **• 보기 •**
> ㉠ 정상기는 최초로 백 리를 한 자로 축소한 동국여지도를 만들어 우리나라의 지도 제작 수준을 한 단계 높였다.
> ㉡ 국어에 대한 연구도 활발하여 신경준의 『고금석림』과 유희의 『언문지』가 나왔다.
> ㉢ 유득공은 『동사강목』을 지어 고조선부터 고려 말까지의 우리 역사를 체계적으로 정리하였다.
> ㉣ 이중환의 『택리지』는 각 지역의 경제 생활까지 포함하여 집필되었다.
> ㉤ 허준의 『동의보감』은 우리나라뿐 아니라 중국 및 일본의 의학 발전에 큰 영향을 끼쳤는데, 예방 의학에 중점을 둔 것이다.

① ㉠, ㉡      ② ㉡, ㉤      ③ ㉢, ㉣      ④ ㉣, ㉤

해설 **조선 후기의 문화**

㉣ 이중환의 『택리지』는 전국의 자연환경과 인물, 풍속 등을 정리한 인문 지리서로, 각 지역의 경제 생활까지 포함되어 있다.

㉤ 허준의 『동의보감』은 광해군 때 완성된 의학 서적으로, 예방 의학에 중점을 두고 우리의 전통 한의학을 체계적으로 정리하였다. 이 책은 우리나라뿐 아니라 중국 및 일본의 의학 발전에 큰 영향을 끼쳤다.

오답 분석
㉠ 정상기가 최초로 백 리를 한 자로 축소하여 만든 지도는 동국여지도가 아닌 동국지도이다. 동국여지도는 영조 때 신경준이 제작한 지도로, 모눈을 활용하여 지도의 정밀성을 높였다.

㉡ 유희가 『언문지』를 지은 것은 맞지만, 『고금석림』을 저술한 인물은 이의봉이다. 신경준이 저술한 대표적인 국어 연구서는 『훈민정음운해』이다.

㉢ 고조선부터 고려 말까지의 역사를 정리한 『동사강목』을 저술한 인물은 안정복이다. 유득공은 『발해고』를 저술하였다.

정답 ④

## 01

밑줄 친 '그'에 대한 설명으로 옳은 것은?

> 그는 『중용』에 대한 독자적 해석을 제시하는 등 주자의 학문 체계와 다른 모습을 보였다. 한편 정치면에서 그는 북벌을 주장하면서 한때 정국을 주도했지만, 군사 지휘권의 통합을 시도하다가 반대파의 반발을 초래하였다. 이는 결국 경신환국으로 이어졌고, 그도 역적으로 몰려 사사되었다.

① 노론의 중심 인물로 대의명분을 중시하였다.
② 반대 세력에 의해 사문난적으로 지목당했다.
③ 서양의 지리, 천문학 등을 소개하는 『지구전요』를 편찬하였다.
④ 『색경』을 저술하여 농업 기술의 발전에 이바지하였다.

## 02

밑줄 친 '나'와 관련된 사상에 대한 설명으로 옳지 않은 것은?

> 나의 학문은 안에서만 구할 뿐이고 밖에서는 구하지 않는다. …… 그런데 오늘날 주자를 말하는 자들로 말하면, 주자를 배우는 것이 아니라 다만 주자를 빌리는 것이요, 주자를 빌릴 뿐만 아니라 곧 주자를 부회해서 자기들의 뜻을 성취하려 하고 주자를 끼고 위엄을 지어 자기들의 사욕을 달성하려 할 뿐이다.
> – 『존언』

① 강화도를 근거로 학파가 형성되었다.
② 이황 등에 의해 적극적으로 수용되었다.
③ 치양지(致良知)와 지행합일을 주장하였다.
④ 일반 백성을 도덕 실천의 주체로 인정하였다.

## 03

㉠, ㉡에 대한 설명으로 옳은 것은?

> 18세기에 노론은 인간과 사물의 본성을 어떻게 볼 것인가 하는 문제를 두고 ㉠호론과 ㉡낙론으로 나누어져 호락 논쟁을 전개하였다.

① ㉠은 이간, 김창협 등으로 대표되는 서울 중심의 노론이 주류를 이루었다.
② ㉡의 주장은 위정척사 사상으로 발전하였다.
③ ㉠은 조선을 소중화로 인식하는 대의명분론을 바탕으로 하였다.
④ ㉡은 인간의 본성과 사물의 본성은 다르다고 보았다.

## 04

다음과 같은 주장을 펼친 학파에 속하는 실학자에 대한 설명으로 옳은 것은?

> 청의 흠천감에서 역법을 다루는 서양 사람들은 모두 기하학에 밝으며, 이용후생하는 방법에도 정통하다고 합니다. 우리도 그들을 초빙해야 합니다.

① 『한민명전의』에서 한전제를 주장하였다.
② 나라를 좀먹는 여섯 가지 폐단을 지적하였다.
③ 지방 행정의 개혁 방향을 정리한 『목민심서』를 저술하였다.
④ 『반계수록』에서 신분에 따라 토지를 차등 있게 분배할 것을 주장하였다.

## 05

다음과 같은 주장을 한 학자에 대한 설명으로 옳은 것을 〈보기〉에서 모두 고른 것은?

> 한 농가의 생활을 유지하는데 필요한 규모의 토지를 정한 다음, 그 규모의 토지는 법으로 매매를 금지하고 그 규모 이상의 토지만 매매할 수 있도록 허가한다면 결국 각각의 농가의 토지 규모는 균등하게 될 것이라고 주장하였다.

● 보기 ●

㉠ 남북국 시대라는 용어를 처음으로 사용하였다.
㉡ 고대 설화에 비판적이었고 신라에 대해 유리하게 서술하였다.
㉢ 역사를 움직이는 동력을 '시세 – 행불행 – 시비'로 파악하고자 하였다.
㉣ 중국 중심의 역사관에서 탈피하여 우리 역사의 체계화를 주장하였다.

① ㉠, ㉡       ② ㉠, ㉣
③ ㉡, ㉢       ④ ㉢, ㉣

## 06

다음 주장을 한 인물의 활동으로 옳은 것은?

> 무릇 1여의 토지는 1여의 사람들로 하여금 공동으로 경작하게 하고, 내 땅 네 땅의 구분 없이 오직 여장의 명령만을 따른다. 매 사람마다의 노동량은 매일 여장이 장부에 기록한다. 가을이 되면 무릇 오곡의 수확물을 모두 여장의 집으로 보내어 그 식량을 분배한다. 먼저 국가에 바치는 공세를 제하고, 다음으로 여장의 녹봉을 제하며, 그 나머지를 날마다 일한 것을 기록한 장부에 의거하여 여민들에게 분배한다.

① 청의 문물을 소개한 『열하일기』를 저술하였다.
② 지구 자전설의 주장을 담은 『의산문답』을 저술하였다.
③ 종두법을 조선에 소개한 『마과회통』을 저술하였다.
④ 우리나라와 중국의 문화를 정리한 『성호사설』을 저술하였다.

## 07

다음을 주장한 인물에 대한 설명으로 옳은 것은?

> 토지 소유를 제한하는 법령을 세워야 합니다. '모년 모월 이후부터 제한된 토지보다 많은 면적을 소유한 자는 더 가질 수 없고, 그 법령 이전부터 소유한 것은 아무리 광대한 면적이라 해도 불문에 부치며, 그 자손에게 분급해 주는 것은 허락한다. 혹시 사실대로 하지 않고 숨기거나 법령 이후에 제한을 넘어 더 점유한 자는 백성이 적발하면 백성에게 주고, 관(官)에서 적발하면 관에서 몰수한다.' 라고 한다면 수십 년이 못 가서 전국의 토지는 균등하게 될 것입니다.

① 수레 이용과 화폐 유통의 필요성을 주장하였다.
② 무한 우주론을 주장하며 중화 사상을 비판하였다.
③ 『우서』에서 사농공상의 직접적 평등을 강조하였다.
④ 천주교 박해 사건에 연루되어 강진으로 유배되었다.

## 08  고난도 문제

다음 주장을 한 실학자가 쓴 책은?

> 국토를 아홉 도로 나누고, 아홉 도의 전답(田畓)을 고루 나누어 3분의 1을 취해서 아내가 있는 남자에 한해서는 각각 2결을 받도록 한다. …… 봄이 되면 농막에 나가 살며 남자는 농사에 힘쓰고 여자는 누에치기에 부지런히 한다. 쉬는 날에는 치고 찌르는 군사 훈련을 한다.

① 『곽우록』       ② 『북학의』
③ 『주해수용』     ④ 『명남루총서』

**09**

⊙에 들어갈 서적의 이름으로 옳은 것은?

> 우리 동방의 야사는 큰 묶음으로 엮어진 것이 많이 있다. 그러나 『대동야승』, 『소대수언』 같은 것은 『설부』처럼 여러 사람들이 지은 책을 모으기만 하였기 때문에 산만하여 계통이 없고 …… 지금 내가 편찬한 ⊙ 은 널리 여러 야사를 채택하여 모아 완성하였는데, 대략 기사본말체를 모방해서 자료를 얻는 대로 분류하고 기록하여 다음에 계속 보태 넣기에 편리하도록 하였다.

① 『동사』
② 『해동역사』
③ 『삼국유사』
④ 『연려실기술』

**10** 고난도 문제

다음 내용이 수록된 역사서에 대한 설명으로 옳은 것은?

> • 삼국사에서 신라를 으뜸으로 한 것은 …… 편찬한 것이 모두 신라의 남은 문적을 근거로 하였기 때문이다. 그러므로 편찬한 내용이 신라에 대해서는 자세히 갖춰져 있고, 백제에 대해서는 겨우 세대만 기록했을 뿐이다.
> • 정통(正統)은 단군·기자·마한·신라 문무왕 9년 이후 고려 태조 19년 이후를 말한다. 무통(無統)은 삼국이 병립한 때를 말한다.

① 조선의 정치사를 기사본말체로 정리하였다.
② 이익의 역사 의식을 계승한 강목체 역사서이다.
③ 발해사 연구를 통해 한반도 중심의 사관을 극복하고자 하였다.
④ 500여 종의 중국 및 일본의 자료를 참고하여 저술한 기전체 역사서이다.

**11**

〈보기〉의 서적들을 편찬된 순서대로 바르게 나열한 것은?

> ● 보기 ●
> ⊙ 『열하일기』
> ⓛ 『산림경제』
> ⓒ 『농가집성』
> ⓔ 『동의보감』

① ⓛ – ⊙ – ⓔ – ⓒ
② ⓛ – ⓒ – ⊙ – ⓔ
③ ⓔ – ⓛ – ⓒ – ⊙
④ ⓔ – ⓒ – ⓛ – ⊙

**12**

조선 후기의 문화 동향에 대한 설명으로 옳지 않은 것은?

① 서유구는 농촌 생활 백과사전인 『임원경제지』를 저술하였다.
② 김정희는 『금석과안록』에서 북한산비가 진흥왕 순수비임을 고증하였다.
③ 훈민정음에 대한 연구가 활발해지면서 『자모변』, 『언문지』 등이 편찬되었다.
④ 위항인들은 시사를 조직하여 『대동운부군옥』, 『청장관전서』와 같은 문집을 남겼다.

## 13

조선 시대의 지도와 관련된 설명으로 가장 옳지 않은 것은?

① 요계관방지도는 숙종 때 군사적 목적으로 제작되었다.
② 김정호의 대동여지도는 금속 활판으로 인쇄되었다.
③ 혼일강리역대국도지도에는 유럽과 아프리카 대륙이 그려져 있다.
④ 정상기의 동국지도는 우리나라에서 처음으로 축척을 사용하여 제작한 지도이다.

## 14

(가)에 대한 설명으로 옳은 것은?

> [(가)]의 사방에 장안문·팔달문 등의 성문이 배치되었으며, 중앙에는 행궁이 자리 잡고 있다. 또한 [(가)]에는 다른 성곽에서 볼 수 없는 누조·공심돈과 같은 방어·관측 시설이 세워졌는데, 이는 [(가)]이/가 당시 과학 기술이 집대성된 건축물임을 보여준다. 한편 [(가)]이/가 완성된 이후에는 건축 보고서라 할 수 있는 『의궤』가 간행되기도 하였다.

① 이괄의 난 때 인조가 피난한 곳이다.
② 공사 진행을 위해 준천사가 설치되었다.
③ 정약용이 거중기를 활용하여 축조하였다.
④ 이곳을 중심으로 수어청의 방어 체제가 갖춰졌다.

## 15

다음 작품이 쓰여진 시기의 문화에 대한 설명으로 가장 옳은 것은?

> 내 조금 시험해 볼 일이 있어 그대에게 만 금(萬金)을 빌리러 왔소." 하였다. 변씨는 "그러시오."하고 곧 만 금을 내주었다. …… 허생이 과실을 몽땅 사들이자 온 나라가 잔치나 제사를 치르지 못하게 되었다. 그런지 얼마 아니 되어서 두 배 값을 받은 장사꾼들이 도리어 열 배의 값을 치렀다.

① 소박한 무늬의 분청사기가 유행하였다.
② 원각사지 10층 석탑과 같은 화려한 석탑이 조성되었다.
③ 화엄사 각황전, 법주사 팔상전 등의 건축물이 만들어졌다.
④ 사물을 의인화한 전기 형식의 가전체 문학이 유행하였다.

## 16

(가)에 해당하는 작품으로 옳은 것은?

> 조선 후기에 미술 분야에서 이전의 형식화된 표현 방식과 모방에서 벗어나려는 움직임이 나타났다. 대표적으로 종래의 산수화 전통에 당시 유행하기 시작한 남종화법을 가미하여, 우리나라의 경관을 우리 산천의 형상에 어울리는 방식으로 묘사하려는 [(가)]의 화풍이 개척되었다.

① 김홍도, 무동
② 정선, 인왕제색도
③ 안견, 몽유도원도
④ 신윤복, 월하정인

정답·해설 p.56

## 01

(가)~(라)를 일어난 순서대로 바르게 나열한 것은?

> (가) 임시 기구인 비변사가 설치되었다.
> (나) 금위영이 설치되면서 5군영 체제가 완비되었다.
> (다) 포수·사수·살수로 조직된 훈련도감이 설치되었다.
> (라) 송시열 등이 주도한 북벌 계획에 따라 어영청이 강화되었다.

① (가) – (라) – (다) – (나)
② (가) – (다) – (라) – (나)
③ (다) – (가) – (나) – (라)
④ (다) – (가) – (라) – (나)

## 02

밑줄 친 '왕'의 재위 시기에 있었던 일로 옳은 것은?

> 왕 19년 여름에 안용복이 풍랑으로 울릉도에 표류했는데, 왜선 7척이 먼저 와서 섬을 다투는 분쟁이 일고 있었다. …… 왜인들이 "우리들은 송도에서 고기잡이를 하다가 우연히 이곳에 왔을 뿐이다" 하고 곧 물러갔다. 안용복이, "송도도 원래 우리 우산도다."라 하고 다음 날 우산도로 달려가니, 왜인들이 돛을 달고 달아났다.

① 두 차례의 예송 논쟁이 전개되었다.
② 안동 김씨 등의 세도 가문이 권력을 잡았다.
③ 왕권 강화를 위한 환국이 수시로 단행되었다.
④ 당파와 관계없이 인물을 등용하는 완론 탕평이 실시되었다.

## 03

다음 글을 쓴 왕의 재위 시기에 있었던 사실로 옳은 것은?

> 팔순 동안 내가 한 일을 만약 나 자신에게 묻는다면 첫째는 탕평책인데, 스스로 '탕평'이란 두 글자가 부끄럽다. 둘째는 균역법인데, 그 효과가 승려에게까지 미쳤다. 셋째는 청계천 준설인데, 만세에 이어질 업적이다. ……
> – 『어제문업(御製問業)』

① 수도 외곽의 방어를 위하여 총융청을 설치하였다.
② 왕세제의 대리청정 문제로 노론이 큰 피해를 입었다.
③ 통공 정책을 시행하여 금난전권을 폐지하였다.
④ 산림의 존재를 부정하고 그들의 본거지인 서원을 대폭 정리하였다.

## 04

밑줄 친 '왕'에 대한 설명으로 옳은 것은?

> 왕이 박종악에게 전교하기를 "…… 근래 선비들의 취향이 점점 저하되어 문풍도 날로 비속해지고 있다. 과거(科擧)의 문체를 놓고 보더라도 패관 소품(稗官小品)의 문체들을 모방하여 경전 가운데 늘상 접하여 빠뜨릴 수 없는 의미들이 소용없는 것으로 전락하고 말았다." …… "성균관 시험의 시험지 중에 만일 조금이라도 패관 잡기에 관련되는 답이 있으면 비록 전편이 주옥 같을지라도 하고(下考)로 처리하고, 이름을 확인하여 과거를 보지 못하도록 하라."

① 비변사를 폐지하였다.
② 규장각을 설치하였다.
③ 삼정이정청을 설치하였다.
④ 선무군관포를 신설하였다.

## 05

(가)~(라)를 일어난 순서대로 바르게 나열한 것은?

> (가) 성균관 입구에 탕평비가 건립되었다.
> (나) 폐비되었던 인현 왕후 민씨가 복위되었다.
> (다) 당파의 옳고 그름을 명백히 가리는 준론 탕평이 실시되었다.
> (라) 남인 처벌 문제로 서인이 노론과 소론으로 분화되기 시작하였다.

① (나) - (라) - (다) - (가)
② (나) - (라) - (가) - (다)
③ (라) - (가) - (나) - (다)
④ (라) - (나) - (가) - (다)

## 06

밑줄 친 '왕' 때 시행된 경제 정책에 대한 설명으로 옳은 것은?

> 앞서 왕에게 이괄 부자가 역적의 우두머리라고 고해바친 자가 있었다. 하지만 임금은 "필시 반역은 아닐 것이다."라고 하면서도, 이괄의 아들인 이전을 잡아오라고 명하였다. 이전은 그때 이괄의 군영에 있었고 이괄은 결국 금부도사 등을 죽이고 여러 장수들을 위협하여 난을 일으켰다.

① 평민에게만 징수해 온 군포를 양반에게도 징수하였다.
② 토지 1결당 최고 20두에서 최저 4두의 전세를 징수하였다.
③ 부족해진 재정을 보충하기 위해 지주에게 토지 1결당 2두의 결작미를 징수하였다.
④ 풍흉에 관계없이 토지 1결당 4두 정도의 세금을 내도록 하였다.

## 07

다음은 어느 강연회 포스터이다. (가)~(라)에 들어갈 내용으로 가장 옳지 않은 것은?

> ### 우리나라 수공업자들의 경제 생활
>
> ※ 강연 주제 ※
> 제1강 선사~고대, ___(가)___
> 제2강 고려 시대, ___(나)___
> 제3강 조선 전기, ___(다)___
> 제4강 조선 후기, ___(라)___
>
> • 일시: ○○○○년 ○○월 ○○일 10:00~13:00
> • 장소: ◇◇ 박물관

① (가) - 가락바퀴와 뼈바늘을 이용한 원시 수공업의 시작
② (나) - 소 수공업과 사원 수공업의 발달
③ (다) - 선대제 수공업의 등장과 상인 자본으로의 예속
④ (라) - 관영 수공업의 쇠퇴와 납포장의 증가

## 08

다음 사회 현상에 대한 설명으로 옳지 않은 것은?

> 보성군에는 교파와 약파가 있다. 교파는 향교에 다니는 자들이고, 약파는 향약을 주관하는 자들이다. 서로 투쟁이 끊이지 않고 모함하는 일이 갈수록 더하여 갔다. 드디어 풍속이 도에서 가장 나빠졌다.
>
> – 정약용, 「목민심서」

① 양반 사족과 부농층이 향촌의 주도권을 두고 다툼을 벌인 것이다.
② 신향은 수령과 결탁하여 상당한 지위를 확보하였다.
③ 구향은 향약을 군현 단위로 실시함으로써 세력을 유지하였다.
④ 세도 정권 아래에서 농민 수탈이 극심해지는 배경이 되었다.

정답·해설 p.60

## 01

밑줄 친 '왕'이 재위하던 시기의 사실로 옳은 것은?

> 채제공이 왕에게 아뢰기를 "…… 마땅히 평시서로 하여금 20, 30년 사이에 새로 벌인 영세한 가게 이름을 조사해 내어 모조리 없애도록 하고, 형조와 한성부에 분부하여 육전(六廛)이 아니라면 난전이라 하여 잡혀 오는 자들을 처벌하지 말도록 할 뿐만 아니라 잡아온 자를 처벌하시면, 장사하는 사람들은 서로 매매하는 이익이 있을 것입니다."라고 하니 왕께서 따랐다.

① 『대전통편』을 편찬하여 법령을 정비하였다.
② 이인좌의 난을 진압하고 기유처분을 발표하였다.
③ 청의 요구에 따라 조총 부대를 영고탑으로 파견하였다.
④ 청과 조선 사이의 국경을 확정하고자 백두산 정계비를 세웠다.

## 02

㉠ ~ ㉢은 정약용의 저서이다. ㉠ ~ ㉢에 들어갈 책의 이름이 옳은 것은?

> • ( ㉠ )에서 발해의 중심지가 백두산 동쪽임을 고증하였다.
> • ( ㉡ )에서 제너가 발명한 종두법을 소개하였다.
> • ( ㉢ )에서 형옥의 임무를 맡은 관리들이 유의할 사항을 예로 들어 설명하였다.

| | ㉠ | ㉡ | ㉢ |
|---|---|---|---|
| ① | 『강계고』 | 『방약합편』 | 『흠흠신서』 |
| ② | 『강계고』 | 『마과회통』 | 『경세유표』 |
| ③ | 『아방강역고』 | 『마과회통』 | 『흠흠신서』 |
| ④ | 『아방강역고』 | 『마과회통』 | 『경세유표』 |

## 03

조선 후기의 경제 상황에 대한 설명으로 옳지 않은 것은?

① 밭을 논으로 바꾸는 현상이 활성화되었다.
② 숙종 때 이르러 상평통보가 전국적으로 유통되었다.
③ 의주의 만상, 동래의 내상 등이 무역을 통해 성장하였다.
④ 정조 때 설점수세제가 실시되면서 광산의 개발이 활성화되었다.

## 04

다음 모습이 나타난 시기에 있었던 사실로 가장 옳은 것은?

> 근래에 세상의 도리가 썩어서 돈 있고 힘 있는 백성들이 군역을 피하고자 간사한 아전과 한통속이 되어 뇌물을 쓰고 호적을 위조하여 유학(幼學)이라고 거짓으로 올리고 면역하거나 다른 고을로 옮겨 가서 스스로 양반 행세를 한다. 호적이 밝지 못하고 명분의 문란함이 지금보다 심한 적이 없다.

① 사족이 향촌 사회를 장악하고 있었다.
② 반상제를 법제적 신분 제도로 규정하였다.
③ 남귀여가의 혼인 풍속이 정착하였다.
④ 향회가 수령의 부세 자문 기구로 전락하였다.

## 05

밑줄 친 ㉠과 관련된 설명으로 옳은 것은?

> 중국으로 말하면 천하의 동남쪽에 위치하여 양명함이 모여드는 곳이다. 그러므로 이런 기운을 받고 태어난 자는 과연 신성한 사람이니, …… 이를 미루어 말한다면 중국의 성학은 올바른 것이며, ㉠ 서국의 천학은 그들이 말하는 진도(眞道)와 성교(聖教)일지는 몰라도 우리가 말하는 바의 성학은 아닌 것이다.

① 인간 평등을 강조하였고, 제사 의식을 거부하였다.
② 집강소를 설치하고 폐정 개혁을 추진하였다.
③ 인간이라면 누구나 양지를 실현할 수 있다고 강조하였다.
④ 정약용이 『천학문답』을 저술하여 교리를 비판하였다.

## 06

(가), (나)를 주장한 인물에 대한 설명으로 옳은 것을 〈보기〉에서 모두 고른 것은?

> (가) 농부 한 사람마다 1경(頃)을 받아 법에 의거하여 조세를 낸다. …… 사대부로서 처음 학교에 입학한 자는 2경을 받는다. …… 현직 관료는 9품에서 2품까지 조금씩 차등을 두어 지급하고, ……
>
> (나) 중국은 서양과 180도 정도 차이가 난다. 중국인은 중국을 중심으로 삼고 서양을 변두리로 삼으며, 서양인은 서양을 중심으로 삼고 중국을 변두리로 삼는다.

▶ 보기 ◀

㉠ (가) – 『곽우록』을 저술하여 국가 제도 전반에 대한 의견을 제시하였다.
㉡ (가) – 자영농을 중심으로 한 군사·교육 제도의 개혁을 주장하였다.
㉢ (나) – 『임하경륜』에서 선비들의 생산 활동 종사를 주장하였다.
㉣ (나) – 북학 사상의 선구자로 사농공상의 직업적 평등화를 주장하였다.

① ㉠, ㉡          ② ㉡, ㉢
③ ㉡, ㉣          ④ ㉢, ㉣

## 07

밑줄 친 '이 법'에 대한 설명으로 옳은 것을 〈보기〉에서 모두 고른 것은?

> 광해군 즉위년에 이르러 좌의정 이원익의 건의로 이 법을 비로소 시행하여, 민결에서 미곡을 거두어 서울로 옮기게 했는데, 먼저 경기에서 시작하고 드디어 선혜청을 설치하였다. 인조 때에 이원익이 다시 건의하여 강원도에도 시행하게 되었으며, 효종 때에 우의정 김육의 건의로 충청도에도 시행하게 되었으며 ……

▶ 보기 ◀

㉠ 전국의 농민이 공납을 현물로 납부하게 되었다.
㉡ 각 고을에서 가호(家戶)를 기준으로 공물을 부과하였다.
㉢ 과중한 공물 부담과 방납의 폐단을 해결하고자 시행되었다.
㉣ 공인이 등장하고 상품 화폐 경제가 발달하는 계기가 되었다.

① ㉠, ㉡          ② ㉡, ㉢
③ ㉡, ㉣          ④ ㉢, ㉣

## 08

조선 후기 미술에 대한 설명으로 가장 옳지 않은 것은?

① 정선은 인왕제색도와 같이 우리의 자연을 사실적으로 표현한 진경 산수화를 그렸다.
② 김정희는 고사관수도를 그려 인물의 내면 세계를 표현하였다.
③ 김홍도, 신윤복 등은 당시 사람들의 일상 생활을 묘사한 풍속화를 그렸다.
④ 강세황은 영통동구도에서 서양화 기법을 반영하여 사물을 실감나게 표현하였다.

정답·해설 p.61

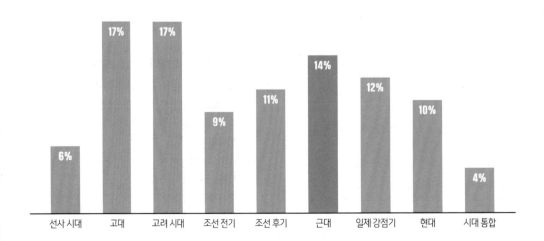

## 근대 출제경향

* 최근 7개년 국가직·서울시·지방직 9급 시험 기준

| 선사 시대 | 고대 | 고려 시대 | 조선 전기 | 조선 후기 | 근대 | 일제 강점기 | 현대 | 시대 통합 |
|---|---|---|---|---|---|---|---|---|
| 6% | 17% | 17% | 9% | 11% | 14% | 12% | 10% | 4% |

# VI
# 근대

# 01 근대의 정치

## 적중개념 | 1 흥선 대원군의 정책과 외세의 침입

### (1) 흥선 대원군의 정책

| | |
|---|---|
| 비변사 축소·폐지 | 비변사를 축소·폐지하여 의정부(정치)와 삼군부(군사)의 기능 부활 |
| 법전 정비 | 통치 기강을 바로잡기 위해 『대전회통』, 『육전조례』 편찬 |
| 경복궁 중건 사업 | 경복궁을 중건하여 왕실의 권위를 회복하려 하였으나 원납전 징수, 당백전 남발, 백성의 부역 강제 동원 등으로 인해 양반과 백성 모두의 원성이 높아짐 |
| 서원 철폐 | 전국 600여 개의 서원을 47개로 축소, 만동묘 철폐 |
| 삼정의 문란 시정 | 전정(→ 양전 사업 시행), 군정(→ 호포법 실시), 환곡(→ 사창제 실시)의 문란 시정 |

### (2) 외세의 침입

| | |
|---|---|
| 제너럴셔먼호 사건 (1866. 7.) | 미국 상선 제너럴셔먼호의 통상 요구를 조선이 거부하여 무력 시위 발생 → 평양 주민들(관찰사 박규수)이 제너럴셔먼호를 공격하여 침몰시킴 |
| 병인양요 (1866. 9.) | 프랑스가 병인박해를 구실로 강화도를 침입(로즈 제독) → 한성근(문수산성)·양헌수(정족산성) 부대의 항전 → 『의궤』 및 외규장각 도서 약탈 |
| 오페르트 도굴 사건 (1868) | 독일 상인 오페르트가 조선과의 통상을 요구하였으나 거절당하자 흥선 대원군 아버지(남연군)의 무덤을 도굴하려 실패 → 흥선 대원군의 통상 수교 거부 정책은 더욱 강화됨 |
| 신미양요 (1871) | 미국이 제너럴셔먼호 사건을 구실로 강화도로 침입(로저스 제독) → 초지진·덕진진 점령, 광성보 공격(어재연 부대의 결사 항전) → 미군이 수자기를 약탈해 감, 흥선 대원군은 전국에 척화비 건립 |

**개항과 불평등 조약의 체결**

(1) 강화도 조약과 부속 조약 체결

| | |
|---|---|
| **강화도 조약**<br>(조·일 수호 조규, 1876. 2.) | • 조선의 자주국 규정(청의 종주권 부인), 최초의 근대적 조약이자 불평등 조약<br>• 부산(1876)·원산(1880)·인천(1883) 개항, 해안 측량권 허용<br>• 영사재판권(치외법권) 인정 |
| **조·일 수호 조규 부록**<br>(1876. 7.) | • 일본 외교관의 내지 여행 허용, 개항장에서 일본 화폐의 유통 허용<br>• 일본 상인의 활동 범위 설정(개항장 사방 10리) |
| **조·일 무역 규칙**<br>(조·일 통상 장정, 1876. 7.) | • 일본으로의 양곡(쌀·잡곡) 무제한 유출 허용<br>• 일본 정부 소속 선박에 대한 무항세 규정(일본 수출입 상품에 대한 관세 규정이 없음) |
| **조·일 수호 조규 속약**<br>(1882. 7.) | • 일본 상인의 활동 범위 확대(10리 → 50리, 2년 후 100리까지 확대), 1년 후 양화진 개시<br>• 일본 공사·영사와 그 가족의 자유 여행 허용 |
| **개정된 조·일 통상 장정**<br>(1883. 6.) | • 관세 규정, 최혜국 대우 규정<br>• 방곡령 규정(쌀 수출 금지령): 방곡령 시행 1개월 전 지방관이 영사관에 통고해야 함 |

(2) 서양 열강과의 조약 체결

| | |
|---|---|
| **미국**<br>(조·미 수호 통상 조약, 1882) | • 성격: 서구 열강과 맺은 최초의 근대적 조약이자 불평등 조약<br>• 배경: 『조선책략』의 유포를 계기로 미국에 대한 기대감 상승, 청의 알선으로 조약 체결 (청의 일본·러시아 견제 의도)<br>• 내용: 영사재판권(치외법권) 인정, 최혜국 대우 규정, 관세 협정(미국 수출입 상품에 대해 낮은 비율의 관세 부과), 거중조정 조항(양국 중 한 나라가 위협을 받으면 서로 돕는다는 규정)<br>• 영향: 미국은 조선에 푸트 공사를 파견, 조선은 미국에 보빙사 파견(1883) |
| **영국(1883)** | • 치외 법권 인정 문제로 지연되다가 조·미 수호 통상 조약이 체결된 이후 체결<br>• 치외 법권, 최혜국 대우, 조차지 설정, 내지 통상권 등 허용 |
| **독일(1883)** | 내지 통상권, 최혜국 대우 등 허용 |
| **러시아(1884)** | 청과 일본의 견제로 체결 지연되다가 독자적으로 체결, 최혜국 대우, 치외 법권 등 허용 |
| **프랑스(1886)** | 천주교 전래 문제로 체결 지연, 프랑스어 교육 허용(→ 천주교 신앙 및 선교의 자유 용인) |

---

**단박 체크**

**다음 기출문장을 읽고, 옳으면 O, 틀리면 X를 괄호 안에 쓰세요.**

**01** 흥선 대원군은 경복궁을 중건하고, 의정부와 삼군부의 기능을 회복시켰다. (　　　)

**02** 흥선 대원군은 통리기무아문을 설치하고 그 아래에 12사를 두었다. (　　　)

**03** 제너럴셔먼호가 대동강에 나타나 통상을 요구하며 난동을 부리자 평양 군민들이 이를 공격하여 침몰시켰다. (　　　)

**04** 병인양요 때 프랑스군이 강화도의 주요 시설을 불태우고 외규장각 도서를 약탈하였다. (　　　)

**05** 신미양요 때 미국이 초지진과 덕진진을 점령하였다. (　　　)

**06** 조·일 통상 장정(1876)을 통해 곡물 유출을 막는 방곡령 규정이 합의되었다. (　　　)

**07** 조·미 수호 통상 조약에는 강화도 조약과 달리 관세 조항이 들어 있었다. (　　　)

[정답] **01** O　**02** X (고종의 개화 정책)　**03** O　**04** O　**05** O　**06** X (1883년에 개정된 조·일 통상 장정)　**07** O

## (1) 개화파의 형성

| 형성 배경 | 북학파의 실학 사상을 계승하여 초기 개화 사상인 통상 개화론으로 발전 |
|---|---|
| 통상 개화론 주장 | 1860년대 박규수(양반)와 오경석, 유홍기(중인) 등이 통상 개화론을 주장하며 개화파 형성에 영향 |
| 개화파의 형성 | 개항 이후 정부의 개화 시책과 개혁 운동 추진 → 근대적 개혁을 통한 부국강병 추진 |

## (2) 개화파의 분화(임오군란 이후)

| 구분 | 온건 개화파(사대당, 수구당) | 급진 개화파(독립당, 개화당) |
|---|---|---|
| 주요 인물 | 김홍집, 어윤중, 김윤식 | 김옥균, 박영효, 홍영식 |
| 정치 성향 | 민씨 정권과 결탁, 대청 사대 관계 인정 | 친청 정책과 대청 사대 외교 비판(갑신정변 주도) |
| 개혁 방향 | 청의 양무 운동을 모델로 전통 사상을 지키며 서양 문물 수용(동도 서기론) → 점진적 개혁 주장 | 일본의 메이지 유신을 모델로 서양 문물과 사상·제도까지 수용(문명개화론) → 급진적 개혁 주장 |

## (3) 정부의 개화 정책 추진

| 관제 개혁 | • 통리기무아문 설치(1880): 개화 정책을 추진하는 핵심 기구, 군국 기밀과 일반 정치를 총괄<br>• 통리기무아문의 하위 관청으로 12사를 두어 개화 관련 업무(외교, 통상, 군사 등)를 분담 |
|---|---|
| 군제 개혁 | 기존의 5군영을 무위영·장어영의 2영으로 축소, 신식 군대인 별기군 창설(1881, 일본의 지원) |
| 사절단 파견 | • 수신사: 강화도 조약 체결 이후 근대 문물 수용의 필요성에 따라 일본에 공식적으로 파견<br>[1차(1876): 김기수, 2차(1880): 김홍집, 3차(1882): 박영효]<br>• 조사 시찰단(1881): 일본의 산업 시설을 시찰하기 위해 비공식적으로 파견(박정양, 어윤중 등)<br>• 영선사(1881): 청의 근대 무기 제조술을 습득하기 위해 파견(김윤식 등) → 귀국 후 기기창 설치<br>• 보빙사(1883): 우리나라 최초의 구미 사절단, 조·미 수호 통상 조약 체결을 계기로 미국에 파견<br>(민영익, 유길준 등) → 귀국 후 농무 목축 시험장 개설 |
| 근대 시설 설치 | 기기창(1883, 근대식 무기 제조), 박문국(1883, 출판), 경찰국(1883), 치도국(1883), 전환국(1883, 화폐 주조), 우정국(1884, 근대식 우편 사업), 농무 목축 시험장(1884), 광혜원(1885, 근대식 병원) 등 설치 |

## (4) 위정척사 운동

| 내용 | • 배경: 서양 열강의 통상 요구와 개항, 정부의 개화 정책에 대해 반발 심화<br>• 전개 과정 |  |  |
|---|---|---|---|
| | **구분** | **배경** | **내용** |
| | 1860년대 | 서양 열강의 통상 요구 | • 척화 주전론, 서양과의 통상 수교 반대 운동 전개<br>• 이항로·기정진이 대원군의 통상 수교 거부 정책 지지 |
| | 1870년대 | 문호 개방(강화도 조약) | • 개항 불가론, 왜양 일체론<br>• 최익현(오불가소), 유인석 등이 개항 반대 운동 전개 |
| | 1880년대 | 개화 정책 추진과 『조선책략』 유포 | • 개화 반대론, 정부의 개화 정책 추진 반대<br>• 『조선책략』 유포 및 미국과의 통상 반대<br>• 이만손의 영남 만인소, 홍재학의 만언 척사소 |
| | 1890년대 | 을미사변과 단발령 | 유인석·이소응 등이 항일 의병 운동(을미의병) 전개 |
| 의의 | 정치적·경제적 외세의 침략에 저항하는 반침략·반외세 자주 운동 |  |  |
| 한계 | 전통적인 성리학적 사회 질서 유지 고수 → 개화 정책 추진의 걸림돌로 작용 |  |  |

## 적중개념 | 4 임오군란과 갑신정변

**(1) 임오군란(1882)**

| 배경 | 구식 군인에 대한 차별 대우와 급료 체불, 일본의 경제 침투(쌀 값 폭등)로 농민·하층민의 불만 증가 |
|---|---|
| 전개 | 구식 군인들이 선혜청·민씨 정부의 고관(민겸호 자택 등) 습격 → 일본 공사관 습격, 별기군 훈련 교관 살해 → 하층민도 합세하여 궁궐 습격(창덕궁 점령) → 민씨 세력 축출 → 민비는 충주로 피신 → 군란을 진정시키기 위해 재집권한 흥선 대원군은 정부의 개화 정책을 중단(5군영 부활, 통리기무아문·별기군 폐지) → 청의 군란 진압(민씨 정권의 원군 요청을 받은 청이 군란을 진압하고 대원군을 청으로 압송) |
| 결과 | • 민씨 세력의 재집권: 민씨 세력이 재집권하여 친청 정권을 수립하고, 친청 정책을 실시함<br>• 제물포 조약 체결(1882. 7.): 조선 정부는 일본 정부에 배상금을 지불하고, 일본 공사관에 경비병 주둔을 허용<br>• 조·일 수호 조규 속약 체결(1882. 7.): 간행이정(거류지) 확대, 양화진 개시, 내지 여행 허용 등<br>• 청의 내정 간섭 심화: 청이 내정 고문(마젠창)과 외교 고문(묄렌도르프)을 조선에 파견, 위안스카이의 군대 주둔<br>• 조·청 상민 수륙 무역 장정 체결(1882. 8.): 청 상인의 내지 통상권을 실질적으로 허용 |

**(2) 갑신정변(1884)**

| 배경 | • 국내: 임오군란 이후 청의 내정 간섭이 심화됨, 온건 개화파의 급진 개화파 탄압으로 개화 정책 후퇴, 김옥균이 일본과의 차관 교섭 실패로 급진 개화파의 입지가 위축됨<br>• 국외: 청·프 전쟁으로 조선 내 청군이 일부 철수, 일본 공사가 정변 단행 시 재정 및 군사 지원 약속 |
|---|---|
| 전개 | • 내용: 급진 개화파(김옥균·박영효·서광범 등)가 우정총국 개국 축하연에서 정변 단행 → 민씨 정권 고관 살해 → 김옥균이 고종과 민비의 거처를 창덕궁에서 경우궁으로 옮기고 정권 장악 → 개화당 정부 수립 → 14개조 혁신 정강 발표 → 청군의 개입으로 실패<br>• 14개조 혁신 정강 내용: 청에 대한 조공 허례 폐지(청과의 사대 관계 청산), 문벌 폐지와 인민 평등의 권리 제정, 내시부 폐지(왕권 제한), 대신과 참찬은 의정부에 모여 의결(입헌 군주제 실시), 규장각 폐지, 지조법 개혁(조세 제도 개혁), 환상미 영구 면제(환곡제 폐지), 혜상공국 혁파(특권적 상업 폐지), 모든 재정은 호조에서 관할(재정 일원화), 탐관오리 처벌, 순사 설치(경찰제 실시), 4영을 1영으로 축소 |
| 결과 | • 청군이 정변 세력을 진압(홍영식 피살, 김옥균·박영효·서광범 등은 일본으로 망명), 정변 실패 이후 청의 내정 간섭 심화, 개화 운동 단절<br>• 한성 조약 체결(1884. 11., 조선 – 일본): 조선이 일본에 배상금 및 일본 공사관 신축 비용 지불<br>• 텐진 조약 체결(1885, 청 – 일본): 조선 내 청·일 양군 공동 철수, 조선 파병 시 상대국에 미리 통고할 것 규정 |

---

### 단박 체크

**다음 기출문장을 읽고, 옳으면 O, 틀리면 X를 괄호 안에 쓰세요.**

**01** 급진 개화파는 보부상단을 통괄하는 혜상공국의 설치를 주장하였다. (        )

**02** 온건 개화파는 중체서용을 바탕으로 한 양무 운동과 같은 개혁을 추진하려 하였다. (        )

**03** 강화도 조약 체결 이후 조선 정부는 개화 정책을 추진할 기구로 통리기무아문을 설치하였다. (        )

**04** 수신사로 파견되었던 김홍집은 황쭌셴의 『조선책략』을 가져와 널리 유포하였다. (        )

**05** 임오군란이 발발하자 정부의 개화 정책에 반대하는 서울의 하층민들도 참여하였다. (        )

**06** 혁신 정강 14개조의 내용에는 공사 노비법을 혁파할 것이라는 내용이 들어가 있다. (        )

**07** 갑신정변 이후 조·청 상민 수륙 무역 장정을 체결하여 청나라 상인에게 통상 특혜를 허용하였다. (        )

[정답]  **01** X (급진 개화파는 갑신정변 때 혜상공국 혁파 주장)  **02** O  **03** O  **04** O  **05** O  **06** X (제1차 갑오개혁 법령의 내용)
　　　　**07** X (임오군란 이후에 체결됨)

**(1) 동학 농민 운동의 배경**

| 농민층의 동요 | 지방 수령·아전의 수탈 가중, 개항 이후 곡물 값 폭등·식량 부족 현상으로 농민들의 반일 감정 고조 |
|---|---|
| 동학의 성장 | 동학의 교세가 확장되면서 각 지방에 포·접의 교단을 설치하고 접주가 통솔, 포접제의 운영으로 농민을 조직화하는 데 기여 |
| 교조 신원 운동 전개 | 최제우의 억울한 죽음을 풀어주고 동학 포교의 자유를 인정해 줄 것을 요구하며 교조 신원 운동 전개<br>• 종교적 성격: 삼례 집회(최제우의 사면과 포교의 자유를 요구), 복합 상소(손병희 등이 한양에서 국왕에게 직접 교조 신원을 요구)<br>• 정치적 성격: 보은 집회(동학 교도 외에도 농민이 참가, 탐관오리의 숙청과 척왜양창의 주장), 금구 집회(서울 진공 계획) |

**(2) 동학 농민 운동의 전개**

| 고부 민란<br>(1894. 1.~3.) | 고부 군수 조병갑의 횡포·착취 → 전봉준의 주도로 농민들이 고부 관아 습격 → 조병갑 파면, 신임 군수 박원명 파견 → 폐정 시정을 약속 받고 농민군 자진 해산 → 정부가 안핵사 이용태 파견 |
|---|---|
| 제1차 농민 봉기<br>(1894. 3.~4.) | 안핵사 이용태의 탄압(고부 민란 관련자를 체포함) → 무장에서 창의문 발표(보국안민과 제폭구민) → 백산 봉기(3월, 남접 주도), 격문과 4대 강령을 발표하여 탐관오리의 제거와 균전사 폐지 주장 → 고부 황토현 전투(4. 7.)에서 농민군 승리 → 장성 황룡촌 전투(4. 23.)에서 농민군 승리 → 전주성 점령(4. 27.) → 정부가 청에 원병 요청 |
| 전주 화약 체결<br>(1894. 5.) | 청군 아산만 상륙(5. 5.) → 일본군도 톈진 조약을 구실로 인천 상륙(5. 6.) → 전주 화약 체결(농민군: 전봉준 – 정부군: 홍계훈) |
| 동학 농민군의 개혁 | • 정부는 농민군의 폐정 개혁안 수용, 농민군은 전라도와 충청 일대에 집강소(농민 자치 기구)를 설치<br>• 폐정 개혁안 12개조: 신분제 철폐, 과부의 재가 허용, 토지의 평균 분작, 공·사채 무효, 잡세 폐지, 관리 채용에 지벌 타파·인재 등용, 왜와 통하는 자 엄징 등 |
| 청·일 전쟁 | 일본의 내정 개혁 강요 → 조선은 일본의 철수를 요구하며 교정청 설치(자주적 개혁 시도) → 일본이 조선의 철병 요구 거절 → 일본군의 경복궁 점령(1894. 6. 21.) → 아산만의 청국 군함 격침 → 제1차 김홍집 내각 조직 및 군국기무처 설치(6. 25.), 제1차 갑오개혁 실시 |
| 제2차 농민 봉기<br>(1894. 9.~12.) | 일본의 내정 간섭 심화 → 농민군 재봉기(9월), 논산에 전봉준의 남접 + 손병희의 북접 집결 → 공주 우금치 전투(11월)에서 관군과 일본군에 패배 → 산발적 전투 지속(보은 전투 등) → 동학 지도부(전봉준) 체포·처형(12월), 동학 농민군은 민보군(양반 지주와 토호들이 조직한 군대)에 의해 탄압 받음 |

**(1) 제1차 갑오개혁(1894. 6.~1894. 11.)**

| 전개 과정 | 일본은 경복궁을 점령하고 조선에 내정 개혁을 강요 → 흥선 대원군을 섭정으로 하는 제1차 김홍집 내각을 수립 → 청·일 전쟁 발발 → 교정청 폐지·군국기무처 설치, 군국기무처 의원들이 개혁 주도 |
|---|---|
| 개혁 내용 | • 정치: 청의 연호 대신 '개국' 기원 사용, 왕실(궁내부)과 정부(의정부)의 사무 분리, 의정부와 8아문의 권한 강화(의정부에 권력을 집중시키고, 6조를 8아문으로 개편), 과거제 폐지(과거제를 폐지하여 신분의 구별 없이 인재 등용), 경찰 업무를 수행하기 위해 경무청 설치<br>• 경제: 탁지아문이 재정에 관한 모든 사무를 관할하도록 함, 일본 화폐로 조세 납부 허용, 조세의 금납화, 은 본위 화폐 제도 실시(신식 화폐 발행 장정 제정), 도량형 개정·통일<br>• 사회: 공·사노비 제도 폐지, 연좌제·고문 등의 악습 폐지, 조혼 금지, 과부의 재가 허용 |

## (2) 제2차 갑오개혁(1894. 11.~1895. 5.)

| | |
|---|---|
| 전개 과정 | 청·일 전쟁에서 승기를 잡은 일본이 조선에 본격적인 내정 간섭 시작 → 군국기무처의 폐지와 제2차 김홍집·박영효 연립 내각 성립(친일적) → 이노우에와 박영효의 권고로 고종이 독립 서고문과 홍범 14조 반포 (1894. 12.) |
| 개혁 내용 | • 정치: 의정부와 8아문을 내각과 7부로 개편, 지방 행정 개편(전국 8도를 23부로 개편), 훈련대·시위대 설치, 지방관 권한 축소(사법·군사권 배제)<br>• 경제: 탁지부 산하에 관세사·징세서 설치, 내장원(왕실 재산 관리) 설치<br>• 사회: 교육 입국 조서 반포, 한성 사범 학교 설립, 외국어 학교 관제 공포, 신식 재판소 설립(지방 재판소, 순회 재판소, 고등 재판소 등 설립 → 사법권의 독립) |

## (3) 을미개혁(음 1895. 8.~양 1896. 2.)

| | |
|---|---|
| 전개 과정 | 청·일 전쟁 종결(일본 승리) → 삼국 간섭(러·프·독) → 제3차 김홍집 내각 성립(1895. 7.) → 을미사변(1895. 8.) → 제4차 김홍집 내각(친일) 성립 → 을미개혁 → 을미의병 → 아관 파천(1896. 2.)으로 개혁 중단 |
| 개혁 내용 | '건양' 사용, 친위대(중앙군)·진위대(지방군) 설치, 단발령 시행, 종두법 실시, 태양력 사용, 소학교 설치 |

## 적중개념 | 7 독립 협회

| | |
|---|---|
| 창립<br>(1896. 7.) | 서재필이 정부의 지원을 받아 독립신문 창간(1896. 4.), 서재필을 중심으로 정동 구락부 세력과 건양 협회 및 관료층 등이 주도하여 설립, 이후 시민·학생·노동자·여성·천민 등도 참여 |
| 주요<br>활동 | • 민중 계몽 운동: 영은문과 모화관을 철거하고 독립문·독립관 건립(1897), 토론회·강연회 개최<br>• 자주 국권 운동: 만민 공동회(1898. 3.)를 통해 이권 침탈 규탄 → 러시아의 절영도 조차 저지, 일본의 석탄고 기지 반환, 러시아 재정 고문·군사 교련단 철수 요구, 독일·프랑스의 광산 채굴권 요구 저지, 한·러은행 폐쇄<br>• 자유 민권 운동: 언론과 집회의 자유 요구, 국민의 신체와 재산권 보호 운동 전개<br>• 의회 설립 운동: 국정 개혁 운동 전개(보수 세력 파면 요구, 박정양의 진보 내각 수립), 관민 공동회 개최(1898. 10., 헌의 6조 채택) → 의회식 중추원 관제 반포(1898. 11., 관선 25명 + 민선 25명) |
| 해산<br>(1898. 12.) | 중추원 관제 반포에 대한 보수 세력의 반발(익명서 사건) → 독립 협회 해산령 → 만민 공동회의 저항 → 보수 세력이 황국 협회를 동원하여 탄압 → 고종이 두 단체(독립 협회, 황국 협회)를 모두 해산시킴(1898. 12.) |

---

### 단박 체크

**다음 기출문장을 읽고, 옳으면 O, 틀리면 X를 괄호 안에 쓰세요.**

01 전주 화약 체결 이후 조선 정부가 개혁 기구인 교정청을 설치하였다. (         )

02 제2차 농민 봉기 때 홍계훈이 이끄는 경군 선발대가 황룡촌 전투에서 농민군에 패하였다. (         )

03 제1차 갑오개혁 때 은 본위 화폐 제도와 조세의 금납화를 실시하였다. (         )

04 제2차 갑오개혁 때 정부가 '개국' 기년을 사용하기로 하였다. (         )

05 을미개혁 때 지방에 진위대를 설치하고, 건양이라는 연호를 제정하였다. (         )

06 독립 협회는 일본에 진 빚을 갚자는 국채 보상 운동을 일으켰다. (         )

[정답] **01** O **02** X (제1차 농민 봉기) **03** O **04** X (제1차 갑오개혁) **05** O **06** X (독립 협회와 관련이 없음)

| 대한 제국의<br>성립 | • 배경: 고종의 경운궁(덕수궁)으로의 환궁(1897. 2.)과 환궁 이후 자주 독립 국가임을 대내외에 과시해야 한<br>다는 여론이 높아짐<br>• 대한 제국 선포(1897. 10.): 고종은 국호를 '대한 제국', 연호를 '광무'로 하고 환구단(원구단)을 세워 황제 즉<br>위식을 거행, 구본신참의 원칙하에 복고적인 개혁을 추진 |
|---|---|
| 광무개혁 | • 교전소 설치(1897, 황제 직속 입법 기구, 1899년에 법규 교정소로 개편), 대한국 국제 반포(1899, 황제가 모든 권한<br>을 가짐), 지방 행정 구역 개편(23부 → 13도), 양경 체제(평양을 서경으로 승격, 풍경궁 건설)<br>• 양전 사업: 양지아문을 설치(1898)하고 지계아문을 통해 지계를 발급(1901~1904), 산림·가옥 등으로 발<br>급 대상 확대 → 러·일 전쟁으로 중단<br>• 식산 흥업: 근대적 공장과 회사 설립, 상무사 조직(1899), 도량형 개정(평식원 설치), 잠업 시험장 설치, 한성<br>은행(1897), 대한천일은행(1899) 등 민족계 은행 지원, 근대 시설 확충(교통·통신·전기·의료 등)<br>• 금 본위제 시도: 화폐 조례를 제정(1901)하고 금 본위제를 시도하였으나 실패<br>• 황실 재정 확대: 탁지부에서 관리하던 광산·홍삼 전매 등의 수입을 황제 직속 궁내부 내장원으로 이관<br>• 교육: 실업 학교 설립(상공 학교, 광무 학교), 외국어·기술 교육 강화, 유학생 파견<br>• 군사: 원수부 설치(황제가 육·해군 통솔), 시위대(황제 호위 부대)·친위대(서울)·진위대(지방) 군사 수 증대,<br>무관 학교 설립<br>• 외교: 한·청 통상 조약 체결(1899), 만국 우편 연합에 가입(1900), 파리 만국 박람회 참여(1900), 블라<br>디보스토크에 해삼위 통상사무관 파견(1900), 간도 시찰원 파견(이범윤, 1902), 간도를 함경도 행정 구역<br>에 편입, 울릉도를 군으로 승격시키고 독도를 울릉 군수의 관할 구역에 포함(1900, 대한 제국 칙령 제41호) |

## 적중개념 | 9 항일 의병 운동과 애국 계몽 운동

### (1) 항일 의병 운동

| 을미의병 | • 원인: 을미사변(1895), 단발령<br>• 주도 세력: 양반 유생 의병장 중심(유인석, 이소응, 기우만 등) + 동학 농민군 잔여 세력 가담<br>• 활동: 존왕양이를 바탕으로 지방 관아 습격, 친일 내각 처단 → 단발령 철회와 고종의 해산 권고 조칙<br>으로 자진 해산 → 해산 후 잔여 세력이 활빈당으로 계승·발전 |
|---|---|
| 을사의병 | • 원인: 을사늑약 체결(1905. 11.)로 대한 제국의 외교권 박탈<br>• 주도 세력: 양반 유생 의병장 중심(최익현, 민종식 등), 평민 의병장 등장(신돌석) + 농민 참여<br>• 활동: 민종식의 홍주성 점령, 최익현의 태인 봉기·정읍 점령, 평민 의병장인 신돌석의 봉기(유격전) |
| 정미의병 | • 원인: 고종의 강제 퇴위와 군대 해산(1907)<br>• 주도 세력: 유생 의병장(이인영·허위) + 평민 의병장(홍범도) + 해산 군인<br>• 활동: 시위대 대대장 박승환의 자결로 시위대와 진위대가 봉기 → 해산 군인의 의병 합류 → 13도 창<br>의군 결성(총대장 이인영과 군사장 허위) → 서울 주재 각국 영사관에 의병을 국제법상 교전 단체로 승인<br>해줄 것을 요청 → 서울 진공 작전 전개(1908. 1.) → 실패<br>• 국내 진공 작전: 홍범도와 이범윤이 지휘하는 간도와 연해주 일대의 의병 부대가 국내 진공 작전을<br>꾀함(1908)<br>• 호남 지방 의병에 대한 일본의 '남한 대토벌' 작전(1909. 9.) → 국외로 이동하여 독립군으로 활동 |

### (2) 애국 계몽 운동

| 보안회<br>(1904) | • 조직: 송수만, 심상진, 원세성 등이 서울에서 조직, 명칭은 '보국안민'을 뜻함<br>• 활동: 일본의 황무지 개간권 요구를 저지 → 이후 일본의 탄압으로 약화 |
|---|---|

| 헌정 연구회<br>(1905) | • 독립 협회 계승, 입헌 군주정 주장<br>• 일진회의 친일 행위 규탄 → 통감부에 의해 강제 해산됨 |
|---|---|
| 대한 자강회<br>(1906) | • 활동: 교육 진흥·산업 개발·강연회 개최·월보 간행 등을 통해 국권 회복 운동 전개<br>• 해산: 고종 황제의 강제 퇴위 반대 운동을 전개하다가 보안법 위반으로 해산됨 |
| 신민회<br>(1907) | • 조직: 윤치호, 안창호, 신채호, 박은식, 이동휘 등이 참여, 평양을 중심으로 조직된 비밀 결사 단체<br>• 목표: 국권 회복과 공화 정치 체제의 근대 국가 수립, 실력 양성과 독립운동을 병행<br>• 활동: 대성 학교(평양)·오산 학교(정주) 등을 설립하여 민족 교육 추진, 태극 서관·자기 회사 등을 설립<br>하여 민족 산업 육성, 만주 삼원보에 독립군 기지 건설(신흥 강습소 설립)<br>• 해산: 일제에 의해 날조된 105인 사건(1911)으로 해산 |

## 적중개념 | 10 일제의 국권 침탈 과정 ◀최다출제

| 한·일 의정서 | • 배경: 한반도와 만주의 지배권을 둘러싸고 러·일 전쟁 발발(1904. 2.)<br>• 체결: 일본은 대한 제국의 독립과 영토 안정을 보장한다는 이유로 강제 체결함(1904. 2.)<br>• 내용: 일본이 대한 제국 내의 군사 기지 사용권 획득, 대한 제국의 국외 중립 선언 무효화, 조선이 일본<br>과의 상의 없이 제3국과 조약을 체결할 수 없도록 함 |
|---|---|
| 제1차 한·일 협약<br>(한·일 협정서) | • 체결: 러·일 전쟁에서 전세가 유리해진 일본이 대한 시설 강령 수립 후 대한 제국과 체결(1904. 8.)<br>• 내용: 고문 정치 시행[스티븐스(외교), 메가타(재정)], 해외에 주재하는 한국 공사를 철수시킴 |
| 을사늑약<br>(제2차 한·일 협약) | • 체결: 일본은 덕수궁 중명전에서 고종의 비준 없이 강제로 체결함(1905. 11.)<br>• 내용: 통감부가 설치(초대 통감은 이토 히로부미)되었으며 조선은 일본의 보호국이 됨, 대한 제국의 외교<br>권 박탈, 외국 주한 공사들이 국내에서 철수<br>• 을사늑약에 대한 저항: 민영환 등의 자결, 장지연의 시일야방성대곡 게재(황성신문), 고종의 을사늑약<br>무효 친서 발표(대한매일신보), 5적 암살단 조직(나철, 오기호), 을사의병 전개, 헤이그 특사 파견(1907.<br>7.), 스티븐스 사살(장인환·전명운), 이토 히로부미 저격(안중근) |
| 한·일 신협약<br>(정미 7조약) | • 체결: 고종이 강제 퇴위를 당한 이후 일본이 강제로 체결함(1907. 7.)<br>• 내용: 차관 정치 실시, 통감의 권한 강화, 대한 제국의 군대 해산(군대 해산 조칙) |
| 기유 각서 | 사법권과 감옥 사무 처리권 박탈(1909. 7.) → 추후 경찰권 박탈(1910. 6.) |
| 한·일 병합 조약 | • 체결: 통감인 데라우치와 총리 대신 이완용이 체결(1910. 8.)<br>• 총독부 설치: 조선 총독부 설치, 데라우치가 초대 총독으로 부임 → 일본의 식민 통치 시작 |

## 단박 체크

다음 기출문장을 읽고, 옳으면 O, 틀리면 X를 괄호 안에 쓰세요.

01 고종은 연호를 광무라 하고 경운궁에서 황제 즉위식을 거행하였다. (          )

02 대한 제국 정부는 황실 재정을 담당하는 내장원의 기능을 확대하였다. (          )

03 정미의병은 명성 황후 시해와 단발령에 반발하여 일어났다. (          )

04 대한 자강회는 고종의 강제 퇴위 반대 운동을 전개하다가 일본의 탄압으로 해산되었다. (          )

05 신민회는 독립군 양성을 위한 신흥 강습소를 설치하였다. (          )

06 재정·외교 고문의 초빙 등을 주 내용으로 하는 제1차 한·일 협약을 체결하였다. (          )

[정답] 01 X (환구단에서 황제 즉위식 거행) 02 O 03 X (을미의병) 04 O 05 O 06 O

**01** 밑줄 친 '그'에 대한 설명으로 옳은 것은?
[2021년 국가직 9급]

> 군역에 뽑힌 장정에게 군포를 거두었는데, 그 폐단이 많아서 백성들이 뼈를 깎는 원한을 가졌다. 그런데 사족들은 한평생 한가하게 놀며 신역(身役)이 없었다. …(중략)… 그러나 유속(流俗)에 끌려 이행되지 못하였으나 갑자년 초에 그가 강력히 나서서 귀천이 동일하게 장정 한 사람마다 세납전(歲納錢) 2민(緡)을 바치게 하니, 이를 동포전(洞布錢)이라고 하였다.
> — 『매천야록』

① 만동묘 건립을 주도하였다.　　　　　　　② 군국기무처 총재를 역임하였다.
③ 통리기무아문을 폐지하고 5군영을 부활하였다.　④ 탕평 정치를 정리한 『만기요람』을 편찬하였다.

해설　**흥선 대원군** 제시문에서 밑줄 친 '그'는 호포법을 실시한 흥선 대원군이다.
　　③ 임오군란의 사태 수습을 위해 일시적으로 재집권한 흥선 대원군은 개화 정책을 추진하던 통리기무아문을 폐지하였으며, 무위영·장어영의 2영을 없애고 5군영과 삼군부를 부활시켰다.

오답　① 숙종 때 만동묘 건립을 주도한 인물은 권상하이다. 한편 흥선 대원군은 만동묘를 철폐하고, 전국의 서원 대부분을 철폐하였다.
분석　② 군국기무처 총재를 역임한 인물은 갑오개혁을 주도한 김홍집이다.
　　④ 순조 때 조선 왕조의 재정과 군정에 관한 내용을 정리한 『만기요람』을 편찬한 인물은 서영보·심상규 등이다.

정답 ③

**02** (가)~(라) 사건이 일어난 순서대로 바르게 나열된 것은?
[2022년 법원직 9급]

> (가) 운요호가 강화도의 초지진을 포격하고 군대를 영종도에 상륙시켜 살인과 약탈을 자행하였다.
> (나) 독일 상인 오페르트가 덕산군에 상륙하여 남연군의 무덤을 도굴하다가 실패하고 돌아갔다.
> (다) 미군이 강화도의 초지진을 함락하고 광성보를 공격하였다.
> (라) 프랑스군이 강화도의 주요 시설을 불태우고 외규장각 도서를 약탈하였다.

① (가) → (나) → (라) → (다)　　　　　② (나) → (라) → (가) → (다)
③ (다) → (나) → (가) → (라)　　　　　④ (라) → (나) → (다) → (가)

해설　**외세의 침략적 접근**
　　④ 일어난 순서대로 바르게 나열하면 (라) 병인양요(1866) → (나) 오페르트 도굴 사건(1868) → (다) 신미양요(1871) → (가) 운요호 사건(1875)이 된다.
　　(라) 병인양요(1866) 때 프랑스군은 퇴각하면서 강화도의 주요 시설을 불태우고 『의궤』 등 외규장각 도서를 약탈해 갔다.
　　(나) 독일 상인 오페르트가 조선에 통상을 요구하였다가 거절당하자, 흥선 대원군의 부친인 남연군의 묘를 도굴하려 하였다(1868).
　　(다) 미국의 로저스 제독이 제너럴셔먼호 사건(1866)을 구실로 통상 수교를 요구하기 위해 강화도에 침입하였다(1871, 신미양요). 이때 어재연이 이끄는 부대가 광성보에서 격렬하게 항전하였다.
　　(가) 강화도의 조선 수비대가 연해를 침입한 일본 군함 운요호에 경고 사격을 하자 운요호는 강화도 초지진에 함포 공격을 가하고, 일본군은 영종도에 상륙하여 관아와 민가를 노략질하였다(1875, 운요호 사건).

정답 ④

**03** (가)와 (나) 사건 사이에 있었던 사실로 옳은 것은?

[2022년 소방직]

> (가) 임금은 변이 일어났다는 소식을 듣고 급히 대원군을 불렀으며 대원군은 난병들을 따라 들어갔다. (중략) 민겸호가 황급히 대원군을 쳐다보고 호소하되, "대감, 날 좀 살려주시오!" 하였다. 대원군은 쓴웃음을 지으며, "내 어찌 대감을 살릴 수 있겠소."하였다.
> ― 『매천야록』
>
> (나) 청나라 제독군문 원세개가 대궐에 들어와 호위했다. 일본 군대는 퇴각했으며 임금은 북관묘에 행차하셨다. 홍영식과 박영교는 죽임을 당했다. 박영효, 김옥균, 서광범, 서재필 등은 일본군을 끼고 도망쳤다. 임금이 환궁할 때에 원세개는 하도감에 주둔하고 있었다.
> ― 『매천야록』

① 군국기무처가 설치되었다.  ② 이만손 등이 영남 만인소를 올렸다.
③ 영국이 거문도를 불법으로 점령하였다.  ④ 조선은 일본과 제물포 조약을 체결하였다.

해설 **임오군란과 갑신정변 사이의 사실** (가)는 임금의 부름을 받은 대원군이 난병을 따라 들어갔다는 내용 등을 통해 임오군란(1882)임을 알 수 있으며, (나)는 청나라 원세개가 대궐에 들어왔으며, 박영효·김옥균 등이 일본군을 끼고 도망쳤다는 내용 등을 통해 갑신정변(1884)임을 알 수 있다.
　④ 임오군란의 결과 조선은 일본에 배상금을 지급하고, 일본 공사관의 경비 병력 주둔을 허용하는 제물포 조약(1882)을 체결하였다.

오답
분석 ① 제1차 갑오개혁을 주도한 군국기무처가 설치된 것은 1894년으로, (나) 이후의 사실이다.
　② 이만손 등이 정부의 개화 정책 추진과 『조선책략』의 유포에 반발하며 영남 만인소를 올린 것은 1881년으로, (가) 이전의 사실이다.
　③ 영국이 거문도를 불법으로 점령한 것은 1885~1887년으로, (나) 이후의 사실이다. 갑신정변 이후 청의 내정 간섭이 심해지자 조선은 청을 견제하기 위해 러시아를 끌어들이려 하자 영국은 러시아의 남하 정책을 저지한다는 명목으로 거문도를 불법 점령하였다(거문도 사건).

정답 ④

**04** 〈보기〉는 동학 농민군이 제시한 폐정 개혁안 12개조 중 일부이다. 이 중 갑오개혁에 반영된 것을 모두 고른 것은?

[2020년 서울시 9급(특수 직렬)]

> ● 보기 ●
> ㉠ 무명의 잡다한 세금은 일체 거두지 않는다.
> ㉡ 토지는 균등히 나누어 경작한다.
> ㉢ 왜와 통하는 자는 엄중히 징벌한다.
> ㉣ 젊어서 과부가 된 여성의 재혼을 허용한다.

① ㉠, ㉡  ② ㉠, ㉣  ③ ㉡, ㉢  ④ ㉢, ㉣

해설 **폐정 개혁안 12개조와 갑오개혁**
　㉠ 동학 농민군의 요구 중 '무명의 잡다한 세금은 일체 거두지 않는다'는 내용은 제2차 갑오개혁 때 홍범 14조에 '납세는 법으로 정하고 함부로 세금을 징수하지 아니한다'는 내용으로 반영되었다.
　㉣ 동학 농민군의 요구 중 '젊어서 과부가 된 여성의 재혼을 허용한다'는 내용은 제1차 갑오개혁의 법령 중 '과부의 재혼은 귀천을 막론하고 자유에 맡긴다'는 내용으로 반영되었다.

오답
분석 ㉡, ㉢ 동학 농민군의 요구 중 '토지는 균등히 나누어 경작한다'는 내용과 '왜와 통하는 자는 엄중히 징벌한다'는 내용은 갑오개혁에 반영되지 않았다.

정답 ②

**05** 밑줄 친 '대한국'에 대한 설명으로 옳지 않은 것은? [2020년 지방직 7급]

> 제1조 대한국은 세계 만국에 공인된 자주 독립한 제국이다.
> … (중략) …
> 제9조 대한국 대황제는 각 조약국에 사신을 파송(派送) 주재하게 하고 선전(宣戰), 강화 및 제반
> 약조를 체결한다. 공법에 이른바 사신을 자체로 파견하는 것이다.
> — 대한국 국제

① 양전 사업을 실시하고 지계(地契)를 발급하였다.
② 국가 재정은 탁지아문으로 일원화하였다.
③ 서북 철도국을 설치하여 경의철도 부설을 시도하였다.
④ 원수부를 설치하여 황제가 군의 통수권을 장악하였다.

해설  **대한 제국 시기의 정책(광무개혁)** 제시문은 대한 제국이 전제 군주정이며, 대한 제국 황제의 권한이 무한함을 천명한 대한국 국제(1899)이다.
② 국가 재정을 탁지아문으로 일원화한 것은 제1차 갑오개혁(1894) 시기의 사실이다.

오답분석  ① 대한 제국 정부는 근대적인 토지 소유권 제도를 확립하기 위해 양전·지계 사업을 실시하였다. 이를 위해 양지아문(1898)·지계아문(1901)을 설치하고 근대적 토지 소유권 증명서인 지계를 발급하였다.
③ 대한 제국 정부는 서울과 신의주 사이에 경의선(경의철도)을 직접 부설하기 위해 서북 철도국을 설치(1900)하였다. 그러나 서북 철도국은 자금난으로 별다른 성과를 거두지 못하였고, 경의선은 일본에 의해 1906년에 완전 개통되었다.
④ 대한 제국 정부는 원수부를 설치하여 육·해군의 통수권을 황제에게 집중시켰다. 이를 통해 고종은 군 통수권을 장악하고 황제권의 강화를 시도하였다.

정답 ②

**06** (가) 시기에 있었던 사실로 옳은 것은? [2022년 간호직 8급]

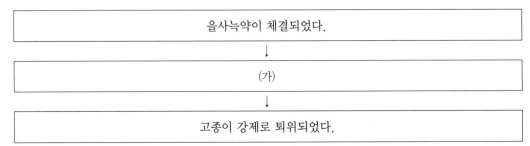

① 러·일 전쟁이 발발하였다.
② 한·일 의정서가 체결되었다.
③ 안중근이 이토 히로부미를 사살하였다.
④ 이준이 헤이그 만국 평화 회의에 파견되었다.

해설  **을사늑약 체결과 고종 강제 퇴위 사이의 사실** 을사늑약 체결은 1905년 11월, 고종의 강제 퇴위는 1907년 7월이다.
④ (가) 시기인 1907년 6월에 고종의 명을 받은 이준 등이 을사늑약의 불법성과 일본의 한국 침략상을 폭로하여 열강의 지원을 받기 위해 헤이그 만국 평화 회의에 파견되었다. 한편, 일본은 헤이그 특사 파견을 빌미로 고종을 강제로 퇴위시켰다.

오답분석  ①, ② 러·일 전쟁이 발발하고 한·일 의정서가 체결된 것은 1904년으로, (가) 이전의 사실이다. 러·일 전쟁이 일어나자 일본은 대한 제국의 국외 중립 선언을 무시하고, 일본이 한반도의 군사 요충지와 시설을 마음대로 사용할 수 있도록 규정한 한·일 의정서를 체결하였다. 이 전쟁에서 승리한 일본은 한반도에 대한 주도권을 장악하였다.
③ 안중근이 초대 통감 이토 히로부미를 사살한 것은 1909년으로, (가) 이후의 사실이다.

정답 ④

## 01

밑줄 친 '그'가 추진한 활동에 대한 설명으로 옳은 것은?

> 1863년 철종이 죽자 아들을 왕위에 올린 그는 왕권을 강화하기 위하여 여러 개혁 정책을 추진하였다. 대표적으로 그는 만동묘와 폐단이 큰 서원을 철폐하도록 명령을 내려 유생들의 반발을 샀다.

① 삼정의 문란을 시정하기 위해 삼정이정청을 설치하였다.
② 『대전통편』을 편찬하여 통치 체제를 정비하였다.
③ 의정부와 삼군부를 통합하고, 비변사의 기능을 확대하였다.
④ 호포제를 실시하여 군포를 양반에게도 징수하였다.

## 02

다음의 역사적 사실들을 일어난 순서대로 바르게 나열한 것은?

> ㉠ 미국의 군함이 초지진과 덕진진을 점령하였다.
> ㉡ 독일 상인 오페르트는 프랑스 신부 페론과 함께 남연군의 묘를 도굴하려 하였다.
> ㉢ 프랑스 극동 함대 사령관 로즈 제독은 군함을 이끌고 와 강화도를 점령하였다.
> ㉣ 제너럴셔먼호가 민가를 약탈하자, 군민들이 이를 공격하여 침몰시켰다.

① ㉢ → ㉡ → ㉠ → ㉣
② ㉢ → ㉡ → ㉠ → ㉣ → ㉡
③ ㉣ → ㉢ → ㉡ → ㉠
④ ㉣ → ㉡ → ㉢ → ㉠

## 03

다음 자료와 관련된 사건에 대한 설명으로 옳은 것은?

> 10월 3일 적군이 정족산성 아래로 몰려오니 양 공이 사기를 돋우어 전투를 독려하였다. 전 장병은 일제히 총포를 발사하면서 적군을 공격하였다. 적의 지휘관이 말에서 떨어져 죽으니 오랑캐 병사는 시체를 메고 달아났다. 마침내 양공은 강화부를 수복하고 군사와 백성을 위로하니, 민심이 비로소 안정되었다.

① 외규장각 도서가 약탈당하는 피해를 입었다.
② 어재연을 비롯한 조선군이 광성보에서 항전하였다.
③ 오페르트가 남연군 묘를 도굴하려 한 사건이 원인이 되어 발생하였다.
④ 이 사건에 대한 보복으로 대원군은 프랑스 신부와 천주교도들을 처형하였다.

## 04

다음 자료와 관련된 조약에 대한 설명으로 옳은 것은?

> 일본 전권 대사 구로다와 부사 이노우에가 일본의 국서를 가지고 강화도에 도착하여, 지난번 일본의 국서를 거절한 점과 운요호에 포격한 사실에 대해 따지면서 예전의 우호 관계를 다지자고 요청하였다. 조정에서는 신헌과 윤지승 등을 보내 강화도에서 구로다와 회담을 갖고 수호 조규 12조를 강구하여 정하도록 하였다.

① 방곡령 규정을 두었다.
② 일본의 자유로운 연해 측정을 허용하였다.
③ 부산, 인천, 울산을 개항하여 무역을 허용하였다.
④ 치외 법권과 거중조정 조항이 포함되어 있었다.

## 05

다음은 개항 이후 우리나라가 각국과 맺은 조약이다. (가)~(다) 조약과 관련한 설명으로 옳지 않은 것은?

> (가) 일본국 정부에 소속된 모든 선박은 항세(港稅)를 납부하지 않는다.
>
> (나) 타국이 불미스러운 사건을 일으키면 즉각 통지하여 반드시 서로 돕고, 적절한 조치를 취하여 우의의 간절함을 표시한다.
>
> (다) 만일 조선국이 자연 재해나 변란 등으로 말미암아 국내의 양곡이 부족해질 염려가 있어서 조선 정부가 잠정적으로 양곡 수출을 금지하려고 할 때는 그 시기보다 1개월 앞서 지방관으로부터 일본 영사관에 알리고 ……

① (가)에서 일본 상인의 활동 범위를 개항장 사방 10리로 설정하였다.

② (나)는 청의 알선으로 체결되었다.

③ (다)에 따라 일본 상품에 관세가 부과되었다.

④ (가) → (나) → (다)의 순서로 체결되었다.

## 06  고난도 문제

다음의 (가)와 (나) 조약이 체결된 사이의 시기에 일어난 사건으로 옳지 않은 것은?

> (가) 대조선국 군주가 어떠한 은혜로운 정치와 법률과 이익을 다른 나라 혹은 그 상인에게 베풀 경우, 항해나 농상 무역, 상호 왕래 등의 일에서 미국 관리와 국민이 똑같이 혜택을 입도록 한다.
>
> (나) 프랑스국 국민으로서 조선국에 와서 언어·문자를 배우거나 가르치며 법률과 기술을 연구하는 사람이 있으면 모두 보호하고 도와줌으로써 양국의 우의를 돈독하게 한다.

① 조선에 농무 목축 시험장이 설치되었다.

② 일본이 청나라와 시모노세키 조약을 체결하였다.

③ 보부상을 총괄하는 기관으로 혜상공국을 설치하였다.

④ 김옥균 등이 일본에서 차관 교섭을 벌이고 구미 외교 사절과 접촉하였다.

## 07

다음과 같은 인식을 지닌 세력에 대한 설명으로 가장 옳은 것은?

> 군신, 부자, 부부, 붕우, 장유의 윤리는 인간의 본성에 부여된 것으로서 천지를 통하는 만고불변의 이치이고, 위에 존재하는 것으로서 도(道)에 해당됩니다. 이에 비해 배, 수레, 군사, 농사, 기계는 편민이국(便民利國)하는 외형적인 것으로서 기(器)가 됩니다. 신이 변혁을 꾀하고자 요청 드리는 것은 기(器)이지 도(道)가 아닙니다.

① 흥선 대원군의 대외 정책을 지지하였다.

② 문명개화론을 수용하고자 하였다.

③ 서학에 대항하여 동학을 창도하였다.

④ 청과의 전통적인 우호 관계를 유지하고자 하였다.

## 08

위정척사 운동의 전개 과정을 시기순으로 바르게 나열한 것은?

> ㉠ 최익현 등이 왜양 일체론을 내세워 개항 반대 운동을 전개하였다.
>
> ㉡ 이항로, 기정진 등이 척화 주전론에 입각한 통상 반대 운동을 전개하였다.
>
> ㉢ 유인석과 문석봉 등이 일본의 침략에 저항하는 항일 의병 운동을 전개하였다.
>
> ㉣ 이만손, 홍재학 등이 만인소 등을 통해 개화 정책 및 외국과의 수교 정책을 비판하였다.

① ㉠ → ㉡ → ㉢ → ㉣

② ㉠ → ㉢ → ㉡ → ㉣

③ ㉡ → ㉠ → ㉣ → ㉢

④ ㉡ → ㉣ → ㉠ → ㉢

## 09

다음 사건에 대한 설명으로 옳지 않은 것은?

> 선혜청 당상 민겸호의 청지기가 미곡에 겨를 섞어 몰래 이득을 취하려 하였다. 이에 군사들이 분노하여 그를 폭행하였다. 민겸호가 주동자를 잡아들여 포도청에 가두고서 죽이겠다고 선언하니, 군중이 더욱 원망하고 분노하였다.

① 한·청 통상 조약이 체결되는 계기가 되었다.
② 정부의 개화 정책에 반대하는 하층민들도 참여하였다.
③ 사건을 진압하기 위한 정부의 요청으로 청군이 조선에 출병하였다.
④ 사건 이후 마젠창과 묄렌도르프가 고문으로 조선에 파견되었다.

## 10

다음 조약에 관한 설명으로 옳은 것은?

> 제1조 앞으로 ○○의 상무위원은 개항한 조선의 항구에 주재하면서 본국의 상인을 돌본다. 상무위원과 조선 관원이 내왕할 때에는 다 같이 평등한 예로 우대한다. …(후략)…
> 제4조 …(중략)… ○○상인이 조선의 양화진과 서울에 들어가 영업소를 개설한 경우를 제외하고 각종 화물을 내지로 운반하여 상점을 차리고 파는 것을 허가하지 않는다. 양국 상인이 내지로 들어가 토산물을 구입하려고 할 때에는 지방관의 허가증을 발급 받아야 한다.

① 조선이 자주국으로 규정되었다.
② 영사 재판권이 인정되었다.
③ 수출입 상품에 대한 무관세 무역이 규정되었다.
④ 조선 정부가 맺은 조약 중 처음으로 최혜국 대우가 규정되었다.

## 11

다음 지도가 나타내는 사건에 대한 설명으로 옳은 것은?

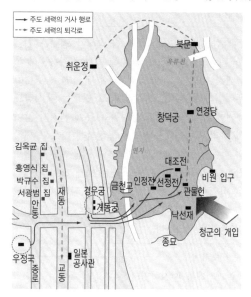

① 청으로부터 차관을 도입하려다가 실패한 김옥균 등이 주도하였다.
② 김윤식을 영선사로 파견하는 계기가 되었다.
③ 주도 세력은 홍범 14조를 반포하여 개혁의 기본 방향을 제시하였다.
④ 주도 세력은 문벌을 폐지하여 능력에 따라 관리를 임명할 것을 주장하였다.

## 12

(가) ~ (라)의 시기에 있었던 사실로 옳은 것은?

| | (가) | | (나) | | (다) | | (라) | |
|---|---|---|---|---|---|---|---|---|
| 보은 집회 | | 고부 민란 | | 황룡촌 전투 | | 청·일 전쟁 | | 우금치 전투 |

① (가) - 동학 교도들은 전라도 삼례에 모여 교조 신원과 동학 탄압 중지를 요구하였다.
② (나) - 농민군은 백산에 집결하여 백산 격문과 4대 강령을 선언하였다.
③ (다) - 고부에서 봉기한 동학 농민군이 황토현에서 전라 감영군을 격파하였다.
④ (라) - 동학 농민군은 집강소를 설치하여 폐정 개혁안을 실천하였다.

**13**

다음 발표에 따라 추진된 개혁 내용으로 옳은 것을 〈보기〉에서 모두 고른 것은?

> 개국 503년 12월 12일, 저 소자가 어린 나이에 우리 조종(祖宗)의 큰 왕업을 이어 지켜 온 지 오늘까지 31년이 되는 동안 오직 하늘을 공경하고 두려워하였습니다. 생각건대 그 방도는 혹시라도 과거에 얽매이지 않고 안일한 버릇에 빠지지 않아서 우리 조종의 큰 계책을 공손하게 따르고 세상의 형편을 살펴 내정을 개혁하여 오랜 폐단을 바로잡는 것입니다. 이에 저 소자는 14개 조목의 대법을 하늘에 계신 우리 조종의 신령 앞에 서고하노니, 우러러 조종이 남긴 업적을 잘 이어서 감히 어기지 않을 것입니다.

> **● 보기 ●**
> ㉠ 과거제를 폐지하였다.
> ㉡ 경무청을 신설하였다.
> ㉢ 재판소를 설치하였다.
> ㉣ 한성 사범 학교를 설립하였다.

① ㉠, ㉡        ② ㉠, ㉣
③ ㉡, ㉢        ④ ㉢, ㉣

**14**

다음 내용이 포함된 개혁에 대한 설명으로 옳은 것은?

> 제1조 국내의 육군을 친위와 진위 2종으로 나눈다.
> 제2조 친위는 경성에 주둔하여 왕성 수비를 전적으로 맡는다.
> 제3조 진위는 부(府) 혹은 군(郡)의 중요한 지방에 주둔하여 지방 진무와 변경 수비를 전적으로 맡는다.

① 군국기무처가 주도하여 개혁을 추진하였다.
② 단발령이 폐지되고 의정부가 다시 설치되었다.
③ 건양이라는 연호를 사용하였다.
④ 지방의 군현제가 폐지되고 전국이 23부로 개편되었다.

**15**

(가) ~ (라)를 시기순으로 바르게 나열한 것은?

> (가) 교정청을 폐지하고 군국기무처를 설치하였다.
> (나) 태양력을 사용하고, 소학교를 설치하였다.
> (다) 삼국 간섭으로 일본 세력이 약화되면서, 박영효가 실각하였다.
> (라) 고종이 홍범 14조를 선포하여 적극적인 개혁을 추진하고자 하였다.

① (가) → (나) → (다) → (라)
② (가) → (라) → (다) → (나)
③ (라) → (가) → (다) → (나)
④ (라) → (나) → (가) → (다)

**16**

다음 건의문이 결의된 이후에 일어난 사실로 옳은 것은?

> • 칙임관을 임명할 때에는 정부에 그 뜻을 물어서 중의에 따를 것
> • 중대 범죄를 공판하되, 피고의 인권을 존중할 것
> • 외국과의 이권에 관한 조약은 각 대신과 중추원 의장이 합동 날인하여 시행할 것

① 만민 공동회가 개최되었다.
② 의회식 중추원 관제가 반포되었다.
③ 고종이 러시아 공사관으로 거처를 옮기게 되었다.
④ 서재필을 중심으로 민중 계몽을 위한 독립신문이 창간되었다.

## 17

다음은 우리나라의 근대 개혁 운동에 대한 탐구 학습 계획서이다. (가)~(라)에 들어갈 내용으로 옳지 않은 것은?

| 탐구 학습 계획서 |
| --- |

■ 주제: 우리나라의 근대 개혁 운동
■ 탐구 내용

| 개혁안 | 주장 |
| --- | --- |
| 14개조 혁신 정강 | (가) |
| 폐정 개혁안 12개조 | (나) |
| 홍범 14조 | (다) |
| 헌의 6조 | (라) |

① (가) – 의정부, 6조 외의 불필요한 관청은 없앤다.
② (나) – 천인의 대우를 개선하고 백정이 쓰는 평량갓을 없앤다.
③ (다) – 청에 의존하는 생각을 버리고 자주 독립의 기초를 세운다.
④ (라) – 국가 재정은 호조에서 전관하고, 예산과 결산을 국민에게 공표하도록 한다.

## 18

다음 주장을 펼친 단체에 대한 설명으로 옳은 것은?

나라라 하는 것은 사람을 두고 이름이니, 만일 빈 강산에 초목금수만 있고 해와 달만 내왕하는 곳이면 어찌 나라라고 칭하리오. 그러므로 사람이 토지에 의거하여 나라를 세울 때 임금과 정부와 백성이 동심 합력하여 나라를 세웠나니, …… 백성의 권리로 나라가 된다고 말하는 것이요. …… 관민이 합심하여 정부와 백성의 권리가 절반씩 함께 한 후에야 대한이 억만 년 무강할 줄로 나는 아노라.

① 장교 양성을 위해 무관 학교를 설치하였다.
② 월보를 간행하고 고종 퇴위 반대 운동을 벌였다.
③ 내시부를 없애고 그 중에 우수한 인재를 등용하도록 하였다.
④ 국왕에게 의회 설립을 건의하였다.

## 19

밑줄 친 '본국'에서 추진한 정책으로 옳지 않은 것은?

이제 조칙을 받드니, 본소(本所)에서 대한국 국제(國制)를 잘 상의하고 확정하여 보고하라는 분부를 받았으므로, 감히 여러 사람들의 의견을 수집하고 공법(公法)을 참조하여 국제 1편을 정함으로써 본국의 정치는 어떤 정치이고 본국의 군권은 어떤 군권인가를 밝히려 합니다.

① 상공 학교 등 실업 학교를 설립하였다.
② 상업 활동에 관한 업무를 관장하는 상무사를 설치하였다.
③ 원수부를 설치하고, 시위대·진위대의 군사 수를 증강하였다.
④ 신식 화폐 발행 장정을 공포하여 은 본위 화폐 제도를 채택하였다.

## 20

대한 제국 정부가 시행한 개혁의 내용으로 옳지 않은 것은?

① '개국' 기년을 사용하기로 하였다.
② 지계를 발급하여 토지 소유권을 확립하였다.
③ 양잠 전습소와 잠업 시험장을 설치하였다.
④ 황실 재정을 담당하는 내장원의 기능을 확대하였다.

## 21

(가), (나) 시기에 있었던 사실로 옳지 않은 것은?

| | (가) | (나) | |
|---|---|---|---|
| 대한국<br>국제 발표 | 진위대<br>강제 해산 | 한·일<br>병합 | |

① (가) – 일본에 의해 독도가 시마네현으로 강제 편입되었다.
② (가) – 이범윤이 북변 간도 관리사로 임명되었다.
③ (나) – 독도를 울릉군 관할로 한다는 내용의 칙령이 공포되었다.
④ (나) – 일본이 간도 협약을 체결하여 간도를 청의 영토로 인정하였다.

## 22

다음 자료를 발표한 단체가 활동한 시기를 연표에서 고르면?

> ○ 시장에 외국 상인의 출입을 엄금시킬 것
> ○ 금광의 채굴을 엄금할 것
> ○ 곡가를 낮추어 안정시킬 것
> ○ 철도 부설권을 허락하지 말 것

| | (가) | (나) | (다) | (라) | |
|---|---|---|---|---|---|
| 갑신<br>정변 | | 을미<br>사변 | 대한 제국<br>선포 | 정미 7조약<br>체결 | 한·일<br>합병 |

① (가)  ② (나)
③ (다)  ④ (라)

## 23

다음 협정의 체결 결과로 옳은 것은?

> 제4조 제3국의 침해 또는 내란으로 대한 제국 황실의 안녕과 영토의 보전에 위험이 있을 경우에 대일본 제국 정부는 곧 필요한 조치를 취하고, 대한 제국 정부는 대일본 제국이 용이하게 행동할 수 있도록 충분히 편의를 제공할 것.
> 제5조 대한 제국 정부와 대일본 제국 정부는 상호간에 승인을 거치지 않고 후일 본 협정의 취지에 반하는 협약을 제3국과 체결할 수 없다.

① 통감부가 설치되었다.
② 사법권과 감옥 사무 처리권이 박탈되었다.
③ 대한 제국 정부에 일본인 차관이 임명되었다.
④ 일제가 한반도의 군사적 요충지를 사용할 수 있게 되었다.

## 24

다음 조약과 관련된 내용으로 옳은 것은?

> 일본은 한국과 다른 나라 사이에 맺어 두었던 조약이 지켜지도록 해주고, 일본을 거치지 않고는 국제적 성질을 가진 어떠한 약속도 할 수 없다.

① 고문 정치가 시행되었다.
② 덕수궁 중명전에서 체결되었다.
③ 대한 제국의 군대가 해산되었다.
④ 화폐 정리 사업의 근거가 되었다.

## 25

**밑줄 친 '그'와 관련된 의병 운동에 대한 설명으로 옳은 것은?**

> 그는 평민 출신으로서는 최초로 의병장이 되어 일월산을 중심으로 영해, 평해 등 경상도, 강원도 일대에서 유격 전술을 전개하였다. 특히, 울진군에서는 다수의 일본 선박을 격침시켰고 강원도, 경상도까지 세력을 확대하여 휘하의 의병 수가 3천 명을 넘기도 하였으며, '태백산 호랑이'로 불릴 만큼 게릴라전을 통한 전공으로 이름을 날렸다.

① 을사늑약에 항거하며 봉기하였다.
② 13도 창의군을 결성하여 서울 진공 작전을 시도하였다.
③ 무장에서 보국안민, 제폭구민의 구호를 내세워 봉기하였다.
④ 고종이 해산 권고 조칙을 내리면서 자진 해산하였다.

## 26

**다음 내용과 관련된 단체에 대한 설명으로 옳은 것은?**

> 남만주로 집단 이주하려고 기도하고, 조선 본토에서 상당한 재력이 있는 사람들을 그곳으로 이주시켜 토지를 사들이고 촌락을 세워 새 영토로 삼고 다수의 청년 동지들을 모집·파견하여 한인 단체를 일으키고 학교를 세워 민족 교육을 실시하고, 나아가 무관 학교를 설립하여 문무를 겸하는 교육을 실시하면서 기회를 엿보아 독립 전쟁을 일으켜 구한국의 국권을 회복하려고 하였다.

① 통감부의 탄압과 방해로 해산되었다.
② 일제의 황무지 개간 요구를 철회시켰다.
③ 삼원보에 독립운동 기지를 건설하였다.
④ 보부상이 주도하였으며 황권 강화를 통한 부국강병을 추구하였다.

## 27

**다음 조약이 체결된 시기로 옳은 것은?**

> 제1조 한국의 사법과 감옥에 대한 사무가 완비되었다고 인정될 때까지는 한국 정부는 사법과 감옥에 대한 사무를 일본국 정부에 위탁한다.
> 제2조 일본국 정부는 일정한 자격을 가진 일본인과 한국인을 한국에 있는 일본 재판소와 감옥의 관리로 임용한다.
> 제4조 한국의 지방 관청과 관리는 각기 직무에 따라서 사법과 감옥 사무에서는 한국에 있는 일본의 해당 관청의 지휘, 명령을 받고 또는 이것을 보조한다. 일본국 정부는 한국의 사법과 감옥에 관한 일체 경비를 부담한다.

|  | (가) | (나) | (다) | (라) |  |
|---|---|---|---|---|---|

제1차
영·일 동맹 | 한·일 의정서 | 제2차 한·일 협약 | 한·일 신협약 | 한·일 병합 조약

① (가)　　　　　② (나)
③ (다)　　　　　④ (라)

## 28

**일본이 강요한 조약의 내용을 시기순으로 바르게 나열한 것은?**

> ㉠ 일본이 우리나라의 군사적 요충지와 시설을 마음대로 이용할 수 있게 되었다.
> ㉡ 일본이 미국과 밀약을 맺어 한국에 대한 지배권을 인정받았다.
> ㉢ 통감이 추천한 일본인을 대한 제국의 관리로 임명할 수 있게 되었다.
> ㉣ 우리나라에 통감부가 설치되었으며, 대한 제국의 외교권이 박탈당하였다.

① ㉠ → ㉡ → ㉢ → ㉣
② ㉠ → ㉡ → ㉣ → ㉢
③ ㉡ → ㉣ → ㉠ → ㉢
④ ㉢ → ㉠ → ㉡ → ㉣

정답·해설 p.63

# 02 개항 이후의 경제와 사회

## 적중개념 출제 순위

| | | | |
|---|---|---|---|
| 1위 | **1** | **개항 이후의 경제 상황** | 개항기 무역, 거류지 무역, 철도 부설권, 화폐 정리 사업, 동양 척식 주식회사 |
| 2위 | **2** | **근대의 경제적 구국 운동** | 방곡령, 황국 중앙 총상회, 국채 보상 운동 |
| 3위 | **3** | **개항 이후 사회의 변화** | 독립 협회, 의식의 변화, 근대식 건물 |

---

### 적중개념 | 1 개항 이후의 경제 상황 최다출제

(1) 청과 일본 상인의 경제 침투

| | |
|---|---|
| **강화도 조약 체결 직후(1876~1882)** | • 일본 상인이 상권 독점<br>• 거류지 무역: 조·일 수호 조규 부록에 따라 일본 상인의 활동 범위(간행이정)를 개항장 10리 이내로 제한 → 조선의 중개 상인(객주·여각·보부상)이 활발하게 활동<br>• 중계 무역: 일본 상인들은 조선 상인과의 중계 무역을 통해 영국산 면직물과 공산품 판매, 곡물(미곡·콩)·금 등을 매입 → 곡물 유출로 국내 식량 부족 심화, 쌀값 폭등, 국내 면직물 수공업 타격 |
| **임오군란 이후 (1882~1894)** | • 청·일 간의 상권 침탈 경쟁이 심화<br>• 청 상인의 내륙 진출 허용: 조·청 상민 수륙 무역 장정(1882)에 따라 청 상인의 내지 통상 허용<br>• 청·일의 상권 경쟁 심화<br>  – 조·일 수호 조규 속약(1882)에 따라 일본 상인의 활동 범위 확대(50리 → 2년 뒤 100리)<br>  – 조·일 통상 장정 개정(1883)의 최혜국 대우에 따라 일본도 조선의 내륙 시장에 진출<br>  → 청·일 상인들 간의 경쟁이 과열됨<br>• 국내 상인 몰락: 외국 상인의 활동 범위가 확대되자, 국내 중개 상인 몰락 |
| **청·일 전쟁 이후 (1894~)** | 청·일 전쟁에서 일본이 승리하게 되면서, 일본 상인들이 조선 시장에 대한 독점적 지배권을 장악, 조선에 일본산 면직물을 판매하고 곡물을 대량 수입 |

(2) 아관 파천 이후 열강의 이권 침탈

| | |
|---|---|
| **열강의 이권 침탈** | • 러시아: 압록강·두만강·울릉도 삼림 채벌권, 경원·종성 광산 채굴권<br>• 미국: 운산 금광 채굴권, 전등·전화·전차 부설권, 경인선 부설권(일본에 양도)<br>• 일본: 직산 금광 채굴권, 경부선 부설권, 경원선 부설권<br>• 프랑스: 경의선 부설권(자본 부족으로 포기, 이후 대한 제국 정부가 서북 철도국을 설치하여 부설 착수 → 일본이 완공) |
| **일제의 경제 침탈** | • 화폐 정리 사업(1905~1909): 재정 고문 메가타가 주도, 금 본위 화폐 제도에 입각하여 추진, 조선 화폐(백동화 등)를 일본 제일은행권 화폐로 교환 → 국내 상인 도산, 국가 재정 악화<br>• 토지 약탈: 국유지·역둔토 약탈, 황무지 개간권 요구, 토지 가옥 증명 규칙(1906)과 국유지·미개간지 이용법(1907) 제정, 동양 척식 주식회사를 설립(1908)하여 토지 수탈 |

| | |
|---|---|
| 방곡령 선포 | • 배경: 일본으로의 곡물 유출로 조선 내 식량 부족 및 곡물 가격이 폭등함<br>• 내용: 함경도(1889)와 황해도(1889, 1890)에서 관찰사가 방곡령 선포 → 일본이 조·일 통상 장정(개정)의 규정(방곡령 시행 1개월 전 통고)을 구실로 방곡령 철회 요구 → 방곡령 철회, 일본에 배상금 지불 → 제1차 갑오개혁 때 반포가 금지됨 |
| 상권 수호 운동 | • 배경: 외국 상인의 상권 침탈 심화<br>• 내용: 서울 상인의 철시 시위(외국 상인 퇴거 요구, 1880년대), 시전 상인들이 자신들의 이익 수호를 위해 황국 중앙 총상회를 조직(1898)하고 독립 협회와 함께 외국인의 불법적인 내륙 상업 활동 저지 요구, 민족 자본을 토대로 종로 직조사(1900), 한성 제직 회사(1901) 등의 근대적 회사 설립 |
| 독립 협회의<br>이권 수호 운동 | • 배경: 아관 파천 이후 열강의 이권 침탈 심화<br>• 내용: 러시아의 절영도(부산) 조차 요구 저지, 한·러 은행 폐쇄, 목포·(진)남포 부근의 도서 매입 저지, 프랑스의 광산 채굴권 요구 저지, 독일이 차지한 이권에 대한 반대 운동 전개 |
| 황무지 개간권<br>요구 철회 운동<br>(1904) | • 배경: 러·일 전쟁 중 일본이 경제 침탈을 강화하면서 국가 및 황실 소유의 황무지 개간권을 요구<br>• 내용: 일본의 황무지 개간권 요구를 막기 위해 보안회 설립(1904) → 매일 가두 집회를 열고 반대 운동 전개 → 일본의 황무지 개간권 요구 철회 → 일부 민간 실업인과 관리들이 농광 회사 설립 |
| 국채 보상 운동<br>(1907) | • 배경: 일본이 대한 제국을 경제적으로 예속시키기 위해 거액의 차관을 제공(총 1,300만원)<br>• 전개: 서상돈·김광제 등이 중심이 되어 대구에서 모금 활동을 위한 국민 대회 개최 → 서울에서 국채 보상 기성회 조직(양기탁) → 대한매일신보·황성신문·만세보 등 언론 기관의 지원<br>• 결과: 일진회를 이용한 일제의 탄압으로 모금이 중단되고, 양기탁이 모금액을 횡령하였다는 혐의로 구속되는 등 통감부의 방해로 실패함 |
| 민족 자본의 육성 | • 상업 자본가들의 노력: 황국 중앙 총상회 조직(시전 상인), 증기선을 구입하여 상권 유지 노력(경강 상인), 조직적 저항(송상), 상회사 설립하여 외국 상인들에 대항(객주·여각·보부상)<br>• 근대적 상회사 설립: 대동 상회(인천), 장통 회사(서울), 종삼 회사(개성), 호상 상회 등을 설립<br>• 산업 자본 육성: 조선 유기 상회, 대한 직조 공장, 종로 직조사, 연초 공장, 사기 공장 등도 설립<br>• 금융 자본 설립: 조선은행(1896), 한성은행(1897), 대한천일은행(1899) 설립 → 화폐 정리 사업으로 몰락 → 일본 자본에 예속 |

---

**단박 체크**

**다음 기출문장을 읽고, 옳으면 O, 틀리면 X를 괄호 안에 쓰세요.**

**01** 청은 조·청 상민 수륙 무역 장정을 통해 내지 통상권을 획득하여 일본을 경제적으로 압박하였다. (     )

**02** 1883년에 개정된 조·일 통상 장정에는 방곡령 시행 전에 미리 통보해야 한다는 합의가 실려 있다. (     )

**03** 러시아가 침탈한 대표적인 이권은 압록강·두만강·울릉도 삼림 채벌권과 운산 금광 채굴권이었다. (     )

**04** 일본인 메가타가 재정 고문으로 부임하여 화폐 정리 사업을 시작하였다. (     )

**05** 화폐 정리 사업에서는 은화를 발행하여 본위화로 삼고자 하였다. (     )

**06** 개항 이후 대한천일은행이 고종의 적극적인 지원 하에 설립되었다. (     )

**07** 국채 보상 운동은 조만식 등이 중심이 되어 평양에서 운동을 시작하였다. (     )

**08** 일제의 황무지 개간권 요구를 반대하기 위해 보안회가 창설되었다. (     )

[정답] **01** O  **02** O  **03** X (운산 금광 채굴권은 미국이 침탈한 이권)  **04** O  **05** X (금 본위 화폐 제도에 입각하여 추진)  **06** O
      **07** X (물산 장려 운동)  **08** O

## (1) 사회 구조의 변화

| | |
|---|---|
| 평등 사회로의 이행 | • 1880년대: 갑신정변(1884, 문벌 폐지·인민 평등권 확립·능력에 따른 관리 등용 주장), 노비 세습제 폐지(1886)<br>• 1890년대<br>　– 동학 농민 운동(1894): 노비 문서 소각·칠반천인 차별 개선·과부의 재가 허용 등을 주장<br>　– 갑오개혁(1894): 봉건적 악습 타파, 공·사 노비법 혁파, 과거제 폐지<br>　– 호구 조사 규칙(1896): 호적에 신분 대신 직업 표기<br>　– 독립 협회의 민중 계몽 운동·국민 참정권 운동 전개(1898) → 여성 단체인 찬양회 설립에 영향 |
| 의식의 변화 | • 국채 보상 운동(민중 의식의 성장): 전국적으로 전개, 각계각층이 동참(하나의 국민이라는 의식을 가지게 됨)<br>• 의병 운동(신분 의식 극복): 평민 출신의 의병장의 등장(을사의병, 신돌석)<br>• 여성 단체·기관 설립(여성 의식 변화): 여성 교육의 중요성이 강조되면서 찬양회, 순성 여학교 등과 같은 여성 단체 및 교육 기관들이 설립되었고, 이들 단체·기관이 여권 신장을 위해 노력 |

## (2) 의식주 생활의 변화

| | |
|---|---|
| 의생활 | • 서양식 복제의 도입으로 관복이 간소화됨<br>• 남성의 경우 일부 상류층과 개화 인사들의 단발 및 양장(양복·구두 등) 차림, 여성은 대부분 전통적인 치마와 저고리를 입었으나 여학생과 신여성의 복장은 간소화·개량화됨 |
| 식생활 | • 독상 대신 겸상 혹은 두레상 보급, 궁중과 일부 상류층에 서양 식품(커피, 홍차, 빵) 유입<br>• 외래 음식과의 접촉에 따른 식생활 변화는 있었으나 일반 서민의 음식까지는 영향을 주지는 못하였음 |
| 주생활 | 개항 이후 가옥의 규모, 건축 양식의 제한 철폐, 한옥과 양옥을 절충한 주택과 근대식 건물 등장 |

## (3) 국외 이주 동포들의 생활

| | |
|---|---|
| 간도 | • 함경도·평안도 주민들의 이주(19세기 후반)<br>• 한인 집단촌인 용정촌 등 형성<br>• 국권 피탈 이후 독립운동 기지화 |
| 연해주 | • 러시아가 연해주 개발을 위해 한인들의 이주 장려<br>• 한인 집단촌인 신한촌 형성, 해조신문 발행<br>• 국권 피탈 이후 독립운동 기지화 |
| 미주 | • 하와이(대한 제국 최초의 공식적 이민지)의 사탕수수 농장 노동자로 대부분 이주<br>• 사탕수수 농장뿐만 아니라 철도 공사, 개간 사업 등을 전개<br>• 일부는 미국 본토와 멕시코, 쿠바 등지로 이주<br>• 미주 지역의 한인 단체들이 연합하여 대한인 국민회 결성(1910) |

---

### 단박 체크

**다음 기출문장을 읽고, 옳으면 O, 틀리면 X를 괄호 안에 쓰세요.**

01 갑신정변 때 급진 개화파는 칠반천인의 대우를 개선하고, 과부의 재가를 허락하는 등 반봉건적인 개혁을 추구하였다.

(　　　)

02 독립 협회는 자유 민권 운동과 국민 참정권 운동을 전개하였다. (　　　)

03 을사의병 때 유생과 전직 관료, 평민 출신 등 다양한 계층에서 의병을 일으켰다. (　　　)

04 연해주로 이주한 한인들은 독립운동 기지를 건설하고 해조신문을 발행하였다. (　　　)

[정답] 01 X (동학 농민 운동) 02 O 03 O 04 O

**01** 개항기 무역에 대한 설명으로 옳지 않은 것은? [2021년 국가직 9급]

① 개항장에서 조선인 객주가 중개 활동을 하였다.

② 조·청 무역 장정으로 청국에서의 수입액이 일본을 앞질렀다.

③ 일본 상인은 면제품을 팔고, 쇠가죽·쌀·콩 등을 구입하였다.

④ 조·일 통상 장정의 개정으로 곡물 수출이 금지되기도 하였다.

해설 **개항기 무역**
② 조·청 상민 수륙 무역 장정(1882)의 체결로 청 상인들이 내지 통상권을 획득하자 조선에서의 청·일본 상인 간의 상권 경쟁이 발생하였다. 이후 조선과 청 사이의 무역 규모가 점차 증가하여 청국에서의 수입액이 일본과 비슷해지기는 했으나, 한 번도 일본을 앞지르지는 못하였다.

오답 분석
① 조·일 수호 조규 부록(1876)의 체결로 일본 상인의 활동 범위가 개항장으로부터 10리 이내로 제한(간행이정)되자, 객주·여각·보부상 등의 조선 상인들이 개항장의 일본 상인과 내륙의 조선 상인을 이어주는 중개 활동을 전개하였다.
③ 개항 초기에 일본 상인은 영국산 면제품을 들여와 조선에 팔고, 싼값에 조선의 쇠가죽·쌀·콩 등을 구입하였다.
④ 조·일 통상 장정의 개정(1883)을 통해 방곡령 규정이 마련되었으며, 이를 근거로 함경도·황해도 등에서 방곡령이 선포되어 곡물 수출이 금지되기도 하였다. 그러나 일본은 '방곡령을 시행하기 1개월 전에 통고해야 한다'는 규정을 구실로 방곡령의 철회를 요구하였다.

정답 ②

**02** 다음 자료에 해당하는 정책에 대한 설명으로 옳지 않은 것은? [2022년 소방직]

> 제1조 구 백동화 교환에 관한 사무는 금고로 처리하게 하여 탁지부 대신이 이를 감독한다.
> 제2조 교환을 위해 제출한 구 백동화는 모두 화폐 감정인이 감정하도록 한다. 화폐 감정인은 탁지부 대신이 임명한다.
> 제3조 구 백동화의 품질, 무게, 무늬, 형체가 정식 화폐 기준을 충족할 경우, 1개당 금 2전 5리로 새로운 화폐와 교환한다. (중략) 단, 형태나 품질이 조악한 백동화는 매수하지 않는다.

① 한국 상업 자본에 큰 타격을 주었다.

② 재정 고문 메가타의 주도로 시행되었다.

③ 전환국에서 새로운 화폐를 발행하게 되었다.

④ 일본 제일은행이 한국의 중앙 은행 지위를 확보하게 되었다.

해설 **화폐 정리 사업** 제시문에서 구 백동화 교환과, 형태나 품질이 조악한 백동화는 매수하지 않는다는 내용을 통해 화폐 정리 사업에 대한 자료임을 알 수 있다.
③ 전환국은 1883년에 설치된 화폐 발행 기관으로, 화폐 정리 사업 이전인 1904년에 메가타의 건의로 폐지되었다.

오답 분석
① 화폐 정리 사업에서 한국인들이 소유한 화폐 중 상당수가 을종이나 병종으로 분류되어 한국 상업 자본은 큰 타격을 입었다.
② 화폐 정리 사업은 제1차 한·일 협약(1904)에 따라 대한 제국의 재정 고문으로 임명된 메가타의 주도로 시행되었다.
④ 화폐 정리 사업으로 대한 제국의 백동화가 일본 제일은행권으로 교환됨으로써, 일본 제일은행이 대한 제국의 화폐 발행을 담당하는 중앙 은행의 지위를 확보하게 되었다.

정답 ③

## 01

다음은 시기별 대일 수출 품목과 그 구성비를 나타낸 그래프이다. (가)에서 (나)로 바뀐 원인으로 가장 적절한 것은?

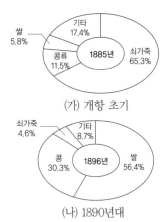

(가) 개항 초기

(나) 1890년대

① 일본이 산업화되었다.
② 국내의 쌀값이 폭등하였다.
③ 청 상인의 내륙 진출이 허용되었다.
④ 객주, 여각, 보부상 등이 성장하였다.

## 02

다음 중 (가) 국가가 침탈한 이권으로 옳은 것은?

> • ____(가)____ 은(는) 이미 우리의 수륙 요충 지대를 점거하고 있어 우리의 허술함을 알고 충돌을 자행할 경우 이를 제지할 길이 없습니다.
> ‒ 영남 만인소
> • 금년 6월에 개화 간당이 ____(가)____ 와(과) 연결하여 밤을 타서 서울에 들어와 군부를 핍박하고 국권을 제멋대로 농단하였다. ‒ 전봉준

① 경부선 부설권
② 운산 광산 채굴권
③ 당현 광산 채굴권
④ 울릉도 삼림 채벌권

## 03

다음 조약이 체결된 결과로 옳지 않은 것은?

> 제1관 부산, 원산, 인천 각 항구의 통행할 수 있는 거리를 이제부터 사방 각 50리(里)로 넓히고, 2년이 지난 뒤 다시 각각 100리로 한다.
> 제2관 일본국 공사와 영사 및 그 수행원과 가족은 조선의 내지 각 곳을 돌아다니는 것을 들어준다.

① 양곡의 무제한 유출이 허용되었다.
② 조선에서 청·일 상인 간의 경쟁이 심화되었다.
③ 조선의 객주, 여각 등의 중개 상인이 몰락하였다.
④ 외국 상인들에 대항하여 서울 상인들이 철시를 전개하였다.

## 04

다음 조치와 관련된 설명으로 옳지 않은 것은?

> 구 백동화는 지난 융희 2년 11월 말로써 일반 통용을 금지하고 다만 공납에 한하여 올해 12월 말까지 사용함을 허용하였으나, 내년 1월 1일부터는 결코 통용함을 금지할 터이니, 인민들은 그 가진 구 백동화를 올해 안으로 공납에만 사용하되 오히려 남은 것이 있거든 역시 본 기한 내로 매수함을 청구하여 의외의 손해를 당하지 않도록 조심함이 가함.

① 메가타의 주도로 시행되었다.
② 일본 제일은행권이 본위 화폐가 되었다.
③ 황국 중앙 총상회가 설립되는 계기가 되었다.
④ 금 본위 화폐 제도에 입각하여 추진되었다.

## 05

다음에서 밑줄 친 '이 관청'에 대한 설명으로 옳은 것은?

> 1883년에 인천과 서울 개항으로 조선 상인의 상권 보호의 필요성도 대두되었다. 이에 정부는 <u>이 관청</u>을 설립하고 군국아문(軍國衙門)에 소속시켰다.

① 김옥균 등 급진 개화파는 이 관청의 설치를 주장하였다.
② 서구 근대의 회사 조직을 본떠 설립된 보부상 조직이다.
③ 독립 협회의 자유·자주·민권 운동에 대항하기 위해 조직되었다.
④ 제1차 갑오개혁 때 자유로운 상업 발전을 위하여 이 관청을 폐지하려고 하였다.

## 06

다음 자료와 관련된 민족 운동에 대한 사실로 옳은 것을 〈보기〉에서 모두 고르면?

> 지금 나라의 빚이 1,300만 원이며, 이는 우리 대한 제국의 존망에 관계된 일이다. 이를 갚으면 나라를 보존하게 되고 못 갚으면 나라를 잃고 만다. 형세가 여기에 이르렀으나 현재 국고로는 보상하기가 어렵다. 땅을 한 번 잃으면 돌이킬 방법이 없을 뿐만 아니라 월남과 같은 나라의 민족 신세를 면하기 어렵다.

> • 보기 •
> ㉠ 통감부의 탄압으로 실패하였다.
> ㉡ 자본가를 위한 운동이라는 사회주의자의 비판을 받았다.
> ㉢ 대한매일신보와 황성신문 등 언론 단체의 후원을 받았다.
> ㉣ '한민족 1천만이 한 사람이 1원씩'이라는 구호로 모금 운동을 전개하였다.

① ㉠, ㉡          ② ㉠, ㉢
③ ㉡, ㉣          ④ ㉢, ㉣

## 07

〈보기〉의 발표문에 대한 설명으로 가장 옳지 않은 것은?

> • 보기 •
> 슬프다! 돌이켜 전일을 생각하면 사나이의 위력으로 여편네를 누르려고 구설을 빙자하여 여자는 안에 있어 밖의 일을 말하지 않으며 오로지 밥하고 옷 짓는 것만 알라 하니 어찌하여 신체 수족이 목이 남자와 다름없는 한 가지 사람으로 깊은 방에 처하여 다만 밥과 술이나 지으리오. …… 우리도 옛것을 버리고 새것을 따라 타국과 같이 여학교를 설립하고 각각 여아들을 보내어 각항 재주와 규칙과 행세하는 도리를 배워 일후에 남녀가 일반 사람이 되게 할 차.

① 발표를 계기로 찬양회가 조직되었다.
② 서울 북촌 양반 부인들을 중심으로 발표되었다.
③ 여성의 참정권, 직업권 등의 확립을 주장하였다.
④ 우리나라 최초로 여학교가 세워지는 배경이 되었다.

## 08

(가)와 (나) 사이 시기에 볼 수 있는 모습으로 옳지 않은 것은?

> (가) 갑술년 이후 호조와 선혜청의 창고도 고갈되어 서울의 관리들은 봉급이 지급되지 않았으며, 5군영의 병사도 봉급을 받지 못하였다. 이에 서울 군영의 군사들이 완력으로 난을 일으켰다.
> (나) 함경도 관찰사 조병식이 상소를 올려 큰 수해가 있어 이로 인해 여러 곡식의 피해가 막심하며 앞으로 식량난이 더욱 심각해질 것을 보고하였다. 아울러 이러한 문제를 해결하기 위해 쌀과 콩 등의 곡물들에 대해서 내년 추수 때까지 유출을 금지할 것을 선포하였다.

① 백동화를 주조하는 장인
② 박문국 설립식에 참석하는 관리
③ 양화진을 통해 물건을 들여오는 청나라 상인
④ 일본 수입 상품에 대한 관세를 계산하는 세무사

정답·해설 p.69

# 03 근대의 문화

## 적중개념 | 1 근대 문물과 교육·언론 기관 [최다출제]

### (1) 근대의 주요 시설과 건축물

| 주요 시설 | 기기창(1883, 무기 제조), 전환국(1883, 화폐 주조), 박문국(1883, 인쇄·출판) |
|---|---|
| 통신 시설 | 전신(1885, 서울~인천 간 가설), 우편(1884, 우정총국 설치 → 갑신정변으로 중단 → 1895, 우체사 설치 → 1900, 만국 우편 연합 가입) |
| 의료 시설 | • 광혜원(1885): 알렌과 조선 정부의 합작 → 제중원으로 개칭(1885) → 세브란스 병원으로 개편(1904)<br>• 광제원(1900): 관립 신식 의료 기관 → 대한 의원으로 개편(1907) |
| 교통 시설 | • 전차(서대문~청량리, 1899): 한성 전기 회사(1898)가 발전소를 설립하고 전차 개통<br>• 철도: 경인선(1899, 최초), 경부선(1905), 경의선(1906), 경원선(1914) 등 |
| 건축물 | 약현 성당(1892), 독립문(1897), 명동 성당(1898, 고딕 양식), 덕수궁 중명전(1901, 을사늑약 체결), 덕수궁 석조전(1910, 르네상스 양식), 손탁 호텔 등 |

### (2) 근대의 교육 기관

| 근대 교육 기관 | • 원산 학사(1883): 최초의 사립 학교로 덕원 부사 정현석과 덕원·원산 주민들이 공동으로 설립, 근대 학문과 무술 교육, 문예반(50명) + 무예반(200명)으로 운영<br>• 동문학(1883): 묄렌도르프가 정부의 지원을 받아 설립한 통역관 양성소로 영어와 일어 교육<br>• 육영 공원(1886): 최초의 공립 학교, 상류층(양반) 자제를 대상으로 외국어와 근대 학문을 교육, 헐버트·길모어·벙커 등 외국인 교사 초빙<br>• 연무 공원(1888): 신식 군대와 장교 양성을 위해 정부가 설립한 사관 양성 학교 |
|---|---|
| 근대적 교육 제도의 발전 | 고종의 교육 입국 조서 반포(1895), 소학교(을미개혁)·한성 사범 학교(1895)·한성 외국어 학교(1895)·한성 중학교(1900) 등 각종 관립 학교 설립 |
| 사립 학교의 발전 | • 개신교 계통<br> – 배재 학당(1885, 아펜젤러): 최초의 개신교 계통의 근대식 사립 학교<br> – 경신 학교(1886, 언더우드): 최초의 전문 실업 교육 기관<br> – 이화 학당(1886, 스크랜튼): 최초의 여성 전문 교육 기관<br> – 숭실 학교(1897, 베어드)<br>• 민족 운동가: 오산 학교(1907, 이승훈), 대성 학교(1908, 안창호) |

(3) 근대의 언론 기관

| 신문 | 간행 | 사용 언어 | 특징 |
|------|------|----------|------|
| 한성순보(1883~1884) | 박문국 | 순한문 | 관보적 성격, 10일에 한 번씩 간행 |
| 한성주보(1886~1888) | 박문국 | 국한문 | 최초로 사설과 상업 광고 게재 |
| 독립신문(1896~1899) | 서재필 | 영문/한글 | 최초의 민간 신문, 독립 협회의 기관지, 외국인에게 국내 사정을 알림 |
| 매일신문(1898~1899) | 양홍묵·이승만 | 순한글 | 최초의 일간 신문, 협성회 회보 계승 |
| 제국신문(1898~1910) | 이종일 | 순한글 | 부녀자 및 서민에게 인기 |
| 황성신문(1898~1910) | 남궁억 | 국한문 | 유림층 대상, 시일야방성대곡 논설 게재 |
| 대한매일신보(1904~1910) | 양기탁·베델 | 국한문/한글/영문 | 국채 보상 운동 주도, 국권 침탈 비판 논설 게재, 고종의 을사늑약 무효 친서 게재 |
| 만세보(1906~1907) | 오세창 | 국한문 | 천도교의 기관지, 일진회 공격 |
| 경향신문(1906~1910) | 안세화 | 순한글 | 천주교의 기관지 |

## 적중개념 | 2 근대의 국어·국사 연구

| 국어 연구 | • 국문체 보급: 국·한문 혼용체(황성신문, 유길준의 『서유견문』 간행), 한글 전용(독립신문, 제국신문)<br>• 국문 연구소 설립(1907): 주시경, 지석영 중심으로 국어 맞춤법 연구·정리, 주시경이 『국어문법』 편찬 |
|----------|------|
| 국사 연구 | • 배경: 을사늑약(1905) 이후 국권 피탈의 위기감이 고조되면서 민족의식 고취를 위해 국사 연구가 진행됨<br>• 영웅들의 전기 저술·보급: 『이순신전』, 『천개소문전』, 『을지문덕전』 등<br>• 외국 역사서 번역·소개: 『미국 독립사』, 『월남 망국사』 등<br>• 교과용 도서 저술: 황현의 『매천야록』, 정교의 『대한계년사』 등<br>• 민족 고전 정리: 박은식·최남선을 중심으로 조선 광문회(1910) 설립, 민족 고전을 정리하고 실학자들의 저술 간행 |

### 단박 체크

다음 기출문장을 읽고, 옳으면 O, 틀리면 X를 괄호 안에 쓰세요.

**01** 대한 제국 시기에 한성 전기 회사를 통하여 서울에 전차 노선을 개통하였다. (       )

**02** 1883년에 우리나라 최초의 근대 신문인 한성순보가 창간되었다. (       )

**03** 제국신문은 국한문 혼용체를 사용한 일간지로 주로 유학자층의 계몽에 앞장섰다. (       )

**04** 대한매일신보는 국채 보상 운동을 지원하였다. (       )

**05** 만세보는 1906년 손병희, 오세창 등 천도교측에서 발행한 순한글 신문으로 일진회 등의 매국 행위를 주로 비판하였다.

(       )

**06** 육영 공원은 정부가 설립한 외국어 교육 기관으로 통역관을 양성하였다. (       )

**07** 주시경은 문법 서적인 『국어문법』을 저술하였다. (       )

**08** 신채호는 민족주의 역사학을 지향한 「독사신론」을 저술하였다. (       )

[정답] **01** O **02** O **03** X (황성신문) **04** O **05** X (순한글이 아닌 국한문 혼용체 신문) **06** X (동문학) **07** O **08** O

## 엄선기출문제

**01** 근대 교육 기관에 대한 설명으로 가장 옳지 않은 것은?  [2018년 서울시 9급(6월 시행)]

① 배재 학당: 선교사 아펜젤러가 서울에 설립한 사립 학교이다.
② 동문학: 정부가 설립한 외국어 교육 기관으로 통역관을 양성하였다.
③ 경신 학교: 고종의 교육 입국 조서에 따라 설립된 관립 학교이다.
④ 원산 학사: 함경도 덕원 주민들이 기금을 조성하여 설립한 학교이다.

> 해설 **근대의 교육 기관**
> ③ 고종의 교육 입국 조서에 따라 설립된 관립 학교로는 한성 사범 학교(1895)등이 있다. 경신 학교(1886)는 미국 선교사 언더우드에 의해 설립된 사립 학교로, 우리나라에서 최초로 전문 실업 교육을 실시하였다.
>
> 오답 ① 배재 학당(1885)은 미국 선교사 아펜젤러가 서울에 설립한 사립 학교로, 우리나라 최초의 근대식 중등 교육 기관이다. 배재 학
> 분석   당에서는 영어, 지리학, 산술학, 화학 등을 학생들에게 가르쳤다.
> ② 동문학(1883)은 우리나라 통역관 양성을 위해 정부가 설립한 외국어 교육 기관이다.
> ④ 원산 학사(1883)는 덕원 부사 정현석과 덕원·원산 주민들이 기금을 조성하여 설립한 우리나라 최초의 근대식 사립 학교이다.
>   이곳에서는 주로 외국어, 자연 과학 등과 같은 근대 학문과 무술 교육을 실시하였다.
>
> 정답 ③

**02** 다음 신문 창간 이전의 사실로 옳은 것은?  [2020년 지방직 7급]

> 박문국을 설치하고 관리를 두어 외국의 기사를 폭넓게 번역하고 아울러 국내의 일까지 기재하여 국중 (國中)에 알리는 동시에 열국에까지 널리 알리기로 하고 …(중략)… 견문을 넓히고, 여러 가지 의문점을 풀어주고, 장사의 이익에도 도움을 주고자 하였으니 …(하략)…
> — 『순보서(旬報序)』

① 세계 정세를 전하는 『해국도지』가 소개되었다.
② 베트남 역사에 관련한 『월남망국사』가 번역되었다.
③ 식산 흥업을 강조한 『대한 자강회 월보』가 간행되었다.
④ 국내외 정보를 제공한 독립신문이 서재필에 의해 발간되었다.

> 해설 **한성순보 창간 이전의 사실** 제시문에서 박문국을 설치해 외국의 기사를 폭넓게 번역하고 아울러 국내의 일까지 기재하였다는 것을 통해 1883년에 창간된 한성순보에 대한 내용임을 알 수 있다.
> ① 『해국도지』가 국내에 소개된 것은 19세기 초반으로, 한성순보가 창간되기 이전의 사실이다. 『해국도지』는 청나라 학자 웨이위앤(위원)이 저술한 세계 지리서로, 1845년에 사신으로 북경을 방문한 권대긍에 의해 처음 소개되었고, 이후 1853년 이래 역관으로 청나라에 파견되었던 오경석에 의해 우리나라에 전래되었다.
>
> 오답 모두 한성순보가 창간된 이후의 사실이다.
> 분석 ② 현채는 베트남의 역사를 거울로 삼아 우리 민족의 독립 의지를 높이고, 일본의 국권 침탈을 경계하고자 1906년에 『월남망국사』를 번역하여 간행하였다.
> ③ 1906년에 설립된 대한 자강회는 『월보』를 간행하여 식산 흥업을 강조하고, 국내외의 소식을 전달하는 등 국민 계몽에 힘썼다.
> ④ 서재필은 1896년에 독립신문을 한글판과 영문판으로 따로 발간하여 개화 자강의 필요성을 대중에게 전달하고, 외국인에게 국내 사정을 알리고자 하였다.
>
> 정답 ①

## 01

다음 자료에 나타난 철도가 개통된 이후의 사실로 옳은 것은?

> 철도 회사에서 어저께 개업 예식을 거행하였는데, 인천서 화륜차가 떠나 삼개 건너 영등포에 와서 경성에 내외국 빈객들을 수레에 영접하여 앉히고 오전 9시에 떠나 인천으로 향하는데 ……

① 박문국에서 한성순보를 간행하였다.
② 동문학에서 영어, 일본어를 가르쳤다.
③ 고딕 양식의 명동 성당이 완공되었다.
④ 학부에 국문 연구소가 설치되었다.

## 02

근대에 발행된 신문에 대한 설명 중 옳은 것을 〈보기〉에서 모두 고른 것은?

> **● 보기 ●**
> ㉠ 만세보는 미주 지역에서 우리말로 발행된 신문이다.
> ㉡ 독립신문은 영문판과 한글판으로 간행된 민간 신문이다.
> ㉢ 협성회 회보는 배재 학당 학생회가 창건하여 발행한 신문이다.
> ㉣ 경향신문은 천도교의 기관지로 일진회 등의 매국 행위를 주로 비판하였다.

① ㉠, ㉡
② ㉡, ㉢
③ ㉡, ㉣
④ ㉢, ㉣

## 03

밑줄 친 '학교'에 대한 설명으로 옳은 것은?

> 덕원 부사 정현석이 장계를 올립니다. 신이 다스리는 이곳 읍은 해안의 요충지에 있고 아울러 개항지가 되어 소중함이 다른 곳에 비할 바가 아닙니다. 개항지를 빈틈없이 운영해 나가는 방도는 인재를 선발하여 쓰는 데 달려있고, 인재 선발의 요체는 교육에 있습니다. 그러므로 학교를 설립하고자 합니다.

① 교육 입국 조서 반포를 계기로 설립되었다.
② 근대 학문과 무술 등을 교육하였다.
③ 우리나라 최초의 근대식 관립 학교이다.
④ 통역관을 양성하기 위해 설립한 외국어 교육 기관이다.

## 04

(가)가 발행되었던 시기의 사실이 아닌 것은?

> 신문으로는 여러 가지 신문이 있었으나, 제일 환영을 받기는 영국인 베델이 경영하는 ___(가)___ 였다. 관 쓴 노인도 사랑방에 앉아서 이 신문을 보면서 혀를 툭툭 치고 각 학교 학생들은 주먹을 치고 통론하였다.

① 신문지법 제정
② 대한 자강회 월보 발행
③ 서북 철도국 개설
④ 최초의 서양식 극장인 원각사 설립

정답·해설 p.71

## 01

다음 (가)에 들어갈 인물에 대한 설명으로 옳지 않은 것은?

> 나라의 제도로서 인정에 대한 세를 신포(身布)라 하였다. …… 충신과 공신 자손에게는 모두 신포가 면제되었는데 법이 시행된지 이미 오래되어 면제된 자가 매우 많았다. 이에 근래에 와서는 사족이란 자는 모두 신포를 바치지 않고 모자라는 액수를 반드시 백성에게 덧붙여 징수하여 보충하였다. _____(가)_____ 은/는 이를 수정코자 동포(洞布)라는 법을 제정하였다.

① 서원을 철폐하여 민생을 안정시켰다.
② 『대전회통』을 편찬하여 법전 체제를 정비하였다.
③ 비변사를 폐지하고 의정부와 삼군부를 부활시켰다.
④ 수성윤음을 반포하여 수도 방어 체계를 강화하였다.

## 02

다음 중 개항기에 체결된 조약에 대한 설명으로 옳은 것은?

① 1883년에 개정된 조·일 통상 장정에는 최혜국 대우 규정이 있다.
② 강화도 조약에서는 일본 공사관의 경비병 주둔을 허용하였다.
③ 조·일 수호 조규 부록에서는 일본 공사와 그 가족의 여행을 허용하였다.
④ 조·미 수호 통상 조약에는 미국 수출입 상품에 대해 무관세를 규정하였다.

## 03

다음 ① 기구가 설치된 시기를 (가)~(라) 중에서 찾으면?

> 조선 정부는 적극적인 개화 정책을 추진하기 위해 청의 제도를 본떠 _____①_____ 을/를 설치하고 그 아래 사대, 교린, 군무, 변정, 통상, 어학 등 12사를 두어 각기 해당 사무를 관장하도록 하였다.

| | (가) | | (나) | | (다) | | (라) | |
|---|---|---|---|---|---|---|---|---|
| 병인 양요 | | 척화비 건립 | | 강화도 조약 체결 | | 임오군란 발발 | | 한성 조약 체결 |

① (가)   ② (나)   ③ (다)   ④ (라)

## 04

(가) 단체에 대한 설명으로 옳은 것은?

> _____(가)_____ 은/는 무엇을 위하여 일어났는가? 백성의 풍습이 무지하고 부패하니 새로운 사상이 필요하며 백성이 우매하니 신교육이 시급하도다. …… 도덕의 타락으로 신윤리가 시급하고 문화의 쇠퇴로 신학술이 시급하며, 실업이 취약함으로 신모범이 시급하고 정치의 부패로 신개혁이 시급함이라. …… 간단히 말해 오직 새로운 정신을 환기시키고 새로운 단체를 조직하여 신국가를 건설하는 것뿐이다.

① 관민 공동회를 개최하였다.
② 평양에 태극 서관을 설립하였다.
③ 정우회 선언을 계기로 조직되었다.
④ 헌정 연구회를 계승하여 창립되었다.

## 05

**(가) 시기에 있었던 사실로 옳은 것은?**

> 농민군이 황룡촌 전투에서 홍계훈의 경군을 격파하였다.

↓

> (가)

↓

> 일본군이 풍도에 있던 청군을 공격하여 청·일 전쟁이 발발하였다.

① 교정청 설치
② 우금치 전투
③ 명성 황후 시해
④ 백산 집결

## 06

**(가)에서 추진한 개혁 내용으로 옳은 것은?**

> __(가)__ 의 의원은 18인 이상 20인 이하로 서기관은 2인 혹은 3인으로 이루어지며, 회의에 따라 새로운 정부의 정령(政令) 일체를 심의 결정하였다. 회의 총재는 영의정 김홍집이 맡고, 그 의원에는 내무 독판 박정양을 비롯하여 정부 요직의 사람들을 임명하였다.

① 교육 입국 조서를 반포하였다.
② 의정부와 8아문을 내각과 7부로 개편하였다.
③ 모든 재정을 호조에서 관할하도록 하였다.
④ 은 본위 제도와 조세의 금납화를 실시하였다.

## 07

**화폐 정리 사업에 대한 설명으로 옳은 것을 〈보기〉에서 모두 고른 것은?**

> **• 보기 •**
> ㉠ 액면가대로 화폐를 교환해 주었다.
> ㉡ 대한 제국의 화폐 주조를 담당한 전환국을 그대로 둔 채 진행하였다.
> ㉢ 구 백동화 남발로 인한 인플레이션도 이 정책을 시행한 원인 중 하나였다.
> ㉣ 이 정책을 주도한 일본 제일은행은 이후 우리나라의 중앙은행 역할을 하였다.

① ㉠, ㉡
② ㉠, ㉣
③ ㉡, ㉢
④ ㉢, ㉣

## 08

**(가) 지역으로 이주한 동포와 관련된 설명으로 옳은 것은?**

> 1902년 __(가)__ 에서는 대한 제국 정부에 한국인의 이민을 요청하였다. 이에 대한 제국에 이민 업무를 담당하는 수민원이 설치되었으며, 1903년 최초로 합법적 이민이 시작되었다. 이후 3년 동안 7천 명이 넘는 동포들이 __(가)__ (으)로 이주하였고, 이주한 남성들의 사진만 보고 가서 결혼하는 '사진 신부' 현상도 나타났다.

① 2·8 독립 선언서를 발표하였다.
② 일제 강점기에 중앙아시아로 강제 이주되었다.
③ 사탕수수 농장 등에서 노동자로 생활하였다.
④ 서전서숙, 명동 학교 등의 학교를 설립하였다.

정답·해설 p.72

# 근대 적중 마무리문제 02

## 01
(가) 인물에 대한 설명으로 옳은 것은?

> 신들은 모두 영남의 멀리 떨어져 있는 자들로 유신(維新)의 정치를 도운 적이 없습니다. 그러나 ___(가)___ 이/가 가지고 온 책이 유포된 것을 보고, 저도 모르게 머리카락이 곤두서고 가슴이 떨리며 이어 통곡하면서 눈물을 흘렸습니다.

① 신민회를 설립하였다.
②『서유견문』을 집필하였다.
③ 군국기무처 총재를 역임하였다.
④ 초대 주미 공사로 미국에 파견되었다.

## 02
밑줄 친 '사절단'에 대한 설명으로 옳은 것은?

> 이 사절단은 대통령을 만나 고종의 신임장을 전달하고, 40여 일 동안 머물면서 박람회, 병원, 신문사, 조선 공장, 육군 사관 학교 등을 시찰하였다.

① 김홍집이『조선책략』을 가지고 돌아왔다.
② 귀국 후에 농무 목축 시험장의 설치를 건의하였다.
③ 김기수가 귀국 후『일동기유』를 저술하였다.
④ 이들의 활동을 계기로 근대식 무기 제조창인 기기창이 설치되었다.

## 03
다음 사건의 결과에 대한 설명으로 옳지 않은 것은?

> 고종은 난리가 일어났다는 말을 듣고 급히 대원군을 불렀으며, 대원군은 난병을 따라 들어갔다. …(중략)… 대원군은 궁궐 안에 있으면서 무위영, 장어영을 폐지시키고 5군영의 군제를 복구하였다.

① 청의 내정 간섭이 심화되었다.
② 통리기무아문이 폐지되었다.
③ 전국의 척화비가 철거되었다.
④ 일본이 청과 동등하게 조선 파병권을 획득하였다.

## 04
다음 사건들이 일어난 순서대로 옳게 나열된 것은?

> (가) 동학 농민군과 관군은 황토산에서 맞닥뜨려 오후 4시경부터 접전이 시작되었다.
> (나) 백산 대회 당시 대장기폭(大將旗幅)에는 보국안민이라고 크게 써넣었고, 두 번째로 격문을 써서 사방에 전하였다.
> (다) 동학 농민군은 27일 아침부터 전주성을 압박하기 시작하였고 오전부터 서문, 북문, 남문 등을 공격하여 전주성을 함락하였다.
> (라) 난민들이 관아로 쳐들어갔을 때 조병갑은 이미 도망치고 없었다. 이서배들 역시 도망치고 없자 그들의 가옥을 파괴한 뒤, 옥문을 열고 억울하게 갇혀 있던 사람들을 풀어주었다.

① (가) → (나) → (다) → (라)
② (나) → (다) → (라) → (가)
③ (라) → (가) → (나) → (다)
④ (라) → (나) → (가) → (다)

## 05

다음에서 설명하는 의병 운동에 대한 내용으로 옳은 것은?

> 군사장은 미리 군비를 신속히 정돈하여 철통과 같이 함에 한 방울의 물도 샐 틈이 없는지라. 이에 전군에 명령을 내려 일제히 진군을 재촉하여 동대문 밖으로 진군하였다. …… (허위가) 전군이 오기를 기다려 일거에 서울을 공격하여 들어오기로 계획하였다. 전군이 모여드는 시기가 어긋나고 일본군이 갑자기 진격하는지라 ……

① 을미사변과 단발령이 원인이 되어 일어났다.
② 신돌석과 같은 평민 의병장이 처음으로 등장했다.
③ 의병 잔여 세력이 활빈당 등을 조직하여 투쟁을 이어나갔다.
④ 해산 군인들의 합류로 조직력과 군사력이 크게 증대되었다.

## 06

(가)~(다)를 내용으로 하는 개혁안에 대한 설명으로 옳은 것을 〈보기〉에서 모두 고른 것은?

> (가) • 청에 잡혀간 흥선 대원군을 돌아오게 하고, 청에 대한 조공을 폐지한다.
> • 문벌을 폐지하여 능력에 따라 관리를 임명한다.
> (나) • 무명의 잡세는 일체 폐지한다.
> • 노비 문서는 모두 소각한다.
> • 토지는 평균 분작한다.
> (다) • 청에 의존하는 생각을 버리고 자주 독립의 기초를 세운다.
> • 납세는 법으로 정하고 함부로 세금을 거두지 않는다.
> • 문벌을 가리지 않고 인재 등용의 길을 넓힌다.

> ● 보기 ●
> ㉠ (가)를 발표한 개혁 운동은 청군의 개입으로 실패하였다.
> ㉡ (나)에는 과거제의 폐지를 요구하는 내용이 있다.
> ㉢ (다)가 발표된 후 공·사 노비법이 폐지되었다.
> ㉣ (가)와 (다)에는 국가 재정 일원화에 대한 내용이 포함되어 있다.

① ㉠, ㉡                  ② ㉠, ㉣
③ ㉡, ㉢                  ④ ㉢, ㉣

## 07

(가)~(다) 조약에 대한 설명으로 옳지 않은 것은?

> (가) 이후 조선 국왕이 타국이나 그 국가의 상인 또는 시민에게 항해, 통상 무역, 교통, 기타에 관련된 혜택을 부여한다면 이것들이 종래 균점되지 않았다든가 또는 이 조약에 없다 하더라도 미국의 관민에게 허용하여 일체가 균점되도록 한다.
> (나) 북경과 한성, 양화진에서 청과 조선 양국 상인의 무역을 허용한다. 지방관이 발행한 여행 허가증이 있으면 내륙까지 들어갈 수 있다.
> (다) 조선 정부는 부산과 두 항구를 개방하고 일본인이 자유롭게 왕래하면서 통상할 수 있게 한다.

① (가) - 수출입 상품에 대한 관세를 부과하였다.
② (나) - 청 상인과 일본 상인 간의 상권 경쟁이 심화되었다.
③ (다) - 개항장의 객주 등이 몰락하게 되었다.
④ 순서대로 배열하면 (다) → (가) → (나)가 된다.

## 08

(가)에 들어갈 기구로 옳은 것은?

> 글 짓는 선비와 학자들이 '언문'이라 부르며 훈민정음을 소홀히 하고 그것을 깊이 연구하지 않았다. 끝내 ·음을 잃어버리고 대부분 ㅏ에 섞였다. …… 갑오개혁 이래 조정에서는 비로소 언문을 조칙이나 공문서에 간간이 사용하면서 국문(國文)이라 불렀다. …… 학부대신 이재곤이 (가) 을/를 설치하고 위원 약간 명을 두었다. 발음의 맑고 탁함과 글자의 높낮이 문제가 풀리지 않아서 그것을 연구하도록 했는데 끝내 이룬 바가 없었다.

① 국문 동식회
② 국문 연구소
③ 조선어 학회
④ 조선어 연구회

정답·해설 p.73

## 01

밑줄 친 '거사'를 주도한 세력이 주장한 내용으로 옳은 것은?

> 작년의 거사는 세상에서 혹은 너무 급격하다 논하는 자 있으나 폐하는 그윽이 성찰하소서 …… 폐하께서 긴밀히 신(臣)에게 말씀하시어 민씨 일족을 제거할 계획을 꾸미시고 신 또한 감읍하여 상주한 바 있나이다. 신이 생각하건대, 지금 이와 같은 간류(奸類)를 제거하지 못할 때는 폐하로 하여금 망국의 군주라는 천추의 한을 면하기 어려우므로 곧 국가를 위하여 신명을 던져 작년의 거사를 일으켰거늘, 지금 도리어 신을 역적이라 함은 무슨 까닭이옵니까?

① 혜상공국을 혁파한다.
② 노비 문서는 불태워 버린다.
③ 미곡의 유출을 제한하기 위해 방곡령을 실시한다.
④ 국가 재정은 모두 탁지아문의 관할에 속한다.

## 02

대한 제국 정부가 시행한 정책으로 옳은 것은?

① 금 본위제의 실시를 시도하였다.
② 재판소를 설치하여 행정권과 사법권을 분리하였다.
③ 궁내부를 설치하여 왕실과 정부 사무를 분리하였다.
④ 조·일 통상 장정을 개정하고, 한·청 통상 조약을 체결하였다.

## 03

다음 조약이 체결된 이후의 사실로 옳은 것은?

> 제2조 러시아 제국 정부는 일본 제국이 대한 제국에서 정치상, 군사상 및 경제상의 탁월한 이익을 갖는다는 것을 인정하고 일본 제국 정부가 대한 제국에서 필요하다고 인정되는 지도, 보호 및 감리의 조처를 하는 데 이를 저지하거나 간섭하지 않을 것을 약속한다.

① 원수부가 설치되었다.
② 헤이그 특사가 파견되었다.
③ 베베르·고무라 각서가 체결되었다.
④ 유인석이 이끄는 의병이 충주성을 점령하였다.

## 04

다음 조약에 대한 설명으로 옳은 것은?

> • 한국 정부는 시정 개선에 관하여 통감의 지도를 받을 것
> • 한국 정부는 법령 제정 및 중요한 행정상의 처분은 미리 통감의 승인을 거칠 것
> • 한국 정부는 통감이 추천하는 일본인을 한국 관리에 고용할 것

① 고종이 강제 퇴위 된 이후에 체결되었다.
② 조약 체결 결과 한국 주재 외국 공사들이 철수하였다.
③ 조약 체결 결과 외교 분야에 일제가 추천하는 고문이 파견되었다.
④ 조약 체결 직후 미국은 조약을 승인하는 가쓰라·태프트 밀약을 체결하였다.

## 05

**밑줄 친 '조약'에 대한 설명으로 옳은 것은?**

> 조병식이 아뢰길 "재난을 거듭 당하고 온갖 모함이 일어나 거듭 걸려든 이 일은 바로 함경도의 방곡령 배상금 문제입니다. …… 함경도의 배상금 문제로 말한다면, 지난 기축년에 함경도에 기근이 들었는데 곡물의 소출 상황이 더욱 심각하여 조약에 준해서 외서(外署)에 문의했습니다. 그러자 외서에서는 원산항 감리(監理)에게 공문을 보내 10월 초부터 기한을 정하고 조약대로 방출을 금지토록 하였습니다."

① 조선 연해의 해양 측량권을 인정하였다.
② 조선이 청의 속방이라는 것을 명시하였다.
③ 일본 상인에게 최혜국 대우를 적용하였다.
④ 일본 상선에 대한 무관세 조항이 포함되었다.

## 06

**(가), (나) 국가에 대한 설명으로 옳은 것은?**

> (가) 이/가 영흥만을 조차하여 극동에서 군사 거점을 확보하려 한다고 판단한 (나) 은/는 동양함대 사령관 윌리엄 도월 제독을 파견하여 거문도를 불법 점령하였다. 거문도에 상륙한 (나) 군대는 섬 안에 포대를 구축하고 병영을 건설한 후 국기를 게양하고 자기 마음대로 포트 해밀턴이라고 불렀다.

① (가) - 『조선책략』에서 이 국가와 수교할 것을 주장하였다.
② (가) - 용암포를 강제 점령하고 조차를 요구하였다.
③ (나) - 조선이 서양 국가 중에서 최초로 조약을 맺은 국가이다.
④ (나) - 일본에게 청의 요동 반도를 반환할 것을 요구하였다.

## 07

**(가)에 들어갈 교육 기관으로 옳은 것은?**

> (가) 의 좌원에는 나이 젊은 문무관들을 특별히 선발하고, 우원에는 똑똑한 유학을 정선하여 재능에 따라 공부시키되 한학의 월과나 계고와 똑같이 규제하도록 하라. …… (가) 에서 학도들이 익힌 것이 점점 성과가 있다. 교사 벙커가 성실한 마음으로 가르치고 해설하여 여러 해 동안에 공로를 나타냈으니, 매우 가상한 일이다.

① 동문학
② 배재 학당
③ 원산 학사
④ 육영 공원

## 08

**다음 중 근대 신문에 대한 설명으로 옳은 것을 〈보기〉에서 모두 고르면?**

> ● 보기 ●
> ㉠ 우리나라 최초의 근대적 신문인 한성순보는 한문체로 발간되었으며 관보의 성격을 띠었다.
> ㉡ 최초의 국·한문 신문인 황성신문은 '오건조약 청체전말'이라는 기사를 실었다.
> ㉢ 순 한글로 간행된 제국신문은 창간 이듬해 이인직이 인수하여 친일지로 개편되었다.
> ㉣ 대한매일신보는 양기탁이 신민회를 조직하면서 신민회의 기관지 역할을 하였다.

① ㉠, ㉡
② ㉠, ㉣
③ ㉡, ㉢
④ ㉢, ㉣

정답·해설 p.75

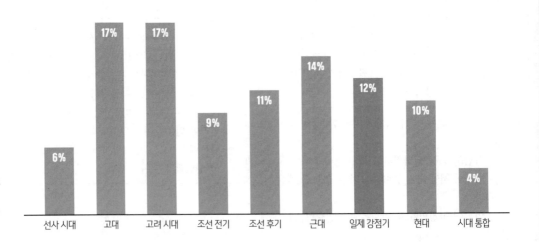

**┃일제 강점기** 출제경향

\* 최근 7개년 국가직·서울시·지방직 9급 시험 기준

| 선사 시대 | 고대 | 고려 시대 | 조선 전기 | 조선 후기 | 근대 | 일제 강점기 | 현대 | 시대 통합 |
|---|---|---|---|---|---|---|---|---|
| 6% | 17% | 17% | 9% | 11% | 14% | 12% | 10% | 4% |

# VII
# 일제 강점기

# 01 일제의 식민 통치와 독립운동

## 적중개념 | 1 일제의 식민 통치 방식의 변화

| | |
|---|---|
| **무단 통치**<br>**(1910~1919)** | • 조선 총독부 설치: 총독(일본 국왕에 직속된 관직) 아래 정무총감(행정 사무 담당)과 경무총감(경찰 업무와 치안 담당)으로 구성, 중추원, 취조국 등의 자문 기구 및 문화 사업 기구가 있었음<br>• 헌병의 경찰 업무 수행: 범죄 즉결례(1910), 조선 태형령(1912), 경찰범 처벌 규칙(1912) 행사<br>• 제복의 착용과 착검: 일반 관리 및 교원들까지 제복과 칼을 착용(공포 분위기 조성)<br>• 보안법(1907), 신문지법(1907), 출판법(1909) 적용: 언론·출판·집회·결사의 자유 박탈<br>• 국내의 민족 독립운동 탄압: 안악 사건(1910), 105인 사건(1911) 등 |
| **문화 통치**<br>**(1919~1931)** | • 배경: 3·1 운동, 악화된 국제 여론<br>• 문화 통치의 실상(친일파 양성을 통한 민족 분열 정책)<br>  – 총독 자격: 문관 총독 임명 가능 → [실상] 해방까지 단 한 사람도 임명되지 않음<br>  – 경찰 제도: 보통 경찰제로 전환 → [실상] 경찰 조직·인원 대폭 증가, 고등 경찰제 실시<br>  – 언론 정책: 한글 신문 허용, 조선·동아일보 창간(1920) → [실상] 기사 검열·삭제·정간·폐간<br>  – 지방 행정: 조선인 참여 확대 → [실상] 친일파 및 상층 자산가만 참여 가능(선거권 제한)<br>  – 교육 정책: 조선인 교육 기회의 확대 → [실상] 초등 교육과 기술 교육만 강조<br>• 영향: 일제의 문화 통치에 동조하여 자치론을 주장하는 인물들 등장(이광수, 최린 등) |
| **민족 말살 통치**<br>**(1931~1945)** | • 배경: 일제는 경제 공황의 상황을 타개하기 위해 대륙 침략 감행(만주 사변, 중·일 전쟁 등)<br>• 황국 신민화 정책: 내선일체 주장, 황국 신민 서사 암송·궁성 요배·신사 참배·일본식 성명(창씨개명) 강요, 조선어·조선사 교육 금지, 국민학교 개칭<br>• 물적 자원 수탈: 국가 총동원법을 제정(1938. 4.)하여 전쟁에 필요한 식량과 물자 수탈(공출제)<br>• 인적 자원 수탈: 지원병제(1938), 징용제(1939), 학도 지원병제(1943), 징병제(1944), 여자 정신대 근무령(1944) 등으로 인적 자원 수탈<br>• 조선인 통제: 국민 정신 총동원 조선 연맹(1938)을 조직하여 애국반 편성, 조선 사상범 보호 관찰령 제정(1936), 조선 사상범 예방 구금령 제정(1941), 시국 대응 전선 사상 보국 연맹(1938, 친일 전향자 단체)을 설치하여 독립운동가에 대한 감시 강화(이후 대화숙에 통합) |

## (1) 국내 비밀 결사 조직

| | |
|---|---|
| **독립 의군부**<br>(1912) | • 조직: 임병찬이 고종의 밀명을 받아 유림 세력을 규합하여 조직, 의병 전쟁을 목표로 활동<br>• 성향: 복벽주의(왕정 복고 → 고종 복위 주장)<br>• 활동: 조선 총독부와 일본 정부에 국권 반환 요구서를 보내 한국 침략의 부당성을 밝히고자 함 |
| **대한 광복회**<br>(1915) | • 조직: 박상진, 김좌진 등이 의병 운동 계열과 애국 계몽 운동 계열을 통합하여 군대식으로 조직<br>• 성격: 공화 정치 체제 지향<br>• 활동: 군자금 모금과 친일파 색출 및 처단, 만주에 독립운동 기지 건설과 사관 학교 설립 추진 |
| **기타** | 송죽회(1913), 기성단(1914), 자립단(1915), 조선 산직 장려계(1915) |

## (2) 국외 독립운동 조직

| 만주 | 서간도 | 삼원보 중심, 자치 기구(경학사 → 부민단 → 서로 군정서), 신흥 강습소(→ 신흥 무관 학교) |
|---|---|---|
| | 북간도 | 민족학교 설립(서전서숙, 명동 학교), 간민회(→ 대한 국민회), 중광단(→ 북로 군정서) 등 |
| **연해주** | | 13도 의군, 성명회, 권업회, 대한 광복군 정부, 전로 한족 중앙 총회, 대한 국민 의회 |
| **상하이** | | 동제사, 신한 혁명당(상하이에서 조직, 본부는 베이징), 대동 보국단, 신한청년당 |
| **미주** | | 대한인 국민회·흥사단(샌프란시스코), 대조선 국민 군단(하와이) |

## (3) 3·1 운동(1919)

| | |
|---|---|
| **배경** | • 국제 정세: 레닌의 식민지 민족 해방 운동 지원 선언, 파리 강화 회의에서 미국 대통령 윌슨이 민족 자결주의를 제창, 국외에서 2·8 독립 선언 등이 발표됨<br>• 국내 정세: 무단 통치에 대한 반발 증대, 고종의 독살설 유포로 국민들의 분노 증대 |
| **전개** | • 1단계: 민족 대표들이 독립 선언서 낭독, 학생·시민들이 독립 선언서 낭독 후 비폭력 만세 시위 전개<br>• 2단계: 시위 운동이 지방 주요 도시로 확산, 학생 중심, 상인과 노동자 계층 참여<br>• 3단계: 농촌 각지로 확산되면서 농민들이 적극적으로 시위에 참여(무력 저항으로 시위가 변모) |
| **일제의 탄압** | 일제는 군중에게 무차별 총격을 가함, 화성 제암리 학살 사건, 유관순 열사 순국 |
| **영향** | 일제 통치 방식의 변화(무단 통치 → 문화 통치), 만주의 무장 독립운동 자극, 대한민국 임시 정부 수립 계기, 중국의 5·4 운동, 인도의 비폭력·불복종 운동에 영향 |

---

### 단박 체크

**다음 기출문장을 읽고, 옳으면 O, 틀리면 X를 괄호 안에 쓰세요.**

**01** 조선 총독은 내각 총리대신에 직속되어 조선에 대한 모든 통치권을 행사하였다. (       )

**02** 무단 통치 시기인 1912년에 일제는 조선 태형령과 경찰범 처벌 규칙을 만들어 시행하였다. (       )

**03** 문화 통치 시기에 초등 교육 기관의 명칭이 국민학교로 변경되었다. (       )

**04** 민족 말살 통치 시기에 전쟁 물자 동원을 내용으로 한 국가 총동원법이 적용되었다. (       )

**05** 대한 광복회는 공화주의 이념에 따라 공화 정치를 실현하는 것을 목표로 하였다. (       )

**06** 연해주 지역에 한인 집단촌인 신한촌이 건설되고, 대한 광복군 정부가 조직되었다. (       )

**07** 3·1 운동을 계기로 대한민국 임시 정부가 수립되었다. (       )

[정답] **01** X (일본 국왕에 직속) **02** O **03** X (민족 말살 통치 시기) **04** O **05** O **06** O **07** O

**(1) 임시 정부의 수립(1919. 9.)과 활동**

| 통합 | 각지의 임시 정부를 통합[대한 국민 의회(연해주) + 대한민국 임시 정부(상하이) + 한성 정부(서울)] |
|---|---|
| 구성 | 대통령에 이승만, 국무총리에 이동휘, 대통령 중심제의 3권 분립에 입각한 민주 공화제 정부 형태 |
| 활동 | • 비밀 행정 조직: 연통제(비밀 연락 조직, 군자금 송금), 교통국(정보 수집, 국내외의 연락 담당)<br>• 군자금 모금: 애국 공채 발행, 국민 의연금 모금, 이륭 양행(만주), 백산 상회(부산) 등을 통해 군자금 전달<br>• 군사 활동: 군무부 설치, 육군 무관 학교 설립, 광복군 사령부 및 육군 주만 참의부 조직<br>• 외교 활동: 파리 위원부 설치(김규식), 구미 위원부 설치(이승만)<br>• 문화 활동: 독립신문 발간(주필 이광수), 사료 편찬소를 설치해 『한·일 관계 사료집』 간행 |

**(2) 국민 대표 회의 소집(1923)**

| 배경 | 일제의 탄압 심화(연통제·교통국 해체), 독립운동 노선 갈등, 이승만의 위임 통치 청원 |
|---|---|
| 전개 | 창조파(신채호·박용만, 임시 정부 해체, 무력 항쟁 강조), 개조파(안창호, 임시 정부 개혁, 실력 양성 + 외교 활동 강조)의 대립, * 현상 유지파(국민 대표 회의 자체를 반대) |
| 결과 | 김구가 내무부령을 선포(해산 명령) → 회의 결렬, 창조파 이탈로 임시 정부의 활동이 침체됨 |

**(3) 임시 정부의 재정비**

| 체제<br>개편 | 대통령 중심제(1919) → 국무령 중심의 내각 책임제(1925) → 국무 위원 중심의 집단 지도 체제(1927) → 주석 중심의 지도 체제(1940) → 주석·부주석의 지도 체제(1944)로 개편 |
|---|---|
| 이동 | 상하이를 떠나 충칭에 정착(1940) |

**(4) 1930년 이후 임시 정부의 주요 활동**

| 한인 애국단 조직(1931) | 임시 정부의 침체를 극복하기 위해 김구가 조직 |
|---|---|
| 한국 국민당 창당(1935) | 김구를 중심으로 창당, 민족 혁명당에 불참한 임시 정부 인사 중심으로 조직 |
| 한국 독립당(1940) | • 한국 국민당(김구) + 조선 혁명당(지청천) + 한국 독립당(조소앙)<br>• 조소앙의 삼균주의를 바탕으로 건국 강령 발표(1941) |
| 한국광복군 창설(1940) | 충칭 임시 정부가 중국 정부의 지원을 받아 창설(총사령관 지청천) |

**(1) 의열단**

| 조직 | 3·1 운동 이후 무장 투쟁의 필요성 대두, 김원봉·윤세주 등을 중심으로 만주 길림에서 조직(1919) |
|---|---|
| 활동 | • 목표: 일제의 주요 요인 사살 및 식민 기관 파괴(5파괴 7가살)<br>• 지침: 신채호의 「조선혁명선언」(1923)을 활동 지침으로 삼음(민중 직접 혁명을 통한 독립 주장)<br>• 의거 활동: 박재혁(부산 경찰서 투탄, 1920), 김익상(조선 총독부 투탄, 1921), 김상옥(종로 경찰서 투탄, 1923), 김지섭(도쿄 궁성 투탄, 1924), 나석주(동양 척식 주식회사·조선식산은행 투탄, 1926) |
| 활동 방향<br>전환 | • 배경: 1920년대 후반부터 개별적 투쟁의 한계를 인식하고 조직적인 무장 투쟁의 필요성 인식<br>• 군사 훈련: 황포 군관 학교에 입교하여 군사 교육을 받음(1926)<br>• 학교 설립: 중국 국민당 정부의 지원을 받아 조선 혁명 간부 학교 설립(1932)<br>• 민족 혁명당 결성: 중국 내 독립운동 세력을 통합하기 위한 민족 유일당 운동의 일환으로 의열단이 중심이 되어 민족주의 계열과 사회주의 계열을 통합한 민족 혁명당 결성(1935) |

(2) 한인 애국단

| 조직 | | 국민 대표 회의 결렬 후 침체된 임시 정부의 위상 고취 및 독립운동의 활성화를 위해 상하이에서 김구가 조직(1931) |
|---|---|---|
| 주요 의거 활동 | • 이봉창 의거 | |
| | 의거 | 일본 도쿄에서 일왕 히로히토의 마차에 폭탄을 투척하였으나 실패(1932) |
| | 영향 | 이봉창의 폭탄 투척에 대해 당시 중국 신문이 '안타깝게도 일본 국왕이 죽지 않았다'라는 식으로 보도하자, 이에 대한 보복으로 일제가 상하이 사변을 일으킴 |
| | 의의 | 당시 침체에 빠져 있던 임시 정부에 활기를 불러 일으킴 |
| | • 윤봉길 의거 | |
| | 의거 | 일본이 상하이 훙커우 공원에서 거행한 일왕 탄생 축하 겸 상하이 사변 전승 축하식에서 윤봉길이 단상을 향해 폭탄을 던져 일본군 장성과 고관들을 살상(1932) |
| | 영향 | 일제의 탄압을 피해 임시 정부가 상하이를 떠나게 되었지만, 한편으로는 만보산 사건 이후 나빠졌던 중국인의 반한 감정이 완화되었고, 중국 국민당 정부가 임시 정부에 대한 지원을 강화하는 계기가 됨(한국광복군 창설의 기반 마련) |

(3) 기타 의거 활동

| (대한) 노인 동맹단(1919) | 강우규가 조선 총독 사이토에게 투탄 |
|---|---|
| 불령사(1923) | 박열이 일본 황태자 폭살을 시도하였으나 실패 |
| 다물단(1925) | 김창숙 등이 조직, 황익수, 이호영 등이 친일파 밀정 김달하 암살 |
| 남화 한인 청년 연맹(1930) | 백정기 등이 상하이에서 일본 공사 아리요시 암살 시도(1933) |
| 대한 애국 청년당(1945) | 조문기, 유만수 등이 경성 부민관에 폭탄을 설치하여 친일파 제거 시도 |
| 한국 혁명단 총동맹 | 만주국 수립 직후 주만 일본 전권대사인 무토를 암살하고자 하였으나 실패 |

## 단박 체크

**다음 기출문장을 읽고, 옳으면 O, 틀리면 X를 괄호 안에 쓰세요.**

01 대한민국 임시 정부는 민주주의에 입각한 정치 형태를 갖추었으나, 국내와는 연결된 적이 없었다. (      )

02 대한민국 임시 정부는 기관지로 독립신문을 간행하였다. (      )

03 대한민국 임시 정부는 외교 운동을 위해 미국에 구미 위원부를 설치하였다. (      )

04 의열단은 개인 폭력 투쟁을 통해 민중 직접 혁명을 달성하려 하였다. (      )

05 1920년 박재혁은 밀양 경찰서에 폭탄을 투척하는 의거를 결행하였다. (      )

06 의열단의 김상옥이 독립지사들에게 잔인한 고문을 일삼던 종로 경찰서에 폭탄을 던져 큰 피해를 주었다. (      )

07 1930년대에 의열단, 조선 혁명당 등이 결집하여 민족 혁명당을 창당하였다. (      )

08 박은식은 적극적인 의열 활동을 위해 한인 애국단을 만들었다. (      )

09 한인 애국단은 신채호의 「조선혁명선언」을 활동 지침으로 삼았다. (      )

10 한인 애국단의 윤봉길이 일으킨 의거는 한국광복군 형성의 기초가 되었다. (      )

11 대한 애국 청년당의 조문기, 유만수 등이 경성 부민관에 폭탄을 투척하였다. (      )

[정답]  01 X (연통제, 교통국 등으로 국내와 연결)  02 O  03 O  04 O  05 X (부산 경찰서)  06 O  07 O  08 X (김구)
       09 X (의열단)  10 O  11 O

**(1) 만주 지역의 항일 무장 투쟁**

| 1920년대 | • 독립군의 활동: 봉오동 전투(1920. 6.) 승리 → 일제가 훈춘 사건 조작 → 청산리 전투(1920. 10.) 승리<br>• 독립군의 시련: 일제가 보복으로 간도 참변(경신참변, 1920)을 일으킴 → 독립군은 일제의 추격을 피해 밀산부에 집결 → 밀산부에서 대한 독립 군단 결성(총재: 서일) → 자유시로 이동 → 자유시 참변(1921. 6.)<br>• 독립군 재정비: 참의부(1923), 정의부(1924), 신민부(1925)의 3부 결성 → 일제가 독립군 탄압 목적으로 만주 군벌과의 미쓰야 협정(1925) 체결 → 3부 통합 운동으로 혁신 의회(1928, 북만주)와 국민부(1929, 남만주) 결성 |
|---|---|
| 1930년대 | • 한·중 연합 작전<br>– 북만주: 한국 독립군(지청천) + 중국 호로군 등 → 쌍성보 전투(1932), 사도하자 전투(1933), 대전자령 전투(1933), 동경성 전투(1933)에서 승리<br>– 남만주: 조선 혁명군(양세봉) + 중국 의용군 → 영릉가 전투(1932), 흥경성 전투(1933) 등에서 승리<br>• 항일 유격전: 공산주의자들의 주도로 추수·춘황 투쟁(1931) 전개, 점차 항일 무장 투쟁으로 발전 → 동북 인민 혁명군 조직(1933) → 동북 항일 연군으로 개편(1936) → 보천보 전투(1937) |

**(2) 중국 관내의 항일 무장 투쟁**

| 조선 의용대<br>(1938) | • 조직: 중·일 전쟁 발발 이후 조선 민족 혁명당의 김원봉을 중심으로 중도 좌파 단체들이 조선 민족 전선 연맹을 조직(1937), 산하 군대로 조선 의용대 조직(1938, 중국 국민당의 지원)<br>• 분열(화북과 충칭으로 분리) | |
|---|---|---|
| | 화북<br>(옌안) | • 조선 의용대 화북 지대 재편성(1941) → 조선 독립 동맹으로 확대·개편(1942, 김두봉)<br>• 조선 의용군(1942): 조선 독립 동맹 산하 군대, 중국 팔로군과 연합하여 항일 전투 수행(태항산 전투), 해방 이후 북한 인민군에 편입되어 6·25 전쟁에 참전 |
| | 충칭 이동 | 김원봉의 지휘 아래 한국광복군에 합류(1942) |
| 한국광복군<br>(1940) | • 조직: 임시 정부가 중국 정부의 지원을 받아 충칭에서 창설(1940, 총사령관 지청천, 참모장 이범석), 조선 의용대 일부 합류<br>• 활동: 태평양 전쟁 발발(1941) 직후 대한민국 임시 정부는 대일·대독 선전 포고문 발표, 연합군의 일원으로 미얀마(버마)·인도 전선에서 영국군과 작전 수행(1943), 국내 진공 작전 계획(일본의 조기 항복으로 실현 X) | |

**(1) 배경 및 전개**

| 배경 | 국내 | 우익 | • 타협적 민족주의 계열: 자치론 주장(참정권 획득 운동, 이광수·최린)<br>• 비타협적 민족주의 계열: 타협적 민족주의 세력의 자치 운동 비판 → 사회주의 계열과의 연대 모색 |
|---|---|---|---|
| | | 좌익 | 사회주의 계열: 치안 유지법(1925)의 제정, 일제의 사회주의에 대한 탄압 강화 → 민족주의 계열과의 연대 모색 |
| | 국외 | | • 중국의 제1차 국·공 합작(1924)으로 국내 독립운동 단체의 통합에 대한 관심이 증대됨<br>• 안창호가 여러 독립운동 단체들의 단결을 호소 → 한국 독립 유일당 북경 촉성회 창립(1926. 10.) → 만주에서는 3부 통합 운동이 전개됨(1920년대 후반) |
| 전개 | | | 6·10 만세 운동(민족주의·사회주의 계열의 연대 가능성 발견) → 조선 민흥회 발족(1926. 7., 조선 물산 장려회와 서울 청년회 중심의 좌·우 합작 단체) → 정우회 선언(1926. 11., 사회주의 계열의 정우회가 민족주의 계열과의 연대 주장) → 신간회 창립(1927. 2., 비타협적 민족주의계와 사회주의계의 통합) |

(2) 결과 – 신간회 창립

| 창립<br>(1927) | • 구성: 비타협적 민족주의계와 사회주의계가 결합하여 결성(자치 운동 배척)<br>• 주도 세력: 이상재(회장, 우익), 홍명희(좌익)<br>• 일제의 묵인: 일제는 독립운동가를 쉽게 색출하기 위해 신간회 활동을 합법화 |
|---|---|
| 강령 | 민족 대단결, 기회주의자(자치론자) 배격, 정치·경제적 각성 |
| 활동 | • 조선인 본위 교육 주장, 토론회·강연회 개최, 여성 차별 철폐 주장, 동양 척식 주식회사 폐지 주장, 자치 운동 비판<br>• 농민·노동 운동 지원(원산 노동자 총파업), 학생 운동 지원(광주 학생 항일 운동)<br>• 신간회의 자매 단체로 근우회가 창립(1927)되어 새로운 여성 운동을 전개 |
| 해소<br>(1931) | • 일제의 탄압: 전국 민중 대회 불허 → 위원장 허헌과 간부들을 구속, 단속 강화<br>• 신 집행부의 우경화(타협적 민족주의자와의 협력 주장) → 좌익 세력이 반발하면서 내부 갈등 심화<br>• 코민테른의 노선 변화: 12월 테제 발표(민족주의자들과의 통일 전선 운동 방침 폐기, 계급 투쟁 전개 지시)<br>• 해소 이후: 비타협적 민족주의 계열은 문화·학술 활동에 주력(조선학 운동), 사회주의 계열은 혁명적 농민·노동 조합 결성(적색 농민 조합, 적색 노동 조합) |
| 의의 | • 사회주의 세력과 민족주의 세력이 연합 전선을 구축한 민족 유일당<br>• 일제하 최대 규모의 합법적인 단체(회원 수 4만여 명) |

### 단박 체크

**다음 기출문장을 읽고, 옳으면 O, 틀리면 X를 괄호 안에 쓰세요.**

01  김좌진이 이끌던 북로 군정서군과 홍범도가 이끈 대한 독립군의 연합 부대는 청산리 일대에서 6일 간 10여 차례의 전투를 통해 일본군을 대파하였다. (      )

02  연해주의 자유시로 이동한 독립군은 적색군에 의해 무장 해제를 당하였다. (      )

03  1920년대 한국 독립군이 한·중 연합 작전으로 쌍성보에서 전투를 전개하였다. (      )

04  일제는 중국 마적단을 매수하여 훈춘의 일본 영사관을 공격하게 하는 조작 사건을 일으켰다. (      )

05  태항산 지역에서 조선 의용군이 중국 호로군과 협동 작전을 벌였다. (      )

06  조선 독립 동맹은 화북 지방에서 조선 의용군을 결성하여 일제에 저항하였다. (      )

07  대한민국 임시 정부는 한국광복군의 총사령에 이청천(지청천), 참모장에 이범석을 선임하였다. (      )

08  한국광복군은 김원봉이 이끌던 조선 의용대의 병력을 통합하였다. (      )

09  한국광복군은 미국 전략 정보처(OSS)와 협력하여 국내 진공 작전을 계획하였다. (      )

10  신간회는 문맹 퇴치와 미신 타파를 목적으로 브나로드 운동을 전개하였다. (      )

11  신간회는 민중 혁명에 의한 민중적 조선의 건설을 지향하였다. (      )

12  신간회는 광주 학생 항일 운동 진상 보고를 위한 민중 대회를 계획하였다. (      )

[정답]  **01** O  **02** O  **03** X (1930년대의 사실)  **04** O  **05** X (중국 팔로군)  **06** O  **07** O  **08** O  **09** O  **10** X (동아일보)
**11** X (의열단)  **12** O

**01** (가) 시기에 있었던 사실로 옳은 것은? [2022년 국가직 9급]

> 한국을 식민지로 삼은 일제는 헌병에게 경찰 업무를 부여한 헌병 경찰제를 시행했다. 헌병 경찰은 정식 재판 없이 한국인에게 벌금 등의 처벌을 가하거나 태형에 처할 수도 있었다. 한국인은 이처럼 강압적인 지배에 저항해 3·1 운동을 일으켰으며, 일제는 이를 계기로 지배 정책을 전환했다. 일제가 한국을 병합한 직후부터 3·1 운동이 벌어진 때까지를 ___(가)___ 시기라고 부른다.

① 토지 조사령이 공포되었다.
② 창씨개명 조치가 시행되었다.
③ 초등 교육 기관의 명칭이 국민학교로 변경되었다.
④ 전쟁 물자 동원을 내용으로 한 국가 총동원법이 적용되었다.

해설 **무단 통치 시기의 사실** (가) 시기는 무단 통치 시기(1910~1919)이다.
① 일제는 무단 통치 시기인 1912년에 토지 조사령을 공포하여 토지 조사 사업을 시작하였다.

오답
분석 ② 일제가 한국인의 성과 이름을 일본식으로 바꾸도록 강요한 창씨개명 조치가 시행(1939)된 것은 민족 말살 통치 시기이다.
③ 초등 교육 기관의 명칭이 '황국 신민의 학교'를 의미하는 국민학교로 변경(1941)된 것은 민족 말살 통치 시기이다.
④ 전쟁 물자 동원을 내용으로 한 국가 총동원법(1938)이 적용된 것은 민족 말살 통치 시기이다.

정답 ①

**02** (가)에 들어갈 법령이 제정된 이후의 사실로 가장 옳은 것은? [2021년 법원직 9급]

> ___(가)___
>
> 제4조 제국 신민을 징용하여 총동원 업무에 종사하게 할 수 있다. 단 병역법의 적용을 방해하지 않는다.
> 제7조 노동 쟁의의 예방 혹은 해결에 관하여 필요한 명령을 내리거나 작업소의 폐쇄, 작업 혹은 노무의 중지 등 노동 쟁의에 관한 행위의 제한 혹은 금지를 행할 수 있다.
> 제8조 물자의 생산·수리·배급·양도 기타의 처분, 사용·소비·소지 및 이동에 관하여 필요한 명령을 내릴 수 있다.

① 중국 본토에서 중·일 전쟁이 발발하였다.
② 백남운이 『조선사회경제사』를 저술하였다.
③ 조선 사상범 예방 구금령이 제정·공포되었다.
④ 양세봉의 조선 혁명군이 영릉가 전투에서 승리하였다.

해설 **국가 총동원법 제정(1938) 이후의 사실** (가)에 들어갈 법령은 국가 총동원법(1938)이다.
③ 국가 총동원법이 제정된 이후인 1941년에 일제는 조선 사상범 예방 구금령을 제정하여 조선인의 사상을 통제하고, 독립운동가들을 재판 없이 감옥에 구금하였다.

오답
분석 모두 국가 총동원법 제정(1938) 이전의 사실이다.
① 중·일 전쟁이 발발한 것은 1937년 7월이다. 중·일 전쟁을 일으킨 일제는 국가 총동원법을 제정하였다.
② 사회·경제 사학자인 백남운이 『조선사회경제사』를 저술한 것은 1933년이다.
④ 양세봉이 지휘하는 조선 혁명군이 영릉가 전투에서 승리한 것은 1932년이다.

정답 ③

**03** (가) 단체의 활동에 대한 설명으로 옳은 것은?

> 탑골 공원에 모인 수많은 학생과 시민이 독립 선언식을 거행하고 만세를 부르며 거리를 행진하였다. 이후 만세 시위는 전국으로 확산하였다. 이 운동을 계기로 독립운동가 사이에는 독립운동을 더욱 조직적으로 전개하자는 공감대가 형성되어 ___(가)___ 가/이 만들어졌다. ___(가)___ 는/은 구미 위원부를 설치하는 등 적극적으로 독립운동을 펼쳐 나갔다.

① 대동 단결 선언을 발표하였다.
② 국내와의 연락을 위해 교통국을 두었다.
③ 독립군을 양성하기 위해 신흥 무관 학교를 설립하였다.
④ 「조선혁명선언」을 강령으로 삼아 의열 투쟁을 전개하였다.

해설　**대한민국 임시 정부** 제시문에서 만세 운동(3·1 운동)을 계기로 독립운동을 조직적으로 전개하자는 공감대가 형성되어 만들어졌다는 내용과, 구미 위원부를 설치하였다는 내용을 통해 (가) 단체가 대한민국 임시 정부임을 알 수 있다.
　② 대한민국 임시 정부는 국내와의 연락을 위해 교통국을 설치하고 비밀 행정 조직인 연통제를 실시하였다.

오답분석　① 대동 단결 선언은 대한민국 임시 정부가 조직되기 이전인 1917년에 발표되었다. 신규식·박은식·신채호·조소앙 등은 공화주의를 표방하며 임시 정부 성립의 필요성을 제기한 대동 단결 선언문을 발표하였다.
　③ 신흥 무관 학교를 설립한 단체는 신민회이다. 신흥 무관 학교는 서간도 지역에서 이회영 등의 신민회 인사들이 설립한 독립군 양성 기관으로, 1911년에 신흥 강습소로 처음 세워졌다. 이후 신흥 무관 학교로 개편되었다(1919).
　④ 신채호가 작성한 「조선혁명선언」을 강령으로 삼아 의열 투쟁을 전개한 단체는 의열단이다.

정답 ②

**04** 다음 글은 (가)의 부탁을 받고 (나)가 지은 것이다. (가)와 (나)에 대한 설명으로 옳은 것은? [2022년 지방직 9급]

> 우리는 '외교', '준비' 등의 미련한 꿈을 버리고 민중 직접 혁명의 수단을 취함을 선언하노라. 조선 민족의 생존을 유지하자면 강도 일본을 쫓아내야 하고, 강도 일본을 쫓아내려면 오직 혁명으로써만 가능하니, 혁명이 아니고는 강도 일본을 쫓아낼 방법이 없는 바이다.

① (가)는 조선 의용대를 결성하였고, (나)는 '국혼'을 강조하였다.
② (가)는 신흥 무관 학교를 세웠고, (나)는 형평사를 창립하였다.
③ (가)는 조선 건국 동맹을 조직하였고, (나)는 식민 사학의 한국사 정체성론을 반박하였다.
④ (가)는 황포 군관 학교에서 훈련받았고, (나)는 민족주의 역사 서술의 기본 틀을 제시하였다.

해설　**김원봉과 신채호** 제시문에서 민중 직접 혁명의 수단, 강도 일본을 쫓아내야 한다는 내용 등을 통해 「조선혁명선언」임을 알 수 있다. 「조선혁명선언」은 (가) 김원봉의 부탁으로 (나) 신채호가 작성한 것이다.
　④ 김원봉과 의열단 단원들은 개별적 의열 투쟁의 한계를 느끼고 황포 군관 학교에 입교하여 군사 훈련을 받았으며, 신채호는 「독사신론」을 통해 근대 민족주의 역사 서술의 기본 틀을 제시하였다.

오답분석　① 김원봉이 조선 의용대를 결성한 것은 맞지만, '국혼'을 강조한 인물은 박은식이다.
　② 신흥 무관 학교를 세운 인물은 이동녕·이회영 등의 신민회 인사들이고, 형평사를 창립한 인물은 이학찬 등이다.
　③ 조선 건국 동맹을 조직한 인물은 여운형이고, 식민 사학의 한국사 정체성론을 반박한 인물은 백남운이다.

정답 ④

**05** (가)~(라)를 일어난 순서대로 바르게 나열한 것은?

> (가) 서일을 총재로 조직된 대한 독립 군단은 일본군을 피해 러시아 영토인 자유시로 집결하였다.
> (나) 김좌진이 이끄는 북로 군정서군이 백운평 전투와 천수평, 어랑촌 전투에서 대승을 거두었다.
> (다) 일본군이 청산리 대첩 패전에 대한 보복으로 간도 동포를 무차별로 학살하였다.
> (라) 참의부, 정의부, 신민부의 3부가 혁신 의회와 국민부로 재편되었다.

① (가) - (나) - (다) - (라)
② (나) - (다) - (가) - (라)
③ (나) - (라) - (가) - (다)
④ (라) - (다) - (나) - (가)

해설 **1920년대 무장 독립 전쟁의 전개**
② 순서대로 나열하면 (나) 청산리 대첩(1920. 10.) → (다) 간도 참변(1920. 10. ~ 1921. 4.) → (가) 자유시 이동(1921. 3. ~ 6.) → (라) 3부 통합 운동(1928~1929)이 된다.
(나) 김좌진이 이끄는 북로 군정서군은 백운평, 천수평, 어랑촌 등 청산리 일대에서 일본군을 상대로 대승을 거두었다(1920. 10.).
(다) 일본군은 봉오동 전투와 청산리 대첩 패전에 대한 보복으로 독립군을 비롯한 간도 지역의 한인들을 학살하였다(간도 참변).
(가) 일제가 독립군 소탕을 명분으로 간도 참변을 일으키고 독립군을 추격하자 이를 피해 밀산부에 집결하였다. 집결한 독립군 부대들은 서일을 총재로 대한 독립 군단을 편성(1920. 12.)하고, 러시아 영토인 자유시(스보보드니)로 이동하였다(1921). 그러나 자유시 참변으로 독립군이 큰 피해를 입었다.
(라) 자유시 참변 이후 만주 지역에서 조직된 참의부·정의부·신민부의 3부가 민족 유일당 운동의 일환으로 통합 운동을 전개하였다. 그 결과 3부는 북만주의 혁신 의회(1928)와 남만주의 국민부(1929)로 재편되었다.

정답 ②

**06** 밑줄 친 '이 단체'에 대한 설명으로 옳은 것은?

> 1920년대 국내에서는 일본과 타협해 실익을 찾자는 자치 운동이 대두하였다. 비타협적인 민족주의자들은 이를 경계하면서 사회주의 세력과 연대하고자 하였다. 사회주의 세력도 정우회 선언을 발표해 비타협적 민족주의 세력과 제휴를 주장하였다. 그 결과 비타협적 민족주의 세력과 사회주의 세력은 1927년 2월에 <u>이 단체</u>를 창립하고 이상재를 회장으로 추대하였다.

① 조선 물산 장려회를 조직해 물산 장려 운동을 펼쳤다.
② 고등 교육 기관을 설립하기 위해 민립 대학 설립 운동을 시작하였다.
③ 문맹 퇴치와 미신 타파를 목적으로 브나로드 운동을 전개하였다.
④ 광주 학생 항일 운동의 진상을 조사하고 이를 알리는 대회를 개최하고자 하였다.

해설 **신간회** 제시된 자료에서 사회주의 세력이 정우회 선언을 발표해 비타협적 민족주의 세력과의 제휴를 주장하였다는 내용을 통해 밑줄 친 '이 단체'가 신간회임을 알 수 있다.
④ 신간회는 광주 학생 항일 운동의 진상을 조사하고자 광주에 조사단을 파견하고, 항일 운동을 확산시키기 위해 대규모의 민중 대회를 계획하였으나 일제의 방해로 실패하였다.

오답 분석
① 물산 장려 운동은 신간회와 관련이 없다. 1920년대에 한·일 간 관세 철폐 움직임이 일어나자 조만식 등의 민족 자본가들이 평양에서 조선 물산 장려회를 조직하고 물산 장려 운동을 펼쳤다.
② 고등 교육 기관을 설립하기 위해 민립 대학 설립 운동을 시작한 것은 조선 민립 대학 기성회이다. 조선 민립 대학 기성회는 한국인 본위의 고등 교육 기관을 설립하고자 모금을 실시하는 등 민립 대학 설립 운동을 전개하였다.
③ 문맹 퇴치와 미신 타파를 목적으로 브나로드 운동(1931~1934)을 전개한 것은 동아일보이다.

정답 ④

# 적중문제

## 01

다음 법령이 시행되던 시기의 일제의 식민 통치에 대한 설명으로 옳은 것은?

> • 회사의 설립은 조선 총독의 허가를 받아야 한다.
> • 조선 외에서 설립한 회사가 조선에 본점이나 지점을 설립하고자 할 때는 조선 총독의 허가를 받아야 한다.
> • 회사가 본령이나 혹 본령에 의거하여 발하는 명령과 허가 조건에 위반하거나 또는 공공질서와 선량한 풍속에 반하는 행위를 할 때 조선 총독은 사업의 정지, 지점의 폐쇄, 또는 회사의 해산을 명한다.

① 황국 신민 서사의 암송을 강요하였다.
② 대화숙을 설치하여 사상범에게 전향을 강요하였다.
③ 경찰범 처벌 규칙을 제정하여 한국인의 일상생활을 규제하였다.
④ 일본 수출입 상품에 대한 관세가 철폐되었다.

## 02

다음은 1920년대 일제의 통치 정책을 나타낸 표이다. (가) ~ (라)에 들어갈 내용으로 가장 옳지 않은 것은?

| 구분 | 통치 정책 | 실상 |
|------|-----------|------|
| 총독 | 현역 육해군 대장을 임명하던 것에서 문관도 임명될 수 있도록 개정 | (가) |
| 경찰 제도 | 헌병 경찰에서 보통 경찰로 전환 | (나) |
| 지방 행정책 | 도·부·면에 평의회와 협의회 설치 | (다) |
| 언론 정책 | 동아일보, 조선일보 등 민족 신문 간행 허용 | (라) |

① (가) – 문관 총독은 해방까지 단 한 명도 임명되지 않았다.
② (나) – 경찰의 수를 늘리고 고등 경찰을 동원하였다.
③ (다) – 조선인의 지방 행정 참여를 엄격하게 금지하였다.
④ (라) – 기사의 검열, 삭제, 정간 등이 자행되었다.

## 03

다음 법이 공포된 이후의 사실로 옳은 것은?

> 제1조 본 법에서 국가 총동원이란 전시에 국방 목적 달성을 위해 국가의 전력을 가장 유효하게 발휘하도록 인적·물적 자원을 통제 운용하는 것을 가리킨다.
> 제4조 정부는 전시에 국가 총동원상 필요한 경우에는 칙령이 정하는 바에 따라 제국 신민을 징용하여 총동원 업무에 종사시킬 수 있다.

① 초등 교육 기관의 명칭이 국민학교로 바뀌었다.
② 만주 사변을 계기로 한·중 연합 전선이 형성되었다.
③ 임시 정부의 정부 형태가 국무령 중심의 내각 책임제로 개편되었다.
④ 일본이 전쟁 수행 비용 확보를 위해 토지 조사 사업을 실시하였다.

## 04 고난도 문제

밑줄 친 '(가) 정책'이 시행되던 시기의 일제의 정책으로 옳은 것은?

> 제1차 세계 대전기 일본의 급속한 공업화로 인하여 쌀값이 폭등하고 식량 사정이 악화되었다. 그로 인해 일본 각지에서 쌀 폭동이 일어났고, 그 대책으로 일제는 자국의 부족한 쌀을 한국에서 충당하기 위하여 (가) 정책을 추진하였다.

① 신은행령을 제정하여 민족 은행을 일본 은행에 강제 합병하였다.
② 신문지법을 제정하여 신문의 발행을 규제하였다.
③ 한반도의 광업 자원을 수탈하기 위해 조선 광업령을 제정하였다.
④ 호남선 철도를 개통하여 농산물 반출을 확대하였다.

## 05

다음과 관련된 단체에 대한 설명으로 가장 옳은 것은?

> 1. 부호의 의연 및 일본인이 불법 징수하는 세금을 압수하여 무장을 준비한다.
> 2. 남북 만주에 사관 학교를 설치하여 독립 전사를 양성한다.
> 4. 중국과 러시아에 의뢰하여 무기를 구입한다.
> 6. 일인 고관 및 한인 반역자를 수시 수처에서 처단하는 행형부를 둔다.

① 만주 지역에서 조직된 비밀 결사였다.
② 임병찬을 중심으로 군대식 조직을 갖추고 있었다.
③ 국권 회복과 민주 공화국 수립을 목표로 활동하였다.
④ 이상설과 이동휘를 정·부통령으로 한 지휘부를 구성하였다.

## 06

밑줄 친 '이곳'에서 일어난 사실로 옳은 것은?

> 김규식, 여운형 등은 이곳에서 신한청년당을 조직하였다. 신한청년당은 파리 강화 회의에 독립 청원서를 제출하기 위해 김규식을 파견하였으며, 기관지인 신한청년보를 발간하였다.

① 권업신문이 창간되었다.
② 신규식, 박은식 등의 주도로 동제사가 조직되었다.
③ 독립군 양성을 위한 대조선 국민 군단이 조직되었다.
④ 중광단 인사들의 주도로 대한 독립 선언서가 발표되었다.

## 07

(가) 지역에 있었던 독립운동에 대한 설명으로 옳은 것은?

| (가) 지역 독립운동 조사 보고서 - 목차 - | |
| --- | --- |
| 신한촌 건설 | 권업회 조직 |
| | |
| 신한촌 기념탑 | 권업회 총재 최재형의 집 |
| - 의병 계열과 운동 계열이 합작<br>- 중앙아시아 강제 이주 정책으로 해체 | - 권업신문 발행<br>- 한민학교·대전 학교 설립 |

① 비행사 양성을 위한 한인 비행 학교를 설립하였다.
② 민족 교육을 실시하기 위해 서전서숙을 설립하였다.
③ 독립 전쟁 수행을 위해 대한 광복군 정부를 조직하였다.
④ 유학생들이 조선 청년 독립단을 조직하여 독립 선언서를 발표하였다.

## 08

다음 선언이 발표된 이후 전개된 역사적 사실로 옳지 않은 것은?

> 우리는 오늘 조선이 독립국이라는 것과, 조선인이 자주민이라는 것을 선언한다. 이를 세계만방에 알려 인류의 평등이라는 대의(大義)를 명백케 하는 동시에, 자손만대에 알려 민족자존의 권리를 영원토록 누리게 하겠다.
>
> 조선 건국 4252년
> 조선 민족 대표

① 삼원보에 신흥 강습소가 설립되었다.
② 만주에서 김원봉이 의열단을 조직하였다.
③ 상하이에서 대한민국 임시 정부가 수립되었다.
④ 일제의 통치 방식이 이른바 '문화 통치'로 전환되었다.

## 09

(가)에 대한 설명으로 옳지 않은 것은?

> 국내외의 독립운동과 3·1 운동이 계기가 되어 국내의 한성 정부, 상해의 임시 정부, 블라디보스토크의 대한 국민 의회 등 국내외에 여러 임시 정부가 수립되었다. 임시 정부가 여러 곳에서 만들어지자 통합된 민족 운동의 추진이 어려웠기 때문에 각 정부의 지도자들은 통합을 모색하여 한성 정부의 법통을 계승하고, 대한 국민 의회의 조직을 일부 흡수하여 상하이에 ⎡ (가) ⎤을/를 수립하였다.

① 초대 국무총리로 김구가 임명되었다.
② 삼권 분립에 입각하여 입법부인 임시 의정원을 두었다.
③ 미국, 프랑스 등에 위원부를 두어 외교 활동을 전개하였다.
④ 독립신문을 간행하여 독립운동에 관한 사실을 보도하였다.

## 10

다음은 국민 대표 회의를 둘러싼 여러 정치 세력의 주장이다. (가)~(다)에 대한 설명으로 옳은 것은?

| 구분 | 주장 |
|---|---|
| (가) | 임시 정부 해체, 새로운 정부 수립 주장 |
| (나) | 임시 정부 개편 |
| (다) | 임시 정부 유지 |

① (가)에 해당하는 대표적인 인물은 안창호이다.
② (가)는 이승만의 독립 청원서 제출을 지지하였다.
③ (나)는 즉각적인 무장 투쟁을 통한 독립의 쟁취를 강조하였다.
④ (다)는 국민 대표 회의에 불참하였다.

## 11

(가)~(라)에 들어갈 사실로 옳지 않은 것은?

| (가) | (나) | (다) | (라) |
|---|---|---|---|
| 임시 정부 수립 | 국민 대표 회의 개최 | 한인 애국단 결성 | 충칭 정착 광복 |

① (가) – 교통국을 두어 정보를 수집하고 연통제를 실시하여 군자금을 조달하였다.
② (나) – 제2대 대통령으로 박은식이 추대되었다.
③ (다) – 국무령제에서 국무 위원 중심 집단 지도 체제로 개헌하였다.
④ (라) – 조선 의용대원의 일부가 한국광복군에 편입되었다.

## 12

(가) 단체의 활동으로 옳은 것은?

> 조선일보사 귀중
> 본인은 우리 2천만 민족에 생존권을 찾아 자유와 행복을 천추만대에 누리기 위하여 ⎡ (가) ⎤의 일원으로서 왜적의 관·사설 기관을 파괴하려고 합니다. …… 최후 힘을 진력하여 휴대 물품을 동척 회사, 식산은행에 선사하고 힘이 남으면 시가화전(市街火戰)을 하고는 자살하기로 결심하였습니다.

① 대동 단결 선언을 발표하였다.
② 민족 혁명당의 창당에 참여하였다.
③ 상하이 육삼정에서 일본 공사 암살 시도를 하였다.
④ 신흥 강습소를 설립하여 독립군을 양성하였다.

## 13

다음 사건과 관련된 단체에 대한 설명으로 옳은 것은?

> 오늘 아침 신년 관병식을 마치고 궁성으로 돌아가던 일왕의 행렬이 궁성 부근 사쿠라다몬 앞에 이르렀을 때 군중 가운데서 돌연 한인 한 명이 뛰쳐나와 행렬을 향해 수류탄을 투척하였다. 수류탄이 커다란 굉음을 내며 일왕을 수행한 부관의 마차에 명중하자 일대는 갑작스레 큰 혼란에 빠졌다. 다행히 인명 피해는 없었고 말 한 필만이 약간의 상처를 입었을 뿐이다. 현장에서 체포된 범인은 조사 결과 32세의 한인으로 밝혀졌다.

① 「조선혁명선언」을 행동 강령으로 삼았다.
② 김구가 상하이에서 조직하였다.
③ 단원인 오성륜, 김익상 등이 황포탄에서 일본 육군 대장을 저격하였다.
④ 단원들을 황포 군관 학교에 보내 군사 훈련을 받도록 하였다.

## 14

다음 자료와 관련된 단체에 대한 설명으로 옳은 것을 〈보기〉에서 모두 고른 것은?

> 우리는 정치·경제적 각성을 촉진함.
> 우리는 단결을 공고히 함.
> 우리는 기회주의를 일체 부인함.

───── 보기 ─────

> ㉠ 고종 강제 퇴위 반대 운동을 주도하였다.
> ㉡ 여성에 대한 사회적 차별을 없애고자 하였다.
> ㉢ 일제 강점기에 활동한 합법적인 대중 단체였다.
> ㉣ 중국 국민당 정부의 지원 하에 조선 혁명 간부 학교를 설립하였다.

① ㉠, ㉡
② ㉠, ㉢
③ ㉡, ㉢
④ ㉢, ㉣

## 15

(가), (나) 법령이 제정된 사이 시기에 있었던 사실로 옳은 것은?

> (가) 제1조 국체를 변혁 또는 사유 재산제를 부인할 목적으로 결사를 조직하거나 그 사정을 알고 이에 가입하는 자는 10년 이하의 징역 또는 금고에 처함
> 제3조 제1조 제1항의 목적으로 그 목적이 되는 사항의 실행을 선동한 자는 7년 이하의 징역 또는 금고에 처한다.
> (나) 제16조 불가항력으로 수확량이 현저히 감소했을 때에 임차인은 임대인에게 소작료의 경감 또는 면제를 요청할 수 있다.
> 제19조 임대인은 임차인이 배신행위를 하지 않는 한 임대차의 갱신을 거절할 수 없다.

① 학도 지원병제와 징병제가 시행되었다.
② 상하이에서 국민 대표 회의가 개최되었다.
③ 지청천을 총사령관으로 하는 한국 독립군이 조직되었다.
④ 한국 국민당·한국 독립당·조선 혁명당의 합당으로 한국 독립당이 결성되었다.

## 16

다음 협약이 체결되기 이전의 사실로 옳은 것은?

> 제2조 무기를 휴대한 한인의 조선 내 월경을 금지하고 위반자는 검거하여 총독부 관헌에게 인도한다.
> 제3조 항일 한인 단체를 해산하고 갖고 있는 무기를 몰수한다.
> 제5조 일제가 지명하는 항일 단체 지도자를 체포하여 일제 측 관헌에게 인도한다.

① 남만주 지역에 임시 정부 직할대인 참의부가 조직되었다.
② 만보산 사건을 계기로 중국인의 반한 감정이 확산되었다.
③ 조선 학생 과학 연구회 등의 주도로 만세 운동이 일어났다.
④ 임시 정부의 체제가 국무 위원에서 주석제로 전환되었다.

**17**

(가)와 (나) 사이의 시기에 일어난 항일 운동으로 옳은 것은?

> (가) 일제는 만세 운동이 일어났던 경기도 화성군 제암리에 도착하여 마을 사람 30여 명을 교회에 모이게 하였다. …… 일본 군경은 출입문과 창문을 모두 잠그고 집중 사격을 가하였고, 증거 인멸을 위해 교회당에 불을 질렀다.
>
> (나) 10월 31일, 우리들은 용정촌 장암동 한 마을에 사실을 알아보러 갔다. 10월 29일 새벽에 무장한 일본군 보병 한 부대는 이 기독교 마을을 포위하고 산적한 밀짚 위에 불을 지르며, …… 집안에서 울면서 이 비참한 광경을 보는 죽은 자의 어머니와 처자의 집을 또 불질러 전 마을이 불타고 말았다.

① 참의부, 정의부, 신민부의 3부가 수립되었다.
② 민족 유일당 운동의 일환으로 혁신 의회와 국민부가 결성되었다.
③ 한국 독립군이 북만주 일대의 쌍성보·대전자령 등에서 대승을 거두었다.
④ 홍범도의 대한 독립군을 중심으로 한 연합 부대가 봉오동 전투에서 승리하였다.

**18**

밑줄 친 ㉠에 들어갈 부대에 대한 설명으로 옳은 것은?

> ㉠의 총사령관 양세봉은 3개 중대 병력을 거느리고 중국인 부대와 연합하였다. ㉠의 기세에 일본군이 퇴각하자 ㉠은/는 계속 일본군을 추격하여 영릉가성을 점령하였다.

① 조선 혁명당의 산하 부대로 조직되었다.
② 중국 관내에서 조직된 최초의 한인 부대이다.
③ 동북 인민 혁명군을 확대·개편하여 조직하였다.
④ 동경성 전투와 사도하자 전투 등에서 대승을 거두었다.

**19**

다음 자료와 관련된 독립군 부대에 대한 설명으로 옳은 것은?

> • 우리의 분산된 무장 역량을 총집중하여 조국 광복 전쟁을 전면적으로 전개시킬 것
> • 중국 항전에 참가하여 중국 항일군과 연합하여 왜적을 박멸할 것
> • 정치, 경제, 교육을 평등으로 한 신민주 국가 건설에 무력 기간(基幹)이 될 것
> • 인류의 화평과 정의를 지지하는 세계 제민족과 함께 인류 발전의 장애물을 소탕할 것

① 양세봉을 총사령, 이범석을 참모장으로 하였다.
② 보천보를 습격하여 일제 통치 기구를 파괴하였다.
③ 김원봉이 이끄는 조선 의용대의 병력을 흡수하였다.
④ 중국 팔로군과 태항산 지구 등에서 연합 작전을 전개하였다.

**20**

다음 사건을 일어난 순서대로 바르게 나열한 것은?

> ㉠ 일제가 중·일 전쟁을 일으켰다.
> ㉡ 한국 독립군이 동경성 전투에서 승리하였다.
> ㉢ 김원봉, 조소앙 등이 연합하여 민족 혁명당이 결성되었다.
> ㉣ 중국 국민당의 지원 아래 조선 의용대가 결성되었다.
> ㉤ 지청천이 한국광복군의 총사령관으로 취임하였다.

① ㉠ → ㉡ → ㉢ → ㉣ → ㉤
② ㉡ → ㉠ → ㉢ → ㉤ → ㉣
③ ㉡ → ㉢ → ㉣ → ㉠ → ㉤
④ ㉢ → ㉡ → ㉠ → ㉤ → ㉣

정답·해설 p.77

○ **적중개념 출제 순위**

### 적중개념 | 1 일제의 식민지 경제 수탈 [최다출제]

**(1) 1910년대 경제 수탈(토지 및 각종 자원 수탈)**

| | |
|---|---|
| **토지 조사 사업 (1912 ~ 1918)** | • 목적: 공정한 지세 확보 및 근대적 토지 소유권 확립이라는 명분으로 토지 약탈 자행<br>• 방법: 임시 토지 조사국을 설치(1910)하고 토지 조사령 공포(1912)<br>• 내용: 기한부 신고주의의 원칙으로 운영, 신고 기간이 짧고 절차가 복잡하여 미신고 토지가 많음<br>• 결과<br>  – 토지 약탈(미신고 토지 외 왕실·문중의 토지, 공공기관에 속한 토지 등 약탈) → 약탈한 토지는 일본 이주민에게 싼값으로 불하<br>  – 총독부의 지세 수입 증가, 지주 권한 강화, 농민의 관습적 경작권·입회권·도지권 부정, 농민들은 화전민이 되거나 만주·연해주 등지로 이주 |
| **회사령(1910)** | 회사를 설립할 때 총독의 허가를 받아야 함, 총독이 회사의 해산을 명할 수 있음 |
| **기타** | 삼림령(1911)·어업령(1911)·광업령(1915), 수리 조합령(1917), 임야 조사령(1918) → 자원 수탈 |

**(2) 1920년대 경제 수탈(농민·노동자 수탈 심화)**

| | |
|---|---|
| **산미 증식 계획** | • 목적: 조선의 미곡 생산량을 늘려 일본의 부족한 식량을 조선으로부터 충당하려는 목적<br>• 내용: 관개 시설 개선, 토지 개량, 품종·농법·시비 개량 등을 통한 쌀 생산량 증대<br>• 결과: 증산량이 목표량에 미달되었음에도 계획대로 수탈 진행 → 국내 식량 부족으로 만주에서 잡곡을 수입, 과도한 수리 조합비와 비료 대금을 소작농에게 전가하여 농민층 몰락, 쌀 중심의 단작형 농업 구조가 형성됨, 식민지 지주제 강화 |
| **회사령 철폐(1920)** | • 회사 설립이 허가제에서 신고제로 변경<br>• 결과: 일본 기업의 조선 진출 확대, 노동자 수 증가 |
| **관세 철폐(1923)** | 일본 상품에 대한 관세를 철폐하여 국내 기업이 타격을 입음 |
| **신은행령 공포(1928)** | 조선인이 소유한 중소 규모의 은행을 모두 일본 은행에 합병시킴 |

(3) 1930년대~40년대 경제 수탈(병참 기지화 정책)

| | |
|---|---|
| 농촌 진흥 운동 | • 배경: 소작 쟁의 심화, 사회주의 세력이 농촌으로 확산되면서 일제의 위기 의식 고조<br>• 내용: 조선 소작 조정령(1932), 조선 농지령(1934) 등을 제정하여 농민의 불만을 무마, 자력 갱생을 강조하며 농민의 정신 계몽에 주력 |
| 남면북양 정책 | • 배경: 산미 증식 계획의 중단(1934) 이후 공업 원료를 수탈할 목적으로 시행<br>• 내용: 남부 지방은 면화를 재배하도록, 북부 지방은 양을 기르도록 강요 |
| 병참 기지화 정책 | • 배경: 중·일 전쟁(1937) 이후 일본의 대외 침략이 본격화<br>• 내용: 국가 총동원법 제정(1938. 4.) 이후 물적·인적 자원 수탈 강화<br>　－ 인적 수탈: 지원병제(1938. 2.), 근로 보국대 조직(1938), 국민 징용령(1939), 국민 근로 보국령(1941), 학도 지원병제(1943), 징병제(1944), 여자 정신대 근무령(1944) 공포<br>　－ 물적 수탈: 산미 증식 계획 재개(1940), 물자 통제령(1941, 배급제 확대), 식량 관리령(1943, 쌀·잡곡 강제 공출), 가축 증식 계획(군수품 조달 목적), 쇠붙이·금붙이 공출제 시행(무기 재료 확보) |

## 적중개념 | 2 물산 장려 운동과 민립 대학 설립 운동

| | |
|---|---|
| 물산 장려 운동 | • 배경: 일본 상품에 대한 관세 철폐 움직임<br>• 전개: 평양 물산 장려회 발족(1920, 평양, 조만식 등) → 조선 물산 장려회 조직(1923, 서울)<br>• 활동: 국산품 애용("내 살림 내 것으로", "조선 사람 조선 것으로"), 근검절약, 금주·단연 운동 전개<br>• 한계: 물가 상승, 사회주의 계열의 비판 |
| 민립 대학 설립 운동 | • 배경: 3·1 운동 이후 한국인 본위의 고등 교육 기관 설립의 필요성 대두, 일제가 제2차 조선 교육령(1922)을 통해 대학 설립에 대한 규정 신설<br>• 전개: 이상재 등의 주도로 민립 대학 기성회 설립(1923) → '한민족 1천만이 한 사람이 1원씩'이라는 구호 아래 민립 대학 설립을 위한 전국적인 모금 운동 전개<br>• 결과: 거듭된 가뭄과 수해로 모금 운동 부진, 일제는 경성 제국 대학을 설립(1924)하여 여론을 무마함 |

---

### 단박 체크

**다음 기출문장을 읽고, 옳으면 O, 틀리면 X를 괄호 안에 쓰세요.**

01  토지 조사 사업에 따라 농민의 관습적 경작권이 인정되었다. (　　　)

02  산미 증식 계획으로 한국인의 1인당 연간 쌀 소비량이 이전보다 줄어들었다. (　　　)

03  1930년대에 일제는 물자 통제령을 공포하여 배급제를 확대하였다. (　　　)

04  물산 장려 운동에 대하여 사회주의 계열은 자본가와 일부 상인의 이윤 추구를 비판하였다.(　　　)

05  일제는 민립 대학 설립 운동의 열기를 무마하기 위해 경성 제국 대학을 설립하였다. (　　　)

[정답]　**01** X (인정되지 않음)　**02** O　**03** X (1941년에 물자 통제령 공포)　**04** O　**05** O

**(1) 1920년대 국내 민족 운동**

| 구분 | 6·10 만세 운동(1926) | 광주 학생 항일 운동(1929) |
|---|---|---|
| 배경 | 사회주의의 영향을 받은 학생 운동 활발, 순종의 서거 | 식민지 차별 교육에 대한 학생의 불만, 동맹 휴학 빈발 |
| 전개 | • 사회주의 계열과 천도교 중심의 민족주의 계열이 만세 운동을 계획 → 사전에 발각됨<br>• 조선 학생 과학 연구회를 중심으로 한 학생들이 순종의 인산일(6. 10.)을 계기로 종로에서 대규모 시위 운동을 전개 → 일제의 탄압 | • 광주의 통학 열차 안에서 한·일 학생 간의 충돌이 발생 → 일본 경찰의 편파적인 사법 처리 → 학생들을 중심으로 광주에서 가두 시위 시작 → 독서회의 지도 아래 광주·전라도 지역으로 확산 → 전국적 항일 투쟁으로 확산<br>• 신간회의 지원: 광주에 진상 조사단을 파견하여 후원, 대규모 민중 대회 개최를 계획 → 일제에 발각 |
| 의의 | • 독서회(비밀 결사) 조직의 계기가 됨, 학생 운동 성장 → 광주 학생 항일 운동에 영향<br>• 민족주의·사회주의 계열 연대의 계기 → 신간회 창립 | 3·1 운동 이후 최대 규모의 민족 운동 |

**(2) 사회적 민족 운동**

| | |
|---|---|
| 청년 운동 | 조선 청년 연합회(1920, 물산 장려 운동 참여), 서울 청년회(1921, 사회주의 단체), 조선 청년 총동맹(1924) |
| 소년 운동 | 천도교 소년회(1921, 방정환) 조직 → 어린이날 제정(1923. 5. 1.), 잡지 『어린이』 발간(1923), 색동회(1923) 조직 |
| 형평 운동 | • 배경: 신분제는 법적으로 철폐되었으나 백정에 대한 사회적 차별이 여전히 존재<br>• 단체: 조선 형평사(1923, 진주에서 이학찬이 조직, 전국 회원 수 40만, 전국에 지부 설치)<br>• 신분 해방 운동 전개 → 일제의 탄압으로 인해 대동사로 개칭(1935)되면서 친일 단체로 변질됨 |
| 여성 운동 | 근우회(1927): 여성계 민족 유일당 단체, 기관지 『근우』 발간, 여성 계몽 운동과 신생활 운동 전개, 신간회의 자매 단체였으며 신간회가 해소된 이후 약화·해체(1931) |

**(3) 농민 운동과 노동 운동**

| 구분 | 농민 운동 | 노동 운동 |
|---|---|---|
| 1920년대 | • 소작료 인하 등을 위한 경제적 권익 투쟁 형태<br>• 암태도 소작 쟁의(1923), 조선 농민 총동맹 조직(1927) | • 임금 인상, 노동 조건 개선 요구<br>• 조선 노동 총동맹 조직(1927), 원산 노동자 총파업(1929) |
| 1930년대 | 정치 투쟁의 성격 강화, 일본 제국주의 타도 주장 | 일본 제국주의 타도, 노동자·농민의 정부 수립 주장 |

---

**단박 체크**

**다음 기출문장을 읽고, 옳으면 O, 틀리면 X를 괄호 안에 쓰세요.**

01  6·10 만세 운동은 일제 강점기 최대 규모의 항일 학생 운동이었다. (      )

02  광주 학생 항일 운동 때 신간회에서 진상 조사단을 파견하였다. (      )

03  형평 운동으로 신분제가 법적으로 폐지되었다. (      )

04  1920년대에 조선 농민 총동맹이 결성되어 보다 조직적으로 농민 운동을 이끌었다. (      )

[정답]  **01** X (광주 학생 항일 운동)  **02** O  **03** X (제1차 갑오개혁 때 신분제 폐지)  **04** O

**01** 다음 법령에 따라 시행된 사업에 대한 설명으로 옳은 것은? [2021년 국가직 9급]

> 제1조 토지의 조사 및 측량은 본령에 따른다.
> 제4조 토지 소유자는 조선 총독이 정한 기간 내에 주소, 성명 또는 명칭 및 소유지의 소재, 지목, 자 번호, 사표, 등급, 지적, 결수를 임시 토지 조사 국장에게 신고해야 한다. 단 국유지는 보관 관청이 임시 토지 조사 국장에게 통지해야 한다.

① 농상공부를 주무 기관으로 하였다.　　② 역둔토, 궁장토를 총독부 소유로 만들었다.
③ 토지 약탈을 위해 동양 척식 회사를 설립하였다.　　④ 춘궁 퇴치, 농가 부채 근절을 목표로 내세웠다.

해설　**토지 조사 사업** 제시문에서 총독이 정한 기한 내에 주소, 성명, 소유지 소재 등을 임시 토지 조사 국장에게 신고해야 한다는 내용을 통해 토지령(1912)임을 알 수 있으며, 이에 따라 진행된 사업은 토지 조사 사업(1912~1918)이다.
　　② 토지 조사 사업의 결과 조선 총독부는 관청 소유의 역둔토와 왕실 소유의 궁장토를 총독부 소유의 토지로 만들었다. 또한 기한 내 신고하지 못한 토지, 소유주가 불분명하여 신고하지 못한 문중 소유의 토지 등도 조선 총독부 소유로 귀속시켰다.

오답
분석　① 농상공부는 제2차 갑오개혁(1894~1895) 때 기존의 8아문이 7부로 개편되는 과정에서 농상아문과 공무아문이 통폐합되어 만들어진 관청으로 토지 조사 사업과는 관련이 없다. 한편 토지 조사 사업은 임시 토지 조사국에서 주관하였다.
　　③ 동양 척식 회사는 토지 조사 사업 실시 이전인 1908년에 일본이 대한 제국의 토지와 자원을 수탈할 목적으로 설립한 회사이다.
　　④ 춘궁 퇴치, 농가 부채 근절을 목표로 내세운 것은 1930년대 일본이 추진한 농촌 진흥 운동이다. 일본은 대공황의 여파와 사회주의 확산으로 인해 소작 쟁의가 극심해지자, 농민들을 회유하기 위해 농촌 진흥 운동을 시행하였다.

정답 ②

**02** 다음 신문 기사와 관련된 사건에 대한 설명으로 옳은 것은? [2022년 지방직 9급]

① 가뭄과 홍수로 인해 중단되었다.
② 조선 총독부의 회사령에 맞서기 위해 전개되었다.
③ 일부 사회주의자는 자본가 계급을 위한 운동이라고 비판하였다.
④ 조선에 사는 일본인이 일본 자본에 대항하기 위해 일으켰다.

해설　**물산 장려 운동** 제시된 자료에서 '조선 물산을 팔고 사자, 먹고 입고 쓰자'라는 것을 통해 일제 강점기에 전개된 물산 장려 운동임을 알 수 있다. 물산 장려 운동에서는 민족 산업의 보호와 육성을 위해 국산품 애용을 주장하였다.
　　③ 물산 장려 운동은 일부 사회주의자들에게 자본가 계급만을 위한 운동이라고 비판받았다.

오답
분석　① 가뭄과 홍수로 인해 중단된 운동은 민립 대학 설립 운동이다. 민립 대학 설립 운동은 일제의 방해와 가뭄, 홍수 등으로 모금 운동을 하기 어려워져 실패하였다.
　　② 물산 장려 운동은 일제가 회사령을 철폐한 이후에 한·일간 관세 철폐 움직임이 일어나자, 이에 맞서기 위해 전개되었다.
　　④ 물산 장려 운동은 조선에 사는 일본인이 아닌, 우리 민족이 일본 자본에 대항하여 민족 산업을 지키기 위해 전개한 경제적 자립 운동이다.

정답 ③

**03** 다음 격문과 관련이 깊은 역사적 사건에 대한 설명으로 가장 옳은 것은? [2021년 법원직 9급]

> 검거자를 즉시 우리의 힘으로 구출하자. / 교내에 경찰관 침입을 절대 반대하자.
> 조선인 본위의 교육 제도를 확립하자. / 민족 문화와 사회 과학 연구의 자유를 획득하자.
> 전국 학생 대표자 회의를 개최하라.

① 원산에서 일제 강점기 최대 규모의 노동 쟁의를 일으켰다.
② 전국으로 확대되어 이듬해까지 동맹 휴학 투쟁이 계속되었다.
③ 민족 산업의 보호와 육성을 위해 국산품 애용 등을 주장하였다.
④ 순종의 국장일에 학생들이 만세 시위를 벌이고 시민들이 가세하였다.

해설 **광주 학생 항일 운동** 제시문에서 검거자를 즉시 우리의 힘으로 구출하자는 내용과 조선인 본위의 교육 제도를 확립하자는 것을 통해 광주 학생 항일 운동(1929) 때의 격문임을 알 수 있다.
② 광주 학생 항일 운동은 전국적으로 확대되어 이듬해까지 동맹 휴학 투쟁이 계속되었고, 여기에 일반 국민과 만주 지역의 민족 학교 학생들, 일본 유학생들까지 가세하여 3·1 운동 이후 최대의 민족 항쟁으로 확대되었다.

오답 ① 원산에서 일어난 일제 강점기 최대 규모의 노동 쟁의는 원산 노동자 총파업(1929)이다.
분석 ③ 민족 산업의 보호와 육성을 위해 국산품 애용을 주장한 운동은 물산 장려 운동이다. 1920년대 초에 한·일간 관세 철폐 움직임이 일어나자, 조만식 등의 민족 자본가를 중심으로 평양에서 물산 장려 운동이 시작되었다.
④ 순종의 국장일에 학생들이 만세 시위를 벌이고 시민들이 가세한 것은 6·10 만세 운동(1926)이다.

정답 ②

**04** 자료에 나타난 운동에 대한 설명으로 가장 옳은 것은? [2022년 법원직 9급]

> 진주성 내 동포들이 궐기하여 형평사라는 단체를 조직하여 계급 타파 운동을 개시할 것이라고 한다.
> …… 어떤 자는 고기를 먹으면서 존귀한 대우를 받고, 어떤 자는 고기를 제공하면서 비천한 대우를 받는다. 이는 공정한 천리(天理)에 따를 수 없는 일이다.

① 백정에 대한 차별 철폐를 요구하였다.
② 공·사 노비 제도가 폐지되는 결과를 가져왔다.
③ 향·부곡·소를 일반 군현으로 승격할 것을 주장하였다.
④ 평안도 지역에 대한 차별과 지배층의 수탈에 항거하였다.

해설 **형평 운동** 제시문에서 진주성에서 형평사라는 단체를 조직하여 계급 타파 운동을 개시한다는 내용을 통해 형평 운동에 대한 설명임을 알 수 있다.
① 형평 운동(1923)은 백정의 사회적 차별 철폐를 요구하는 신분 해방 운동으로 전개되었으며, 이후 사회주의 계열과 연계하여 파업과 소작 쟁의에 참여하는 등 민족 해방 운동으로까지 발전하였다.

오답 모두 형평 운동과는 관련이 없다.
분석 ② 공·사 노비 제도가 폐지되는 결과를 가져온 것은 제1차 갑오개혁(1894)이다. 갑오개혁 때 법적인 신분 제도가 폐지되었으나, 여전히 남아 있는 백정에 대한 사회적 차별로 인해 일제 강점기에 형평 운동이 일어나게 되었다.
③ 향·부곡·소는 고려 시대의 특수 행정 구역으로, 일반 군현에 비해 차별을 받았다. 이 때문에 고려 시대에는 망이·망소이의 난 등과 같은 신분 해방 운동이 전개되기도 하였다.
④ 평안도 지역에 대한 차별과 지배층의 수탈에 항거하여 일어난 것은 조선 후기에 발생한 홍경래의 난이다.

정답 ①

## 01

다음 자료와 관련된 정책의 결과로 옳지 않은 것은?

> 제4조  토지 소유자는 조선 총독이 정하는 기간 내에 주소, 씨명, 명칭 및 소유지의 소재, 지목, 자번호(字番號), 사표(四標), 등급, 지적, 결 수를 임시 토지 조사 국장에게 신고해야 한다.
>
> 제5조  토지의 소유자 또는 임차인, 기타 관리인은 조선 총독이 정하는 기간 내에 토지의 사방 경계에 표를 세우고, 지목 및 자번호와 더불어 민유지에서는 소유자의 씨명 또는 명칭, 국유지일 경우에는 담당 관청의 이름을 기재해야 한다.

① 일본인의 토지 소유가 확대되었다.
② 총독부의 지세 수입이 증가하였다.
③ 한국인 지주의 권한이 강화되었다.
④ 동양 척식 주식회사가 설립되었다.

## 02  고난도 문제

(가)~(라)를 제정된 순서대로 바르게 나열한 것은?

> (가) 신은행령         (나) 국민 징용령
> (다) 조선 광업령       (라) 여자 정신대 근무령

① (가) → (나) → (다) → (라)
② (가) → (다) → (라) → (나)
③ (다) → (가) → (나) → (라)
④ (다) → (가) → (라) → (나)

## 03

다음은 시기별 미곡 생산량과 일제의 수탈량을 나타낸 그래프이다. 이를 통해 추론할 수 있는 당시의 모습으로 옳은 것은?

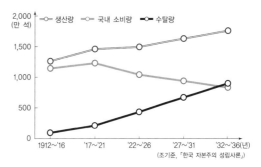

(조기준, 「한국 자본주의 성립사론」)

① 만주에서 수입하는 잡곡의 양이 증가하였다.
② 해외에서 밀을 원조받으며 국내 쌀 소비량이 감소하였다.
③ 일제의 필요에 의한 다양한 상품 작물이 재배되었다.
④ 생산량과 수탈량이 함께 증가하여 농민 고통이 크게 가중되지는 않았다.

## 04

일제의 경제 수탈에 대한 설명으로 옳지 않은 것은?

① 1910년대 – 일본은 광산·어장·산림 등 자원에 대해서도 수탈을 강화하였다.
② 1920년대 – 관세를 철폐하여 수출입의 대일 의존도를 심화시켰다.
③ 1930년대 – 국가 총동원법을 제정하여 대륙 침략을 위한 각종 자원의 수탈을 강화하였다.
④ 1940년대 – 공업 원료 증산을 위한 남면북양 정책이 시작하였다.

## 05

다음 자료와 관련된 운동에 대한 설명으로 옳은 것은?

① 일제가 회사령을 폐지하는 계기가 되었다.
② 평양에서 조만식 등의 주도로 시작되었다.
③ 일제가 경성 제국 대학을 설립하여 무마하려 하였다.
④ 민족주의자들과 사회주의자들이 연대하는 계기가 되었다.

## 06

(가)에 들어갈 기사의 제목으로 옳은 것은?

□□ 신문

제 ○○호 　　　　　　○○○○년 ○○월 ○○일

| (가) |
|---|

지난 3일 광주역 부근 일대에서 광주 고등 보통학교 학생과 광주 일본인 중학교 학생들이 다투어 수십 명의 부상자가 발생하였다. 이후 고등 보통학교 학생들이 시위를 벌이자 당국은 임시 휴교령을 내렸다. 이에 학생들은 다음과 같은 격문을 내걸고 시위를 재개하였다.

검거자를 즉시 우리의 힘으로 구출하자.
교내에 경찰관 침입을 절대 반대하자.
조선인 본위의 교육 제도를 확립하자.
민족 문화와 사회 과학 연구의 자유를 획득하자.
전국 학생 대표자 회의를 개최하라.

① 대학 설립을 위한 모금 운동 시작
② 독서회 중앙 본부 주도의 시위 발발
③ 고종의 인산일, 곳곳에서 대규모 만세 시위 발생
④ 학도 지원병 폐지 요구하는 학생들의 시위가 벌어져

## 07

다음 자료와 관련된 사회 운동에 대한 설명으로 옳은 것을 〈보기〉에서 모두 고른 것은?

희망을 가지고 사는 사람에게 과거와 현재는 소용이 없고 그들에게는 오직 장래가 있을 뿐이다. …… 한 나라 한 사회나 한 집안의 장래를 맡은 사람은 누구인가. 곧 그 집안이나 그 사회나 그 나라의 아들과 손자일 것이다. …… 새 살림을 부르짖는 우리 사회에서는 과연 아들과 손자를 위하여 어떠한 일을 하였는가.

● 보기 ●
㉠ 잡지 『어린이』를 발간하였다.
㉡ 이학찬의 주도로 진주에서 시작되었다.
㉢ 천도교 세력을 중심으로 전개되었다.
㉣ 사립 학교 규칙이 제정되는 배경이 되었다.

① ㉠, ㉡　　　　　　② ㉠, ㉢
③ ㉡, ㉣　　　　　　④ ㉢, ㉣

## 08

밑줄 친 '단체'에 대한 설명으로 옳은 것은?

공평은 사회의 근본이고 사랑은 인간의 본성이다. 고로 우리는 계급을 타파하고 모욕적인 칭호를 폐지하여 교육을 장려하고 우리도 참다운 인간으로 되고자 함이 단체의 주지이다. 지금까지 우리는 어떠한 지위와 압박을 받아왔던가? 과거를 회상하면 종일 통곡하고도 피눈물을 금할 수 없다.

① 평양에서 조직되었다.
② 기회주의를 배격할 것을 강령으로 하였다.
③ 민족 해방 운동 성격이 내포된 신분 해방 운동을 주도하였다.
④ 대한 제국 시기에 조직된 사회 단체이다.

## 09

다음 사건과 관련된 설명으로 옳은 것은?

> 전라도 무안군 암태도에서 일어난 소작 쟁의가 19△△년 8월부터 1년 가까이 전개되었다. 이 쟁의는 악질 지주 문재철의 높은 소작료 착취에 맞서 일어났다. 투쟁 과정에서 지주를 옹호하는 일본 경찰이 농민들을 체포, 탄압하자 농민들의 쟁의는 반일 운동의 성격으로 발전하였다.

① 농촌 진흥 운동이 전개되던 상황에서 일어났다.
② 생존권 확보를 위한 경제적 투쟁의 형태로 전개되었다.
③ 일제의 탄압으로 이 사건에서 농민들의 요구 사항은 모두 묵살되었다.
④ 사회주의와 연계된 혁명적 농민 조합이 주도하였다.

## 10

밑줄 친 '이 운동'에 대한 설명으로 옳은 것은?

> 동아일보가 여름 직전에 발표한 이 운동의 계획은 감격스러운 반응을 받아 이제는 운동에 참여하는 이들이 전 조선 13도 200여 주에 가득 차게 되었다. 강습을 위한 교본도 이미 한글, 산수에 관한 것이 인쇄되어 각지의 대원에게 발송되고 있다. …… 한글 강습회의 강사들이나 운동 대원들이나 이 폭염 속에서 아무런 보수 없이 동포를 위해 수고하는 것은 아무리 감사하더라도 부족한 것이다.

① 신간회가 결성되는 계기가 되었다.
② 일제가 문화 통치를 실시하는 계기가 되었다.
③ 학생들이 중심이 되어 미신 타파, 구습 제거 등을 추진하였다.
④ '조선인이 만든 것을 입고, 먹고, 쓰자'라는 구호 아래 전개되었다.

## 11

다음 선언서가 발표되었을 당시 볼 수 있었던 모습으로 가장 옳은 것은?

> 민족주의적 세력의 대두로 인하여 …… 그 부르주아 민주주의적 성질을 명백하게 인식하는 동시에 또 과정적 동맹자적 성질도 충분히 승인하여 그것이 타락하는 형태로 출현되지 아니하는 것에 한하여 적극적으로 제휴하여 대중의 개량적 이익을 위해서도 종래의 소극적 태도를 버리고 분연히 싸워야 할 것이다.

① 경성 제국 대학에서 강의하는 교수
② 한성은행 앞에서 제국신문을 읽는 회사원
③ 농촌 계몽을 위해 브나로드 운동에 참여하는 학생
④ 조선 농민 총동맹에 참여하여 소작 쟁의를 준비하는 농민

## 12 고난도 문제

다음 사건들을 발생한 순서대로 바르게 나열한 것은?

> (가) 신간회 결성
> (나) 평원 고무 공장 파업
> (다) 6·10 만세 운동
> (라) 광주 학생 항일 운동

① (가) → (나) → (라) → (다)
② (가) → (다) → (라) → (나)
③ (다) → (가) → (라) → (나)
④ (다) → (나) → (가) → (라)

정답·해설 p.81

# 03 일제 강점기 민족 문화 수호 운동

## 적중개념 출제 순위

| | | |
|---|---|---|
| 1위 | **1** 일제 강점기의 한국사 연구 | 박은식, 신채호, 정인보, 백남운, 손진태 |
| 2위 | **2** 일제 강점기의 국어 연구 | 조선어 학회, 조선어 학회 사건 |
| 3위 | **3** 일제 강점기 문학·예술 및 종교 활동 | 나운규의 아리랑, 이광수의 「무정」, 신경향파 문학 |

## 적중개념 | 1 일제 강점기의 한국사 연구 [최다출제]

### (1) 민족주의 사학과 신민족주의 사학

| | |
|---|---|
| 대표 학자 | • 신채호: 낭가 사상 강조, 고대사 연구에 치중, 역사를 '아(我)'와 '비아(非我)'의 투쟁으로 규정, 묘청의 난을 '조선 역사 일천 년 이래 제일대사건'으로 평가, 「독사신론」·『조선상고사』·『조선사연구초』·「조선혁명선언」 저술<br>• 박은식: '혼' 강조(혼백 사상), 역사는 신(神)이요, 나라는 형(形)이라고 함, 대한민국 임시 정부 2대 대통령 역임, 『한국통사』·『한국독립운동지혈사』·「유교구신론」 저술<br>• 정인보: '얼' 사상을 강조(「5천 년간 조선의 얼」, 동아일보에 연재), 광개토 대왕릉 비문 연구<br>• 문일평: 민족 정신으로 '조선심' 강조, 『대미 관계 50년사』 저술 |
| 조선학 운동 | 정인보·문일평·안재홍 등이 『여유당전서』 간행(정약용 서거 99주기 기념) → 이를 계기로 조선학 운동 전개(실학·한글 등에서 우리 문화의 고유성·세계성 탐구) |

### (2) 실증 사학과 사회·경제 사학

| | |
|---|---|
| 실증 사학 | 이병도·손진태 등이 실증 사학(랑케 사관)을 바탕으로 진단 학회 조직(1934), 『진단학보』 발간 |
| 사회·경제 사학 | 백남운이 『조선사회경제사』, 『조선봉건사회경제사』 저술, 유물 사관에 입각하여 세계사의 보편적 발전 법칙에 따라 한국사 연구를 체계화함 → 식민 사학의 정체성론에 대응 |

### (3) 신민족주의 사학

| | |
|---|---|
| 특징 | 실증적 토대 위에 민족주의 사학과 사회·경제 사학의 방법을 수용 |
| 대표 학자 | 손진태(『조선민족사개론』), 안재홍(『조선상고사감』, 「신민족주의와 신민주주의」) |

| 조선어 연구회(1921) | • 조직: 주시경의 국문 연구소(1907) 계승, 임경재, 장지영, 최현배 등이 창립 |
| | • 활동: '가갸날' 제정(1926), 잡지 『한글』 간행(1927), 한글 보급 운동 전개 |
| 조선어 학회(1931) | • 조직: 조선어 연구회 → 조선어 학회로 개편 |
| | • 활동: '한글 맞춤법 통일안(1933)'과 '표준어' 제정, 『우리말 큰 사전』의 편찬을 시도 |
| | • 조선어 학회 사건(1942): 일제가 조선어 학회를 독립운동 단체로 간주함 → 조선어 학회 강제 해산 |

## 적중개념 | 3 일제 강점기 문학·예술 및 종교 활동

| 문학 활동 | • 1910년대: 이광수의 「무정」(1917, 최초의 장편 소설) |
| | • 1920년대: 사회주의의 영향으로 문학의 사회적 기능을 강조하는 신경향파 문학 대두 → 신경향파 문인들이 카프(KAPF, 1925) 조직, 『개벽』(1920)·『신여성』(1923)·『어린이』·『별건곤』(1926) 등의 잡지 발행 |
| | • 1930년대 이후: 정지용·김영랑 등이 동인지 『시문학』을 창간하여 순수시 운동 전개, 윤동주(「서시」)·이육사(「청포도」) 등이 저항 문학 작품 발표 |
| 예술 활동 | • 연극: 토월회(1923, 연극 단체), 극예술 연구회(1931, 유치진의 『토막』) |
| | • 영화: 나운규가 민족의 비애를 그린 아리랑을 제작(1926), 일제의 조선 영화령 제정(1940) |
| 종교 단체의 활동 | • 개신교: 3·1 운동 주도, 1930년대에 신사 참배 거부 운동 전개 |
| | • 천주교: 만주에 의민단 조직(1919, 청산리 전투에 참여) |
| | • 천도교: 제2의 3·1 운동 계획, 잡지 『개벽』, 『어린이』 등을 간행 |
| | • 대종교: 중광단 조직(1911, 북간도 → 북로 군정서로 개편)하여 항일 무장 투쟁 전개 |
| | • 불교: 한용운을 중심으로 조선 불교 유신회 창립(1921) → 불교 교단의 친일화에 대항 |
| | • 원불교: 박중빈이 창시(1916), 새 생활 운동 전개(개간 사업·저축 운동·허례허식 폐지 등) |

## 단박 체크

다음 기출문장을 읽고, 옳으면 O, 틀리면 X를 괄호 안에 쓰세요.

01 신채호는 실천적인 새로운 유교 정신을 강조하는 유교 구신론을 주장하였다. (      )

02 박은식은 '나라는 형(形)이고 역사는 신(神)'이라고 주장하였다. (      )

03 정인보는 「5천 년간 조선의 얼」이라는 글을 동아일보에 연재하였다. (      )

04 이병도, 손진태 등은 실증 사학의 입장에서 연구하는 진단 학회를 조직하였다. (      )

05 백남운은 『조선사회경제사』를 저술하여 세계사적 보편성 속에서 한국사를 해석하였다. (      )

06 조선어 연구회는 한글 기념일인 '가갸날'을 제정하여 한글 대중화에 이바지하였다. (      )

07 1920년대에 정지용과 김영랑은 『시문학』 동인으로 순수 문학의 발전에 이바지하였다. (      )

08 1930년대에는 나운규가 민족의 비애를 담은 영화 '아리랑'을 발표하였다. (      )

[정답] **01** X (박은식) **02** O **03** O **04** O **05** O **06** O **07** X (1930년대) **08** X (1920년대)

## 엄선기출문제

**01** 다음 글의 저자에 대한 설명으로 옳은 것은? [2018년 국가직 7급]

> 국가의 역사는 민족의 소장성쇠(消長盛衰)의 상태를 서술할지라. 민족을 빼면 역사가 없으며 역사를 빼어 버리면 민족의 그 국가에 대한 관념이 크지 않을지니, 오호라 역사가의 책임이 그 역시 무거울진저 ⋯ (중략) ⋯ 만일 그렇지 않으면 이는 무정신의 역사이다. 무정신의 역사는 무정신의 민족을 낳으며, 무정신의 국가를 만들 것이니 어찌 두렵지 아니하리오.

① 이순신, 을지문덕 등 위인의 전기를 써 민족 의식을 고취하였다.
② 한국의 독립운동 과정을 서술한 『한국독립운동지혈사』를 저술하였다.
③ 「5천 년간 조선의 얼」이라는 글을 신문에 연재하여 민족 정신을 고취하였다.
④ '조선심'을 강조하며 정약용 연구를 중심으로 한 조선학 운동을 전개하였다.

해설 **신채호** 제시문은 민족주의 사학자인 신채호가 저술한 「독사신론」의 내용이다.
① 신채호는 『이순신전』, 『을지문덕전』과 같이 외국의 침략에 대항한 위인들의 전기를 저술하여 민족 의식을 고취하였다.

오답분석
② 한국의 독립운동 과정을 서술한 『한국독립운동지혈사』를 저술한 인물은 박은식이다.
③ 「5천 년간 조선의 얼」이라는 글을 신문에 연재한 인물은 '얼' 사상을 강조한 정인보이다.
④ '조선심'을 강조하였으며, 정인보 등과 함께 정약용 연구를 중심으로 조선학 운동을 전개한 인물은 문일평이다.

정답 ①

**02** 〈보기〉의 글을 저술한 인물에 대한 설명으로 가장 옳지 않은 것은? [2022년 서울시 9급(2월 시행)]

> • 보기 •
> 옛 사람이 이르기를, 나라는 없어질 수 있으나 역사는 없어질 수 없다고 하였으니, 그것은 나라는 형체이고 역사는 정신이기 때문이다. 이제 한국의 형체는 허물어졌으나, 정신만이라도 오로지 남아 있을 수 없는 것인가.

① 「유교구신론」을 써서 유교의 개혁을 주장하였다.
② 식민 사학 중 정체성론의 근거를 무너뜨리는 데에 기여하였다.
③ 대한민국 임시 정부의 2대 대통령을 역임하였다.
④ 『한국독립운동지혈사』를 저술하였다.

해설 **박은식** 제시문에서 나라는 형체이고 역사는 정신이라는 내용을 통해 박은식이 저술한 『한국통사』임을 알 수 있다.
② 식민 사학 중 정체성론의 근거를 무너뜨리는 데에 기여한 인물은 백남운이다. 사회·경제 사학자인 백남운은 한국사의 발전 과정을 세계사적인 역사 발전의 보편성 위에 체계화하여 식민 사학의 정체성론을 반박하는 근거를 제공하였다.

오답분석
① 박은식은 「유교구신론」을 써서 성리학의 한계를 지적하고, 유교계를 실천적인 양명학 중심으로 개혁해야 한다고 주장하였다.
③ 박은식은 이승만이 대통령에서 탄핵된 이후 대한민국 임시 정부의 제2대 대통령을 역임하였다(1925).
④ 박은식은 갑신정변부터 1920년까지 일제의 침략상을 고발한 『한국독립운동지혈사』를 저술하였다.

정답 ②

**03** 다음 자료의 주장을 한 일제 강점기 역사 연구 활동에 대한 설명 중 가장 옳은 것은? [2021년 법원직 9급]

> 조선 민족의 발전사는 그 과정이 아시아적이라고 하더라도 사회 구성의 내면적 발전 법칙 그 자체는 오로지 세계사적인 것이며, 삼국 시대의 노예제 사회, 통일 신라기 이래의 동양적 봉건 사회, 이식 자본주의 사회는 오늘날에 이르기까지 조선 역사의 단계를 나타내는 보편사적인 특징이다.

① 일선동조론을 유포하였다.
② 실증 사학의 영향을 받았다.
③ 대표적인 인물로 백남운이 있다.
④ 진단 학회를 결성하여 『진단학보』를 발간하였다.

해설 **사회·경제 사학** 제시문에서 조선 민족의 발전사를 세계사적인 사회 구성의 내면적 발전 법칙에 따른다고 하는 내용을 통해 사회·경제 사학임을 알 수 있다. 사회·경제 사학은 식민 사학의 정체성론에 대응하였다.
③ 사회·경제 사학을 연구한 대표적인 인물은 백남운이다. 백남운은 『조선사회경제사』와 『조선봉건사회경제사』를 저술하여 한국의 사회·경제 사학 발전에 선구자적인 역할을 하였다.

오답 분석
① 일선동조론은 일본과 조선의 조상이 하나라는 이론으로, 민족 말살 통치 시기에 일제가 식민 사관을 토대로 펼친 주장이다.
② 실증 사학은 역사적 사실을 실증적, 객관적으로 밝히려는 연구 경향인 반면, 사회·경제 사학은 마르크스의 유물 사관에 입각하여 역사 발전의 원동력을 물질적인 생산력과 생산 관계의 변화로 보는 연구 경향이다.
④ 진단 학회를 결성하여 『진단학보』를 발간한 것은 실증주의 사학자인 이병도 등이다.

정답 ③

**04** 〈보기〉는 일제 강점기 당시 흥행에 성공하였던 영화의 줄거리이다. 이 영화가 상영되던 시기의 문화 예술계에 대한 설명으로 가장 옳은 것은? [2018년 서울시 9급(3월 시행)]

> ● 보기 ●
> 영진은 전문 학교를 다닐 때 독립 만세를 부르다가 왜경에게 고문을 당해 정신이상이 된 청년이었다. 한편 마을의 악덕 지주 천가의 머슴이며, 왜경의 앞잡이인 오기호는 빚 독촉을 하며 영진의 아버지를 괴롭혔다. 더욱이 딸 영희를 아내로 준다면 빚을 대신 갚아줄 수 있다고 회유하기까지 하였다. … (중략) … 오기호는 마을 축제의 어수선한 틈을 타 영희를 겁탈하려 하고 이를 지켜보던 영진은 갑자기 환상에 빠져 낫을 휘둘러 오기호를 죽인다. 영진은 살인 혐의로 일본 순경에게 끌려가고, 주제곡이 흐른다.

① 역사학: 민족주의 역사가들 사이에서 이른바 조선학 운동이 시작되었다.
② 문학: 민중 생활에 관심을 기울인 신경향파 문학이 대두하여 식민 통치에 대한 저항 문학으로 발전했다.
③ 음악: 일본 주류 대중 음악의 영향을 받은 트로트 양식이 정립되었다.
④ 영화: 일제는 조선 영화령을 공포하여 영화를 전시 체제의 옹호와 선전의 수단으로 사용하였다.

해설 **1920년대의 문화 예술계** 제시문은 일제 강점기의 민족의 비애를 그려낸 나운규의 영화 아리랑(1926)의 내용이다.
② 1920년대 중반에는 사회주의의 영향으로 문학의 사회적 기능을 강조한 신경향파 문학이 등장하였으며, 신경향파 문인들을 중심으로 카프(KAPF, 조선 프롤레타리아 예술가 동맹)가 결성되기도 하였다.

오답 분석
① 다산 정약용 서거 99주기를 맞아 정인보, 문일평, 안재홍 등의 민족주의 사학자들이 조선학 운동을 전개한 것은 1934년의 사실이다.
③ 일본의 주류 대중 음악인 엔카가 민요와 결합되어 새로운 음악인 트로트 양식이 정립된 것은 1930년대의 사실이다.
④ 일제가 조선 영화령을 제정하여 민족적 정서를 담은 영화의 제작 및 상영을 금지한 것은 1940년의 사실이다. 이를 통해 일제는 영화를 전시 체제를 옹호하는 선전 수단으로 사용하였다.

정답 ②

# 적중문제

## 01
다음 법령이 시행되던 시기의 사실로 옳은 것은?

> 제1조 조선에 있는 조선인의 교육은 본령에 따른다.
> 제2조 교육은 '교육에 관한 칙어'에 입각하여 충량한 국민을 육성하는 것을 본의로 한다.
> 제9조 보통 학교의 수업 연한은 4년으로 한다. 단 지방 실정에 따라 1년을 단축할 수 있다.

① 서당 규칙이 제정되었다.
② 조선어가 선택 과목이 되었다.
③ 경성 제국 대학이 설립되었다.
④ 보통학교의 명칭이 (심상)소학교로 변경되었다.

## 02
다음 글을 쓴 인물에 대한 설명으로 옳은 것은?

> 유교계에 3대 문제가 있는지라. 그 3대 문제에 대하여 개량하고 구신(求新)을 하지 않으면 우리 유교는 흥왕할 수가 없을 것이다. …… 폐단이 있으면서도 고치지 않으면 끝내 자취도 남기지 않고 없어질 뿐이니 이를 생각하지 않을 수 있겠는가. 또 구신이라 하면 자신과는 상관없는 일로 생각하나 신이라는 글자는 우리 유교의 고유한 광명이다.

① 대한민국 임시 정부의 대통령을 역임하였다.
② 유물 사관을 바탕으로 『조선사회경제사』를 저술하였다.
③ 헤이그에서 개최된 만국 평화 회의의 특사로 파견되었다.
④ 민중의 직접 혁명을 주장하는 「조선혁명선언」을 작성하였다.

## 03
다음과 같이 주장한 인물의 저서로 옳은 것은?

> 조선글은 조선심에서 생겨난 결정인 동시에 조선학을 길러주는 비료라 하려니와 조선글이 된 이래 9세기 동안에 조선의 사상계는 자는 듯 조는 듯 조선학의 수립에 대하여 각별한 진전을 보지 못하였다. 그러나 오늘날은 차차 구사상에서 벗어나 신사상의 자극을 받게 된 조선인은 조선을 재인식할 때가 왔다. 한편으로 신문화를 받아들임과 동시에 한편으로 조선학을 잘 만들어 세계 문화에 기여가 있어야만 할 것이니 이는 문화 민족으로서 조선인에게 부과된 대사명인가 한다.

① 『한국통사』
② 『조선상고사』
③ 『을지문덕전』
④ 『대미 관계 50년사』

## 04
일제 강점기 국학 연구 활동에 대한 설명으로 옳지 않은 것은?

① 백남운은 조선학 운동의 일환으로 한국사를 연구하였다.
② 신채호는 묘청의 난을 '조선 역사상 일천 년래 제일 대사건'이라 칭하였다.
③ 손진태는 실증주의 사학자로 진단 학회에 참여하여 『진단학보』를 발간하였다.
④ 정인보는 광개토 대왕릉 비문을 연구하여 일본 학자의 고대사 왜곡을 바로잡는 데 기여하였다.

## 05

밑줄 친 '이 단체'의 활동으로 가장 옳은 것은?

> 여름 함흥 영생 고등 여학교 학생 박영옥이 기차 안에서 친구들과 우리말로 대화하다가 적발되는 사건이 일어났다. 일본 경찰은 취조 결과 여학생들에게 민족주의 감화를 준 사람이 서울에서 우리말 사전 편찬을 하고 있는 정태진임을 알게 되었다. 같은 해 9월 5일에 정태진을 연행·취조해 <u>이 단체</u>가 학술 단체로 위장하여 독립운동을 목적으로 활동하고 있다는 자백을 강제로 받아내어 회원들을 검거하였다.

① 한글 맞춤법 통일안을 제정하였다.
② 가갸날을 제정하고 잡지 『한글』을 발간하였다.
③ 『국어문법』을 편찬하여 우리말의 문법을 최초로 정립하였다.
④ 우리말의 역사성과 현실성을 반영하여 『큰사전』을 편찬하였다.

## 06

일제 강점기의 종교계 활동에 대한 설명으로 옳은 것을 모두 고른 것은?

> ㉠ 박중빈이 결성한 중광단은 새 생활 운동을 전개하였다.
> ㉡ 기독교는 계몽 운동을 위해 잡지 『개벽』을 간행하였다.
> ㉢ 한용운은 불교의 친일화를 막기 위해 조선 불교 유신회를 조직하였다.
> ㉣ 천주교인들은 만주 지역에서 항일 독립운동 단체인 의민단을 조직하였다.

① ㉠, ㉡
② ㉢, ㉣
③ ㉠, ㉡, ㉣
④ ㉡, ㉢, ㉣

## 07

일제 강점기의 시기별 문학 예술에 대한 설명으로 옳지 않은 것은?

① 1910년대 – 이광수가 매일신보에 「무정」을 연재하였다.
② 1920년대 – 나운규가 영화 '아리랑'을 발표하였다.
③ 1930년대 – 신경향파 문인들이 순수시 운동을 전개하였다.
④ 1940년대 – 일제가 조선 영화령을 제정하였다.

## 08

일제 강점기의 생활 모습에 대한 설명으로 옳지 않은 것은?

① 서양식 옷차림을 한 모던 보이와 모던 걸이 활동하였다.
② 상류층이 거주하는 2층 양옥의 문화 주택이 곳곳에 지어졌다.
③ 일제의 수탈로 빈민들이 풀뿌리나 나무껍질로 연명하기도 하였다.
④ 청계천을 기준으로 일본인 거리는 북촌, 한국인 거리는 남촌으로 불렸다.

정답·해설 p.84

## 01

다음 법령이 제정된 시기의 사실로 옳은 것은?

> 제1조 다음 각 호 중 하나에 해당하는 자는 구류
> 또는 과료(벌금)에 처한다.
> 　2. 일정한 주거 또는 생업 없이 사방을 배회
> 　　하는 자
> 　4. 이유 없이 면회를 강요 또는 협박의 행위
> 　　를 하는 자
> 　8. 단체 가입을 강요하는 자
> 　32. 경찰관서에서 특별히 지시하거나 명령
> 　　하는 사항을 위반하는 자

① 일제가 내선일체 사상을 주장하고 일선동조론을 강조하였다.
② 관리와 교원 등이 제복을 입고 칼을 착용하였다.
③ 헌병 경찰제가 보통 경찰제로 전환되었다.
④ 일제가 성과 이름을 일본식으로 바꾸도록 강요하였다.

## 02

밑줄 친 '이곳'에서 전개된 민족 운동으로 옳지 않은 것은?

> 　이곳의 동포들도 3·1 운동의 봉기 소식을 듣고
> 한인 교회에 모여 만세를 부르고 감격의 눈물을
> 흘렸다. …… 4월 14일부터 3일간 한인들이 모여
> 한인 자유 대회를 개최하였는데, 이날 독립 선언
> 서가 낭독되고 대한민국 임시 정부가 수립되었음
> 을 전 세계에 널리 선포한 후 악대를 선두로 태극
> 기를 흔들며 시가 행진을 펼쳤다. 이날 대회는 대
> 한민국 통신부 외교 고문으로 있던 서재필이 주
> 선한 것이었다.

① 안창호가 흥사단을 조직하였다.
② 독립운동가들이 모여 신한청년당을 조직하였다.
③ 군사 양성 기관인 대조선 국민 군단이 창설되었다.
④ 대한인 국민회가 조직되어 외교 활동을 전개하였다.

## 03 `고난도 문제`

㉠~㉣을 시기 순으로 바르게 나열한 것은?

> ㉠ 6·10 만세 운동이 전개되었다.
> ㉡ 비타협적 민족주의자들이 중심이 된 조선 민
> 　흥회가 창립되었다.
> ㉢ 정우회가 민족주의 세력과의 연대를 주장하는
> 　선언문을 발표하였다.
> ㉣ 민족 유일당 운동의 일환으로 비타협적 민족
> 　주의 세력과 사회주의 세력이 연합하여 신간
> 　회가 창설되었다.

① ㉠ - ㉡ - ㉢ - ㉣
② ㉠ - ㉡ - ㉣ - ㉢
③ ㉢ - ㉡ - ㉠ - ㉣
④ ㉢ - ㉠ - ㉣ - ㉡

## 04

다음 자료를 발표한 단체에 대한 설명으로 옳은 것은?

> 1. 한국 전체 인민은 현재 이미 반침략 전선에 참
> 　가해오고 있으며, 이제 하나의 전투 단위로서
> 　추축국에 선전한다.
> 2. 1910년 한일 '병합'과 일체의 불평등 조약은
> 　무효이며, 아울러 반침략 국가가 한국에서 합
> 　리적으로 얻은 기득권익이 존중될 것임을 거
> 　듭 선포한다.
> 3. 한국, 중국과 서태평양에서 왜구를 완전히 몰
> 　아내기 위하여 최후의 승리를 거둘 때까지 혈
> 　전한다.

① 김원봉을 중심으로 결성되었다.
② 영릉가와 흥경성 등지에서 일본군을 물리쳤다.
③ 만주 지역에서 활동했던 한국 독립당의 산하 조직이었다.
④ 미국 전략 정보처와 협력하여 국내 진공 작전을 계획하였다.

## 05

다음 법령이 시행된 시기에 있었던 사실로 옳지 않은 것은?

> 제2조 국어를 상용하는 자의 보통 교육은 소학교령, 중학교령 및 고등여학교령에 의함.
> 제5조 보통학교의 수업 연한은 6년으로 함. 보통학교에 입학하는 자는 연령 6년 이상의 자로 함.
> 제7조 고등보통학교의 수업 연한은 5년으로 함. 고등보통학교에 입학하는 자는 수업 연한 6년의 보통학교를 졸업한 자 또는 조선 총독이 정하는 바에 의하여 이와 동등 이상의 학력이 있다고 인정된 자로 함.

① 북만주 일대에서 신민부가 결성되었다.
② 일제가 조선 사상범 보호 관찰령을 공포하였다.
③ 대한민국 임시 정부가 건국 강령을 발표하였다.
④ 윤봉길이 상하이 훙커우 공원에서 폭탄을 던졌다.

## 06

다음 법령에 따라 시행된 정책에 대한 설명으로 옳은 것은?

> 임시 토지 조사국은 토지 대장 및 지도를 작성하고 토지의 조사 및 측량한 것을 사정하여 확정한 사항 또는 재결을 거친 사항을 이에 등록한다.

① 지주들에게 지계를 발급하였다.
② 농민의 관습적 경작권을 인정하였다.
③ 국가 총동원 체제 하에서 실시되었다.
④ 시행 결과 지주의 토지 소유권이 강화되었다.

## 07

다음 제시문을 발표한 단체에 대한 설명으로 옳은 것은?

> 인류 사회는 많은 불합리를 생산하는 동시에 그 해결을 우리에게 요구하여 마지않는다. 여성 문제는 그 중의 하나이다. 세계인은 이 요구에 응하여 분연하게 활동하고 있다. …… 우리 자체를 위하여, 우리 사회를 위하여 분투하려면 우선 조선 자매 전체의 역량을 공고히 단결하여 운동을 전반적으로 전개하지 아니하면 아니 된다. 일어나라! 오너라! 단결하자! 분투하자! 조선의 자매들아! 미래는 우리의 것이다.

① 한국 최초의 사회주의 여성 단체였다.
② 여성 교육을 위해 배화 학당을 설립하였다.
③ 일제의 탄압과 내부 분열로 1920년대에 해체되었다.
④ 여성 계몽 활동을 전개하고 『근우』를 발간하였다.

## 08

㉠~㉢에 관한 설명으로 옳지 않은 것은?

> 민족주의 사학자들은 1930년대에 다산 정약용 연구를 중심으로 한 조선학 운동을 전개하였다. ㉠ 정인보, ㉡ 문일평, ㉢ 안재홍으로 대표되는 이들은 다산 정약용 서거 99주기를 맞아 정약용의 저서를 모은 『여유당전서』를 간행하여 조선 후기 실학 사상을 재평가하였다.

① ㉠은 민족 정신으로 얼을 강조하였고, 「5천 년간 조선의 얼」을 저술하였다.
② ㉡은 조선심을 강조하였고, '조선글'을 조선심의 결정체로 보았다.
③ ㉢은 『조선상고사감』과 『조선사연구초』를 저술하였다.
④ ㉢은 해방 직후 조선 건국 준비 위원회에 참여하였다.

정답·해설 p.85

## 01

밑줄 친 '이 단체'에 대한 설명으로 옳은 것은?

> 이 단체는 고종의 밀지를 받아 의병과 유생들을 중심으로 조직한 비밀 단체이다. 이 단체에서는 한·일 합방의 부당성을 밝히고, 국권 반환과 일본군 철병을 요구하기 위해 일본의 총리 대신과 조선 총독에게 국권 반환 요구서의 발송을 추진하였다.

① 복벽주의를 표방하였다.
② 경성 부민관 사건을 일으켰다.
③ 박상진을 중심으로 조직되었다.
④ 대한 광복단과 조선 국권 회복단의 일부가 통합하여 만들어졌다.

## 02

다음 글을 작성한 인물에 대한 설명으로 옳지 않은 것은?

> 오늘날, 서양 세력이 동양으로 점차 밀려오는 환난을 동양 인종인 일치단결해서 온 힘을 다하여 방어하는 것이 제일 상책임은 어린아이일지라도 아는 일이다. 그런데 무슨 이유로 일본은 이러한 순리의 형세를 돌아보지 않고 같은 인종인 이웃 나라를 약탈하고 우의를 끊어, 스스로 도요새가 조개를 쪼려다 부리를 물리는 형세를 만들어 어부에게 둘 다 잡히기를 기다리는 듯하는가?

① 연해주에서 의병 투쟁을 전개하였다.
② 하얼빈에서 이토 히로부미를 사살하였다.
③ 삼흥 학교를 설립하여 인재 양성에 힘썼다.
④ 13도 창의군을 결성하여 서울 진공 작전을 전개하였다.

## 03

(가) 시기에 있었던 사실로 옳은 것은?

|  | (가) |  |
| --- | --- | --- |
| 기미 독립<br>선언 발표 |  | 치안 유지법<br>제정 |

① 조선 총독부가 회사령을 공포하였다.
② 상하이에서 국민 대표 회의가 개최되었다.
③ 국민 징용령에 따라 한국인들이 강제 노동에 동원되었다.
④ 연해주에서 대한 광복군 정부가 수립되었다.

## 04

다음의 공약을 활동 지침으로 하는 단체의 활동으로 옳은 것은?

> 1. 천하의 정의의 사(事)를 맹렬히 실행하기로 함
> 2. 조선의 독립과 세계의 평등을 위하여 신명을 희생하기로 함
> 3. 충의의 기백과 희생의 정신이 확고한 자라야 단원이 됨
> …(중략)…
> 9. 일(一)이 구(九)를 위하여 구가 일을 위하여 헌신함
> 10. 단의(團義)에 배반한 자는 처살(處殺)함

① 장인환이 외교 고문 스티븐스를 사살하였다.
② 박재혁이 조선 총독부에 폭탄을 투척하였다.
③ 김지섭이 일본 황궁 이중교에 폭탄을 투척하였다.
④ 강우규가 조선 총독 사이토에게 폭탄을 투척하였다.

## 05

밑줄 친 '이 단체'에 대한 설명으로 옳지 않은 것은?

> 이 단체는 민족 유일당 운동으로 조직된 민족 운동 단체이다. 이 단체는 1927년 2월에 창립 대회를 개최하였으며 전국 각지에 조직을 확산시켜 140여 개의 지회를 구성하였다. 또한 순회 강연단을 구성하여 전국 각지를 다니며 민족 의식과 항일 의식을 고취하고 일제의 식민 통치를 비판하였으며, 사회 운동을 적극 지원하여 농민·노동 운동에 참가하였다.

① 105인 사건을 계기로 단체가 와해되었다.
② 광주 학생 항일 운동에 진상 조사단을 파견하였다.
③ 코민테른의 노선 변화로 사회주의 세력이 이탈하였다.
④ 기회주의자 배격, 민족 대단결, 정치·경제적 각성을 강령으로 삼았다.

## 06

(가), (나) 운동에 대한 설명으로 옳은 것은?

> (가) 우리의 빈약한 원인이 무엇인가를 말하고자 하노라. …… 나는 큰 원인이 있음을 간파하였으니, 즉 자작자급하지 아니함이다. 다시 말하면 조선 물산을 장려치 아니함이니 따라서 오인이 이에 대서특서하고 절규하는 바는 자작자급하자 함이다.
> (나) 이제는 브나로드 대원이 전 조선에 가득 차게 되었다. 강습을 위한 교본도 이미 인쇄되어 각지의 대원에게 발송되고 있다. 또 본사에서 주최하고 조선어 학회에서 후원하는 강습회는 …… 바른 철자와 문법을 가르쳐 주는 것을 목적으로 하고 있다.

① (가) – 사회주의 세력이 주도하였다.
② (가) – 일본의 관세 철폐 정책에 대항하여 전개되었다.
③ (나) – 일제가 경성 제국 대학을 설립하여 무마시켰다.
④ (나) – 조선일보가 주도하고 학생들이 중심이 되어 전개되었다.

## 07

밑줄 친 (가)의 시행 결과로 옳은 것을 〈보기〉에서 모두 고르면?

> 일본 내 쌀 소비는 연간 약 6,500만 석인데 생산고는 약 5,800만 석을 넘지 못해 해마다 그 부족분을 제국 반도 및 외국의 공급에 의지하는 형편이다. …… 장래 쌀의 공급은 계속 부족해질 것이고, 따라서 지금 (가)미곡의 증수 계획을 수립하여 일본 제국의 식량 문제를 해결하는 데 도움을 주는 것은 진실로 국책상 급무라고 믿는다.

● 보기 ●
㉠ 쌀 생산량이 어느 정도 증가하여 식량 부족 현상이 완화되었다.
㉡ 농민들은 이 계획에 맞서 농촌 진흥 운동을 전개하였다.
㉢ 지주가 수리 조합비 등을 전가하면서 농민들의 처지는 더욱 악화되었다.
㉣ 농업과 유통업 및 경공업 부문의 경제 구조가 쌀 중심으로 왜곡되었다.

① ㉠, ㉢        ② ㉠, ㉣
③ ㉡, ㉢        ④ ㉢, ㉣

## 08

다음 글을 쓴 역사가의 활동으로 옳은 것은?

> 국가의 역사는 민족의 소장성쇠(消長盛衰)의 상태를 서술하는 것이며, 영토의 득실을 논하는 것은 아니다. 민족을 빼면 역사가 없으며 역사를 빼어 버리면 민족의 그 국가에 대한 관념이 크지 않을지니, 오호라 역사가의 책임이 그 역시 무거울진저 …… 만일 그렇지 않으면 이는 무정신의 역사이다.

① 민족 정신으로서 국혼을 강조하였다.
② 『여유당전서』를 발간하고 조선학 운동을 전개하였다.
③ 유물 사관을 토대로 정체성 이론을 반박하였다.
④ 역사를 '아(我)'와 비아(非我)의 투쟁'으로 규정하였다.

정답·해설 p.87

## 01

밑줄 친 '이 지역'에 설립된 독립운동 단체와 기관에 대한 설명으로 옳은 것은?

> 경술년(1910)에 이회영과 그의 여러 형제들이 모여서 같이 떠날 준비를 하였다. …… 그는 재산과 가옥을 모두 팔고 큰집, 작은 집이 함께 압록강을 건너 떠났다. 그리고 이 지역에서 독립군 양성 기관인 신흥 강습소를 설립하였다.

① 한인 자치 기관인 경학사가 설치되었다.
② 유인석 등을 중심으로 13도 의군이 조직되었다.
③ 무관 양성을 표방하며 숭무 학교가 설립되었다.
④ 의병과 계몽 운동가들이 권업회를 조직하였다.

## 02

(가) 사건에 대한 설명으로 옳지 않은 것은?

> 덕원에 위치한 라이징 선 석유 회사에서 일본인 간부가 조선인 노동자를 폭행한 사건이 발생하자, 이에 분노한 노동자들이 열악한 노동 조건의 개선을 요구하면서 ___(가)___ 을/를 일으켰다.

① 신간회로부터 지원을 받았다.
② 조선 노농 총동맹이 결성되는 계기가 되었다.
③ 일제 강점기 최대 규모의 노동자 파업 운동이다.
④ 해외의 노동 운동 단체로부터 격려 전문을 받았다.

## 03

다음 자료와 관련된 민족 운동에 대한 설명으로 옳은 것은?

> • 우리 민중의 통곡과 복상(服喪)은 이척(李拓)의 죽음 때문만은 아니다. …… 슬퍼하는 민중이여, 하나가 되어 혁명 단체 깃발 아래로 모이자! 일본 제국주의를 박멸하자!
> • 조선은 조선인의 조선이다! 학교의 용어는 조선어로! 학교장은 조선 사람이어야 한다!

① 학생의 날이 제정되는 계기가 되었다.
② 민족 유일당 운동이 추진되는 배경이 되었다.
③ 대한민국 임시 정부가 수립되는 계기가 되었다.
④ 이를 탄압하기 위해 일제가 제암리 학살 사건을 일으켰다.

## 04

민족 말살 통치 시기의 사회 상황으로 가장 옳지 않은 것은?

① 산미 증식 계획이 재개되었다.
② 도시 서민의 주택난을 해결하기 위해 영단 주택이 등장하였다.
③ 조선 민사령의 개정으로 창씨개명이 강요되었다.
④ 『신여성』, 『별건곤』 등의 잡지가 창간되어 새로운 패션이나 화장법을 소개하였다.

## 05

다음은 대한민국 임시 정부의 정치 체제 변화 과정이다. (가)~(라) 시기의 사실로 가장 옳지 않은 것은?

| 대통령 중심제 |
|:---:|

↓(가)

| 국무령 중심의 내각 책임제 |
|:---:|

↓(나)

| 국무위원 중심의 집단 지도 체제 |
|:---:|

↓(다)

| 주석 중심의 단일 지도 체제 |
|:---:|

↓(라)

| 주석·부주석 체제 |
|:---:|

① (가) - 신채호가 「조선혁명선언」을 작성하였다.
② (나) - 나석주가 동양 척식 주식회사에 폭탄을 투척하였다.
③ (다) - 민족 유일당 운동의 일환으로 국민부가 결성되었다.
④ (라) - 김구가 중심이 되어 한국 국민당을 창당하였다.

## 06

(가) 군사 조직에 대한 설명으로 옳은 것은?

> 우리 조선 혁명자들은 이 정의로운 전쟁에 직접 참가하고, 항전 과정에서 조국 통일을 쟁취하기 위해 가장 먼저 조선 민족 전선 연맹의 기치 아래에서 한결같이 단결하고, …… 오늘 성립된 □(가)□ 의 임무는 매우 중대한데, 우리는 식민지 노예가 되기를 원하지 않는 천백만 조선 동포를 불러 모아 …… 우리의 진정한 적인 일본 파시스트 군벌을 타도하여 동아시아의 영원하고 진정한 평화를 완성해야 한다.

① 압록강에서 사이토 총독을 저격하였다.
② 중국 관내에서 결성된 최초의 한인 군사 조직이다.
③ 간도 참변 이후 조직을 재정비하여 자유시로 이동하였다.
④ 중국 의용군과 연합하여 영릉가·흥경성 전투에서 일본군을 격파하였다.

## 07

다음 글의 저자에 대한 설명으로 옳은 것은?

> 우리 조선의 역사적 발전의 전 과정은 가령 지리적 조건, 인종학적 골상, 문화 형태의 외형적 특징 등 다소의 차이는 인정되더라도, 다른 문화 민족의 역사적 발전 법칙과 구별되어야 하는 독자적인 것이 아니다. 세계사적인 일원론적 역사 법칙에 의해 다른 민족과 거의 같은 궤도로 발전 과정을 거쳐 온 것이다.

① 조선학 운동을 주도하였다.
② 민족 정신으로 '낭가 사상'을 강조하였다.
③ 식민 사관의 정체성론을 비판하였다.
④ 미군정에서 민정 장관을 역임하였다.

## 08 고난도 문제

다음 ㉠~㉢에 들어갈 내용으로 옳은 것은?

> 일제는 한반도 지배를 정당화하기 위해 식민 사관을 형성·보급하였다. '한국사가 중국 등의 식민 지배에서 출발하였으며, 주체적으로 역사를 전개시키지 못하고 중국, 몽골, 만주, 일본 등 주변의 간섭과 힘에 좌우되어 왔다'는 ( ㉠ ) 등이 대표적이다. 총독부 산하의 연구 기관인 조선사 편수회는 1930년대에 이러한 식민 사관을 토대로 ( ㉡ )을/를 출간하는 등 한국사의 왜곡에 앞장섰다. 한편 백남운, 이청원 등의 사회·경제 사학자들은 마르크스의 유물론적 사관에 근거하여 일제의 식민 사관에 대항하였으며, 이병도·손진태 등은 ( ㉢ )을/를 조직하여 철저한 문헌 고증을 바탕으로 한 한국사 연구를 전개하였다.

| | ㉠ | ㉡ | ㉢ |
|:---:|:---:|:---:|:---:|
| ① | 타율성론 | 『한·일 관계 사료집』 | 진단 학회 |
| ② | 정체성론 | 『조선사』 | 청구 학회 |
| ③ | 당파성론 | 『한·일 관계 사료집』 | 청구 학회 |
| ④ | 타율성론 | 『조선사』 | 진단 학회 |

정답·해설 p.88

## 현대 출제경향

* 최근 7개년 국가직·서울시·지방직 9급 시험 기준

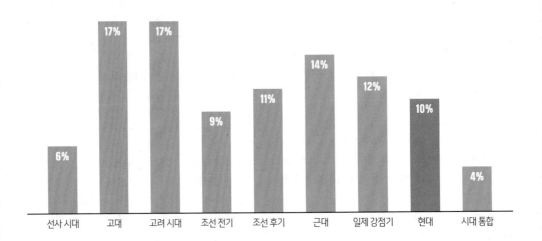

| 선사 시대 | 고대 | 고려 시대 | 조선 전기 | 조선 후기 | 근대 | 일제 강점기 | 현대 | 시대 통합 |
|---|---|---|---|---|---|---|---|---|
| 6% | 17% | 17% | 9% | 11% | 14% | 12% | 10% | 4% |

# VIII
# 현대

## 적중개념 출제 순위

## 적중개념 1 해방 전후의 활동

### (1) 해방 직전의 건국 준비 활동

| 임시 정부 | 한국 독립당 재창당·한국광복군 창설(1940), 건국 강령 발표(1941) |
|---|---|
| 조선 독립 동맹 | 건국 강령 발표(토지 분배 실행 등 좌익적 성격), 산하 군사 조직으로 조선 의용군 창설 |
| 조선 건국 동맹 | 여운형을 중심으로 한 국내 비밀 조직, 일제 타도와 민주주의 국가 건설을 주요 내용으로 하는 건국 강령을 발표 → 해방 직후 조선 건국 준비 위원회로 개편(1945. 8. 15.) |

### (2) 열강의 한반도 문제 논의

| 카이로 회담 | 미국의 루즈벨트, 영국의 처칠, 중국의 장제스 참가, 최초로 한국의 독립을 약속함(적당한 시기에 독립) |
|---|---|
| 얄타 회담 | 미국의 루즈벨트, 영국의 처칠, 소련의 스탈린 참가, 소련의 대일전 참전 약속, 신탁 통치 문제 언급 |
| 포츠담 선언 | 미국의 트루먼, 영국의 처칠(후에 애틀리), 중국의 장제스 참가(후에 소련의 스탈린 참가), 일본의 무조건 항복 요구, 한국의 독립 약속 재확인 |

### (3) 해방 이후 남한의 정치 상황

| 해방 이후 상황 | 남에는 미군, 북에는 소련군이 진주 → 미·소 군정 실시, 좌우 간 이념 대립 심화 |
|---|---|
| 조선 건국 준비 위원회 (1945. 8. 15.) | • 조직: 여운형 등의 중도 좌파와 안재홍 등의 중도 우파가 연합<br>• 구성: 총독부로부터 치안 유지권과 일부 행정권 인수 → 치안대 조직(치안·행정 담당), 전국에 145개의 지부 설치<br>• 분열: 좌파 중심으로 지도부가 형성되자 우파 민족주의 세력이 탈퇴<br>• 해체: 미국이 상륙하기 전에 전국 인민 대표 회의를 통해 (조선)인민 공화국을 선포(9. 6.)하였으나, 미군정의 인정을 받지 못하고 해체됨 |
| 광복 이후 정당 및 단체 | 독립 촉성 중앙 협의회(이승만), 한국 민주당(송진우, 김성수), 국민당(안재홍), 조선 인민당(여운형), 남조선 신민당(백남운), 민족 자주 연맹(김규식, 남북 연석 회의 주도) |

**대한민국 정부 수립 과정** 최대출제

| | |
|---|---|
| 미·소 군정 실시 | 미군정의 남한 지역 직접 통치, 소군정의 북한 지역 간접 통치 |
| 모스크바 3국 외상 회의<br>(1945. 12.) | • 내용: 미·소 공동 위원회 설치, 최고 5년간의 신탁 통치 실시, 임시 민주주의 정부 수립<br>• 영향: 신탁 통치를 둘러싸고 반탁(우익)과 찬탁(좌익)이 대립 |
| 제1차 미·소 공동 위원회<br>(1946. 3.~5.) | 정부 구성원에 대한 입장 차이로 결렬(미국은 찬·반탁 모든 세력 포함 ↔ 소련은 찬탁 세력만 포함) |
| 정읍 발언 (1946. 6.) | 제1차 미·소 공동 위원회가 결렬되자 이승만이 남한만의 단독 정부 수립을 주장 |
| 좌·우 합작 운동 | • 전개: 김규식(중도 우파)과 여운형(중도 좌파)이 주도하여 좌·우 합작 위원회 조직(1946. 7.)<br>→ 좌·우 합작 7원칙 발표(1946. 10.) → 남조선 과도 입법 의원 창립(1946. 12., 의장 김규식)<br>• 결과: 냉전 체제 강화로 인한 미군정의 지원 철회와 여운형의 암살로(1947. 7.) 실패<br>→ 좌·우 합작 위원회 해산(1947. 12.) |
| 한반도 문제의 유엔 상정<br>(1947. 9.) | 제2차 미·소 공동 위원회 개최(1947. 5.) → 협상이 결렬 상태에 빠지자 미국의 제안에 따라<br>한반도 문제를 유엔에 이관(1947. 9.) |
| 유엔 총회의 결의<br>(1947. 11.) | 유엔 총회에서 남북한 인구 비례 총선거 실시 결의, 유엔 한국 임시 위원단을 파견<br>→ 그러나 소련이 유엔 한국 임시 위원단의 북한 입국 거부(1948. 1.) |
| 유엔 소총회의 결의<br>(1948. 2.) | • 유엔 소총회에서 임시 위원단이 접근 가능한 지역(남한)에서의 우선 선거를 결의함<br>• 김구의 '삼천만 동포에게 읍고함'(1948. 2.) 발표 → 단독 정부 수립 반대 운동 |
| 단독 정부 수립 반대 | • 제주 4·3 사건 발생: 남한 단독 선거에 반대하며 무장 봉기 → 정부 수립 후 진압<br>• 남북 협상 추진: 김구, 김규식 등이 단독 정부 수립에 반대하며 남북 연석 회의(1948. 4.) 등<br>을 추진하였으나 성과 미비 |
| 총선거 실시<br>(1948. 5. 10.) | 최초의 민주적인 보통 선거가 실시되어 임기 2년의 제헌 국회의원 선출(김구, 김규식 불참)<br>→ 제헌 국회 구성 → 헌법 공포(1948. 7.) |
| 대한민국 정부 수립<br>(1948. 8.) | 이승만을 대통령, 이시영을 부통령, 이범석을 국무총리로 하는 정부 구성 → 대한민국 정부 수<br>립 선포 → 유엔 총회에서 대한민국을 한반도 내 유일한 합법 정부로 승인(1948. 12.) |

---

**단박 체크**

다음 기출문장을 읽고, 옳으면 O, 틀리면 X를 괄호 안에 쓰세요.

**01** 카이로 회담에서는 제2차 세계 대전 중 최초로 한국의 독립을 국제적으로 보장하였다. (       )

**02** 조선 건국 동맹은 국내 치안을 담당하기 위해 치안대를 조직하였다. (       )

**03** 조선 건국 준비 위원회는 조선 민주주의 인민 공화국을 선포하였다. (       )

**04** 광복 직후 송진우와 김성수 등 우익 계열 인사들은 한국 민주당을 결성하였다. (       )

**05** 모스크바 3국 외상 회의에서 '미·소 공동 위원회와 임시 정부는 최고 5년간의 신탁 통치 협정을 작성'할 것을 결정하<br>였다. (       )

**06** 김구는 좌·우 합작 위원회를 구성해 좌우 합작 7원칙을 발표하였다. (       )

**07** 유엔 총회에서 유엔 감시하에 인구 비례에 의한 남북한 총선거의 실시가 결의되었다. (       )

**08** 이승만은 향후 자신의 정치적 입지를 강화하기 위해 남북 연석 회의에 막판에 참석했다. (       )

[정답]　**01** O　**02** X (조선 건국 준비 위원회)　**03** X (조선 인민 공화국 선포)　**04** O　**05** O
　　　　**06** X (좌·우 합작 위원회에 참여하지 않음)　**07** O　**08** X (남북 연석 회의에 참석하지 않음)

**(1) 전쟁 전의 한반도 정세**

| 북한의 상황 | 중국의 공산화 성공 후 조선 의용군을 북한 인민군에 편입시키고, 소련과 군사 비밀 협정을 체결 (무기 지원 약속) |
|---|---|
| 남한의 상황 | 주한 미군이 철수하고(1949. 6.), 애치슨 선언이 발표됨(1950. 1., 미 극동 방위선에 대만, 한국 제외), 한·미 상호 방위 원조 협정 체결(1950. 1.) |

**(2) 전쟁의 경과(1950~1953)**

| 북한의 남침 | 북한의 남침(1950. 6. 25.) → 3일 만에 서울 함락 → 정부는 부산으로 피난 → 낙동강 전선 형성 |
|---|---|
| 유엔군 참전 | 유엔군 참전(1950. 7.) → 인천 상륙 작전(9. 15.) → 서울 수복(9. 28.) → 국군이 북진하여 38도선 통과(10. 1.) → 평양 탈환(10. 19.) |
| 중공군 참전 | 중공군 참전(1950. 10. 25.) → 흥남 철수(1950. 12.) → 1·4 후퇴(1951, 공산군이 서울 재함락) → 국군과 유엔군의 총공세로 서울 재수복(1951. 3.) → 38도선 일대를 중심으로 치열한 교전(교착 상태) |
| 휴전 논의 | 소련의 휴전 제안(1951. 6.) → 미국 수용, 이승만 정부 반대 → 휴전 회담 시작(1951. 7.) → 이승만이 거제도의 반공 포로를 석방(1953. 6.) → 한국은 미국으로부터 방위 조약 체결을 약속받고 동의 |
| 휴전 협정 체결 | • 판문점에서 유엔군 대표와 북한군 대표 사이에서 휴전(정전) 협정이 체결됨(1953. 7. 27.)<br>• 비무장 지대·군사 분계선 설치, 군사 정전 위원회 설치, 4개국(스웨덴, 스위스, 체코슬로바키아, 폴란드) 중립국 감시 위원단 구성 등 합의 |
| 한·미 상호 방위 조약 체결 | • 협정 이후 한·미 양국이 한반도의 군사적 상황에 공동으로 대처하기 위해 체결(1953. 10.)<br>• 주한 미군 주둔 허용, 한·미 연합 사령관에게 군사 작전 지휘권 부여 |

**(1) 제헌 국회의 활동(1948~1950)**

| 친일파 청산 | • 반민족 행위 처벌법 제정(1948. 9.)<br>  – 배경: 일제의 잔재를 청산하고 사회 기강을 확립하기 위해 제헌 국회에서 반민족 행위 처벌법 제정<br>  – 내용: 반민족 행위(친일 행위)를 한 사람을 처벌하고, 공민권을 제한하였음<br>• 반민족 행위 특별 조사 위원회(반민특위) 구성<br>  – 조직: 위원장인 김상덕을 중심으로 제헌 국회의원 10명으로 구성<br>  – 활동: 박흥식, 이광수, 최린, 노덕술, 최남선 등 친일 혐의를 받은 인사 조사, 구속 영장 발부 |
|---|---|
| 농지 개혁 | • 미군정 시기의 농업 정책: 소작료가 생산량의 1/3을 초과하지 못하도록 규정(1945. 9.), 신한 공사 설립(1946. 2., 동양 척식 주식회사의 재산·일본인 소유 농지 관리 → 일부 토지 매도)<br>• 농지 개혁의 내용: 농지 개혁법 제정(1949. 6.), 이후 개정되어 1950년부터 농지 개혁(농지에 한정, 임야·산림 제외)이 시행됨 → 3정보 이내의 농지 소유, 유상 매입(3정보 초과 농지 매입 → 지주에게 평년 수확량의 150% 지불), 유상 분배(평년 수확량의 30%씩, 5년간 총 150%를 국가에 상환)<br>• 농지 개혁의 결과: 소작농 감소, 자영농 증가 → 경자유전의 원칙 실현, 6·25 전쟁 당시 남한의 공산화를 막는 데 큰 역할을 함, 반면 지주들이 미리 땅을 팔거나 농지를 비농지로 전환하여 농지 개혁 대상이 되는 토지가 축소됨 |
| 귀속 재산 처리 | • 미군정 시기: 신한 공사에서 귀속 재산 처리<br>• 대한민국 정부 수립 후: 귀속 재산 처리법이 제정(1949. 12.)되어 일본인 소유의 공장 및 주택 등을 민간인에게 저렴하게 불하(15년간 분할 상환), 불하 우선 순위가 해당 기업체의 임차인, 관리인, 주주 등에게 주어짐(→ 정경 유착 발생) |

(2) 대한민국의 발전

| 이승만 정부<br>(1948~1960) | • 장기 집권 기반 마련: 제1차 개헌(발췌 개헌, 간선제 → 직선제, 1952), 제2차 개헌(사사오입 개헌, 초대 대통령에 한해 중임 제한 철폐, 1954), 독재 체제 강화(진보당 사건, 경향신문 폐간)<br>• 3·15 부정 선거, 4·19 혁명(1960) → 대통령 하야(4. 26.) → 허정 과도 정부 수립 |
|---|---|
| 장면 내각<br>(1960~1961) | • 수립: 허정 과도 정부의 제3차 개헌(내각 책임제·양원제·대통령 간선제, 1960) 이후 수립<br>• 개혁: 제4차 개헌(소급 입법 개헌, 1960), 민주화 진전, 경제 개발 계획 수립, 통일 논의 활성화 등<br>• 한계: 민주당의 내부 분열, 개혁 의지 미약(→ 군사 정변의 빌미 제공) |
| 박정희 정부<br>(1963~1979) | • 수립: 5·16 군사 정변(1961) → 국가 재건 최고 회의 창설, 중앙 정보부 설치 → 제5차 개헌[대통령 중심제(직선제, 4년 중임제)·단원제, 1962] → 민주 공화당 창당, 제5대 대통령에 박정희 당선(1963)<br>• 제3공화국(1963~72): 경제 개발·반공 주장 → 한·일 국교 정상화(1965), 베트남 파병(1964~73) → 제6대 대통령에 당선(1967) → 3선 개헌(1969) → 제7대 대통령에 당선(1971)<br>• 유신 체제(1972~79): 제7차 개헌[유신 헌법, 대통령 권한 강화(국회 해산권과 법관 인사권 등), 임기 6년, 간선제, 중임 제한 철폐, 긴급 조치권 규정] → 제8대 대통령에 당선(1972)<br>• 유신 체제 붕괴: YH 무역 사건(1979), 부·마 항쟁(1979) → 10·26 사태(박정희 피살, 1979) |
| 전두환 정부<br>(1981~1988) | • 수립: 제10대 대통령으로 최규하 당선(1979) → 12·12 사태(신군부 세력의 집권, 1979) → 5·18 민주화 운동(1980) → 국가 보위 비상 대책 위원회 설치(1980) → 제11대 대통령에 전두환 당선(1980) → 제8차 개헌(간선제·7년 단임제, 1980) → 제12대 대통령에 전두환 당선(1981)<br>• 정책: 강경책(정치 활동 규제, 언론 통폐합, 민주화·노동 운동 탄압, 삼청 교육대), 회유책[야간 통행 금지 해제, 해외 여행 자유화, 3S 정책(Sports, Screen, Sex), 학생 두발·교복 자유화]<br>• 경제 성장: 3저 호황(저달러·저유가·저금리)으로 물가 안정과 국제 무역 수지 흑자 달성 |
| 노태우 정부<br>(1988~1993) | • 6·29 선언 → 제9차 개헌(직선제·5년 단임제) → 제13대 대통령에 노태우 당선(1987)<br>• 외교: 서울 올림픽 개최(1988), 북방 외교 추진(공산권 국가와 수교)<br>• 정치: 5공 청문회 개최, 3당 합당(여소 야대 정국 형성, 1990), 지방 자치제 부분 실시(1991) |
| 김영삼 정부<br>(1993~1998) | 금융 실명제 실시(1993), 지방 자치제 전면 실시, WTO 출범, KEDO 설치, OECD 가입, 역사 바로 세우기 운동(총독부 건물 철거, 국민학교를 초등학교로 개칭, 전두환·노태우 구속), 외환 위기(1997) |
| 김대중 정부<br>(1998~2003) | • 외환 위기 극복: 금 모으기 운동, 노사정 위원회 설치, 기업·공공 부문 구조조정, 금융·투자 개방<br>• 여성부 신설(2001), 교육 정보화 정책(인터넷 전국 보급) |
| 노무현 정부<br>(2003~2008) | KTX 개통(2004), 호주제 폐지(2005), 국민 참여 재판 채택, 한·미 FTA 체결(2007) |

---

## 단박 체크

**다음 기출문장을 읽고, 옳으면 O, 틀리면 X를 괄호 안에 쓰세요.**

01 제헌 국회는 반민족 행위 특별 조사 위원회를 구성하였다. (        )

02 허정 과도 정부가 단행한 제3차 개헌안에는 민의원과 참의원으로 구성된 국회 조항이 있다. (        )

03 유신 헌법 개정 이후 재야 인사들이 명동 성당에 모여 '3·1 민주 구국 선언'을 발표하였다. (        )

04 노태우 정부는 북방 외교를 적극 추진하였다. (        )

05 김영삼 정부는 외환 위기를 극복하고, 대북 화해 협력 정책으로 남북 정상 회담을 개최하였다. (        )

[정답]  01 O  02 O  03 O  04 O  05 X (김대중 정부 시기)

**(1) 4·19 혁명(1960)**

| | |
|---|---|
| 배경 | • 경제 침체: 미국의 원조 축소에 따른 경기 침체<br>• 부정부패: 이승만 정부의 장기 독재로 국민들의 불만 고조<br>• 3·15 부정 선거<br>　– 민주당의 대통령 후보인 조병옥의 사망으로 이승만의 당선은 확실시 됨<br>　– 이승만의 사망을 대비하여 부통령에 자유당의 이기붕을 당선시키기 위해 4할 사전 투표, 3~5인조 공개 투표 등의 부정 선거 단행 |
| 전개 | • 마산 의거: 마산 시민들의 부정 선거 규탄 시위 전개 → 정부가 무력으로 진압하면서 수많은 사상자가 발생(3. 15.) → 행방불명되었던 김주열의 시신이 발견됨(4. 11.)<br>• 시위의 확산: 고려대 학생 시위 전개(4. 18.) → 귀교 도중 폭력배의 습격 → 4·19 혁명 발발, 학생·시민들이 중앙청까지 진입, 경무대(현 청와대) 진입 시도 → 경찰의 무차별 총격, 계엄령 선포(4. 19.) → 서울 시내 대학 교수단의 이승만 퇴진을 요구하는 시국 선언문 발표(4. 25.) → 이승만 대통령 하야(4. 26.) |
| 결과 | 허정의 과도 정부 수립 후 헌법 개정 → 내각 책임제, 양원제 국회(제3차 개헌) |
| 의의 | 학생과 시민의 힘으로 독재 정권을 타도한 민주주의 혁명(범국민적, 민중적) |

**(2) 5·18 민주화 운동(1980)**

| | |
|---|---|
| 배경 | • 신군부 세력의 등장<br>　– 정국 불안: 10·26 사태 이후 국무총리 최규하가 통일 주체 국민회의를 통해 제10대 대통령에 당선되었으나 유신 체제에 대한 반발 등으로 정국 불안이 지속됨<br>　– 12·12 사태: 전두환, 노태우 등의 신군부 세력은 병력을 동원하여 계엄 사령관 정승화를 체포하고 군부를 장악하여 정치적 실권 장악(1979) → 전국에 비상 계엄 확대<br>• 서울의 봄: 학생·시민들이 유신 헌법 폐지, 신군부 퇴진, 비상 계엄 폐지, 민주적 절차를 통한 정부 수립 등을 요구하며 시위 전개(5월 15일 서울역 평화 행진) |
| 전개 | • 신군부 세력이 전국에 비상 계엄을 확대(1980. 5. 17.)하여 국회 폐쇄, 정치 활동 금지, 대학 휴교, 언론 검열 강화 등을 포고 → 김대중 등 주요 정치 인사와 학생 운동 지도부를 체포·구속<br>• 광주 지역 학생·시민들이 민주화 운동을 전개 → 신군부의 공수 부대 투입과 무자비한 진압 → 시민의 무장 봉기로 발전 → 계엄군의 강제 진압으로 다수의 사상자가 발생 |
| 영향 | 신군부의 폭력적 진압을 미국이 방조했다는 의혹으로 반미 운동이 전개됨 |

**(3) 6월 민주 항쟁(1987)**

| | |
|---|---|
| 배경 | 전두환 정부의 권위주의적 통치와 강압적 통제로 인해 민주화 운동이 활성화됨 |
| 전개 | 1천만 서명 운동 전개(1985. 12., 직선제 개헌 요구) → 박종철 고문 치사 사건(1987. 1.) → 전두환 정부가 4·13 호헌 조치 발표(현행 헌법 유지) → 이한열 최루탄 피격 사건(1987. 6. 9.) → 6·10 국민 대회가 열려 전국 각지에서 국민 대회와 시위 전개, "호헌 철폐·독재 타도·민주 헌법 쟁취" 요구 |
| 영향 | • 민주 정의당(당시 여당) 대표 노태우가 대통령 직선제 개헌과 김대중 사면 복권 등을 약속하는 '시국 수습을 위한 8개 항' 발표(6·29 민주화 선언)<br>• 여·야 합의를 통해 5년 단임의 대통령 직선제로 헌법 개정(제9차 개헌, 현행 헌법) |

**시기별 각 정부의 통일 정책**

| 이승만 정부 | 북진 통일론 주장, 조봉암(진보당 인사)의 평화 통일론 탄압 |
|---|---|
| 장면 내각 | • 장면 내각은 유엔 감시하에 남북한 총선거를 통한 평화적 자유 민주 통일 주장<br>• 일부 학생과 혁신 세력의 중립화 통일론과 남북 협상론 제기 |
| 박정희 정부 | • 7·4 남북 공동 성명(1972)<br> – 배경: 닉슨 독트린(1969, 냉전 완화), 남북 적십자 예비 회담 제안(1971, 분단 이후 최초의 남북 대화)<br> – 내용: 통일 3대 원칙(자주·평화·민족 대단결)에 합의, 남북 조절 위원회 설치, 서울·평양 간 상설 전화 개설<br> – 한계: 남·북 독재 체제 강화에 이용<br>• 6·23 평화 통일 외교 선언(1973): 남북 유엔 동시 가입 제안과 공산 국가에 대한 문호 개방을 선언하였으나 북한에서 반발하여 남북 대화 중단을 통보 |
| 전두환 정부 | • 통일 방안: 남한의 민족·화합·민주 통일 방안(1982)과 북한의 고려 민주 연방 공화국 창립 방안(1980, 1민족 1국가 2체제 2정부 형태 지향)<br>• 남북 이산가족 고향 방문(1985): 최초의 남북 이산가족 상봉, 남·북 예술단 교환 공연(1985) |
| 노태우 정부 | • 7·7 선언(1988), 한민족 공동체 통일 방안(1989), 남북 유엔 동시 가입(1991. 9.)<br>• 남북 기본 합의서(1991. 12.): 남과 북의 관계를 잠정적 특수 관계로 규정, 상호 불가침, 상대방의 체제 인정, 교류·협력 확대, 남북 군사 공동 위원회 설치, 판문점에 연락 사무소 설치·운영<br>• 한반도 비핵화에 관한 공동 선언 채택(1991. 12.) |
| 김영삼 정부 | 3단계 3기조 통일 방안 제안(1993), 민족 공동체 통일 방안(1994) |
| 김대중 정부 | • 정주영 현대그룹 회장 소떼 방북(1998. 6.), 금강산 해로 관광 시작(1998. 11.)<br>• 6·15 남북 공동 선언(2000): 최초의 남북 정상 회담, 남측의 연합제 안과 북측의 낮은 단계 연방제 안의 공통성 인정<br>• 개성 공단 건설 합의(2000 → 착공, 2003), 제2차 이산가족 상봉(2000. 8.), 경의선 철도 복구 기공식(2000. 9.), 남북 이산가족 간의 서신 교환(2001), 경의선·동해선 철도 및 도로 연결 착공식(2002. 9.) |
| 노무현 정부 | • 제2차 남북 정상 회담 개최(2007)<br>• 10·4 남북 공동 선언(2007): 6·15 남북 공동 선언의 적극 구현, 한반도의 평화·핵 문제 해결 |
| 문재인 정부 | 4·27 판문점 선언(2018): 남북 공동 연락 사무소 설치, 이산가족 상봉 등에 합의 |

---

**단박 체크**

**다음 기출문장을 읽고, 옳으면 O, 틀리면 X를 괄호 안에 쓰세요.**

**01** 3·15 부정 선거 규탄에서 촉발된 시위는 결국 이승만 대통령의 하야로 귀결되었다. (    )

**02** 12·12 사태 이후 신군부가 계엄령을 전국에 확대하였다. (    )

**03** 전두환 정부는 4·13 호헌 조치를 통해 대통령 간선제 헌법의 고수를 천명하였다. (    )

**04** 6월 민주 항쟁의 결과 내각 책임제와 양원제 국회를 특징으로 하는 개헌이 이루어졌다. (    )

**05** 박정희 정부 시기에 통일 3대 원칙이 언급된 7·4 남북 공동 성명을 발표하였다. (    )

**06** 김영삼 정부 시기에 남한과 북한이 동시에 유엔에 가입하였다. (    )

**07** 노태우 정부 시기에 민족 자존과 통일 번영을 위한 특별 선언(7·7 선언)이 발표되었다. (    )

[정답] **01** O  **02** O  **03** O  **04** X (4·19 혁명의 결과)  **05** O  **06** X (노태우 정부 시기)  **07** O

**01** 다음 제시된 해방 이후 사회 정치 상황을 시간 순서대로 바르게 나열한 것은? [2020년 경찰직(2차)]

> ㉠ 유엔 한국 임시 위원단의 감시하에 남한만의 총선거가 실시되었다.
> ㉡ 제헌 국회는 '경자유전'을 원칙으로 하는 농지 개혁법을 공포하였다.
> ㉢ 이승만은 정읍에서 남쪽만이라도 먼저 정부를 수립하자고 주장하였다.
> ㉣ 제헌 국회는 반민족 행위 처벌법을 제정하였다.
> ㉤ 미군정은 좌·우 합작을 추진하는 한편 남조선 과도 입법 의원 창설을 공포하였다.

① ㉢ - ㉤ - ㉠ - ㉡ - ㉣
② ㉤ - ㉢ - ㉣ - ㉠ - ㉡
③ ㉢ - ㉤ - ㉠ - ㉣ - ㉡
④ ㉠ - ㉤ - ㉢ - ㉡ - ㉣

해설 **해방 이후 사회·정치적 상황**
③ 순서대로 나열하면 ㉢ 정읍 발언(1946. 6.) - ㉤ 남조선 과도 입법 의원 창설(1946. 12.) - ㉠ 5·10 총선거(1948. 5.) - ㉣ 반민족 행위 처벌법 제정(1948. 9.) - ㉡ 농지 개혁법 공포(1950. 3.)가 된다.

정답 ③

**02** 밑줄 친 '그'에 대한 설명으로 옳은 것은? [2022년 국가직 9급]

> 한국 국민당을 이끌던 그는 독립운동 세력을 통합하고자 한국 독립당을 결성해 항일 운동을 주도하였다. 광복 직후 귀국한 그는 정부 수립을 위한 활동을 이어나갔으며, 남한 단독 선거가 결정되자 김규식과 더불어 남북 협상을 위해 평양을 방문하기도 하였다.

① 좌·우 합작 위원회를 구성해 좌·우 합작 7원칙을 발표하였다.
② 광복 직후 안재홍 등과 함께 조선 건국 준비 위원회를 만들었다.
③ 무장 항일 투쟁을 위해 하와이로 건너가 대조선 국민 군단을 결성하였다.
④ 모스크바 3국 외상 회의의 결정 사항이 알려지자 신탁 통치 반대 운동을 펼쳤다.

해설 **김구** 제시문에서 한국 독립당을 결성해 항일 운동을 주도하고, 김규식과 더불어 남북 협상을 위해 평양을 방문했다는 내용을 통해 밑줄 친 '그'가 김구임을 알 수 있다.
④ 김구는 모스크바 3국 외상 회의에서 미국·소련·영국·중국 4개국이 최고 5년간 한국을 신탁 통치할 것을 결정하였다는 소식이 알려지자, 신탁 통치 반대 운동을 전개하였다.

오답 분석
① 좌·우 합작 위원회를 구성해 좌·우 합작 7원칙을 발표한 인물은 여운형, 김규식 등이다. 한편, 김구는 좌·우 합작 7원칙을 지지하였으나 좌·우 합작 위원회에는 참여하지는 않았다.
② 광복 직후 안재홍 등과 함께 조선 건국 준비 위원회를 만든 인물은 여운형이다.
③ 무장 항일 투쟁을 위해 하와이로 건너가 대조선 국민 군단(1914)을 결성한 인물은 박용만이다.

정답 ④

**03** 밑줄 친 '새 헌법'에 대한 설명으로 옳은 것은?

[2020년 지방직 9급]

> 정부에서는 6월 15일 국회에서 통과된 개헌안을 이송받자 이날 긴급 국무회의를 소집하고 정식으로 이를 공포하였다. 이로써 개정된 새 헌법은 16일 0시를 기해 효력을 발생케 되었다. 새 헌법이 공포됨으로써 16일부터는 실질적인 내각 책임 체제의 정부를 갖게 되었으며 허정 수석 국무위원은 자동으로 국무총리가 된다.
>
> – 『경향신문』, 1960. 6. 16.

① 임시 수도 부산에서 개정되었다.　　② '사사오입'의 논리로 통과되었다.

③ 통일 주체 국민회의 설치를 규정한 조항이 있다.　　④ 민의원과 참의원으로 구성된 국회 조항이 있다.

해설　**제3차 개헌(내각 책임제 개헌)** 제시문에서 1960년 6월 15일에 통과되었으며 내각 책임제와 국회 양원제를 골자로 한다는 내용을 통해 밑줄 친 '새 헌법'이 제3차 개헌안임을 알 수 있다.
　　④ 제3차 개헌안에서는 민의원(하원)과 참의원(상원)의 양원제 국회를 규정하였다.

오답
분석　① 임시 수도 부산에서 개정된 헌법은 제1차 개헌안(발췌 개헌, 1952)이다.
　　② '사사오입'의 논리로 통과된 헌법은 제2차 개헌안(사사오입 개헌, 1954)이다.
　　③ 통일 주체 국민회의 설치를 규정한 조항이 있는 헌법은 제7차 개헌안(유신 헌법, 1972)이다.

정답 ④

---

**04** 다음과 같은 대통령 선출 방식이 포함된 헌법의 내용으로 옳지 않은 것은?

[2022년 지방직 9급]

> 제39조　① 대통령은 통일 주체 국민회의에서 토론 없이 무기명 투표로 선거한다.
> 　　　　② 통일 주체 국민회의에서 재적 대의원 과반수의 찬성을 얻은 자를 대통령 당선자로 한다.

① 대통령은 국회를 해산할 수 있다.

② 대통령의 임기는 7년으로 하며, 중임할 수 없다.

③ 대법원장은 대통령이 국회의 동의를 얻어 임명한다.

④ 대통령은 국정 전반에 걸쳐 필요한 긴급 조치를 할 수 있다.

해설　**유신 헌법** 제시문에서 대통령은 통일 주체 국민회의에서 토론 없이 무기명 투표로 선거한다는 것을 통해 박정희 정부 때 개정된 유신 헌법(1972, 제7차 개헌)임을 알 수 있다.
　　② 대통령의 임기는 7년으로 하며, 중임할 수 없다는 것은 전두환 정부 때 개정된 제8차 개헌(1980)의 내용이다. 유신 헌법에서는 대통령의 임기를 6년으로 하고, 중임 제한이 없다고 규정하였다.

오답
분석　① 유신 헌법에서는 대통령에게 국회를 해산할 수 있는 권한이 부여되었다.
　　③ 유신 헌법에서 대법원장은 대통령이 국회의 동의를 얻어 임명할 수 있다고 규정하였다.
　　④ 유신 헌법에서는 대통령에게 국가의 안전 보장 등 중대한 사태가 발생하였을 때 국민의 기본권을 제한할 수 있는 긴급 조치권이 부여되었다.

정답 ②

**05** 〈보기〉의 선언문이 발표된 이후에 일어난 변화로 가장 옳은 것은? [2022년 서울시 9급(6월 시행)]

> **─● 보기 ●─**
>
> 오늘 우리는 전 세계 이목이 우리를 주시하는 가운데, 40년 독재 정치를 청산하고 희망찬 민주 국가를 건설하기 위한 거보를 전 국민과 함께 내딛는다. 국가의 미래요 소망인 꽃다운 젊은이를 야만적인 고문으로 죽여놓고 그것도 모자라 뻔뻔스럽게 국민을 속이려 했던 현 정권에게 국민의 분노가 무엇인지를 분명히 보여주고, 국민적 여망인 개헌을 일방적으로 파기한 4·13 폭거를 철회시키기 위한 민주 장정을 시작한다.

① 해방 이후 단절되었던 일본과의 국교가 정상화되었다.
② 내각 책임제와 양원제 국회를 특징으로 하는 개헌이 이루어졌다.
③ 장기적인 경제 발전을 위해 경제 개발 5개년 계획을 수립하였다.
④ 연임이 안 되는 임기 5년의 대통령을 직선제로 선출하게 되었다.

해설　**6월 민주 항쟁 이후의 변화** 제시문은 젊은이를 야만적인 고문으로 죽여놓았다는 내용과 4·13 호헌 조치를 철회시키기 위한 민주 장정을 시작한다는 내용을 통해 1987년의 6월 민주 항쟁 때 발표된 6·10 국민 대회 선언문임을 알 수 있다.
　④ 6월 민주 항쟁의 결과 여당 대통령 후보인 노태우가 대통령 직선제 개헌을 약속한 6·29 선언을 발표하였고, 제9차 개헌(1987. 10.)을 통해 연임이 불가능한 5년 단임의 대통령을 직선제로 선출하게 되었다.

오답　모두 6월 민주 항쟁(1987) 이전에 일어난 사실이다.
분석　① 박정희 정부는 경제 개발 자금을 마련하기 위해 한·일 기본 조약(1965)을 체결하여 일본과의 국교를 정상화하였다.
　② 4·19 혁명 이후 수립된 허정 과도 정부는 내각 책임제와 국회 양원제를 특징으로 하는 제3차 개헌(1960)을 단행하였다.
　③ 장면 내각(1960. 8.~1961. 5.)은 외자 도입과 경제 원조 확대를 통한 장기적인 경제 발전을 위해 경제 개발 5개년 계획을 수립하였다. 그러나 경제 개발 5개년 계획은 5·16 군사 정변으로 실행에 옮기지는 못하였고, 박정희 정부 때 시행되었다.

정답 ④

---

**06** (가), (나) 사이 시기에 있었던 사실로 가장 옳은 것은? [2022년 법원직 9급]

> (가) 남과 북은 상대방에 대하여 무력을 사용하지 않으며 상대방을 무력으로 침략하지 아니한다. …… 민족 전체의 복리 향상을 도모하기 위하여 자원의 공동 개발, 민족 내부 교류로서의 물자 교류, 합작 투자 등 경제 교류와 협력을 실시한다.
> (나) 남과 북은 나라의 통일을 위한 남측의 연합제 안과 북측의 낮은 단계의 연방제 안이 서로 공통성이 있다고 인정하고 앞으로 이 방향에서 통일을 지향시켜 나가기로 하였다.

① 남북 조절 위원회가 설치되었다.　　　② 금강산 관광 사업이 시작되었다.
③ 제2차 남북 정상 회담이 개최되었다.　　④ 남북 이산가족 상봉이 최초로 이루어졌다.

해설　**남북 기본 합의서와 6·15 남북 공동 선언 사이의 사실** (가)는 남과 북은 상대방에 대해 무력을 사용하지 않는다는 것을 통해 노태우 정부 시기인 1991년에 발표된 남북 기본 합의서임을 알 수 있다. (나)는 남측의 연합제 안과 북측의 낮은 단계의 연방제 안이 서로 공통성이 있다고 인정한다는 것을 통해 김대중 정부 시기인 2000년에 발표된 6·15 남북 공동 선언임을 알 수 있다.
　② (가)와 (나) 사이 시기인 1998년에 김대중 정부의 햇볕 정책으로 남북한의 교류와 협력 사업이 확대되면서 금강산 해로 관광 사업이 시작되었다.

오답　① 남북 조절 위원회가 설치된 것은 (가) 이전인 박정희 정부 때의 사실이다. 남북 조절 위원회는 7·4 남북 공동 성명의 합의 사항
분석　　들을 추진하기 위해 설치되었다(1972).
　③ 제2차 남북 정상 회담(2007, 10·4 남북 공동 선언)이 개최된 것은 (나) 이후인 노무현 정부 때의 사실이다.
　④ 남북 이산가족 상봉과 남북 예술단 교환 공연이 최초로 이루어진 것(1985)은 (가) 이전인 전두환 정부 때의 사실이다.

정답 ②

## 01

(가), (나)와 관련한 회담에 대한 설명으로 옳지 않은 것은?

> (가) 우리 세 나라는 현재 한국 국민이 노예 상태하에 있음을 유의하여 적당한 시기에 한국을 자주·독립 국가로 할 결의를 가지고 있다.
> (나) 소련·미국·영국은 독일의 항복이 임박하자 회담을 개최하고, 2~3개월 뒤에 소련이 다음의 조건으로 연합국 편에서 일본에 대한 전쟁에 참가하기로 협정하였다.

① (가) – 회담 당사국은 미국, 영국, 중국이었다.
② (나) – 회담의 영향으로 임시 정부가 건국 강령을 발표하였다.
③ (가) – 제2차 세계 대전 중 최초로 한국의 독립을 국제적으로 보장하였다.
④ (나) – 미국의 루즈벨트 대통령이 한반도에 대한 20~30년 간의 신탁 통치 실시를 제안하였다.

## 02

다음 결정을 내린 회의에 대한 설명으로 옳은 것은?

> ○ 조선을 독립시키고 민주 국가로 발전시키는 동시에, 가혹한 일본의 조선 통치 잔재를 빨리 청산하기 위해 조선에 임시 민주주의 정부를 수립한다.
> ○ 조선 임시 정부의 구성을 원조할 목적으로 먼저 그 적절한 방안을 마련하기 위하여 남조선 합중국 관구와 북조선 소련 관구의 대표자들로 공동 위원회가 설치될 것이다.

① 남북한 총선거를 실시하기로 결정하였다.
② 4개국이 한국을 신탁 통치할 것을 협의하였다.
③ 한반도에서 미군과 소련군의 군정 실시를 결정하였다.
④ 회의의 결과 조선 건국 준비 위원회가 조직되었다.

## 03

(가)에 대한 설명으로 옳은 것은?

> 모스크바 삼상 회의에서 결정한 조선에 관한 제3조 제2항에 의거하여 조선 임시 민주 정부 조직에 협력하여 이에 대한 제방책을 준비·작성하기 위해 구성된 ____(가)____ 이/가 3천만의 큰 희망 속에 20일 드디어 덕수궁 석조전에서 출범하였다.

① 제헌 헌법을 제정하였다.
② 조선 인민 공화국의 수립을 선포하였다.
③ 한국 민주당이 조직되는 계기가 되었다.
④ 임시 정부 수립을 위한 협의 대상을 선정하는 문제로 논쟁하였다.

## 04

다음과 같은 원칙을 지닌 단체에 대한 설명으로 옳은 것은?

> • 미·소 공동 위원회의 속개를 요청하는 공동 성명을 발표할 것
> • 토지 개혁에 있어 몰수, 유조건 몰수, 체감 매상 등으로 토지를 농민에게 무상으로 분여하며 ……
> • 친일파 민족 반역자를 처리할 조례를 입법 기구에 제안하여 실시하도록 할 것

① 미군정의 지원을 받으며 활동하였다.
② 박헌영 등 좌익 세력의 주도로 만들어졌다.
③ 김구, 이승만 등 우익 세력의 지지를 받았다.
④ 치안대를 설치하고 전국에 145개의 지부를 조직하였다.

**05**

(가)가 발표된 시기부터 (나)가 발표된 시기 사이에 있었던 사실로 옳지 않은 것은?

> (가) 이제 우리는 무기 휴회된 공위가 재개될 기색도 보이지 않으며 통일 정부를 고대하나 여의치 않게 되었으니, 우리는 남방만이라도 임시 정부 혹은 위원회 같은 것을 조직하여 38도선 이북에서 소련이 철퇴하도록 세계 공론에 호소해야 할 것이다.
>
> (나) 총회는 한국 대표가 한국 주재 군정 당국에 의하여 지명된 자가 아니라 한국민에 의하여 실제로 정당하게 선출된 자라는 것을 감시하기 위하여, 조속히 유엔 한국 임시 위원단을 설치하여 한국에 주재케 하고, 이 위원단에게 한국 전체를 여행·감시·협의할 수 있는 권한을 부여할 것을 결의한다.

① 제2차 미·소 공동 위원회가 결렬되었다.
② 좌·우 합작 위원회가 '좌·우 합작 7원칙'을 선포하였다.
③ 김구가 '3천만 동포에게 읍고함'이라는 글을 발표하였다.
④ 미군정이 남조선 과도 입법 의원을 구성하였다.

**06**

6·25 전쟁의 전개 과정 중 발생한 사건들을 일어난 순서대로 바르게 나열한 것은?

> ㉠ 서울 수복 및 평양 탈환
> ㉡ 국제 연합군의 인천 상륙 작전
> ㉢ 흥남 철수 작전 전개
> ㉣ 개성에서 휴전 회담 개최

① ㉠ → ㉡ → ㉢ → ㉣
② ㉠ → ㉡ → ㉣ → ㉢
③ ㉡ → ㉠ → ㉢ → ㉣
④ ㉡ → ㉠ → ㉣ → ㉢

**07**

(가) 기구에 대한 설명으로 옳지 않은 것은?

> 남조선 정부의 행정 부문에서 조선인들에게 직접적인 통제권이 주어진 결과 민정 장관 안재홍과 조선인 부장들이 이끄는 조선인 부서가 형성되었다. …… 군정 장관은 미국의 정책에 대해 다음과 같이 말했다. "정책 입안 기관으로서 조선인 부서와 입법 기관으로서  (가)  은/는 정부의 대다수 기능과 함께 본인에게 책임이 맡겨져 있다. 나는 미국 정부의 직접적 이익이 관련된 특별한 경우를 제외하고는 간섭할 것이라고 생각하지 않는다."

① 입법의원 의원 선거법을 제정하였다.
② 초대 의장으로 김규식이 선임되었다.
③ 선거로 선출된 민선 의원 90명으로 구성되었다.
④ 민족 반역자·부일 협력자·간상배에 대한 특별법을 제정하였다.

**08**

다음 자료와 관련된 사건에 대한 설명으로 옳은 것은?

> 1. 마산, 서울, 기타 각지의 학생 데모는 주권을 빼앗긴 국민의 울분을 대신하여 궐기한 학생들의 순수한 정의감의 발로이며, 불의에는 언제나 항거하는 민족 정기의 표현이다.
> 2. 합법적이고 평화적인 데모 학생에게 총탄과 폭력을 거리낌 없이 남용하여 참극을 빚어낸 경찰은 자유와 민주를 기본으로 한 대한민국의 국립 경찰이 아니라 불법과 폭력으로 권력을 유지하려는 일부 정부 집단의 사병이다.
> – 대학 교수단 4·25 선언문

① 사건 이후 최규하 과도 정부가 수립되었다.
② 마산에서 김주열의 시신이 발견되어 시위가 전개되는 계기가 되었다.
③ 시민들이 박종철 고문 치사 사건의 은폐를 규탄하였다.
④ 김종필과 오히라의 비밀 교섭 내용이 폭로되어 전개되었다.

## 09

다음 시정 방침을 발표한 정부 시기의 사실로 옳은 것은?

> 1. 일본과의 국교 정상화 및 유엔 감시 하의 남북한 자유 선거에 의한 통일 달성
> 3. 부정 선거의 원흉과 발포 책임자, 부정, 불법 축재자 처벌
> 5. 군비 축소와 군의 정예화 추진을 통한 국방력 강화 및 군의 정치적 중립성 확보

① 조봉암이 진보당을 창당하였다.
② 민주화 추진 협의회가 조직되었다.
③ 판문점 도끼 만행 사건이 일어났다.
④ 경제 개발 5개년 계획을 수립하였다.

## 10

다음 헌법이 시행된 시기의 사실로 옳지 않은 것은?

> 제47조 대통령의 임기는 6년으로 한다.
> 제53조 대통령은 천재·지변 또는 중대한 재정·경제상의 위기에 처하거나, 국가의 안전보장 또는 공공의 안녕질서가 중대한 위협을 받거나 받을 우려가 있어, 신속한 조치를 할 필요가 있다고 판단할 때에는 내정·외교·국방·경제·재정·사법 등 국정 전반에 걸쳐 필요한 긴급 조치를 할 수 있다.

① 명동 성당에서 3·1 민주 구국 선언문이 발표되었다.
② 굴욕적인 한·일 회담에 반대하는 6·3 항쟁이 일어났다.
③ YH 무역의 노동자들이 신민당사에서 농성을 전개하였다.
④ 연간 수출 총액 100억 달러를 달성하였다.

## 11

다음은 대한민국 헌법의 개정 내용을 정리한 것이다. (가)~(라)에 대한 설명으로 옳지 않은 것은?

| 개헌 | 주요 특징 |
|---|---|
| (가) 1차 개헌 | 발췌 개헌 |
| (나) 2차 개헌 | 사사오입 개헌 |
| (다) 3차 개헌 | 양원제 채택 |
| (라) 7차 개헌 | 유신 헌법 채택 |

① (가) – 임시 수도인 부산에서 개헌하였다.
② (나) – 내각 책임제를 채택하였다.
③ (다) – 4·19 혁명의 결과로 이루어졌다.
④ (라) – 대통령의 국회 해산권을 규정하였다.

## 12

다음 조약을 체결한 이후에 있었던 사실로 옳은 것을 〈보기〉에서 모두 고른 것은?

> 대한민국과 일본국은 양국 국민 관계의 역사적 배경을 고려하며, 선린 관계 및 주권 상호 존중 원칙에 입각한 양국 관계의 정상화를 상호 의망(意望)함을 고려하고, …… 본 기본 관계에 관한 조약을 체결하기로 결정하고 …… 다음의 조항에 합의하였다.
> 제2조 1910년 8월 22일 및 그 이전에 대한 제국과 일본 제국 간에 체결된 모든 조약 및 협정이 이미 무효임을 확인한다.

> ● 보기 ●
> ㉠ 향토 예비군이 창설되었다.
> ㉡ 국가 재건 최고 회의가 구성되었다.
> ㉢ 북한이 푸에블로호를 납치하였다.
> ㉣ 농어촌 고리채 정리법이 공포되었다.

① ㉠, ㉡        ② ㉠, ㉢
③ ㉡, ㉣        ④ ㉢, ㉣

**13** 고난도 문제

**다음과 관련된 설명으로 옳은 것은?**

> 민주주의는 대한민국의 국시이다. 따라서 대한민국의 정통성은 민주주의에 있다. 그러므로 어떤 구실로도 민주주의가 위축되어서는 안 된다. …… 노동자·농민을 차관 기업과 외국 자본의 착취에 내맡긴 경제 입국 논리는 처음부터 국민을 위한 것이 아니었다. 국민의 경제력을 키우면서 그 기반 위에 수출 산업을 육성하지 않은 것이 잘못이다.

① 대통령의 3선 연임을 허용하는 개헌안에 대한 반발로 일어났다.
② 계엄령 철폐와 김대중 석방을 요구하며 일어난 민주화 운동이다.
③ 김영삼 전 신민당 총재가 제명되면서 시위가 부산, 마산 등지에서 확산되었다.
④ 윤보선, 김대중 등 재야 인사들이 중심이 되어 긴급 조치 철폐, 박정희 정권 퇴진 등을 요구하였다.

**14**

**다음 자료에 해당하는 민주화 운동에 대한 설명으로 옳은 것은?**

> 국토 수호를 위임받은 군인이 제 나라의 양민을 학살하고 있다. 국민의 가슴이 산산이 부서진 오늘은 참을 수 없는 비극의 날이다. 17일 밤을 기해 비상계엄을 전국으로 확대하고 군부 통치에 비판적인 정치인과 민주 인사들을 체포하여 민주주의에 대한 희망을 말살하였다.

① 대통령 직선제 개헌을 약속하는 선언을 이끌어냈다.
② 3·15 부정 선거가 직접적인 원인이 되어 일어났다.
③ 관련 기록물이 유네스코 세계 기록유산으로 등재되었다.
④ 유신 헌법 철폐와 개헌을 요구하는 학생들이 민청학련을 조직하여 투쟁을 전개하였다.

**15**

**다음 6월 민주 항쟁의 사건을 시기순으로 바르게 나열한 것은?**

> ㉠ 서울대학교 학생 박종철이 고문으로 사망하였다.
> ㉡ 연세대학교 학생 이한열이 시위 중 최루탄에 맞아 사망하였다.
> ㉢ 정부가 현행 헌법 유지 방침으로 일체의 개헌 논의를 금지시키는 호헌 조치를 발표하였다.
> ㉣ 야당 정치인들과 재야 세력들이 대통령 직선제 개헌을 위한 1천만 서명 운동을 전개하였다.

① ㉠ → ㉡ → ㉢ → ㉣   ② ㉡ → ㉢ → ㉠ → ㉣
③ ㉢ → ㉣ → ㉡ → ㉠   ④ ㉣ → ㉠ → ㉢ → ㉡

**16**

**다음 ㉠~㉣을 발표된 순서대로 나열한 것은?**

> ㉠ 여야 합의하에 조속히 대통령 직선제 개헌을 하고, 새 헌법에 의한 대통령 선거를 통해 평화적 정부 이양을 실현토록 해야겠습니다.
> ㉡ 헌법 개정의 주체는 오로지 국민이다. 국민 외에 어느 누구도 이 신성한 권리를 대행하거나 파기할 수 없다. 그러므로 국민적 의사를 전적으로 묵살한 4·13 폭거는 시대적 대세인 민주화를 거스르려는 음모요 …(하략)…
> ㉢ 우리는 왜 총을 들 수밖에 없었는가? 그 대답은 너무나 간단합니다. …(중략)… 계엄 당국은 18일 오후부터 공수 부대를 대량 투입하여 시내 곳곳에서 학생, 젊은이들에게 무차별 살상을 자행하였으니!
> ㉣ 국민의 충고를 무시하고 헌정을 말살하는 3선 개헌을 강행하여 국론 분열과 사회의 격동을 조장한다면 그것이야말로 북괴의 흉계에 호기를 제공하는 것이다. 우리는 이제 3선 개헌을 감행하여 자유 민주에의 반역을 기도하는 어떤 명분이나 위장된 강변에도 현혹됨이 없이 …(하략)…

① ㉢ → ㉠ → ㉣ → ㉡   ② ㉢ → ㉣ → ㉠ → ㉡
③ ㉣ → ㉡ → ㉢ → ㉠   ④ ㉣ → ㉢ → ㉡ → ㉠

## 17

다음 성명에 대한 설명으로 옳은 것은?

> 통일은 외세에 의존하거나 외세의 간섭을 받음이 없이 자주적으로 해결하여야 한다. 통일은 상대방을 반대하는 무력 행사에 의거하지 않고 평화적인 방법으로 실현하여야 한다. 사상과 이념, 제도의 차이를 초월하여 우선 하나의 민족으로서 민족적 대단결을 도모하여야 한다.

① 남북 고위급 회담을 통해 채택되었다.
② 금강산 관광 사업을 추진하기로 결정하였다.
③ 남북의 독재 체제 강화에 이용되었다.
④ 핵 에너지를 평화적 목적에만 이용할 것을 선언하였다.

## 18

다음 중 전두환 정부 시기에 이루어진 남북 관계에 대한 내용으로 옳은 것만을 모두 고른 것은?

> ㉠ 남북 기본 합의서를 채택하였다.
> ㉡ 남북 적십자 회담을 처음으로 개최하였다.
> ㉢ 남북 이산가족이 최초로 상봉하였다.
> ㉣ 민족 화합 민주 통일 방안을 발표하였다.

① ㉠, ㉡　　　　② ㉠, ㉣
③ ㉡, ㉢　　　　④ ㉢, ㉣

## 19

다음 합의가 이루어진 정부 시기의 사실로 옳은 것은?

> 1. 남과 북은 핵무기의 시험, 제조, 생산, 접수, 보유, 저장, 배치, 사용을 아니한다.
> 2. 남과 북은 핵 에너지를 오직 평화적 목적에만 이용한다.
> 3. 남과 북은 핵 재처리 시설과 우라늄 농축 시설을 보유하지 아니한다.

① 베트남 파병을 시작하였다.
② 개성 공단 건설을 합의하였다.
③ 소련, 중국과 수교가 이루어졌다.
④ 한반도 에너지 개발 기구(KEDO)가 발족하였다.

## 20

밑줄 친 '정부'의 통일 정책으로 옳은 것은?

> 오늘 저는 대한민국 제○○대 대통령에 취임하게 되었습니다. 정부 수립 XX년 만에 처음 이루어진 여야간 정권 교체를 여러분과 함께 기뻐하면서 온갖 시련과 장벽을 넘어 진정한 국민의 정부를 탄생시킨 국민 여러분께 찬양과 감사의 말씀을 드리는 바입니다.

① 남북 조절 위원회를 설치하였다.
② 10·4 남북 공동 선언을 합의하였다.
③ 경의선 철로 복원 사업을 착공하였다.
④ 한민족 공동체 통일 방안을 발표하였다.

정답·해설 p.91

### 적중개념 출제 순위

| | | |
|---|---|---|
| 1위 | **1** 현대 각 정부의 경제 정책 | 농지 개혁법, 경제 개발 5개년 계획, 3저 호황, 금융 실명제 |
| 2위 | **2** 현대 사회의 변화 | 새마을 운동, 전태일 분신 사건 |
| 3위 | **3** 현대 교육 정책과 언론의 발전 | 국민 교육 헌장, 중학교 무시험 진학제 |

### 적중개념 | 1 현대 각 정부의 경제 정책 [최다출제]

| | | |
|---|---|---|
| 이승만 정부 | • 미국의 무상 원조 경제 체제: 미국의 잉여 농산물 도입(PL 480), 삼백 산업(밀가루, 면직물, 설탕) 등 소비재 공업 발달 → 1950년대 후반 원조 방식의 전환(무상 원조→ 유상 차관)<br>• 농지 개혁 실시(1950): 3정보 이내로 농지 소유 제한, 유상 매수·유상 분배 원칙 적용 → 소작지가 줄고 자작지가 늘어남, 지주 전호제 폐지, 경자유전(농사를 짓는 사람이 토지를 소유)의 원칙 수립<br>• 귀속 재산 처리법 제정(1949): 일본인 소유의 공장과 주택을 민간인에게 저렴한 가격으로 불하 → 불하 과정에서 재벌 탄생(정경유착 발생) | |
| 박정희 정부 | 제1·2차 경제 개발 5개년 계획 (1962~1971) | • 노동 집약적 경공업 육성(의류·신발 등)<br>• 베트남 파병에 따른 베트남 특수로 빠른 경제 성장(브라운 각서), 경부 고속도로 개통(1970) |
| | 제3·4차 경제 개발 5개년 계획 (1972~1981) | • 중화학 공업 육성<br>• 마산 자유 무역 지역(1970), 익산 자유 무역 지역(1973), 울산·포항·구미 등지에 공업 단지 조성, 포항 제철 준공(1973)<br>• 중동 건설 사업 진출로 제1차 석유 파동(1973~1974) 극복, 수출 100억 달러 돌파(1977), 제2차 석유 파동(1978~1980)으로 경제적 위기 직면 |
| 전두환 정부 | 3저 호황(저유가·저달러·저금리)으로 물가가 안정되고 수출이 증대되어 국제 무역 수지 흑자 달성 | |
| 김영삼 정부 | • 금융 실명제 실시(1993), 우루과이 라운드 타결(1994), 세계 무역 기구(WTO) 출범(1995), 경제 협력 개발 기구(OECD) 가입(1996)<br>• 외환 위기(1997): 개방화 정책과 무리한 과잉 중복 투자로 외환 위기 직면, IMF(국제 통화 기금)에 지원 요청 | |
| 김대중 정부 | 외환 위기 극복 노력: 금 모으기 운동, 노사정 위원회 구성, 4대 부문의 구조 조정, 금융·투자 개방, 벤처기업 육성 → IMF 관리 체제에서 벗어났으나 대량 해고로 인한 실업자와 비정규직 노동자 증가, 일부 은행과 대기업 매각, 양극화 심화 문제 발생 | |
| 노무현 정부 | 한·미 자유 무역 협정(FTA) 체결(2007)(일부 분야 한정, 재협상 후 2012년 이명박 정부 때 발효) | |

| 사회적 변화 | • 산업화와 도시화: 공업 위주의 개발 정책 → 농업 인구 감소, 도시 인구 급팽창<br>• 농업 정책: 새마을 운동(1970년부터 시작, 영농의 다각화 시도) |
|---|---|
| 사회 문제 해결을<br>위한 노력 | • 노동 운동<br>　– 1970년대: 전태일 분신 사건(1970), YH 무역 사건(1979) 발생<br>　– 1980년대: 6월 민주 항쟁(1987) 이후 노동 조합 결성 확산<br>　– 1990년대: 국제 노동 기구(ILO) 가입(1991), 전국 민주 노동 조합 총연맹 결성(1995) |

## 적중개념 | 3 현대 교육 정책과 언론의 발전

(1) 시기별 교육 정책

| 미군정기 | 6·3·3 학제 마련(초등 6년, 중등 3년, 고등 3년) |
|---|---|
| 이승만 정부 | 헌법에 초등학교(당시는 국민학교) 의무 교육 규정과 정부의 의무 교육 완성 6개년 계획 추진 |
| 박정희 정부 | • 국민 교육 헌장 선포(1968), 중학교 무시험 진학제 도입(1969학년도), 대학 입학 예비고사 제도 시행<br>　(1969학년도)<br>• 고교 평준화 정책 실시(1974) |
| 전두환 정부 | 7·30 교육 개혁(1980): 과외 금지 조치, 대입 본고사 폐지, 졸업 정원제 실시 |
| 김영삼 정부 | 대학 수학 능력 시험 실시, 국민학교를 초등학교로 개칭함 |

(2) 언론의 발전

| 이승만 정부 | 경향신문을 폐간(1959)하는 등 민주화 운동에 앞장선 언론 기관을 탄압함 |
|---|---|
| 박정희 정부 | 언론 통폐합, 프레스 카드제 실시(1972), 동아일보 백지 광고 사태(1974) 발생 |
| 신군부 세력과<br>전두환 정부 | • 언론 기본법 제정, 보도 지침을 통한 검열 강화<br>• 컬러 TV 보급, 프로 야구 출범 등을 통해 방송의 탈정치화 유도 |
| 6월 민주 항쟁<br>이후 | 언론 기본법과 프레스 카드제 폐지 등 언론의 자유 확대 |

---

### 단박 체크

**다음 기출문장을 읽고, 옳으면 O, 틀리면 X를 괄호 안에 쓰세요.**

01 이승만 정부 시기에는 제분, 제당, 면방직 등 삼백 산업을 적극 지원하였다. (　　　)

02 박정희 정부 시기에 저금리, 저유가, 저달러의 3저 호황을 경험하였다. (　　　)

03 1960년대 근면, 자조, 협동을 구호로 내건 새마을 운동이 추진되어, 농촌 생활 환경 개선과 소득 증대에 일정한
　　성과를 올렸다. (　　　)

04 1960년대에 입시 과열을 막기 위해 중학교 무시험 추첨제가 도입되었다. (　　　)

[정답]　01 O　02 X (전두환 정부)　03 X (1970년대의 사실)　04 O

**01** 다음 법령이 반포되었을 당시의 경제적 상황으로 가장 옳은 것은?

[2020년 법원직 9급]

> 제2조 본 법에서 귀속 재산이라 함은 … 대한민국 정부에 이양된 일체의 재산을 지칭한다. 단, 농경지는 따로 농지 개혁법에 의하여 처리한다.
> 제3조 귀속 재산은 본 법과 본 법의 규정에 의하여 발하는 명령이 정하는 바에 의하여 국용 또는 공유 재산, 국영 또는 공영 기업체로 지정되는 것을 제외하고는 대한민국의 국민 또는 법인에게 매각한다.
>
> – 귀속 재산 처리법

① 삼백 산업이 발달하였다.　　　　　② 금융 실명제가 실시되었다.
③ 수출 100억 달러를 달성하였다.　　④ OECD 회원국으로 가입하였다.

해설　**이승만 정부의 경제 정책** 제시문은 이승만 정부 시기인 1949년 12월에 제정된 귀속 재산 처리법이다. 이승만 정부는 귀속 재산 처리법을 통해 국·공유 재산으로 지정된 것을 제외한 귀속 재산을 민간에 매각하였다.
① 이승만 정부 시기에는 미국의 원조로 들여온 밀, 면화, 원당(설탕)을 원료로 한 삼백 산업이 발달하였다.

오답
분석　② 금융 실명제가 실시된 것은 김영삼 정부 시기인 1993년의 일이다.
③ 수출 100억 달러를 처음 달성한 것은 박정희 정부 시기인 1977년이다.
④ OECD(경제 협력 개발 기구)에 회원국으로 가입한 것은 김영삼 정부 시기인 1996년의 일이다.

정답 ①

**02** 다음은 우리나라 경제 성장 과정을 시간 순으로 나열한 것이다. (가)에 들어갈 내용으로 옳은 것은?

[2020년 국가직 9급]

> 수출액 100억 달러를 돌파하다.
> ↓
> 제2차 석유 파동으로 경제가 침체에 빠지다.
> ↓
> (가)
> ↓
> 경제 협력 개발 기구에 가입하다.

① 제3차 경제 개발 5개년 계획이 실시되다.
② 저금리, 저유가, 저달러의 3저 호황을 경험하다.
③ 베트남 파병을 시작하고 브라운 각서를 체결하다.
④ 일본과 대일 청구권 문제에 합의하고 한·일 기본 조약을 체결하다.

해설　**제2차 석유 파동과 경제 협력 개발 기구 가입 사이의 사실**
(가) 시기는 제2차 석유 파동 발생(1978~1980)~경제 협력 개발 기구(OECD) 가입(1996)까지이다.
② (가) 시기인 1980년대 후반에 국제적으로 저금리, 저유가, 저달러의 이른바 3저 호황을 맞이하였다.

오답
분석　모두 수출액 100억 달러 돌파(1977) 이전의 사실이다.
① 제3차 경제 개발 5개년 계획은 1972년부터 1976년까지 실시되었다.
③ 박정희 정부는 미국의 요청에 따라 베트남 전쟁에 군대를 파견(1964)하고, 그 대가로 브라운 각서를 체결(1966)하였다.
④ 박정희 정부는 1965년 한·일 기본 조약(한·일 협정)을 체결하여 일본으로부터 각종 차관을 공여 받기로 합의하였다.

정답 ②

**03** 다음 담화가 발표된 시기는?

> 금융 실명제가 실시되지 않고는 이 땅의 부정부패를 원천적으로 봉쇄할 수가 없습니다. …(중략)… 금융 실명제 없이는 건강한 민주주의도, 활력이 넘치는 자본주의도 꽃피울 수가 없습니다.

| | (가) | (나) | (다) | (라) | |
|---|---|---|---|---|---|
| 7·4 남북 공동 성명 | 남북 기본 합의서 채택 | 금강산 해로 관광 사업 시작 | 6·15 남북 공동 선언 | 10·4 남북 공동 선언 | |

① (가)  
② (나)  
③ (다)  
④ (라)

해설 **금융 실명제 발표 시기** 제시문은 김영삼 정부가 투명한 금융 거래를 위해 시행한 금융 실명제에 대한 내용이다.
(가) 7·4 남북 공동 성명(1972) ~ 남북 기본 합의서 채택(1991)
(나) 남북 기본 합의서 채택(1991) ~ 금강산 해로 관광 사업 시작(1998)
(다) 금강산 해로 관광 사업 시작(1998) ~ 6·15 남북 공동 선언(2000)
(라) 6·15 남북 공동 선언(2000) ~ 10·4 남북 공동 선언(2007)
② 김영삼 정부에서 금융 실명제 실시를 위한 담화를 발표한 것은 (나) 시기인 1993년이다. 김영삼 정부는 비실명 금융 거래로 인한 부정 거래와 뇌물, 불법 재산 축적 등의 폐해를 개선하기 위해 모든 금융 거래에 거래 당사자의 실명을 사용하도록 한 제도인 금융 실명제를 실시하였다(1993).

정답 ②

**04** 시대별 교육 문화의 변화에 대한 설명으로 옳지 않은 것은?

① 미군정기: 미국식 민주주의 교육과 6-3-3학제가 도입되었다.
② 1950년대: 경제적 어려움 속에서도 초등학교 의무 교육제가 시행되었다.
③ 1960년대: 입시 과열을 막기 위해 중학교 무시험 추첨제가 도입되었다.
④ 1970년대: 국가주의 이념을 강조한 국민 교육 헌장이 제정되었다.

해설 **현대의 시대별 교육 문화**
④ 국민 교육 헌장은 박정희 정부 시기인 1968년에 제정되었다. 국민 교육 헌장은 우리 교육이 지향해야 할 이념과 목표를 제시한 것으로, 민족 주체성 확립과 새로운 민족 문화 창조, 반공 민주주의 정신 강조 등의 내용을 담고 있다.

오답 분석 ① 미군정기(1945~1948)에는 미국식 민주주의 교육 원리가 반영되어 초등학교 6학년, 중학교 3학년, 고등학교 3학년의 6-3-3 학제가 도입되었으며, 민주 시민의 양성을 교육 목표로 하였다.
② 1950년대에는 경제적 어려움 속에서도 초등학교(당시 국민학교) 의무 교육제가 시행되었다. 의무 교육은 1948년 제정된 제헌 헌법에 처음 명시되었으며, 1950년에 초등학교 의무 교육이 본격적으로 실시되었다.
③ 입시 경쟁의 과열을 막기 위해 시행된 중학교 무시험 추첨제는 1969년 서울에서 처음 시작되어 1970년대에 전국으로 확대되었다.

정답 ④

# 적중문제

## 01
다음 법에 대한 설명으로 옳지 않은 것은?

> 제5조 정부는 아래에 의하여 농지를 취득한다.
>   1. 다음의 농지는 정부에 귀속한다.
>      (가) 법령 및 조약에 의하여 몰수 또는 국유로 된 농지
>      (나) 소유권의 명의가 분명치 않은 농지
>   2. 아래의 농지는 적당한 보상으로 정부가 매수한다.
>      (가) 농가 아닌 자의 농지
>      (나) 자경(自耕)하지 않는 자의 농지
> 제12조 농지의 분배는 1가구당 총 경영 면적 3정보를 초과하지 못한다.

① 호당 3정보 이하의 농지는 매수 대상에서 제외하였다.
② 유상 매수, 유상 분배의 원칙이 적용되었다.
③ 신한 공사를 중심으로 실시되었다.
④ 경자유전의 원칙을 적용하여 실시하였다.

## 02
다음 (가)에 들어갈 경제 개발 계획이 추진된 시기에 있었던 사실로 옳은 것은?

> 정부는 ⟨ (가) ⟩을 추진하면서 수출 주도형 성장 전략을 추진하였다. 그 결과 국민 총생산(GNP)은 연평균 10%를 넘는 성장률을 보였다. 낮은 임금으로 고용할 수 있는 노동력을 바탕으로 섬유, 합판, 가발 등 경공업 제품을 만들어 수출하는 것이 경제 개발의 핵심이었으며 …… 이 시기의 경공업 중심 경제 개발 계획은 이후 중화학 공업에 중점을 둔 경제 개발 계획과는 대비된다.

① 경부 고속 국도가 완공되었다.
② 귀속 재산 처리법이 공포되었다.
③ 자유 무역 협정을 통해 시장 개방이 확대되었다.
④ 제2차 석유 파동으로 경제 위기가 발생하였다.

## 03
(가) 정부 시기의 경제 상황으로 옳은 것은?

> ⟨ (가) ⟩ 정부의 유화 정책 속에 시행된 컬러 TV 방송의 개막은 다양한 대중문화의 폭발을 예고하였고, 프로 스포츠의 등장으로 국민의 여가 문화가 확대되었다.

① 세계 무역 기구에 가입하였다.
② 미국과 자유 무역 협정을 체결하였다.
③ 3저 호황 속에서 경제 성장을 이루었다.
④ 제3차 경제 개발 5개년 계획을 실시하였다.

## 04
다음 연설을 발표한 정부 시기의 경제적 사실로 옳은 것을 〈보기〉에서 모두 고르면?

> 전직 대통령을 구속하고 재판하는 일은 국가적으로 불행하고 부끄러운 일입니다. 그러나 이러한 과정을 거치지 않으면 우리 역사는 바로 설 수 없습니다. …… 우리가 광복 50주년을 맞아 일제의 잔재인 옛 조선 총독부 건물을 철거하기 시작한 것도 역사를 바로 잡아 민족 정기를 확립하기 위한 것입니다.

┌─── 보기 ───
⊙ 우루과이 라운드(UR) 타결
⊙ 수출 100억 달러 돌파
⊙ 경제 협력 개발 기구(OECD) 가입
⊙ 세계 무역 기구(WTO) 출범

① ⊙, ⊙               ② ⊙, ⊙
③ ⊙, ⊙, ⊙            ④ ⊙, ⊙, ⊙

## 05

다음 자료와 관련된 내용에 대한 설명으로 옳은 것을 〈보기〉에서 모두 고른 것은?

> 새벽종이 울렸네 새 아침이 밝았네 너도 나도 일어나 새마을을 가꾸세 초가집도 없애고 마을 길도 넓히고 푸른 동산 만들어 알뜰살뜰 다듬세 서로서로 도와서 땀 흘려서 일하고 소득 증대 힘써서 부자 마을 만드세
>
> 우리 모두 굳세게 싸우면서 일하고 일하면서 새 조국을 만드세

● 보기 ●

㉠ 1960년대에 전개되었다.
㉡ 삼백 산업을 발달시켰다.
㉢ 정부가 주도하여 실시하였다.
㉣ 근면, 자조, 협동을 구호로 내걸었다.

① ㉠, ㉡  
② ㉠, ㉣  
③ ㉡, ㉢  
④ ㉢, ㉣

## 06

시대별 교육 문화의 변화에 대한 설명으로 옳지 않은 것은?

① 1950년대 – 초등학교(국민학교) 의무 교육이 실시되었다.
② 1960년대 – 국민 교육 헌장이 발표되었고, 중학교 무시험 진학 제도가 실시되었다.
③ 1970년대 – 대학 입학 본고사가 폐지되었고, 대학 진학률도 크게 높아졌다.
④ 1980년대 – 과외를 전면 금지하고 대학교 졸업 정원제가 시행되었다.

## 07

다음 사건들을 순서대로 바르게 나열한 것은?

㉠ 노사정 위원회가 설립되었다.
㉡ 국제 노동 기구(ILO)에 가입하였다.
㉢ 전국 민주 노동 조합 총연맹이 결성되었다.
㉣ 전태일이 노동 환경 개선을 요구하며 분신하였다.

① ㉠ → ㉣ → ㉢ → ㉡
② ㉡ → ㉣ → ㉢ → ㉠
③ ㉣ → ㉡ → ㉢ → ㉠
④ ㉣ → ㉢ → ㉠ → ㉡

## 08

시기별 언론 정책에 대한 설명으로 옳지 않은 것은?

① 1950년대: 경향신문을 폐간시켰다.
② 1960년대: 언론 기관을 통폐합하고 언론 기본법을 제정하였다.
③ 1970년대: 언론인에게 정부가 발행하는 보도증을 소지하도록 하는 정책을 시행하였다.
④ 1980년대: 보도 지침을 통하여 언론 통제와 검열을 강화하였다.

정답·해설 p.96

## 01

다음 강령을 발표한 단체에 대한 설명으로 옳은 것은?

- 우리는 완전한 독립 국가 건설을 기함.
- 우리는 전 민족의 정치적, 경제적, 사회적 기본 요구를 실현할 수 있는 민주주의 정권 수립을 기함.
- 우리는 일시적 과도기에 있어서 국내 질서를 자주적으로 유지하며 대중 생활의 확보를 기함.

① 미군정의 인정을 받았다.
② 여운형이 중심이 되어 조직하였다.
③ 민족주의 우파 계열도 참여하였다.
④ 조선 민주주의 인민 공화국을 선포하였다.

## 02

(가) ~ (라)를 일어난 순서대로 바르게 나열한 것은?

- (가) 우익 세력을 중심으로 반탁 운동이 전개되었다.
- (나) 제1차 미·소 공동 위원회가 결렬되었다.
- (다) 평양에서 남북 협상 회의가 개최되었다.
- (라) 중도 세력을 중심으로 좌·우 합작 위원회가 조직되었다.

① (가) → (나) → (다) → (라)
② (가) → (나) → (라) → (다)
③ (나) → (가) → (다) → (라)
④ (나) → (가) → (라) → (다)

## 03

밑줄 친 '나'가 임기 중에 시행한 경제 정책과 관련된 사실로 옳지 않은 것은?

나는 오늘 영예로운 제3공화국의 대통령에 취임하면서, 이 중한 시기에 나를 대통령으로 선출해 주신 국민 여러분에게 감사드리며, …… 시급한 민생 문제의 해결, 그리고 민족 자립의 지표가 될 경제 개발 5개년 계획의 합리적 추진은 중대한 국가적 과제로서 여야 협조와 정부 국민간의 일치 단합된 노력으로써 그 성과를 기대할 수 있을 것입니다.

① 연간 수출 총액이 100억 달러를 돌파하였다.
② 수출 주도형의 중화학 공업을 집중적으로 육성하였다.
③ 건설업의 중동 진출로 제1차 석유 파동을 극복하였다.
④ 통화 단위 명칭을 '환'에서 '원'으로 바꾸었다.

## 04

다음 발표 이후 전개된 사실로 옳지 않은 것은?

모든 국민이 그토록 바라는 합의 개헌은 한 치의 진전도 이룩하지 못하고 있으며 이 문제를 놓고 정파간에 심각한 반목과 대립만을 거듭하고 있음은 심히 답답하고 유감스러운 일이 아닐 수 없습니다. …… 이제 본인은 임기 중 개헌이 불가능하다고 판단하고 현행 헌법에 따라 내년 2월 25일 본인의 임기 만료와 더불어 후임자에게 정권을 이양할 것을 천명하는 바입니다.

① 민주 헌법 쟁취 국민 운동 본부가 구성되었다.
② 여당 대표가 직선제 개헌과 기본권 보장을 약속하였다.
③ 이한열이 최루탄에 맞아 사망하는 사건이 발생하였다.
④ 신군부 퇴진과 계엄령 철폐를 주장하며 시위를 전개하였다.

## 05

**(가), (나) 사이 시기의 사실로 옳은 것은?**

> (가) 안전 보장 이사회는 …… 대한민국에 대한 북한군의 무력 공격이 평화 파괴를 조성한다고 단정하였다. 이 지역에서 그 무력 공격을 격퇴하고 국제적 평화와 안전을 회복시키기 위하여 필요한 원조를 대한민국에 제공하도록 국제 연합 제 회원국에게 권고하였다.
> (나) 군사 분계선을 확정하고 이 선으로부터 쌍방이 각각 2km씩 후퇴하여 비무장 지대를 설정한다. …… 각 방(方)이 수용하고 있는 전체 전쟁 포로의 석방과 송환은 이전에 쌍방이 합의한 아래 규정에 따라 집행한다.

① 대통령 직선제 개헌이 이루어졌다.
②『우리말 큰 사전』이 완간되었다.
③ 한·미 상호 방위 조약이 체결되었다.
④ 미국이 극동 방위선에서 한국을 제외한다고 선언하였다.

## 06

**다음 제시문의 (가)~(다) 정부에 대한 설명으로 옳지 않은 것은?**

> _____(가)_____ – 서울 올림픽을 개최하였다.
> _____(나)_____ – 지방 자치제를 전면 실시하였다.
> _____(다)_____ – 노사정 위원회를 설치하였다.

① (가) 정부 당시 남북이 유엔에 동시 가입하였다.
② (나) 정부 때 5공 비리 특별 위원회가 개설되어 5공 청문회를 개최하였다.
③ (다) 정부는 최초로 남북 정상 회담을 개최하였다.
④ (다) 정부 때 금강산 해로 관광을 실시하였다.

## 07

**다음 선언문에 대한 설명으로 옳은 것은?**

> 1. 남과 북은 나라의 통일 문제를 그 주인인 우리 민족끼리 서로 힘을 합쳐 자주적으로 해결해 나가기로 한다.
> 2. 남과 북은 나라의 통일을 위한 남측의 연합제 안과 북측의 낮은 단계의 연방제 안이 서로 공통성이 있다고 인정하고 앞으로 이 방향에서 통일을 지향시켜 나가기로 한다.

① 남북 고위급 회담을 통해 채택되었다.
② 이산가족 문제를 조속히 해결할 것을 명시하였다.
③ 3대 통일 원칙에 대한 합의가 처음으로 이루어졌다.
④ 한반도 비핵화 공동 선언과 동시에 작성된 문서이다.

## 08

**다음 선언문을 발표한 정부에 대한 설명으로 옳은 것은?**

> 제1조 남과 북은 6·15 공동 선언을 고수하고 적극 구현해 나간다.
> 제2조 남과 북은 사상과 제도의 차이를 초월하여 남북 관계를 상호 존중과 신뢰 관계로 확고히 전환시켜 나가기로 하였다.
> 제4조 남과 북은 군사적 적대 관계를 종식시키고 한반도에서 긴장 완화와 평화를 보장하기 위해 긴밀히 협력하기로 하였다.

① 최초의 평화적 여·야 정권 교체로 수립되었다.
② 국제 통화 기금(IMF)의 채무를 조기 상환하였다.
③ 진실·화해를 위한 과거사 정리 위원회를 설치하였다.
④ 공직자 윤리법을 개정하여 고위 공직자 재산을 공개하였다.

정답·해설 p.97

## 01

다음 〈보기〉의 사실들을 시기 순서대로 바르게 나열한 것은?

● 보기 ●

㉠ 남북 조절 위원회가 설치되었다.
㉡ 남·북한이 동시에 유엔에 가입하였다.
㉢ 최초로 남·북 이산가족 상봉이 이루어졌다.
㉣ 민족 자존과 통일 번영을 위한 특별 선언(7·7 선언)이 발표되었다.

① ㉠ → ㉡ → ㉢ → ㉣
② ㉠ → ㉢ → ㉣ → ㉡
③ ㉢ → ㉠ → ㉡ → ㉣
④ ㉢ → ㉣ → ㉠ → ㉡

## 02

다음 법령을 제정한 정부 시기의 사실로 옳은 것은?

제1조 본법은 귀속 재산을 유효 적절히 처리함으로써 산업 부흥과 국민 경제의 안정을 기함을 목적으로 한다.
제3조 귀속 재산은 본법과 본법의 규정에 의하여 발하는 명령이 정하는 바에 의하여 국유 또는 공유 재산, 국영 또는 공영 기업체로 지정되는 것을 제외한 외에는 대한민국의 국민 또는 법인에게 매각한다.

① 베트남 특수를 통해 고도 성장을 이루었다.
② 저유가·저금리·저달러의 3저 호황을 맞았다.
③ 미국의 잉여 농산물을 가공하는 삼백 산업이 발달하였다.
④ 외환 위기가 발생하여 국제 통화 기금의 지원을 받았다.

## 03

다음 사건이 일어난 정부 시기의 사실로 옳은 것은?

판문점 공동 경비 구역 안에서 미루나무 벌채 작업을 하고 있던 한국인 노동자와 유엔군에게 북한군들은 작업을 중지할 것을 경고하였다. 그러나 벌채 작업이 지속되자 북한군은 유엔군을 공격하였고, 이 과정에서 미군 장교 2명이 사망하였고, 한국군 장교 1명과 사병 4명, 미군 사병 4명이 부상을 당하였다.

① 학도 호국단이 폐지되었다.
② 잡지 『사상계』가 창간되었다.
③ 통일 주체 국민회의가 설치되었다.
④ 국가 보위 비상 대책 위원회가 구성되었다.

## 04

시기별 경제 정책에 대한 설명으로 옳지 않은 것은?

① 1950년대: 미국과 경제 조정 협정을 체결하였다.
② 1960년대: 경제 개발 계획에 따라 노동 집약적인 경공업이 집중 육성되었다.
③ 1970년대: 농어촌 환경 개선을 위해 새마을 운동을 실시하였다.
④ 1980년대: 마산과 익산을 수출 자유 무역 지역으로 선정하여 외자를 유치하였다.

## 05

다음 연표의 (가)~(라)에 들어갈 사건으로 옳은 것은?

|  | (가) | (나) | (다) | (라) |  |
|---|---|---|---|---|---|
| 7·4 남북 공동 성명 | | 10·26 사태 | | 4·13 호헌 조치 | | 금융 실명제 실시 | | 외환 위기 발생 |

① (가) – 근로 조건 개선 등을 요구하며 전태일이 분신 자살하였다.
② (나) – YH 무역 여성 노동자들이 야당 당사에서 농성을 시작하였다.
③ (다) – 노사정 위원회를 설치하였다.
④ (라) – 전국 민주 노동 조합 총연맹이 설립되었다.

## 06

시기별 현대 사회의 변화에 대한 설명으로 옳은 것은?

① 1960년대 – 통일벼 등의 보급으로 쌀의 자급자족이 가능해졌다.
② 1970년대 – 베이비 붐으로 출산율이 크게 증가하였다.
③ 1980년대 – 전국민을 대상으로 의료 보험 제도가 도입되었다.
④ 1990년대 – 여성부가 신설되어 여성의 지위 향상에 기여하였다.

## 07

다음 각 시기의 사회와 문화에 관한 설명으로 옳은 것을 〈보기〉에서 모두 고른 것은?

|  | (가) | (나) | (다) | (라) |  |
|---|---|---|---|---|---|
| 6·25 전쟁 | | 4·19 혁명 | | 유신 헌법 제정 | | 6월 민주 항쟁 | | 김대중 정부 출범 |

● 보기 ●
㉠ (가) – 6·3·3 학제 도입
㉡ (나) – 국민 교육 헌장 선포
㉢ (다) – 프로 야구 정식 출범
㉣ (라) – 경부 고속도로 개통

① ㉠, ㉡   ② ㉠, ㉣   ③ ㉡, ㉢   ④ ㉢, ㉣

## 08

다음 문서를 접수한 정부 시기의 교육 정책으로 옳은 것은?

대한민국 외무부장관 귀하
귀하께서는 대한민국 정부가 월남 공화국 정부로부터 월남에 대한 한국 전투 부대 증파에 관한 요청을 접수했음을 본인에게 통고했습니다.
A. 군사 원조
1. 한국에 있는 한국군의 현대화 계획을 위하여 앞으로 수년 동안에 걸쳐 상당량의 장비를 제공한다.
      ……

① 과외 금지 조치
② 대학 수학 능력 시험 실시
③ 중학교 무시험 진학제 도입
④ 국민학교를 초등학교로 개칭

정답·해설 p.99

공무원시험전문 해커스공무원
**gosi.Hackers.com**

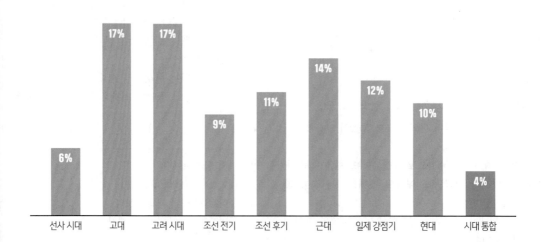

 시대 통합 출제경향

* 최근 7개년 국가직·서울시·지방직 9급 시험 기준

- 선사 시대: 6%
- 고대: 17%
- 고려 시대: 17%
- 조선 전기: 9%
- 조선 후기: 11%
- 근대: 14%
- 일제 강점기: 12%
- 현대: 10%
- 시대 통합: 4%

# IX
# 시대 통합

## 적중개념 출제 순위

| 1위 | 3 | 유네스코 세계 유산 | 양산 통도사, 해인사 장경판전, 『승정원일기』, 『조선왕조실록』, 한국의 유교 책판 |
|---|---|---|---|
| 2위 | 2 | 한반도 남부 지역사 | 최우의 강화 천도, 팔만대장경 조판, 안동, 진주, 독도 |
| 3위 | 1 | 한반도 북부 지역사 | 서경 묘청의 난, 간도 관리사, 원산 학사, 흥남 철수 |

### 적중개념 | 1  한반도 북부 지역사

| 지역 | 시대 | 특징 |
|---|---|---|
| 의주 | 고려 | • 강동 6주 중 하나인 흥화진이 있던 곳, 거란과 물품을 거래하던 각장이 설치된 곳<br>• 흥화진 전투: 거란의 2차 침입 때 양규 활약(1010), 3차 침입 때 강감찬 활약(1019, 귀주 대첩) |
| | 조선 | 선조의 피난처(임진왜란), 임경업 장군의 백마산성 항쟁(병자호란), 만상의 활동 거점 |
| 평양 | 고구려 | 장수왕 때 천도(안학궁 건립), 당의 안동 도호부 설치(668) |
| | 고려 | 서경 천도 계획(정종), 분사 설치(태조 때 시작~성종 때 정비), 묘청의 난(1135), 서경 유수 조위총의 난<br>(1174, 반무신의 난), 최광수의 난(1217, 고구려 부흥 운동), 동녕부 설치(원 간섭기) |
| | 조선 | 조·명 연합군의 평양성 탈환(임진왜란), 유상의 활동 거점 |
| | 근대 | 제너럴셔먼호 사건 발발(1866), 대성 학교 설립(1908, 안창호) |
| | 일제 강점기 | 송죽회 조직(1913, 비밀 여성 독립운동 단체), 물산 장려 운동 시작(조만식) |
| | 현대 | 남북 연석 회의 실시(1948), 남북 정상 회담 개최 |
| 개성 | 고려 | 후삼국 시기 궁예가 후고구려 건국(901, 송악), 거란 침입 이후 나성 축조, 만월대, 현화사, 불일사<br>5층 석탑, 현화사 7층 석탑 건립 |
| | 조선 | 송상의 활동 거점 |
| 간도 | 근대 | • 간도에 파견된 관리: 어윤중을 서북 경략사로 파견(1882), 이중하를 토문 감계사로 파견(1885),<br>  이범윤을 간도 시찰원으로 파견(1902) → 간도 관리사로 임명(1903)<br>• 청·일 간의 간도 협약 체결(1909) |
| | 일제 강점기 | • 서간도: 경학사·부민단 조직, 신흥 무관 학교 설립<br>• 북간도: 중광단 조직, 서전 서숙·명동 학교 설립<br>• 봉오동·청산리 전투(1920), 간도 참변(1920, 경신참변) |
| 흥남 | 일제 강점기 | 흥남 질소 비료 공장(조선 질소 비료 주식회사 흥남 공장) 건립 |
| | 현대 | 흥남 철수(6·25 전쟁, 1950. 12.) |
| 원산 | 고려 | 원 간섭기 쌍성총관부 설치 지역(화주, 공민왕 때 무력 수복) |
| | 근대 | 강화도 조약을 통해 개항(1880), 원산 학사 설립(1883, 최초의 근대식 사립 학교) |
| | 일제 강점기 | 경원선 철도 개통(1914), 원산 노동자 총파업(1929) |

| 지역 | 시대 | 특징 |
|------|------|------|
| 강화도 | 통일 신라 | 혈구진(군사 기지) 설치(문성왕) |
| | 고려 | 최우의 강화 천도(1232), 팔만대장경 조판, 삼별초의 항쟁(강화도 → 진도 → 제주도) |
| | 조선 | 인조 피난(정묘호란), 참성단 설치(마니산), 외규장각 건설(정조), 정제두의 강화 학파(양명학) 형성 |
| 인천 | 근대 | 제물포 조약(1882, 임오군란), 강화도 조약을 통해 개항(1883), 경인선 개통(1899, 서울~인천) |
| | 현대 | 인천 상륙 작전(6·25 전쟁) |
| 공주 | 고대 | 백제 웅진 천도(475, 문주왕), 백제 송산리 고분군(무령왕릉 포함), 통일 신라 김헌창의 난(822) |
| | 근대 | 우금치 전투(1894, 동학 농민 운동) |
| 부여 | 백제 | 사비 천도(538, 성왕), 백제 금동 대향로 출토·정림사지 5층 석탑·능산리 고분군 |
| | 고려 | 최영의 홍산 대첩(1376, 왜구 격퇴) |
| 안동 | 고려 | 왕건의 고창 전투(930), 공민왕의 피난(홍건적의 2차 침입), 이천동 마애 여래 입상, 봉정사 극락전 |
| | 조선 | 도산 서원(이황), 병산 서원(유성룡) |
| 진주 | 고려 | 최충헌이 식읍으로 받은 지역 |
| | 조선 | 진주 대첩(김시민 승리, 임진왜란), 진주 농민 봉기(→ 전국적으로 확산, 임술 농민 봉기) |
| | 일제 강점기 | 조선 형평사(형평 운동) 조직 |
| 강진 | 고려 | 요세의 백련 결사 운동, 상감 청자의 주요 생산 지역 |
| | 조선 | 무위사 극락전(15세기), 정약용의 유배지(다산 초당) |
| 울릉도·독도 | 신라 | 지증왕 때 이사부가 정벌(우산국) |
| | 조선 | • 『세종실록지리지』에 무릉도(울릉도)와 우산도(독도)로 강원도 울진현에 소속된 것으로 기록<br>• 숙종 때 안용복이 일본으로 건너가 울릉도와 독도가 조선 영토임을 확인 |
| | 근대 | • 울릉도를 울도군으로 승격·관리를 파견하여 독도까지 관할(대한 제국 칙령 제41호, 1900)<br>• 일본이 러·일 전쟁 중 점령·편입: 한·일 의정서(1904. 2.), 시마네 현 고시 제40호(1905. 2.) |
| 제주 | 고려 | 삼별초의 항쟁(김통정) → 여·몽 연합군에 의해 진압됨 → 탐라 총관부 설치 |
| | 현대 | 제주 4·3 사건(1948, 남한만의 단독 선거에 반대하여 사건 발생) |

---

**단박 체크**

**다음 기출문장을 읽고, 옳으면 O, 틀리면 X를 괄호 안에 쓰세요.**

**01** 고려 시대에 의주는 요(遼)와 물품을 거래하던 각장이 설치된 곳이다. (　　　)

**02** 홍건적이 침입하여 개경(개성)이 함락되고 충렬왕이 안동으로 피난하였으나 정세운, 이방실 등이 격퇴시켰다. (　　　)

**03** 1909년 일본은 '간도에 관한 청·일 협정'을 체결하여 간도 영유권을 청에 넘겨 주었다. (　　　)

**04** 최우 무신 집권기에 몽골에 항전하기 위해 고려는 수도를 강화도로 옮겼다. (　　　)

**05** 『팔도지리지』에는 독도를 강원도 울진현 소속으로 구분하고, 우산으로 표기하였다. (　　　)

[정답] **01** O **02** X (공민왕) **03** O **04** O **05** X (『세종실록지리지』)

**(1) 유네스코 세계 문화유산**

| | |
|---|---|
| 석굴암과 불국사(1995) | • 신라 경덕왕 때 김대성의 발원으로 건립<br>• 신라인들의 예술 감각과 한국 고대 불교 예술의 정수를 보여주는 건축물 |
| 해인사 장경판전(1995) | 재조대장경(팔만대장경) 목판을 보관하기 위해 지어진 조선 전기의 건축물 |
| 종묘(1995) | • 조선의 왕과 왕비의 신주를 모시고 제사를 지내는 유교 사당<br>• 조선 시대에 매년 영녕전에서 5차례 제례를 지냄(춘·하·추·동, 섣달) |
| 창덕궁(1997) | • 광해군~고종이 정사를 보던 정궁(가장 오랜 기간 왕이 거처한 궁궐)<br>• 우리나라 궁궐 건축의 창의성을 보여줌(자연과 건물이 조화롭게 배치)<br>• 창덕궁 돈화문은 현존 최고(最古)의 궁궐 정문(우진각 지붕의 다포식 건물) |
| 수원 화성(1997) | • 정조가 건설하려던 이상 도시로 군사적·상업적 기능 보유<br>• 우리나라, 중국, 일본, 서구의 성곽을 연구하여 축조(정약용의 거중기 이용) |
| 경주 역사 유적 지구(2000) | • 총 5지구로 구성(남산 지구, 월성 지구, 대릉원 지구, 황룡사 지구, 산성 지구)<br>• 남산 지구(나정·포석정·경주 배동 석조 여래 삼존 입상), 월성 지구(계림·첨성대) 등 |
| 고창·화순·강화 고인돌 유적(2000) | 수백 기 이상의 고인돌 집중 분포 |
| 제주 화산섬과 용암 동굴(2007) | • 제주도에 위치한 한국 최초의 세계 자연유산 지구<br>• 대표 유적지: 한라산·성산 일출봉·거문오름 용암 동굴계 등 |
| 조선 왕릉(2009) | • 조선의 왕·왕비 및 추존된 왕·왕비의 무덤과 부속 지역<br>• 총 40기(북한 지역 및 광해군·연산군 무덤 제외)가 등재됨 |
| 한국의 역사 마을:<br>하회와 양동(2010) | 조선 초기의 유교적 양반 문화를 확인할 수 있는 씨족 마을(안동의 하회 마을과 경주의 양동 마을) |
| 남한산성(2014) | • 조선 시대에 임시 수도의 역할을 담당하도록 축조된 산성 도시<br>• 병자호란 때 인조가 피난한 곳 |
| 백제 역사 유적 지구(2015) | • 백제의 옛 수도였던 공주시·부여군과 천도를 시도한 익산시의 역사 유적<br>• 공주 지구(공산성·송산리 고분군), 부여 지구(관북리 유적과 부소산성·정림사지·나성·능산리 고분군), 익산 지구(왕궁리 유적·미륵사지) |
| 산사, 한국의 산지 승원(2018) | • 한국 불교만이 가지는 깊은 역사성과 의식, 승려, 생활, 문화 등을 종합적으로 살펴 볼 수 있는 7곳의 산지 승원<br>• 순천 선암사, 해남 대흥사, 보은 법주사, 공주 마곡사, 양산 통도사, 안동 봉정사, 영주 부석사 |
| 한국의 서원(2019) | • 한국의 성리학과 관련된 전통과 역사적 변화 과정을 보여주는 9곳의 서원<br>• 조선 시대 명현을 제사하고, 인재를 교육하기 위해 전국에 세운 사설 기관<br>• 영주 소수 서원, 함양 남계 서원, 경주 옥산 서원, 안동 도산 서원, 장성 필암 서원, 달성 도동 서원, 안동 병산 서원, 논산 돈암 서원, 정읍 무성 서원 |
| 한국의 갯벌(2021) | 지구 생물 다양성의 보존을 위한 세계적으로 중요한 서식지, 멸종위기 철새의 기착지로서 가치가 큼(서천갯벌, 고창갯벌, 신안갯벌, 보성-순천갯벌) |
| 가야고분군(2023) | • 한반도에 존재했던 고대 문명 가야를 대표하는 7개의 고분군<br>• 전북 남원 유곡리와 두락리 고분군, 경북 고령 지산동 고분군, 경남 김해 대성동 고분군, 경남 함안 말이산 고분군, 경남 창녕 교동과 송현동 고분군, 경남 고성 송학동 고분군, 경남 합천 옥전 고분군 |

(2) 유네스코 세계 기록유산

| | |
|---|---|
| 『조선왕조실록』(1997) | • 태조~철종까지의 통치 내용을 기록한 편년체 역사서<br>• 왜란 이전 4대 사고에서 보관 → 왜란 이후 5대 사고에서 보관 |
| 『훈민정음(해례본)』(1997) | 조선 시대 세종과 집현전 학자들이 창제한 문자, 『훈민정음』에 대한 일종의 해설서 |
| 『불조직지심체요절』(하권)<br>(2001) | • 청주 흥덕사에서 간행된 불교 서적(1377), 현존하는 세계 최고(最古)의 금속 활<br>자 인쇄본<br>• 프랑스에서 소장하고 있음(구한 말 플랑시가 수집해 프랑스로 가져감) |
| 『승정원일기』(2001) | 승정원에서 업무 내용을 일지 형식으로 작성한 것 |
| 고려대장경판 및 제경판(2007) | 몽골의 침입을 불력으로 막기 위해 강화도에서 제작(재조대장경 또는 팔만대장경이라<br>고도 함) |
| 『의궤』(2007) | • 조선 왕실의 중요 행사를 글·그림으로 기록한 의례서<br>• 강화도 외규장각에서 보관하던 것을 병인양요 때 프랑스가 약탈 |
| 『동의보감』(2009) | 광해군 때 허준이 편찬한 백과사전식 의서 |
| 5·18 민주화 운동 기록물(2011) | 5·18 민주화 운동의 발발과 진압, 이후의 진상 규명·보상 등과 관련된 자료 |
| 『일성록』(2011) | • 정조가 세손 시절부터 일기 형식으로 기록 → 정조 즉위 후 국정 기록이 됨<br>• 조선의 국왕(정조~순종)들이 국정 운영에 참고할 목적으로 씀 |
| 『난중일기』(2013) | 이순신이 임진왜란 때 쓴 친필 일기(전쟁에서 겪은 이야기 서술) |
| 새마을 운동 기록물(2013) | 새마을 운동과 관련된 대통령 연설문, 정부 문서, 편지, 사진 등의 자료 |
| 한국의 유교 책판(2015) | 조선 시대에 718종의 유교 서책을 간행하기 위해 판각한 책판 |
| '이산 가족을 찾습니다.'<br>기록물(2015) | 남한 내에서 흩어진 이산가족을 찾기 위해 방영된 KBS 특별 생방송과 관련된 기록<br>물(녹화 원본 테이프, 업무 수첩, 신청서 등) |
| 조선 왕실 어보와 어책(2017) | 조선 왕실에서 책봉하거나 존호를 수여할 때 제작된 의례용 도장인 어보와 그 교서<br>인 어책 |
| 국채 보상 운동 기록물(2017) | 1907년부터 일어난 국채 보상 운동의 전 과정을 보여주는 기록물 |
| 조선 통신사 기록물(2017) | 1607년~1811년까지 일본 에도 막부의 초청으로 총 12회에 걸쳐 파견되었던 조선<br>통신사에 관한 기록물 |
| 4·19 혁명 기록물(2023) | 4·19 혁명 운동 당시의 부상자의 개별 기록서, 신문 기사 등 문서, 사진 자료 |
| 동학 농민 운동 기록물(2023) | 동학 농민 운동 당시 동학 농민군의 편지, 전봉준 공초 등의 자료 |

**단박 체크**

다음 기출문장을 읽고, 옳으면 O, 틀리면 X를 괄호 안에 쓰세요.

01 유네스코 세계 유산으로 지정된 백제 역사 유적 지구는 남산 지구, 월성 지구, 대릉원 지구, 황룡사 지구, 산성 지구
로 세분된다. (      )

02 양산 통도사는 금강계단 불사리탑이 있는 삼보 사찰이다. (      )

03 유네스코가 세계 문화유산으로 등재한 종묘에는 조선 시대 왕과 왕비의 신주가 모셔져 있다. (      )

04 재조대장경은 유네스코 세계 기록유산으로 지정되었다. (      )

05 비변사의 활동을 일기체로 기록한 『비변사등록』은 유네스코 세계 기록유산으로 등재되었다. (      )

06 『승정원일기』는 역대 왕의 훌륭한 언행을 『실록』에서 뽑아 만든 사서이다. (      )

[정답] **01** X (경주 역사 유적 지구) **02** O **03** O **04** O **05** X (『비변사등록』은 등재되지 않음) **06** X (『국조보감』에 대한 설명)

**01** 다음 지도 속 동그라미로 표시한 지역의 역사 문화를 홍보하기 위한 기획서를 작성하고자 한다. 이 기획서의 제목으로 옳지 않은 것은? [2020년 지방직 7급]

① 지눌, 이곳에서 꿈꾼 고려 불교의 개혁
② 병자호란, 그 쓰라린 패배의 현장
③ 철종, 국왕이 될 줄 몰랐던 시골 소년의 이야기
④ 『의궤』, 프랑스에서 다시 찾은 조선의 문화재

해설 **강화도**
① 지눌이 불교 개혁 운동인 수선사 결사 운동을 전개한 곳은 대구 팔공산의 거조암, 전남 순천의 송광사 등이다.

오답 분석
② 병자호란 때 인조는 청군에 의해 강화도가 함락되자 피신해 있던 남한산성에서 나와 청에 항복하였다.
③ 철종은 헌종 때 강화도에 유배되어 농사를 짓고 살다가, 헌종이 후사 없이 죽자 안동 김씨 등에 의하여 왕위에 올랐다.
④ 강화도 외규장각에서 보관하고 있던 조선 시대의 『의궤』는 병인양요 당시 프랑스군이 퇴각하는 과정에서 약탈당하였다. 이후 프랑스 국립 도서관에 보관되어 있다가 2011년에 5년마다 갱신 가능한 대여 방식으로 한국에 반환되었다.

정답 ①

**02** 우리나라 세계 유산과 세계 기록유산에 대한 설명으로 옳은 것만을 모두 고르면? [2021년 국가직 9급]

> ㉠ 공주 송산리 고분군에는 전축분인 6호분과 무령왕릉이 있다.
> ㉡ 양산 통도사는 금강계단 불사리탑이 있는 삼보 사찰이다.
> ㉢ 남한산성은 병자호란 때 인조가 피난했던 산성이다.
> ㉣ 『승정원일기』는 역대 왕의 훌륭한 언행을 『실록』에서 뽑아 만든 사서이다.

① ㉠, ㉡  　　　　　② ㉡, ㉢  　　　　　③ ㉠, ㉡, ㉢  　　　　　④ ㉠, ㉢, ㉣

해설 **우리나라 세계 유산과 세계 기록유산**
㉠ 공주 송산리 고분군에는 중국 남조의 영향을 받은 전축분(벽돌무덤)인 송산리 6호분과 무령왕릉(송산리 7호분)이 있다.
㉡ 양산 통도사에는 신라의 자장이 중국에서 가져온 석가모니의 사리를 봉안하기 위하여 금강계단과 불사리탑이 조성되어 있다. 한편, 양산 통도사는 합천 해인사, 순천 송광사와 함께 삼보사찰(불(佛)·법(法)·승(僧)의 세 가지 보물을 간직하고 있는 사찰)이라 불린다.
㉢ 남한산성은 조선 시대에 한양 방어 및 유사시 임시 수도의 역할을 한 곳으로, 병자호란 당시 인조가 피난했던 곳이다.

오답 분석
㉣ 역대 왕의 훌륭한 언행을 『실록』에서 뽑아 만든 사서는 『국조보감』이다. 한편 『승정원일기』는 왕의 비서 기관인 승정원에서 왕과 신하 간에 오고 간 문서와 왕의 일과를 기록한 것이다.

정답 ③

# 적중문제

## 01

밑줄 친 '이곳'과 관련된 사실로 옳은 것은?

> 이곳에서 조위총이 병사를 일으켜 정중부 등을 토벌하기를 모의하여 드디어 동북 양계 여러 성의 군대에 격문을 보내어 호소하기를, "듣건대 상경의 중방이 의논하기를, 북계의 여러 성에는 대개 사납고 교만한 자가 많으므로 토벌하려고 하여 이미 대병력을 출동시켰다고 한다. 어찌 가만히 앉아서 스스로 죽음에 나아가리오. 마땅히 각자의 병마를 규합하여 빨리 서경에 집결하도록 하라."라고 하였다.

① 삼국 시대에 진흥왕은 이곳에 영토 확장을 기념하는 순수비를 세웠다.
② 고려 시대에 태조는 이곳에 중앙 정부와 유사한 체제를 갖추는 분사 제도를 실시하였다.
③ 고려 시대에 원은 철령 이북 지역을 지배하기 위해 이곳에 쌍성총관부를 설치하였다.
④ 조선 후기에 내상은 이곳을 근거지로 일본과의 무역을 주도하였다.

## 02

(가) 지역에 대한 설명으로 옳지 않은 것은?

> 선조는 이덕형을 요동으로 보내 명에 원군을 요청하고 자신의 요동 피난 가능 여부에 대해 질문하였으나, 명에서는 선조에게 안심하고 현재 피난한 [ (가) ]에 머물되 부득이하면 최소한의 인원만 들어오라 하였다.

① 고려 시대에 거란과 물품 거래를 위한 각장이 설치되었다.
② 홍건적의 침입으로 공민왕이 피난한 지역이다.
③ 조선 후기 대청 무역을 주도한 만상의 근거지였다.
④ 1920년 항일 무장 독립 단체인 보합단이 조직되었다.

## 03

밑줄 친 '이 지역'에서 있었던 역사적 사실로 옳지 않은 것은?

> 이날 최우가 왕에게 속히 이 지역으로 행차할 것을 청하니 왕이 망설이고 결정하지 못했다. 최우가 녹봉을 운반하는 수레 100여 량을 빼앗아 자기 집 재물을 이 지역으로 보내니 개경이 흉흉했다. …… 이어서 성 안에 방을 붙이기를, "시일을 미루어 기일 내에 길에 나서지 않는 자는 군법으로 논하겠다."라고 했다.

① 팔만대장경이 조판되었다.
② 정제두가 양명학을 연구하는 학파를 형성하였다.
③ 프랑스군이 외규장각 도서 등을 약탈해 갔다.
④ 제너럴셔먼호가 군민들에 의해 격침되었다.

## 04

(가), (나)와 관련된 지역에 대한 설명으로 바르게 연결된 것은?

> • 3월에 [ (가) ] 도독 헌창이 그의 아버지 주원이 왕이 되지 못한 것을 이유로 반란을 일으켜 나라 이름을 장안(長安)이라 하고 연호를 세워 경운(慶雲) 원년이라고 하였다.
> • 내가 정묘년(1807)에 [ (나) ]에 있으면서 "상주에 있는 의사가 종두를 접종하는데 100명 접종하여 100명이 완치되어 큰 이익을 얻었다."는 소리를 들었다. 생각건대 그 처방이 영남에서 다시 유행하였던 모양이다.

① (가) – 백제 왕과 왕족들의 무덤인 송산리 고분군이 발견되었다.
② (가) – 임진왜란 때 조선과 명나라 군대가 합세하여 이곳을 탈환하였다.
③ (나) – 영국이 러시아를 견제하기 위해 불법 점령하였다.
④ (나) – 백제와 신라 사이에 벌어졌던 황산벌 전투가 이곳에서 전개되었다.

## 05

밑줄 친 섬에 대한 설명으로 옳은 것은?

> 내가 살피건데 "여지지에 이르기를 '일설에는 우산과 울릉은 본래 한 섬이라고 하나 여러 도지(圖志)를 상고하면 두 섬이다. 하나는 왜(倭)가 말하는 송도(松島)인데 모두 다 우산국(于山國)이다'라고 하였다."
>
> – 「강계고」

① 일본이 청·일 전쟁 중 일본 영토로 편입하였다.
② 박정희 정부는 평화선 선언을 통해 이 섬이 한국의 영토임을 공포하였다.
③ 일본 메이지 정부의 태정관은 이 섬이 일본과 관계가 없다는 태정관 지령을 내렸다.
④ 일본 측 자료인 『은주시청합기』와 삼국접양지도에서는 일본의 영토로 표기하고 있다.

## 06

밑줄 친 '이 지역'과 관련된 설명으로 옳은 것은?

> 이 지역은 세계 자연유산으로 지정된 곳으로, 네덜란드 하멜이 처음 도착한 곳이기도 하다. 또한, 이 지역은 조선 시대 인물인 김만덕이 태어난 곳이기도 하며, 일제 강점기에는 일제가 주민들을 강제 동원하여 건설한 군사 시설 등의 유적도 있다.

① 고려 충렬왕 시기에 원이 탐라총관부를 설치한 곳이다.
② 5·10 총선거 직후 선거에 반대하며 4·3 사건이 발생한 곳이다.
③ 삼별초가 배중손의 지휘 아래 끝까지 대몽 항쟁을 벌인 곳이다.
④ 구석기 시대의 동물 뼈 화석과 신석기 시대의 토기 등이 출토된 곳이다.

## 07

밑줄 친 '이 궁궐'에 대한 설명으로 옳은 것은?

> 1997년에 유네스코 세계 문화유산에 등재된 이 궁궐은 태종 때 별궁으로 세워졌다. 임진왜란 때 경복궁이 불에 타 버리자 이후 사실상 조선 시대의 정궁으로 기능하였으며, 일제 강점기에는 순종이 여생을 보낸 궁이기도 하다.

① 서양식 건물인 석조전이 있다.
② 미·소 공동 위원회가 개최되었다.
③ 현재 서울의 5대 궁궐 중 가장 먼저 세워졌다.
④ 명나라 황제의 제사를 지내는 대보단이 설치되었다.

## 08

㉠~㉣에 대한 설명으로 옳지 않은 것은?

> 유네스코가 세계 문화유산으로 등재한 우리나라의 문화유산은 종묘, 해인사 장경판전, 불국사와 석굴암, 수원 화성, 창덕궁, ㉠경주 역사 유적 지구, 고창·화순·강화의 고인돌 유적, 안동 하회 마을과 경주 양동 마을, ㉡조선 시대 왕릉 등이다. 또 훈민정음, 『조선왕조실록』, 『승정원일기』, 『직지심체요절』, 해인사 고려대장경판 및 제경판, ㉢조선 왕조 『의궤』, 『동의보감』, ㉣『일성록』, 5·18 민주화 운동 기록물 등이 유네스코의 세계 기록유산으로 등재되어 있다.

① ㉠ – 월성 지구의 대표적인 문화유산으로는 계림과 첨성대가 있다.
② ㉡ – 북한 지역 및 연산군·광해군 묘를 제외한 총 40기의 왕릉이 세계 문화유산에 등재되었다.
③ ㉢ – 『시정기』와 「사초」 등을 종합·정리하여 편년체로 편찬하였다.
④ ㉣ – 임금의 동정과 국정 운영 상황을 매일 기록한 것이다.

## 09

(가)에 들어갈 문화유산에 대한 설명으로 옳은 것은?

> 2014년 유네스코 세계 문화유산에 등재된 （가）은/는 수도 한양을 지키던 조선 시대의 산성이다. 이 곳의 행궁은 조선 시대 20여 개의 행궁 중 유일하게 종묘와 사직을 갖추고 있으며, 병자호란 등 국가 전란 때에는 수도의 역할을 담당하기도 하였다.

① 수어청에서 (가)의 수비를 담당하였다.
② 임진왜란 때 장군 권율이 (가)에서 왜군을 무찔렀다.
③ 정조 때 (가)에 행차한 내용을 기록한 『원행을묘정리의궤』가 편찬되었다.
④ 정묘호란 때 정봉수는 (가)에서 큰 전과를 거두었다.

## 10

다음 중 유네스코(UNESCO) 세계 기록유산인 『의궤』에 대한 설명으로 옳지 않은 것은?

① 어람용과 분상용으로 나누어진다.
② 현존하는 『의궤』는 모두 정조 이후에 만들어진 것이다.
③ 『화성성역의궤』는 화성의 축조와 그 공사 내용이 기록되어 있다.
④ 이두와 차자 및 우리의 고유한 한자어 연구에 귀중한 자료이다.

## 11

유네스코 세계 문화유산에 대한 설명으로 옳지 않은 것은?

① 정림사지는 백제 역사 유적 지구 중 부여군에 속한다.
② 화성의 건설에는 정약용이 제작한 거중기가 사용되었다.
③ 해인사 장경판전은 15세기에 팔만대장경을 보관하기 위해 지어졌다.
④ 불국사와 월정사 등을 비롯한 7곳의 사찰은 '산사, 한국의 산지 승원'으로 등재되었다.

## 12

다음 중 우리나라가 보유한 '유네스코 세계 기록유산'이 바르게 연결된 것은?

① 고려대장경판 및 제경판 – 『상정고금예문』
② 한국의 유교 책판 – 『징비록』
③ 『동의보감』 – 『비변사등록』
④ 『난중일기』 – '이산가족을 찾습니다' 기록물

정답·해설 p.101

**01**

다음 사건이 있었던 지역에 대한 설명으로 옳지 않은 것은?

- 정몽주가 선죽교에서 살해당하였다.
- 최충헌의 노비인 만적 등이 난을 도모한 곳이다.

① 고려 공민왕 때 홍건적의 2차 침입으로 함락되기도 하였다.
② 남북 경제 협력의 일환으로 공단이 설치되었다.
③ 고려 숙종 때 기자를 숭배하는 기자 사당이 세워졌다.
④ 6·25 전쟁의 휴전 회담이 처음 시작된 곳이다.

**02**

(가) 지역의 각 시대별 설명으로 옳은 것을 〈보기〉에서 모두 고른 것은?

> 김윤후가 (가) 산성 방호별감으로 있을 때 몽골이 쳐들어와 (가) 산성을 70여 일 동안 포위하자 비축해 둔 군량이 바닥나버렸다. 김윤후가 군사들에게 '만약 힘을 다해 싸워 준다면 귀천을 불문하고 모두 관작을 줄 것이니 너희들은 나를 믿으라.'고 설득한 뒤 관노(官奴) 문서를 가져다 불살라 버리고 노획한 마소를 나누어 주었다.
> – 「고려사」

● 보기 ●
- ㉠ 고구려 - 남하 정책을 기념하기 위한 비석이 세워졌다.
- ㉡ 통일 신라 - 부근 4개 촌락에 신라 촌락 문서가 남아 있다.
- ㉢ 고려 - 현존하는 세계에서 가장 오래된 금속 활자 인쇄물인 『직지심체요절』이 인쇄되었다.
- ㉣ 조선 - 임진왜란 때 도순변사 신립이 일본군과 맞서 싸웠지만 패배하였다.

① ㉠, ㉡  ② ㉠, ㉣  ③ ㉡, ㉢  ④ ㉢, ㉣

**03**

밑줄 친 '이 지역' 중 다른 지역 하나를 고른 것은?

① 이 지역은 강화도 조약에 따라 두 번째로 개항되었다.
② 관민이 합심하여 설립한 최초의 근대식 사립 학교가 이 지역에 설립되었다.
③ 1920년대 노동 운동 중에서 가장 규모가 큰 투쟁이 이 지역에서 발생하였다.
④ 조선 후기에 만상은 이 지역을 근거지로 삼아 활동하였고, 대중국 무역을 주도하였다.

**04**

밑줄 친 '이 지역'과 관련된 설명으로 옳은 것을 〈보기〉에서 모두 고르면?

> 임술년 2월 19일, 이 지역 백성 수만 명이 머리에 흰 수건을 두르고 손에는 나무 몽둥이를 들고 무리를 지어 읍내에 모여 서리들의 가옥 수십 호를 불사르고 부수니, 그 움직임이 결코 가볍지 않았다.

● 보기 ●
- ㉠ 최충헌이 식읍으로 받은 지역이다.
- ㉡ 견훤이 도읍으로 정하고 후백제를 세운 곳이다.
- ㉢ 임진왜란 때 김시민이 왜군을 크게 물리친 지역이다.
- ㉣ 일제 강점기에 백정들이 사회적 차별을 타파하고자 조선 형평사를 조직한 곳이다.

① ㉠, ㉢  ② ㉠, ㉡, ㉣
③ ㉠, ㉢, ㉣  ④ ㉡, ㉢, ㉣

## 05

밑줄 친 ㉠에 대한 설명으로 옳지 않은 것은?

> ㉠우산(于山)과 무릉(武陵) 두 섬이 현의 정동(正東) 바다 가운데 있다. 두 섬이 서로 거리가 멀지 아니하여, 날씨가 맑으면 가히 바라볼 수 있다.
> 
> – 『세종실록지리지』

① 일본이 러·일 전쟁 중에 ㉠을 불법적으로 편입하였다.

② 숙종 때 안용복이 일본에 건너가 ㉠이 조선의 영토임을 확인 받고 돌아왔다.

③ 정약전이 ㉠ 연해의 어종을 조사하여 『자산어보』를 저술하였다.

④ 고종이 칙령 제41호를 통해 ㉠에 대한 영유권을 확인하였다.

## 06

㉠과 관련된 역사적 사실에 대한 설명으로 가장 옳지 않은 것은?

> 내 이를 가엾게 여기어 새로 [ ㉠ ]을/를 만들었으니, 사람들로 하여금 쉽게 익혀 날마다 쓰는 데 편하게 할 뿐이다.
> ㄱ은 아음(牙音)이니 君자의 첫 소리와 같은데 …… ㅋ은 아음이니 快의 첫소리와 같다. …… ㅿ는 반치음(半齒音)이니 穰자의 첫 발성과 같다.

① 조선 세종은 ㉠을 서리를 선발하는 시험 과목으로 채택하였다.

② 김시습의 『금오신화』는 ㉠으로 쓰여진 우리나라 최초의 소설이다.

③ 1930년대에 조선학 운동을 전개한 문일평은 조선심(朝鮮心)의 결정체를 ㉠으로 보았다.

④ ㉠을 만든 목적 및 원리, 용례 등을 정리한 자료가 유네스코 세계 기록유산으로 등재되어 있다.

## 07

다음 〈보기〉 중 '유네스코 세계 문화유산'을 모두 고른 것은?

> ● 보기 ●
> ㉠ 강화 고인돌 유적
> ㉡ 김해 대성동 고분군
> ㉢ 안동 하회 마을
> ㉣ 울산 대곡리 반구대 암각화
> ㉤ 종묘

① ㉠, ㉡, ㉤

② ㉠, ㉢, ㉤

③ ㉡, ㉢, ㉣

④ ㉢, ㉣, ㉤

## 08

유네스코 '세계 기록유산'에 등재된 것을 모두 고른 것은?

> ㉠ 『징비록』
> ㉡ 『비변사등록』
> ㉢ 한국의 유교 책판
> ㉣ 『무구정광대다라니경』
> ㉤ 국채 보상 운동 기록물

① ㉠, ㉤

② ㉡, ㉢

③ ㉢, ㉣

④ ㉣, ㉤

정답·해설 p.103

해커스공무원 단원별 적중 600제 한국사

# [부록]
# 최종점검 모의고사

**잠깐! 모의고사 전 확인사항**

☐ 휴대전화는 비행기 모드로 바꿔주세요.

☐ 연필과 지우개를 준비하세요.

☐ 답안을 체크할 답안지(본책 맨 뒤)를 준비하세요.

☐ 제한시간 15분 내 최대한 많은 문제를 정확하게 풀어보세요.

**\* 모의고사 1, 2, 3회 모두 위 사항을 점검하고 시험에 임하세요.**

## 01 (가), (나) 국가에 대한 설명으로 옳은 것은?

> (가) 여자의 나이가 열 살이 되면 서로 혼인을 약속하고, 신랑 집에서는 여자를 맞이하여 장성하도록 길러 아내로 삼는다. 여자가 성인이 되면 다시 친정으로 돌아가게 한다. 여자의 친정에서는 돈을 요구하는데, 신랑 집에서 돈을 지불한 후 다시 신랑 집으로 돌아온다.
>
> (나) 해마다 5월이면 씨뿌리기를 마치고 귀신에게 제사를 지낸다. 떼를 지어 모여서 노래와 춤을 즐긴다. 술 마시고 노는데 밤낮을 가리지 않는다. …… 10월에 농사일을 마치고 나서도 이렇게 한다.

① (가) – 1세기 초에 왕호를 사용하였다.
② (가) – 왕과 신하들이 모여 국동대혈에서 제사를 지냈다.
③ (나) – 목지국의 지배자가 왕으로 추대되었다.
④ (나) – 족장들이 별도의 행정 구역인 사출도를 다스렸다.

## 02 다음 주장을 한 인물에 대한 설명으로 옳은 것을 〈보기〉에서 모두 고르면?

> 대체로 재물은 비유하건대 우물과 같은 것이다. 퍼내면 차고 버려 두면 말라 버린다. 그러므로 비단 옷을 입지 않아서 나라에 비단을 짜는 사람이 없게 되면 여공이 쇠퇴하고, 찌그러진 그릇을 싫어하지 않고 기교를 숭상하지 않아서 장인이 작업하는 일이 없게 되면 기예가 망하게 된다.

〈보기〉
㉠ 청의 문물을 적극 수용할 것을 주장하였다.
㉡ 화폐의 사용을 중지하자는 폐전론을 주장하였다.
㉢ 수레와 선박의 이용을 확대할 것을 주장하였다.
㉣ 지구가 우주의 중심이 아니라는 무한 우주론을 주장하였다.

① ㉠, ㉡                    ② ㉠, ㉢
③ ㉡, ㉢                    ④ ㉡, ㉣

## 03 (가) 인물에 대한 설명으로 옳은 것은?

> 왕이 고구려가 자주 국경을 침략하는 것을 걱정하여 수나라에 군사를 요청해 고구려를 치고자 ___(가)___ 에게 명하여 걸사표를 짓도록 하였다. ___(가)___ 이/가 말하기를, "자기가 살고자 남을 멸하는 것은 출가한 승려로서 적합한 행동은 아니지만, 제가 대왕의 땅에서 살고 대왕의 물과 풀을 먹고 있으니 감히 명을 따르지 않겠습니까."라고 하면서 글을 지어 바쳤다.

① 『해심밀경소』를 저술하였다.
② 세속오계를 만들었다.
③ 일심 사상을 바탕으로 화쟁 사상을 주장하였다.
④ 황룡사 9층 목탑의 건립을 건의하였다.

## 04 (가), (나) 사이의 사실로 옳은 것은?

> (가) 임시 수도 부산에서 계엄령이 선포된 가운데 개헌에 반대하는 국회의원들을 감금하였고, 군인과 경찰이 국회를 포위한 가운데 기립 표결로 대통령 직선제와 국회 양원제를 골자로 하는 개헌안을 통과시켰다.
>
> (나) 허정 과도 정부는 내각 책임제와 국회 양원제를 골자로 한 새 헌법을 개정하였다. 이후에 치러진 총선거에서는 민주당이 압승하였다.

① 한·일 기본 조약이 체결되었다.
② 진보당 사건으로 조봉암이 사형에 처해졌다.
③ 화폐의 단위가 '환'에서 '원'으로 변경되었다.
④ 농지 개혁법이 제정되었다.

**05** ㉠, ㉡에 대한 설명으로 옳은 것은?

> 정여립 모반 사건으로 동인의 원한을 사게 된 정철이 이후 건저 문제(세자 책봉 문제)로 선조의 미움을 받아 탄핵되었다. 이때 정철에 대한 처벌 문제를 둘러싸고 동인은 ㉠ 강경파와 ㉡ 온건파로 분열되었다.

① ㉠은 경신환국을 통해 정국을 주도하였다.
② ㉡은 인조반정으로 인해 몰락하였다.
③ ㉠은 대체로 이이와 성혼의 문인을 중심으로 형성되었다.
④ ㉡은 갑인예송에서 기년설을 주장하였다.

**06** 우리나라의 불교 문화유산에 대한 설명으로 옳지 않은 것은?

① 분황사 모전 석탑은 석재를 벽돌 모양으로 만들어 쌓은 신라의 탑이다.
② 익산 미륵사지 석탑은 우리나라에서 현존하는 가장 오래된 석탑이다.
③ 논산 관촉사 석조 미륵보살 입상은 균형미가 뛰어나다는 특징이 있다.
④ 부석사 소조 아미타여래 좌상은 신라의 양식을 계승한 고려 시대의 불상이다.

**07** 다음과 같은 문학 종류가 유행하던 시기의 상황으로 옳은 것은?

> · 살어리 살어리랏다 / 청산에 살어리랏다
> 멀위랑 다래랑 먹고 / 청산에 살어리랏다
> · 만두가게에 만두를 사러 갔더니
> 회회아비가 내 손목을 쥐더이다
> 이 소문이 이 가게 밖으로 나며들며 하면
> 조그마한 새끼 광대 네가 퍼뜨린 말이라 하리라

① 시전에서 남초를 거래하였다.
② 밭농사에서 견종법이 보급되었다.
③ 목화씨를 들여와 목화 재배를 시작하였다.
④ 어아주, 조하주, 해표피 등을 중국에 보냈다.

**08** 밑줄 친 '이 단체'에 대한 설명으로 옳은 것은?

> 이 단체는 윤효정, 장지연을 중심으로 설립된 단체로, 헌정 연구회의 후신이었다. 우리나라의 독립을 위해서 스스로 부강해지는 것이 그 방법이라 주장하였으며, 이를 위해 전국 각지에 25개 지회를 설치하고 교육 진흥, 월보 발행, 산업 개발, 강연회 개최 등의 국권 회복 운동을 전개하였다.

① 평양에 대성 학교를 설립하였다.
② 보안법에 의해 강제로 해산되었다.
③ 러시아의 절영도 조차 요구를 저지하였다.
④ 여성 단체인 근우회 결성에 영향을 주었다.

**09** (가), (나)가 설명하는 기록유산으로 옳게 짝지은 것은?

> (가) 임진왜란 때 전투 양상과 개인의 소회는 물론 당시의 날씨와 백성의 생활 모습도 기록되어 있는 친필 일기로, 2013년에 세계 기록유산으로 등재되었다.
> (나) 세손 시절부터 쓰던 개인 일기가 즉위 이후 공식 국정 운영 내용을 정리한 일기로 전환된 것으로, 2011년에 유네스코 세계 기록유산으로 등재되었다.

|  | (가) | (나) |
|---|---|---|
| ① | 『징비록』 | 『한중록』 |
| ② | 『난중일기』 | 『한중록』 |
| ③ | 『난중일기』 | 『일성록』 |
| ④ | 『징비록』 | 『일성록』 |

**10** 다음 사건에 대한 설명으로 옳은 것은?

> 그들 조선군은 비상한 용기를 가지고 응전하면서 성벽에 올라 미군에게 돌을 던졌다. 창칼로 상대하는데 창칼이 없는 병사들은 맨손으로 흙을 쥐어 적군 눈에 뿌렸다. 모든 것을 각오하고 한 걸음 한 걸음 다가드는 적군에게 죽기로 싸우다 마침내 총에 맞아 죽거나 물에 빠져 죽었다.

① 제너럴셔먼호 사건이 발단이 되어 발생하였다.
② 사건의 결과 제물포 조약이 체결되었다.
③ 양헌수 부대가 정족산성에서 적군을 격퇴하였다.
④ 부산, 인천, 원산 항구가 개항되는 계기가 되었다.

**11** (가)에 들어갈 단체의 활동으로 옳은 것은?

> 당시 정세로 말하자면, 우리 민족의 독립사상을 떨치기로 보나, 만보산 사건, 만주 사변 같은 것으로 우리 한인에 대해 심히 악화된 중국인의 악감정을 풀기로 보나, 무슨 새로운 국면을 타개할 필요가 있었다. 그래서 우리 임시 정부에서 회의한 결과   (가)   을/를 조직하여 암살과 파괴 공작을 하되, 돈이나 사람이나 내가 전담하고, 다만 그 결과를 정부에 보고하도록 위임을 받았다.

① 조명하가 타이완에서 천황의 장인을 암살하였다.
② 이재명이 명동 성당 앞에서 이완용을 습격하였다.
③ 나석주가 동양 척식 주식회사에 폭탄을 투척하였다.
④ 윤봉길이 일본군 전승 축하식에서 고관들을 처단하였다.

**12** 다음 사건이 일어난 왕 대의 사실로 옳은 것은?

> 임꺽정은 양주의 백정인데, 성품이 교활하면서도 사납고 용맹스러웠다. 무뢰배들을 불러 모아 도적질을 한 지 이미 오래되었지만 조정에서는 까맣게 모르고 있었다. …… 정수익을 파견하여 500명의 관군을 데리고 가서 체포하게 하였는데, 도적이 구월산으로 들어가 의거한 채 관군에게 대항하였다. …… 민가에 불을 지르고 소와 말을 빼앗아 가도 누구 하나 대항하지 못하니, 잔악하고 혹독한 짓을 멋대로 자행하여 경기와 양서의 수백 리 사이에 나그네가 지나다니지 못할 정도였다.

① 직전법을 도입하였다.
② 왜구가 을묘왜변을 일으켰다.
③ 이몽학이 홍산에서 난을 일으켰다.
④ 풍기 군수 주세붕이 백운동 서원을 세웠다.

**13** 밑줄 친 '그'에 대한 설명으로 옳은 것은?

> 그가 왕에게 아뢰어 말하기를, "삼교(三敎)는 비유하자면 솥의 발과 같아서 하나라도 없어서는 안 됩니다. 지금 유교와 불교는 모두 흥하는데 도교는 아직 성하지 않으니, 이른바 천하의 도술(道術)을 갖추었다고 할 수 없습니다. 엎드려 청하오니 당나라에 사신을 보내 도교를 구하여 와서 나라 사람들을 가르치게 하소서."라고 하였다.

① 황산벌에서 백제군을 물리쳤다.
② 수군을 이끌고 산둥 반도를 공격하였다.
③ 스스로 대막리지가 되어 권력을 장악하였다.
④ 적장 우중문에게 5언시를 보냈다고 전해진다.

**14** 밑줄 친 '대왕'의 업적으로 옳은 것은?

> 대왕이 명을 내려 원화를 폐지하였다. 여러 해 뒤에 대왕은 다시 나라를 흥하게 하려면 모름지기 풍월도를 먼저 일으켜야 한다고 생각하였다. 이에 다시 명을 내려 좋은 가문 출신의 남자로서 덕행이 있는 자를 뽑아 명칭을 고쳐서 화랑이라고 하였다. 처음에 설원랑을 받들어 국선으로 삼으니, 이것이 화랑 국선의 시초였다.

① 독서삼품과를 실시하였다.
② 아시촌에 소경을 설치하였다.
③ 황초령, 마운령 등에 순수비를 세웠다.
④ '건원'이라는 독자적인 연호를 제정하였다.

**15** 조선 시대의 지방 제도에 대한 설명으로 옳지 않은 것은?

① 유향소를 설치하여 수령을 보좌하게 하였다.
② 향리를 감찰하기 위하여 사심관 제도를 실시하였다.
③ 수령은 자기 출신 지역에 부임하지 못하도록 하였다.
④ 5가구를 1통으로 편성하여 연대 책임을 부과하는 오가작통법을 실시하였다.

**16** 다음 사건에 대한 설명으로 옳지 않은 것은?

> 그날 오후 파고다 공원에 모였던 수백 명의 학생들이 10여 년간 억눌려 온 감정을 터뜨려 '만세, 독립 만세'를 외치자 공원 근처에 살던 시민들도 크게 놀랐다. …… 윌슨 대통령이 주장한 약소 민족의 자결권이 실현되는 신세계가 시작된 것이다. 학생들은 덕수궁 문 앞에 이르자 붕어하신 왕에게 조의를 표하였다.
>
> – 스코필드 기고문

① 만주, 연해주, 일본 등으로 확산되었다.
② 민족 대표가 독립 선언서를 발표하였다.
③ 독서회 등의 학생 단체가 주도하였다.
④ 전개 과정에서 일제가 제암리 학살을 자행하였다.

**17** 밑줄 친 (가) 인물들로 대표되는 정치 세력에 대한 설명으로 옳은 것은?

> (가) 이인임, 임견미, 염흥방이 그 못된 종들을 풀어놓아 좋은 토지를 가진 사람이 있으면 모두 물푸레나무[水靑木]로 때리고 장을 쳐서 빼앗았다. 그 주인은 비록 관아에서 발급 받은 문권을 가지고 있어도 감히 항변하지 못하였다. 당시 사람들이 이를 가리켜 수정목공문이라고 불렀다.

① 서원과 향약을 바탕으로 세력을 확대하였다.
② 도평의사사를 장악하고 고위 관직을 독점하였다.
③ 성리학을 수용하여 불교의 폐단을 비판하였다.
④ 이성계 세력과 연합하여 전제 개혁을 추진하였다.

**18** 밑줄 친 '나'에 대한 설명으로 옳은 것은?

> 어제 나는 조선 총독부 정무총감 엔도를 만나 다섯 가지 조건을 요구하였다.
> 첫째, 전국적으로 정치범, 경제범을 즉시 석방할 것
> 둘째, 서울의 3개월분 식량을 확보할 것
> 셋째, 치안 유지와 건국 운동을 위한 정치 운동에 대하여 절대로 간섭하지 아니할 것
> 넷째, 학생과 청년을 조직·훈련하는 데 대하여 간섭하지 않을 것
> 다섯째, 노동자와 농민을 건국 사업에 동원하는 데 있어 절대로 간섭하지 말 것

① 조선 인민당을 창당하였다.
② 독립 촉성 중앙 협의회를 조직하였다.
③ 전조선 제정당 사회 단체 연석 회의에 참석하였다.
④ 남조선 과도 입법 의원의 초대 의장을 역임하였다.

**19** (가)~(라) 시기에 있었던 사실로 옳지 않은 것은?

| (가) | (나) | (다) | (라) | |
| --- | --- | --- | --- | --- |
| 정중부 집권 | 경대승 집권 | 이의민 집권 | 최충헌 집권 | 최우 집권 |

① (가) - 공주 명학소에서 망이·망소이가 봉기하였다.
② (나) - 전주의 주현군과 관노들이 난을 일으켰다.
③ (다) - 김사미와 효심이 신라 부흥을 표방하며 난을 일으켰다.
④ (라) - 이연년 형제가 백제 부흥을 목표로 봉기하였다.

**20** 다음 사건들을 시기순으로 바르게 나열한 것은?

> ㉠ 남접군과 북접군이 논산에서 집결하였다.
> ㉡ 동학 농민군이 황토현에서 관군을 격파하였다.
> ㉢ 정부와 동학 농민군이 전주에서 화약을 맺었다.
> ㉣ 동학 농민군이 우금치에서 관군과 일본군 연합 부대에게 패하였다.

① ㉠ - ㉡ - ㉢ - ㉣
② ㉡ - ㉠ - ㉣ - ㉢
③ ㉡ - ㉢ - ㉠ - ㉣
④ ㉢ - ㉠ - ㉣ - ㉡

정답·해설 p.105

제한 시간: 15분   시작 ＿＿＿시 ＿＿＿분 ~ 종료 ＿＿＿시 ＿＿＿분

**01** (가) 인물이 재위하던 시기의 사실로 옳은 것은?

> 태화 원년 ［ (가) ］은/는 앞서 고구려에 군사를 요청하였으나 이루지 못하여 마침내 당나라에 들어가 군사를 요청하였다. 황제가 말하기를, "진실로 군자의 나라로구나."라고 하며 장군 소정방에게 군사 20만으로 백제를 정벌하러 가라는 조서를 내렸다.

① 김흠돌의 반란을 진압하였다.
② 비담과 염종이 난을 일으켰다.
③ 주와 군에 외사정을 파견하였다.
④ 사정부를 두어 관리를 감찰하였다.

**02** 다음과 같이 주장한 인물에 대한 설명으로 옳은 것은?

> 제가 보건대 서경 임원역의 땅은 풍수지리를 하는 사람들이 말하는 아주 좋은 땅입니다. 만약 이곳에 궁궐을 짓고 전하께서 옮겨 앉으시면 천하를 다스릴 수 있습니다. 또한 금나라가 선물을 바치고 스스로 항복할 것이고 주변의 36 나라가 모두 머리를 조아릴 것입니다.

① 전민변정도감 설치를 건의하였다.
② 중방을 중심으로 권력을 장악하였다.
③ 대위국이라는 나라를 세웠다.
④ 십팔자 도참설을 유포하며 난을 일으켰다.

**03** 다음 자료와 관련된 사건의 결과로 옳은 것은?

> '조룡(祖龍)이 어금니와 뿔을 휘두른다'고 한 것은 세조를 가리켜 시황제에 비긴 것이요, '회왕을 찾아내어 민망(民望)에 따랐다'고 한 것은 노산군을 가리켜 의제에 비긴 것이고, '그 인의를 볼 수 있다'고 한 것은 노산을 가리킨 것이니 의제의 마음에 비추어 말한 것이다.

① 동인과 서인의 붕당이 형성되었다.
② 외척 간의 권력 다툼으로 윤임 일파가 제거되었다.
③ 폐비 윤씨 사건과 관련된 자들이 처형당하였다.
④ 김일손을 비롯한 다수의 사림이 정계에서 축출되었다.

**04** 밑줄 친 '이 신분'에 대한 설명으로 옳은 것은?

> 신라에서는 골품을 따져 사람을 쓰기 때문에 이 신분에 속한 사람은 아무리 재능이 뛰어나도 제6관등인 아찬까지만 오를 수 있었다. 그렇기에 이 신분에 해당하는 자는 비색 공복은 입을 수 있었으나, 자색 공복은 입을 수 없었다.

① 중앙과 지방의 장관직을 독점하였다.
② 화백 회의에 참여하여 국가의 중요한 일을 결정하였다.
③ 죄를 지으면 본관지로 귀향시키는 형벌이 적용되었다.
④ 신라 말기에 호족과 결탁하여 사회 개혁을 추구하였다.

**05** 다음 헌법이 시행된 정부 시기의 사실로 옳은 것은?

> 제23조 모든 국민은 20세가 되면 법률이 정하는 바에 의하여 선거권을 가진다.
> 제39조 대통령은 대통령 선거인단에서 무기명 투표로 선거한다.
> 제45조 대통령의 임기는 7년으로 하며, 중임할 수 없다.

① 호주제가 폐지되었다.
② 4·13 호헌 조치가 발표되었다.
③ 부정 축재 처리법이 제정되었다.
④ 금강산 해로 관광이 시작되었다.

**06** 조선 시대 성리학자에 대한 설명으로 옳은 것을 모두 고른 것은?

> ㉠ 이이는 기대승과 사단 칠정 논쟁을 벌였다.
> ㉡ 조식은 경과 의를 근본으로 하는 실천적 성리 학풍을 강조하였다.
> ㉢ 서경덕은 우주를 무한하고 영원한 기로 보는 '태허설'을 주장하였다.
> ㉣ 이황은 신하가 군주에게 성학을 가르쳐 그 기질을 변화시켜야 한다고 주장하였다.

① ㉠, ㉡  ② ㉠, ㉣
③ ㉡, ㉢  ④ ㉢, ㉣

**07** 밑줄 친 '그'에 대한 설명으로 옳은 것은?

> 그는 점차 개별적인 의열 투쟁의 한계를 느끼고, 일부 단원들을 황푸 군관 학교에 입교시켜 군사·정치 교육을 받게 하였다. 이후 1932년에 독립군 간부 양성을 위한 조선 혁명 간부 학교를 설립하여 윤세주·이육사를 비롯한 졸업생들을 배출하였다.

① 대한 광복군 정부의 정통령을 역임하였다.
② 조선 민족 혁명당을 조직하고 조선 의용대를 창설하였다.
③ 화북 조선 독립 동맹의 주석으로 취임하였다.
④ 한국 독립군을 이끌고 쌍성보 전투에서 일본군을 격퇴하였다.

**08** 다음은 우리나라가 외국과 맺은 조약의 내용이다. 시기 순으로 바르게 나열한 것은?

> ㉠ 조선과 미국 두 나라 중 한 나라가 다른 나라의 핍박을 받을 경우 분쟁을 해결하도록 주선한다.
> ㉡ 일본국 국민은 본국에서 사용되는 화폐로 조선국 국민의 물자와 마음대로 교환할 수 있다.
> ㉢ 조선은 일본국 국민의 유족 및 부상자에게 배상금을 지불하고, 일본 공사관 신축 비용 2만원을 부담한다.

① ㉠ - ㉡ - ㉢  ② ㉠ - ㉢ - ㉡
③ ㉡ - ㉠ - ㉢  ④ ㉡ - ㉢ - ㉠

**09** (가), (나) 전시과에 대한 설명으로 옳은 것은?

> (가) 목종 원년 12월에 문무 양반 및 군인의 전시과를 정하였다. 제1과, 전지 100결, 시지 70결 …… 이 한계에 미치지 못하는 자는 모두 전지 17결을 지급하는 것을 통상의 규칙으로 한다.
>
> (나) 문종 30년 양반 전시과를 다시 개정하였다. 제1과는 전지 100결, 시지 50결 …… 제18과는 전지 17결로 한다.

① (가) – 무산계 전시와 별사 전시의 별정 전시과를 마련하였다.
② (나) – 4색 공복을 기준으로 등급을 나누어 지급하였다.
③ (가) – 전직 관리에게도 토지를 지급하였다.
④ (나) – 토지는 원칙적으로 경기 지역에 한하여 지급하였다.

**10** (가) 신분층에 대한 설명으로 옳은 것은?

> ___(가)___ 의 자손들이 과거에 응시하고 벼슬에 진출하는 것을 막는 것은 우리나라의 옛 법이 아니다. …… 그런데『경국대전』을 편찬한 뒤로부터 금고(禁錮)를 가하기 시작하였으니 현재 아직 백 년도 채 되지 못한다. …… 양반 사대부의 자식으로서 다만 외가가 미천하다는 이유만으로 대대로 금고하여 비록 훌륭한 재주와 능력이 있어도 끝내 머리를 숙이고 시골에서 그대로 죽어 향리나 수군만도 못하니 참으로 가련하다.

① 조례와 나장 등이 포함되었다.
② 주로 기술직에 종사하며 재산을 축적하였다.
③ 신분 해방을 위해 형평 운동을 일으켰다.
④ 조선 후기에 이르러 청요직에 진출할 수 있었다.

**11** 밑줄 친 '이 제도' 시행 이후의 사실로 옳지 않은 것은?

> 양난 이후 군적이 문란해지고 납속이나 공명첩 등으로 양반이 되어 역을 면제받는 자가 늘자 군역의 재원은 점차 감소하였으며, 이에 따라 남은 장정들의 군역 부담은 점차 증가할 수 밖에 없었다. 이러한 군역의 폐단을 시정하려는 개혁 방안이 논의되어 영조 때 이 제도를 실시하였다.

① 지주에게 결작미를 거두었다.
② 군적수포제가 법제화되었다.
③ 어장세·염세 등의 잡세가 정부 수입으로 전환되었다.
④ 일부 부유한 평민에게 선무군관이라는 칭호를 주고 군포를 거두었다.

**12** 조선 후기의 국학 연구에 대한 설명으로 옳지 않은 것은?

① 유득공은『발해고』에서 남북국 시대라는 용어를 처음으로 사용하였다.
② 신경준은『언문지』를 저술하여 우리말의 음운 체계를 연구하였다.
③ 정상기는 우리나라 최초로 100리 척을 사용하여 동국지도를 제작하였다.
④ 한치윤은 단군 조선부터 고려까지의 역사를 기전체로 서술한『해동역사』를 저술하였다.

**13** 밑줄 친 '과인'의 업적으로 옳은 것을 〈보기〉에서 모두 고른 것은?

> 요사이 나라의 풍속이 일변하여 오직 권세만 추구하게 되어 기철 등이 군주를 전율케 하는 위협으로 나라 다스리는 법을 흔들어 관리의 인사권이 그의 손아귀에 있고, 정령이 이로 말미암아 신축되어 토지와 노비를 함부로 탈취하니 이는 과인의 부덕 탓인가 아니면 기강이 무너져 통제할 방법이 없음인가.

〈보기〉

ⓐ 몽골풍의 의복과 변발을 폐지하였다.
ⓑ 정치도감을 설치하여 정치 개혁을 꾀하였다.
ⓒ 정동행성 이문소를 폐지하고 관제를 복구하였다.
ⓓ 도병마사를 도평의사사로 개편하였다.

① ㉠, ㉡
② ㉠, ㉢
③ ㉡, ㉣
④ ㉢, ㉣

**14** 다음 자료에 대한 설명으로 옳은 것은?

> 남과 북은 …… 정치, 군사적 대결 상태를 해소하여 민족적 화해를 이룩하고, 무력에 의한 침략과 충돌을 막고 긴장 완화와 평화를 보장하며 …… (남과 북) 쌍방의 관계가 나라와 나라 사이의 관계가 아닌 통일을 지향하는 과정에서 잠정적으로 형성되는 특수 관계라는 것을 인정하고 평화 통일을 성취하기 위한 공동의 노력을 경주할 것을 다짐하면서 다음과 같이 합의하였다.

① 개성 공단 건설에 합의하였다.
② 남북 정상 회담을 통하여 발표되었다.
③ 남북 군사 공동 위원회 설치를 명시하였다.
④ 남북이 동시에 유엔에 가입하는 계기가 되었다.

**15** (가) 왕에 대한 설명으로 옳은 것은?

> ___(가)___ 은/는 선왕이 백제와의 전투에서 전사한 국가적 위기 상황에서 즉위하였다. 이러한 상황을 극복하기 위해 ___(가)___ 은/는 중국의 전진과 수교하여 대외 관계를 안정시켰으며, 국립 교육 기관으로 태학을 설립하여 인재를 양성하는 등의 개혁을 추진하였다.

① 동옥저를 정복하였다.
② 낙랑군을 축출하였다.
③ 율령을 반포하였다.
④ 『신집』을 편찬하게 하였다.

**16** (가) 시기에 백제에서 있었던 사실로 옳은 것은?

> 6좌평제와 16관등제 및 백관의 공복을 제정하였다.
>
> ↓
>
> (가)
>
> ↓
>
> 마라난타를 통해 불교를 받아들여 통치 이념을 정비하였다.

① 관산성 전투에서 대패하였다.
② 남쪽으로 진출하여 마한을 통합하였다.
③ 신라 눌지 마립간과 동맹을 체결하였다.
④ 양나라에 조공하여 외교 관계를 강화하였다.

**17** 다음 자료와 관련된 민족 운동에 대한 설명으로 옳은 것은?

> 민중의 보편적 지식은 보통 교육으로 능히 수여할 수 있으나 심원한 지식과 학리는 고등 교육에 기대하지 아니하면 불가할 것은 설명할 필요도 없거니와 사회 최고의 비판을 구하며 유능한 인물을 양성하려면 최고 학부의 존재가 가장 필요하도다.

① 신간회의 후원으로 확산되었다.
② 사립 학교령 공포의 계기가 되었다.
③ 이상재 등이 모금 운동을 주도하였다.
④ 대구에서 시작되어 전국적으로 확산되었다.

**18** (가) 왕의 재위 시기의 사실로 옳은 것은?

> ＿＿(가)＿＿은/는 12목을 4도호부 8목 체제로 개편하고, 전국을 다시 5도와 양계로 이원화하여 편제하였다.

① 문·무산계 제도를 정식으로 도입하였다.
② 김위제의 건의로 남경 건설을 추진하였다.
③ 강감찬이 귀주에서 거란군을 물리쳤다.
④ 중서문하성과 상서성이 합쳐져 첨의부가 되었다.

**19** 다음 법령에 대한 설명으로 옳지 않은 것은?

> 제1조 일본 정부와 통모하여 한·일 합병에 적극 협력한 자, 한국의 주권을 침해하는 조약 또는 문서에 조인한 자와 모의한 자는 사형 또는 무기징역에 처하고 그 재산과 유산의 전부 혹은 2분의 1 이상을 몰수한다.
> 제2조 일본 정부로부터 작위를 받은 자 또는 일본 제국 의회의 의원이 되었던 자는 무기 또는 5년 이상의 징역에 처하고 그 재산과 유산의 전부 혹은 2분의 1 이상을 몰수한다.

① 이 법령은 제헌 헌법에 따라 제정되었다.
② 이 법령은 정부의 적극적인 협조로 시행되었다.
③ 이 법령에 따라 조사를 받은 이들은 대부분 무혐의로 풀려났다.
④ 법령 시행을 위해 특별 조사 위원회가 구성되었다.

**20** 다음 약력에 해당하는 인물의 활동으로 옳은 것은?

> 1878년 평안남도 강서군 출생
> 1897년 독립 협회 가입
> 1907년 양기탁, 신채호 등과 함께 신민회 조직
> 1913년 흥사단 창설
> 1919년 임시 정부 내무총장 겸 국무총리 대리직 수행
> 1937년 수양 동우회 사건으로 수감

① 조선 건국 동맹을 조직하였다.
② 독립군 양성을 위해 신흥 강습소를 설립하였다.
③ 『한국독립운동지혈사』를 저술하여 일제의 침략을 규탄하였다.
④ 한국 독립 유일당 북경 촉성회 선언을 발표하였다.

정답·해설 p.108

제한 시간: 15분    시작 _____시 _____분 ~ 종료 _____시 _____분

**01** (가) 시대의 생활 모습으로 옳은 것은?

> 1940년대에 서구 고고학계에서는 유럽과 아프리카를 주먹 도끼 문화권, 아시아를 찍개 문화권으로 구분하고, 동아시아에서는 상대적으로 덜 발달된 석기가 출토된다는 제국주의적 학설이 대두되었다. 그러나 연천 전곡리에서 동아시아 최초로 ___(가)___ 시대의 유물인 아슐리안형 주먹 도끼가 출토되면서 이 학설은 무너졌다.

① 넓적한 돌 갈판에 곡식을 갈아서 먹었다.
② 농경이 시작되어 정착 생활을 시작하였다.
③ 사냥의 성공을 기원하는 예술품을 만들었다.
④ 군장이 부족의 풍요를 기원하는 제사를 지냈다.

**02** (가) 왕 재위 시기의 사실로 옳은 것은?

> 고구려 ___(가)___ 이/가 군사 3만 명을 이끌고 한성을 포위하였다. 왕은 성문을 닫고 나가 싸우지 않았다. 고구려인이 군사를 네 방향으로 나누어 협공하였고, 또한 바람을 타고 불을 놓아 성문을 불태웠다. 성내의 백성들이 불안해하며 나가서 항복하려는 자도 있었다. 왕은 곤궁하여 어찌할 바를 모르다가, 기병 수십을 거느리고 성문을 나가 서쪽으로 도망쳤으나 고구려인이 쫓아가 왕을 살해하였다.

① 졸본에서 국내성으로 수도를 옮겼다.
② 전진의 순도를 통해 불교를 수용하였다.
③ 후연을 공격하여 요동 지역을 확보하였다.
④ 지두우를 분할 점령하여 흥안령 일대를 차지하였다.

**03** 다음 교서를 내린 왕의 업적으로 옳은 것은?

> 흑창을 설치하여 궁핍한 백성들에게 곡식을 꾸어주고, 일정한 법식으로 삼았다. 그러나 지금 백성들은 점점 늘어나는데 비축해 둔 곡식은 충분하지 못하니, 쌀 10,000석을 더 보태고, 그 이름을 의창으로 바꾸도록 하라.

① 주전도감을 설치하였다.
② 노비안검법을 시행하였다.
③ 『정계』와 『계백료서』를 지었다.
④ 비서성과 수서원을 설치하였다.

**04** 다음 사건을 시기순으로 바르게 나열한 것은?

> ㉠ 우리나라 최초의 신부인 김대건이 처형당하였다.
> ㉡ 천주교 탄압 정책으로 인해 프랑스 선교사를 비롯한 남종삼 등 수천 명의 천주교 신자들이 순교하였다.
> ㉢ 조선 정부는 윤지충이 신주를 불태우고 천주교식 장례를 치르자 사형에 처했다.
> ㉣ 노론 벽파는 남인 시파를 탄압하기 위해 주문모를 비롯하여 실학자 이가환, 이승훈 등을 처형하였다.

① ㉠ - ㉡ - ㉢ - ㉣
② ㉠ - ㉢ - ㉡ - ㉣
③ ㉢ - ㉣ - ㉠ - ㉡
④ ㉢ - ㉠ - ㉣ - ㉡

**05** 다음과 같은 주장을 펼친 정치 세력에 대한 설명으로 옳은 것을 모두 고른 것은?

> 지방의 경우에는 관찰사와 수령, 서울의 경우에는 홍문관과 육경, 그리고 대간들이 모두 능력 있는 사람을 천거하게 하십시오. 그 후 대궐에 모아 놓고 친히 여러 정책과 관련된 대책 시험을 치르게 한다면 인물을 많이 얻을 수 있을 것입니다. 이는 역대 선왕께서 하지 않으셨던 일이요, 한나라의 현량과와 방정과의 뜻을 이은 것입니다. 덕행은 여러 사람이 천거하는 바이므로 반드시 헛되거나 그릇되는 일이 없을 것입니다.

> ㉠ 경학보다 사장(詞章)을 중시하였다.
> ㉡ 향촌 자치와 왕도 정치를 강조하였다.
> ㉢ 영남과 기호 지방의 중소 지주 출신들이 많았다.
> ㉣ 성리학 이외의 사상에 대해 비교적 포용적이었다.

① ㉠, ㉡  
② ㉠, ㉣  
③ ㉡, ㉢  
④ ㉢, ㉣

**06** (가)~(다)에 들어갈 인물로 옳게 짝지은 것은?

> ○ ____(가)____ 은/는 유교와 불교의 통합을 시도하며 유불 일치설을 주장하였다.
> ○ ____(나)____ 은/는 이론의 연마와 실천을 아울러 강조하는 교관겸수를 제시하였다.
> ○ ____(다)____ 은/는 민중 교화를 위해 법화 신앙을 이론적 기반으로 백련 결사를 제창하였다.

| | (가) | (나) | (다) |
|---|---|---|---|
| ① | 의천 | 지눌 | 요세 |
| ② | 혜심 | 의천 | 요세 |
| ③ | 지눌 | 요세 | 의천 |
| ④ | 혜심 | 지눌 | 의천 |

**07** 우리나라 유네스코 세계 문화유산에 대한 설명으로 옳은 것을 모두 고른 것은?

> ㉠ 종묘 – 조선 왕들이 풍요를 기원하며 토지신에게 제사를 지내던 곳이다.
> ㉡ 소수 서원 – 제사 기능을 담당한 문성공묘, 강당의 기능을 담당한 명륜당 등으로 구성되었다.
> ㉢ 부석사 – 의상이 창건한 사찰로, 주심포 양식으로 지어진 부석사 무량수전이 있다.
> ㉣ 남한산성 – 정약용이 만든 거중기를 활용하여 축조되었다.

① ㉠, ㉢  
② ㉠, ㉣  
③ ㉡, ㉢  
④ ㉡, ㉣

**08** 다음 자료가 발표된 시기로 옳은 것은?

> 제1조 청에 의존하는 생각을 버리고 자주독립의 기초를 세운다.
> 제3조 임금은 각 대신과 의논하여 정사를 행하고 종실, 외척의 내정 간섭을 용납하지 않는다.
> 제7조 조세의 징수와 경비 지출은 모두 탁지아문의 관할에 속한다.
> 제14조 문벌을 가리지 않고 인재 등용의 길을 넓힌다.

| | (가) | | (나) | | (다) | | (라) | |
|---|---|---|---|---|---|---|---|---|
| 병인양요 | | 임오군란 | | 아관파천 | | 대한 제국 선포 | | 러·일 전쟁 발발 |

① (가)  
② (나)  
③ (다)  
④ (라)

**09** 다음 자료가 발표되는 계기가 된 사건에 대한 설명으로 옳은 것은?

> 첫째, 여야 합의하에 조속히 대통령 직선제로 개헌하고 새 헌법에 의한 대통령 선거를 통하여 1988년 2월 평화적 정부 이양을 실현하도록 해야겠습니다.
> 셋째, 자유 민주주의적 기본 질서를 부인한 반국가 사범이나 살상, 방화, 파괴 등으로 국가를 흔들었던 극소수를 제외한 모든 시국 관련 사범들도 석방되어야 합니다.

① 대통령이 하야하는 결과를 이끌어 냈다.
② 한·일 회담에 반대하는 학생 시위가 전개되었다.
③ 이한열 최루탄 피격 사건으로 전국적으로 확산되었다.
④ 정부와 자유당의 3·15 부정 선거에 반발하여 일어났다.

**10** (가)~(라)에 들어갈 내용으로 옳은 것은?

> **한국사 과제 안내문**
>
> 다음에 제시된 국가 중 하나를 선택하여 개항 이후 열강의 이권 침탈과 관련한 보고서를 제출하시오.
>
> | 국가 | 이권 침탈 내용 |
> |------|----------------|
> | 일본 | (가) |
> | 미국 | (나) |
> | 러시아 | (다) |
> | 프랑스 | (라) |
>
> ◎ 조사 방법: 인터넷 검색, 문헌 조사 등
> ◎ 제출 기한: 2023년 ○월 ○일 ~ ○월 ○일
> ◎ 분량: A4 용지 1장 이상

① (가) – 전등·전차·전화 부설권
② (나) – 경부선·경원선·경의선 부설권
③ (다) – 압록강·두만강·울릉도 삼림 벌채권
④ (라) – 은산 광산 채굴권

**11** (가)에 대한 설명으로 옳지 않은 것은?

> 어사대의 관원과 중서문하성 소속의 낭사를 합하여 [ (가) ](이)라 불렀다. 이들은 정치 운영의 견제와 균형을 이루었으며, 조선으로 계승되어 더욱 독자적인 역할을 하는 기구로 발전하였다.

① 국왕의 비행에 대해 간언하였다.
② 왕에게 정책 결정에 대한 학문적 자문을 하였다.
③ 잘못된 조칙에 대해 시행을 거부하고 돌려보냈다.
④ 관리 임명, 법령 개폐 등에 대한 동의 및 거부권을 행사하였다.

**12** 다음과 같은 통치 이념이 적용된 시기에 일제의 정책으로 옳은 것은?

> 무릇 내선일체라는 국시는 고매하고 장엄한 것으로, 그 궁극의 목적은 반도 동포로 하여금 충량한 황국 신민으로 만들고, 객관적·주관적으로 일본인과 조선인 간에 어떤 구별도 발견할 수 없는 지경에 도달하는 데 있습니다.

① 회사령을 폐지하였다.
② 조선 태형령을 공포하였다.
③ 학도 지원병 제도를 실시하였다.
④ 동양 척식 주식회사를 설립하였다.

**13** 밑줄 친 '정부'의 경제 정책으로 옳은 것은?

> 오늘 우리는 그렇게도 애타게 바라던 문민 민주주의의 시대를 열기 위하여 이 자리에 모였습니다. …… 마침내 국민에 의한, 국민의 정부를 이 땅에 세웠습니다. 오늘 탄생되는 정부는 민주주의에 대한 국민의 불타는 열망과 거룩한 희생으로 이루어졌습니다.

① 금융 실명제를 실시하였다.
② 한·미 자유 무역 협정을 체결하였다.
③ 통일벼를 전국적으로 보급하였다.
④ 중앙 토지 행정처를 발족하였다.

**14** (가), (나) 시기 사이에 있었던 사실로 옳은 것은?

> (가) 왕은 장군 계백으로 하여금 결사대 5천을 지휘하여 황산에 나아가 싸우게 하였다. 그는 4번 싸워서 4번 모두 이겼으나, 군사가 부족하고 힘이 다하여 패전하고 계백은 황산에서 전사하였다.
> (나) 당의 이근행이 군사 20만 명을 거느리고 매소성에 주둔하였다. 우리 군사가 이를 쳐서 쫓아 버리고 군마 3만여 필과 병장기를 노획하였다.

① 백제가 신라의 대야성을 함락하였다.
② 대조영이 동모산에서 나라를 건국하였다.
③ 고구려가 요동 지방에 천리장성을 쌓기 시작하였다.
④ 신라가 사비성을 탈환하여 소부리주를 설치하였다.

**15** 국가별 대외 교역에 대한 설명으로 옳지 않은 것은?

① 백제 – 남중국 및 왜와 활발하게 교역하였다.
② 신라 – 당항성을 통하여 중국과 직접 교역하였다.
③ 고려 – 북진 정책으로 거란, 여진과는 교역하지 않았다.
④ 조선 – 중강에서 후시를 통한 사무역이 전개되었다.

**16** (가) 문화유산에 대한 설명으로 옳은 것은?

> (가) 은/는 1971년에 송산리 고분군의 배수로 공사 중에 우연히 발견되었다. 남조의 영향을 받은 벽돌무덤 형태로 조성된 (가) 은/는 도굴되지 않은 형태로 발견되었으며, 피장자가 누구인지를 알려주는 묘지석이 발견되었다.

① 내부에 사신도 벽화가 그려져 있다.
② 천장은 평행 고임 구조로 되어 있다.
③ 천마가 그려진 말꾸미개 장식이 발견되었다.
④ 일본산 금송으로 만들어진 관이 출토되었다.

**17** 밑줄 친 '왕' 대의 사실로 옳은 것은?

> 대간이 아뢰기를, "인척의 도움을 받아 공신이 된 자, 유자광에게 뇌물을 바쳐서 공신이 된 자, 재상의 위세로 공신이 된 자들 모두 공신록에서 삭제하여야 합니다."하니, 왕이 이를 논의하고자 영의정 정광필, 우의정 안당 등을 불러들였다.

① 신문고 제도를 처음 실시하였다.
② 비변사를 임시 기구로 설치하였다.
③『경국대전』을 완성하여 반포하였다.
④ 불교 진흥 정책으로 승과 제도를 부활시켰다.

**18** 다음 주장을 한 인물에 대한 설명으로 옳은 것은?

> 일단 강화를 맺고 나면, 저들의 욕심은 물화를 교역하는 데 있습니다. 저들의 물화는 대부분 수공 생산품이라 그 양이 무궁한 데 반하여, 우리의 물화는 대부분 백성들의 생명이 달린 것이고, 땅에서 나는 것으로 한정이 있는 것입니다. …… 저들이 비록 왜인이라고 하나 실은 양적(洋賊)입니다.

① 태인, 순창 등에서 의병 활동을 전개하였다.
② 친일파 처단을 위해 5적 암살단을 조직하였다.
③『조선책략』유포에 반발하여 영남 만인소를 주도하였다.
④『화서아언』을 저술하여 서양과의 통상 수교를 반대하였다.

**19** (가) 운동에 대한 설명으로 옳은 것은?

> ___(가)___ 은/는 소비 절약과 가계부 적기 등의 자력 갱생 운동을 중심으로 전개되었다. 일제는 특히 농가 갱생 계획을 강조하였는데, 이는 춘궁 농가의 식량 문제를 해결하고 농가 부채를 근절하려는 것이었다. 그러나 중·일 전쟁 이후 ___(가)___ 의 중점이 전시 농산물 확보로 옮겨가면서 농가 갱생 계획은 흐지부지되었다.

① 농상공부를 주무 기관으로 하였다.
② 일제의 무단 통치 시기에 실시되었다.
③ 역둔토, 궁장토를 총독부 소유로 만들었다.
④ 이 운동의 일환으로 조선 소작 조정령을 제정하였다.

**20** 다음 내용을 발표한 인물에 대한 설명으로 옳은 것은?

> 한국이 있어야 한국 사람이 있고, 한국 사람이 있고야 민주주의도 공산주의도 또 무슨 단체도 있을 수 있는 것이다. 마음 속의 38도선이 무너지고야 땅 위의 38도선도 철폐될 수 있다. …… 나는 통일된 조국을 건설하려다 38도선을 베고 쓰러질지언정 일신의 구차한 안일을 위하여 단독 정부를 세우는 데는 협력하지 아니하겠다.

① 국민당을 창당하였다.
② 탁치 반대 국민 총동원 위원회를 조직하였다.
③ 미국 정부에 위임 통치 청원서를 제출하였다.
④ 좌·우 합작 위원회에서 임시 정부 수립을 합의하였다.

정답·해설 p.111

해커스공무원 단원별 적중 600제 한국사

# [부록]
# 최종 암기 점검

한눈에 보는 시대별 암기 포인트

# 한눈에 보는 시대별 암기 포인트

## ⬤ 선사 시대(구석기~철기 시대)

| 시대 | 경제·사회 | 문화 | 주거 | 도구·유물 | 유적지 |
|------|----------|------|------|-----------|--------|
| 구석기 시대 | • 사냥, 채집, 어로<br>• 이동 사회<br>• 무리 사회<br>• 평등 사회 | • 주술적 의미의 예술품<br>• 장례 문화(흥수 아이) | 동굴, 바위 그늘, 막집 (강가) | 뗀석기: 주먹 도끼(아슐리안형), 찍개, 긁개, 슴베찌르개 등 | 평남 상원 검은모루 동굴, 경기 연천 전곡리, 충남 공주 석장리 등 |
| 신석기 시대 | • 초보적인 농경의 시작(농기구, 토기 사용), 사냥과 고기잡이 병행, 원시적 수공업의 시작<br>• 부족 사회<br>• 평등 사회 | 원시 신앙(애니미즘, 토테미즘, 샤머니즘), 조상·영혼 숭배 | • 해안, 강가<br>• 움집 거주: 정착 생활, 원형·방형의 집터, 중앙에 화덕 위치 | • 간석기: 돌괭이, 돌보습, 돌낫, 갈돌과 갈판<br>• 토기: 이른 민무늬 토기, 덧무늬 토기, 눌러찍기무늬 토기, 빗살무늬 토기<br>• 수공업 도구: 가락바퀴, 뼈바늘 | 강원 양양 오산리, 황해 봉산 지탑리, 서울 암사동, 평양 남경, 부산 동삼동 등 |
| 청동기 시대 | • 벼농사 시작<br>• 사유 재산 인정, 계급 발생, 남성 중심 사회 | • 선민 사상의 등장(청동기 시대)<br>• 의식용 청동 도구 제작<br>• 토(土) 제품 제작: 풍요로운 생산 기원 | • 움집 → 지상 가옥화<br>• 화덕이 중앙에서 벽면으로 이동<br>• 주거용 외 창고·공동 작업장 등의 건물 제작<br>• 배산임수 취락(구릉 지대와 산간에 위치)<br>• 마을 주변에 환호, 목책 설치<br>• 집단 취락 형성 | • 무기류: 청동 무기(청동검)<br>• 농기구: 반달 돌칼(추수 도구)<br>• 청동기: 비파형동검, 거친무늬 거울<br>• 토기: 미송리식 토기, 민무늬 토기, 붉은 간 토기<br>• 무덤: 고인돌, 돌무지무덤, 돌널무덤 | 충남 부여 송국리, 경기 여주 흔암리 등 |
| 철기 시대 | • 농업 생산력이 발전한 농경 사회<br>• 군장 국가에서 연맹 왕국으로 발전 | • 바위그림<br>　- 울주 반구대: 동물·고래(풍요, 다산 기원)<br>　- 고령 양전동 알터: 기하학 무늬(태양 숭배) | • 귀틀집 등장<br>• 초기 철기 시대까지 반움집에 거주 → 점차 지상 가옥에 거주<br>• 부뚜막 시설 등장 | • 무기류: 철제 무기<br>• 농기구: 철제 농기구<br>• 청동기: 세형동검, 잔무늬 거울, 거푸집 → 청동기의 의기화<br>• 토기: 민무늬 토기의 다양화, 덧띠 토기, 검은 간 토기<br>• 무덤: 널무덤, 독무덤, 덧널무덤<br>• 중국과 교류: 명도전, 반량전, 오수전, 붓 | 경남 창원 다호리, 제주 삼양동, 춘천 율문리 등 |

## ○ 고조선

| 건국 | • 건국: B.C. 2333년 단군왕검이 고조선 건국(군장 국가)<br>• 세력 범위: 비파형동검, 북방식 고인돌, 미송리식 토기, 거친무늬 거울 출토 지역과 일치<br>• 건국 설화: 제정일치 사회(단군왕검), 홍익인간, 농경 사회, 토테미즘, 천신·선민 사상 |
|---|---|
| 발전 | • 랴오닝(요령) 지방 중심으로 발전 → 랴오시(요서)를 경계로 연과 대립할 만큼 강성(B.C. 4세기경)<br>• 연의 장수 진개가 고조선 침입(B.C. 3세기 초) → 고조선의 중심지 이동(랴오둥 → 대동강 유역) → 대동강 유역의 왕검성을 중심으로 독자적인 문화를 이룩함<br>• 왕권 강화(B.C. 3세기경): 왕위 세습(부왕, 준왕), 상·대부·장군 등의 관직 정비 |
| 위만 조선 | • 진·한 교체기에 위만을 비롯한 유이민 이주 → 한반도에 철기 문화 전파<br>• 집권: 위만이 이주민 세력 통솔, 세력 확대 → 준왕 축출 → 위만 집권(B.C. 194년)<br>• 발전<br>  – 본격적인 철기 문화 수용 → 농업, 수공업 발전 → 상업·무역 발전<br>  – 활발한 정복 사업, 한과 예·진 사이의 중계 무역 전개 → 한과 대립 |
| 멸망 | • 한 무제의 침략과 지배층의 내분으로 멸망(B.C. 108년)<br>• 한 군현 설치: 낙랑, 진번, 임둔, 현도(한사군) |
| 사회 | • 8조법: 생명 존중, 노동력 중시, 형벌 존재, 농경 사회, 사유 재산 존재, 노비제 존재(계급 사회)<br>• 한 군현 설치 이후 60여 조로 법 조항 증가 |

## ○ 여러 나라의 성장

| 나라 | 위치 | 지배층 | 정치 형태 | 경제 | 풍속 |
|---|---|---|---|---|---|
| 부여 | 쑹화(송화) 강 유역 평야 지대 | • 왕<br>• 대가: 마가·우가·저가·구가(사출도 주관) | • 5부족 연맹<br>• 연맹 왕국 | • 반농반목<br>• 말, 주옥, 모피 | • 제천 행사: 영고(12월, 은력 정월)<br>• 순장, 국왕의 장례에 옥갑 사용, 우제점법, 1책 12법, 형사취수제 |
| 고구려 | 졸본 → 국내성으로 천도(유리왕) | • 왕<br>• 대가(상가·고추가) | • 5부족 연맹<br>• 연맹 왕국 | • 약탈 경제(부경)<br>• 맥궁(쇠붙이·뼈 등으로 만든 활) | • 제천 행사: 동맹(10월, 국동대혈)<br>• 서옥제, 형사취수제 |
| 옥저 | 함경도 동해안 지역 | 읍군, 삼로 | 군장(족장) 국가 (← 고구려의 압력) | 해산물, 소금 풍부 | 민며느리제, 골장제 |
| 동예 | 강원도 동해안 지역 | | | • 단궁, 과하마, 반어피<br>• 방직 기술 발달 | • 제천 행사: 무천(10월)<br>• 족외혼, 책화 |
| 삼한 | 한반도 남부 | • 진왕(목지국)<br>• 신지, 견지(세력 大)<br>• 부례, 읍차(세력 小) | 제정 분리<br>– 정치적 지배자<br>– 종교적 지배자: 천군(소도) | • 벼농사 발달: 철제 농기구 사용, 저수지 축조<br>• 변한: 철을 낙랑과 왜에 수출 | • 제천 행사: 수릿날 (5월), 계절제(10월)<br>• 두레, 편두 |

## ● 고대

| 국가 | 주요 왕의 업적 | 통치 체제 | 경제 |
|---|---|---|---|
| 고구려 | • 태조왕: 계루부 고씨의 왕위 세습 확립, 옥저 정복<br>• 고국천왕: 왕위 부자 상속, 을파소 등용, 진대법 실시<br>• 소수림왕: 불교 공인, 태학 설립, 율령 반포<br>• 광개토 대왕: 영토 확장, 신라 구원, '영락' 연호 사용<br>• 장수왕: 평양 천도, 남하 정책, 광개토 대왕릉비 건립 | • 수상: 대대로<br>• 관등: 10여 관등<br>• 귀족 회의: 제가 회의<br>• 중앙 행정: 5부<br>• 지방 제도: 5부, 성 | • 수취 제도: 조세, 공납, 역<br>• 토지 제도<br>  – 귀족: 녹읍, 식읍 등 보유<br>  – 농민: 소유지에서 경작하<br>    거나 소작지에서 경작<br>• 대외 무역<br>  – 고구려: 중국 남북조 및 북<br>    방 유목민과 교류<br>  – 백제: 남중국 및 왜와 교역<br>  – 신라: 중국과 간접 교역 →<br>    한강 유역 확보 이후 당항<br>    성을 통해 직접 교역 |
| 백제 | • 근초고왕: 영토 확장, 왕위 부자 상속, 『서기』 편찬<br>• 침류왕: 불교 공인<br>• 동성왕: 신라와 결혼 동맹 체결<br>• 무령왕: 22담로 설치(왕족 파견)<br>• 성왕: 사비 천도, 국호를 '남부여'로 개칭, 한강 하류<br>지역 일시 회복 | • 수상: 상좌평<br>• 관등: 16관등<br>• 귀족 회의: 정사암 회의<br>• 중앙 행정: 5부<br>• 지방 제도: 5방, 군 | |
| 신라 | • 지증왕: 국호를 '신라'로, 왕호를 '왕'으로 개칭, 주에<br>군주 파견, 우경 장려, 순장 금지, 우산국 정벌(이사<br>부), 아시촌 소경 설치<br>• 법흥왕: '건원' 연호 사용, 율령 반포, 불교 공인, 금관<br>가야 정복<br>• 진흥왕: 화랑도 개편, 한강 유역 확보, 순수비 건립,<br>『국사』 편찬, 대가야 정복<br>• 무열왕: 최초의 진골 출신 왕, 중시 기능 강화, 중국<br>식 묘호 사용 | • 수상: 상대등<br>• 관등: 17관등<br>• 귀족 회의: 화백 회의<br>• 중앙 행정: 6부<br>• 지방 제도: 5주, 군<br>• 군사 제도: 서당, 6정 | |
| 통일 신라 | • 문무왕: 삼국 통일 완성, 외사정 파견<br>• 신문왕: 왕권 전제화, 귀족 세력 숙청(김흠돌 모역 사<br>건), 집사부 이하 14관부 완성, 9주 5소경 체제 완비,<br>9서당 10정 편성, 국학 설치, 달구벌 천도 시도<br>• 경덕왕: 중국식 명칭 사용, 중시를 시중으로 격상<br>• 혜공왕 : 진골 귀족들의 반란(대공의 난, 96각간의 난,<br>김지정의 난)<br>• 원성왕: 독서삼품과 실시<br>• 헌덕왕: 김헌창의 난, 김범문의 난<br>• 흥덕왕: 청해진 설치(장보고), 사치 금지령 반포 | • 중앙 제도: 집사부 이하<br>14관부<br>• 지방 제도: 9주 5소경, 향·<br>부곡, 외사정 파견, 상수리<br>제도<br>• 군사 제도: 9서당(중앙군),<br>10정(지방군) | • 수취 제도: 조세, 공물, 역<br>• 토지 제도<br>  – 신문왕: 관료전 지급, 녹읍<br>    폐지<br>  – 성덕왕: 정전 지급<br>  – 경덕왕: 녹읍 부활<br>• 신라 촌락 문서: 노동력, 생산<br>자원 관리<br>• 대외 무역: 울산항, 당항성,<br>청해진(장보고) 등 |
| 발해 | • 무왕: 영토 확장, 대당 강경책(장문휴), 일본과 통교<br>• 문왕: 친당 외교, 신라와 관계 개선, 중경 → 상경 →<br>동경으로 천도<br>• 성왕: 동경 → 상경으로 천도<br>• 선왕: 영토 확장, 5경 15부 62주 체제 완비, '해동성<br>국'이라 불림 | • 중앙 제도: 3성 6부(정당성<br>의 대내상이 국정 총괄, 이<br>원적 통치 제도)<br>• 지방 제도: 5경 15부 62주<br>• 군사 제도: 10위(중앙군),<br>농병 일치 군사(지방군) | • 수취 제도: 조세, 공물, 역<br>• 대외 무역: 발해관, 일본도,<br>신라도 등 |

| 사회 제도 | 학문 | 사상 | 고분 | 예술 |
|---|---|---|---|---|
| • 진대법: 빈민 구휼 제도<br>• 서옥제 : 일종의 데릴사위제, 모계 사회의 유습<br>• 형사취수제: 집안 재산 축소 방지 | • 교육 기관: 태학 (수도), 경당(지방)<br>• 역사서: 『신집』(이문진, 영양왕) | • 불교: 소수림왕 때 공인, 삼론종(승랑, 혜관), 열반종(보덕) 발달<br>• 도교: 연개소문의 장려, 강서 고분의 사신도 | • 돌무지무덤: 장군총<br>• 굴식 돌방무덤: 무용총, 각저총, 쌍영총, 강서 고분 → 사신도 등의 고분 벽화 발달 | • 불상: 금동 연가 7년명 여래 입상<br>• 일본에 문화 전파: 담징, 혜관, 다카마쓰 고분 벽화에 영향(수산리 고분 벽화) |
| • 중국과 교류하며 선진 문화 수용<br>• 말타기와 활쏘기, 투호 및 장기 등의 오락을 즐김, 한문을 능숙하게 구사 | • 교육: 박사 제도<br>• 역사서: 『서기』(고흥, 근초고왕) | • 불교: 침류왕 때 공인, 율종(겸익) 발달, 미륵 신앙 유행<br>• 도교: 백제 금동 대향로, 무령왕릉 지석, 사택지적 비문 | • 한성 시기: 계단식 돌무지무덤(석촌동 고분)<br>• 웅진 시기: 굴식 돌방 무덤, 벽돌무덤(무령왕릉)<br>• 사비 시기: 굴식 돌방 무덤(능산리 고분군) | • 탑: 미륵사지 석탑, 정림사지 5층 석탑<br>• 불상: 서산 용현리 마애 여래 삼존상(백제의 미소)<br>• 일본에 문화 전파: 아직기·왕인·노리사치계 등 |
| • 화랑도: 계층 간 갈등 완화, 국가 인재 양성<br>• 골품 제도: 성골, 진골, 6~1두품<br>• 중위제: 6두품 이하 계층에게 적용된 특진 제도 | • 교육: 화랑도<br>• 역사서: 『국사』(거칠부, 진흥왕) | • 불교: 눌지왕 때 수용, 법흥왕 때 공인, 왕즉불·미륵불 발달, 전륜성왕(불교의 이상적 제왕, 진흥왕), 세속 5계(원광)<br>• 도교: 화랑도를 국선도, 풍류도 등으로 지칭 | • 돌무지덧널무덤(천마총, 호우총 등)<br>• 굴식 돌방무덤(순흥 어숙묘) | • 탑: 경주 분황사 모전 석탑, 황룡사 9층 목탑<br>• 불상: 경주 배동 석조 여래 삼존 입상<br>• 일본에 문화 전파: 조선술과 축제술(한인의 연못) |
| • 신라 중대: 6두품 강화 → 왕권과 결탁<br>• 신라 하대: 호족 세력 성장, 빈번한 농민 봉기 발생(원종·애노의 난)<br>• 골품 제도 변화: 성골 소멸, 진골 강화, 3~1두품 평민화 | • 교육 기관: 국학<br>• 등용 제도: 독서삼품과<br>• 역사서: 『화랑세기』(김대문), 『제왕연대력』(최치원)<br>• 유학 보급(6두품 중심): 강수, 설총, 최치원 | • 불교: 교종과 선종, 원효(일심 사상), 의상(화엄 사상), 원측(신유식), 혜초(『왕오천축국전』) → 신라 하대 선종 발달<br>• 풍수지리설: 도선<br>• 도교: 무덤 주위 둘레돌에 12지 신상 조각(불교 + 도교) | • 굴식 돌방무덤(김유신묘: 둘레돌, 12지 신상 조각)<br>• 화장 유행(대왕암) | • 사찰: 불국사, 석굴암<br>• 탑: 경주 불국사의 석가탑, 다보탑<br>• 승탑: 쌍봉사 철감선사 승탑<br>• 불상: 석굴암 본존불<br>• 조각: 법주사 쌍사자 석등<br>• 범종: 상원사 동종, 성덕대왕 신종<br>• 일본에 문화 전파: 하쿠호 문화 성립에 기여 |
| • 지배층: 고구려계<br>• 피지배층: 말갈인 | 교육 기관: 주자감 | • 불교: 왕실, 귀족 중심으로 발달<br>• 도교: 정효 공주 묘지(불로장생 사상) | • 정혜 공주 묘: 굴식 돌방무덤, 고구려 양식을 계승한 모줄임 천장 구조, 돌사자상 출토<br>• 정효 공주 묘: 당의 벽돌 무덤 양식 + 고구려의 평행 고임 구조 | • 불상: 이불 병좌상<br>• 조각: 발해 석등 |

## ○ 고려 시대

| 왕 | 집권 세력 | 정치 |
|---|---|---|
| 태조 | 호족 | • 호족 통합: 혼인 정책, 사성 정책, 중폐비사(호족 우대 정책), 본관제 실시<br>• 호족 견제: 상수리 제도, 기인 제도<br>• 북진 정책: 고구려 계승 의식 표출, 서경 개척, 영토 확장(청천강~영흥만), 거란 배척(만부교 사건)<br>• 왕권 강화 정책: 『정계』, 『계백료서』 저술, 훈요 10조 반포 |
| 광종 | 호족 | • 왕권 강화 정책: 주현공부법, 노비안검법, 과거제 실시(쌍기), 훈신 숙청, 백관의 공복 제정<br>• 대외 정책: 외왕내제 체제(광덕, 준풍 연호 사용) |
| 경종 | | 반동 정치 전개(광종의 개혁 세력 숙청) |
| 성종 | 문벌 귀족 | • 최승로의 시무 28조 수용 → 유교 정치 이념 확립<br>• 정치 체제 정비: 2성 6부, 중추원·삼사 설치, 12목 설치(지방관인 목사 파견), 향리 제도 마련<br>• 대외 정책: 제1차 거란 침입 → 서희의 외교 담판 → 강동 6주 획득 |
| 목종 | | 강조의 정변으로 폐위 |
| 현종 | | • 지방 행정 개편: 5도 양계 완비, 4도호부 8목 설치<br>• 대외 정책<br> − 제2차 거란 침입: 강조의 정변을 구실로 침입 → 강화 체결<br> − 제3차 거란 침입: 강감찬의 귀주 대첩 → 거란 격퇴 → 나성 축조 |
| 문종 | | − |
| 숙종 | | 별기군 조직(윤관, 신기군·신보군·항마군, 여진에 대응) |
| 예종 | | 여진 정벌, 동북 9성 축조 |
| 인종 | | • 이자겸의 난 → 진압<br>• 묘청의 서경 천도 운동 → 진압(김부식) |
| 의종<br>~<br>원종 | 무신 | • 무신 정변: 정중부·이의방 등의 무신들이 정변 단행(경인의 난) → 중방을 중심으로 국정 수행<br>• 최씨 무신 정권<br> − 최충헌: 교정도감·도방을 통해 독재 정치 강화<br> − 최우: 정방·서방·야별초(삼별초) 설치, 강화도 천도, 대몽 항쟁 전개<br>• 몽골의 침입 → 김윤후 등 활약 → 몽골과의 강화 이후 무신 정권 몰락 → 삼별초의 대몽 항쟁 지속 |
| 충렬왕 | 권문세족 | • 왕권 강화 정책: 전민변정도감 설치 → 귀족들의 반대로 폐지<br>• 도병마사 → 도평의사사로 개편 |
| 충선왕 | | 관제 개혁: 정방 폐지 시도, 사림원 설치, 신진 관료 등용 |
| 공민왕 | 신진 사대부 | • 반원 자주 정책: 친원파 숙청, 정동행성 이문소 폐지, 관제 복구, 쌍성총관부 수복<br>• 왕권 강화 정책: 정방 폐지, 전민변정도감 설치, 과거 제도 정비(신진 사대부 등용) |
| 공양왕 | | 이성계에게 양위(고려 멸망, 조선 건국) |

| 경제·사회 | 문화 |
|---|---|
| • 토지 제도: 역분전 지급<br>• 취민유도 정책: 세율 1/10로 경감<br>• 흑창(구휼 기관) 설치 | • 불교 장려: 연등회, 팔관회 강조 |
| • 제위보(빈민 구제) 설치<br>• 송과 무역 시작 | • 승과(교종선, 선종선), 국사·왕사 제도 실시<br>• 귀법사 창건(초대 주지: 균여) |
| 시정 전시과(전·현직, 인품·관품) 시행 | – |
| • 건원중보 발행 　　　• 의창 설치(흑창 확대·개편)<br>• 상평창(물가 조절) 설치 　　　• 노비환천법 실시 | • 유학 장려: 국자감, 향교 설치, 과거제 정비, 문신 월과법 실시<br>• 연등회, 팔관회 금지 |
| 개정 전시과(전·현직, 관직, 인품 X) 시행 | – |
| – | • 『7대 실록』(태조~목종) 편찬(현존 X)<br>• 불교 부흥: 연등회, 팔관회 부활<br>• 초조대장경 조판<br>• 현화사(법상종) 건립 |
| • 경정 전시과(현직, 관직) 시행<br>• 녹봉 제도, 공음전 완비 | • 최충의 9재 학당 등 사학 12도 융성<br>• 흥왕사(화엄종) 건립, 의천(승려) 출가 |
| • 주전도감 설치<br>• 삼한통보, 해동통보, 은병(활구) 주조 | • 서적포 설치<br>• 『신편제종교장총록』 편찬, 속장경 간행 |
| 혜민국, 구제도감 설치 | 관학 7재 설치, 청연각·보문각 설치, 양현고 설치 |
| – | • 경사 6학 정비, 7재 중 강예재(무학재) 폐지<br>• 『삼국사기』(김부식) 편찬, 『고려도경』(송 사신 서긍) 편찬 |
| • 전시과 체제 붕괴 → 녹과전 지급(고종·원종)<br>• 무신 정권에 대한 반발: 김보당의 난, 조위총의 난<br>• 하층민의 봉기: 망이·망소이의 난, 만적의 난 등<br>• 삼국 부흥 운동: 김사미·효심의 난(신라), 최광수의 난(고구려), 이연년의 난(백제) | • 팔만대장경 간행<br>• 『상정고금예문』(고종) 인쇄<br>• 조계종 융성<br>• 신앙 결사 운동(수선사, 백련사)<br>• 상감 청자 유행 |
| 쇄은 발행 | • 성리학 수용(안향) 　　　• 섬학전 설치<br>• 『삼국유사』(일연) 편찬 　　　• 『제왕운기』(이승휴) 편찬 |
| • 소금 전매제(각염법) 실시 　　　• 재상지종 발표 | 만권당 설치(충숙왕 때) → 원나라 학자들과 교류(이제현) |
| 몽골 풍습 폐지 | • 성균관 개편(순수 유학 교육 기관)<br>• 『사략』(이제현) 편찬 |
| • 과전법 실시 → 조선 초기까지 이어짐 　　　• 저화(지폐) 발행 | – |

시대별
암기 포인트

해커스공무원 단원별 적중 600제 한국사

## ● 조선 전기

| 왕 | 주도 세력 | 정치 |
|---|---|---|
| 태조 | 관학파 | •도읍 기틀 마련: 한양 천도, 경복궁 건설<br>•의흥삼군부 설치<br>•재상 중심 정치(정도전)<br>•제1차 왕자의 난: 이방원이 방석, 방번, 정도전 등을 제거 |
| 정종 | | •제2차 왕자의 난 → 방원을 세자로 삼고 양위          •도평의사사를 의정부로 개편 |
| 태종 | | 왕권 강화: 사병 혁파, 6조 직계제 실시, 사간원 독립 |
| 세종 | | •의정부 서사제 실시 → 왕권과 신권의 조화<br>•집현전 정비<br>•유교적 민본 사상 실현<br>•대외 정책<br>  – 대여진: 4군 6진 설치(최윤덕, 김종서)<br>  – 대일본: 대마도 정벌(이종무), 3포 개항(부산포, 제포, 염포), 계해약조(무역 규모 제한) |
| 세조 | 훈구 | •왕권 강화: 6조 직계제 부활, 집현전·경연 폐지, 보법 실시, 5위와 진관 체제 확립<br>•『경국대전』 편찬 시작<br>•이징옥의 난, 이시애의 난 진압 |
| 성종 | | •홍문관 정비, 경연 확대, 사림파 등용<br>•『경국대전』 완성·반포<br>•원상제 폐지 |
| 연산군 | | 무오사화(「조의제문」), 갑자사화(폐비 윤씨 사사 사건) → 중종반정 |
| 중종 | | •조광조 개혁 정치: 현량과 실시, 소격서 폐지, 위훈 삭제 등 → 기묘사화<br>•삼포왜란, 사량진왜변 |
| 명종 | | •을사사화(대윤 vs 소윤)<br>•을묘왜변 → 비변사 상설 기구화 |
| 선조 | 사림 | •사림의 중앙 정계 주도 → 붕당 형성(동인 vs 서인)<br>•임진왜란: 한산도 대첩, 행주 대첩, 진주 대첩 / 정유재란: 명량 해전, 노량 해전<br>•비변사의 기능 강화, 훈련도감(중앙군)과 속오군(지방군) 편성 |
| 광해군 | 북인 | •전쟁 피해 수습: 국가 재정 확충, 성곽과 무기 수리<br>•왜란 때 의병장을 배출한 북인 집권<br>•명과 후금 사이에서 중립 외교 정책 전개<br>•임해군·영창 대군 살해, 인목 대비 유폐(폐모살제) → 인조반정 |

| 경제 | 사회 | 문화 |
|---|---|---|
| 과전법 실시: 고려 말 이래로 계속 실시, 경기 지역에 한정하여 토지에 대한 수조권 지급 | – | • 역사서: 『고려국사』(정도전 등)<br>• 『조선경국전』, 『경제문감』, 『경제육전』<br>• 천상열차분야지도 제작 |
| • 양전 사업 실시, 호적 작성<br>• 사섬서 설치(저화 발행)<br>• 사원 정리 | • 호패법 실시, 신문고 설치, 유향소 폐지<br>• 유교 질서 강화: 서얼의 문과 응시 제한, 재가한 여성 차별 | • 역사서: 『동국사략』(권근 등)<br>• 주자소 설치, 계미자 주조<br>• 혼일강리역대국도지도 제작 |
| • 전분 6등법(토지 비옥도), 연분 9등법(풍흉) 실시 → 1결당 최고 20두에서 최저 4두까지 징수<br>• 조선통보 주조<br>• 『농사직설』 간행 | • 국가 행사를 오례에 따라 유교식으로 거행<br>• 사대부에게도 『주자가례』 실행 장려<br>• 사형 판결에 삼복법 적용<br>• 유향소 복설 | • 한글(훈민정음) 창제<br>• 한글 서적 편찬: 「용비어천가」, 『석보상절』 등<br>• 역사서: 『고려사』(문종 때 완성)<br>• 『칠정산』, 『향약집성방』, 『삼강행실도』 간행<br>• 측우기, 자격루 등 제작<br>• 경자자, 갑인자, 병진자 등 주조 |
| • 직전법 실시: 현직 관리에게 토지 지급<br>• 경시서를 평시서로 개칭 | 유향소 폐지 | • 불교 진흥: 서울 원각사지 10층 석탑 건립<br>• 동국지도(양성지) 제작<br>• 인지의와 규형 제작 |
| • 관수관급제 실시: 국가가 농민에게 조를 거둔 뒤 관리에게 지급<br>• 요역: 토지 8결당 1인 선발<br>• 『금양잡록』 간행(강희맹) | • 유향소 복설<br>• 5가작통법 실시 | • 역사서: 『동국통감』<br>• 『동국여지승람』, 『동문선』, 『국조오례의』, 『악학궤범』 간행 |
| – | – | – |
| – | 향약 실시: 조광조의 건의로 실시 | • 학습서: 『동몽선습』(박세무, 유교 및 역사), 『훈몽자회』(최세진, 한자)<br>• 『신증동국여지승람』 편찬 |
| • 직전법 폐지: 관리들에게 녹봉만 지급<br>• 수취 제도의 문란 가중 | • 백운동 서원에 사액 → 소수 서원(최초의 사액 서원)<br>• 임꺽정의 난 | – |
| – | 경재소 폐지 | 역사서: 『기자실기』(이이) |
| • 대동법을 경기 지역에서 시험 실시<br>• 토지 대장과 호적 정비 | – | • 『동의보감』 편찬(허준)<br>• 5대 사고 재정비 |

## ○ 조선 후기

| 왕 | 주도 세력 | 정치 |
|---|---|---|
| 인조 | 서인 | • 서인 집권, 친명 배금 정책 추진<br>• 정묘호란: 조선과 후금 사이에 형제 관계 체결<br>• 병자호란: 삼전도의 굴욕, 조선과 청 사이에 군신 관계 체결<br>• 어영청, 총융청, 수어청 설치 |
| 효종 | | • 북벌 계획(송시열, 이완): 군사 양성, 군비 확충, 성 개축<br>• 나선 정벌에 동원됨 |
| 현종 | 서인<br>↓<br>남인 | • 1차 예송 논쟁(기해예송): 서인 1년, 남인 3년 주장 → 서인 승리<br>• 2차 예송 논쟁(갑인예송): 서인 9개월, 남인 1년 주장 → 남인 승리 |
| 숙종 | 남인<br>↓<br>서인<br>↓<br>남인<br>↓<br>서인(노론) | • 탕평책 실시 → 환국의 빌미<br>• 환국 정치 → 일당 전제화<br>  – 경신환국: 서인 집권<br>  – 기사환국: 남인 집권<br>  – 갑술환국: 서인 집권 → 남인의 처벌을 두고 노론, 소론의 대립 심화<br>• 금위영 설치(5군영 체제 완성)<br>• 대외 정책: 윤휴의 북벌 주장(실현 X), 백두산 정계비 건립, 울릉도·독도 영유권 확인(안용복)<br>• 만동묘와 대보단 설치 |
| 영조 | 탕평파<br>(노론 위주) | • 이인좌의 난 → 기유처분 발표<br>• 완론 탕평 실시: 탕평비 건립(성균관)<br>• 붕당 정치 억제: 산림 부정, 서원 정리, 전랑의 권한 약화<br>• 나주 괘서 사건 → 소론 약화, 노론의 정국 주도<br>• 사도 세자 사건(임오화변): 시파와 벽파의 대립 심화<br>• 『수성윤음』 반포(수도 방어 체계 강화)<br>• 서얼들의 청요직 진출 허용(통청윤음) |
| 정조 | 소론,<br>남인 계열 시파 | • 준론 탕평 실시: 척신과 환관 제거, 소론과 남인 계열의 시파 중용<br>• 왕권 강화 정책<br>  – 초계문신제 시행, 장용영 설치, 수원 화성 건설<br>  – 규장각 설치, 검서관으로 서얼 중용(박제가, 이덕무 등)<br>• 문체 반정 전개 |
| 순조 | 외척(세도가) | • 정순 왕후의 수렴청정 → 노론 벽파 집권(정조 개혁 이전으로 복구)<br>• 정순 왕후 사후 → 세도 정치(안동 김씨가 권력 장악)<br>• 효명 세자의 대리 청정(안동 김씨 견제) → 실패 |
| 철종 | | 세도 정치 지속(안동 김씨) |

| 경제·사회 | 문화 |
|---|---|
| 영정법 실시(전세의 정액화) | • 서양식 대포(홍이포) 제조법과 조종법(벨테브레) <br> • 천리경, 자명종 등 유입(정두원) |
| • 설점수세제(광산) 시행: 사채 허용, 호조 별장이 세금 징수 <br> • 『농가집성』(신속) 간행 | • 조총 기술(하멜) <br> • 시헌력 사용 |
| – | 역사서: 『동국통감제강』(홍여하) |
| • 상평통보 전국적으로 유통 <br> • 대동법을 전국적으로 확대 실시(함경도·평안도·제주도 제외) <br> • 장길산의 난 발생 | – |
| • 균역법 실시(2필 → 1필) ← 결작, 선무군관포 등으로 보충 <br> • 수령수세제(광산) 시행: 지방 수령이 세금 징수 <br> • 고구마 수입 <br> • 형벌 제도 개혁: 가혹한 형벌 폐지, 사형수 삼심제 시행 <br> • 신문고 부활 <br> • 청계천 준설 <br> • 노비 종모법 실시 | • 『속대전』 편찬 <br> • 『속오례의』, 『무원록』, 『동국문헌비고』 간행 <br> • 동국지도(정상기) 제작 <br> • 『반계수록』(유형원) 간행 <br> • 『소대풍요』(위항 시집) 간행 |
| • 수령 권한 강화 <br> • 신해통공 반포: 육의전을 제외한 시전의 금난전권 폐지 <br> • 신해박해(1791): 진산 사건 처벌 | • 『대전통편』 편찬 <br> • 『고금도서집성』 수입 <br> • 『일성록』(유네스코 세계 기록유산 등재), 『무예도보통지』 편찬 <br> • 정약용: 거중기 발명(화성 건설에 이용), 주교(배다리) 설치 <br> • 『동사강목』(안정복), 『발해고』(유득공) 저술 |
| • 신유박해(1801): 정약용, 정약전 형제 유배 <br> • 공노비 해방 <br> • 홍경래의 난(1811) | 『목민심서』(정약용) 저술 |
| • 임술 농민 봉기(1862) → 삼정이정청 설치 <br> • 기술직 중인들의 대규모 소청 운동 → 실패 <br> • 동학 개창(최제우) | 대동여지도(김정호) 제작 |

## ○ 근대

| | | |
|---|---|---|
| 1863 | 흥선 대원군 집권 | • 왕권 강화: 세도 정치 타파, 비변사 축소·폐지, 경복궁 중건<br>• 민생 안정: 호포제 실시, 사창제 실시, 서원·만동묘 철폐<br>• 통상 수교 거부: 척화비 건립(1871) |
| 1866 | 병인양요 | • 원인: 병인박해(1866)<br>• 전개: 프랑스군의 강화도 침입 → 한성근(문수산성)과 양헌수(정족산성) 부대가 격퇴<br>• 결과: 프랑스군이 퇴각 과정에서 외규장각 도서 탈취 |
| 1871 | 신미양요 | • 원인: 제너럴셔먼호 사건(1866)<br>• 전개: 미국 군함이 강화도 공격 → 어재연 부대의 항전<br>• 결과: 조선의 통상 수교 거부 정책 강화, 척화비 건립 |
| 1873 | 고종의 친정 | • 최익현의 상소로 흥선 대원군 하야<br>• 통상 개화파 등장(박규수, 오경석, 유홍기) |
| 1876 | 강화도 조약 | • 원인: 일본이 운요호 사건을 계기로 개항 요구, 통상 개화파의 개항 요구<br>• 내용: 치외 법권, 해안 측량권 등의 불평등 조항 내포, 부산·인천·원산 개항 등<br>• 의의: 최초의 근대적 조약이자 불평등 조약 |
| 1882. 4. | 조·미 수호<br>통상 조약 | • 원인: 『조선책략』 유포<br>• 내용: 거중조정, 치외 법권과 최혜국 대우 규정, 관세 부과<br>• 의의: 서구 열강과 맺은 최초의 근대적 조약이자 불평등 조약 |
| 1882. 6. | 임오군란 | • 원인: 구식 군대에 대한 차별, 개화 정책에 대한 불만<br>• 전개: 구식 군인들의 봉기(민씨 일족, 일본 공사관 습격), 민씨 세력 축출<br>• 결과: 청이 군란을 진압(민씨 세력 재집권), 청의 내정 간섭 강화, 청과 조·청 상민 수륙 무역 장정 체결, 일본과 제물포 조약 체결(일본 공사관에 일본 경비병 주둔 허용) |
| 1884 | 갑신정변 | • 원인: 개화당에 대한 탄압, 친청 정책으로 인한 개화 정책 후퇴<br>• 전개: 개화당이 우정국 개국 축하연 때 정변 단행 → 14개조 혁신 정강 발표 → 청의 개입으로 3일 만에 종결<br>• 결과: 일본과 한성 조약 체결, 일본과 청은 톈진 조약 체결 |
| 1894. 3. | 제1차 동학<br>농민 운동 | • 원인: 부정부패, 개항에 따른 농촌 생활 악화, 고부 민란에 대한 탄압<br>• 전개: 황토현·황룡촌 전투에서 관군에 승리, 전주성 점령 → 전주 화약 체결<br>• 결과: 폐정 개혁안 12개조 발표, 집강소 설치 |
| 1894. 6. | 제1차<br>갑오개혁 | • 원인: 일본의 내정 간섭과 개혁 강요<br>• 내용: 군국기무처 설치, 6조를 8아문으로 개편, 신분 제도 철폐, 과거제 폐지, 은 본위제 채택 등 |
| 1894. 9. | 제2차 동학<br>농민 운동 | • 원인: 일본의 경복궁 점령과 내정 간섭<br>• 결과: 공주 우금치 전투에서 관군과 일본군에 패배 |
| 1894. 11. | 제2차<br>갑오개혁 | • 원인: 청·일 전쟁에서 일본 승세 → 김홍집·박영효 연립 내각 구성<br>• 내용: 군국기무처 폐지, 의정부·8아문 체제를 내각·7부로 개편, 홍범 14조 반포, 교육 입국 조서 반포, 신식 재판소 설립 등 |

| 1895 | 삼국 간섭 | • 원인: 청·일 전쟁 승리 이후 일본의 세력 확대 → 러시아, 프랑스, 독일이 간섭하여 일본 견제<br>• 결과: 조선 내 러시아 세력 강화 |
|---|---|---|
| 1895. 8. | 을미개혁 | • 원인: 일본이 조선에서의 영향력을 만회하기 위해 을미사변을 일으킨 이후 친일적인 내각 수립<br>• 내용: 단발령 시행, 종두법 실시, 태양력 사용, 소학교 설치 |
| 1895 | 을미의병 | • 원인: 을미사변과 단발령<br>• 대표 의병: 유인석, 이소응<br>• 결과: 고종의 해산 권고 조칙으로 자진 해산 |
| 1896. 2. | 아관 파천 | 고종이 러시아 공사관으로 피신 → 국내에 러시아의 영향력 강화 |
| 1896. 7. | 독립 협회 창립 | • 목적: 서재필이 국권 회복을 위해 창립<br>• 활동: 독립신문 발행, 독립문·독립관 건립, 만민 공동회 개최, 러시아의 절영도 조차 요구 저지, 관민 공동회 개최, 헌의 6조 결의, 중추원 관제 반포 |
| 1897 | 대한 제국 선포 | • 배경: 고종의 환궁 이후 자주 독립 국가임을 국내외에 천명하기 위해 대한 제국 선포<br>• 광무개혁: 대한국 국제 반포, 양전 사업 실시, 원수부 설치, 식산 흥업 정책 실시(서북 철도국 개설, 상무사 조직, 상공 학교, 광무 학교 등 실업 학교 설립), 외국어·기술 교육 강화 |
| 1904 | 러·일 전쟁 발발 | • 배경: 조선 내의 주도권을 둘러싼 러시아와 일본의 갈등<br>• 결과: 일본의 승리 → 조선에 대한 일본의 지배권 인정(포츠머스 조약) |
| 1905. 11. | 을사늑약<br>(제2차 한·일 협약) | • 배경: 러·일 전쟁 종전 이후 일본의 강요로 체결<br>• 내용: 외교권 박탈, 통감부 설치(초대 통감으로 이토 히로부미 임명) |
| 1905 | 을사의병 | • 원인: 을사늑약 체결<br>• 대표 의병: 최익현, 임병찬, 민종식, 신돌석(최초의 평민 의병장) |
| 1905 | 화폐 정리 사업 | • 내용: 제1차 한·일 협약 때 파견된 재정 고문 메가타의 주도로 시행<br>• 결과: 국내 상공업자·금융 기관 위축, 대한 제국 경제의 일본 예속 가속화 |
| 1907 | 정미의병 | • 원인: 고종의 강제 퇴위, 군대 해산<br>• 전개: 13도 창의군 조직(이인영·허위), 서울 진공 작전 시도 → 실패<br>• 결과: '남한 대토벌' 작전으로 의병 활동 위축 → 국외로 이동하여 독립군으로 활동 |
| 1907. 2. | 국채 보상 운동 | • 배경: 일본의 강요로 차관 1,300만 원 도입<br>• 전개: 대구에서 시작되어 전국적으로 확대 → 통감부의 방해로 실패 |
| 1907. 4. | 신민회 | • 목표: 실력 양성을 통한 국권 회복과 공화정체 국가 수립<br>• 활동: 대성 학교·오산 학교 설립, 민족 산업 육성, 해외 독립운동 기지 건설(삼원보)<br>• 해산: 105인 사건으로 와해(1911) |
| 1910 | 한·일 합병 조약 체결 | • 조선 총독부 설치, 데라우치가 초대 총독으로 부임<br>• 일본의 식민 통치 시작(무단 통치) |

시대별 암기 포인트

해커스공무원 단원별 적중 600제 한국사

## ● 일제 강점기

| 시기 | 일제의 식민 통치 | 일제의 경제적 수탈 | 대한민국 임시 정부 |
|---|---|---|---|
| 1900년대 | • 국권 피탈 과정<br> - 한·일 의정서: 군사 기지 사용권<br> - 제1차 한·일 협약: 고문 정치<br> - 을사늑약: 통감 정치, 외교권 박탈<br> - 한·일 신협약: 차관 정치<br> - 기유 각서: 사법권·감옥 사무 처리<br>  권 박탈<br> - 한·일 합병 조약: 식민 통치 시작<br>• 법령 제정: 신문지법, 보안법, 출판법 | • 화폐 정리 사업(1905)<br>• 황무지 개간권 요구<br>• 동양 척식 주식회사 설립(1908) | – |
| 1910년대 | • 무단 통치: 조선 총독부 설치, 헌병<br> 경찰 통치, 제복 착용과 착검, 기본권<br> 박탈, 중추원 설치<br>• 조선 태형령 제정(1912)<br>• 제1차 조선 교육령: 보통·실업 교육<br> 실시 | • 토지 조사 사업: 기한부 신고제, 토<br> 지 약탈<br>• 회사령: 허가제<br>• 삼림령·조선 임야 조사령: 임야 강<br> 점<br>• 조선 어업령: 일본인의 어업권 독점<br>• 조선 광업령: 한국인 광산 경영 억제 | • 연해주의 대한 국민 의회와 상하이<br> 임시 정부, 서울의 한성 정부가 통합<br> 되어 대한민국 임시 정부 수립(1919)<br>• 제1차 개헌: 대통령 중심제<br>• 비밀 행정 조직망: 연통제·교통국<br>• 애국 공채 발행 → 군자금 마련<br>• 독립신문 발간<br>• 사료 편찬소 설치<br>• 구미 위원부: 외교 활동 전개 |
| 1920년대 | • 문화 통치: 문관 총독 임명 가능(해<br> 방까지 임명 X), 보통 경찰제, 조선일<br> 보·동아일보 창간(신문 검열, 정간,<br> 기사 삭제) → 친일파 양성(자치론 등<br> 장)<br>• 조선 태형령 폐지<br>• 제2차 조선 교육령: 한국인의 교육<br> 기회 확대(실상은 실업 교육에 치중)<br>• 경성 제국 대학 설립(1924)<br>• 치안 유지법 제정(1925) | • 산미 증식 계획: 증산량보다 더 많<br> 은 미곡 수탈<br>• 회사령 철폐: 허가제 → 신고제<br>• 관세 철폐 → 대일 의존도 심화<br>• 신은행령: 한국인 소유의 은행을 일<br> 본 은행에 합병 | • 국민 대표 회의 개최(1923)<br> - 창조파: 임시 정부 해체, 무력 항<br>  쟁 강조<br> - 개조파: 임시 정부 개혁, 외교 활<br>  동 강조<br> - 현상 유지파: 임시 정부 유지 주장<br>• 이승만 탄핵 → 박은식 선출<br>• 제2차 개헌: 국무령 중심의 내각 책<br> 임제<br>• 제3차 개헌: 국무 위원 집단 지도 체제 |
| 1930<br>~<br>1940년대 | • 민족 말살 통치: 국가 총동원령 제정<br> (1938), 내선일체·일선동조론 주장,<br> 신사 참배, 황국 신민 서사 암송, 궁<br> 성 요배 강요, 창씨개명<br>• 제3차 조선 교육령: 보통학교·소학<br> 교를 (심상)소학교로 개편, 조선어 수<br> 의(선택) 과목화<br>• 국민학교령: 소학교 명칭을 국민학교<br> 로 변경<br>• 제4차 조선 교육령: 조선어·조선사<br> 교육 금지 | • 남면북양 정책: 공업 원료 증산<br>• 중공업 육성책: 한반도 병참 기지화<br>• 공출 제도: 각종 물자 공출<br>• 산미 증식 계획 재개, 식량 통제<br>• 인적 자원 동원: 징병제, 정신대 등 | • 한인 애국단 조직: 의열 투쟁(이봉<br> 창, 윤봉길)<br>• 한국 국민당 창당<br>• 한국 독립당 창당, 충칭 정착<br> → 조소앙의 삼균주의를 토대로 한<br> 건국 강령 발표(1941)<br>• 제4차 개헌: 주석 중심 체제<br>• 한국광복군 창설(1940)<br>• 제5차 개헌: 주석·부주석 체제 |

| 무장 독립 전쟁 | 사회·경제적 민족 운동 | 민족 문화 수호 운동 |
|---|---|---|
| • 을사의병·정미의병<br>• 활빈당 | • 국채 보상 운동(1907)<br>• 보안회, 신민회 | • 국문 연구소 설립<br>• 「독사신론」(신채호): 민족주의 사관에 입각하여 서술, 대한매일신보에 연재<br>• 연극: 원각사 설립(1908) |
| • 국내: 독립 의군부(복벽), 대한 광복회(공화), 조선 국권 회복단(공화) 등<br>• 국외<br>  – 서간도(삼원보): 경학사, 신흥 강습소 등<br>  – 북간도(명동촌, 용정촌): 중광단, 서전서숙<br>  – 연해주(신한촌): 13도 의군, 대한 광복군 정부, 권업회 등<br>  – 상하이: 동제사, 신한청년당<br>  – 미주: 대한인 국민회, 흥사단<br>• 의열단: 김원봉이 조직 | • 3·1 운동(1919): 만세 시위 전개<br>  – 배경: 무단 통치에 대한 반발, 윌슨의 민족 자결주의, 2·8 독립 선언, 고종 독살설 유포 등<br>  – 영향: 일제의 문화 통치 실시, 대한민국 임시 정부 수립의 계기 마련, 중국의 5·4 운동 및 인도의 비폭력·불복종 운동 등에 영향을 줌 | • 조선광문회 설립<br>• 『한국통사』(박은식): 국혼 강조<br>• 천주교: 의민단 조직<br>• 개신교: 3·1 운동 참여<br>• 대종교: 중광단 조직<br>• 원불교: 박중빈이 창시 |
| • 봉오동 전투: 대한 독립군(홍범도) 중심<br>• 청산리 전투: 북로 군정서군(김좌진) 중심<br>• 간도 참변 → 대한 독립 군단 편성 → 자유시 참변 → 3부 성립(참의부, 정의부, 신민부) → 3부 통합 운동(혁신 의회, 국민부) | • 소년 운동(천도교)<br>• 형평 운동: 조선 형평사(1923)<br>• 암태도 소작 쟁의(농민 운동, 1923)<br>• 원산 노동자 총파업(노동 운동, 1929)<br>• 민족 실력 양성 운동: 물산 장려 운동, 민립 대학 설립 운동<br>• 6·10 만세 운동(1926)<br>• 민족 유일당 운동: 신간회, 근우회<br>• 광주 학생 항일 운동(1929): 3·1 운동 이후 최대의 민족 운동 | • 조선어 연구회: 잡지 『한글』 간행, '가가날' 제정<br>• 『한국독립운동지혈사』(박은식): 항일 독립 운동의 역사서<br>• 「조선혁명선언」(신채호): 의열단 지침서<br>• 천도교: 제2의 3·1 운동 계획<br>• 불교: 조선 불교 유신회 조직(한용운)<br>• 문학: 동인지 간행, 카프 결성(신경향파)<br>• 연극: 토월회<br>• 영화: 아리랑(나운규, 1926) |
| • 한국 독립군: 중국 호로군 등과 연합, 쌍성보·대전자령·사도하자·동경성 전투<br>• 조선 혁명군: 중국 의용군과 연합, 영릉가·흥경성 전투<br>• 조선 민족 전선 연맹: 조선 의용대 조직<br>• 조선 독립 동맹: 조선 의용군 조직 | • 문자 보급 운동(조선일보)<br>• 브나로드 운동(동아일보)<br>• 비합법적·혁명적인 농민·노동 운동 전개 | • 조선어 학회: 한글 맞춤법 통일안, 『우리말 큰 사전』 편찬 시도 → 조선어 학회 사건(1942)<br>• 『조선상고사』(신채호): 역사는 아와 비아의 투쟁<br>• 진단 학회(이병도): 실증 사학<br>• 사회·경제 사학(백남운): 유물 사관<br>• 조선학 운동(정인보, 문일평) |

## ○ 현대

| 시기 | | 정치 | 경제 |
|---|---|---|---|
| 정부 수립 시기 | | • 모스크바 3국 외상 회의 → 신탁 통치를 둘러싸고 대립 → 찬탁(좌익) vs 반탁(우익)<br>• 미·소 공동 위원회 결렬<br>• 이승만의 정읍 발언(남한 단독 정부 수립 주장) → 좌·우 합작 운동 전개 → 실패<br>• 유엔 소총회의 남한 단독 선거 결정 → 남북 협상 → 실패<br>• 5·10 총선거 → 대한민국 정부 수립(1948) | • 산업 활동 위축, 물가 폭등<br>• 미국의 원조<br>• 소극적인 토지 개혁<br>• 신한 공사 설립 |
| 이승만 정부 | | • 반민족 행위 처벌법 제정, 반민특위 설치<br>• 6·25 전쟁 → 휴전 협정, 한·미 상호 방위 조약 체결<br>• 발췌 개헌(직선제 개헌, 1952), 사사오입 개헌(중임 제한 철폐, 1954)<br>• 3·15 부정 선거(1960) → 4·19 혁명 → 이승만 하야 → 허정 과도 정부 | • 원조 경제 체제: 삼백 산업 발달<br>• 귀속 재산 처분 → 정경 유착<br>• 농지 개혁: 유상 몰수, 유상 분배<br>• 농촌 경제 파탄, 대미 의존도 심화 |
| 장면 내각 | | • 제3차 개헌(내각 책임제와 양원제)<br>• 민주당이 구파와 신파로 분리(대통령: 윤보선, 총리: 장면) | 경제 개발 5개년 계획 추진 시도 → 5·16 군사 정변으로 무산 |
| 박정희 정부 | 군정 | 5·16 군사 정변(1961) → 국가 재건 최고 회의 및 중앙 정보부 창설 | • 제1·2차 경제 개발 5개년 계획: 경공업 육성, 사회 간접 자본 확충, 베트남 전쟁 특수<br>• 제3·4차 경제 개발 5개년 계획: 중화학 공업 육성, 중동 건설<br>• 수출 100억 달러 달성 |
| | 제3 공화국 | • 한·일 회담 → 6·3 항쟁 → 한·일 기본 조약과 부속 협정 체결(1965)<br>• 베트남 파병 → 브라운 각서 체결(1966)<br>• 3선 개헌 강행 | |
| | 유신 체제 | • 10월 유신 선언 → 유신 헌법(대통령 권한 강화)<br>• YH 무역 사건, 부·마 항쟁, 10·26 사태 → 유신 체제 붕괴(1979) | |
| 전두환 정부 | | • 12·12 사태 → 서울의 봄, 5·18 민주화 운동 → 무력 진압, 국가 보위 비상 대책 위원회 설치<br>• 7년 단임제를 골자로 하는 제8차 개헌 추진·공포<br>• 4·13 호헌 조치 → 6월 민주 항쟁 → 6·29 선언(직선제 개헌, 1987) | • 3저 호황: 저유가, 저금리, 저달러<br>• 무역 수지 흑자 전환 |
| 노태우 정부 | | • 여소 야대의 정국 형성 → 3당 합당<br>• 5공 청문회 개최, 서울 올림픽 개최(1988), 북방 외교 정책 추진<br>• 지방 자치제 부분 실시 | 정부 말기 적자 경제로 전환 |
| 김영삼 정부 | | • 문민 정부<br>• 지방 자치제 전면 실시<br>• 역사 바로 세우기 운동: 신군부 세력 구속, 조선 총독부 건물 철거, 국민학교를 초등학교로 개칭 | • 금융 실명제 실시(1993)<br>• 우루과이 라운드(UR) 타결, 세계 무역 기구(WTO) 출범, 경제 협력 개발 기구(OECD) 가입(1996)<br>• 외환 위기(IMF 체제) |
| 김대중 정부 | | • 평화적인 여야 정권 교체<br>• 대북 화해 협력 정책 실시 | • 외환 위기 극복, 금모으기 운동, 노사정 위원회 설치 등<br>• 외국 자본에 경제 개방 |
| 노무현 정부 | | 김대중 정부의 대북 정책 계승 | 한·칠레, 한·미 자유 무역 협정 (FTA) 타결 |

| 사회·문화 | 통일 논의 |
|---|---|
| 6·3·3 학제 도입 | 남북 모두 무력에 의한 한반도 통일 주장 |
| • 경향신문 폐간(1959)<br>• 초등학교 의무 교육 | • 북진 통일론, 반공 통일론<br>• 진보당 사건: 평화 통일을 주장한 진보당 탄압 |
| 학원 민주화 운동, 노동 운동, 청년 운동 등 전개 | • 북진 통일론 폐기, 평화 통일론 채택<br>• 민족 자주 통일 중앙 협의회 결성 |
| • 새마을 운동<br>• 전태일 분신 자살 사건(1970), YH 무역 사건(1979)<br>• 교육 정책<br>　– 국민 교육 헌장 선포(1968)<br>　– 중학교 무시험 진학제 도입(1969)<br>　– 고교 평준화 정책 실시(1974)<br>• 프레스 카드제 실시(언론 탄압) | • 완강한 반공 정책 고수<br>• 선 건설 후 통일론<br>• 남북 적십자 예비 회담 제의 → 북한의 수용<br>• 7·4 남북 공동 성명: 자주·평화·민족 대단결(1972)<br>• 남북 조절 위원회 설치<br>• 6·23 평화 통일 외교 정책 선언: 남북 유엔 동시 가입 제안, 공산권에 문호 개방 선언 |
| • 7·30 교육 개혁(1980, 신군부): 과외 금지, 대입 본고사 폐지, 졸업 정원제 실시<br>• 교복·두발·해외 여행 자유화, 3S 정책<br>• 보도 지침을 통해 검열 강화 | 최초의 남북 이산가족 고향 방문(1985) |
| • 국제 노동 기구(ILO) 가입(1991)<br>• 가족법 개정(남녀의 동등한 권리와 의무)<br>• 국민 복지 증대, 사회적 형평 등 추구 | • 남북 고위급 회담(1990), 남북 유엔 동시 가입(1991)<br>• 남북 기본 합의서: 상호 불가침, 상대방의 체제 인정<br>• 한반도 비핵화에 관한 공동 선언 채택 |
| • 대학 수학 능력 시험 실시<br>• 전국 민주 노동 조합 총연맹(민주 노총) 결성(1995) | • 민족 공동체 통일 방안: 3단계 통일 방안, 3대 원칙 제시<br>• 김일성 사망으로 남북 관계 후퇴 |
| • 중학교 무상 의무 교육 전면 실시<br>• 여성부 신설 | • 최초의 남북 정상 회담 개최 → 6·15 남북 공동 선언(2000)<br>• 개성 공단 설치 합의, 경의선 복구 기공식, 제2차 이산가족 상봉, 금강산 관광 등 진행 |
| 호주제 폐지 | 제2차 남북 정상 회담 개최 → 10·4 남북 공동 선언(2007) |

# 해커스공무원 단원별 적중 600제 한국사 최종점검 모의고사 답안지

**컴퓨터용 흑색사인펜만 사용**

| 성명 | |
|---|---|
| **자필성명** | |
| 응시직렬 | |
| 응시지역 | |
| 시험장소 | |

**[필적감정용 기재]**
*아래 예시문을 옮겨 적으시오.

본인은 OOO(응시자성명)임을 확인함

| 책 형 | |
|---|---|
| | |

**응시번호**

**생년월일**

※ 시험감독관 서명
(성명을 정자로 기재할 것)

---

| 문번 | 회 | | | | 문번 | 회 | | | | 문번 | 회 | | | | 문번 | 회 | | | | 문번 | 회 | | | |
|---|---|---|---|---|---|---|---|---|---|---|---|---|---|---|---|---|---|---|---|---|---|---|---|---|
| 01 | ① | ② | ③ | ④ | 01 | ① | ② | ③ | ④ | 01 | ① | ② | ③ | ④ | 01 | ① | ② | ③ | ④ | 01 | ① | ② | ③ | ④ |
| 02 | ① | ② | ③ | ④ | 02 | ① | ② | ③ | ④ | 02 | ① | ② | ③ | ④ | 02 | ① | ② | ③ | ④ | 02 | ① | ② | ③ | ④ |
| 03 | ① | ② | ③ | ④ | 03 | ① | ② | ③ | ④ | 03 | ① | ② | ③ | ④ | 03 | ① | ② | ③ | ④ | 03 | ① | ② | ③ | ④ |
| 04 | ① | ② | ③ | ④ | 04 | ① | ② | ③ | ④ | 04 | ① | ② | ③ | ④ | 04 | ① | ② | ③ | ④ | 04 | ① | ② | ③ | ④ |
| 05 | ① | ② | ③ | ④ | 05 | ① | ② | ③ | ④ | 05 | ① | ② | ③ | ④ | 05 | ① | ② | ③ | ④ | 05 | ① | ② | ③ | ④ |
| 06 | ① | ② | ③ | ④ | 06 | ① | ② | ③ | ④ | 06 | ① | ② | ③ | ④ | 06 | ① | ② | ③ | ④ | 06 | ① | ② | ③ | ④ |
| 07 | ① | ② | ③ | ④ | 07 | ① | ② | ③ | ④ | 07 | ① | ② | ③ | ④ | 07 | ① | ② | ③ | ④ | 07 | ① | ② | ③ | ④ |
| 08 | ① | ② | ③ | ④ | 08 | ① | ② | ③ | ④ | 08 | ① | ② | ③ | ④ | 08 | ① | ② | ③ | ④ | 08 | ① | ② | ③ | ④ |
| 09 | ① | ② | ③ | ④ | 09 | ① | ② | ③ | ④ | 09 | ① | ② | ③ | ④ | 09 | ① | ② | ③ | ④ | 09 | ① | ② | ③ | ④ |
| 10 | ① | ② | ③ | ④ | 10 | ① | ② | ③ | ④ | 10 | ① | ② | ③ | ④ | 10 | ① | ② | ③ | ④ | 10 | ① | ② | ③ | ④ |
| 11 | ① | ② | ③ | ④ | 11 | ① | ② | ③ | ④ | 11 | ① | ② | ③ | ④ | 11 | ① | ② | ③ | ④ | 11 | ① | ② | ③ | ④ |
| 12 | ① | ② | ③ | ④ | 12 | ① | ② | ③ | ④ | 12 | ① | ② | ③ | ④ | 12 | ① | ② | ③ | ④ | 12 | ① | ② | ③ | ④ |
| 13 | ① | ② | ③ | ④ | 13 | ① | ② | ③ | ④ | 13 | ① | ② | ③ | ④ | 13 | ① | ② | ③ | ④ | 13 | ① | ② | ③ | ④ |
| 14 | ① | ② | ③ | ④ | 14 | ① | ② | ③ | ④ | 14 | ① | ② | ③ | ④ | 14 | ① | ② | ③ | ④ | 14 | ① | ② | ③ | ④ |
| 15 | ① | ② | ③ | ④ | 15 | ① | ② | ③ | ④ | 15 | ① | ② | ③ | ④ | 15 | ① | ② | ③ | ④ | 15 | ① | ② | ③ | ④ |
| 16 | ① | ② | ③ | ④ | 16 | ① | ② | ③ | ④ | 16 | ① | ② | ③ | ④ | 16 | ① | ② | ③ | ④ | 16 | ① | ② | ③ | ④ |
| 17 | ① | ② | ③ | ④ | 17 | ① | ② | ③ | ④ | 17 | ① | ② | ③ | ④ | 17 | ① | ② | ③ | ④ | 17 | ① | ② | ③ | ④ |
| 18 | ① | ② | ③ | ④ | 18 | ① | ② | ③ | ④ | 18 | ① | ② | ③ | ④ | 18 | ① | ② | ③ | ④ | 18 | ① | ② | ③ | ④ |
| 19 | ① | ② | ③ | ④ | 19 | ① | ② | ③ | ④ | 19 | ① | ② | ③ | ④ | 19 | ① | ② | ③ | ④ | 19 | ① | ② | ③ | ④ |
| 20 | ① | ② | ③ | ④ | 20 | ① | ② | ③ | ④ | 20 | ① | ② | ③ | ④ | 20 | ① | ② | ③ | ④ | 20 | ① | ② | ③ | ④ |

# 해커스공무원
# 단원별 적중
# 600 제 한국사

**개정 9판 2쇄 발행 2024년 2월 5일**
개정 9판 1쇄 발행 2023년 1월 2일

| | |
|---|---|
| **지은이** | 해커스 공무원시험연구소 |
| **펴낸곳** | 해커스패스 |
| **펴낸이** | 해커스공무원 출판팀 |

| | |
|---|---|
| **주소** | 서울특별시 강남구 강남대로 428 해커스공무원 |
| **고객센터** | 1588-4055 |
| **교재 관련 문의** | gosi@hackerspass.com |
| | 해커스공무원 사이트(gosi.Hackers.com) 교재 Q&A 게시판 |
| | 카카오톡 플러스 친구 [해커스공무원 노량진캠퍼스] |
| **학원 강의 및 동영상강의** | gosi.Hackers.com |

| | |
|---|---|
| **ISBN** | 979-11-6880-822-5 (13910) |
| **Serial Number** | 09-02-01 |

**공무원 교육 1위,**
해커스공무원 gosi.Hackers.com

**ⅢⅠ 해커스공무원**

· 정확한 성적 분석으로 약점 극복이 가능한 **합격예측 모의고사**(교재 내 응시권 및 해설강의 수강권 수록)
· '회독'의 방법과 공부 습관을 제시하는 **해커스 회독증강 콘텐츠**(교재 내 할인쿠폰 수록)
· 해커스 스타강사의 **공무원 한국사 무료 동영상강의**
· **해커스공무원 학원 및 인강**(교재 내 인강 할인쿠폰 수록)

한경비즈니스 선정 2020 한국소비자만족지수 교육(공무원) 부문 1위

해커스공무원

최신개정판

단원별 적중
600제 한국사

# 약점 보완 해설집

정답 + 해설 + 오답분석

해커스공무원

# 단원별 적중 600제 <sup>한국사</sup>

한국사

# 약점 보완 해설집

정답 + 해설 + 오답분석

🏛 해커스공무원

## 01 역사의 의미와 선사 시대     p.20-21

| | | | | |
|---|---|---|---|---|
| 01 ④ | 02 ② | 03 ② | 04 ③ | 05 ② |
| 06 ③ | 07 ④ | 08 ② | | |

### 01 역사의 의미     정답 ④

해설   ④ 우리가 역사를 배운다는 것은 과거의 사실 중에서 역사가가 선정하고 연구한 기록으로서의 역사를 배우는 것이다.

오답 분석   ① 역사는 과거에 있었던 사실 자체를 역사로 인식하는 사실로서의 역사와, 과거의 사실 중 조사되어 기록된 것을 역사로 인식하는 기록으로서의 역사로 구분된다.

② 사실로서의 역사에서 역사는 과거에서 현재까지 일어났던 모든 사건을 의미한다.

③ 기록으로서의 역사에서 역사는 과거의 모든 사건이 아닌 과거의 사실 중 역사가가 선택한 것을 의미한다.

### 02 사료와 사료 비판     정답 ②

해설   ② 사료는 '과거에 있었던 사실'을 토대로 당대의 사람들이 재구성한 것이므로 반드시 사료 비판의 과정이 필요하다.

오답 분석   ① 사료를 이해하기 위해서는 사료 자체의 내용뿐 아니라 당시의 시대적인 상황을 전반적으로 살펴보아야 한다.

③ 사료에는 그것을 분석하고 연구한 역사학자의 주관적인 가치관이 개입되어있을 수 있으므로 반드시 역사가의 가치관을 함께 분석해야 한다.

④ 사료를 비판할 때는 동일한 사건이나 같은 시대를 다루고 있는 다른 사료들과 비교하여 각각의 사료가 어떠한 관점과 의도를 지니고 있는지 해석하는 과정이 필요하다.

### 03 구석기 시대의 유적     정답 ②

해설   제시문에서 뼈 도구와 뗀석기를 가지고 사냥과 채집을 하면서 생활하였다는 내용을 통해 이 시기가 구석기 시대임을 알 수 있다.

② 청원 두루봉 동굴은 후기 구석기 시대의 유적지로, 흥수 아이라고 불리는 인골을 비롯하여 코끼리 상아, 꽃가루 등이 출토되었다.

오답 분석   ① 평양 남경 유적은 신석기 시대의 유적지로 움집터와 탄화된 곡식이 발견되었다.

③ 온천 궁산리 유적은 신석기 시대의 대표적인 유적지로 조개더미와 빗살무늬 토기를 비롯하여 가락바퀴와 뼈바늘 등이 발견되었다.

④ 여주 흔암리 유적은 청동기 시대의 대표적인 유적지로 벼농사를 실시했다는 증거인 탄화미가 발견된 곳이다. 여주 흔암리에서는 이 밖에도 붉은 간 토기, 반달 돌칼 등의 청동기 시대 유물이 발견되었다.

### 04 신석기 시대     정답 ③

해설   밑줄 친 '이 시기'는 신석기 시대이다. 신석기 시대에는 정착 생활을 하면서 움집이 등장하였는데, 이 시기 움집은 원형이나 모서리가 둥근 사각형 바닥에 중앙에 화덕이 위치한 형태였다.

③ 신석기 시대에는 빗살무늬 토기와 가락바퀴가 제작되었다.

오답 분석   ① 소를 이용한 밭갈이 농사(우경)가 행해진 것은 철기 시대로 추측되며, 문헌상으로는 신라 지증왕 때 우경을 장려하였다는 기록이 있다.

② 반달 돌칼을 이용하여 벼를 수확한 것은 청동기 시대이다.

④ 세형동검을 만들어 사용한 것은 후기 청동기 시대 ~ 철기 시대의 사실이다.

### 05 신석기 시대의 생활상     정답 ②

해설   제시문에서 (가) 시대의 사람들은 혈연에 바탕을 둔 씨족을 사회의 기본 구성 단위로 하였으며, 제주 고산리 유적이 대표 유적이라는 내용을 통해 (가) 시기는 신석기 시대임을 알 수 있다.

② 신석기 시대 사람들은 실을 뽑는 도구인 가락바퀴와 실을 꿰매는 도구인 뼈바늘을 이용하여 의복이나 그물을 만들어 사용하는 원시적인 수공업 활동을 하였다.

오답 분석   ① 동굴이나 막집 등에서 주로 생활하였던 시기는 구석기 시대이다. 신석기 시대에는 주로 움집을 지어 생활하였다.

③ 죽은 자를 위해 거대한 무덤인 고인돌을 만들었던 시대는 청동기 시대이다.

④ 밭농사가 중심이었지만, 일부 저습지에서 벼농사를 짓기 시작한 시대는 청동기 시대이다.

### 이것도 알면 합격

**구석기 시대와 신석기 시대**

| 구분 | 구석기 시대 | 신석기 시대 |
|---|---|---|
| 시기 | 약 70만 년 전 | 기원전 8000년경 |
| 도구 | • 뗀석기(사냥 도구 - 주먹도끼, 찍개, 팔매돌 / 조리 도구 - 긁개, 밀개 등)<br>• 뼈 도구 | 간석기: 농기구(돌괭이, 돌낫 등), 조리 도구(갈돌과 갈판) |
| 토기 | – | 이른 민무늬 토기, 덧무늬 토기, 빗살무늬 토기 |

| 경제<br>생활 | 사냥, 채집, 어로 | 사냥, 채집, 어로, 농경(조·피·수수 재배)과 목축 시작, 원시 수공업(의복, 그물 제작) |
|---|---|---|
| 사회 | 평등 사회, 무리 생활, 이동 생활 | 평등 사회, 정착 생활, 씨족 중심의 부족 사회 |
| 주거 | 동굴, 바위 그늘, 막집 | 움집 |
| 예술·종교 | 사냥감의 번성을 기원하는 주술적 의미의 예술품 제작 | • 원시 신앙(애니미즘, 샤머니즘, 토테미즘 등) 등장<br>• 조개껍데기 가면, 치레걸이, 동물 모양을 새긴 조각품 등을 제작 |
| 유적 | 평남 상원 검은모루 동굴, 평남 덕천 승리산 동굴, 경기 연천 전곡리 등 | 서울 암사동, 제주 한경 고산리, 부산 동삼동, 강원 양양 오산리, 평양 남경, 황해도 봉산 지탑리 등 |

## 06 청동기 시대  정답 ③

**해설** 제시문에서 (여주) 흔암리 유적에서 장방형의 집터와 탄화된 쌀알이 발견되었다는 내용을 통해 (가)가 청동기 시대임을 알 수 있다.

③ 청동기 시대에는 정복 활동이 활발히 전개되었고, 이 때문에 취락 주변에 환호(도랑)와 목책 등을 설치하여 다른 부족의 침입에 대비하였다.

**오답분석** ① 덧띠 토기와 검은 간 토기를 사용한 것은 철기 시대의 사실이다. 청동기 시대에는 민무늬 토기, 송국리식 토기, 미송리식 토기, 붉은 간 토기 등을 사용하였다.

② 주먹 도끼는 전기 구석기 시대의 뗀석기이다. 전기 구석기 시대에는 큰 석기 한 개를 여러 가지 용도로 사용하였다. 한편 청동기 시대에는 석기 문화가 더욱 발달하여 반달 돌칼, 간돌검 등 정교한 형태의 간석기가 제작되었다.

④ 사유 재산이나 계급이 발생하지 않았고, 경험이 많은 연장자나 경험이 많은 자가 부족을 통솔한 것은 구석기·신석기 시대의 사실이다. 청동기 시대에는 사유 재산과 계급이 발생하였으며, 군장이 등장하였다.

## 07 청동기 시대  정답 ④

**해설** 밑줄 친 '이 무덤'은 청동기 시대 지배층의 무덤인 고인돌이다.

ⓒ 청동기 시대에는 반달 돌칼을 사용하여 곡식을 추수하였다.

ⓔ 청동기 시대에는 민무늬 토기, 미송리식 토기, 덧띠새김무늬 토기, 붉은 간 토기 등이 제작되었다.

**오답분석** ⓐ 청동기 시대에도 농기구는 여전히 석기를 사용하였다.

ⓑ 조, 피, 수수 등의 잡곡류는 신석기 시대부터 재배되기 시작하였다. 청동기 시대에는 밭농사가 행해졌을 뿐만 아니라 일부 저습지에서는 벼농사가 시작되었다.

이것도 알면 **합격**

◎ 청동기 시대

| 시기 | 기원전 2000~1500년경 시작 |
|---|---|
| 도구 | 농기구(반달 돌칼, 돌도끼, 홈자귀 등)<br>→ 농업 생산력 증대에 큰 역할 |
| 토기 | 덧띠새김무늬 토기, 민무늬 토기, 미송리식 토기, 붉은 간 토기, 송국리식 토기 등 |
| 경제 | 밭농사 중심, 일부 저습지에서 벼농사 시작 |
| 사회 | • 사유 재산 발생 및 빈부 격차 발생<br>• 계급 분화, 군장의 출현 |
| 무덤 | 고인돌, 돌무지무덤, 돌널무덤 등 |
| 유물 | • 비파형동검, 미송리식 토기: 북방 계통의 영향, 고조선의 세력 범위를 알려 주는 중요한 지표<br>• 청동기: 장신구, 무기, 의기로 사용 |
| 유적지 | 평북 의주 미송리 동굴, 경기 여주 흔암리, 충남 부여 송국리, 울산 검단리 등 |

◎ 고인돌의 종류

| 탁자식(북방식) | 굄돌을 세우고 그 위에 덮개돌을 올린 형태 |
|---|---|
| 바둑판식<br>(남방식) | 땅을 파서 시신을 넣은 뒤 그 위에 받침돌을 낮게 놓은 상태에서 덮개돌을 올린 형태 |
| 개석식 | 받침돌 없이 땅 위에 바로 덮개돌을 덮은 형태 |

## 08 철기 시대  정답 ②

**해설** 제시된 그림은 우리나라와 중국이 교류하였음을 알려 주는 유물인 명도전(위쪽)과 반량전(아래쪽)으로, 철기 시대와 관련 있다.

② 송국리식 토기, 붉은 간 토기는 청동기 시대의 대표적인 토기이다.

**오답분석** ① 철기 시대에는 널무덤과 독무덤 등이 만들어졌다.

③ 철기 시대에는 부뚜막과 바닥이 여(呂)자형 모양인 가옥의 형태가 등장하였다.

④ 창원 다호리 유적에서 출토된 붓을 통해 철기 시대에 한자를 사용하였음을 알 수 있다.

이것도 알면 **합격**

**철기 시대**

| 시기 | 기원전 5세기경 시작 |
|---|---|
| 토기 | 덧띠 토기, 검은 간 토기 등 |
| 경제생활 | 철제 농기구 사용 → 농업 생산력의 비약적인 발전 |
| 사회 | 철제 무기 사용 → 정복 전쟁 활발 |
| 무덤 | 널무덤(토광묘), 독무덤(옹관묘) |
| 유물 | • 중국과의 교류: 중국 화폐인 명도전(연, 제), 반량전(진), 오수전(한)이 철기와 함께 출토되어 중국과 활발하게 교류하였음을 알 수 있음<br>• 한자의 사용: 경남 창원 다호리 유적에서 출토된 붓을 통해 한자를 사용하였음을 알 수 있음<br>• 청동기: 세형동검, 잔무늬 거울, 거푸집 등 독자적인 청동기 문화 발달 |

| 01 ③ | 02 ③ | 03 ③ | 04 ③ | 05 ④ |
|------|------|------|------|------|
| 06 ④ | 07 ① | 08 ③ | | |

## 01 고조선의 세력 범위  정답 ③

해설　ⓒ, ⓒ 고조선의 세력 범위가 요동 반도에서 한반도까지 걸쳐 있었음을 추측할 수 있게 해주는 유물은 북방식 고인돌, 미송리식 토기이다.

오답　ⓒ, ⓒ 세형동검과 잔무늬 거울은 청동기 시대 후기~철기 시대
분석　의 유물이다. 고조선의 세력 범위를 알게 해 주는 유물은 비파형동검과 거친무늬 거울이다.

**이것도 알면 합격**

### 고조선의 세력 범위

## 02 위만 조선의 성립과 고조선 멸망 사이의 사실  정답 ③

해설　(가)는 위만이 세력을 키운 뒤 왕을 몰아내고 스스로 왕이 되었다는 내용을 통해 위만 조선이 성립(기원전 194)된 시기임을 알 수 있다.
　　　(나)는 한 무제가 왕검성을 함락시키고, 네 개의 군현을 설치하였다는 내용을 통해 고조선(위만 조선)이 멸망(기원전 108)한 시기임을 알 수 있다.
　　　③ 부왕, 준왕 같은 강력한 왕이 등장하여 왕위를 세습한 것은 기원전 3세기경으로, (가) 시기 이전인 단군 조선 시기의 사실이다.

오답　모두 위만 조선 시기의 사실이다.
분석　① 위만 조선 시기인 기원전 109년에 한나라 사신인 섭하가 한나라로 돌아가는 길에 조선비왕 장(長)을 살해하자, 고조선의 우거왕은 이에 대한 보복으로 요동도위 섭하를 살해하였다. 이 사건을 구실로 한나라가 고조선을 침략하였다.
　　　② 위만 조선 시기인 기원전 128년에 고조선에 복속해 있던 예

(濊)의 군장 남려가 우거왕에게 반기를 들고 한나라에 투항하였다.
　　　④ 고조선은 한의 침입에 맞서 전쟁 초기에 패수 전투(1차 접전)에서 대승을 거두었으나, 전쟁의 장기화로 인한 지배층 내분 등으로 우거왕이 피살되고 왕검성이 함락되면서 멸망하였다.

**이것도 알면 합격**

### 고조선

| 건국 | • 기원전 2333년에 단군왕검이 건국<br>• 세력 범위: 비파형동검, 북방식 고인돌, 거친무늬 거울, 미송리식 토기 중 2개 이상이 공통으로 발견되는 지역과 일치 |
|------|------|
| 발전 | • 요령 지방을 중심으로 한반도까지 발전, 이를 바탕으로 독자적인 문화를 구축<br>• 기원전 4세기: 요서를 경계로 연과 대립<br>• 기원전 3세기 초: 연나라 장수 진개의 침입으로 랴오둥(요동) 지역을 상실하면서 영토가 축소<br>• 기원전 3세기경: 왕위 세습(부왕, 준왕), 상, 경, 대부 등 관직 정비 |
| 위만 조선 | • 진·한 교체기에 위만을 비롯한 유이민 이주<br>• 집권: 위만이 이주민 세력을 통솔 → 준왕 축출 → 왕위 등극(기원전 194)<br>• 발전<br>　- 철기 문화의 본격적 수용<br>　- 활발한 정복 사업 전개, 중계 무역을 통해 이득을 독점 |
| 멸망 | 고조선이 경제·군사적 발전을 바탕으로 한과 대립하자, 불안을 느낀 한 무제가 고조선을 공격 → 고조선이 1차 접전에서 한에 대승을 거둠, 약 1년에 걸쳐 한의 군대에 대항 → 전쟁의 장기화로 지배층 내분, 우거왕 피살 → 왕검성이 함락되며 고조선 멸망(기원전 108) |

## 03 동예와 부여  정답 ③

해설　(가)는 사람이 질병으로 죽으면 그 사람이 살던 집을 버리고 새 집을 짓는다는 것과 낙랑단궁이라는 활과, 과하마 등이 난다는 내용을 통해 동예에 대한 설명임을 알 수 있다.
　　　(나)는 말, 소, 돼지, 개를 상징으로 하는 집단(마가, 우가, 저가, 구가)이 일정 구역(사출도)을 다스렸다는 내용을 통해 부여에 대한 설명임을 확인할 수 있다.
　　　ⓒ 동예에서는 산천을 중시하여 남의 부족의 영역을 침범하면 소나 말, 노비 등으로 변상하는 책화라는 풍습이 있었다.
　　　ⓒ 부여에서는 12월에 영고라는 제천 행사가 거행되었다. 이는 수렵 사회의 전통을 보여 주는 것으로, 이때에는 하늘에 제사를 지내고 노래와 춤을 즐겼으며 죄수를 석방하였다.

오답　ⓒ 제가 회의는 고구려의 귀족 회의이다.
분석　ⓒ 천군이 소도를 지배한 나라는 삼한이다.

## 04 여러 나라의 성장  정답 ③

해설　ⓒ 고구려에서는 혼인이 정해지면 남자가 일정 기간 처가(신부 집)에서 살다가 자식이 장성하면 여자(아내)를 데리고 본가(신랑 집)로 돌아가는 서옥제의 풍속이 있었다.

ⓔ 삼한에서는 철제 농기구의 사용으로 농경이 발달하였는데, 특히 벼농사가 발달하여 저수지가 축조되었다.

오답<br>분석 ⓒ 해마다 10월에 무천이라는 제천 행사를 거행한 나라는 동예이다.

ⓒ 족외혼의 풍습이 있었던 나라는 동예이다.

ⓐ 신지·읍차라고 불리는 정치적 지배자가 존재한 나라는 삼한이다. 삼한의 지배자 중 세력이 큰 자는 신지·견지, 세력이 작은 자는 부례·읍차라고 불렸다.

## 05 부여　　　　　　　　　　　　　　정답 ④

해설 제시문에서 형벌이 엄격하고 도둑질을 하면 12배를 배상(1책 12법)하게 하였으며, 간음한 자와 투기하는 부인을 사형에 처하는 법률 풍속을 가졌던 나라는 부여이다.

④ 부여에는 왕이 죽으면 주변 사람을 함께 묻는 순장의 풍습이 있었다.

오답<br>분석 ① 철이 많이 생산되어 낙랑과 왜에 수출한 국가는 삼한 중 변한이다.

② 질병으로 인해 사람이 죽으면 옛 집을 버리고 새 집을 짓고 사는 풍속이 있었던 나라는 동예이다.

③ 작은 말인 과하마, 바다표범 가죽인 반어피, 단궁이라는 활 등의 특산물이 유명하였던 나라는 동예이다.

## 06 옥저　　　　　　　　　　　　　　정답 ④

해설 제시문에서 고구려 개마대산 동쪽에 위치해 있으며, 고구려에게 복속되었다는 내용을 통해 (가)에 들어갈 나라가 옥저임을 알 수 있다.

④ 옥저에는 사람이 죽으면 가매장하였다가 뼈만 추려 가족 공동 무덤인 목곽에 안치하는 골장제의 풍습이 있었다.

오답<br>분석 ① 매년 10월에 무천이라는 제천 행사를 열었던 나라는 동예이다.

② 왕이 죽으면 왕의 사체에 옥갑을 입혀 장례를 치른 나라는 부여이다.

③ 철제 농기구를 사용하여 농경이 발달하였으며 벼농사를 지은 나라는 삼한이다.

### 이것도 알면 **합격**

**옥저의 풍속**

| 민며느리제<br>(예부제) | 일종의 매매혼으로 여자를 재산으로 보고, 딸을 줄 때는 물질적으로 보상을 해야 하는 제도 |
|---|---|
| 골장제<br>(두벌 묻기, 세골장,<br>가족 공동묘) | 뼈만 추려 나무 곽에 안치하는 가족 공동 무덤 → 목곽 입구에 쌀 항아리를 매달아 놓았음 |

## 07 고구려　　　　　　　　　　　　　정답 ①

해설 제시된 자료에서 하호가 대가들에게 식량을 공급한다는 내용과 10월에 동맹이라는 제천 행사를 지낸다는 내용을 통해 고구려에 대한 설명임을 알 수 있다. 대가 등 고구려의 지배 계층은 전쟁에 참여하는 대신, 농사 등의 생산 활동을 하지 않았기 때문에 좌식자(坐食者)라고 불리기도 하였다.

① 고구려에는 서옥제라는 혼인 풍습이 있었다. 서옥제는 혼인이 정해지면 신부 집 뒤꼍에 작은 집(서옥)을 짓고 자식을 낳아 장성하면 아내를 데리고 신랑 집으로 돌아가는 제도였다.

오답<br>분석 ② 박·석·김의 세 성씨가 왕위를 교대로 계승한 나라는 신라이다. 신라는 내물 마립간에 의해 김씨가 독점적으로 왕위를 계승하기 전까지 박·석·김씨가 교대로 왕위를 계승하였다.

③ 정사암에 귀족들이 모여서 재상을 선출하였던 나라는 백제이다.

④ 8조의 법을 제정하여 살인, 상해, 절도죄 등을 처벌한 나라는 고조선이다. 8조의 법 중 3개의 조항만 중국의 역사서인 『한서』 「지리지」를 통해 전해진다.

## 08 삼한　　　　　　　　　　　　　　정답 ③

해설 제시문에서 세력이 강대한 사람은 신지, 그 다음은 읍차라고 하였다는 내용을 통해 밑줄 친 '이 나라'가 삼한임을 알 수 있다.

③ 삼한에서는 매년 씨를 뿌리고 난 뒤인 5월에 수릿날, 가을에 곡식을 거둘 때인 10월에 계절제라는 제천 행사를 거행하였다.

오답<br>분석 ① 민며느리제의 혼인 풍습이 있던 나라는 옥저이다.

② 집집마다 부경이라는 작은 창고를 두고 피정복지에서 약탈해온 식량을 보관하였던 나라는 고구려이다.

④ 대가들이 각각 사자·조의·선인 등을 거느리고 독자적인 세력을 유지한 나라는 고구려이다.

### 이것도 알면 **합격**

◎ **삼한의 정치**

| 연맹체 형성 | • 78개의 소국 연맹체로 형성(한반도 남부 지방)<br>• 마한의 소국 중 하나인 목지국의 지배자가 마한왕(진왕)으로 추대되어 삼한 연맹체를 주도 |
|---|---|
| 지배 세력 | 신지, 견지 등의 대군장과 부례, 읍차 등의 소군장이 있었음 |

◎ **삼한의 제정 분리**

| 천군의 역할 | • 삼한에는 정치적 지배자(군장) 외에 제사장인 천군이 존재<br>• 천군은 소도에서 농경과 종교에 대한 의례를 주관 |
|---|---|
| 소도 | • 천군이 주관하는 별읍(別邑)이며 군장의 세력이 미치지 못하는 신성 지역<br>• 죄인이 도망하여 이곳에 오면 잡아가지 못하였음<br>• 솟대를 세우고 신성 지역임을 표시하였음 |

| 01 ③ | 02 ③ | 03 ③ | 04 ④ | 05 ④ |
|------|------|------|------|------|
| 06 ④ | 07 ③ | 08 ① | | |

## 01 한국사의 특수성 정답 ③

해설 ⓒ 우리 역사에서 두레·계·향도 등의 공동체 조직이 발달한 것은 한국사의 특수성에 해당된다.
ⓒ 우리 역사에서 현세 구복적이고 호국적인 성향의 불교가 발달한 것은 한국사의 특수성에 해당된다.

오답 분석 ⊙, ⓔ 고대부터 신분제 사회가 형성된 것과 전근대에 율령을 반포하여 통치 체제를 정비한 사실은 세계사적 보편성에 해당된다.

**이것도 알면 합격**

**한국사의 특수성**

| 불교 | 인도 불교가 윤회 사상, 해탈, 살생 금지 등을 강조한 반면, 한국 불교는 현세 구복적, 호국적 성향이 강함 |
|------|------|
| 유교 | • 중국·일본에 비해 가족 질서가 뿌리 깊게 정착함<br>• 중국 유학이 인(仁)을 강조한 반면, 한국의 유교는 충, 효, 의를 강조 |
| 기타 | 두레·계·향도 등 우리 민족만의 특수한 공동체 조직이 발달함 |

## 02 신석기 시대의 생활상 정답 ③

해설 제시된 사진들은 신석기 시대의 집터이다. 왼쪽 사진의 집터는 중앙에 불씨를 보관하던 화덕 자리가 위치해 있음을 확인할 수 있으며, 오른쪽 사진에서는 화덕 자리와 함께 집을 짓기 위해 깊게 구덩이를 팠음을 확인할 수 있다. 또한 신석기 시대의 집터는 대개 바닥이 원형이거나 모서리가 둥근 네모형인데, 두 사진에서 모두 확인할 수 있다.
ⓒ 신석기 시대에는 덧무늬 토기를 사용하여 음식을 보관하였다. 신석기인들은 농경 생활을 전개하면서 식량을 비축할 필요가 생기자, 토기를 제작하여 음식을 보관하였다.
ⓒ 신석기 시대 사람들은 나무 열매나 곡물 껍질을 벗기기 위해 간석기인 갈판과 갈돌 등을 사용하였다.

오답 분석 ⊙ 거푸집을 사용하여 도구를 제작한 것은 후기 청동기 시대~초기 철기 시대의 일이다.
ⓔ 동물을 사냥하거나 조리하는 데 주먹 도끼·찍개(사냥 도구)와 긁개·밀개(조리 도구) 등을 사용한 것은 구석기 시대이다.

## 03 청동기 시대 정답 ③

해설 제시문에서 반달 돌칼로 추수하는 것이 가능해지면서 농경이 더욱 발전하였다는 내용을 통해 밑줄 친 '이 시기'가 청동기 시대임을 알 수 있다.
③ 청동기 시대에는 화덕의 위치가 움집 중앙에서 한쪽 벽면으로 이동하였다. 이를 통해 청동기 시대에는 신석기 시대에 비해 집 짓는 기술이 발전하였으며, 공간 활용도도 높아지고, 공간 기능이 분화되었음을 알 수 있다.

오답 분석 ① 덩이쇠가 생산되어 여러 나라에 공급된 것은 철기 시대이다. 철이 풍부하게 생산된 변한·가야 등에서는 덩이쇠를 화폐처럼 이용하기도 하였다.
② 공주 석장리는 구석기 시대, 서울 암사동은 신석기 시대의 대표적인 유적지이다. 청동기 시대의 대표적인 유적지로는 평북 의주 미송리 동굴, 경기 여주 흔암리, 충남 부여 송국리 등이 있다.
④ 무리 가운데 경험이 많은 사람이 지도자가 되었으나 정치 권력을 갖지는 못한 시기는 구석기·신석기 시대이다. 청동기 시대에는 계급 분화가 이루어지면서 정치 권력을 가진 지배자가 나타났다.

## 04 선사 시대 정답 ④

해설 ⓒ 청동기 시대에는 나무로 만든 괭이 등을 통해 땅을 개간하여 곡식을 심었으며, 반달 돌칼과 같은 석제 농기구를 이용하여 이삭을 잘라 추수하였다.
ⓔ 초기 철기 시대에는 청동기 문화가 더욱 발달하여 세형동검과 잔무늬 거울 등이 제작되었다.

오답 분석 ⊙ 슴베찌르개는 나무나 뼈에 꽂아서 창처럼 사용한 것으로 구석기 시대에 제작된 석기가 맞지만, 바퀴날 도끼는 청동기 시대에 제작된 석제 도구이다.
ⓒ 신석기 시대에는 움집을 세우는 데에 주춧돌이 이용되지 않았다. 한편 주춧돌을 이용하여 움집을 세운 시기는 청동기 시대이다.

## 05 위만 조선 정답 ④

해설 제시문에서 연나라에서 망명하여 준왕에게 투항하였다는 내용을 통해서 (가) 인물이 위만임을 알 수 있다. 위만은 진·한 교체기에 고조선으로 망명하였으며, 준왕의 신임을 받아 서쪽 변경을 수비하는 임무를 맡았다. 이후 세력을 확대한 위만은 기원전 194년에 준왕을 축출하고 왕위에 올랐다.
④ 위만 조선은 왕 아래에 상·장군 등의 관직을 두었으며, 지리적 이점을 활용하여 동방의 예(濊)나 남방의 진(辰)이 중국의 한(漢)과 직접 교역하는 것을 막고 중계 무역을 주도하였다.

오답 분석 ① 위만 조선은 철기 문화를 본격적으로 수용하여 철제 무기와 철제 농기구를 제작하였다. 위만 조선은 철제 무기를 이용하여 활발한 정복 사업을 전개하는 동시에 철제 농기구를 활용하여 생산력을 증대시켰다.

② 북방식 고인돌과 비파형동검의 분포를 통하여 통치 지역을 알 수 있는 것은 청동기 문화를 토대로 성장한 단군 조선 시기의 세력 범위이다.

③ 위만 조선은 우거왕 때 연(燕)이 아닌 한(漢)의 공격에 맞서 패수에서 대승을 거두었다. 그러나 전쟁이 장기화되면서 내부 정치 세력의 분열이 발생하였으며, 이로 인해 우거왕이 피살되고 한에 의해 왕검성이 함락되면서 멸망(기원전 108)하였다.

## 06 단군 신화 정답 ④

해설 ④ '단군왕검'의 '단군'은 제사장을, '왕검'은 정치적 군장을 의미한다. 이를 통해 고조선이 제정일치 사회였음을 알 수 있다.

오답 분석
① 고조선에는 곰과 호랑이를 숭배하는 부족이 존재하였을 것으로 추정된다.
② 고조선에서는 풍백·우사·운사가 바람·비·구름 등 농경과 관계되는 일을 주관하였음을 알 수 있다.
③ 고조선 건국 세력인 환웅 부족은 단군왕검이 하늘의 자손임을 강조하고, 자기 부족이 하늘의 선택을 받았다는 선민사상을 가지고 있었다.

**이것도 알면 합격**

**단군 신화의 의미**

| 홍익인간 | 널리 인간을 이롭게 한다는 통치 이념 제시 |
|---|---|
| 선민사상 | 환웅 부족은 하늘의 자손임을 강조 |
| 농경 사회 | 풍백·우사·운사가 바람·비·구름 등 농경과 관계되는 일 주관 |
| 토테미즘 | 곰과 호랑이를 숭배하는 부족 존재 |
| 부족의 연합 | 환웅 부족과 곰 숭배 부족의 연합, 호랑이 숭배 부족은 배제됨 |
| 제정일치 사회 | 단군(제사장) + 왕검(정치적 군장) |

## 07 선사 시대의 유적지 정답 ③

해설 ③ 마을 주위에 환호와 목책 등의 방어 시설을 만들었던 것은 청동기 시대로, 신석기 시대의 유적지인 강원 양양 오산리에서는 환호와 목책 등이 발견되지 않았다. 강원 양양 오산리에서는 신석기 시대의 집터와 빗살무늬 토기 등이 출토되었다.

오답 분석
① 충북 청원 두루봉 동굴은 후기 구석기 시대의 유적지로, 이곳에서는 흥수 아이라고 불리는 어린 아이의 인골 화석이 발견되었다.
② 부산 동삼동은 신석기 시대의 유적지로, 이곳의 패총에서는 조개 껍데기 가면과 같은 예술품과 빗살무늬 토기 등이 출토되었다.
④ 충남 부여 송국리는 청동기 시대의 유적지로, 탄화된 쌀이 발견되어 이를 통해 청동기 시대에 벼농사가 이루어졌음을 알 수 있다.

## 08 여러 나라의 성장 정답 ①

해설 (가)는 부여, (나)는 고구려, (다)는 옥저, (라)는 동예이다.
① 부여에서는 농경과 목축을 주로 하였고, 특산물로 말, 주옥, 모피 등이 유명하였다.

오답 분석
② 가족이 죽으면 가매장하였다가 뼈를 추려 가족 공동 무덤에 안치한 것은 옥저의 풍습인 골장제이다.
③ 동맹은 고구려의 제천 행사이다. 부여는 영고(12월), 동예는 무천(10월), 삼한은 수릿날(5월)·계절제(10월) 등의 제천 행사를 거행하였다.
④ 아이가 출생하면 돌로 머리를 눌러 납작하게 하는 편두의 풍습이 있었던 나라는 삼한 중 변한과 진한이다.

**이것도 알면 합격**

**여러 나라의 풍속**

| 구분 | 풍속 |
|---|---|
| 부여 | • 제천 행사: 영고(12월)<br>• 순장, 우제점법, 1책 12법, 형사취수제 |
| 고구려 | • 제천 행사: 동맹(10월, 국동대혈)<br>• 서옥제, 우제점법, 1책 12법, 형사취수제 |
| 옥저 | 골장제, 민며느리제 |
| 동예 | • 제천 행사: 무천(10월)<br>• 족외혼, 책화 |
| 삼한 | 수릿날(5월), 계절제(10월) |

# Ⅱ 고대

## 01 고대의 정치
p.44-49

| | | | | |
|---|---|---|---|---|
| 01 ② | 02 ② | 03 ② | 04 ③ | 05 ③ |
| 06 ③ | 07 ① | 08 ④ | 09 ① | 10 ② |
| 11 ① | 12 ④ | 13 ① | 14 ② | 15 ④ |
| 16 ② | 17 ② | 18 ④ | 19 ② | 20 ③ |
| 21 ① | 22 ② | 23 ④ | 24 ② | |

### 01 태조왕 때의 사실
정답 ②

해설 제시문에서 동옥저를 정벌하였다는 것을 통해 밑줄 친 '왕'이 고구려 태조왕임을 알 수 있다.
② 태조왕 때부터 계루부 고씨가 고구려의 왕위를 독점적으로 세습하였다.

오답 분석
① 위나라 관구검의 침입으로 수도 국내성의 배후 산성인 환도성이 함락당한 것은 동천왕 때이다(244~245).
③ 왕위 계승이 형제 상속제에서 부자 상속제로 확립된 것은 고국천왕 때의 사실이다.
④ 낙랑군을 축출하고 대동강 유역을 차지한 것은 미천왕 때의 사실이다.

#### 이것도 알면 합격
**1~2세기의 고구려**

| 태조왕 (1세기 후반) | • 계루부 고씨의 왕위 세습과 왕위 형제 상속제 확립<br>• 옥저 정복, 동예·현도군 공격 → 만주 지방으로 세력 확대 |
|---|---|
| 고국천왕 (2세기 후반) | • 왕위의 부자 상속제 확립, 부족적 5부(수평적 구조)를 행정적 5부(수직적 구조)로 개편<br>• 을파소를 국상으로 기용, 진대법 실시(194, 왕권 강화, 귀족 견제, 농민 경제 안정 목적) |

### 02 광개토 대왕 대의 고구려
정답 ②

해설 제시문은 광개토 대왕릉비의 내용으로, 신라가 왜군의 침략을 막기 위해 고구려에 도움을 요청하는 사신을 보냈다는 내용을 통해 광개토 대왕 대의 사실임을 확인할 수 있다.
② 광개토 대왕은 후연, 숙신 정벌 등 활발한 대외 정복 활동을 통해 영토를 확장하였다.

오답 분석
① 부여를 복속하여 고구려 최대 영토를 확보하였던 것은 문자왕 대의 일이다.

③ 평양으로 천도한 것은 장수왕 대의 일이다. 장수왕은 평양 천도를 통해 남하 정책의 의지를 표명하였다.
④ 백제의 수도인 한성을 함락시킨 것은 장수왕 대의 일이다.

#### 이것도 알면 합격
**고구려의 전성기**

| 광개토 대왕 | • 정복 활동 전개<br>  - 백제의 수도 한성을 공격해 한강 이북의 땅 차지<br>  - 신라를 도와 백제, 가야, 왜의 연합군 격퇴하며 한반도 남부까지 영향력 확대<br>  - 후연, 비려, 숙신 등을 정벌하여 영토 확장<br>• 연호 사용: '영락'이라는 독자적인 연호 사용 |
|---|---|
| 장수왕 | • 정복 활동 전개<br>  - 지두우 지역을 분할 점령하여 흥안령 일대 초원 지대 장악<br>  - 백제의 수도 한성 함락(475)<br>• 평양 천도(427): 적극적인 남하 정책 의지 표명<br>• 외교 정책: 중국 남북조와 교류하며 중국 견제, 유연과도 통교<br>• 비석 건립: 광개토 대왕릉비 건립 |

### 03 마립간 시기의 신라
정답 ②

해설 제시문의 ㉠에 들어갈 칭호는 대군장을 뜻하는 '마립간'으로, 이 칭호는 내물 마립간(356~402) 때부터 지증왕(500~514)이 칭호를 '왕'으로 바꾸기 전까지 사용되었다.
② 율령을 반포하고 공복을 제정한 것은 법흥왕 때로, 마립간이 아닌 '왕'의 칭호를 사용한 시기이다.

오답 분석
모두 '마립간'을 사용한 시기에 신라에 있었던 사실들이다.
① 공문서 송달 목적으로 사방에 우역(역참)을 둔 것은 소지 마립간 때이다.
③ 김씨에 의한 왕위 계승권이 확립된 것은 내물 마립간 때이다.
④ 고구려의 승려 묵호자가 불교를 전파한 것은 눌지 마립간 때이다.

### 04 동성왕과 성왕 사이의 사실
정답 ③

해설 (가)는 5세기 백제 동성왕이 신라 소지 마립간과 체결한 결혼 동맹(493)에 대한 내용이고, (나)는 6세기 중엽 이후 백제 성왕이 관산성 전투에서 전사(554)한 것과 관련된 내용이다. 따라서 (가)와 (나) 사이의 시기는 493년에서 554년 사이의 시기에 해당한다.
③ 백제는 성왕 때 대외 진출이 쉬운 사비로 천도(538)하고 국호를 남부여로 개칭하며 중흥을 도모하였다.

오답 분석
① 백제가 고구려 장수왕의 공격으로 한성을 빼앗기고 금강 유역의 웅진으로 도읍을 옮긴 것은 475년의 일로, (가) 시기 이전의 일이다.

② 백제가 6좌평제와 16관등제를 정비하고 백관의 공복을 제정한 것은 고이왕 때로 (가) 시기 이전의 일이다.

④ 백제가 불교를 수용하고 공인한 것은 침류왕 때인 384년의 일로, (가) 시기 이전의 일이다.

**이것도 알면 합격**

**신라와 백제의 동맹 관계**

| 구분 | 백제 | 신라 |
|------|------|------|
| 나·제 동맹 체결(433) | 비유왕 | 눌지 마립간 |
| 결혼 동맹 체결(493) | 동성왕 | 소지 마립간 |
| 나·제 동맹 결렬(553) | 성왕 | 진흥왕 |

## 05 장수왕과 보장왕 사이의 사실    정답 ③

해설 제시문에서 (가) 시기는 고구려가 백제를 치려고 모의하면서, 백제에 승려 도림을 보냈다는 내용을 통해 장수왕 때임을 알 수 있고, (나) 시기는 당이 안시성을 공격하였으나 실패하고 철군하였다는 내용을 통해 보장왕 때임을 알 수 있다.
③ 온달 장군을 보내 한강 유역을 공격하게 한 것은 590년 영양왕 대의 사실로, 장수왕과 보장왕의 재위 시기 사이에 있었던 사실이다.

오답 분석
① 영락이라는 독자적인 연호를 사용한 것은 광개토 대왕 때로 (가) 시기 이전의 사실이다.

② 율령을 반포하여 국가 체제를 정비한 것은 소수림왕 때로 (가) 시기 이전의 사실이다.

④ 순노부, 소노부, 절노부 등 부족적 전통을 지닌 5부를 동·서·남·북·중의 방위명으로 표기한 행정적 성격의 5부로 개편한 것은 고국천왕 때로 (가) 시기 이전의 사실이다.

## 06 법흥왕    정답 ③

해설 자료는 신라의 법흥왕에 대한 설명이다. 법흥왕은 병부를 설치하였고 건원이라는 연호를 사용했으며, 금관가야를 정복(532)하였다.
③ 법흥왕은 이차돈의 순교를 계기로 불교를 공인(527)하였다.

오답 분석
① 최초로 소경을 설치한 왕은 지증왕이다. 지증왕은 아라가야가 있던 곳으로 추정되는 아시촌에 특수 행정 구역인 소경을 설치하였다. 이후 통일 신라 신문왕이 5소경 체제를 정비하였다.

② 왕호를 이사금에서 대군장을 뜻하는 마립간으로 변경한 왕은 내물 마립간이다.

④ 고령의 대가야를 정복하여 낙동강 유역을 확보한 왕은 진흥왕이다.

## 07 삼국의 항쟁    정답 ①

해설 자료의 평양성 전투는 371년(고구려 고국원왕, 백제 근초고왕), 나·제 동맹 체결은 433년(백제 비유왕, 신라 눌지 마립간), 나·제 결혼 동맹은 493년(백제 동성왕, 신라 소지 마립간), 관산성 전투는 554년(백제 성왕, 신라 진흥왕), 나·당 동맹 체결은 648년(신라 진덕 여왕)이다. 따라서 (가) 시기는 433년 ~493년, (나) 시기는 493년~554년에 해당한다.
① 고구려 장수왕이 남하 정책을 추진하기 위해 수도를 평양으로 옮긴 것은 (가) 이전인 427년의 사실이다. 백제 비유왕과 신라 눌지 마립간은 고구려의 남하 정책에 대응하기 위해 나·제 동맹을 체결하였다.

오답 분석
② (가) 시기인 475년에 고구려 장수왕의 공격으로 백제 한성이 함락되고 개로왕이 전사하였다. 이를 통해 고구려는 남한강 유역까지 진출하였다.

③ (나) 시기인 538년에 백제 성왕은 대외 진출이 용이한 사비로 수도를 옮기고, 국호를 남부여로 바꿨다.

④ (나) 시기인 532년에 금관가야의 김구해가 신라 법흥왕에게 항복하며 금관가야가 멸망하였다.

## 08 지증왕과 진평왕 사이의 사실    정답 ④

해설 (가)는 지방을 주·군·현 제도로 정비하고, 이사부를 실직주(삼척)의 군주로 삼았다는 내용을 통해 지증왕 때의 사실임을 알 수 있다.
(나)는 원광으로 하여금 걸사표를 작성하도록 하였다는 내용을 통해 진평왕 때의 사실임을 알 수 있다.
© 진흥왕 때 백제 성왕과 연합하여 고구려의 영토였던 한강 상류 지역을 확보한 뒤 백제가 점령했던 한강 하류 지역마저 차지하였다(553).
② 법흥왕 때 화백 회의의 주관자이자 귀족들의 대표인 상대등을 설치하여 통치 질서를 확립하였다.

오답 분석
③ 관료들이 지켜야 할 덕목을 담은 『백관잠(百官箴)』을 지어 관료들에게 나누어 준 것은 성덕왕 때의 일로, (다) 진평왕 이후의 사실이다.

© 황룡사 9층 목탑을 건립한 것은 선덕 여왕 때의 일로, (다) 진평왕 이후의 사실이다.

## 09 선덕 여왕    정답 ①

해설 제시문에서 승려 자장이 황룡사에 9층 탑을 세울 것을 요청하는 내용을 통해 밑줄 친 '왕'이 선덕 여왕임을 알 수 있다.
① 선덕 여왕은 동양에서 현존하는 가장 오래된 천문 관측 시설인 첨성대를 건립하였다.

오답 분석
② 인재 양성을 통한 국가 발전을 위해 청소년 집단이었던 화랑도를 국가적인 조직으로 개편한 왕은 진흥왕이다.

③ 당나라의 태평성대를 기리는 내용의 오언태평송(五言太平頌)을 지어 당 고종에게 보낸 왕은 진덕 여왕이다.

④ 각간 위홍과 대구 화상 등으로 하여금 『삼대목』을 편찬하도록 한 왕은 진성 여왕이다. 『삼대목』은 신라의 향가를 수집하여 정리한 향가집으로, 현전하지 않는다.

## 10 김유신
**정답 ②**

**해설** 제시문에서 그를 따르는 자들을 용화향도라고 불렀으며, 진덕 여왕이 죽자 김춘추를 왕위에 오르게 하였다는 내용을 통해 밑 줄 친 '그'가 김유신임을 알 수 있다.

② 김유신은 선덕 여왕 때 비담, 염종 등이 왕위에 오르고자 일 으킨 반란을 김춘추와 함께 진압하였다.

**오답 분석**
① 천리장성의 축조를 맡아 관리·감독을 수행한 인물은 고구 려의 연개소문이다. 이 과정에서 세력을 키운 연개소문은 쿠데타를 일으켜 정권을 장악하였다.

③ 부여 의열사와 논산 충곡 서원에 제향된 인물은 백제의 계 백이다. 의열사는 백제 의자왕 때의 신하인 계백, 성충, 흥 수 등을 제향한 조선 시대의 사당이며, 충곡 서원은 조선 숙 종 때 계백과 사육신을 제향한 서원이다.

④ 산둥 반도의 적산촌에 법화원이라는 사찰을 건립한 인물은 장보고이다.

## 11 금관가야
**정답 ①**

**해설** 제시문에서 여섯 개의 황금알이 김해의 구지봉에서 발견되었 다는 내용을 통해 가야의 건국 설화임을 알 수 있으며, ㉠ 수로 왕이 김해를 중심으로 세운 나라는 금관가야이다. 금관가야를 비롯한 가야(6가야 연맹)의 건국 설화는 『삼국유사』에 인용된 『가락국기』를 통해 전해지고 있다.

① 신라 진흥왕의 공격으로 멸망한 국가는 대가야이다. 금관 가야는 신라 법흥왕의 공격으로 멸망하였다.

**오답 분석**
②, ③ 금관가야는 해상 교통에 유리한 입지 조건과 풍부한 철 생산을 바탕으로 낙랑과 대방, 왜의 규슈 지방을 잇는 중계 무역을 전개하였으며, 이때 철로 만든 덩이쇠를 화폐와 같 은 교환 수단으로 이용하였다.

④ 금관가야의 시조인 수로왕은 인도의 아유타국에서 온 공주 허황옥과 혼인하였다고 전해진다.

## 12 대가야
**정답 ④**

**해설** 제시문에서 시조가 이진아시왕이라는 점과 진흥왕에게 멸망 당하였다는 내용을 통해 (가)에 들어갈 나라가 대가야임을 알 수 있다.

④ 광개토 대왕의 남하 정책으로 쇠퇴한 나라는 금관가야이 다. 금관가야는 신라를 구원하러 남하한 광개토 대왕의 공 격을 받고 쇠퇴하였다.

**오답 분석**
① 대가야의 이뇌왕은 국제적 고립에서 벗어나고자 신라의 법 흥왕과 결혼 동맹을 체결(522)하였다.

② 대가야는 5세기 후반에 고령 지방을 중심으로 가야 연맹의 주도 세력이 되었다.

③ 대가야는 중국 남제에 독자적으로 사신을 파견(479)하는 등 5세기 후반 후기 가야 연맹의 새로운 맹주로 성장하였다.

## 13 고구려 대외 항쟁의 전개
**정답 ①**

**해설** ① 시기 순으로 나열하면 (나) 고구려의 요서 지방 선제공격 (598) → (다) 살수 대첩(612) → (라) 천리장성 축조 시작 (631) → (가) 안시성 전투(645)가 된다.

(나) 중국을 통일한 수나라가 동북쪽으로의 세력 확대를 꾀하 자, 고구려의 영양왕은 중국의 전략적 요충지였던 요서 지 방을 선제공격(598)하여 수나라를 견제하였다.

(다) 을지문덕은 수 양제가 100만 대군을 이끌고 침입하였을 때(1차 침입) 적군을 유인하여 살수에서 수나라 군대를 크 게 격파하였다(살수 대첩, 612).

(라) 고구려는 당의 침입에 대비하기 위해 북쪽의 부여성에서 남쪽에 비사성에 이르는 국경 지역에 천리장성을 쌓고 방 어 체제를 강화하였다(631~647).

(가) 당 태종은 동북아시아 방면으로의 세력 확장을 위해 고구 려를 침략하였는데(1차 침입), 안시성에서 군·민이 협력 하여 당에 저항한 결과 당 태종이 이끄는 당군을 격파하 였다(안시성 전투, 645).

## 14 나·당 동맹과 고구려 멸망 사이의 사실
**정답 ②**

**해설** 제시문에서 (가) 시기 이전의 자료는 김춘추가 당나라에 들어 가 군사를 요청하였다는 내용을 통해 648년에 결성된 나·당 동맹임을 알 수 있다. (가) 시기 이후의 자료는 고구려의 마지막 왕인 보장왕이 당나라 장수 이적에게 항복하였다는 내용을 통 해 668년에 일어난 고구려 멸망임을 알 수 있다. 따라서 (가) 시기는 648년부터 668년에 해당한다.

② (가) 시기인 660년에 나·당 연합군의 공격으로 백제의 수 도인 사비성이 함락되고 백제가 멸망하였다.

**오답 분석**
① 백제 의자왕의 공격으로 대야성이 함락된 것은 나·당 동맹 결성 이전인 642년이다.

③ 당이 고구려의 수도였던 평양에 안동 도호부를 설치하고, 설인귀를 도호부사로 임명한 것은 668년 고구려 멸망 직후 이다.

④ 신라가 매소성에서 당나라의 대군을 격파하고 나·당 전쟁 의 주도권을 장악한 것은 고구려 멸망 이후인 675년이다.

## 15 고구려와 백제의 부흥 운동
**정답 ④**

**해설** (가) 안승은 고구려 보장왕의 서자이며 검모잠에 의해 왕으로 추대되어 고구려 부흥 운동을 전개하였다. 한편 (나) 복신은 주 류성에서 도침과 함께 백제 부흥 운동을 전개하였다.

④ 복신은 백제 의자왕의 아들인 부여풍을 왕으로 추대하여 백제 부흥 운동을 전개하였다.

**오답 분석**
① 신라에 투항한 안승이 보덕국의 왕으로 봉해진 것은 문무왕 때이다.

② 안승 등이 주도한 고구려 부흥 운동은 왜와는 관련이 없다. 왜의 지원을 받아 백강에서 전투를 벌인 것은 백제 부흥 운 동에 대한 설명이다.

③ 당에 항복하여 당나라 군대가 임존성을 함락하는 데 공을 세운 인물은 흑치상지이다. 복신은 백제 부흥 운동군의 내 분으로 인해 부여풍에게 살해되었다.

## 16 삼국의 통치 체제
정답 ②

해설 ㉠은 백제의 정사암 회의, ㉡은 고구려의 제가 회의, ㉢은 신라의 화백 회의에 대한 자료이다.
② 고구려의 관등은 크게 족장 출신의 형(兄)계와, 행정 관료 출신의 사자(使者)계로 구분된다.

오답분석
① 대대로는 고구려의 재상이다. 백제는 6좌평 중 상좌평(내신좌평)이 국정을 총괄하였다.
③ 정당성 아래에 있는 6부가 정책을 집행한 것은 발해이다. 발해는 최고 통치 기관인 정당성에서 정책을 결정하고, 그 아래에 있는 6부에서 정책을 집행하였다.
④ 백제는 지방을 5방으로, 신라는 지방을 5주로 나누었다. 한편 고구려는 지방을 5부(대성)로 나누어 관리하였다.

## 17 삼국의 행정·군사 조직
정답 ②

해설 ② 들어간 내용을 순서대로 나열하면 ㉠ 욕살, ㉡ 처려근지, ㉢ 방령이다.
고구려는 지방을 5부(대성)로 나누어 ㉠ 욕살을 파견하였고, 그 다음 규모의 성에는 ㉡ 처려근지 또는 도사를 파견하였다. 한편, 삼국의 지방 행정 조직은 그대로 군사 조직이기도 하였으므로, 각 지방의 지방관은 곧 군대의 지휘관이기도 하였다. 따라서 백제의 지방관인 ㉢ 방령이 각각 700~1,200명의 군사를 거느렸다.

오답분석
• 군주는 신라의 지방관으로, 주 단위로 설치한 부대인 정을 거느렸다.

## 18 경덕왕 대의 사실
정답 ④

해설 제시문은 왕이 백성을 다스려 편안하게 하고자 하는 의도를 담은 향가인 '안민가'로, 통일 신라의 승려 충담이 경덕왕 대에 지은 것이다. 경덕왕은 나라를 편안하게 하기 위해 충담에게 '안민가'를 짓도록 하였는데, '안민가'에서는 임금, 신하, 백성의 관계를 부, 모, 자식의 관계로 생각할 것을 제시하고, 그렇게 될 때에 나라에 태평이 올 수 있다고 노래하였다.
④ 경덕왕 대에 국학을 태학(감)으로 고치고 학문을 장려하였다.

오답분석
① 원종과 애노가 난을 일으킨 것은 진성 여왕 대의 사실이다.
② 해적을 소탕하기 위해 장보고의 건의를 받아들여 청해진을 설치한 것은 흥덕왕 대의 사실이다.
③ 인평(仁平)이라는 독자적인 연호를 사용한 것은 선덕 여왕 대의 사실이다.

## 19 궁예와 견훤
정답 ②

해설 (가)는 스스로 승려가 되었으며, 반란 세력인 기훤과 양길 휘하에 의탁하였다는 내용을 통해 궁예임을 알 수 있다.
(나)는 완산주에 이르러 후백제 왕을 자칭하고 관직을 마련하였다는 내용을 통해 견훤임을 알 수 있다.
② 궁예는 국호를 후고구려에서 마진(904)으로 바꾸고 철원으로 천도(905)하였다. 이후 그는 국호를 다시 마진에서 태봉(911)으로 바꿨다.

오답분석
① 서경을 중시하여 북진 정책의 전진 기지로 삼은 인물은 고려의 태조 왕건이다.
③ 예성강을 중심으로 성장한 해상 세력은 왕건이다. 왕건은 해상 무역을 통해 성장하였고, 궁예의 휘하에서 공을 세워 시중의 자리에 올랐다. 이후 그는 궁예를 축출하고 고려를 건국하였다.
④ 견훤의 후백제군은 고창 전투(930)에서 왕건의 고려군에게 패배하였다. 후백제가 고려에 승리한 전투는 공산 전투(927)이다.

## 20 발해 무왕 대의 사실
정답 ③

해설 제시문에서 대조영이 죽고 뒤이어 왕위에 올라 연호를 인안으로 고쳤다는 내용을 통해 (가)에 들어갈 왕이 발해 무왕임을 알 수 있다.
③ 발해 무왕은 당과 신라를 견제하기 위해 북으로는 돌궐과, 남으로는 일본과 교류하였다.

오답분석
① 발해가 당으로부터 해동성국이라고 불린 것은 발해 선왕 대의 사실이다.
② 신라도를 통해 신라와 교류하기 시작한 것은 발해 문왕 대의 사실이다.
④ 왕을 황상(皇上)이라고 칭하며 발해가 황제 국가임을 표방한 것은 발해 문왕 대의 사실이다.

## 21 발해 문왕 대의 통일 신라의 상황
정답 ①

해설 자료는 발해 문왕에 대한 설명이다(737~793). 문왕의 재위 시기에 신라에서는 효성왕(737~742), 경덕왕(742~765), 혜공왕(765~780), 선덕왕(780~785), 원성왕(785~798)이 재위하였다.
① 경덕왕 대에 귀족들의 반발로 녹읍이 부활하였다.

오답분석
② 문무왕(661~681) 대에 있었던 일이다. 문무왕은 지방 감찰을 위해 외사정을 파견하였다.
③ 웅주를 근거로 김헌창의 난(822)이 일어난 것은 헌덕왕(809~826) 대이다.
④ 통일 신라의 지방 행정 제도인 9주 5소경 체제는 신문왕(681~692) 때 완비되었다.

## 22 발해 선왕
정답 ②

해설 제시문에서 대부분의 말갈족을 복속시키고, 요동 지역으로 진출하는 등 넓은 영토를 차지하였으며 중국으로부터 해동성국이라 불렸다는 내용을 통해 밑줄 친 '그'가 발해 선왕임을 알 수 있다. 선왕은 대조영의 동생인 대야발의 직계 후손으로, 선왕 때부터 발해 왕의 계보가 대야발 직계로 변화하였다.
② 발해 선왕 때 효율적인 영토 관리를 위해 5경 15부 62주의 지방 행정 제도가 완비되었다.

오답분석
① 국호를 발해로 바꾼 왕은 발해를 건국한 고왕(대조영)이다. 고왕(대조영)은 동모산에서 나라를 세우고, 국호를 '진(震)', 연호를 '천통(天統)'이라 하였으며, 이후 당으로부터 발해 군왕으로 책봉되고 국호를 '발해'로 고쳤다.

③ 불교에서 이상적인 군주로 일컬어지는 전륜성왕을 자처한 것은 발해 문왕이다.

④ 동경에서 상경으로 수도를 옮기고 중흥이라는 연호를 사용한 것은 발해 성왕이다. 한편 선왕 때에는 '건흥'이라는 연호를 사용하였다.

## 23 발해사의 전개
정답 ④

해설 ④ 순서대로 나열하면 ⓒ 발해 군왕으로 책봉(고왕) → ⓛ 장문휴 파견(무왕) → ㉠ 상경으로 천도(성왕) → ㉣ 거란의 침입(대인선)이 된다.

ⓒ 고왕(대조영) 때 당으로부터 발해 군왕으로 책봉되고, 국호를 발해로 고쳤다.

ⓛ 발해 무왕 때 장문휴를 파견하여 당의 산둥 지방을 공격하였다.

㉠ 발해 성왕 때 동경 용원부에서 상경 용천부로 수도를 옮겼다.

㉣ 대인선 때 거란 야율아보기의 침입으로 발해가 멸망하였다.

## 24 발해의 중앙 정치 제도
정답 ②

해설 제시된 자료는 발해와 신라의 사신 자리 다툼 사건(쟁장 사건)과 관련된 내용이다. 왕자 대봉예가 신라보다 윗자리에 자리 잡기를 청하였다는 내용을 통해 (가) 국가가 발해임을 알 수 있다.

② 사정부를 두어 관리의 비리를 감찰한 것은 신라이다. 발해에는 관리 감찰 기관으로 중정대가 있었다.

오답 ① 발해는 정당성을 최고의 통치 기관으로 하여, 정당성의 장
분석 관인 대내상이 국가의 중대사를 결정하는 등 국정을 총괄하였다.

③ 발해는 문왕 대에 당나라의 중앙 제도를 모방하여 중앙에 3성 6부를 두었다. 그러나 그 명칭과 운영에서는 발해의 독자성을 유지하였다.

④ 발해는 6부의 이름을 충·인·의·예·지·신으로 유교의 덕목을 반영하여 만드는 등 명칭과 운영에서 당의 제도와 구별되는 독자성을 보였다.

### 이것도 알면 **합격**

**통일 신라와 발해의 통치 체제 비교**

| 구분 | 통일 신라 | 발해 |
|------|-----------|------|
| 중앙 정치 체제 | 14부(행정 업무 담당), 국학 | 3성 6부제(당의 제도 수용), 정당성 중심(장관인 대내상이 국정 총괄), 중정대(관리 감찰), 문적원(서적 관리), 주자감(최고 교육 기관) |
| 지방 행정 조직 | 9주 5소경, 외사정(감찰), 상수리 제도(지방 세력 견제) | 5경 15부 62주, 말단 촌락은 말갈족 촌장을 통해 간접 통치 |
| 군사 조직 | 9서당(중앙군, 민족 융합 정책), 10정(지방군) | 10위(중앙군, 왕궁과 수도 경비), 농병 일치의 군대가 촌락 단위로 구성(지방군) |

○─○
## 02 고대의 경제와 사회
p.57~59

| | | | | |
|---|---|---|---|---|
| **01** ② | **02** ① | **03** ① | **04** ② | **05** ③ |
| **06** ① | **07** ③ | **08** ① | **09** ① | **10** ① |
| **11** ② | **12** ② | | | |

## 01 백제의 경제
정답 ②

해설 제시문에서 위례성을 수리하였다는 내용을 통해 백제와 관련된 내용임을 알 수 있다.

② 울산항이 국제 무역항으로 번성한 것은 통일 신라의 대외 무역과 관련된 내용이다. 통일 신라 시기 울산항은 국제 무역항으로 크게 번성하여 아라비아 상인들도 왕래하였다.

오답 ① 백제는 공납으로 베·명주와 같은 현물을 징수하였다.
분석 ③ 백제는 풍흉에 따라 차등을 두어 포목, 명주, 쌀 등의 조세를 수취하였다.

④ 백제는 벼농사와 비단·삼베 직조가 발달하여 왜에 곡물과 직물류를 수출하였다.

### 이것도 알면 **합격**

**삼국의 수취 제도**

| 배경 | 중앙 집권 체제를 정비하면서 조세 제도 마련 |
|------|------|
| 조세 | 재산의 정도에 따라 호(戶)를 나누어 곡물과 포 징수 |
| 공납 | 해당 지역의 특산물을 현물로 징수 |
| 역 | • 요역: 15세 이상 남자의 노동력 징발, 왕궁, 성, 저수지 등에 필요한 노동력 동원<br>• 군역: 군사 동원 |

## 02 지증왕의 경제 정책
정답 ①

해설 제시문은 신라의 이사부가 우산국(울릉도)을 정벌한 내용으로, ㉠ 왕은 지증왕이다.

① 국가 재정을 관리하는 품주를 설치한 왕은 진흥왕이다. 이후 품주는 진덕 여왕 때 최고 행정 기구인 집사부와 재정 기관인 창부로 분리·개편되었다.

오답 ② 지증왕은 수도인 경주에 시장인 동시를 개설하고, 이를 감독
분석 하는 관청으로 동시전을 설치하였다.

③ 지증왕은 노동력을 보호·확보하기 위해 순장을 금지하였다.

④ 지증왕은 소를 이용하여 농사를 짓는 우경을 장려하여 농업 생산력 증대에 기여하였다.

## 03 고구려와 백제의 경제
정답 ①

해설 제시문 (가)는 고구려의 서옥제에 대한 설명이며, (나)는 뇌물을 받은 관리에 대한 백제의 처벌 법률이다. 백제에서는 뇌물을 받은 관리는 받은 것의 세 배를 배상하게 하고 종신 금고형에 처하였으며, 도둑질한 자는 훔친 물건의 두 배를 배상하게 하였다.

① 고구려 고국천왕은 봄에 곡식을 빌려주고, 가을 추수 후에 갚게 하는 진대법을 실시하였다.

오답
분석
② 비단과 도자기는 서적과 함께 중국에서 삼국(고구려, 백제, 신라)으로 수입되던 물품이었다. 고구려는 중국에 금, 은, 모피류 등을 주로 수출하였다.

③ 고구려를 통해 중국과 무역을 한 것은 신라이다. 이후 진흥왕 때 한강 유역으로 진출한 신라는 당항성을 통해 중국과 직접 교역하였다. 한편 백제는 남중국 지역의 왕조들과 활발하게 교류하였다.

④ 솔빈부의 말은 발해의 대표적인 특산물이다. 백제는 중국에 인삼과 직물류를 주로 수출하였다.

## 04 통일 신라 시기의 경제 상황
정답 ②

해설  제시된 연표에서 삼국 통일은 문무왕 때인 676년, 상원사 동종 주조는 성덕왕 때인 725년, 김헌창의 난은 헌덕왕 때인 822년, 『삼대목』 편찬은 진성 여왕 때인 888년이다. 따라서 (가)는 725년부터 822년 사이의 시기이다.

② 신라는 (가) 시기인 757년(경덕왕 16)에 귀족 세력의 반발로 녹봉을 폐지하고 녹읍을 부활시켰다.

오답
분석
① 수도에 서시와 남시 등 시장이 설치(695)된 것은 효소왕 때의 사실로, (가) 이전이다. 통일 이후 인구의 증가 등으로 동시만으로는 상품의 수요를 감당할 수 없게 되자, 효소왕 때 서시와 남시를 추가로 설치하였다.

③ 청해진이 설치(828)되어 신라가 당·일본과의 해상 무역권을 장악한 것은 흥덕왕 때의 사실로, (가) 이후이다. 청해진은 장보고가 건설한 해군 기지이자 무역 기지로, 장보고는 청해진을 설치하고 남해와 황해의 해상 교통권을 장악하여 당·신라·일본을 잇는 국제 무역을 주도하였다.

④ 문무 관료전을 관등에 따라 차등 있게 지급(687)한 것은 신문왕 때의 사실로, (가) 이전이다. 신문왕은 관료전을 지급하고 녹읍을 혁파하여 귀족 세력의 경제적 기반을 약화시키고 국가의 경제력을 강화하였다.

## 05 신라의 경제
정답 ③

해설  ③ 순서대로 나열하면 ⓒ 동시전 설치(지증왕, 509) → ㉠ 신라와 중국의 직접 교역(진흥왕, 6세기 중엽) → ㉢ 녹읍 혁파(신문왕, 689) → ⓛ 정전 지급(성덕왕, 722)이 된다.

ⓒ 지증왕 때 시장을 감독하는 관청인 동시전을 설치하였다(509).

㉠ 신라가 한강 유역을 확보한 진흥왕 때 이후 당항성을 통해 중국과 직접 교역을 시작하였다(6세기 중엽). 신라는 한강 유역을 확보하기 이전에는 고구려와 백제를 통해 간접적으로 중국과 교류하였으나 진흥왕 때 한강 유역을 확보한 이후에는 당항성을 통해 중국과 직접 교역하였다.

㉢ 신문왕 때 관료의 녹읍을 혁파하여 귀족들의 경제적 기반을 약화시키고, 해마다 관등에 따라 조(租)를 차등 있게 지급하였다(689).

ⓛ 성덕왕 때 모든 토지는 왕의 소유라는 왕토 사상에 근거하여 일반 백성들에게 정전을 지급하였다(722).

## 06 신라 촌락 문서(민정 문서)
정답 ①

해설  제시문의 이 문서는 '신라 촌락 문서(민정 문서)'이다.

① 신라 촌락 문서는 촌주가 변동 사항을 매년 조사하여 3년마다 작성한 것이었다.

오답
분석
② 신라 촌락 문서에서 인구는 남녀를 각각 연령에 따라 6등급으로 나누어 기록하였다.

③ 신라 촌락 문서는 서원경(지금의 청주) 부근에 위치한 사해점촌, 살하지촌 등 4개의 자연 촌락의 경제 상황을 기록한 문서이다.

④ 신라 촌락 문서를 통해 신라 정부는 조세·공물·부역 자원을 파악하여 세금을 수취하였다.

### 이것도 알면 합격

**신라 촌락 문서에 기록된 토지**

| 촌주위답 | 직역에 대한 대가로 조세 납부를 면제받는 촌주 소유의 토지 |
|---|---|
| 연수유전답 | 공연이 소유한 전답(문서에 기록된 토지의 97%) |
| 내시령답 | 중앙 관리인 내시령에게 지급된 토지 |
| 관모전답 | 관청 운영 경비를 충당하기 위해 설정된 토지 |
| 마전 | 마을의 정남들이 공동으로 경작한 토지 |

## 07 발해의 경제
정답 ③

해설  제시문에서 영주의 동쪽 2천 리에 있고 남으로는 신라와 접한다는 것, 백성에는 말갈이 많고 토인(고구려인)은 적다는 것을 통해 밑줄 친 '그 나라'가 발해임을 알 수 있다.

③ 발해에서는 돼지, 말, 소, 양 등을 사육하였는데 이중 솔빈부의 말은 발해의 주요 수출품이었다. 또한 담비, 표범 등 짐승의 가죽과 인삼 등도 수출하였다.

오답
분석
① 흑창을 개편한 의창을 설치한 국가는 고려이다(성종).

② 빈민 구제를 위해 진대법을 실시한 국가는 고구려이다(고국천왕).

④ 내시령과 같은 관료에게 토지가 지급된 국가는 통일 신라이다. 이와 같은 사실은 통일 신라 시대에 작성된 신라 촌락 문서(민정 문서)를 통해 파악할 수 있다.

## 08 발해의 대외 무역
정답 ③

해설  ③ 발해에서 신라로 가는 상설 교통로인 신라도는 발해의 상경을 출발하여 동경과 남경을 거쳐 동해안을 따라 신라에 이르는 교통로였다.

오답
분석
① 발해는 부여를 거쳐서 거란과 활발히 교역하였다.

② 발해는 문왕 때부터 당과 활발하게 교류하였으며, 당의 덩저우에는 발해관이 설치되었다.

④ 발해 무왕 때는 당, 신라와 대립하여 일본과 긴밀한 관계를 유지하였다. 특히 발해는 상경에서 동경, 동해안으로 이어지는 일본도를 통해 일본과 활발한 무역 활동을 전개하였다.

## 이것도 알면 합격

**발해의 무역로**

| 조공도 (압록도) | 상경 → 서경 압록부 → 황해 경유 → 당나라 덩저우 → 당나라 수도 장안 |
|---|---|
| 영주도 | 상경 → 발해 장령부(길림성) → 당나라 영주 → 당나라 수도 장안 |
| 거란도 | 상경 → 숭령 → 발해 부여부 → 거란의 수도 임황 |
| 일본도 | 상경 → 동경 용원부 → 크라스키노 발해성(러시아 연해주로 추정) → 동해 경유 → 일본의 후쿠라 항구 → 일본의 수도 나라 |
| 신라도 | 상경 → 동경 용원부 → 남경 남해부(함경도) → 동해 또는 동해안 → 신라의 수도 서라벌 |

## 09 진대법

정답 ①

해설　제시문은 고구려의 진대법에 대한 설명이다.
① 고구려의 구휼 제도인 진대법은 고국천왕 때 처음 시행되었다.

오답 분석
② 진대법은 춘궁기에 곡식을 빌려 주고 추수기에 갚도록 한 제도로, 가난한 농민을 구제하여 국가 재정과 국방력을 유지하고 귀족 세력의 권력 강화를 방지하기 위한 빈민 구휼 정책이었다.
③ 향촌민이 자치적으로 운영한 구휼 기관은 조선 시대의 사창제이다. 고구려의 진대법은 국가에서 운영하였다.
④ 고려 시대의 구휼 기관 중 진대법과 유사한 춘대추납의 방식으로 운영된 기구는 흑창(태조)과 의창(성종)이다. 고려 시대의 대비원은 의료 기관으로 개경의 동·서쪽에 설치되어 동·서 대비원이라고도 하며, 서경(평양)에 대비원의 분사가 설치되기도 하였다.

## 10 진골

정답 ①

해설　제시문에서 대아찬부터 이벌찬까지는 (가)만이 받을 수 있다는 내용을 통해 (가)가 진골임을 알 수 있다.
① 진골은 모든 관등에 진출이 가능했으며 자색, 비색, 청색, 황색의 관복을 모두 입을 수 있었다.

오답 분석
② 진골은 중앙 행정 기관의 장관직을 독점하며 중앙의 정치·군사권을 장악하였다.
③ 진골은 신라 말에 자신들의 경제 기반을 확대하여 사병을 거느리고 권력 싸움을 벌이며 치열한 왕위 쟁탈전을 전개하였다. 이로 인해 신라는 155년 동안 20명의 왕이 교체되었다.
④ 진골은 화백 회의의 구성원으로 국가 중대사를 결정하였다.

## 이것도 알면 합격

**성골과 진골**

| 성골 | • 부모 모두 왕족, 최고의 신분<br>• 진덕 여왕 이후 단절 |
|---|---|
| 진골 | • 모든 관직에 진출이 가능<br>• 성골이 소멸된 이후인 무열왕 때부터 왕위에 진출<br>• 중앙 행정 기관의 장 독점, 모든 관직에 진출 가능<br>• 화백 회의를 통해 국가 중대사 결정 |

## 11 신라 하대의 사회 모습

정답 ②

해설　제시문에서 원종, 애노 등이 사벌주(상주)에서 반란을 일으켰다는 내용을 통해 신라 하대의 사회 모습임을 알 수 있다.
㉠ 신라 하대인 진성 여왕 대에 국가 재정이 부족해지자 농민들에게 세금을 강압적으로 수취하였는데, 이로 인해 원종·애노의 난(889), 적고적의 난(896) 등의 농민 반란이 전국적으로 발생하였다.
㉢ 신라 하대에는 지방에서 스스로 성주 또는 장군이라 칭한 호족들이 등장하여 그 지역의 지배권을 장악하였다.

오답 분석
㉡ 강한 권력을 장악한 왕이 귀족 세력을 숙청한 시기는 신라 중대이다. 대표적으로 신라 중대의 신문왕은 김흠돌이 반란을 일으키자 이를 진압하고 귀족 세력을 숙청하였다. 이와 반대로 신라 하대에는 왕권이 약화되어 진골 귀족들의 왕위 쟁탈전이 벌어졌다.
㉣ 신라 하대에는 6두품 세력들이 유교 정치 이념을 바탕으로 한 개혁안을 제시하였으나, 제대로 시행되지 않았다. 대표적으로 당에서 유학하고 돌아온 6두품 계열의 유학자인 최치원은 진성 여왕에게 정치·사회 개혁 방안을 담은 시무 10여 조를 제시하였으나, 제대로 시행되지 않았다.

## 12 발해의 사회 모습

정답 ②

해설　제시문의 (가)는 발해이다. 솔빈부의 말이 유명하다는 것과 지방 행정 단위로 '부'와 '현' 등이 있는 것을 통해 발해에 대한 내용임을 확인할 수 있다.
② 발해의 지배층은 대씨, 고씨 등의 고구려계가 주를 이루었고, 일부는 말갈인으로 이루어졌다.

오답 분석
① 발해는 유학 교육 기관인 주자감에서 귀족 자제에게 유교 경전과 한문학을 가르쳤다.
③ 발해의 지식인들은 당에서 유학하여 외국인을 대상으로 한 당의 과거 시험인 빈공과에 응시하여 급제하기도 하였다.
④ 발해에서는 당나라를 통해 들어온 타구와 격구 놀이가 유행하였다.

## 03 고대의 문화

p.66-69

| 01 ④ | 02 ④ | 03 ② | 04 ② | 05 ② |
|---|---|---|---|---|
| 06 ③ | 07 ④ | 08 ③ | 09 ② | 10 ② |
| 11 ③ | 12 ③ | 13 ② | 14 ② | 15 ② |
| 16 ③ | | | | |

## 01 고대 국가의 유교 교육

정답 ④

해설　④ 통일 신라 성덕왕 때 국학 안에 공자와 72제자의 화상을 안치한 것은 맞으나, 국학을 설립한 것은 신문왕 때이다.

오답
분석
① 고구려는 중앙 교육 기관으로 태학을, 지방 교육 기관으로 경당을 설립하였다. 태학에서는 귀족 자제들에게 유교 경전과 역사를 가르쳤고, 사립 교육 기관인 경당에서는 지방 평민 자제들을 대상으로 한학과 무술을 가르쳤다.
② 백제는 『역경』·『시경』·『서경』·『예기』·『춘추』의 5경에 능통한 5경 박사, 역박사, 의박사 등의 박사 제도를 두어 유교 경전과 기술학을 가르치도록 하였다.
③ 신라의 청소년들은 화랑도를 통해 경학을 배우고 무술을 연마하였다.

## 02 고구려의 문화
정답 ④

해설 자료는 고구려 소수림왕 때 불교 수용에 대한 내용이다.
④ 고구려 강서 고분(강서 대묘)에 그려진 사신도에는 도교의 방위신이 그려져 있는데, 이는 방위신이 죽은 자의 사후 세계를 지켜 주리라는 믿음을 표현한 것으로, 이를 통해 당시 고구려에서 도교가 성행하였음을 알 수 있다.

오답
분석
① 풍수지리설은 신라 말 승려 도선이 중국으로부터 들여왔다. 신라 말에 풍수지리설은 도참 신앙과 결부되어 산수의 생김새를 바탕으로 미래를 예측하려는 경향이 등장하였고, 호족들의 신봉을 받으면서 지방 중심으로 국토를 재편성하려는 주장이 등장하였다. 이러한 풍수지리설은 신라 정부의 권위를 약화시켰고, 고려 건국의 사상적 배경으로 작용하였다.
② 신라, ③ 백제에 대한 설명이다.

## 03 진흥왕 재위 시기의 사실
정답 ②

해설 제시문에서 가야가 배반하여 사다함이 정벌하였다는 내용을 통해 밑줄 친 '왕'이 대가야를 복속한 신라 진흥왕임을 알 수 있다.
② 진흥왕 대에 황룡사가 지어졌다. 원래는 궁궐을 짓고 있었으나 그 자리에서 황룡이 승천하여 절로 고쳐 지었다고 한다.

오답
분석
① 영묘사는 선덕 여왕 때 창건(635)되었다. 이와 관련하여 선덕 여왕이 영묘사에서 개구리가 우는 소리를 듣고 백제의 병사가 여근곡에 잠복해 있었다는 것을 미리 알아 군사를 보내 이들을 치게 하였다는 일화가 전해진다.
③ 원광이 세속 5계를 제시한 것은 진평왕 대의 사실이다. 세속 5계는 진평왕 때 승려 원광이 제시한 화랑이 지켜야 할 다섯 가지의 계율이다.
④ 불교식 왕명이 최초로 사용된 것은 법흥왕 대의 사실이다.

## 04 의상
정답 ②

해설 제시문에서 '하나가 곧 일체이며, 모두가 곧 하나이다(일즉다 다즉일)'라는 원융 사상을 통해 제시문의 승려가 의상임을 알 수 있다.
㉠ 의상은 영주 부석사, 양양 낙산사 등의 사찰을 건립하였다.
㉢ 의상은 문무왕이 전쟁이 끝난지 얼마 지나지 않았음에도 도성 정비를 위해 공사를 일으키려 하자 백성들을 위해 이를 만류하였다.

오답
분석
㉡ 『금강삼매경론』을 저술한 승려는 원효이다. 원효는 당시 존재하던 거의 모든 불교 서적에 대한 폭넓은 이해를 바탕으로 『대승기신론소』, 『금강삼매경론』 등을 저술하여 불교의 사상적 이해 기준을 확립하였다.
㉣ 삼국 시대부터 고려 고종 때까지 고승들의 전기를 정리하여 『해동고승전』을 저술한 인물은 고려 시대의 승려인 각훈이다.

## 05 원효
정답 ②

해설 제시문에서 화엄 사상을 풀이하여 무애가를 짓고, 이를 교화에 활용했다는 내용을 통해 밑줄 친 '그'가 원효임을 알 수 있다.
② 원효는 모든 것이 한마음에서 나온다는 '일심(一心) 사상'을 바탕으로 타 종파들과의 사상적 대립을 조화시키고, 분파 의식을 극복하기 위해 『십문화쟁론』를 저술하였다.

오답
분석
① 대중의 교화를 위해 어려운 불경을 향가 형식으로 쉽게 풀어 쓴 보현십원가를 지은 인물은 고려 시대의 승려 균여이다.
③ 선덕 여왕 때 대국통으로 임명되어 승려의 규범과 계율을 지키는 일에 힘을 보탰던 승려는 자장이다.
④ 『화엄일승법계도』를 지어 모든 존재가 상호 의존적인 관계에 있으면서 서로 조화를 이루고 있다는 화엄 사상을 정리한 인물은 의상이다.

### 이것도 알면 합격

**원효의 활동**

| 불교 이해 기준 확립 | 『대승기신론소』, 『금강삼매경론』, 『화엄경소』 등 저술 |
|---|---|
| 종파 융합 | 일심(一心) 사상(모든 것이 한마음에서 나온다.)을 바탕으로 타 종파들과의 사상적 대립을 조화시키고 분파 의식을 극복하고자 함 |
| 불교의 대중화 | 아미타 신앙 보급 |
| 법성종 개창 | 경주 분황사에서 교종의 하나인 법성종 개창 |

## 06 선종
정답 ③

해설 제시문에서 인간의 타고난 본성이 불성임을 깨닫는 것이 불교의 도리를 깨닫는 것이라는 내용을 통해 제시문의 사상이 신라 하대에 유행한 선종임을 알 수 있다.
③ 통일 신라 시기에 5개의 교단으로 정비된 것은 교종 불교이다. 선종 불교는 9개 선문을 중심으로 발전하였다.

오답
분석
① 기존 신라의 권위에 반하는 입장인 선종은 호족들의 후원을 받으며 성행하였고, 이후 고려 건국에 큰 영향을 미쳤다.
② 선종은 신라 하대에 풍수지리설과 함께 크게 유행하였다.
④ 선종은 신라 하대에 탑비와 승탑이 유행하는 데에 영향을 미쳤다.

이것도 알면 **합격**

◎ 선종의 대표적 이론

| 구분 | 내용 |
| --- | --- |
| 이심전심(以心傳心) | 진리는 마음에 의해서만 전해진다. |
| 불립문자(不立文字) | 문자로 교(敎)를 세우지 않는다. |
| 견성오도(見性悟道) | 자기 본래의 성품을 깨우쳐 번뇌를 해탈하고 부처의 지혜를 얻는다. |
| 교외별전(敎外別傳) | 마음에서 마음으로 진리를 전한다. |
| 직지인심(直旨人心), 견성성불(見性成佛) | 참선을 통해 사람의 마음을 바르게 볼 때, 그 마음의 본성이 곧 부처님의 마음임을 깨닫게 된다. |

◎ 교종과 선종 비교

| 구분 | 교종 | 선종 |
| --- | --- | --- |
| 종파 | 5교 | 9산 |
| 성격 | 불경과 교리 중시, 진통과 권위 중시 | 좌선과 참선 중시, 형식과 권위 무성 |
| 지지 | 중앙 귀족 | 지방 호족, 6두품 |
| 융성 | 신라 중대 | 신라 하대 |

## 07 도교    정답 ④

해설 제시문의 사택지적비와 정효 공주 묘의 지석에는 공통적으로 도교 사상이 반영되어 있다. 사택지적 비문에는 사택지적이 불당을 세운 내력과 노장 사상 등을 4·6 변려체의 문장으로 표현하였고, 정효 공주 묘의 지석에는 불로장생 사상이 드러나 있다.
④ 고구려의 연개소문은 기존의 귀족 세력과 결탁한 불교를 억눌러 귀족 세력을 억압하고자 도교를 장려하였다.

오답 분석
① 신라 말 도선이 중국으로부터 들어온 사상은 풍수지리설이다.
② 실천 수행을 통하여 개인이 깨달음을 얻는 것을 강조한 사상은 선종 불교이다.
③ 불교에 대한 설명이다. 업설은 현생의 삶은 전생의 삶을 어떻게 살았냐에 대한 결과라는 불교의 이론으로, 신라에서는 지배층의 특권을 정당화하는 데 사용되었다.

## 08 돌무지덧널무덤    정답 ③

해설 제시된 금관총, 황남대총, 호우총, 천마총은 모두 삼국 시대 신라의 돌무지덧널무덤이라는 공통점을 가지고 있다. 돌무지덧널무덤은 나무덧널 안에 껴묻거리를 담은 껴묻거리 상자와 시신을 넣는 나무널을 넣고, 그 위에 돌을 쌓고 다시 흙으로 봉분을 만든 형태이다.
③ 돌무지덧널무덤은 통일 이전 신라의 대표적인 고분 양식이다. 한편 통일 이후 신라에서는 굴식 돌방무덤이 주로 만들어지기도 하였다.

오답 분석
① 다듬은 돌을 계단식으로 쌓아 올려 만든 고분은 고구려의 고분 양식(돌무지무덤)이다.
② 고분 주위에 12지 신상을 조각한 둘레돌이 세워진 고분 양식은 통일 이후 신라의 고분 양식인 굴식 돌방무덤으로, 김유신묘 등이 대표적이다.
④ 신라의 돌무지덧널무덤은 고구려와 백제의 영향을 받은 것이 아닌, 신라 특유의 독특한 무덤 양식이다.

## 09 고대의 고분    정답 ②

해설 (가)는 고구려의 장군총, (나)는 백제의 무령왕릉이다.
② 장군총에는 벽화가 그려져 있지 않다. 고구려에서 벽화가 그려진 무덤으로는 안악 3호분, 무용총, 강서 대묘, 각저총 등이 있다.

오답 분석
① 백제 초기의 계단식 돌무지무덤은 고구려의 영향을 받아 만들어졌다. 대표적으로 석촌동 고분이 있다.
③ 무령왕릉은 중국 남조의 영향을 받아 축조된 벽돌무덤이다.
④ 무령왕릉 지석에는 토지신에게 토지를 매입했다는 내용이 기록되어 있는데, 이는 도교의 영향을 받은 것이다.

이것도 알면 **합격**

**고구려의 고분 벽화(안악 3호분)**

▲ 무덤 주인공의 초상

▲ 무덤 주인공 부인의 초상

## 10 고대의 도성    정답 ②

해설 ② 도성을 방어하는 외성인 나성을 갖춘 백제의 수도는 사비로, 부여 나성이 그 예이다. 한성 시기의 도성으로 추정되는 풍납토성과 몽촌토성에는 별도의 나성을 축조하지 않았다.

오답
분석
① 고구려의 수도인 평양 일대에는 장안성(평양성)이 축조되었으며 내성·북성·중성·외성의 4개의 성으로 구성되었다. 장안성(평양성)은 고구려가 멸망할 때까지 수도의 역할을 했던 곳이다.

③ 2세기에 축조된 신라의 월성은 나성 대신 사방에 산성을 쌓아 도성을 방어하였다.

④ 발해의 수도인 상경성은 당의 장안성을 본떠 건설된 계획 도시였다. 상경성은 외성, 내성, 궁성의 3영역으로 구분되었고, 남북으로 넓은 주작대로를 내어 도성을 동서로 나누었다. 또한 동서와 남북으로 뻗은 직선 도로가 교차하면서 외성 내부가 바둑판 모양으로 구획되었다.

**이것도 알면 합격**

**고대의 도성**

| | |
|---|---|
| 고구려 | • 졸본 지역: 오녀산성(최초의 도읍지)<br>• 집안 지역<br>  - 국내성: 유리왕 때 천도, 평지성(平地城)<br>  - 환도성: 유리왕이 국내성으로 천도할 때 건설한 방위성, 산성(山城)<br>• 평양<br>  - 안학궁: 장수왕이 평양 천도 이후 거처한 궁궐(남진 정책의 상징성 반영)<br>  - 평양성(장안성): 평원왕 때 천도(586), 내성과 북성, 중성, 외성의 4개의 성으로 구성 |
| 백제 | • 한성 시기<br>  - 위례성: 최초의 도성, 풍납(북성)-몽촌(남성)토성으로 추정(양성체제, 평지성- 산성)<br>• 웅진 시기<br>  - 공산성(웅진성): 개로왕 전사 후 천도<br>• 사비 시기<br>  - 부여 나성: 사비의 외곽을 둘러싸고 있는 성<br>  - 부소 산성: 유사시에는 군사적인 목적으로, 평상시에는 왕과 귀족들이 즐기는 비원으로서의 구실을 했을 것으로 추정 |
| 신라 | • 금성: 기원전 1세기 중반에 축조된 토성, 정확한 위치는 확인할 수 없음<br>• 월성: 2세기 초반 축조, 나성 대신 사방에 산성을 쌓아 도성을 방어<br>  - 임해전: 태자가 거처하는 동궁, 문무왕 때 축조<br>  - 월지: 임해전 옆에 있던 연못으로 조선 시대에는 안압지로 불림 |
| 발해 | 상경 용천부(상경성): 당의 장안성을 모방하여 건축, 남북으로 주작대로를 냄, 고구려의 영향을 받은 온돌 시설이 발견됨 |

## 11 발해의 고구려 계승 의식       정답 ③

해설 제시된 자료의 밑줄 친 부분은 발해가 고구려 계승 의식을 나타낸 내용이다. 발해는 고구려 유민들이 세운 나라로, 지배층을 중심으로 고구려 계승 의식을 강하게 가지고 있었다.

ⓒ 발해의 상경성 궁궐터에서 고구려 문화를 계승한 온돌 장치가 발견되었다.

ⓔ 발해의 상경성 궁궐터에서 고구려 문화를 계승하여 소박하고 힘찬 모습의 연꽃무늬 수막새가 발견되었다.

오답
분석
⊙ 발해의 영광탑은 8세기에서 10세기 사이에 축조된 높이 13미터의 벽돌 탑으로, 당의 영향을 받은 것이었다.

ⓒ 발해의 주자감은 귀족 자제를 교육하는 일종의 국립 대학으로, 당의 국자감 관제를 본뜬 것이었다.

**이것도 알면 합격**

**발해의 고구려 계승 증거와 당의 영향을 받은 증거**

| | |
|---|---|
| 고구려<br>계승 | • 대조영: 고구려인<br>• 발해 지배층의 성씨: 고구려 성씨(대·고·장·양·두·오·이씨)<br>• 일본에 보낸 국서: 무왕(고구려 계승 국가임을 표방), 문왕('고려국왕' 칭호 사용)<br>• 정혜 공주 묘: 고구려식 굴식 돌방무덤의 모줄임 천장 구조<br>• 온돌 장치, 기와 와당(연꽃무늬 장식), 불상(이불병좌상), 석등 |
| 당의 영향 | 중앙 관제(3성 6부제), 상경의 도시 구조(주작대로 방식) |

## 12 백제의 문화유산       정답 ③

해설 ③ 창왕명 석조 사리감은 부여 능산리 절터에서 발견된 것으로, 1995년 발굴 조사 당시 출토되었다. 감실 입구에 새겨진 명문으로 창왕(위덕왕)의 누이가 성왕의 명복을 빌기 위해 지은 절임을 알 수 있다.

오답
분석
① 백률사 석당은 신라의 문화재로, 불교 공인을 주장하다 법흥왕 때 순교한 이차돈을 기념하기 위해 헌덕왕 때 건립된 비석이다.

② 법주사 쌍사자 석등은 통일 신라의 문화재이다. 보은 법주사의 대웅전과 팔상전 사이에 있는 석등이며, 성덕왕 대에 조성된 것으로 추정되고 있다. 영암사지 쌍사자 석등, 중흥산성 쌍사자 석등과 함께 신라 3대 석등으로 꼽는다.

④ 금동 연가 7연명 여래 입상은 고구려의 문화재이다. 이 불상은 경상남도 의령군에서 발견되었는데, 고구려와 관련된 유물이 남한에서 출토되었다는 점에서 주목받는 문화재이다.

## 13 통일 신라 시대의 문화재       정답 ③

해설 ⊙ 통일 신라 경덕왕 때 김대성이 전생의 부모를 위해 석굴암을 창건(751)하였다. 석굴암은 인공으로 축조한 석굴 사원으로, 불국사와 함께 유네스코 세계 문화유산으로 등재되었다(1995).

ⓔ 신라 하대에 선종의 유행으로 쌍봉사 철감선사 승탑, 흥법사지 염거화상탑 등 팔각 원당형의 승탑이 등장하였다.

오답
분석
ⓒ 자장의 건의에 따라 황룡사 9층 목탑이 건립된 것은 삼국 통일 이전인 선덕 여왕 대의 사실이다.

ⓒ 동양에서 현존하는 가장 오래된 천문 관측 시설인 첨성대가 건립된 것은 삼국 통일 이전인 선덕 여왕 대의 사실이다.

## 14 발해의 문화재
정답 ②

해설 제시된 자료에서 (가) 국가의 왕자가 신라보다 위에 앉도록 허락해 주기를 청하였으나 옛 관습대로 신라가 위에 앉도록 하였다는 것을 통해 신라와 발해 사신의 자리 다툼 사건인 쟁장 사건(897)에 대한 내용임을 알 수 있다. 따라서 (가) 국가는 발해이다.

② 발해 동경 용원부의 절터에서 고구려의 양식을 계승한 이불 병좌상이 출토되었다. 발해의 이불 병좌상은 두 부처가 나란히 앉은 불상으로, 광배의 형태와 연꽃의 표현 등을 통해 고구려의 불상 제작 양식을 계승하였음을 알 수 있다.

오답
분석
① 분청사기는 조선 초기에 생산되었던 도자기이다. 고려 말 원으로부터 북방 가마 기술이 도입되면서 고려 청자의 빛깔이 퇴조하였고, 고려 말 조선 초기에 점차 분청사기로 바뀌어 갔다.

③ 사택지적 비문은 백제의 문화재이다. 사택지적 비문에는 백제의 귀족인 사택지적이 불당을 세운 내역이 4·6 변려체로 기록되어 있어 당시 한문학이 수준이 높았음을 알 수 있다.

④ 관촉사 석조 미륵보살 입상은 고려의 문화재이다. 논산 관촉사 석조 미륵보살 입상, 안동 이천동 마애여래 입상, 파주 용미리 석불 입상 등 지역의 특색이 반영된 거대 불상이 제작되었다.

## 15 가야의 문화와 유적
정답 ②

해설 ㉠ 가야의 토기와 제작 기술은 일본에 전해져 일본의 스에키 토기에 영향을 주었다.

㉣ 김해 대성동 고분군에서 북방 민족이 사용하였던 청동 솥 등이 출토되어 금관가야가 다른 나라와 교류를 활발하게 전개하였음을 알 수 있다.

오답
분석
㉡ 우륵이 가야금 12악곡을 전한 것은 대가야가 망할 즈음인 통일 신라 시대 이전의 신라 진흥왕 때이다.

㉢ 고령 지산동 고분군은 금관가야 지배층의 무덤이 아닌 대가야 지배층의 무덤으로 추정된다.

## 16 고대 문화의 일본 전파
정답 ③

해설 ㉠ 고구려 영양왕 때 승려 담징이 일본에 종이와 먹 제조법을 전파하였다.

㉡ 백제는 오경 박사 단양이와 고안무 등을 일본에 파견하여 유학을 전해주었다.

㉢ 신라는 제방을 쌓는 축제술과 조선술을 일본에 전해주었다.

오답
분석
㉣ 통일 신라는 8세기 일본의 하쿠호 문화 발달에 영향을 주었다. 일본의 아스카 문화는 삼국과 가야 문화의 영향을 받았다.

| 01 ① | 02 ④ | 03 ① | 04 ④ | 05 ① |
| 06 ③ | 07 ④ | 08 ② | | |

## 01 4~5세기의 고구려
정답 ①

해설 (가)는 4세기 소수림왕(371~384) 때의 불교 수용에 대한 내용이고, (나)는 5세기 장수왕(413~491) 때의 한성 점령에 대한 내용이다.

① 신라에 침입한 왜를 격퇴한 것은 광개토 대왕(391~412) 때의 사실이므로, (가)와 (나) 시기 사이에 해당한다.

오답
분석
② 미천왕(300~331) 때로 (가) 이전의 사실이다. 이때 고구려는 낙랑군을 축퇴(313)하여 남쪽으로 진출할 수 있는 발판을 마련하였다.

③ 영양왕(590~618) 때로 (나) 이후의 사실이다. 담징은 일본에 종이와 먹의 제조 방법을 전수하고, 호류사 금당 벽화를 제작하였다.

④ 태조왕(53~146) 때로 (가) 이전의 사실이다. 이때부터 계루부 고씨의 독점적인 왕위 세습이 시작되었다.

## 02 근초고왕
정답 ④

해설 제시문에서 백제가 요서, 진평 두 지역을 차지하였다는 내용을 통해 백제 근초고왕임을 알 수 있다.

④ 근초고왕은 박사 고흥에게 백제의 역사서인 『서기』를 편찬하게 하였다.

오답
분석
① 왕권의 안정을 위해 연씨, 백씨 등 웅진 토착 세력을 등용하여 한성에서 이주한 귀족 세력을 견제한 왕은 동성왕이다. 한편 근초고왕 때 백제의 수도는 한성이었다.

② 중앙에 내관 12부와 외관 10부로 구성된 22부를 설치하고, 수도를 5부, 지방을 5방으로 정비한 왕은 성왕이다.

③ 양나라에 사신을 보내 외교 관계를 강화하고, 고구려를 여러 차례 격파하였다는 서신을 보낸 왕은 무령왕이다.

## 03 한성 시기의 백제
정답 ①

해설 제시된 유적은 서울 송파구에 있는 석촌동 고분으로, 백제 한성 시기(백제 건국~475, 문주왕 때 웅진 천도)에 축조되었다.

① 백제 한성 시기인 비유왕 때 고구려 장수왕의 남하 정책에 대응하기 위하여 신라 눌지 마립간과 나·제 동맹을 체결(433)하였다. 그러나 고구려군의 침입으로 한성이 함락되었고 당시 백제 왕이던 개로왕이 전사하였다. 뒤를 이어 즉위한 문주왕은 웅진(공주)으로 천도하였다.

오답
분석
② 중앙 관청이 22부로 정비된 것은 성왕 때로, 당시 백제의 수도는 사비(부여)였다.

③ 5경 박사인 단양이와 고안무를 일본에 파견한 것은 무령왕 때로, 당시 백제의 수도는 웅진(공주)이었다.

④ 지방에 22담로를 설치하여 왕족을 파견한 것은 무령왕 때로, 당시 백제의 수도는 웅진(공주)이었다.

## 04 원효
정답 ④

해설 제시문에서 만 가지 뜻이 포용되고 일심(一心)과 하나 되어 혼융된다는 것을 통해 일심 사상에 대한 내용임을 알 수 있으며, 이를 주장한 승려는 원효이다.
④ 통일 신라의 승려 원효는 무애가라는 노래를 지어 불교를 전파하였다.

오답
분석
① 인도와 중앙아시아를 여행한 후, 구법 순례기인 『왕오천축국전』을 지은 승려는 통일 신라의 승려 혜초이다.
② 통일 신라의 진골 귀족 출신으로 원융 사상을 설파한 승려는 의상이다. 원효 역시 원융 사상을 설파하였으나 원효는 6두품 출신이다.
③ 선 수행과 노동에 힘쓰자는 수선사 결사 운동을 전개한 승려는 고려의 승려 지눌이다.

## 05 삼국사의 전개
정답 ①

해설 (가) 고구려의 낙랑·대방군 축출(미천왕, 313~314)~고구려의 고국원왕 전사(371)
(나) 고구려의 고국원왕 전사(371)~고구려의 평양 천도(장수왕, 427)
(다) 고구려의 평양 천도(장수왕, 427)~백제의 웅진 천도(문주왕, 475)
(라) 백제의 웅진 천도(문주왕, 475)~관산성 전투(554)
① 고구려가 관구검이 이끄는 위나라 군대의 침략을 받은 것은 동천왕(227~248) 때로, (가) 이전의 사실이다.

오답
분석
② 고구려는 광개토 대왕 때 신라 내물왕(내물 마립간)의 요청을 받아, 군사를 파견하여 신라에 침입한 왜를 격퇴(400)하였다.
③ 백제는 개로왕 때 북위에 사신을 보내 고구려를 공격해 줄 것을 요청(472)하였다.
④ 백제는 동성왕 때 신라의 소지 마립간과 결혼 동맹을 체결(493)하여 동맹 관계를 강화하였다.

## 06 삼국 통일 과정
정답 ③

해설 ③ 순서대로 바르게 나열하면 ⓒ 백제 멸망(660) → ⓛ 백강 전투(663) → ㉠ 고구려 멸망(668)→ ⓔ 안승을 보덕국왕으로 책봉(674)이 된다.
ⓒ 신라 김유신의 군대가 황산벌에서 백제 계백의 결사대를 격파(황산벌 전투)한 후, 소정방이 이끄는 당군과 함께 백제의 사비성을 함락시켰다. 결국 웅진에 있던 의자왕이 항복하면서 백제는 멸망하였다(660).
ⓛ 백제 부흥 운동을 지원하기 위해 온 왜의 수군은 백강 근처에서 나·당 연합군에게 패배하였다(663).
㉠ 나·당 연합군은 고구려의 수도인 평양성을 함락하여 고구려를 멸망시켰다(668).
ⓔ 신라는 당을 견제하기 위해 금마저(익산)에 보덕국을 세우고, 안승을 보덕국왕으로 책봉하였다(674).

## 07 발해 문왕
정답 ④

해설 제시문에서 정효 공주가 사망하였다는 내용을 통해 밑줄 친 '황상'이 발해의 문왕임을 알 수 있다.
④ 발해 문왕 때에는 당으로부터 군왕보다 높은 지위인 '발해 국왕'에 처음으로 봉해졌다.

오답
분석
① '천통'이라는 연호를 사용한 왕은 발해 고왕(대조영)이다. 한편, 문왕은 '대흥·보력'이라는 연호를 사용하였다.
② 장문휴의 수군으로 하여금 당나라 산둥 지방의 등주를 공격하게 한 왕은 무왕이다.
③ 발해의 지방 행정 제도를 5경 15부 62주로 정비한 왕은 선왕이다.

## 08 통일 신라의 지방 행정 조직
정답 ②

해설 제시된 자료에서 사해점촌의 지형, 토지, 호(戶) 수, 인구 수 등을 파악하였으며, 관모전, 내시령답, 연수유답 등의 토지가 등장하는 것을 통해 통일 신라 시대에 작성된 신라 촌락 문서(민정 문서)임을 알 수 있다.
② 통일 신라 신문왕 때 전국을 9주로 나눈 것은 사실이나, 당시 9주에 파견된 지방 장관의 명칭은 총관이다. 신라 지증왕 때 주의 장관으로 군주를 파견하였으며, 이후 주의 장관의 명칭은 문무왕 때 총관, 원성왕 때 도독으로 변하였다. 한편 사신은 특수 행정 구역인 5소경에 파견된 장관의 명칭이다.

오답
분석
① 신라는 문무왕 때 각 지방에 감찰관인 외사정을 파견하여 지방관을 감찰하였다.
③ 신라에는 향·부곡이라는 특수 행정 구역이 있었는데, 여기의 주민들은 일반 농민보다 더 많은 공물을 부담하는 등 차별을 받았다.
④ 신라는 지방 유력 세력을 견제하기 위해 지방 귀족을 일정 기간 수도에 머물게 하는 상수리 제도를 실시하였다.

## 고대 적중 마무리문제 02
p.72-73

01 ③    02 ②    03 ④    04 ④    05 ②
06 ①    07 ②    08 ①

## 01 신문왕의 업적
정답 ③

해설 제시문에서 문무대왕의 맏아들이며 소판 흠돌의 딸을 왕비로 맞아들였다는 내용을 통해 밑줄 친 '왕'이 신문왕임을 알 수 있다.
③ 신문왕은 공장부와 예작부를 설치하여 중앙 관제를 집사부 이하 14관부로 정비하였다.

오답
분석
① 왕의 동생이나 왕비의 아버지 등에게 부여되었던 갈문왕 제도를 폐지하여 왕권을 강화한 왕은 무열왕이다.
② 청주(지금의 경상남도 진주)의 거로현을 국학생들에게 녹읍으로 지급한 왕은 소성왕이다.
④ 거칠부로 하여금 『국사』를 편찬하게 한 왕은 진흥왕이다.

## 02 9세기 전반의 신라　　　　정답 ②

해설　제시문에서 청해에 진영을 설치(828)한다는 내용을 통해 밑줄 친 '그'가 장보고임을 알 수 있으며, 장보고가 활동한 시기는 9세기 중반이다.
　　② 9세기 전반 흥덕왕은 사치를 금지하는 명령을 내렸다(834).

오답분석　① 전국의 지명을 중국식으로 바꾼 것은 8세기 경덕왕 때의 일로, 장보고 활동 시기 이전이다.
　　③ 원종과 애노가 사벌주에서 반란(889)을 일으킨 것은 9세기 말 진성 여왕 대로, 장보고가 사망한(846) 이후의 일이다.
　　④ 당나라로부터 공자와 그 제자들의 화상을 들여온 것은 8세기 성덕왕 때의 일로, 장보고 활동 시기 이전이다.

## 03 신라 하대의 호족 세력　　　　정답 ④

해설　④ 호족은 각자의 참선 수행을 통해 깨달음을 얻는다는 실천적 경향이 강한 선종을 후원하였다.

오답분석　① 호족들은 스스로 성주 혹은 장군이라 칭하면서 지방의 행정권, 군사권 및 경제적 지배력을 행사하였다.
　　② 호족들은 자신의 지역에 중앙의 행정 조직을 모방하여 만든 관반제라는 독자적인 제도를 실시하였다.
　　③ 호족 중에는 중앙의 권력 투쟁에서 밀려나 지방에서 세력을 쌓은 귀족이 있었다.

## 04 삼국 시대 각 나라의 무역　　　　정답 ④

해설　④ (가)는 고구려, (나)는 백제, (다)는 가야, (라)는 신라이다.
　　(가)는 남북조 및 유목민들과 교역했다는 내용을 통해 고구려임을 알 수 있다.
　　(나)는 남중국 및 왜와 교역했다는 것을 통해 백제임을 알 수 있다.
　　(다)는 낙랑과 왜의 규슈를 연결하는 중계 무역을 전개하였다는 내용을 통해 가야임을 알 수 있다.
　　(라)는 한강 유역 진출 이후 당항성을 통해 중국과 직접 교역했다는 것을 통해 신라임을 알 수 있다.

## 05 식읍과 녹읍　　　　정답 ②

해설　제시문에서 (가)는 식읍이고, (나)는 녹읍이다.
　　㉠ (가) 식읍은 일정 지역 또는 가호(家戶) 단위로 수여한 토지로, 녹읍과 마찬가지로 수조권과 함께 노동력 징발권이 부여되었다.
　　㉢ (나) 녹읍은 신문왕이 귀족 세력을 약화시키기 위해 폐지하였으나 경덕왕 때 다시 부활하였다.

오답분석　㉡ 관등에 따라 전지와 시지를 함께 지급한 토지는 고려의 전시과이다.
　　㉣ (나) 녹읍은 가호의 수가 아닌 일정 지역을 단위로 지급하였다.

## 06 남북국의 경제　　　　정답 ①

해설　제시문에서 부여씨(백제)와 고씨(고구려)가 망한 후 김씨가 차지한 (가)는 통일 신라를 가리키며, 대씨(대조영)가 차지한 (나)는 발해를 가리킨다.
　　① 아라비아 상인들까지 왕래하였던 벽란도는 고려 시대에 번성하였던 국제 무역항이다. 통일 신라 시기에는 울산항이 국제 무역항으로 번성하였다.

오답분석　② 발해는 상경에서 동경, 동해안으로 이어지는 일본도를 통해 일본과 활발한 무역 활동을 전개하였다.
　　③ 당나라 산둥 반도의 덩저우에는 신라와 발해의 사신과 상인, 유학생 등을 위한 숙소인 신라관과 발해관이 설치되었다.
　　④ 8세기 중·후반 무렵에 발해와 당의 관계가 안정되며, 동해안 연안에는 통일 신라와 발해를 잇는 상설 교통로인 신라도가 설치되어 양국이 교류하였다.

## 07 정전　　　　정답 ②

해설　제시문에서 성덕왕이 처음으로 백성에게 지급한 것은 ㉠ 정전이다.
　　② 정전은 모든 국토는 왕의 영토라는 왕토 사상에 근거하여 지급한 것으로, 농민들이 경작하던 토지에 대한 권리를 법적으로 인정해 준 것이었다.

오답분석　① 관료에게 직무에 대한 봉급의 개념으로 지급된 것은 녹읍이다.
　　③ 촌락 문서에 기록된 토지 중 정전과 같은 성격의 토지는 민호가 직접 소유하고 있던 토지인 연수유전답이다. 한편 관모전답은 관청과 같은 국가 기관에 예속된 토지였다.
　　④ 전쟁에서 큰 공을 세웠을 때 공로의 대가로 지급한 것은 식읍이다.

## 08 신라의 골품제　　　　정답 ①

해설　제시된 자료에서 모든 관등에 진출할 수 있는 (가)는 진골이며 차례대로 (나)는 6두품, (다)는 5두품, (라)는 4두품이다.
　　㉢ 도당 유학생의 대부분을 차지한 신분층은 6두품이었다. 능력이 뛰어났음에도 불구하고 신분적 제약으로 정치 참여에 제한을 받았던 6두품은 당으로 건너가 유학 생활을 하고, 빈공과에 응시하여 급제하는 경우가 많았다.

오답분석　㉠ 일종의 특진 제도인 중위제는 관등 승진 제한을 받은 6두품 이하 계급의 불만을 해결하기 위하여 실시되었다.
　　㉢ 삼국 통일 이후 점차 평민화된 계층은 3~1두품이다.
　　㉣ 신라는 관등에 따라 자색·비색·청색·황색의 순서로 공복을 구분하였으며, 4두품은 관등에 따라 황색의 관복을 입을 수 있었다. 녹색의 공복은 고려 시대의 복색(자·단·비·녹) 중 하나이다.

## 이것도 알면 **합격**

### 신라의 골품 제도

| 골 | 성골 | 최고의 신분 계층, 부모 모두 왕족 |
|---|---|---|
| | 진골 | 모든 관직에 진출 가능한 왕족 |
| 품 | 6두품 | 대족장 출신, 6등급(아찬)까지 승진 가능 |
| | 5~4두품 | 소족장 출신, 5두품은 10등급(대나마), 4두품은 12등급(대사)까지 승진 가능 |
| | 3~1두품 | 초기에는 관직 진출 가능, 통일 이후 점차 평민화 됨 |

## 고대 **적중** 마무리문제 **03**    p.74-75

| **01** ③ | **02** ② | **03** ④ | **04** ③ | **05** ① |
|---|---|---|---|---|
| **06** ③ | **07** ② | **08** ② | | |

## 01 화랑 제도    정답 ③

해설 제시문의 난랑비 서문에서 풍류라 일컬었다는 내용을 통해 당시에 '풍월도' 혹은 '풍류(도)'라 불린 화랑 제도임을 알 수 있다. ③ 화랑도는 귀족부터 평민까지 여러 계층을 망라한 조직으로, 여러 계층 간의 일체감을 형성하여 계층 간의 대립과 갈등을 조절·완화하는 기능을 하였다.

오답 분석
① 개인의 사회 활동을 비롯하여 일상생활까지 규제하였던 것은 신라의 골품 제도이다.
② 상대등을 의장으로 하여 만장 일치제로 운영된 신라의 귀족 합의 기구는 화백 회의이다.
④ 유교 경전을 가르치기 위해 박사와 조교를 둔 것은 통일 신라의 국학(태학감)이다.

## 02 발해의 경제    정답 ②

해설 제시문에서 중경의 용두산 고분군에 위치하였으며, 당의 벽돌무덤 양식과 고구려의 평행 고임 천장 구조가 결합된 형태라는 내용을 통해 이 무덤이 발해 문왕의 넷째 딸인 정효 공주의 묘라는 것을 알 수 있다. 따라서 (가)는 발해이다.
② 발해는 산간 지역에 위치하고 있었기 때문에 돼지, 소, 말, 양 등을 주로 길렀고, 녹용, 사향, 모피 등을 주로 수출하였다. 이 밖에도 솔빈부의 말이 발해의 주요 수출품이었으며, 수입품으로는 주로 귀족의 수요품인 비단, 책 등이 있었다.

오답 분석
① 발해는 일부 지역에서 벼농사를 시행하기는 하였으나, 땅이 척박하였기 때문에 밭농사가 주로 이루어졌다.
③ 당항성, 영암 등은 신라의 대표적인 무역항이다. 신라는 한강 유역을 확보한 이후 당항성을 통하여 산둥 반도 진출하여 중국과 직접 교역하였으며, 영암을 통해 상하이 방면으로 나아가기도 하였다. 또한 울산항이 국제 무역항으로 발달하였다.

---

④ 조선 후기에 시행된 대동법에 대한 설명이다. 발해는 공물로 베, 명주, 가죽 등의 특산물을 징수하였다.

## 이것도 알면 **합격**

### 발해의 경제

| 농업 | 밭농사 중심, 일부 지역에서 벼농사 실시 |
|---|---|
| 수공업 | 금속 가공업, 직물업, 도자기업 등 발달 |
| 상업 | 상경 등 도시와 교통 요충지에서 상업 발달 |
| 목축과 수렵 | • 돼지, 소, 말, 양 등을 사육<br>• 모피, 명마 등을 생산(솔빈부의 말은 주요 수출품) |
| 대외 무역 | • 당: 해로와 육로 무역 전개(서경 압록부를 중심으로 한 조공도), 당과의 무역이 가장 활발, 산둥 반도 덩저우에 발해관 설치<br>• 일본: 일본도를 통해 활발하게 교류<br>• 신라: 초반에 사이가 좋지 않았으나 발해 문왕 때 신라도를 통해 활발한 무역 활동 전개 |

## 03 최치원    정답 ④

해설 제시된 자료의 밑줄 친 '그'는 최치원이다. 진성 여왕에게 시무책 10여 조를 올렸다는 내용을 통해 최치원임을 알 수 있다. 최치원은 894년에 시무책 10여 조를 진성 여왕에게 올려 개혁을 요구하고 아찬의 벼슬에 올랐다.
④ 신라의 대표적인 문장가로 『한산기』, 『계림잡전』, 『고승전』 등을 저술한 인물은 김대문이다. 『한산기』는 한산 지방의 역사·지리·풍속 등을 기록한 역사 지리서이며, 『계림잡전』은 삼국 시대의 설화를 모은 설화집, 『고승전』은 유명한 승려들의 전기집이다.

오답 분석
① 최치원은 시문집 『계원필경』 20권을 저술하였다.
② 최치원은 당나라 고승 법장의 전기인 『법장화상전』을 저술하였다.
③ 최치원은 도당 유학생으로 당으로 건너가 빈공과에 급제하였으며, 당 희종 때 황소의 난이 일어나자 이를 꾸짖는 「토황소격문」을 지어 문장가로 이름을 떨쳤다.

## 04 의상    정답 ③

해설 제시문은 『화엄일승법계도』를 설명하는 글로, 밑줄 친 '그'는 신라의 승려인 의상이다.
③ 의상은 질병이나 재해 등 인간의 현실적인 문제점을 해결해 주는 관음 보살을 신봉하는 현세적 성격의 관음 신앙을 강조하였다.

오답 분석
① 일본으로 건너가 삼론종을 전파한 인물은 고구려의 승려 혜관이다.
② 현장 법사에게 유식 불교를 배우고 서명 학파를 성립한 인물은 신라의 승려 원측이다.
④ 일심 사상을 통해 다른 종파들과 사상적 대립을 조화시키려고 한 인물은 신라의 승려 원효이다.

## 05 백제에 대한 이해 정답 ①

해설 나·제 동맹은 433년, 웅진 천도는 475년, 사비 천도는 538년, 관산성 전투는 554년, 백제 멸망은 660년의 일이다.

① 백제 근초고왕이 우수한 군사력과 경제력을 바탕으로 중국의 랴오시 지방과 산둥 지방, 일본의 규슈 지방까지 진출한 것은 4세기의 일로, (가) 시기 이전의 사실이다.

오답 분석

② 무령왕(501~523)은 지방에 22담로를 설치하여 왕족들을 파견함으로써 지방 통제를 강화하였다.

③ 백제는 성왕 시기에 신라와 연합군을 구성하고 고구려를 공격하여 한강 유역을 탈취하였다(551). 하지만 신라의 배신으로 한강 유역을 빼앗기자 성왕은 직접 군사를 이끌고 신라의 관산성을 공격하였으나 패배하고 전사하였다.

④ 무왕 때(600~641)의 일이다. 무왕은 귀족 세력을 견제하기 위해 익산 천도를 계획하고 미륵사를 창건하였다.

## 06 돌무지덧널무덤 정답 ③

해설 제시된 그림은 신라의 대표적인 고분 양식인 돌무지덧널무덤과 관련된 것이다. 위쪽은 돌무지덧널무덤의 구조를 나타낸 것이고, 아래쪽은 신라의 대표적 돌무지덧널무덤인 천마총에서 출토된 천마도이다.

③ 돌무지덧널무덤은 구조상 도굴이 어려워 수많은 부장품들이 그대로 남아 있다.

오답 분석

① 돌무지덧널무덤은 신라에서만 나타나는 고분 형태이다.

② 돌무지덧널무덤에는 구조상 벽화를 그릴 수 없다.

④ 천마총, 서봉총, 황남대총은 돌무지덧널무덤이 맞지만, 쌍영총은 고구려의 고분(굴식 돌방무덤)이다.

## 07 도교 정답 ②

해설 제시문에서 불로장생과 현세의 구복을 추구하고, 여러 가지 신을 모셨다는 내용을 통해 밑줄 친 '이 사상'이 도교임을 알 수 있다.

ⓒ 백제 금동 대향로는 용과 봉황, 연꽃, 그리고 신선이 산다고 하는 삼신산의 74개 봉우리를 통해 불교 및 도교의 이상 세계를 형상화한 문화유산이다.

ⓒ 무령왕릉 지석에는 왕릉터를 토지신에게 샀다는 내용이 기록되어 있는데, 이는 도교의 영향을 받은 것이다. 정효 공주묘의 지석에는 도교의 불로장생 사상이 나타나 있다.

오답 분석

㉠ 불교에 해당한다. 원효는 불교의 대중화를 위해 '나무아미타불'만 염불하면 극락왕생할 수 있다는 아미타 신앙(정토종)을 보급하였다.

㉣ 『도선비기』는 풍수지리설에 관한 서적이다.

## 08 고대의 도교 유물 정답 ②

해설 제시문에서 삼청(도교에서 신선이 산다는 세 개의 궁), 소격전(소격서, 도교 행사 주관) 등의 내용을 통해 도교 사상과 관련된 내용임을 알 수 있다.

㉠ 고구려의 사신도는 도교의 방위신을 그린 것으로, 죽은 자의 사후 세계를 지켜 주리라는 믿음을 표현한 것이다.

ⓒ 백제 금동 대향로는 신선들이 사는 이상 세계를 형상으로 표현하였다.

오답 분석

ⓒ 임신서기석은 신라의 두 청년이 유교 경전을 공부하겠다는 맹세를 적은 것이다.

㉣ 호류사 금당 벽화는 고구려의 승려인 담징이 일본의 불교 사찰인 호류사에 그린 벽화이다.

## 01 고려의 정치     p.86-89

| | | | | |
|---|---|---|---|---|
| 01 ② | 02 ① | 03 ① | 04 ② | 05 ② |
| 06 ③ | 07 ③ | 08 ④ | 09 ③ | 10 ③ |
| 11 ① | 12 ② | 13 ③ | 14 ② | 15 ③ |
| 16 ③ | | | | |

### 01 고려의 후삼국 통일 과정     정답 ②

해설   ② 순서대로 나열하면 ⓒ 후백제 견훤의 경애왕 살해(927) →
ㄱ 고창 전투(930) → ⓒ 신라 경순왕의 고려 투항(935)
→ ⓔ 일리천 전투(936)가 된다.
- ⓒ 후백제의 견훤은 927년에 신라를 공격하여 경애왕을 살해
하고 경순왕을 옹립하였다.
- ㄱ 고려는 930년에 안동 지역에서 일어난 고창 전투에서 후백
제에게 크게 승리하였다. 이 전투로 고려는 후삼국 통일의 주
도권을 잡게 되었다.
- ⓒ 신라 경순왕은 935년에 고려 왕건에게 투항하였다.
- ⓔ 고려는 936년에 일리천 전투에서 신검이 이끄는 후백제군
에 대승을 거두었다. 이 전투에서 패배한 후백제의 신검이
고려 왕건에게 항복하면서 후삼국의 통일이 이루어졌다.

### 02 태조 왕건의 업적     정답 ①

해설   제시문은 태조 왕건이 남긴 훈요 10조이다.
- ① 태조 왕건은 빈민 구제를 위한 기구로 흑창을 설치하였다.
흑창은 춘궁기에 곡식을 빌려주고 추수 후에 갚게 했던 빈
민 구휼 기관으로, 이후 성종 때 의창으로 개편되었다.

오답
분석   ② 전시과를 처음 지급한 왕은 경종이며, 전시과 제도는 이후
목종과 문종 등에 의해 개편되었다. 한편 태조 왕건은 역분
전을 공신들에게 지급하였다.
- ③ 지방 요충지에 12목을 설치하고 지방관인 목사를 파견한 왕
은 성종이다.
- ④ 개경을 황도로, 서경을 서도로 격상시킨 왕은 광종이다.

### 03 광종의 업적     정답 ①

해설   제시문에서 준홍과 왕동 등이 반역을 꾀하여 내쫓았다는 내용
과, 노비를 조사하여 풀어주었다는 내용(노비안검법)을 통해
밑줄 친 '왕'이 광종임을 알 수 있다.
- ① 광종은 민생 안정을 위해 일정 기금을 두고 그 이자로 백성
들을 구호하는 제위보를 설치하였다.

오답
분석   ② 주현공거법을 제정하여 향리의 자제들에게 과거 응시 기회
를 부여한 왕은 현종이다.
- ③ 천수라는 독자적인 연호를 사용한 왕은 태조 왕건이다. 광종
때는 광덕·준풍 등의 연호를 사용하였다.
- ④ 개경에 국자감을 설치한 왕은 성종이다. 성종은 개경에 국
립 대학인 국자감을 설치하고, 지방에 경학 박사와 의학 박
사를 파견하였다.

### 04 최승로     정답 ②

해설   제시문은 성종 때 최승로가 올린 시무 28조의 내용이다.
- ㄱ 최승로는 태조부터 경종에 이르는 5대 왕의 정치적 업적에
대한 잘잘못을 평가하는 5조 정적평을 올렸는데, 이때 광
종의 정책에 대해 혹독한 비판을 가하였다.
- ⓒ 최승로는 통일 신라의 6두품 집안 출신의 인물이다.

오답
분석   ⓒ 최승로는 과도한 재정의 낭비를 조장하는 불교 행사인 연등
회와 팔관회의 축소를 주장하였다.
- ⓔ 묘청의 주장이다. 묘청은 인종에게 칭제건원(왕을 황제라
칭하고, 독자적인 연호를 사용)할 것을 건의하였다.

**이것도 알면 합격**

**시무 28조**

| 국방 | 서북 지방 국경의 수비 강조: 북계의 확정과 방어<br>책 마련 |
|---|---|
| 불교 | "불교는 수신의 도요, 유교는 치국의 본"<br>- 불교에서 파생되는 폐단 지적 → 연등회, 팔관회<br>등 불교 행사 축소와 민폐 시정<br>- 승려의 횡포 엄금, 승려의 궁정 출입 금지 |
| 신분 질서 | • 유교적 신분 질서를 엄격하게 적용<br>• 삼한 공신과 세가(世家)의 자손들에 대한 관직<br>제수 건의 |
| 왕권과<br>신권 | 왕권과 신권의 조화 추구, 광종과 같은 전제 군주 반<br>대, 시위 군졸의 축소 건의, 대간 제도 |
| 제도 개혁 | • 중국 문물·제도를 수용하되 거마·의복 제도는<br>우리 풍습을 따를 것을 주장(민족 자주성 강조)<br>• 지방관 파견, 공역을 균등하게 부과, 관복 제정 |

### 05 고려의 중앙 정치 제도     정답 ②

해설   ② 도병마사는 개경 환도(1270) 이후 원 간섭기인 충렬왕 때
국가의 모든 정무를 결정하고 실행하는 최고의 정치 기구로
발전하면서 그 명칭이 도평의사사로 개칭되었다(1279).

오답
분석   ① 법의 제정이나 각종 세칙을 논의하였던 고려의 독자적인 회
의 기구는 식목도감이다. 도병마사는 국방과 군사 문제 등
의 국가 중대사를 논의한 회의 기구이다.

③ 원 간섭기에 중추원이 격하된 기구는 ㉣ 밀직사이다. 첨의부는 종래의 중서문하성과 상서성이 원 간섭기에 통폐합된 것이다.

④ 원 간섭기에 격하된 첨의부(2성), 밀직사(중추원) 등의 관제를 문종 때의 2성 6부 체제로 복구한 것은 공민왕이다.

## 06 고려 시대의 지방 행정 조직 　　　정답 ③

**해설** ③ 5도에 안찰사가 파견된 것은 맞지만, 고려 시대에는 지방관이 파견되지 않은 속군·속현이 많았다. 모든 군현에 지방관이 파견된 것은 조선 시대의 사실이다.

**오답 분석**
① 고려 시대에 지방관이 파견되지 않은 속군 및 속현 등의 행정과, 특수 행정 구역인 향·부곡·소의 행정은 향리가 담당하였다.
② 고려 시대의 군사 행정 구역인 양계에는 병마사가 파견되었다. 병마사는 주진군의 지휘권을 부여 받아 국경 지대를 수비하였다.
④ 태조 왕건은 지방 출신의 중앙 고관을 사심관으로 임명하였다. 사심관에게는 부호장 이하의 향리 임명권과 지방 치안에 대한 책임을 부여하였는데, 태조 왕건은 이를 통해 지방 호족 세력을 통제하고자 하였다.

**이것도 알면 합격**

◎ 사심관·기인 제도(호족 통제책)

| 사심관 제도 | • 중앙 고관을 자기 출신지의 사심관으로 임명한 제도<br>• 부호장 이하의 향리 임명권, 치안에 대한 연대 책임 의무 부여 |
| --- | --- |
| 기인 제도 | • 지방 호족의 자제를 서울에 인질로 삼아 출신지의 일을 자문하게 한 제도<br>• 통일 신라의 상수리 제도를 계승 |

◎ 고려의 군사 조직

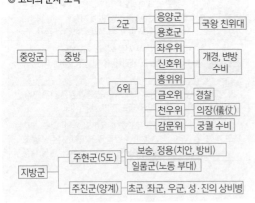

## 07 예종 재위 시기의 사실 　　　정답 ③

**해설** 제시문에서 국학(국자감)에 양정재, 강예재 등의 7재를 설치하였다는 내용을 통해 (가) 왕이 고려 예종임을 알 수 있다.
㉡ 예종 때 윤관의 지휘 아래 별무반이 여진을 정벌하고 동북 9성을 축조하였다.

㉢ 예종 때는 지방관이 파견되지 못한 속군·속현과 향·소·부곡·장·처 등의 말단 지방 행정 단위에 감무라는 지방관을 파견하였다.

**오답 분석**
㉠ 서경 천도를 주장한 묘청의 건의로 서경에 대화궁이 건립된 것은 인종 때의 사실이다. 이후 서경 천도가 중단되자 묘청은 서경에서 난(1135)을 일으켰으나, 김부식에 의해 진압되었다.
㉣ 김부식이 유교적 합리주의 사관에 입각하여 『삼국사기』를 편찬한 것은 인종 때의 사실이다.

## 08 최충헌과 경대승 집권 시기의 사실 　　　정답 ④

**해설** 제시문에서 살해 모의에 대응하여 교정별감을 설치하였다는 내용을 통해 (가)는 최충헌(1196~1219년 집권)임을 알 수 있다. 또한 정시중(정중부)을 시해하고 도방을 설치하였다는 내용을 통해 (나)는 경대승(1179~1183년 집권)임을 알 수 있다.
④ 경대승 집권 시기에 전주에서 가혹한 부역에 시달리던 죽동 등의 주현군(군인)과 관노들이 봉기를 일으켰다(전주 관노의 난, 1182).

**오답 분석**
① 15개조 유신령(1127)은 인종이 이자겸의 난(1126)을 진압하고 척준경을 축출한 이후에 발표한 개혁안이다. 한편 최충헌은 이의민을 몰아낸 이후 명종에게 개혁안인 봉사 10조를 올렸다.
② 금속 활자로 『상정고금예문』이 간행(1234)된 것은 최우 집권 시기의 사실이다. 『상정고금예문』은 인종 때 최윤의 등이 편찬한 의례서로, 강화도 천도 당시 이 책을 가져오지 못하자 최우의 소장본을 바탕으로 금속 활자를 사용하여 총 28부를 간행하였다고 전해진다.
③ 이의민이 계림(경주)에서 의종을 시해(1173)한 것은 정중부 집권 시기의 사실이다. 정중부 집권기에 김보당이 의종의 복위를 모의하며 반란을 일으키자 이의민이 경주에 머물고 있던 의종을 시해하였다.

## 09 무신 집권기의 사실 　　　정답 ③

**해설** (가) 보현원 사건(무신 정변, 1170)~이의민 사망(1196)
(나) 이의민 사망(1196)~최우 집권(1219)
(다) 최우 집권(1219)~김준 집권(1258)
(라) 김준 집권(1258)~개경 환도(1270)
③ 최우 집권기에 문신들의 숙위 기구로 서방을 설치하여 문신들을 교대로 숙직시키고 국정에 관한 자문을 담당하게 하였다. 이러한 서방을 통해 문학적 소양과 행정 실무 능력을 갖춘 능문능리한 사대부 집단이 성장할 수 있었다.

**오답 분석**
① 최충헌의 사노비였던 만적이 신분 해방을 내세우며 반란을 모의(1198)한 것은 (나) 시기의 사실이다.
② 경대승이 설치하였던 사병 조직인 도방이 최충헌 집권기에 부활한 것은 맞지만, 인사 기구인 정방이 설치된 것은 (다) 최우 집권 시기의 사실이다.
④ 삼별초가 제주도로 근거지를 옮겨 항쟁한 것은 (라) 개경 환도 이후의 사실이다. 무신 정권이 붕괴되고 고려 조정이 개경으로 환도하자 배중손을 중심으로 한 삼별초는 강화도에서 봉기하였으며, 이후 진도·제주도(김통정 지휘)로 근거지를 옮겨 대몽 항쟁을 전개하였다.

## 이것도 알면 **합격**

**무신 정권의 권력 기반**

| 구분 | 권력 기반 | 내용 |
|---|---|---|
| 정치 | 교정도감 | • 모든 국정을 총괄하는 최씨 무신 정권 시기 최고의 권력 기구<br>• 장관인 교정별감의 자리는 최씨 정권이 세습 |
| 정치 | 정방 | • 최우 집권기에 설치한 인사 기구<br>• 모든 관직에 대한 독자적인 인사권 행사 |
| 정치 | 서방 | • 문신들의 숙위 기구<br>• 정치 고문 역할 담당<br>• 능문능리한 사대부 집단 형성 |
| 경제 | 농장 | 진주 지방을 식읍으로 받는 등 대규모의 농장을 소유하여 전시과 제도의 붕괴 초래 |
| 군사 | 도방 | • 최고 권력자의 신변 보호를 위한 사병 집단<br>• 경대승이 조직, 최충헌이 확대·강화 |
| 군사 | 삼별초 | • 좌별초, 우별초, 신의군으로 구성<br>• 공적인 임무를 띤 최씨 가문의 사병<br>• 강화도 → 진도 → 제주도로 이동하여 대몽 항쟁 지속 |

## 10 고려의 대외 관계(거란)　　정답 ③

해설　제시문에서 소손녕이 서희에게 고구려 땅의 소유권을 주장하며, 고려가 송나라와 수교하는 것을 문제삼는 내용을 통해 밑줄 친 '우리'가 거란(요나라)임을 알 수 있다.

③ 이자겸은 거란이 아닌 여진(금)의 사대 요구를 받아들였다. 금은 거란(요)을 멸망시킨 후 고려(인종)에게 사대를 요구하였고, 집권자였던 이자겸·척준경은 자신들의 권력 유지를 위해 이를 받아들였다.

오답분석　① 태조 왕건은 훈요 10조에서 거란은 금수와 같은 나라이므로 이들의 풍속을 본받지 말고 멀리할 것을 강조하였다.

② 정종은 최광윤의 보고에 따라 거란의 침입에 대비하기 위해 광군 30만을 조직하고, 지휘부로는 광군사를 설치하였다.

④ 현종 때 불법의 힘으로 거란의 침략을 극복하고자 초조대장경 조판 사업을 시작하였다.

## 이것도 알면 **합격**

**고려의 대외 항쟁**

| 거란의 침입<br>(10 ~ 11c) | • 1차: 서희의 외교 담판 → 강동 6주 획득<br>• 2차: 강조의 정변을 구실로 침입 → 양규의 흥화진 전투<br>• 3차: 강감찬의 귀주 대첩 |
|---|---|
| 여진의 공격<br>(12c) | • 숙종 때 윤관의 건의로 별무반 설치<br>• 예종 때 여진 정벌 후 동북 9성 설치<br>• 금(여진)의 사대 요구 수용(이자겸) |
| 몽골의 침입<br>(13c) | • 1차: 몽골 사신 저고여 피살을 구실로 침입<br>• 2차: 처인성 전투에서 김윤후가 몽골 장수 살리타 사살<br>• 6차: 충주 다인철소 주민들의 항쟁 |

## 11 강조의 정변과 귀주 대첩 사이 시기의 사실　　정답 ①

해설　(가)는 강조 등이 왕(목종)을 쫓아내고 대량원군(현종)을 왕위에 올렸다는 내용을 통해 강조의 정변(1009)임을 알 수 있다. (나)는 귀주에서 강감찬 등이 거란 병사를 격퇴했다는 내용을 통해 귀주 대첩(1019)임을 알 수 있다.

① (가)와 (나) 사이 시기에 거란이 강조의 정변을 구실로 강동 6주의 반환을 요구하며 고려에 침입(1010)하자 현종은 나주까지 피난을 하였다. 이에 고려는 거란에 대한 입조와 강동 6주의 반환 등을 조건으로 거란과 강화를 맺었다.

오답분석　② 서희의 활약으로 고려가 강동 6주를 확보한 것은 거란의 1차 침입(993)의 결과로, (가) 이전의 사실이다.

③ 동북 9성에서 고려군이 철수한 것은 (나) 이후의 사실이다. 예종 때 별무반의 활약으로 여진을 정벌하고 동북 9성을 확보하였으나, 여진의 계속되는 반환 요구와 방어의 어려움으로 9성을 여진에 돌려주었다(1109).

④ 몽골에게 쫓겨온 거란족을 고려와 몽골이 연합하여 강동성에서 격퇴한 것(1219)은 (나) 이후의 사실이다. 이 사건을 계기로 몽골은 고려에 형제 관계의 체결과 막대한 공물을 요구하였다.

## 12 별무반　　정답 ②

해설　윤관의 건의로 설치되었다는 내용을 통해 (가)가 별무반임을 알 수 있다.

② 별무반은 기병인 신기군, 보병인 신보군, 승병인 항마군으로 구성되었다.

오답분석　① 별무반은 성종이 아닌 숙종 때 윤관의 건의로 설치되었다(1104). 이후 예종 때 별무반은 윤관의 지휘 아래 여진을 정벌하고 동북 9성 지역을 확보하였다(1107).

③ 귀주 대첩은 별무반이 창설되기 이전의 사실이다. 거란의 3차 침입 때 강감찬이 이끄는 고려군이 귀주에서 소배압의 거란군을 격퇴하였다(1019).

④ 고려의 국경선이 청천강~영흥만 일대로 확장된 것은 태조 왕건의 북진 정책에 의해서이다. 별무반은 동북 지역으로 진출하여 동북 9성을 축조하였으나, 동북 9성의 위치에 대해서는 여러 학설이 제기되고 있다.

## 13 몽골의 침입　　정답 ③

해설　③ 순서대로 나열하면 ㉡ 귀주성 전투(몽골의 1차 침입) → ㉣ 강화 천도(1차 침입 이후) → ㉢ 살리타 사살(2차 침입) → ㉠ 충주 다인철소 항쟁(6차 침입)이 된다.

㉡ 몽골의 1차 침입 때 박서가 귀주성에서 몽골군에 맞서 항쟁하였다(1231~1232. 1.).

㉣ 몽골의 1차 침입 이후, 집권자인 최우가 몽골의 과도한 조공 요구에 반발하며 수도를 강화도로 옮기고(1232. 7.), 주민들을 산성과 섬으로 피난시켰다. 이에 몽골군은 고려 정부에 개경 환도를 요구하며 2차 침입하였다.

㉢ 몽골의 2차 침입 때 승려 김윤후가 처인성에서 몽골 장수 살리타를 사살하였다(1232. 12.).

㉠ 몽골의 6차 침입 때 충주 다인철소의 주민들이 항쟁하여 몽골군을 격퇴하였다(1254).

## 14 충선왕
정답 ②

해설　제시문에서 연경에 만권당을 설치하였다는 내용을 통해 밑줄 친 '왕'이 충선왕임을 알 수 있다.

② 충선왕은 사림원을 설치하고 신진 관료를 등용하여 개혁 정치를 실시하였다.

오답분석　① 도병마사를 도평의사로 확대·개편한 왕은 충렬왕이다.

③, ④ 유인우로 하여금 쌍성총관부를 공격하여 철령 이북 지역을 수복하였으며, 개혁의 추진을 위해 승려 출신인 신돈을 중용한 왕은 공민왕이다.

## 15 공민왕 재위 시기의 사실
정답 ③

해설　제시문에서 홍건적의 침입으로 왕이 복주(안동)로 피난하고, 경성(개경)이 점령 당하였다는 내용을 통해 밑줄 친 '왕'이 공민왕임을 알 수 있다.

③ 정동행성은 충렬왕 때 일본 원정을 위해 원에 의해 설치된 것이다. 한편 공민왕 때는 반원 자주 정책의 일환으로 고려의 내정을 간섭하던 정동행성 이문소를 혁파하였다.

오답분석　① 공민왕 때 이제현은 성리학적 유교 사관에 입각하여 고려의 통사를 집필하기 위해 그 초고인 『사략』을 저술하였다. 현재는 『사략』에 실렸던 「사론」만 전해진다.

② 공민왕은 인사권을 장악하고자 정방을 폐지하였다. 한편 충선왕, 충목왕 등이 정방의 폐지를 시도하기도 하였다.

④ 공민왕은 성균관에서 기술학부를 분리하여 성균관을 순수한 유교 교육 기관으로 개편하였다.

**이것도 알면 합격**

**원 간섭기의 개혁 노력**

| 충렬왕 | • 전민변정도감 설치<br>• 홍자번의 편민 18사를 수용하여 개혁 시도 |
|---|---|
| 충선왕 | • 정방 폐지 시도, 사림원 설치<br>• 소금 전매제 실시, 만권당 설치 |
| 충숙왕 | 찰리변위도감 설치 |
| 충목왕 | 정치도감 설치 |
| 공민왕 | • 반원 자주 정책: 친원 세력 숙청, 원의 연호와 풍습 폐지, 정동행성 이문소 폐지, 2성 6부로 관제 복구, 쌍성총관부 무력 수복<br>• 왕권 강화 정책: 정방 폐지, 전민변정도감 설치, 성균관 개편 |

## 16 고려 말 왜구의 침입
정답 ③

해설　㉠은 왜구, ㉡은 최무선, ㉢은 이성계이다.

③ 명이 철령위 설치를 통고하자 고려 조정에서는 요동 정벌을 명하였으나 이성계는 요동 정벌을 할 수 없다는 4불가론을 주장하며 요동 정벌에 반대하였다. 한편, 요동을 정벌할 것을 적극적으로 주장한 이는 최영이다.

오답분석　① 왜구에 의해 조세를 운반하는 조운선과 조세를 보관하던 조창이 약탈되는 경우가 빈번해져 조세를 제대로 운송할 수 없게 되자 국가 재정이 어려워졌다.

② 최무선은 진포 대첩(1380)에서 화포를 이용하여 왜구를 격퇴하였다.

④ 이성계가 창왕을 옹립한 이후 박위를 파견하여 왜구의 소굴인 대마도(쓰시마섬)를 정벌하였다(1389).

---

## 02 고려의 경제와 사회
p.97~99

| 01 ④ | 02 ② | 03 ④ | 04 ① | 05 ③ |
|---|---|---|---|---|
| 06 ③ | 07 ④ | 08 ④ | 09 ① | 10 ③ |
| 11 ③ | 12 ② | | | |

## 01 고려의 경제 정책
정답 ④

해설　제시문에서 북계·동계(양계)의 명칭과 부세의 출납 회계 업무를 관장하는 기구인 삼사를 두었다는 내용 등을 통해 밑줄 친 '이 나라'가 고려임을 알 수 있다.

④ 중강·회령 등의 개시를 통해 중국과 공무역을 전개하였던 나라는 조선이다. 조선 후기에는 청과의 무역이 활발하게 전개되면서 중강·회령·경원 등 국경 지대를 중심으로 개시를 통한 공무역이 전개되었다. 또한 중강·책문 등에서는 사무역인 후시가 전개되기도 하였다.

오답분석　① 고려 시대에는 호부에서 토지 대장인 양안과 호구 장부인 호적을 작성하여 토지와 인구를 파악하고 관리하였다.

② 고려 시대에는 호를 인정(人丁)의 많고 적음에 따라 9등급으로 나누어 파악하였고, 이를 토대로 공물과 부역을 징수하였다.

③ 고려 정부는 고리대의 이자를 제한하고, 의창을 실시하는 등의 농민 안정책을 전개하였다.

## 02 시정 전시과와 경정 전시과
정답 ②

해설　(가)는 관품을 논하지 않고 오직 인품으로 결정하였다는 내용을 통해 경종 때 제정된 시정 전시과임을 알 수 있다. 그러나 시정 전시과 시기에 실제로는 인품과 함께 관품까지 고려하여 전시를 지급하였다. (나)는 문종 때 규정을 고쳤다는 내용을 통해 경정 전시과임을 알 수 있다.

㉡ 시정 전시과에서는 광종 때 제정된 4색 공복(자·단·비·녹)에 따라 전·현직 관리의 등급을 나누고, 이를 다시 문반·무반·잡업 등으로 나누어 전시를 지급하였다.

㉢ 경정 전시과에서는 거란과의 항쟁의 영향으로 기존보다 무관직의 등급(과등)이 상승하는 등 무반과 일반 군인에 대한 대우가 크게 향상되었다.

오답분석　㉠ 태조 왕건이 후삼국 통일 공신들의 공로를 치하하기 위해 시행한 것은 역분전이다. 역분전은 관품에 관계없이 공로와 인품을 고려하여 지급되었다.

㉣ 경정 전시과에서는 전시의 지급 대상을 현직 관리로 제한하였다.

**전시과 제도**

| 의미 | 관등을 기준으로 18등급으로 나누어 관리들에게 전지(농경지)와 시지(땔감을 얻을 수 있는 땅)를 차등을 두어 지급한 것 |
|---|---|
| 특징 | • 수조권만 지급: 토지의 소유권이 아닌 수조권(세금을 거둘 수 있는 권리)을 지급<br>• 전국적 토지 분급: 양계 지방을 제외한 전국의 토지를 대상으로 분급<br>• 세습 불가의 원칙: 퇴직이나 사망 시 국가에 반납하는 것이 원칙이었지만, 점차 직역과 함께 토지를 세습하는 경우가 많아졌음<br>• 시간이 지날수록 토지 지급 대상과 지급 액수가 감소(시정 전시과 → 개정 전시과 → 경정 전시과) |

## 03 고려의 토지 제도　　　　정답 ④

해설　(가)는 한인전, (나)는 전시과 제도, (다)는 군인전, (라)는 공음전이다.
　　ⓒ (다) 군인전은 2군 6위의 직업 군인에게 지급되었으며, 자손이 역을 세습할 경우 토지 또한 세습이 가능하였다.
　　ⓔ (라) 공음 전시는 5품 이상의 고위 관리에게 지급되었으며, 세습이 가능한 토지였다.

오답분석　ⓐ (가) 한인전은 6품 이하 관리의 자제 중 무관직자에게 생계를 위해 지급된 토지로, 문종 때 시행된 경정 전시과에서 마련되었다.
　　ⓑ (나) 전시과는 전국의 토지를 대상으로 하였다. 경기 지방에 한정하여 토지를 지급한 것은 고려 말에 제정된 과전법이다.

**고려 토지의 종류**

| 과전 | 문무 관리에게 지급 | 외역전 | 향리에게 지급 |
|---|---|---|---|
| 군인전 | 중앙군(2군 6위)의 직업 군인에게 지급 | 별사전 | 지리업 종사자와 일정한 법계를 지닌 승려에게 지급 |
| 둔전 | 군대에게 지급 | 공신전 | 공을 세운 관리에게 지급 |
| 학전 | 국자감과 향교의 경비를 충당 | 구분전 | 하급 관리와 군인의 유가족에게 지급 |

## 04 고려 전기의 경제 상황　　　　정답 ①

해설　제시문은 인종 때 고려를 방문하였던 송나라 사신 서긍이 저술한 『(선화봉사)고려도경』의 내용으로, 당시 국제 무역항으로 번성하였던 벽란도의 모습을 묘사한 것이다.
　　① 고려 시대에 특수 행정 구역인 소의 거주민은 자기·종이 등의 수공업품이나 금·은·철 등의 광업품, 차와 생강 등의 작물 등을 생산하여 국가에 공물로 바쳤다.

---

오답분석　② 한성(한양)에 설치된 북평관은 조선 시대에 여진 사신을 접대하던 곳이다.
　　③ 『농상집요』는 고려 말 충정왕 때 이암이 원에서 들여온 농서이다.
　　④ 동시전은 신라 지증왕이 시장(동시)의 관리 감독을 위해 설치한 관청이다.

## 05 고려 시대의 대외 무역　　　　정답 ③

해설　제시된 지도에서 (가)는 요(거란), (나)는 송, (다)는 일본, (라)는 금(여진)이다.
　　ⓒ 고려 시대에는 송과 가장 많은 교역이 이루어져, 고려의 대외 무역 중 가장 큰 비중을 차지하였다.
　　ⓔ 고려는 금(여진)으로부터 은, 말, 모피 등을 수입하고, 농기구와 식량 등을 수출하였다.

오답분석　ⓐ 고려는 요(거란)과도 교류하였다. 거란은 은, 모피 등을 고려에 가지고 와서 농기구와 곡식 등으로 바꾸어 갔다.
　　ⓑ 고려가 수은, 향료, 산호 등을 주로 수입하였던 국가는 아라비아이다. 고려는 일본으로부터 수은·황 등을 수입하였으며, 인삼·서적 등을 수출하였다.

**고려 전기의 대외 무역**

## 06 숙종 때 발행된 화폐　　　　정답 ③

해설　숙종이 실시한 정책이다. 숙종 때 김위제의 건의에 따라 남경개창도감을 설치하여 남경 건설을 추진하였으며, 윤관의 건의에 따라 별무반을 조직하였다.
　　③ 숙종 때 의천의 건의로 세운 주전도감에서 해동통보 등의 동전을 주조하였다. 또한 숙종 때는 고액 화폐인 은병(활구)이 만들어지기도 하였다.

오답
분석
① 지원보초는 원 간섭기에 고려에 유입되어 유통된 원나라 지
폐이다. 이 영향으로 공양왕 때 보초를 모방한 저화를 만들
었으나 제대로 유통되지 못하였다.
② 우리나라 최초의 화폐인 건원중보를 발행한 왕은 성종이다.
④ 상평통보는 조선 시대의 화폐이다. 상평통보는 숙종 때에 이
르러 전국적으로 유통되었다.

## 07 고려 시대의 신분 제도
정답 ④

해설 ④ 백정이 도축업에 종사하며 천민 취급을 받았던 것은 조선
시대의 사실이다. 고려 시대에는 일반 농민을 백정이라 불
렀다.

오답
분석
① 고려 시대의 귀족들은 음서를 통해 관직에 진출할 수 있었
다. 또한 고려 시대에는 음서를 통해 등용된 사람들도 승진
에 차별을 받지 않아 고위 관직에 오를 수 있었다.
② 고려 시대의 잡류는 중앙 관청의 말단 서리로 행정 실무에
종사하였다.
③ 호장·부호장 등의 향리 제도는 성종 때 마련되었다. 고려 시
대에 지방의 상층 향리는 호장·부호장에 임명되어 지방 행
정의 실무를 담당하였다.

이것도 알면 **합격**

◎ 고려 시대의 중간 계층

| 하급 관리 | 서리(중앙 관청 실무 담당), 역리(지방의 역 관리), 잡류(중앙 관청의 말단 서리) |
| 실무 관리 | 남반(궁중 실무 담당), 향리(지방 행정 실무 담당) |
| 기술 관리 | 역관, 의관 등의 잡과 출신 |
| 직업 군인 | 군반(하급 장교의 경우 군공을 세우면 무반으로 신분 상승 가능) |

◎ 고려 시대의 향리

| 구성 | • 상층 향리(호장·부호장)<br>– 지방 호족 출신<br>– 지방의 실질적인 지배층<br>– 과거를 통해 중앙으로 진출<br>• 하층 향리: 말단 행정직, 행정 실무 담당 |
| 특징 | • 직역의 대가로 외역전을 지급받음<br>• 기인제와 사심관제에 의해 통제를 받음<br>• 무신 집권기에 과거를 통해 중앙 정계에 진출<br>• 조세, 공물 징수, 노역 징발 등의 실무 행정을 담당 |

## 08 향·부곡·소 주민들의 생활
정답 ④

해설 자료는 향·부곡·소 주민들의 생활에 대한 내용이다.
④ 향·부곡·소의 주민은 과거 응시가 제한되었으며 국자감 입
학이 불가능하였다. 또한 이들에게는 거주지 이전의 자유가
없었으며, 일반 군·현민보다 과중한 세금을 부담하는 등 사
회적·경제적으로 차별을 받았다.

오답
분석
① 향리에 대한 설명이다. 향리는 직역에 대한 대가로 외역전을
지급받았다.

② 사노비 중 외거 노비에 대한 설명이다. 이들은 주인과 떨어
져 살면서 자신의 토지를 경작하는 등 비교적 간섭을 받지
않았으나 신공(노비가 주인에게 제공하는 노동력이나 물
품)을 바쳐야 했다.
③ 향·부곡·소의 주민은 법제적으로 양인이었으나, 일반 군현
에 거주하는 양인에 비해 사회적·경제적 차별을 받았다. 무
신 집권기에 일어난 망이·망소이의 난은 이러한 차별에 항
거한 대표적인 반란이다.

이것도 알면 **합격**
향·부곡·소민

| 특징 | 신분상으로 양인이지만, 일반 군·현민에 비해 차별 대우를 받음<br>- 과중한 세금 부담<br>- 거주 이전의 자유 없음<br>- 과거 응시 및 국자감 입학 불가능 |
| 구성 | • 향·부곡: 농업에 종사, 신라 시대부터 존재<br>• 소: 수공업·광업에 종사 |

## 09 상평창
정답 ①

해설 제시문에서 곡식 값이 낮으면 그 값을 올려서 사들였고, 곡식이
귀할 때에는 값을 감하여 백성을 이롭게 하였다는 내용을 통해
(가)가 상평창임을 알 수 있다. 상평창은 풍년에 곡물을 높은 값
에 사들이고, 흉년에 싼 값에 팔아 곡식의 물가를 조절하는 기
관이었다.
① 상평창은 고려 성종 때 개경과 서경 및 12목에 설치되었다.

오답
분석
② 태조 때 설치된 빈민 구제 기관인 흑창을 성종 때 확대·개편
하여 설치한 것은 의창이다.
③ 예종 때 개경에 전염병이 크게 유행하여 다수의 사망자가 발
생하자, 병자의 치료와 병사자 처리, 빈민 구제를 위해 임시
로 설치한 것은 구제도감이다.
④ 일정 기금을 만들어 그 이자로 빈민을 구제한 것은 광종 때
설치한 제위보이다.

## 10 고려 시대의 가족 제도
정답 ③

해설 제시문은 고려 시대의 문신인 이규보가 지은 『동국이상국집』
의 내용으로, 남자가 장가들어 여자 집에 거주(처가살이)하는
경우가 많았던 고려 시대 가족 제도의 모습을 보여주고 있다.
③ 고려 시대에는 자녀 균분 상속의 원칙으로 부모의 재산은
아들과 딸의 구분 없이 고르게 상속되었다.

오답
분석
① 아들이 없는 경우에 양자를 들이는 것이 일반적이었던 시기
는 조선 후기이다. 고려 시대에는 아들이 없는 경우에 양자
를 들이지 않고 딸이 부모의 제사를 지냈다.
② 고려 시대에는 음서의 혜택이 사위와 외손자에게까지 적용
되었다.
④ 고려 시대에는 여성의 재혼이 비교적 자유롭게 허용되었으
며, 재혼한 경우에도 자식의 사회적 진출에 큰 차별을 두지
않았다.

오답
분석 ① 유학생들이 당나라의 빈공과에 응시한 것은 남북국 시대의 사실이다. 통일 신라의 6두품과 발해의 지식인들이 당의 빈공과에 급제하는 경우가 많았다.
③ 도둑질한 자는 훔친 물건의 12배를 배상하게 하는 1책 12법은 부여와 고구려의 풍습이다.
④ 동성 마을이 생기고 부계 위주로 족보를 편찬한 것은 조선 후기의 모습이다.

---

## 03 고려의 문화
p.108-111

| | | | | |
|---|---|---|---|---|
| 01 ④ | 02 ② | 03 ③ | 04 ① | 05 ① |
| 06 ② | 07 ② | 08 ② | 09 ③ | 10 ④ |
| 11 ③ | 12 ④ | 13 ④ | 14 ③ | 15 ③ |
| 16 ① | | | | |

---

### 01 최승로
정답 ④

해설 제시문은 성종에게 5조 정적평을 올린 최승로에 대한 내용이다.
④ 최승로는 유교 사상을 나라를 다스리는 근본 이념으로 삼았으며, 이를 토대로 성종에게 시무 28조를 올렸다.

오답
분석 ① 후학 양성을 위해 사학인 문헌공도(9재 학당)를 설립한 인물은 최충이다.
②『불씨잡변』을 저술하여 불교의 폐단을 비판한 인물은 정도전이다.
③ 충선왕이 설립한 연경의 만권당에서 원나라의 학자들과 교유한 인물은 이제현이다.

---

### 02 고려 시대 교육 제도의 변화
정답 ②

해설 ② 순서대로 나열하면 ㉠ 국자감 설립(성종) - ㉡ 양현고 설치(예종) - ㉢ 경사교수도감 설치(충렬왕) - ㉣ 성균관 개편(공민왕)이 된다.
㉠ 성종 때 개경에 국립 대학인 국자감이 설립되었다.
㉡ 사학의 융성으로 위축된 관학의 경제적 기반을 강화하기 위하여 예종 때 국자감(국학)에 장학 재단인 양현고가 설치되었다.
㉢ 충렬왕 때 당시 유행하던 문학 중심의 학풍을 경학과 사학 중심으로 개편하고자 경사교수도감을 설치하여 7품 이하의 관리들을 교육하였다.
㉣ 공민왕 때 국자감을 성균관으로 다시 고치고, 기술학부를 분리하여 성균관을 순수한 유교 교육 기관으로 개편하였다.

---

### 03 『삼국사기』
정답 ③

해설 제시문은 김부식이 『삼국사기』를 인종에게 바치면서 올린 글인 『진삼국사기표』이다.

---

**고려 시대 여성의 지위**

| 재산 상속 | 재산은 남녀 차별 없이 자녀들에게 균분 상속 |
|---|---|
| 호주와 호적 | 여성이 호주가 될 수 있었고, 호적·묘비에 연령순으로 기록 |
| 제사 | • 아들이 없으면 딸이 제사를 담당<br>• 윤회 봉사(제사를 자녀들이 돌아가면서 지냄)를 실시 |
| 혼인 | 처가살이하는 경우도 많았음(솔서혼, 서류부가혼) |
| 음서의 혜택 | 사위와 외손자에게까지 적용되었음 |
| 재가 | 여성의 재가가 비교적 자유로웠음 |

---

## 11 향도
정답 ③

해설 제시문에서 매향을 한다는 것과 미륵여래에게 공양한다는 것을 통해 향도와 관련된 내용임을 알 수 있다.
③ 향도는 조선 시대에도 이어져, 어려운 일이 생겼을 때에 서로 돕는 역할을 하였으며, 상여를 메는 상두꾼이 향도에서 유래하였다.

오답
분석 ① 송나라 주자의 『여씨향약』이 보급된 것은 조선 중종 무렵으로, 향도와 관련이 없다. 중종 때 사림인 조광조는 성리학적 생활 규범을 향촌 사회에 정착시키고자 전국에서 『여씨향약』을 실시하게 하였다.
② 수령이 세금을 부과할 때 자문 역할을 한 것은 조선 후기의 향회이다. 조선 후기에 부농층이 성장하고 양반의 힘이 약화되자 기존에 재지 사족의 이익을 대변하던 향회가 수령의 부세 자문 기구로 전락하였다.
④ 고려 초기 향도의 활동에 대한 설명이다. 고려 후기의 향도는 공동체 조직으로서 마을의 공동 의식을 주도하는 농민 조직으로 변모하였다.

---

**고려 시대 향도의 활동**

| 초기 | • 신앙 조직<br>• 매향 활동, 불상과 석탑·사찰 등을 조성 |
|---|---|
| 후기 | • 이익 집단<br>• 노역, 혼례와 상장례 등을 주관하는 대표적인 농민 공동체 조직 |

---

## 12 고려 후기의 사회 모습
정답 ②

해설 자료는 고려 후기(무신 집권기)에 이규보가 저술한 『국선생전』의 일부로 술을 의인화하여 지은 가전체 문학이다. 고려 후기에는 『국선생전』처럼 사물을 의인화한 가전체 소설이 유행하였다.
② 고려 후기에 정변을 통해 정권을 장악한 무신들은 권력을 앞세워 토지를 확대하여 대농장을 차지하였다. 이후 원 간섭기에는 권문세족들이 불법적으로 대농장을 소유하여 사회·경제적 혼란을 야기하였다.

③ 『삼국사기』는 문벌 귀족이자 유학자였던 김부식의 유교적 합리주의 사관이 반영되었다. 또한 『삼국사기』에는 지, 열전 등이 신라사에 치중되어 있는 등 전반적으로 신라 계승 의식이 반영되어 있다.

오답
분석
① 유교적 합리주의 사관에 입각하여 쓰여진 『삼국사기』에는 단군 신화가 수록되어 있지 않다. 단군 신화가 수록된 대표적인 역사서로는 일연의 『삼국유사』가 있다.
② 승려 각훈이 고종의 명에 따라 저술한 역사서는 삼국 시대 이래의 고승들의 전기를 정리한 『해동고승전』이다.
④ 무신 집권기의 사회 혼란 속에서 고려의 역사 전통을 고취할 목적으로 편찬된 역사서는 이규보의 『동명왕편』이다. 『동명왕편』에는 고려가 고구려를 계승하였다는 자부심과 고려의 문화적 우월성 등이 잘 드러나 있다.

## 04 『삼국유사』　　　　정답 ①

해설　제시문에서 『기이편』을 책의 첫머리에 실었다는 내용을 통해 충렬왕 때 일연이 저술한 『삼국유사』임을 알 수 있다.
　　㉠ 『삼국유사』에는 신라 향가 14수가 기록되어 있다.
　　㉢ 『가락국기』는 문종 때 편찬되었다고 전해지는 가야에 대한 역사서로, 일연은 이 책을 인용하여 『삼국유사』에 가야의 건국 설화(수로왕 설화)를 수록하였다.

오답
분석
㉡ 서사시의 형태로 쓰여졌으며 고구려 계승 의식이 반영된 역사서는 이규보의 『동명왕편』이다.
㉣ 삼국에서 고려까지 불교 승려의 전기를 정리한 역사서는 각훈의 『해동고승전』이다.

### 이것도 알면 합격

**『삼국사기』와 『삼국유사』**

| 구분 | 『삼국사기』 | 『삼국유사』 |
|---|---|---|
| 저자 | 김부식 | 일연 |
| 편찬 시기 | 고려 중기, 인종(1145) | 원 간섭기, 충렬왕(1281) |
| 서술 체제 | 기전체 | 자유로운 서술 체계 |
| 특징 | • 『구삼국사』를 토대로 유교적 합리주의 사관에 기초하여 서술<br>• 신라 계승 의식 강조: 신라에 대해 유리하게 서술<br>• 현존하는 우리나라 최고(最古)의 역사서 | • 고대의 민간 설화나 전래 기록을 수록, 우리 고유의 문화와 전통 중시<br>• 단군 신화 수록, 신라 향가 수록 |

## 05 충렬왕 대의 사실　　　　정답 ①

해설　제시문에서 중국과 우리나라(동국)의 역사에서 요점을 취하였다는 내용을 통해 밑줄 친 '이 책'이 충렬왕 때 편찬된 『제왕운기』임을 알 수 있다. 『제왕운기』는 이승휴가 편찬한 사서로, 상권에 중국의 역사를 7언시로, 하권에 우리나라 역사를 5언시로 운율감 있게 서술하였다.

① 충렬왕 때 안향의 건의에 따라 교육 기금인 섬학전을 두어 양현고에 귀속시켰다.

오답
분석
② 원의 수시력을 채용하여 수시력의 이론과 계산법을 사용하기 시작한 것은 충선왕 때의 사실이다.
③ 서적의 인쇄·보급을 활성화하기 위해 국자감에 서적포를 설치한 것은 숙종 때의 사실이다.
④ 몽골의 침입을 물리치기 위해 대장경의 판각 업무를 담당하는 대장도감을 설치(1236)하고 팔만대장경을 조판하였던 것은 최우 집권기로, 고종 때의 사실이다.

### 이것도 알면 합격

**『제왕운기』(이승휴, 1287)**
• 충렬왕 때 편찬
• 구성: 상권은 중국의 역사를 7언시로, 하권은 우리 역사를 5언시로 서술
• 특징: 유교적 역사 인식을 토대로 도교·민간 신앙적 요소 수용
• 역사 의식: 고조선 계승 의식 확립, 발해사 인급, 우리 역사를 중국사와 대등하게 파악

## 06 균여　　　　정답 ②

해설　제시문의 (가)는 북악파와 남악파로 분열되어 있던 화엄 교단을 북악파 중심으로 통합한 고려의 승려 균여이다.
　　② 균여는 교종 내의 대립을 해소하고자 화엄 사상을 중심으로 법상종을 통합하려는 '성상융회'의 수행법을 주창하였다.

오답
분석
① 천태종의 사상을 요약한 『천태사교의』를 저술한 승려는 제관이다.
③ 불교계 폐단을 개혁하기 위해 9산 선문의 통합을 주장한 것은 고려 말의 승려인 보우이다.
④ 승려 본연의 자세로 돌아가 독경과 선 수행, 노동에 고루 힘쓰자는 수선사 결사를 제창한 승려는 지눌이다.

## 07 의천　　　　정답 ②

해설　제시문의 '그'는 고려의 승려 의천이다.
　　② 의천은 교종을 중심으로 선종을 통합하기 위해 국청사를 중심으로 해동 천태종을 창시하였다.

오답
분석
① 선·교 통합을 위해 돈오점수와 정혜쌍수를 강조한 인물은 지눌이다. 지눌은 깨달은 이후에 계속 수양해야 한다는 돈오점수와, 그 과정에서 선(정)과 교학(혜)을 함께 닦아야 한다는 정혜쌍수를 주장하였다. 한편 의천은 교·선 통합을 위해 이론의 연마와 실천을 아울러 강조한 교관겸수를 주장하였다.
③ 승려 혜거 등을 통해 중국에서 도입한 법안종을 중심으로 선종을 정리하고자 한 인물은 광종이다.
④ 신라 말 풍수지리 사상을 정립한 인물은 신라의 승려 도선이다.

**의천의 활동**

| 불교 통합 운동 | • 교종 통합: 흥왕사를 근거지로 삼아 화엄종 중심의 교종 통합 시도<br>• 해동 천태종 개창: 선종 통합을 위해 국청사를 중심으로 해동 천태종 창시<br>• 교관겸수 주장: 이론의 연마와 실천을 아울러 강조 → 교종과 선종의 사상적 통합 추구 |
|---|---|
| 교장 간행 | 대장경 보완을 위해 『신편제종교장총록』 편찬, 교장 간행 |
| 화폐 주조 건의 | 숙종에게 화폐의 주조를 건의하여 담당 관청인 주전도감이 설치됨 |

## 08 지눌 정답 ②

해설 제시문에서 모임을 맺고 승려 본연의 자세인 예불과 독경을 하자는 내용을 통해 수선사 결사 운동을 전개한 고려의 승려 지눌의 『권수정혜결사문』임을 알 수 있다.
② 지눌은 선·교 일치를 위해 선(선종)을 중심으로 교학(교종)을 포용하고자 하였다.

오답 분석
① 유·불 일치설을 주장하여 성리학 수용의 토대를 마련한 승려는 지눌의 제자인 혜심이다.
③ 신문왕에게 유교 도덕 정치를 강조하는 내용을 담은 「화왕계」라는 글을 올려 조언한 인물은 신라의 설총이다.
④ 강진 만덕사에서 자신의 행동을 진정으로 참회하는 법화 신앙에 중점을 둔 백련 결사 운동을 전개한 승려는 요세이다. 한편 지눌은 순천 송광사를 중심으로 수선사 결사 운동을 전개하였다.

**신앙 결사 운동**

| 수선사 결사 | • 주도: 지눌<br>• 장소: 순천 송광사<br>• 내용: 승려 본연의 자세인 독경과 선 수행, 노동에 힘쓰자는 개혁 운동을 전개 |
|---|---|
| 백련 결사 | • 주도: 요세<br>• 장소: 강진 만덕사<br>• 내용: 천태교학의 법화 신앙을 이론적 기반으로 불교의 혁신 운동 전개 |

## 09 고려 시대의 사찰 정답 ③

해설 ③ 요세가 참회를 강조하는 법화 신앙을 중심으로 백련사 결사 운동을 전개한 곳은 강진 만덕사이다. 한편 순천 송광사(수선사)를 중심으로 전개된 결사 운동은 지눌의 수선사 결사이다.

오답 분석
① 안동 봉정사 극락전은 우리나라에서 현존하는 가장 오래된 목조 건축물이다.
② 영주 부석사 무량수전에는 신라의 전통 양식을 계승하여 제작한 부석사 소조 아미타여래 좌상이 있다.

④ 합천 해인사에는 우수한 정밀성과 글씨의 아름다움으로 유네스코 세계 기록유산에 등재된 재조대장경(팔만대장경)이 보관되어 있다.

## 10 평창 월정사 8각 9층 석탑 정답 ④

해설 ④ 강원도 평창의 월정사 8각 9층 석탑은 고려 전기의 대표적인 다각 다층탑으로, 송나라 석탑 양식의 영향을 받았다.

오답 분석
① 익산 미륵사지 석탑은 백제 무왕 때 건립된 것으로 추정되는 탑으로, 우리나라에 현존하는 최고(最古)의 석탑이다.
② 개성 현화사 7층 석탑은 고려 전기의 탑으로, 현종이 부모의 명복을 빌기 위해 개경에 현화사를 창건하고 현화사 7층 석탑을 건립하였다.
③ 서울 원각사지 10층 석탑은 조선 세조 때 대리석으로 지어진 탑으로, 고려 후기에 건립된 경천사지 10층 석탑의 영향을 받았다.

## 11 풍수지리 사상 정답 ③

해설 제시문은 고려 태조 왕건이 남긴 훈요 10조의 내용 중 사원 건축에 관한 제2조의 내용으로, 태조 왕건은 도선이 풍수지리에 근거하여 세운 사원을 함부로 없애지 말 것을 당부하였다.
③ 풍수지리 사상을 근거로 한 서경 길지설은 묘청이 일으킨 서경 천도 운동의 이론적 배경이 되었다.

오답 분석
①, ④ 불로장생과 현세의 이익을 추구하는 사상은 도교이다. 또한 예종 때 개경에 도교 사원인 복원궁이 건립되기도 하였다.
② 개인의 참선과 깨달음을 중요시하여 끊임없는 수행을 강조한 것은 선종이다.

## 12 고려 시대의 문학 정답 ④

해설 ④ 이규보가 떠도는 시화와 민간 구전을 수록하여 저술한 서적은 『백운소설』이다. 『역옹패설』은 고려 말에 이제현이 저술한 시화집이다.

오답 분석
① 『보한집』은 최자가 무신 정권의 집권자인 최우의 명을 받고 이인로의 『파한집』을 보완하여 저술한 수필체의 시화집이다.
② 이인로는 『파한집』에서 개경, 평양, 경주 등 역사 유적지의 풍속과 풍경 등을 묘사하였다.
③ 「어부가」는 고려 시대의 대표적인 시가 문학으로, 이 작품에는 전원 생활의 한가로움이 그려져 있다.

## 13 고려 시대의 인쇄술 정답 ④

해설 ④ 의천은 우리나라와 송, 요, 일본의 불교 자료를 모아 『신편제종교장총록』을 편찬하였고, 이를 토대로 속장경(교장)을 편찬하였다.

오답 분석
① 무신 집권기에 강화도에서 인쇄된 『상정고금예문』은 현전하지 않는다. 다만 당시 집권자였던 최우가 금속 활자로 인쇄하도록 하였다는 기록이 이규보의 『동국이상국집』에 남아 있다. 현존하는 최고(最古)의 금속 활자본은 1377년 우왕 때 간행된 『직지심체요절』이다.

② 『직지심체요절』은 개경 흥왕사가 아닌 청주 흥덕사에서 간행되었다.

③ 초조대장경이 거란의 침입을 물리치기 위해 제작된 것은 맞지만, 초조대장경은 금속 활자 인쇄본이 아닌 목판 인쇄본이다.

## 14 고려 시대의 문화　　　　정답 ③

**해설** ○ 고려 초기에는 하남 하사창동 철조 석가여래 좌상과 같은 대형 철불이 유행하였으며, 관촉사 석조 미륵보살 입상과 같은 거대 불상이 제작되기도 하였다.
② 고려 전기에는 당나라 서예가인 구양순의 굳세고 간결한 서체가 유행하였으며, 고려 후기에는 원나라 서예가인 조맹부의 유려한 서체(송설체)가 유행하였다.

**오답분석** ○ 고려 시대에 문인화가 그려진 것은 맞지만, 고사관수도는 조선 전기에 강희안이 그린 문인화로 유유자적한 선비의 모습이 묘사되어 있다.
ⓒ 재조대장경(팔만대장경)의 보관을 위해 건립된 해인사 장경판전은 조선 전기인 15세기의 건축물이다.

## 15 원 간섭기의 문화　　　　정답 ③

**해설** 제시문에서 원나라를 두려워한 관료들이 변발을 하였다는 내용을 통해 고려 원 간섭기임을 알 수 있다.
③ 원 간섭기에 티벳 불교(라마교)의 영향을 받아 경천사지 10층 석탑이 제작되었다. 경천사지 10층 석탑은 조선 세조 때 제작된 원각사지 10층 석탑에 영향을 주었다.

**오답분석** ① 소박한 백자가 유행한 것은 조선 중기 이후의 사실이다. 원 간섭기에는 북방 가마 기술이 도입되면서 기존의 화려한 청자의 빛깔이 퇴조하고, 소박한 빛깔의 분청사기가 만들어졌다.
② 원묘 국사 요세가 백련 결사를 제창한 것은 최씨 무신 집권기의 사실이다.
④ 현존하는 우리나라 최고(最古)의 의학 서적인 『향약구급방』이 편찬된 것은 무신 집권기(대몽 항쟁기)인 고종 때의 사실이다.

## 16 여진 정벌과 강화 천도 사이 시기의 사실　　　　정답 ①

**해설** (가)는 예종 때 윤관의 별무반이 여진을 정벌(1107)한 내용이고, (나)는 고종 때 최우의 주도로 이루어진 강화 천도(1232)에 대한 내용이다.
① (가), (나) 사이 시기인 인종 때 김부식이 유교적 합리주의 사관을 바탕으로 『삼국사기』를 저술하였다(1145).

**오답분석** ② 최무선이 진포에서 왜구를 격퇴(1380)한 것은 (나) 이후인 우왕 때이다.
③ 승려인 수기의 주도 아래 재조대장경의 조판이 시작(1236)된 것은 (나) 강화 천도 이후이다. 강화 천도 이후 재조대장경의 판각을 위해 강화도에 대장도감이 설치되기도 하였다.

---

④ 승려를 대상으로 한 승과가 처음 실시된 것은 (가) 이전인 광종 때이다. 광종 때 제술과·명경과·잡과·승과의 과거제가 시행되었다(958).

| 01 ④ | 02 ① | 03 ④ | 04 ④ | 05 ③ |
| 06 ① | 07 ② | 08 ③ | | |

## 01 성종　　　　정답 ④

**해설** 제시문은 최승로가 노비안검법으로 인하여 신분 질서가 위기에 처했다고 지적하는 내용의 글로, 이를 받아들여 양인이 된 노비 중 옛 주인을 경멸하는 자를 다시 노비로 환천시키도록 한 왕은 성종이다.
④ 성종은 불교 행사의 축소를 주장한 최승로의 건의를 받아들여 국가의 대규모 불교 행사인 연등회와 팔관회를 축소·폐지하였다.

**오답분석** ① 광덕, 준풍 등 중국과 다른 독자적인 연호를 사용하였던 왕은 광종이다.
② 후대의 왕들에게 나라를 다스리는 데 참고해야 할 정책 방안을 담은 훈요 10조를 남긴 왕은 태조 왕건이다.
③ 관리의 등급에 따라 자·단·비·녹색의 공복을 제정한 왕은 광종이다.

## 02 고려 시대의 정치·사회　　　　정답 ①

**해설** (가) 고려 시대에 일반 행정 구역인 5도에는 안찰사가, 군사 행정 구역인 양계에는 병마사가 파견되었다.
(나) 고려 시대에는 중앙군인 2군 6위의 상장군과 대장군들로 구성된 무신 합좌 기구인 중방이 있었다. 중방은 무신 집권기 초기에 무신들이 권력을 행사하는 중심 기구의 역할을 하기도 하였다.

**오답분석** (다) 고려 시대에는 음서로 관직에 오른 관리가 과거를 거치지 않아도 고관으로 승진할 수 있었다. 반면 조선 시대에는 음서로 관직에 오른 관리는 과거를 치르지 않으면 고관으로 승진하기 어려웠다.
(라) 고려 시대에 지방에 거주하던 향리가 향촌 사회의 실질적인 지배 세력이었던 것은 맞지만, 사심관에는 지방 출신의 중앙 고관이 임명되었다.

## 03 이자겸　　　　정답 ④

**해설** 스스로 국공에 올랐으며, 자신의 생일을 인수절이라 칭했다는 내용을 통해 (가) 인물이 이자겸임을 알 수 있다.
④ 북방 지역에서 성장한 여진의 금나라가 고려에 군신 관계를 요구하자, 당시 집권자였던 이자겸과 척준경은 자신들의 권력 유지를 위해 이 요구를 받아들였다.

오답
분석
① 『삼국사기』를 저술한 인물은 김부식이다.
② 과전법의 제정을 주도한 인물은 조준, 정도전 등의 신진 사대부이다.
③ 서경(평양)으로 천도할 것을 주장한 인물은 묘청이다.

## 04 고려의 관학 진흥책
정답 ④

해설 ④ 관학의 경제 기반을 강화하기 위해 양현고를 설치한 왕은 고려 중기의 예종이다.

오답
분석
① 숙종 때 서적 간행의 활성화를 위해 국자감에 서적포를 설치하였다.
② 예종 때 관학을 진흥시키기 위해 최충의 9재 학당을 모방하여 국자감(국학) 내에 전문 강좌인 7재를 설치하였다.
③ 충렬왕 때 유학을 진흥시키기 위해 7품 이하의 관리들에게 유학을 가르치는 관청인 경사교수도감이 설치되었다.

## 05 우왕 재위 시기의 사실
정답 ③

해설 제시문에서 최무선의 건의에 따라 화통도감을 설치하였다는 내용을 통해 밑줄 친 '왕'이 우왕임을 알 수 있다.
③ 우왕 때인 1377년에 청주 흥덕사에서 『직지심체요절』이 간행되었다. 『직지심체요절』은 현존하는 가장 오래된 금속활자본으로, 현재 프랑스 국립 도서관에 보관되어 있다.

오답
분석
① 정동행성이 설치된 것은 충렬왕 때이다. 정동행성은 원나라가 일본 원정을 위해 고려에 설치한 기구로, 일본 원정이 실패한 이후에도 존속하여 고려의 내정 간섭에 이용되었다.
② 삼군도총제부가 설치된 것은 공양왕 때이다.
④ 이방원에 의해 정몽주가 암살된 것은 공양왕 때이다. 정몽주 등 조선 건국을 반대하는 온건파 사대부 세력이 제거되자, 혁명파 사대부 세력이 이성계를 왕으로 추대함으로써 공양왕이 폐위되고 고려가 멸망하였다.

## 06 고려 초기의 대외 관계(거란)
정답 ①

해설 (가)는 거란의 2차 침입에 해당한다.
㉠, ㉡ 거란은 강조의 정변을 구실로 고려에 2차 침입하였으나 양규가 흥화진 전투에서 승리하자 고려와 강화를 맺고 퇴각하였다.

오답
분석
㉢ 거란의 3차 침입 이후에 천리장성과 나성이 축조되었다.
㉣ 거란의 1차 침입 이전인 정종 대에 거란의 침입에 대비하여 광군 30만을 조직하였다.

## 07 최충헌
정답 ②

해설 제시문은 최충헌이 제시한 봉사 10조로, 사회 전반적인 문제에 대한 개혁책을 제시한 것이다. 최충헌은 봉사 10조에서 권력자들의 토지 겸병을 금지할 것과 공평한 조세 징수를 시행할 것을 제시하였다.
② 최충헌은 이규보, 진화 등의 문인을 등용하여 그들의 행정 능력을 활용하였다. 이를 통해 최충헌은 다른 무인 세력의 성장을 견제하고 최씨 무신 정권을 안정화시켰다.

---

오답
분석
①, ③, ④ 모두 최충헌의 아들인 최우에 대한 설명이다. 최우는 인사 기구인 정방을 설치하고, 치안 유지를 위해 야별초를 조직하였으며, 몽골의 침입을 불력으로 격퇴하고자 팔만대장경의 조판을 시작하였다. 한편, 야별초는 이후 군사 수가 증강되어 좌·우별초로 개편되었으며, 신의군과 함께 삼별초로 편제되어 최씨 무신 정권의 무력 기반이 되었다.

## 08 전시과 제도
정답 ③

해설 제시된 자료에서 (가)는 목종 때 시행된 개정 전시과(998), (나)는 문종 때 시행된 경정 전시과(1076), (다)는 경종 때 시행된 시정 전시과(976)이다.
③ 시정 전시과는 관리들을 자색, 단색, 비색, 녹색의 4색의 공복 제도를 기준으로 하여 나누고, 다시 문반·무반·잡업 등으로 나누어 토지를 지급하였다.

오답
분석
① 일정한 직임이 없는 일종의 명예직인 산직이 전시의 지급 대상에서 배제된 것은 경정 전시과이다. 경정 전시과에서는 현직 관리에게만 토지의 수조권을 지급하였다.
② 경기 8현에 한하여 토지를 지급한 것은 녹과전이다. 전시과는 전국의 토지를 대상으로 토지를 지급한 것이다.
④ 전시과 제도 하에서 문무 관리에게 관직 복무의 대가로 지급된 전지와 시지는 원칙적으로 세습이 불가능하였다. 그러나 실질적으로는 직역과 함께 토지를 세습하는 경우가 많았다.

## 고려 시대 적중 마무리문제 02   p.114~115

| 01 ③ | 02 ① | 03 ③ | 04 ③ | 05 ① |
| 06 ③ | 07 ④ | 08 ① | | |

## 01 고려 시대의 중앙 정치 제도
정답 ③

해설 ③ 고려의 중서문하성은 국가의 정책 심의를 담당하는 2품 이상의 재신과, 정책의 비판을 담당하는 3품 이하의 낭사로 구성되었다.

오답
분석
① 사헌부·사간원·홍문관의 삼사가 간쟁·봉박·서경권을 행사한 것은 조선 시대의 사실이다. 고려 시대의 삼사는 국가 재정과 회계를 담당하였다.
② 당과 송의 제도를 모방·참고하여 설치한 기구는 2성 6부와 중추원 등이며, 그 운영에서는 고려만의 독자성을 보였다. 한편 재추 합좌 기구인 도병마사와 식목도감은 고려만의 독자적인 기구였다.
④ 조선 시대의 승정원과 같이 왕명의 출납 업무를 담당한 고려의 정치 기구는 중추원(추부)이다. 어사대는 조선의 사헌부가 담당한 관리 감찰 등을 수행하였다.

## 02 고려 후기의 역사적 사실 순서

정답 ①

**해설** ① 순서대로 나열하면 ㉠ 전민변정도감 설치(원종, 1269) → ㉡ 홍자번의 편민 18사 건의(충렬왕, 1296) → ㉢ 쌍성총관부 수복(공민왕, 1356) → ㉣ 화통도감 설치(우왕, 1377)가 된다.
- ㉠ 원종 때 권세가에게 점탈된 토지나 농민을 되찾아 바로잡기 위한 임시 개혁 기관으로 전민변정도감을 최초로 설치하였다. 전민변정도감은 이후 충렬왕·공민왕·우왕 시기에도 개혁 기구로 여러 차례 설치되었다.
- ㉡ 충렬왕 때 홍자번이 민생 안정을 위해 편민 18사를 건의하였다.
- ㉢ 공민왕 때 원의 쌍성총관부가 관할하던 철령 이북 지역을 무력으로 수복하였다.
- ㉣ 우왕 때 최무선의 건의에 따라 화통도감을 설치하여 화약 및 화기의 제조를 담당하게 하였다.

## 03 과전법

정답 ③

**해설** 제시문은 고려 후기 조준이 권문세족의 토지 겸병으로 인한 사전의 폐단을 지적하고 있는 내용으로, 이러한 문제점을 해결하기 위해 이성계와 신진 사대부들은 과전법을 시행하였다(1391).
- ③ 과전법 체제 하에서는 경기 지역에 토지에 한해 전·현직 관리에게 토지를 지급하였다. 이때 관리들은 품계에 따라 18과로 구분되었고, 이에 따라 차등을 두어 과전이 지급되었다.

**오답분석**
- ① 권문세족의 경제적 기반은 대농장으로, 신진 사대부는 이를 해체하고 권문세족을 약화시키기 위해 과전법을 실시하였다.
- ② 농지(전지)와 함께 땔감을 채취하는 시지를 지급한 것은 고려의 전시과 제도이다. 과전법 체제 하에서는 농지만 지급되었다.
- ④ 5품 이상의 고위 관료에게 별도로 세습 가능한 토지인 공음전을 지급하였던 것은 고려의 전시과 제도이다.

## 04 고려의 수취 제도

정답 ③

**해설** (나) 고려 시대의 조세는 각 군현의 창고인 조창까지 옮긴 후 조운을 통해 개경의 경창(좌·우창)으로 운반되었다.
(라) 고려 시대의 역은 호적에 등록되어 있는 16세에서 60세까지의 정남(丁男)에게 의무적으로 부과되었다.

**오답분석**
(가) 고려 시대에는 토지를 비옥도에 따라 상·중·하의 3등급으로 구분하여 조세를 징수하였다. 토지를 비옥도에 따라 6등급으로 구분하여 조세를 수취한 것은 조선 세종 때 실시된 공법(전분 6등법)이다.
(다) 고려 시대에는 중앙 관청에서 필요한 공물의 종류와 액수를 나누어 주현에 부과하면, 주현에서는 다시 속현과 향·소·부곡에 이를 할당하여 납부하게 하였다.

## 05 경시서

정답 ①

**해설** (가)에 들어갈 관서는 경시서이다.
- ① 경시서는 조선 시대로 계승되어 세조 때 평시서로 개칭되었다. 이후 평시서는 갑오개혁(1894) 때 폐지되었다.

**오답분석**
- ② 고려 시대에 봄에 곡식을 빌려 주고 가을에 갚게 하였던 기구는 흑창이다. 흑창은 성종 때 의창으로 확대·개편되었다.
- ③ 지방의 장시들을 연결하여 전국을 하나의 유통망으로 연계시켰던 것은 조선 후기의 보부상들이다.
- ④ 경시서는 개경의 시전에 설치되었다. 개경과 서경 및 12목에 설치된 물가 조절 기관은 상평창이다.

## 06 고려 시대 원 간섭기의 사회

정답 ③

**해설** 제시문에서 우리나라의 자녀들이 원나라로 끌려갔다는 내용을 통해 공녀 징발이 행해졌던 원 간섭기임을 알 수 있다.
- ③ 왕조 부정의 논리를 담은 『정감록』이 유포된 것은 조선 후기이다. 조선 후기에는 『정감록』, 『토정비결』 등 비기·도참설을 이용한 예언 사상이 유행하였다.

**오답분석**
- ① 원 간섭기인 충렬왕 때 원에 보낼 매를 징발하기 위해 응방을 설치하고 관리를 두었다.
- ② 고려 중기에는 상감 기법이 가미된 상감 청자가 유행하였던 반면, 원 간섭기에는 원으로부터 북방의 가마 기술이 도입되면서 청자의 빛깔이 퇴조하고, 점차 소박한 분청사기가 제작되었다.
- ④ 원 간섭기에는 몽골과의 전쟁으로 황폐해진 토지를 개간할 목적으로 공신과 귀족들에게 사패전을 지급하였다. 사패전은 개간한 토지의 사적 소유를 허락하는 증표인 사패를 지급한 토지로, 권문세족들은 이러한 사패와 겸병을 통해 토지 소유를 확대하였다.

## 07 고려 시대의 화폐

정답 ④

**해설** ④ 삼한통보와 해동통보는 고려 시대 숙종 대에 주조된 화폐가 맞으나, 십전통보는 조선 후기 효종 때 국가의 허가를 받은 개성 지역의 민간인에 의해 주조된 것으로 추정된다.

**오답분석**
- ① 고려 시대에는 우리나라의 지형을 본떠 만든 은병(활구)과 같은 고액 화폐가 제작되었다.
- ② 고려 시대 말기에는 원나라의 지폐인 지원보초, 중통보초 등이 유입되어 사용되었다.
- ③ 고려 시대의 화폐는 주로 대도시의 주점, 다점 등의 관영 상점을 중심으로 사용되었다.

## 08 팔관회

정답 ①

**해설** 제시된 시무 28조에서 연등회와 (가)를 감하라는 내용을 통해 (가)는 연등회와 함께 고려의 국가적인 행사로 시행되었던 팔관회임을 알 수 있다.
- ① 팔관회에서는 부처뿐 아니라 하늘, 산신, 물의 신, 용신 등의 토속 신에게 제사를 지내며 나라의 안녕과 평화를 기원하였다.

오답
분석 ② 태조 왕건은 훈요 10조에서 연등회와 팔관회 등 불교 행사
를 시행할 것을 적극 장려하였다.

③ 팔관회는 과도한 재정의 낭비를 초래한다는 최승로의 주장
으로 성종 대에 폐지되었으나 현종 대에 다시 시행되었다.

④ 매향 활동은 팔관회와 관련 없다. 불교 신앙 조직인 향도는
향나무를 땅에 묻는 매향 활동을 통해 내세의 복을 빌기도
했다. 한편 향도는 고려 후기로 가면서 점차 마을 공동 노력
을 주도하는 마을 공동체 성격의 농민 조직으로 변화하였다.

## 고려 시대 적중 마무리문제 03  p.116~117

| 01 ③ | 02 ③ | 03 ③ | 04 ④ | 05 ③ |
| 06 ② | 07 ③ | 08 ② | | |

### 01 고려 시대의 토지 제도    정답 ③

해설 (나), (라) 전시과 체제 하에서 고려 정부는 왕실의 경비를 충
당하기 위해 내장전을 지급하였으며, 중앙과 지방 관청의 경비
를 지급하기 위해 공해전을 지급하였다.

오답
분석 (가) 외역전은 지방 향리에게 지급된 토지로, 직역과 함께 세습
되기도 하였다. 전시과 체제 하에서 중앙과 지방의 문무
관리에게 지급된 토지는 과전이다.

(다) 군인이나 하급 관리 유가족의 생계 유지를 위해 지급된 토
지는 구분전이다. 한인전은 6품 이하 하급 관리의 자제 중
관직에 오르지 못한 자에게 지급된 토지이다.

### 02 고려 시대의 승려    정답 ③

해설 제시문에서 (가)는 보살의 실천행을 펼쳤다는 내용을 통해 균
여, (나)는 흥왕사를 근거로 삼아 교종 통합 운동을 펼쳤다는
내용을 통해 의천, (다)는 불교의 타락상을 비판하며 수선사 결
사를 제창하였다는 내용을 통해 지눌, (라)는 강진 만덕사에서
백련 결사를 제창하였다는 내용을 통해 요세임을 알 수 있다.

③ 이론과 실천을 함께 실천할 것을 주장하는 교관겸수의 수
행법을 강조한 승려는 (나) 의천이다. 한편 (다) 지눌은 선과
교학이 하나라는 '정혜쌍수'와 깨달음을 얻은 뒤 꾸준하게
수행해야 한다는 '돈오점수'의 수행법을 주장하였다.

오답
분석 ① 균여는 보현십원가라는 향가를 지어 불교의 대중화를 꾀하
였다.

② 의천은 해동 천태종을 창시하여 교종을 중심으로 선종을 포
섭하고자 하였다.

④ 요세는 자신의 행동에 대한 진정한 참회를 강조하는 천태교
학의 법화 신앙을 강조하였다.

### 03 고려 시대의 대장경    정답 ③

해설 ⊙은 초조대장경, ⓒ은 재조대장경(팔만대장경)이다.

③ 대장경은 경(經, 경전)·율(律, 계율)·논(論, 해석)의 삼장
으로 구성되었으며, 불교 경전을 집대성한 것이다.

오답
분석 ①, ④ 교장도감에서 제작된 경판은 속장경(교장)이다. 의천은
초조대장경을 보완하기 위해 고려와 송·요·일본의 불교 자
료를 모아 속장경(교장)을 편찬하였다.

② 거란의 격퇴를 기원하며 초조대장경을 제작한 것은 맞지만,
이는 목판 인쇄본이다.

### 04 지눌    정답 ④

해설 (가)는 고려의 승려 지눌이다.

④ 지눌은 깨달음과 더불어 꾸준한 수행과 실천을 강조하는 돈
오점수를 주장하였다.

오답
분석 ① 유·불 일치설을 주장하여 성리학 수용의 기반을 마련한 승
려는 혜심이다.

② 원으로부터 선종의 일파인 임제종을 들여와 전파한 승려는
보우이다. 고려 후기에 들어온 임제종은 이후 조선까지 이
어져서 선종 불교의 주류가 되었다.

③ 교종의 입장에서 선종을 통합하고자 한 승려는 의천이다.
지눌은 선종의 입장에서 교종을 통합하고자 하였다.

### 05 충선왕 재위 시기의 사실    정답 ③

해설 부왕(충렬왕)과의 갈등으로 왕위를 빼앗겼다가 다시 복위한 왕
은 충선왕이다.

③ 충선왕 때는 국가 재정을 확보하기 위해 국가가 소금을 전
매하는 소금의 전매제(각염법)를 실시하였다.

오답
분석 ① 전제 개혁을 위해 과전법을 실시한 것은 공양왕 때이다. 공
양왕을 옹립한 혁명파 사대부 세력은 권문세족의 경제적 기
반을 약화시키고 신진 사대부의 경제적 기반을 다지기 위해
과전법을 실시하였다.

② 안향에 의해 고려에 성리학이 전래된 것은 충렬왕 때이다.

④ 원나라 연호와 관제를 폐지한 것은 공민왕 때이다. 공민왕
은 반원 자주 정책을 실시하여 원의 연호를 폐지하였으며, 2
성 6부제로 관제를 복구하였다.

### 06 고려의 도교 사상    정답 ②

해설 제시문과 관련 있는 사상은 도교 사상이다.

② 고려 시대의 남경(서울) 설치와 관련 있는 사상은 풍수지리
사상이다.

오답
분석 ① 팔관회는 우리나라의 토착 신앙과 도교의 행사에 불교가
결합된 국가 행사로, 팔관회에서는 부처뿐 아니라 하늘·산
신·물의 신·용신 등의 토속 신에게 제사를 지내며 나라의
안녕과 평화를 기원하였다.

③, ④ 고려 예종 때 도교 사원(도관)인 복원관(복원궁)을 건
립하고, 하늘에 나라의 안녕과 왕실의 평안을 기원하는 초
제를 지냈다.

## 07 『동명왕편』 정답 ③

**해설** 제시문은 이규보가 저술한 『동명왕편』의 서문이다.
③ 『동명왕편』은 고구려의 시조인 동명왕(주몽)의 일대기를 5언시로 구성한 일종의 영웅 서사시이다.

**오답 분석**
① 『동명왕편』은 무신 집권기인 명종 때 편찬되었다. 원 간섭기에 편찬된 고려의 대표적인 역사서로는 일연의 『삼국유사』, 이승휴의 『제왕운기』 등이 있다.
② 『동명왕편』에는 단군의 건국 설화가 수록되어 있지 않다. 단군의 건국 이야기가 수록된 고려 시대의 역사서로는 일연의 『삼국유사』, 이승휴의 『제왕운기』 등이 있다.
④ 우리나라에 현존하는 가장 오래된 역사서는 인종 때 김부식이 편찬한 『삼국사기』이다.

## 08 『직지심체요절』 정답 ②

**해설** (가)는 『직지심체요절』이다. 『직지심체요절』은 우왕 때인 1377년 청주 흥덕사에서 간행된 현존하는 세계 최고(最古)의 금속 활자 인쇄본으로, 현재 프랑스 국립 도서관에서 보관하고 있다.
② 『직지심체요절』은 유네스코 세계 기록유산으로 지정되어 있다.

**오답 분석**
①, ③ 8세기 초에 제작된 세계 최고(最古)의 목판 인쇄물인 『무구정광대다라니경』에 대한 설명이다. 『무구정광대다라니경』은 불국사 3층 석탑(석가탑)을 보수하는 과정에서 발견되었다.
④ 외규장각 도서와 함께 프랑스군에 약탈당한 것은 『의궤』이다. 한편 『직지심체요절』은 개화기에 프랑스 공사였던 콜랭 드 플랑시가 수집해 간 후 프랑스 국립 도서관에 기증하였다.

## 01 조선 전기의 정치
p.128-131

| | | | | |
|---|---|---|---|---|
| **01** ② | **02** ② | **03** ④ | **04** ③ | **05** ③ |
| **06** ③ | **07** ② | **08** ④ | **09** ③ | **10** ① |
| **11** ② | **12** ④ | **13** ④ | **14** ① | **15** ③ |
| **16** ③ | | | | |

### 01 정도전
정답 ②

해설 제시문은 정도전이 저술한 『조선경국전』이다. 『조선경국전』은 정도전이 국가 경영을 위한 통치 근간을 마련하기 위하여 『주례』를 바탕으로 편찬한 사찬 법전으로, 정도전은 이 책에서 재상이 통치의 실권을 가져야 함을 강조하였다.

② 정도전은 요동 정벌을 계획하며 진법서인 『진도』를 편찬하여 군사를 훈련시켰다. 그러나 제1차 왕자의 난으로 정도전이 이방원에게 제거되면서 요동 정벌은 이루어지지 않았다.

오답 분석 ① 성리학 입문서인 『입학도설』을 저술한 인물은 권근이다. 『입학도설』은 성리학을 처음 배우는 이들에게 성리학의 기본적인 지식을 쉽게 알리기 위하여 그림을 넣어 설명한 책이다.
③ 여진족을 두만강 밖으로 몰아내고 두만강 하류에 6진을 개척한 인물은 조선 세종 때의 김종서이다.
④ 중종에게 일종의 천거제인 현량과 시행을 건의하여 유교의 이상 정치를 실현하려고 한 인물은 조광조이다.

### 02 태종의 정책
정답 ②

해설 제시문에서 밑줄 친 '그'는 태종(이방원)이다.
② 태종은 16세 이상의 모든 남자에게 호패(일종의 신분증)를 가지고 다니게 하는 호패법을 실시하였다.

오답 분석 ① 백성들의 억울한 일을 해결하고자 신문고 제도를 부활시킨 왕은 영조이다. 한편 태종 때에는 신문고 제도가 처음 실시되었다.
③ 압슬형, 낙형 등을 폐지한 왕은 영조이다. 영조는 가혹한 형벌을 금지하였고, 사형수에 대한 삼심제를 엄격하게 시행하는 등 형벌 제도를 개선하였다.
④ 사림을 등용하여 훈구 대신들을 견제한 왕은 성종이다. 성종은 김종직 등의 사림파를 주로 3사의 언관직에 등용하여 훈구 세력의 독주를 견제하였다.

### 03 세종 대의 사실
정답 ④

해설 제시문에서 주현의 나이 많은 농부들의 의견을 받았으며, 정초와 변효문이 편찬에 참여하였다는 것을 통해 세종 때 편찬된 『농사직설』의 서문임을 알 수 있다.
④ 세종은 젊은 문신들에게 휴가를 주어 독서에 전념할 수 있도록 하는 사가 독서제를 실시하여 학문 활동을 장려하였다.

오답 분석 ① 계미자를 주조한 왕은 태종이다. 세종 때는 경자자, 갑인자 등이 주조되었다.
② 홍문관을 학술 기관으로 정비한 왕은 성종이다.
③ 간경도감을 설치하여 불경을 한글로 번역한 왕은 세조이다.

### 04 단종과 세조
정답 ③

해설 제시문은 세조가 실시한 6조 직계제의 내용으로, ⊙은 단종, ⓒ은 의정부, ⓒ은 세조, ⓔ은 6조 직계제임을 알 수 있다.
③ 세조는 수신전과 휼양전을 폐지하고 현직 관리에게만 수조권을 지급하는 직전법을 시행하였다.

오답 분석 ① 이시애의 난은 세조 즉위 이후 일어났다. 이시애는 세조가 각지에 수령을 파견하고 호패법을 강화하는 등 중앙 집권을 강화하자 이에 반발하여 난을 일으켰다. 한편 단종은 계유정난에 반발하여 일어난 이징옥의 난이 진압된 이후 수양 대군(세조)에게 왕위를 양위하였다.
② 도평의사사를 폐지하고 의정부를 설치한 것은 정종 때로, 당시 세자였던 이방원(태종)의 주도로 이루어졌다.
④ 태종과 세조 때 실시된 6조 직계제는 왕권 강화 정책의 일환으로 실시되었다. 한편 세종은 의정부 서사제를 실시하여 왕권과 신권을 조화시키고자 하였다.

**이것도 알면 합격**

**세조의 정책**

| | |
|---|---|
| **왕권 강화** | • 6조 직계제 부활<br>• 경연·집현전 폐지, 사가 독서 제도 폐지<br>• 종친과 측근 세력 대거 등용<br>• 호적·호패제 강화, 유향소 폐지<br>• 『경국대전』 편찬 시작 |
| **군제 개편** | 보법 실시, 5위와 진관 체제 확립 |
| **경제 정책** | 직전법 실시(현직 관료에게만 수조권 지급, 수신전·휼양전 폐지) |
| **문화 정책** | • 간경도감 설치하여 불경 간행<br>• 원각사와 원각사지 10층 석탑 건립<br>• 인지의와 규형 발명(토지 측량 기구) |

## 05 승정원

정답 ③

해설 제시문에서 임금의 명령을 받아 내보내고 받아들이는 왕명 출납의 일을 담당한다는 설명을 통해 ⊙이 승정원임을 알 수 있다.

③ 승정원의 주서 등은 왕의 일과 처리한 행정 사무, 의례적 사항 등을 기록한 일지인 『승정원일기』를 작성하였다.

오답 분석 ① 사간원에 대한 설명이다.
② 5품 이하의 관원 등용 시 가부를 승인하는 권한인 서경권은 대간(사간원, 사헌부)이 행사하였다.
④ 경연을 담당하였던 홍문관에 대한 설명이다.

## 06 조선 시대의 지방 행정 제도

정답 ③

해설 제시문에서 다섯 집마다 한 통(統)을 만들고, 통 안에 한 사람을 통수로 삼는다는 내용을 통해 조선 시대에 실시된 오가작통법임을 알 수 있다.

③ 조선 시대에 지방에서 행정, 사법, 군사권을 행사한 것은 수령이다. 고려 시대의 향리는 지방의 행정 업무를 담당하던 향촌 사회의 실질적인 지배 세력이었으나, 조선 시대에는 향리의 지위가 수령을 보좌하는 세습적인 아전으로 격하되었다.

오답 분석 ① 조선 시대에는 개성 등 군사적 요충지에 특수 행정 구역인 유수부를 설치하였다. 한편 정조 때 수원에 유수부가 설치되면서 개성, 강화, 수원, 광주의 4유수부 체제가 구축되었다.
② 조선 시대에는 상피제가 적용되어 친인척과 같은 관청에서 근무할 수 없고, 출신지나 연고지의 지방관이나 관찰사로 파견될 수 없었다.
④ 경재소는 조선 시대 지방의 유향소를 통제하기 위해 중앙에 설치된 기관으로, 지방의 유향소와의 연락을 담당하였다. 경재소의 책임자로는 해당 지방 출신의 고관이 임명되었다.

### 이것도 알면 합격

**조선의 지방 행정 조직**

| 행정 구역 정비 | • 전국을 8도로 나누고, 그 아래 부·목·군·현 설치<br>• 토지와 인구를 기준으로 행정 구역 정비, 모든 군·현에 지방관 파견<br>• 유수부: 개성·광주·강화 수원의 4도에 유수부 설치 |
|---|---|
| 중앙 집권 체제 강화 | • 상피제: 자기 출신지 지방관에 임명 금지<br>• 임기제: 지방관의 임기 설정(관찰사 1년, 수령 5년)<br>• 관찰사: 8도에 파견, 수령을 지휘·감독, 감찰권·행정권·사법권·군사권 보유<br>• 수령: 8도 아래 모든 군·현에 파견, 지방의 행정·사법·군사권 행사, 수령 7사 업무 수행<br>• 향리: 6방에 배속, 수령 아래에서 행정 실무를 보좌하는 세습적 아전으로 지위 격하 |
| 향촌 사회 기구 | • 유향소: 재지 사족들의 향촌 자치 기구, 수령 보좌, 향리 규찰<br>• 경재소: 유향소와 정부 사이 연락 담당, 유향소 감시·통제, 지방에 대한 중앙의 통제 강화 |

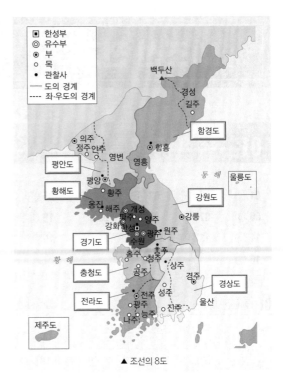

▲ 조선의 8도

## 07 조선의 중앙 통치 기관

정답 ②

해설 ⊙ (가) 성균관은 조선 시대 최고 국립 교육 기관으로서, 소과에 합격한 사람들(생원, 진사)에게 입학 자격이 주어졌다.
㉣ (라) 예문관은 임금의 교지를 작성하는 역할을 담당한 기관이다.

오답 분석 ㉡ (나) 승문원은 외교 문서의 작성을 담당한 기관이다. 한편 궁중의 서적 출판과 간행 업무를 관장한 기관은 교서관이다.
㉢ (다) 홍문관은 학술 연구, 정책 자문 등의 역할을 담당한 기관이다. 한편 발해의 중정대, 고려의 어사대와 같이 관리의 비리를 감찰하였던 기관은 사헌부이다.

### 이것도 알면 합격

**삼사의 기능(『경국대전』에 명시)**

| 사헌부 | 현행 정사를 토론하고 모든 관리를 규찰하며 풍속을 바로잡고 억울한 사정을 풀어 주며 협잡 행위를 단속하는 등의 일을 담당한다. |
|---|---|
| 사간원 | 임금의 잘못을 지적하고 관리들의 잘못을 규탄하는 일을 맡는다. 모두 문관을 쓴다. |
| 홍문관 | 왕궁 서고에 보관된 도서를 관리하고 문학과 관련된 일을 전공하며, 임금의 물음에 응한다. 모두 문관으로 임명하며, 제학(提學) 이상은 다른 직무의 관리로 하여금 겸하게 한다. 홍문관의 관리는 모두 경연관을 겸한다. |

## 08 조선의 관리 선발 제도

정답 ④

해설 ④ 알성시에 대한 설명이다. 증광시는 국가의 큰 경사가 있을 때 실시되었다.

① 음서는 2·3품 이상 관원의 자제를 대상으로 시험을 거치지 않고 관직에 등용하던 제도이다. 조선 시대의 음서는 고려 시대에 비해 대상이 축소되었고, 문과에 합격하지 않으면 고관 승진에 어려움이 있었다.

② 천거는 3품 이상 고관의 추천을 받은 관리를 등용하던 제도로, 대개 기존 관리를 대상으로 실시되었다.

③ 문과의 정기 시험인 식년시는 3년에 한 번씩 실시되었다.

### 이것도 알면 **합격**

**부정기 시험**

| 증광시 | 국가의 특별한 경사 시 실시 |
|---|---|
| 알성시 | 국왕이 성균관 문묘 제례 시 실시, 문과와 무과만 실시 |
| 백일장 | 시골 유생의 학문 장려 목적 |

## 09 김종직     정답 ③

해설 제시문은 「조의제문」으로, 「조의제문」을 지은 인물은 김종직이다.

③ 김종직은 김굉필, 김일손, 정여창 등의 제자들을 배출하였으며, 이들은 성종 때 과거를 통해 삼사 언관직에 진출하였다.

① 훈구 세력의 위훈 삭제를 주장한 인물은 조광조이다.

② 경북 안동의 병산 서원은 유성룡을 기리기 위해 세워진 서원이다. 한편 김종직을 추모하기 위해 경남 밀양에 예림 서원이 세워졌다.

④ '동방 이학의 조(祖)'라는 칭호로 불린 인물은 고려 말의 온건파 사대부였던 정몽주이다.

## 10 사화의 전개     정답 ①

해설 ① 순서대로 나열하면 ㉠ 갑자사화(1504) → ㉡ 중종반정 (1506) → ㉢ 기묘사화(1519) → ㉣ 을사사화(1545)가 된다.

㉠ 연산군 때 폐비 윤씨(연산군의 어머니) 사사 사건에 연루된 훈구와 사림이 숙청되었다(1504, 갑자사화).

㉡ 훈구 세력의 주도로 폭정을 일삼던 연산군을 몰아내고 중종을 옹립한 중종반정이 일어났다(1506). 이후 중종은 공신 세력을 견제하기 위해 조광조 등의 신진 사림 세력을 적극 등용하였다.

㉢ 훈구 세력은 조광조가 반역을 모의하였다는 주초위왕 사건을 꾸며 사림 세력을 정계에서 몰아냈다(1519, 기묘사화).

㉣ 명종이 즉위한 후 명종의 외척인 윤원형 등의 소윤 세력이 선왕인 인종의 외척인 윤임 등의 대윤 일파를 역적으로 몰아 숙청하였다(1545, 을사사화).

## 11 동인과 서인     정답 ②

해설 제시문에서 김효원을 지지한 ㉠은 동인이고, 심의겸을 지지한 ㉡은 서인이다.

② 기성 사림 중심의 서인은 척신 정치 청산에 소극적이었다.

① 인조반정을 주도한 붕당은 서인이다.

③ 정여립 모반 사건, 건저의 사건 등을 계기로 북인과 남인으로 분화된 붕당은 동인이다.

④ 사림은 정치적 이념은 물론 학문의 경향에 따라 동인과 서인으로 결집하였다. 동인은 조식과 이황의 학풍을 계승하였으며, 서인에는 이이와 성혼의 문인들이 가담하였다.

## 12 여진과의 관계     정답 ④

해설 제시문의 (가)에 대하여 조선이 시행한 정책은 여진에 대해 시행한 사민 정책과 관련된 내용이다.

④ 조선에서 보낸 일종의 외교 문서인 표전문의 내용이 불손하다는 구실로 표전문 작성을 주관한 정도전의 압송을 요구한 나라는 여진이 아닌 명이다.

① 김종서는 세종 때 함경도 관찰사로 임명되어 여진족을 토벌하고 6진을 개척하였다.

② 조선은 토관 제도를 시행하여 국경 일부 군현에 지방관을 파견하지 않고 토착민을 관리로 임명하였다. 이로써 이 지역의 주민들을 회유하고 국방력을 강화시키는 동시에 국경민이 이민족과 연결되는 것을 방지하고자 하였다.

③ 조선은 여진에 대한 회유책으로 국경 지역인 경성과 경원에 무역소를 설치하고 국경 무역을 허용하였다.

## 13 예송 논쟁     정답 ④

해설 ④ 예송 논쟁은 2차례 일어났는데, 1차 예송(기해예송)에서는 서인의 의견이 수용되었으나, 2차 예송(갑인예송)에서는 남인의 주장이 받아들여져 남인 정권이 경신환국 전까지 유지되었다.

① 예송 논쟁은 현종의 아버지인 효종의 왕위 계승에 대한 정통성을 둘러싸고 일어났다.

② 2차 예송(갑인예송)에서 남인은 기년설(1년설)을, 서인은 9개월설을 주장하였다.

③ 서인은 왕실과 사대부가 같은 예를 따라야 한다는 신권 강화의 입장이었다.

### 이것도 알면 **합격**

**예송 논쟁**

| 1차 예송<br>(기해<br>예송) | • 원인: 효종의 죽음에 대해 계모인 자의 대비가 몇 년 간 상복을 입어야 하는가에 대한 논쟁<br>• 입장: 서인(기년설, 1년설) VS 남인(3년설)<br>  – 서인은 왕실도 사대부와 같은 예법을 따라야 한다고 주장<br>  – 남인은 왕실과 사대부는 다른 예법을 따라야 한다고 주장<br>• 결과: 서인이 승리하여 정권 장악 |
|---|---|
| 2차 예송<br>(갑인<br>예송) | • 원인: 효종비의 죽음에 대해 계모인 자의 대비가 몇 년 간 상복을 입어야 하는가에 대한 논쟁<br>• 입장: 서인(9개월설) VS 남인(기년설, 1년설)<br>• 결과: 남인이 승리하여 정권 장악 |

## 14 계해약조
정답 ①

해설 제시문에서 세견선을 50척으로 하고, 3포에 머무를 수 있게 하였으며, 쓰시마 도주에게 쌀·콩 등 세사미두 200석을 준다는 내용을 통해 계해약조임을 알 수 있다.

① 계해약조(1443)는 세종 때 3포(부산포·제포·염포)를 개항(1426)한 이후 지나치게 무역량이 증가하자, 일본과의 무역량을 최대 세견선 50척, 세사미두를 200석으로 제한한 조약이다.

오답
분석
② 기유약조(1609)는 광해군 때 조선과 대마도주 사이에서 체결한 조약으로, 제한된 범위 내에서 일본과의 교섭을 허용한 조약이다. 이 조약에 따라 일본과의 교역이 1년에 세사미두 100석, 세견선 20척으로 제한되었으며, 일본 상인의 활동 지역은 부산의 왜관으로 제한되었다.

③ 임신약조(1512)는 중종 때 일본과 체결한 조약으로, 3포 중 제포만 개항하고, 세견선 25척, 세사미두 100석으로 무역 규모를 제한하였다.

④ 정미약조(1547)는 명종 때 사량진 왜변으로 중단되었던 일본과의 통교를 엄격한 통제 하에 재개한 조약으로, 세견선 25척으로 무역 규모 제한, 일본인에 대한 철저한 통제를 주 내용으로 하고 있다.

## 15 임진왜란의 전개 과정
정답 ③

해설 ③ 순서대로 나열하면 ⓒ 신립의 충주 탄금대 전투(1592. 4.) → ㉠ 이순신의 한산도 대첩(1592. 7.) → ⓛ 김시민의 진주 대첩(1592. 10.) → ㉣ 권율의 행주 대첩(1593. 2.)이 된다.

ⓒ 왜군이 조선에 침략하여 부산진과 동래성을 점령한 뒤 북상하자 신립은 충주 탄금대에서 배수의 진을 치고 결사적으로 싸웠지만 패하고 전사하였다(1592. 4.).

㉠ 이순신 장군은 학익진 전법을 통해 한산도 앞바다에서 왜의 수군을 격퇴하고 남해의 제해권을 장악하였다(1592. 7.).

ⓛ 진주 목사 김시민이 왜장 하세가와가 이끄는 왜군 2만여 명의 공격을 막아 진주성을 지켜냈다(1592. 10.).

㉣ 행주 산성에서 권율 장군의 지휘 하에 관군과 백성들이 합심하여 왜군을 격퇴하여 북상을 저지하였다(1593. 2.).

**이것도 알면 합격**

### 이순신이 활약한 해전

| 옥포 해전 (1592) | 이순신의 첫 번째 출전으로 옥포(거제도) 앞바다에서 왜군 격파 |
| --- | --- |
| 사천(사천포) 해전(1592) | 거북선을 최초로 실전에 투입하여 크게 승리 |
| 한산도 대첩 (1592) | • 한산도 앞바다에서 벌어진 전투에서 크게 승리하여 남해의 제해권 장악<br>• 김시민의 진주 대첩, 권율의 행주 대첩과 함께 임진왜란 3대 대첩 중 하나<br>• 학익진 전법 이용 |
| 명량 대첩 (1597) | • 정유재란 때 일어난 해전<br>• 이순신이 왜군 대파 |
| 노량 대첩 (1598) | 왜군과의 마지막 해전, 이 해전에서 이순신 전사 |

## 16 후금의 건국과 1차 나선 정벌 사이의 사실
정답 ③

해설 (가) 후금의 건국(1616)~병자호란의 발발(1636)
(나) 병자호란의 발발(1636)~1차 나선 정벌(1654)

③ 이괄의 난(1624)은 인조반정의 공신이었던 이괄이 제대로 된 보상을 받지 못한 것에 불만을 품고 일으킨 반란이다. 반란 진압 이후 그 잔당은 후금과 내통하여 후금의 조선 침입을 종용하였으며, 이는 정묘호란이 일어나는 계기가 되었다.

오답
분석
① 후금의 건국 이후 광해군이 명과 후금 사이에서 중립 외교 정책을 전개한 것은 사실이나, 이때의 집권 세력은 북인이었다. 서인은 중립 외교에 반대하며 인조반정을 주도하였고, 이후 친명 배금 정책을 전개하였다.

② 윤휴 등 남인이 청나라를 정벌하자는 북벌 운동을 전개한 것은 숙종 시기로, (나) 이후의 사실이다. 효종 때에는 서인을 중심으로 복수설치(청에게 복수를 하고 치욕을 씻자는 입장)를 위한 북벌 운동이 전개되었다. 이후 숙종 즉위 초에는 윤휴, 허적 등의 남인이 청 내부의 혼란(삼번의 난, 1673~)을 기회로 북벌을 추진할 것을 주장하였다.

④ 임진왜란 당시 조선을 도와준 명나라 신종과 마지막 황제인 의종의 제사를 지내는 만동묘가 설치(1704)된 것은 숙종 시기로, (나) 이후의 사실이다.

---

## 02 조선 전기의 경제와 사회
p.139-141

| 01 ② | 02 ④ | 03 ④ | 04 ④ | 05 ③ |
| --- | --- | --- | --- | --- |
| 06 ① | 07 ④ | 08 ③ | 09 ③ | 10 ③ |
| 11 ③ | 12 ④ | | | |

## 01 과전법과 관수 관급제
정답 ②

해설 제시된 도표의 (가)는 과전법, (나)는 관수 관급제이다.

② 과전법은 전국의 민전이 아닌 경기 지역에 한정하여 운영되었다.

오답
분석
① 과전법 체제에서는 전·현직 관리 모두에게 토지의 수조권이 지급되었다.

③ 관수 관급제는 직전법 체제하에서 수조권자인 관리들의 과다한 수취를 막기 위해 시행되었다.

④ 관수 관급제는 국가가 직접 조세를 수조하여 관리에게 지급하는 방식으로 운영되어 국가의 토지 지배력이 강화되었다.

## 02 과전법
정답 ④

해설 제시문에서 사대부를 우대하여 과에 따라 지급하고 재가하지 않은 아내나 자손에게 수신·휼양하게 하였다는 내용을 통해 (가) 제도가 과전법임을 알 수 있다.

④ 과전법 체제하에서 관리들을 품계에 따라 18과로 구분하였고, 이에 따라 차등을 두어 최고 150결에서 최하 10결의 토지를 수조지로 지급하였다.

오답
분석
① 과전법은 경기 지방의 전지만 지급하였고, 시지는 지급하지 않았다.

② 과전법은 토지가 없는 농민이 지주에게 토지를 빌리고 그 수확량의 절반을 지주와 소작인이 나누어 가지는 형태의 병작반수제를 금지하였다.

③ 정부에서 직접 조세를 거두어 관리에게 나누어준 것은 관수관급제이다.

## 03  공법
정답 ④

해설  제시문의 (가)에 들어갈 말은 공법이다.

④ 공법 하에서는 풍흉에 따라 토지를 9등급으로 매겨 조세를 수취하였다(연분 9등법). 6등급으로 나눈 것은 토지의 비옥도에 따른 것이다(전분 6등법).

오답
분석
① 세종 때 토지 비옥도에 따라 전분 6등법, 풍흉의 정도에 따라 연분 9등법으로 납부하는 공법을 제정하였다.

② 공법의 전분 6등법에서는 토지 등급에 따라 길이가 다른 자를 사용하였다.

③ 공법의 연분 9등법에서 1결당 최고 액수는 20두였고, 최하 액수는 4두였다.

## 04  조선 전기의 대외 무역
정답 ④

해설  ④ 조선 전기에는 주로 사신을 통한 공무역이 행하여졌으나 사무역도 허용되었다. 대표적으로 사신을 따라 명으로 간 역관들이 사무역을 전개하여 부를 축적하였다.

오답
분석
① 조선은 명에게 주로 인삼·가죽 등을 수출하고, 서적·약재·비단 등을 수입하였다.

② 조선은 일본으로부터 구리·황·향로·후추 등을 수입하고, 면포·약재·서적 등을 수출하였다.

③ 조선은 여진과 국경 지역인 경성·경원에 설치된 무역소를 통하여 옷감·철제 농기구 등을 수출하고, 말·모피 등을 수입하였다.

## 05  조선 전기의 경제 활동
정답 ③

해설  제시문에서 우리 동방의 문(文)은 송, 원, 한, 당의 문이 아닌 바로 우리나라의 문임을 강조하는 내용을 통해 이 글이 『동문선』임을 알 수 있으며, 『동문선』은 조선 전기 성종 대에 편찬되었다.

ⓒ 조선 전기인 15세기 후반~16세기 중엽 무렵 보부상은 장시에서 농산물, 수공업 제품, 수산물, 약재 등을 판매·유통하였다.

ⓒ 조선 전기에는 밑거름, 덧거름을 사용하는 등 시비법이 발달하여 연작이 가능해지고 휴경지가 감소하였다.

오답
분석
ⓒ 건원중보, 해동통보, 은병(활구), 삼한통보 등의 화폐를 만들어 사용한 것은 고려 시대이다.

ⓔ 이앙법이 전국적으로 보급된 것은 조선 후기의 사실이다. 이앙법은 조선 전기에도 소개되었으나 가뭄에 취약하다는 단점 때문에 일부 남부 지방에 제한적으로 실시되었으며, 수리 시설이 어느 정도 확충된 조선 후기에 이르러서야 전국적으로 보급되었다.

## 06  조선 전기의 상업
정답 ①

해설  ⓒ 조선 전기에는 전문 기술자인 장인을 공장안에 등록시켜 관리하고 물품을 생산하게 하는 관영 수공업이 성행하였다.

ⓒ 조선 전기에 시전 상인은 왕실이나 관청에서 필요로 하는 물품을 납품하는 대신 특정 상품에 대한 독점 판매권을 부여받았다.

오답
분석
ⓒ 화폐 유통이 활발해진 것은 조선 후기에 상품 화폐 경제가 발달하면서부터이다. 조선 후기 숙종 때 상평통보가 주조되어 널리 유통되었다. 조선통보는 세종·인조 때 주조된 화폐로, 널리 유통되지 못하였다.

ⓔ 경시서는 시전 상인의 불법 상행위를 감독·통제하는 관청으로, 지방의 장시를 통제하지는 않았다.

## 07  조선 시대의 신분 제도
정답 ④

해설  제시문은 조선 시대에 양반들이 중인들의 관직 진출에 제한을 두어야 한다고 주장하는 내용이다.

④ 양반의 첩에서 난 소생을 말하는 서얼은 중인과 같은 대우를 받았으며, 서얼금고법에 의해 문과에 응시가 불가능했으나 무과나 잡과 등을 통해 관직에 진출할 수 있었다.

오답
분석
① 조선 시대에는 본래 문무 양반의 관직을 받은 자만 사족으로 인정하였다.

② 조선 시대에 양반 사대부들은 자신들의 기득권을 지키기 위해 사족의 범위를 축소하는 등 배타적인 입장을 띠었다.

③ 조선 시대에는 양인과 천인으로 신분을 구분하는 양천제를 법제적인 신분제로 채택하였다.

**이것도 알면 합격**

**조선의 신분 제도**

| 양천제<br>(법제적) | 양인 | · 자유민, 양반·중인·상민 모두 포함<br>· 과거 응시 가능, 조세·국역 의무 담당 |
| --- | --- | --- |
| | 천인 | · 비자유민, 노비·의녀 등<br>· 개인이나 국가에 소속되어 천역 담당 |
| 반상제<br>(실제적) | 양반 | · 관료층(정치적)이자 지주층(경제적)<br>· 각종 국역 면제 |
| | 중인 | · 넓은 의미: 중간 신분 계층(기술관, 서얼, 향리)<br>· 좁은 의미: 기술관(역관, 의관 등)<br>· 대개 전문 기술이나 행정 실무 담당 |
| | 상민 | 농민(조세·공납·역의 의무), 수공업자, 상인, 신량역천 |
| | 천민 | 대부분 노비(매매·상속·증여의 대상), 백정 등 |

## 08  조선 시대의 노비
정답 ③

해설  ③ 조선 시대에 조례(관청의 잡역)·나장(형사)·일수(지방 고을 잡역)·조졸(조운)·수군·봉수군(봉수)·역졸(역의 잡역) 등은 신분은 양인이지만 천역을 담당한 신량역천이다.

오답
분석
① 조선 시대 노비는 재산으로 취급되었으며, 매매·상속·증여의 대상이었다.

② 조선 시대 노비는 비자유민으로, 개인이나 국가에 소속되었다.
④ 조선 시대 노비는 거주 이전의 자유가 없었으며, 과거 응시가 불가능하여 관직으로의 진출이 거의 불가능하였다.

## 09 조선 시대의 사법 제도 　　　　정답 ③

해설　ⓒ 조선 시대에 장례원은 노비와 관련된 문제들을 담당하는 기관이었다.
　　　ⓒ 조선 시대에 의금부는 국왕 직속의 상설 사법 기관으로, 대역·모반죄 등 왕권의 안위와 관계된 중죄 등을 처결하였다.

오답분석　ⓐ 고려 시대에 대한 설명이다. 고려 시대에는 중국의 『당률』을 참고한 법률을 시행하였으나, 대부분의 경우에는 관습법을 따랐다. 한편 조선 시대의 형법은 주로 『대명률』을 적용하였다.
　　　ⓔ 귀향형은 고려 시대의 형벌이다. 귀향형은 관리가 죄를 지으면 형벌로 자신의 본관지로 귀향시켜 특권을 박탈하는 형벌이었다.

## 10 유향소 　　　　정답 ③

해설　제시된 자료의 (가)는 유향소이다. 유향소는 지방 향촌 사회의 풍속을 교정하고 수령을 보좌하며 향리를 감찰하는 역할을 하였다.
　　　③ 주세붕이 최초로 설립한 것은 서원이다. 주세붕이 설립한 백운동 서원은 이후 이황의 건의에 따라 소수 서원으로 사액을 받아 국가로부터 토지·노비·서적을 지급받고 면세와 면역의 특권을 받았다.

오답분석　① 유향소는 수령을 보좌하고 향리를 감찰하며 향촌 사회의 풍속을 바로잡는 역할을 하였다.
　　　② 유향소는 고려의 사심관 제도에서 유래되었다. 조선 시대에 들어오면서 사심관 제도는 중앙의 경재소와 지방의 유향소로 분화되었다.
　　　④ 유향소는 지방 사족들이 운영하는 향촌 자치 기구로, 좌수·별감 등의 향임이 있었다.

**이것도 알면 합격**

**유향소와 경재소**

| 유향소 | • 지방 사족들의 향촌 자치 기구<br>• 수령 보좌·향리 규찰·풍속 교정 등을 담당<br>• 좌수와 별감을 임원으로 선출 |
|---|---|
| 경재소 | • 해당 지방 출신의 중앙 관리들로 구성<br>• 유향소를 통제하는 역할 담당(유향소와 정부 사이 연락 담당)<br>• 향촌 사회에 대한 중앙 정부의 통제 강화에 기여 |

## 11 향약 　　　　정답 ③

해설　제시문에서 가입을 원하는 자에게 규약문을 보여주고 이를 이행하기로 하면 약정에게 바치도록 한다는 내용을 통해 이 조직이 향약임을 알 수 있다.

③ 군현마다 하나씩 설립되었고, 중앙에서 교수를 파견한 것은 조선 시대의 지방 교육 기관인 향교이다. 향교는 지방의 중등 교육 기관으로 성현에 대한 제사, 유생들의 교육, 지방민의 교화를 담당하였다.

오답분석　① 향약을 통해 사림 세력이 향촌 사회 내에서 강력한 지배력을 행사하게 되었다.
　　　② 향약은 덕업상권, 과실상규, 예속상교, 환난상휼 등을 주요 강령으로 하여 운영되었다.
　　　④ 향약은 지방 사림의 지위를 강화하였지만, 한편으로는 지방 유력자에 의한 주민 수탈의 기반을 제공하는 부작용도 있었다.

**이것도 알면 합격**

**향약**

| 기원 | 중종 때 조광조에 의해 처음 시행 |
|---|---|
| 기능 | 유교 윤리 보급 |
| 구성 | • 간부: 약정(도약정, 부약정), 직월, 유사<br>• 양반에서 천민까지 포함(여성, 어린이도 포함) |
| 역할 | • 사림의 지위 강화<br>• 향촌·풍속 교화, 향촌 질서 유지, 치안 담당 등 향촌의 자치적 기능 수행 |
| 덕목 | 덕업상권, 예속상교, 과실상규, 환난상휼 |

## 12 조선 전기의 족보 　　　　정답 ④

해설　④ 『안동 권씨 성화보』는 현존하는 가장 오래된 족보로, 명종 때가 아닌 성종 때 간행되었다. 명종 때 간행된 족보는 『문화 류씨 가정보』이다.

오답분석　①, ②, ③ 조선 전기에 간행된 족보인 『안동 권씨 성화보』는 자녀를 출생 순서에 따라 기재하였으며, 딸이 재혼하였을 경우 재혼한 남편의 이름을 기재하였다. 또한 자녀가 없는 사람은 무후라고 기재하였으며, 양자를 들인 사례가 거의 없는 것으로 기록되어 있다.

---

**03　조선 전기의 문화** 　　　p.148-151

| 01 ④ | 02 ② | 03 ④ | 04 ④ | 05 ③ |
|---|---|---|---|---|
| 06 ③ | 07 ② | 08 ① | 09 ③ | 10 ① |
| 11 ① | 12 ① | 13 ④ | 14 ④ | 15 ① |
| 16 ③ | | | | |

## 01 훈민정음(한글) 　　　　정답 ④

해설　제시문에서 문자가 서로 통하지 못하여 새롭게 스물 여덟 글자를 만들었다는 내용을 통해 ㉠이 세종 때 창제된 훈민정음(한글)임을 알 수 있다.

④ 한글 창제에 대해 최만리, 하위지 등의 양반 관료층은 중국의 글자를 버리는 것은 오랑캐와 같아지는 것이라며 반대하였다.

오답분석 ① 세종 때 왕실의 덕을 찬양한 「용비어천가」와 더불어, 석가의 전기를 기록한 『석보상절』과 「월인천강지곡」 등의 불교 서적이 한글로 간행되었다.

② 조선 성종 때 『삼강행실도』를 한글로 풀이한 언해본이 간행되어 유교 윤리가 백성들에게 보급되었다. 『삼강행실도』는 세종 시기에 편찬된 윤리서로, 우리나라와 중국의 서적에서 군신·부자·부부의 삼강에 모범이 될만한 충신·효자·열녀의 행실을 모아 그림을 그리고 설명을 덧붙인 것이다.

③ 세조는 간경도감을 설치하여 많은 불교 경전을 한글로 번역하여 간행하였으며, 세종이 지은 「월인천강지곡」과 자신이 지은 『석보상절』을 합편한 『월인석보』를 한글로 간행하였다.

## 02 성균관
정답 ②

해설 제시문에서 조선 시대의 교육 기관이며, 생원·진사가 입학하였다는 내용을 통해 (가)가 성균관임을 알 수 있다. 성균관에는 유교 경전을 공부하기 위한 명륜당, 공자의 위패를 모시는 대성전, 존경각이라는 도서관, 학생들이 머무는 기숙사인 동재와 서재 등이 있었다.

② 성균관의 소속 학생은 군역에서 면제되었다.

오답분석 ① 유학부와 기술학부로 구성된 최고 교육 기관은 고려 시대의 국자감(국학)이다. 조선 시대의 성균관은 유학 교육만을 담당하였다.

③ 군현의 크기와 인구에 비례하여 90명~30명으로 차등을 두어 정원을 배정하였던 교육 기관은 향교이다.

④ 성적 우수자에게 소과의 초시를 면제해주었던 교육 기관은 향교이다. 한편 성균관의 성적 우수자에게는 대과의 초시가 면제되었다.

## 03 세종 대의 과학 기술
정답 ④

해설 제시문은 세종 대에 편찬된 『칠정산』에 대해 설명하고 있다.

④ 세종 대에는 시간 측정 기구(앙부일구, 자격루), 강우량 측정 기구(측우기), 천체 관측 기구(혼천의) 등이 제작되었다.

오답분석 ① 인지의와 규형은 세조 때 제작된 토지 측량 기구이다.

② 천상열차분야지도는 조선 태조 때 고구려의 천문도를 토대로 제작되었다.

③ 『경국대전』의 편찬은 세조 대에 시작되었다. 조선의 최고 법전인 『경국대전』은 세조 대에 편찬이 시작되어 성종 대에 완성되었다.

## 04 서원
정답 ④

해설 제시문에서 선비들의 학문과 수양을 위한 것이며, 사당을 세워 한 시대에 밝게 알려져서 사표가 될 만한 인물을 향사(제사)한다는 것을 통해 (가)가 서원임을 알 수 있다. 서원은 학문의 연구와 선현의 제사를 위해 설립된 사설 교육 기관이다.

④ 최초의 서원은 중종 때 풍기 군수 주세붕이 안향의 제사를 지내기 위해 설립한 백운동 서원이며, 백운동 서원은 명종 때 이황의 건의로 소수 서원으로 사액되었다. 한편 조광조는 중종 때 현량과의 실시, 소격서 폐지 등 급진적인 개혁 정책을 주장한 인물로, 향촌의 자치와 유교적 가치관의 보급을 위해 향약을 실시할 것을 주장하였다.

오답분석 ① 서원은 붕당의 근거지로, 지방 사족의 공론을 조성하고 당파의 결속을 강화하여 붕당의 토대가 되었다.

② 조선 시대의 서원은 국가의 공인(사액 : 임금이 사당이나 서원 등의 이름을 지어서 새긴 액자를 내리는 일)을 받으면 면세·면역 등의 특권이 부여되었다.

③ 영조는 붕당 정치의 뿌리를 없애기 위해 산림의 존재를 부정하고, 그들의 본거지인 서원을 대폭 정리하였다.

## 05 조선의 인쇄술
정답 ③

해설 ③ 세종에 대한 설명이다. 세종은 밀랍 대신 식자판을 조립하는 방법을 창안하여 종전보다 인쇄의 능률을 높였다.

오답분석 ① 태종 때 주자소를 설치하고, 계미자를 주조하였다.

② 세종 때 경자자(庚子字), 갑인자(甲寅字) 등의 금속 활자가 주조되어 이전의 태종 때 주조된 계미자에 비해 인쇄가 편리해졌다.

④ 조선 시대에 종이를 전문적으로 생산하는 조지서가 설치되어 서적에 필요한 여러 가지 종이를 제조, 관리하였다.

## 06 『농사직설』
정답 ③

해설 제시문에서 조선의 실정에 맞는 농법을 소개하기 위해서 각 도의 농민들에게서 농사 경험을 듣고 이를 정리하여 편찬한 농서는 『농사직설』이다.

③ 『농사직설』에는 논에 볍씨를 뿌려 그대로 키우는 직파법, 못자리에서 키운 벼의 모를 논에 옮겨 심어 재배하는 묘종법 등이 소개되었다.

오답분석 ① 서호수가 정조의 명으로 편찬한 책은 『해동농서』이다. 『해동농서』는 우리나라의 농학을 중심으로 중국의 농업 기술을 선별적으로 수용하여 체계화한 농서이다.

② 명종 때 간행된 흉년에 대비한 책은 『구황촬요』이다.

④ 성종 때 강희맹이 금양(현재 경기도 시흥과 과천 일대)에서 직접 농사 지은 경험을 바탕으로 저술한 책은 『금양잡록』이다.

## 07 조선 성종 때 편찬된 서적
정답 ②

해설 제시문은 조선 성종 때 편찬된 『악학궤범』의 서문이다. 『악학궤범』은 성현이 편찬한 음악 이론서로, 음악의 원리와 역사, 악기, 무용, 의상 등을 망라하여 정리하였다.

② 『동문선』은 조선 전기 성종 때 간행된 서적이다. 『동문선』은 서거정이 삼국 시대부터 조선 시대까지 뛰어난 시와 산문을 모아 간행한 시문집이다.

오답분석 ① 『이륜행실도』는 중종 때 간행된 윤리서로, 연장자와 연소자(장유유서), 친구 사이(붕우유신)에서 지켜야 할 윤리를 강조하였다.

③ 『양화소록』은 세조 때 강희안이 꽃과 나무의 재배법을 저술한 농서이다.

④ 『동사강목』은 조선 후기 정조 때 간행된 서적으로, 안정복이 고조선부터 고려 말까지 역사를 강목체 형식의 편년체 통사로 서술한 역사서이다. 성종 때 편찬된 대표적인 역사서로는 서거정이 편찬한 『동국통감』이 있다.

## 08 조선 전기의 편찬 사업  정답 ①

해설 ① 현존하는 우리나라 최고(最古)의 의학 서적은 고려 시대에 편찬된 『향약구급방』이다. 한편 『향약집성방』은 우리 풍토에 알맞은 약재와 치료 방법을 개발·정리하여 세종 때 편찬된 의서이다.

오답 분석
② 『농사직설』은 우리나라 풍토에 맞는 농법을 정리한 농서이다.
③ 『칠정산』은 중국의 수시력을 참고하여 「내편」을, 이리비아의 회회력을 참고하여 「외편」으로 제작된 역법서이다.
④ 조선방역지도는 명종 때 제작된 것으로 추정되는 지도로, 만주와 대마도를 우리 영토로 표기하였다.

## 09 조선 시대의 통치 기록  정답 ③

해설 ③ 춘추관에서 정기적으로 편찬한 것은 『등록』이 아닌 『시정기』로, 각 관청에서 작성한 업무 일지인 『등록』을 모아 『시정기』를 편찬하였다.

오답 분석
① 『국조보감』은 『실록』 중 역대 국왕의 업적 및 훌륭한 언행 등을 발췌하여 기록해 놓은 편년체 사서로, 왕들의 정치 참고서로 이용되었다.
② 『의궤』는 왕실 관련 행사나 국가 행사의 주요 내용을 정리한 그림 및 기록으로, 현재는 임진왜란 이후에 제작된 『의궤』만 남아 있다.
④ 조선 시대에는 『실록』 편찬의 공정성을 확보하기 위해 전 왕이 죽은 후, 다음 왕의 즉위 초에 『실록』을 편찬하였다.

## 10 이황  정답 ①

해설 제시문은 이의 중요성을 강조하는 입장으로, 이황이 주장한 것이다.
① 이황은 『주자대전』에서 중요한 내용을 발췌하여 『주자서절요』를 편찬하였다.

오답 분석
② 서리망국론을 통해 서리의 폐단을 비판한 인물은 조식이다.
③ 『성학집요』, 『격몽요결』 등을 저술한 것은 이이이다. 이이는 현명한 신하가 군주에게 성학을 가르쳐 그 기질을 변화시켜야 한다고 주장한 『성학집요』와, 성리학 초심자들을 가르치기 위한 아동 수신서로 『격몽요결』 등을 집필하였다.
④ 서경덕에 대한 설명이다. 서경덕은 이보다 기를 중심으로 세계를 이해하였고, 불교와 노장 사상에 개방적이었으며, 기일원론을 제시하여 이이의 주기론에 영향을 끼쳤다.

---

## 11 이이  정답 ①

해설 제시문에서 이와 기는 둘이면서도 분리가 불가능하다고 보고, 이와 기는 서로 떨어지지 않을 수 없으나 묘하게 결합되었다(이기지묘)는 내용을 통해서 상대적으로 기의 역할을 강조하는 일원론적 이기이원론을 주장한 율곡 이이임을 알 수 있다.

① 수미법은 방납의 폐단을 시정하기 위해 현물 대신 쌀을 납부하도록 하는 공납 제도의 개혁안으로, 이이, 조광조, 유성룡 등이 주장하였다. 수미법은 당시에는 실시되지 못하였다가 광해군 때 대동법으로 시행되었다.

오답 분석
② 경북 안동의 예안 지방에서 시행하기 위해 중국의 여씨 향약을 본뜬 예안 향약을 만든 것은 이황이다. 한편 이이는 서원 향약(청주)과 해주 향약을 시행하였다.
③ 삼강오륜의 윤리를 설명하고 중국과 우리나라의 역사를 적은 아동용 학습서인 『동몽선습』을 편찬한 것은 박세무이다. 한편, 이이는 성리학 초심자들을 가르치기 위한 아동 수신서로 『격몽요결』을 편찬하였다.
④ 『성학십도』에서 군주 스스로가 성학을 따를 것을 제시한 인물은 이황이다. 이이는 『성학집요』에서 현명한 신하가 성학을 군주에게 가르쳐 그 기질을 변화시킬 것을 제시하였다.

## 12 조선 전기의 불교  정답 ①

해설 밑줄 친 '이 탑'은 조선 세조 때 만들어진 원각사지 10층 석탑이다.
① 세조는 간경도감을 설치하여 불교 경전을 한글로 번역·간행하고 보급하는 등 적극적인 불교 진흥책을 펼쳤다.

오답 분석
② 왕실의 지원으로 화엄종이 융성하였던 것은 고려 초기의 사실이다.
③ 고려 초 광종 대의 사실이다. 10세기인 광종 때 승려 제관과 의통은 남중국에 파견되어 천태학을 전하였다. 의통은 천태종의 16대 교조가 되었으며, 제관은 천태종의 사상을 요약한 『천태사교의』를 저술하였다.
④ 조선 후기의 사실이다. 18세기에는 부농과 상인의 지원을 받아 부안 개암사, 논산 쌍계사와 같은 장식성이 강한 사원 건물이 세워졌다.

## 13 조선 시대의 불교 정책 정답 ④

해설 ④ 승과 제도를 다시 시행한 왕은 중종이 아닌 명종이다. 명종은 모후인 문정 왕후의 불교 지원으로 승려 보우가 중용되고 승과 제도를 다시 시행하였다. 중종 대에는 조광조의 건의로 승과 제도가 폐지되었다.

오답 분석 ① 태종은 억불 정책을 실시하여 사원의 토지와 노비를 몰수하였다.

② 세종은 불교 종파를 선종과 교종으로 정리하고, 선종과 교종을 합하여 36개의 사찰만 인정하였다.

③ 성종은 승려가 출가할 때 국가가 그 신분을 공인해주던 제도인 도첩제를 폐지하였으며, 세조 때에 설치된 간경도감을 폐지하였다.

### 이것도 알면 **합격**

#### 조선 전기의 불교 정책

| 정비 | 태조 | 억불: 도첩제 실시(승려의 수 제한), 사원의 지나친 건립 금지 |
|---|---|---|
| | 태종 | 억불: 사원의 토지와 노비를 몰수, 전국의 사원 242개만 공인 |
| | 세종 | 선·교 양종 36개의 사찰만 인정 |
| | 성종 | 억불: 간경도감 폐지, 도첩제 폐지 |
| 유지 · 중흥 | 세조 | 억불 일시 완화: 간경도감을 설치하여 많은 불경을 한글로 번역, 대원각사·원각사지 10층 석탑 건립 |
| | 명종 | 일시적인 회복: 문정 왕후의 후원으로 일시적인 불교 회복 정책 추진, 보우가 중용되고 중종 때 폐지된 승과 제도가 일시적으로 부활 |

## 14 조선 시대의 궁궐 정답 ③

해설 ③ 세종 때 제작된 물시계인 자격루와 천체 관측 기구인 간의대가 있었던 곳은 경희궁이 아닌 경복궁이다.

오답 분석 ① 경복궁은 태조 이성계가 한양으로 도읍을 옮기고 창건한 조선의 정궁으로, 큰 복을 누리라는 뜻에서 '경복'이라고 명명하였다. 한편, 경복궁은 임진왜란 때 불에 탄 이후 고종 때 흥선 대원군이 중건하였다.

② 창덕궁은 태종 때 지어진 이후 임진왜란 때 소실되었으나, 광해군 때 중건되었다. 창덕궁은 경복궁이 중건될 때까지 조선의 법궁 역할을 하여, 조선 시대 가장 오랜 기간 왕이 거처하면서 정사를 펼쳤던 궁궐이다.

④ 조선 시대 궁궐이 처음 건립된 순서대로 나열하면 (가) 경복궁(태조) → (나) 창덕궁(태종) → (다) 경희궁(광해군)이 된다.

## 15 15~16세기의 건축물 정답 ①

해설 ㉠ 안동 도산 서원은 서원 건축이 활발하게 전개된 16세기의 건축물이다.

㉡ 강진 무위사 극락전은 15세기의 건축물로, 주심포 양식과 맞배 지붕이 특징이다.

---

오답 분석 ㉢ 김제 금산사 미륵전은 17세기의 건축물로, 겉모양이 3층으로 된 건물이면서 내부가 통층 구조인 것이 특징이다.

㉣ 논산 쌍계사 대웅전은 18세기의 건축물로 화려한 장식성이 특징이다.

## 16 조선 전기의 문화 정답 ③

해설 자료의 『총통등록』은 조선 전기 세종 때 편찬된 것으로 화약 무기의 제작과 그 사용법을 정리한 병서이다.

③ 『향약구급방』은 고려 시대에 편찬된 것이다. 세종 때 우리 풍토에 알맞은 약재와 치료 방법을 개발·정리한 의서는 『향약집성방』이다.

오답 분석 ① 조선 전기 문종 때 고조선부터 고려 말까지의 전쟁사를 정리한 『동국병감』이 편찬되었다.

② 조선 전기 세종 때 한글이 창제된 이후 「용비어천가」, 「월인천강지곡」, 『석보상절』 등이 한글로 간행되었다.

④ 조선 전기 세종 때 편찬한 『의방유취』는 동양 의학을 집대성한 의학 백과사전이다.

### 조선 전기 적중 마무리문제 01 p.152~153

| 01 ② | 02 ① | 03 ③ | 04 ① | 05 ② |
|---|---|---|---|---|
| 06 ① | 07 ① | 08 ④ | | |

## 01 성종의 업적 정답 ②

해설 제시문은 국가가 조세를 거두어 관리에게 나누어주는 관수관급제에 대한 설명으로, 이를 통해 밑줄 친 '임금'이 성종임을 알 수 있다.

② 성종은 성균관 유생들의 학문 연구를 고취시키기 위하여 성균관에 도서관인 존경각을 짓게 하였다.

오답 분석 ① 승려가 출가할 때 국가가 허가증을 발급하여 신분을 공인해주는 제도인 도첩제를 실시한 왕은 태조이다. 한편, 성종은 유교적 이상 정치를 추구하기 위해 도첩제를 폐지하여 승려의 출가를 금지하였다.

③ 문하부 낭사를 사간원으로 독립시킨 왕은 태종이다.

④ 이종무로 하여금 왜구의 근거지인 쓰시마 섬을 정벌하게 한 왕은 세종이다.

## 02 조선의 지방 행정 조직 정답 ①

해설 ㉠ 조선의 8도에는 관찰사가 파견되었는데, 이들은 도내의 행정·군사·사법권을 장악하고 수령을 지휘·감독하였다.

㉡ 조선의 수령은 국왕의 대리인으로 지방에서 행정·사법·군사권 등을 행사하였다.

오답 분석 ㉢ 유향소는 이시애의 난을 후원했다는 이유로 세조 때 폐지되었다. 이후 유향소는 성종 때 부활하였다.

ⓔ 좌수·별감 등이 중심이 되어 수령을 보좌한 것은 유향소이다.

## 03 조선 시대의 군사 제도
정답 ③

해설 제시문에서 조선 초기에 시행되었으며 많은 외적의 침입을 막는 데 어려움이 있었다는 내용을 통해 (가)는 진관 체제, 16세기 후반에 시행되었다는 내용을 통해 (나)는 제승방략 체제임을 알 수 있고, 임진왜란 이후 (가) 체제로 복구하고 지방군을 정비하였다는 내용을 통해 (다)는 속오군 체제임을 알 수 있다.
③ (다) 속오군은 신분 구분 없이 양반에서 노비까지 편성된 군사 조직이었다. 이들은 평상시에 생업에 종사하다가 농한기에 군사 훈련을 받았으며, 유사시에 전쟁에 동원되었다.

오답 분석
① 거점 지역에 각 지역의 군역 대상자들이 모여 중앙에서 파견되는 징수가 지휘한 군사 세력는 (나) 제승방략 체제이다.
② 지방군을 육군과 수군으로 나누어 국방상의 요지에 설치된 영과 진에 배치한 군사 조직은 조선 초기의 영진군이다.
④ 명나라의 『기효신서』를 바탕으로 편제된 것은 (다) 속오군이다. 진관 체제와 제승방략 체제는 『기효신서』와 관련이 없다.

### 이것도 알면 합격

**조선 시대 지역 방어 체제의 변화**

**진관 체제(15세기, 세조)**
· 지역 단위 방어 체제
· 수령이 군대를 통제
· 소규모 침입에 유리(대규모 침입에 취약)

⇩

**제승방략 체제(16세기 후반, 임진왜란 직전)**
· 지역 연합 방어 체제
· 중앙에서 파견된 고위 관리가 지휘
· 대규모 침입에 유리
· 전방의 군대가 무너지면 후방이 비게 되어 방어가 불가하다는 단점

⇩

**진관 체제 / 속오군 체제(임진왜란 이후)**
· 제승방략 체제가 무력화되면서 진관 복구
· 양반에서 천민까지 전 계층으로 편성
· 평상시 생업에 종사, 유사시 전투에 동원(병농일치의 형태)

## 04 조선 시대의 수취 제도
정답 ①

해설 ① 조선 시대에 평안도와 함경도는 잉류 지역으로, 조세를 자체 소비하는 지역이었기 때문에 조세를 중앙으로 보내지 않았다.

오답 분석
② 공납에는 정기적으로 납부하는 상공, 부정기적으로 납부하는 별공이 있었다.
③ 조선 성종 때에는 경작하는 토지 8결을 기준으로 1인을 요역에 동원하였고, 1년에 6일 이내로 동원을 제한하였다.

④ 공법 이전인 과전법 하에서는 수확량의 1/10을 원칙으로 하여 수취하였으며, 대개 1결당 30두 정도였다.

### 이것도 알면 합격

◎ **조선 시대의 수취 제도(조세·공납·역)**

| 조세 | 토지에 부과되는 세금(전세) |
|---|---|
| 공납 | 특산물 등의 현물을 각 가호(家戶)마다 부과 |
| 역 | 16세 이상의 정남(丁男)에게 부과한 군역과 요역 |

◎ **조선 시대의 조운 제도**

| 특징 | 현물로 받은 지방의 조세를 서울까지 운반하기 위한 제도로, 호조에서 관할하였음 |
|---|---|
| 운송 | 조창에 조세를 임시 보관하였다가 바다와 강을 통해 서울의 경창으로 운송 |
| 잉류 지역 | · 평안도·함경도: 군사비와 사신 접대비로 자체 소비<br>· 제주도: 조세를 자체 소비 |

## 05 서원
정답 ②

해설 제시문에서 전례에 없던 것으로 주세붕이 창건하였다는 내용을 통해 (가)가 서원임을 알 수 있다. 최초의 서원은 중종 때 주세붕이 안향을 제사 지내기 위해 설립한 백운동 서원이며, 백운동 서원은 명종 때 이황의 건의로 소수 서원으로 사액되었다.
② 수령을 보좌할 목적으로 설치된 기구는 유향소이다.

오답 분석
① 흥선 대원군은 붕당의 근거지로 작용하는 서원을 47개소만 남기고 모두 철폐하였다.
③ 서원은 향약과 함께 향촌 사회에서 사림을 결집시키고 지위를 강화하는 역할을 하여, 조선 후기의 사림들은 서원을 중심으로 공론을 형성하고 정치적 여론을 반영하였다.
④ 서원은 선현에 제사를 지내고 성리학을 연구하며, 인재 교육을 담당하는 사립 교육 기관이었다.

## 06 세종 대의 과학 기술
정답 ①

해설 제시문에서 전품의 등급과 연분의 높고 낮음을 분간하여 조세 받는 법을 정하라는 것을 통해 공법의 시행과 관련된 내용임을 알 수 있으며, 공법이 시행된 것은 세종 때이다.
① 윤리서인 『이륜행실도』가 간행된 것은 중종 때이다. 『이륜행실도』에서는 연장자와 연소자(장유유서), 친구 사이(붕우신의)에서 지켜야 할 윤리를 강조하였다. 세종 때 모범이 될만한 충신, 효자, 열녀 등의 행적을 모아 그림으로 그리고 설명을 붙인 윤리서인 『삼강행실도』가 편찬되었다.

오답 분석
② 세종 때 동양 의학을 집대성한 의학 백과사전인 『의방유취』가 편찬되었다.
③ 세종 때 금속 활자인 경자자(1420), 갑인자(1434), 병진자(1436)가 주조되었다.
④ 세종 때 화약 무기의 제조법과 사용법을 정리한 병서인 『총통등록』이 편찬되었다.

## 07 이황 　　　　　　　　　　　　　　　정답 ①

해설　제시문은 『성학십도』에서 이상적인 군주에 대하여 이황이 주장한 내용이다. 이황은 군주 스스로의 노력을 통해 성학을 체득해야 한다고 주장하였다.

① 이황의 사상은 임진왜란 이후 일본에 전해져 일본 주자학(성리학) 발달에 큰 영향을 끼쳤다.

오답분석
② 양명학과 노장 사상의 영향을 받아 주자의 학설을 비판한 인물은 박세당이다.

③ 일반민을 도덕 실천의 주체로 인정하고 신분제 폐지를 주장한 인물은 정제두이다.

④ 6경과 제자백가에서 성리학의 모순을 해결할 사상적 기반을 찾으려고 한 인물은 윤휴와 박세당이다.

## 08 조선 전기의 문화 　　　　　　　　　　정답 ④

해설　ⓒ 조선 전기 성종 때 민간에 떠도는 설화를 모은 『필원잡기』가 쓰여졌으며, 중종 때에는 수필체 성격의 설화 문학인 『용재총화』가 쓰여졌다.

② 조선 전기 성종 때 동동, 처용가 등이 한글로 수록된 『악학궤범』이 편찬되었다. 『악학궤범』은 성현이 음악의 원리와 역사, 악기, 무용, 의상 및 소도구까지 정리하여 편찬한 음악 이론서이다.

오답분석
③ 진경 산수화와 풍속화가 유행한 것은 조선 후기의 일이다. 대표적인 진경 산수화 화가로는 정선이 있으며, 풍속 화가로는 김홍도, 신윤복 등이 있다.

ⓒ 당의 선명력은 신라 때부터 고려 시대까지 역법으로 사용되었다.

---

## 조선 전기 적중 마무리문제 02 　p.154-155

**01** ②　　**02** ④　　**03** ③　　**04** ③　　**05** ②
**06** ④　　**07** ④　　**08** ②

## 01 정묘호란 　　　　　　　　　　　　　정답 ②

해설　제시문에서 갑자년(1624)에 일어난 반란(이괄의 난) 이후에 오랑캐들이 서쪽 변방으로 쳐들어와서 강화도로 피난하였다는 내용을 통해 정묘호란(1627)에 대한 내용임을 알 수 있다.

② 정묘호란 때 용골산성에서 정봉수가, 의주에서는 이립 등이 의병을 일으켜 후금에 항전하였다.

오답분석
① 소현 세자와 봉림 대군이 청에 인질로 끌려가게 된 것은 병자호란의 결과이다.

③ 북방의 여진족을 몰아내고 4군 6진을 개척한 것은 세종 때의 사실로, 정묘호란과는 관련이 없다. 세종 때 압록강 방면에 최윤덕을, 두만강 방면에 김종서를 파견하여 여진을 토벌하고 4군 6진을 설치하였다.

④ 비변사가 상설 기구로 발전하는 계기가 된 것은 명종 때 일어난 을묘왜변(1555)이다.

## 02 조선의 관리 선발 제도 　　　　　　　정답 ④

해설　ⓒ 잡과는 기술관 선발 시험으로 초시, 복시만 시행되었다.

② 승과는 국초에, 그리고 명종 때 실시되었다는 기록이 있으나 실제로는 거의 실시되지 않았다.

오답분석
③ 서얼은 과거 시험 중 문과에는 응시가 불가하였으나, 무과·잡과에는 응시할 수 있었다.

ⓒ 성균관은 유학 교육 기관이었으므로 잡과 응시생은 입학할 수 없었다.

## 03 조광조 　　　　　　　　　　　　　　정답 ③

해설　제시문에서 시행한 것에 지나침이 있었다는 내용과 기묘(己卯)의 실패 등을 통해 밑줄 친 '그'가 기묘사화로 죽임을 당한 조광조임을 알 수 있다.

③ 조광조는 성리학적 통치 규범을 확립하기 위해 소격서를 폐지하여 도교 행사를 금지하도록 할 것을 주장하였다.

오답분석
① 「조의제문」을 작성하여 세조의 왕위 찬탈을 비판한 인물은 김종직이다.

② 향촌 사회를 안정시키고자 해주 향약을 만들어 보급한 인물은 이이이다.

④ 『경제문감』을 저술하여 민본적 통치 규범을 마련하고, 재상 중심의 정치를 주장한 인물은 정도전이다.

## 04 조선 전기의 토지 제도 　　　　　　　정답 ③

해설　제시문에서 (가)는 과전법, (나)는 직전법, (다)는 관수 관급제이다.

ⓒ (나) 직전법은 거듭되는 흉년과 왜구의 침입으로 국가 재정이 악화되어 조선 명종 때 폐지되었고, 이후 관리들에게는 녹봉만 지급되었다.

ⓒ (다) 관수 관급제는 (나) 직전법 체제하에서 수조권자인 관리들이 과도하게 수취를 하는 폐단을 시정하고자 실시되었다.

오답분석
③ 관료들에게 전지와 시지를 함께 지급한 토지 제도는 고려 시대의 전시과이다. 과전법은 관리들에게 과전에 대한 수조권만을 지급하였다.

② 조선 전기의 토지 제도는 (가) 과전법(공양왕, 1391) - (나) 직전법(세조, 1466) - (다) 관수 관급제(성종, 1470)의 순서로 실시되었다.

## 05 직전법 　　　　　　　　　　　　　　정답 ②

해설　제시문에서 과전을 폐지하고 시행하려 한다는 것과 관직에서 물러난 신하들은 토지를 가질 수 없게 된다는 내용을 통해 (가)에 들어갈 토지 제도가 직전법임을 알 수 있다.

③ 직전법에서는 수신전과 휼양전이 폐지되어 토지의 세습이 금지되었다.

② 직전법이 시행됨에 따라 토지를 세습할 수 없게 되자, 관리들의 수조권 남용이 심화되는 결과를 가져왔다.

오답<br>분석 ⓒ 국가에서 직접 세금을 거두어 관리에게 지급한 것은 성종 때 실시된 관수 관급제이다.
ⓒ 직전법에서는 현직 관리에게 조세의 징발권(수조권)만을 부여하였다. 한편, 해당 지역의 조세를 수취하는 것은 물론 농민의 노동력도 징발할 수 있었던 것은 고대의 녹읍과 식읍이다.

## 06 향약 정답 ④

해설 제시문에서 도약정, 부약정, 직월 등 향약의 간부들을 일컫는 말들을 통해 (가)가 향약임을 알 수 있다.
④ 향약은 오가작통제를 중심으로 하지 않았다. 오가작통제는 이웃하는 다섯 가구를 하나의 통으로 묶고 여기에 통주(통수)를 두어 통주가 통을 관장하도록 하여 부세와 군역을 안정적으로 확보하기 위하여 시행된 제도이다.

오답<br>분석 ① 조광조는 개혁 정치의 일환으로 향촌 자치와 안정화를 위해 향약 실시를 주장하였다.
② 양반 사족들은 향촌 사회 내에서 향약을 통해 자신들의 지위를 강화하였다.
③ 향약은 전통적 공동 조직과 미풍양속을 계승하면서 유교 윤리가 가미된 것이었다.

## 07 조선 성종 대의 편찬 서적 정답 ④

해설 『국조오례의』는 세종 때 편찬을 시작하여 성종 때 완성된 책이다.
④ 성종 때 서거정 등이 중심이 되어 고조선부터 고려 말까지의 역사를 유교적 명분론에 입각하여 서술한 역사서는 『동국통감』이다. 『동사강목』은 조선 후기의 실학자 안정복이 단군 조선부터 고려 시대까지의 역사를 기록한 역사서로, 우리 역사의 독자적인 정통론을 제시하였다.

오답<br>분석 ① 성종 때 강희맹이 금양(경기도 시흥과 과천 일대)에서 직접 농사 지은 경험을 토대로 『금양잡록』을 편찬하였다.
② 세종 때 일본에 다녀온 신숙주는 이후 성종의 명을 받아 일본의 정치·외교·사회·풍속·지리 등을 종합적으로 정리·기록한 『해동제국기』를 편찬하였다.
③ 성종 때 노사신, 강희맹 등이 저술한 『동국여지승람』은 『팔도지리지』 등을 참고하여 저술한 인문 지리서이다. 『동국여지승람』은 군현의 연혁·지세·인물·풍속에 대한 내용이 수록된 인문 지리서로, 이후 중종 때 이를 증보한 『신증동국여지승람』이 편찬되기도 하였다.

## 08 우리나라의 역법 정답 ②

해설 ② 순서대로 나열하면 ⓒ 선명력 도입(신라~고려 시대) → ⓐ 수시력 도입(고려 충선왕) → ⓑ 대통력 도입(고려 공민왕) → ⓒ 『칠정산』 편찬(조선 세종) → ⓓ 시헌력 도입(조선 효종)이다.
ⓒ 당의 선명력은 신라 하대에 도입되어 고려 시대까지 사용되었다.

ⓐ 고려 충선왕 때에는 원의 수시력을 도입하여 수시력의 이론과 계산법을 연구하였다.
ⓑ 명의 대통력은 원의 수시력을 일부 수정한 역법으로, 고려 공민왕 때 도입되었다.
ⓒ 『칠정산』은 조선 세종 때 편찬된 역법서이다. 『칠정산』「내편」은 원의 수시력과 명의 대통력을, 「외편」은 아라비아의 회회력을 참고하여 편찬되었으며, 한양을 기준으로 천체의 운동을 계산하였다.
ⓓ 청에 파견된 독일 선교사 아담 샬이 제작한 시헌력은 조선 효종 때 김육 등의 노력으로 우리나라에 도입·시행되었다.

## 01 조선 후기의 정치

p.164-167

| | | | | |
|---|---|---|---|---|
| 01 ① | 02 ③ | 03 ③ | 04 ③ | 05 ① |
| 06 ② | 07 ③ | 08 ④ | 09 ③ | 10 ④ |
| 11 ② | 12 ② | 13 ③ | 14 ④ | 15 ④ |
| 16 ③ | | | | |

### 01 비변사

정답 ①

해설 제시문에서 이 기구 때문에 (의)정부와 육조의 직임을 상실하였으며, 기구의 명칭이 '변방의 방비를 담당하는 것'이라는 것을 통해 밑줄 친 '이 기구'가 비변사임을 알 수 있다.

① 비변사는 3포 왜란 이후 왜구와 여진의 침입에 대비하기 위한 임시 기구로 설치되었으며, 명종 때 일어난 을묘왜변 이후 상설 기구화되었다.

오답
분석
② 비변사의 구성원은 임진왜란 이후 전·현직 정승, 공조를 제외한 5조의 판서와 참판, 각 군영의 대장 등의 중요 관원들로 확대되어 모든 국가 정무를 총괄하게 되었다.

③ 비변사는 안동 김씨와 풍양 조씨 등에 의한 세도 정치 시기에 핵심적인 권력 기구로, 그 기능과 권한이 더욱 강화되었다.

④ 비변사는 고종 즉위 후 흥선 대원군에 의해 폐지되었다.

### 02 훈련도감

정답 ③

해설 제시문에서 임금(선조)이 환도한 이후 설치되었으며, 조총 쏘는 법과 창·칼 쓰는 기술 등을 가르쳤다는 내용을 통해 (가)가 훈련도감임을 알 수 있다.

③ 훈련도감의 소속 군인들은 대부분 급료를 받는 상비군으로, 직업 군인의 성격을 띠었다.

오답
분석
① 갑사와 정군으로 구성된 것은 조선 전기의 군사 조직인 5위이다. 5위는 궁궐과 수도를 경비하는 조선 전기의 중앙군으로, 정군을 중심으로 직업 군인인 갑사나 특수병으로 구성되어 있었다.

② 5군영 중 가장 나중에 설치된 것은 금위영이다. 훈련도감은 5군영 중 가장 먼저 설치되었다.

④ 후금의 침입에 대비하며 설치되었으며 효종 때 수도 방어와 북벌 담당으로 강화된 것은 어영청이다.

### 03 붕당 정치의 전개

정답 ③

해설 ③ 순서대로 나열하면 ⓒ 동인과 서인의 분화(선조) → ⓔ 동인의 남·북 분당(선조) → ⓛ 예송 논쟁(현종) → ⓝ 붕당 정치의 변질(숙종) → ⓜ 세도 정치(순조~철종)이다.

ⓒ 선조 때 중앙 정계를 장악한 사림이 척신 정치의 잔재 청산 문제와 이조 전랑직을 둘러싼 갈등을 계기로 동인과 서인으로 분열하면서 붕당 정치가 시작되었다.

ⓔ 선조 때 정여립의 모반 사건과 건저 문제(세자 책봉 문제)로 선조의 미움을 받아 탄핵된 정철의 처벌 문제를 둘러싸고 동인이 강경파인 북인과 온건파인 남인으로 분열되었다.

ⓛ 현종 때 조대비의 복상 기간을 두고 서인과 남인이 대립하는 예송 논쟁이 발생하였다.

ⓝ 숙종 때 한 붕당을 일거에 내몰고 다른 붕당에게 정권을 위임하는 환국 정치가 전개되었으며, 이로 인해 상호 견제와 비판을 통한 붕당 간의 균형이 무너지고 특정 붕당이 정권을 독점하는 일당 전제화의 추세가 나타났다.

ⓜ 순조~철종 때 안동 김씨 및 풍양 조씨와 같은 일부 가문이 고위 관직을 독점하여 권력을 장악하는 세도 정치가 나타났다.

### 04 남인과 서인

정답 ③

해설 제시문은 기해예송(1차 예송)의 내용으로, (가) 남인은 3년설을 주장하였으며 (나) 서인은 기년설을 주장하였다.

③ 숙종 때 허견(남인인 허적의 아들)의 역모 사건을 계기로 (가) 남인이 몰락하고, (나) 서인이 집권하게 되었다(경신환국, 1680).

오답
분석
① 인조반정을 주도한 것은 (나) 서인이다.

② 예송 논쟁 당시 왕권을 강화하려는 입장을 보인 붕당은 남인이다. 반면 서인은 '왕과 사대부는 같은 예법을 따라야 함(천하동례)'을 주장하며 신권을 강화하려는 입장을 보였다.

④ 현종 때 갑인예송(2차 예송)에서는 자의 대비(조대비)의 상복 기간에 대해 서인(대공설)이 아닌 (가) 남인의 기년설이 채택되었다.

### 05 붕당 정치의 변질

정답 ①

해설 ⓝ 경신환국의 결과 서인이 집권하였다. 경신환국은 남인인 허적의 유악 남용 사건과 허견(허적의 서자)의 역모 사건 등으로 인해 남인이 몰락하고 서인이 집권하게 된 사건이다.

ⓛ 기사환국은 희빈 장씨 아들의 원자 정호가 원인이 되어 일어났다. 숙종이 희빈 장씨의 아들을 원자로 정호하려는 자신의 뜻에 반대한 서인들을 몰아내고, 서인 계열인 인현 왕후를 폐출시키면서 남인이 다시 정권을 장악하게 되었다.

오답
분석

ⓒ 서인은 (가) 경신환국 이후에 남인의 처벌에 대한 입장에 따라 강경파인 노론과 온건파인 소론으로 분열되었으며, (라) 갑술환국 이후 노론과 소론 간의 대립이 심화되었다.

ⓔ 신임사화는 경종 때 연잉군(영조)의 대리청정 문제 등으로 노론과 소론이 대립한 사건이다. 이때 경종을 지지하던 집권 붕당인 소론이 연잉군을 지지하던 노론을 대거 제거하였다.

## 06 신임사화와 정조 즉위 사이의 사실    정답 ②

해설    제시문 (가)는 경종 때 일어난 신임사화(1721~1722)에 대한 내용이고, (나)는 사도 세자의 아들인 정조가 즉위(1776)하며 내린 윤음(왕이 백성에게 내리는 말)이다.
② 이인좌의 난(1728)을 진압한 영조는 기유처분을 발표하며 붕당을 타파하고 노론과 소론을 고루 등용할 것을 선언(1729)하였다.

오답
분석
① 경종의 어머니인 희빈 장씨가 사사된 것은 숙종 때로, (가) 이전의 사실이다. 희빈 장씨는 인현 왕후를 저주하는 굿을 벌인 사실이 발각되어 사사(무고의 옥, 1701)되었다.
③ 박지원이 『열하일기』를 저술한 것은 정조 때로, (나) 이후의 사실이다. 정조 때(1780) 북경에 다녀온 박지원은 청에서 견문한 것들을 정리하여 『열하일기』를 저술하였다. 한편 정조는 『열하일기』를 불순한 문장(신문체)으로 쓰인 대표적인 서적으로 지적하며, 신문체의 사용을 금지(문체반정)하였다.
④ 홍경래의 난이 발생(1811)한 것은 순조 때로, (나) 이후의 일이다.

## 07 영조의 업적    정답 ③

해설    ⓒ 영조는 『속오례의』, 『동국문헌비고』 등의 편찬 사업을 추진하여 문물 제도를 정비하였다.
ⓒ 영조는 균역법을 시행하여 백성들의 군포 부담을 2필에서 1필로 경감시켰다.

오답
분석
ⓐ 영조가 서원 정리를 대대적으로 단행하여 약 200여 개소의 서원을 철폐한 것은 맞지만, 명 황제를 제사하던 만동묘와 함께 전국의 서원을 47개소만 남기고 철폐한 것은 고종 때 집권한 흥선 대원군이다.
ⓔ 영조의 뒤를 이은 정조의 탕평책인 준론 탕평에 대한 설명이다. 영조의 탕평책은 온건하고 타협적인 탕평파를 등용하는 완론 탕평이다.

### 이것도 알면 합격

**균역법(영조)**

| 배경 | 군포 징수의 문란, 농민들의 군포 부담 증가 |
|---|---|
| 내용 | • 1년에 군포 1필만 부과<br>• 재정 감소 보완책: 어장세·염세·선박세 부과, 결작(토지 소유자에게 1결당 2두 부과), 선무군관포(일부 부유한 평민층에게 명예직을 수여하고 군포 1필 징수) |
| 결과 | 농민들의 군포 부담 감소, 결작이 소작농에게 전가되는 문제점 발생 |

## 08 정조의 정책    정답 ④

해설    제시문은 정조가 지은 '만천명월주인옹자서'로, 임금과 백성의 관계를 달과 물에 비유하여 군주의 초월성과 애민 정신을 강조하였다.
④ 정조는 젊고 재능 있는 당하관 이하의 문신 관료의 재교육을 위해 초계문신제도를 시행하였다.

오답
분석
① 대보단은 임진왜란 때 군대를 파견한 명나라 신종의 은혜를 추모하기 위해 쌓은 제단으로, 숙종 때 설치되었다.
② 『속대전』은 영조가 편찬한 법전이다. 한편, 정조가 편찬한 법전은 『대전통편』이다.
③ 백성의 여론을 정치에 반영하기 위해 신문고 제도를 부활시킨 왕은 영조이다.

## 09 정조 재위 시기의 사실    정답 ③

해설    제시문에서 『동문휘고』를 인쇄하여 올렸다는 내용을 통해서 밑줄 친 '왕'이 정조임을 알 수 있다. 정조 때 편찬된 『동문휘고』는 조선 후기의 대청·대일 외교 문서를 집대성한 문서이다.
③ 정조는 신해통공을 단행하여 사상들의 자유로운 상업 활동을 보장하였다. 당시 금난전권으로 사상들의 활동이 억압되고 물가가 상승하자 정조는 육의전을 제외한 시전 상인들의 금난전권을 금지하는 신해통공을 반포하여 상업 활동의 자유를 확대하였다.

오답
분석
① 금위영이 설치되면서 훈련도감, 어영청, 총융청, 수어청, 금위영의 5군영 체제가 완비된 것은 숙종 때이다.
② 『대전회통』은 고종 때 흥선 대원군의 주도로 편찬된 법전이다. 정조 때에는 『대전통편』이 편찬되었다.
④ 이조 전랑의 권한을 축소하기 위해 이조 전랑의 후임자 추천권(자대권), 3사 관리 추천권(통청권) 등을 없앤 것은 영조 때이다.

### 이것도 알면 합격

**정조의 개혁 정책**

| 왕권 강화 정책 | • 규장각 설치: 왕의 비서실, 문한 기능 등을 부여해 왕권을 정치적으로 뒷받침함<br>• 장용영 설치: 국왕의 친위 부대를 설치해 군권 장악<br>• 초계문신제 시행: 관리 중 유능한 인사를 재교육<br>• 수원 화성 건설: 정치적·군사적 기능을 부여하여 정조 자신의 정치적 이상을 실현하는 상징적인 도시로 육성하고자 함 |
|---|---|
| 경제·사회 제도 정비 | • 신해통공 반포: 육의전을 제외한 시전 상인의 금난전권을 철폐하여 사상의 자유로운 상업 활동을 보장<br>• 서얼과 노비에 대한 차별을 완화하고 능력 있는 인재 등용 |
| 문물 제도 정비 | • 『대전통편』, 『일성록』, 『동문휘고』, 『무예도보통지』 편찬<br>• 신문체 대신 순수한 고문체를 사용하게 함 |

**50** 해커스공무원학원·공무원인강 gosi.Hackers.com

## 10 병자호란 이후의 사실 · 정답 ④

해설 제시문은 병자호란의 결과로 일어난 삼전도의 굴욕(1637, 인조)에 관한 사료이다.

④ 병자호란 이후인 효종 때 러시아가 남하하여 청을 자극하였다. 이에 청은 러시아 정벌군을 파견하며 조선에 원병을 요청하였다. 이에 조선은 북벌을 위해 준비한 군대를 보내 두 차례(1654, 1658)에 걸쳐 러시아군을 격퇴하였다(나선정벌).

오답 모두 병자호란 이전의 사실이다.
분석 ① 경기 북부의 수비를 담당하는 군영인 총융청(1624)과, 경기 남부의 수비를 담당하는 군영인 수어청(1626)은 정묘호란(1627) 이전에 후금의 침입에 대비하기 위해 설치되었다.
② 광해군은 도원수 강홍립이 이끄는 원군을 명에 파견하였다(1618~1619).
③ 조선 선조는 임진왜란 때 일본으로 잡혀간 조선인들을 데려오기 위하여 사신을 파견하였다(1604). 당시 일본에 사신으로 파견된 사명 대사 유정은 일본과 강화를 맺고 조선인 포로 3천 여 명을 데리고 귀국하였다(1605).

## 11 영조와 순조 · 정답 ②

해설 (가)는 균역법을 실시한 영조이다. (나)는 평안도(서토) 지역에서 홍경래의 난이 일어났을 당시의 왕인 순조이다.

② 영조는 『수성윤음』을 반포하여 한양 내에 거주하는 백성들을 거주지에 따라 훈련도감·금위영·어영청의 군영에 각각 배속하고, 유사시 도성을 수비하도록 하여 수도 방어 체계를 강화하였다.

오답 ① 조선 후기의 재정과 군정에 대한 내용을 정리한 『만기요람』
분석 은 순조의 명에 따라 서영보 등이 편찬하였다.
③ 국왕 친위 부대인 장용영을 설치한 왕은 정조이다. 장용영은 순조 때 세도 가문에 의해 혁파되었다.
④ 공·사노비 제도가 철폐된 것은 제1차 갑오개혁(1894, 고종)에 의해서이다. 순조 때는 일부 공노비가 해방되었다.

## 12 세도 정치 시기의 정치적 상황 · 정답 ②

해설 제시문에서 세력을 휘두르는 대여섯 집안이 재상, 관찰사 등을 모두 차지하였다는 내용을 통해 세도 정치 시기임을 알 수 있다.

② 세도 정치 시기에 향촌에서는 관권이 강화되어 수령과 향리의 역할이 커진 반면 사족의 권한은 약화되었다. 이로 인해 수령과 향리에 의한 자의적인 농민 수탈이 이루어졌다.

오답 ① 세도 정치 시기에는 비변사가 국정을 총괄하는 최고 권력 기
분석 구로 자리 잡았으며, 유력한 가문 출신의 소수 정치가만이 실제 권력을 행사하였다. 이로 인해 왕권이 약해지고 의정부 및 6조 체제는 유명무실화되었다.
③ 세도 정치 시기에는 뇌물을 주고 수령직을 매매하는 경우가 많았고, 이렇게 부임한 탐관오리들이 농민을 수탈하였다.
④ 세도 정치 시기에는 탐관오리와 향리의 수탈, 삼정의 문란 등이 원인이 되어 홍경래의 난, 임술 농민 봉기 등이 발생하였다. 특히 임술 농민 봉기(1862, 철종) 시기에는 농민들이 한때 진주성을 점령하기도 하였다.

## 13 철종 재위 시기의 사실 · 정답 ③

해설 제시문에 밑줄 친 '왕'은 철종이다. 철종은 삼정의 폐단을 시정하기 위한 임시 기구로 삼정이정청을 설치하였으나 실패하였다.

③ 철종은 신해허통으로 서얼의 청요직 진출을 허용하였다(1851).

오답 ① 신유박해로 시파 계열을 숙청한 것은 순조 대의 사실이다.
분석 ② 성균관 입구에 탕평비를 건립한 것은 영조 대의 사실이다.
④ 공노비 중 궁궐과 중앙 관청의 노비 66,000여 명을 양인으로 해방시킨 것은 순조 대의 사실이다.

## 14 조선 후기 대외 관계 · 정답 ④

해설 (가) 광해군 즉위(1608) ~ 인조 즉위(1623)
(나) 인조 즉위(1623) ~ 병자호란(1636)
(다) 병자호란(1636) ~ 기사환국(1689)
(라) 기사환국(1689) ~ 이인좌의 난(1728)

④ (라) 시기인 숙종 때 안용복이 일본에 가서 울릉도와 우산도(독도)가 우리 영토임을 확인받고 돌아왔다[1693년(1차), 1696년(2차)].

오답 ① 삼포왜란 이후 지속된 세견선의 감소로 곤란을 겪던 왜인들
분석 이 을묘왜변을 일으킨 것은 명종 때인 1555년으로, (가) 이전의 사실이다.
② 청의 요청으로 나선(러시아) 정벌에 조총병을 파병한 것은 1654년(1차, 변급), 1658년(2차, 신유)으로, (다) 시기의 사실이다. 병자호란 이후 러시아가 남하하여 청을 자극하자, 조선은 청의 요청에 따라 효종 때 두 차례에 걸쳐 청에 조총 부대를 파견하였다.
③ 조선이 후금과 굴욕적인 형제의 맹약을 맺은 것은 (나) 시기에 일어난 정묘호란(1627) 이후이다. 병자호란 이후에 조선은 청과 군신 관계를 맺게 되었다.

## 15 17세기의 역사적 사실 · 정답 ④

해설 ④ 순서대로 나열하면 ㉣ 이괄의 난(인조, 1624) → ㉠ 병자호란(인조, 1636) → ㉡ 어영청 확대·정비(효종) → ㉢ 금위영 설치(숙종, 1682)가 된다.
㉣ 인조반정에 공을 세운 이괄이 논공행상에 불만을 품고 평안북도에서 난을 일으켜 서울까지 점령하였으나 결국 실패하였다(이괄의 난, 1624). 이후 반란 잔당이 후금과 내통하여 조선 침입을 종용하였다.
㉠ 청이 침입(병자호란, 1636)하자 인조는 남한산성으로 피난하여 항전하였으나, 결국 항복하였다.
㉡ 북벌 계획에 따라 어영청이 정비되고 화포병과 기병이 늘어난 것은 효종 때의 일이다. 어영청은 인조 때 설치되었지만, 효종 때 북벌 운동의 주무 관청이 되어 병력이 늘어났다.
㉢ 금위영이 설치된 것은 숙종 때의 일이다. 금위영은 국왕 호위와 수도 방어를 위해 설치된 군영(1682)으로, 기병과 훈련도감군의 일부를 주축으로 하였다. 한편, 숙종 때 금위영이 설치되면서 5군영 체제가 완성되었다.

## 16 조선 시대의 대외 관계  정답 ③

해설 ③ 백두산 정계비는 숙종 때 건립(1712)된 것으로, 청과의 국경 분쟁이 발생하자 양국 대표가 백두산 일대를 답사하고 국경을 정해 세운 비석이다.

오답
분석
① 임진왜란 이후 성립된 일본의 에도 막부는 대마도주를 통해 조선에 국교를 재개해 줄 것을 요청하였다. 이에 조선과 일본 사이에 강화가 맺어지고 포로 송환이 이루어졌으며, 에도 막부의 사절 파견 요청에 따라 통신사가 파견되었다.

② 광해군 때 기유약조(1609)가 체결되어 일본과 제한된 범위 내에서의 교역이 허용되었다.

④ 숙종 때 윤휴를 중심으로 한 남인 일부 세력은 청나라에서 삼번의 난 등이 일어나자 이를 이용하여 북벌을 주장하였다. 그러나 이들의 주장은 받아들여지지 않았다.

### 이것도 알면 합격

**왜란 이후 일본과의 관계**

| 대일 국교 재개 | • 포로 쇄환: 유정(사명 대사)을 파견하여 일본과 강화를 맺고 조선인 포로를 데려옴<br>• 기유약조 체결(1609): 제한된 범위 내에서 무역 허용 |
|---|---|
| 통신사 파견 | • 일본은 조선에 사절 파견 요청, 조선은 대규모 인원으로 구성된 통신사를 일본에 파견<br>• 외교 사절이자 조선의 문화를 일본에 전파하는 역할 담당 |

---

## 02 조선 후기의 경제  p.174-175

| 01 ② | 02 ② | 03 ② | 04 ③ | 05 ③ |
|---|---|---|---|---|
| 06 ④ | 07 ② | 08 ③ | | |

---

## 01 대동법  정답 ②

해설 제시문에서 경기 지방에서 실시되고 있으며, 폐조(광해군) 때 각 관청의 아전과 세도가들의 반대로 전국에 시행하지 못하였다는 내용을 통해 (가) 제도가 대동법임을 알 수 있다.

② 대동법의 시행으로 각 관청에서 필요한 물품을 구매하여 납부하는 어용 상인인 공인이 등장하였다.

오답
분석
① 대동법은 호(戶)가 아닌 토지의 결수에 따라 세금을 부과하는 제도이다.

③ 인징과 족징 등의 폐단을 시정하기 위해 시행된 제도는 균역법이다.

④ 대동법의 실시로 정기적으로 납부하던 상공은 없어졌으나, 부정기적인 별공·진상 등이 여전히 존재하여 현물 징수가 완전히 없어지지는 않았다.

---

### 이것도 알면 합격

**대동법**

| 배경 | 과중한 공물의 부담과 방납의 폐단으로 농민 유망 심화 |
|---|---|
| 목적 | 부족한 국가 재정 보완, 농민의 부담 경감 |
| 내용 | • 광해군 때 경기도에서 대동법을 시험적으로 실시 → 숙종 때 전국적으로 확대 실시<br>• 토지 결수에 따라 쌀, 삼베, 무명, 동전 등으로 납부(조세의 금납화)<br>• 토지 1결당 12두 납부(공납의 전세화) |
| 결과 | • 지주의 부담은 증가하고, 농민의 부담은 일시적으로 경감됨<br>• 공인의 활동이 활발해지면서 각 지방에 장시가 발달<br>• 상품 화폐 경제의 발달(공인이 시장에서 물품을 구매함에 따라 상품 수요가 증가, 농민들은 시장에 토산물을 내다 팔아 쌀·베 돈을 마련)<br>• 지방 장시·자유 상공업 활성화(관영<민영) |
| 한계 | • 현물 부담의 존속: 부정기적인 별공·진상 등이 여전히 존재<br>• 지방 재정 악화: 중앙 정부로 납부하는 상납미 증가로 지방 관아에 남아 있는 유치미 감소 → 지방 관아의 재정 부족으로 수령·아전의 농민 수탈 심화 |

---

## 02 조선 후기의 수취 제도  정답 ②

해설 ② 순서대로 바르게 나열하면 ㉠ 대동법 실시(광해군, 1608) → ㉡ 영정법 실시(인조, 1635) → ㉣ 대동법 전국적 실시(숙종, 1708) → ㉢ 균역법 실시(영조, 1750)가 된다.

㉠ 광해군 때 호를 대상으로 현물을 납부하던 공물 제도를 개편하여 토지를 기준으로 1결당 12두의 쌀이나 직물·동전 등을 징수하는 대동법을 경기도에 처음으로 실시하였다.

㉡ 인조 때 토지 1결당 4~6두로 조세 액수를 고정하는 영정법을 실시하였다.

㉣ 광해군 때 처음 실시된 대동법은 100여 년 후인 숙종 때 평안·함경·제주도를 제외한 전국으로 확대 실시되었다.

㉢ 영조 때 군포 부과액을 2필에서 1필로 줄이는 균역법을 실시하였다.

---

## 03 균역법 실시에 따른 감소분 보충  정답 ②

해설 (가)의 '1필을 감한 대체'는 균역법의 시행(매년 군포 2필 → 1필)으로 부족해진 군포를 보충해 줄 대안을 의미한다.

② 영조는 균역법을 시행한 뒤 부족해진 재정을 보충하기 위해 일부 부유한 평민층 집안의 자제에게 선무군관이라는 칭호를 수여하고 1년에 군포 1필을 징수하였다.

오답
분석
① 영조 때 군역의 폐단을 시정하기 위해 균역법을 실시하였으나, 양반들은 여전히 군역을 지지 않았고 군포 또한 납부하지 않았다. 한편 양반들도 군포를 부담하도록 하는 호포법은 고종 때 흥선 대원군에 의하여 실시되었다.

③ 국가에서 민간의 광산 채굴을 허용하고 세금을 징수하도록 한 것은 효종 때 제정된 설점수세제로, 균역법과는 관련이 없다.

④ 장인세에 대한 설명으로, 균역법과 관련이 없다. 정조는 공장안(장인 등록제)을 폐지하고 수공업자들이 장인세만 납부하면 자유로운 상업 활동을 할 수 있도록 허용하여 민영수공업의 발달을 촉진시켰다.

### 이것도 알면 합격

**균역법**

| 배경 | • 백골징포, 황구첨정, 족징, 인징 등 군역의 폐단 발생<br>• 납속과 공명첩 발행으로 양반이 되어 면역되는 자가 증가하여 농민의 군포 부담이 증가 |
|---|---|
| 시기 | 영조(1750) |
| 내용 | 1년에 2필씩 내던 군포를 1필로 감면 |
| 결과 | • 일시적으로 농민의 군포 부담 감소<br>• 재정 부족의 보충책<br>　- 결작: 토지 소유자에게 1결당 미곡 2두 부과<br>　- 선무군관포: 일부 부유한 평민층에게 선무군관이라는 칭호를 수여한 후 1년에 군포 1필 징수<br>　- 잡세: 어장세, 염세, 선박세 등 잡세 수입을 국고로 전환 |

## 04 이양법 확산의 결과　　　　정답 ③

해설　제시문에서 파종하는 방법을 버리고 시행하였으며, 우리나라에서는 남도에서 시작되어 보편적인 방법이 되었다는 내용을 통해 밑줄 친 '이 농법'이 조선 후기에 확산된 이양법임을 알 수 있다.

ⓒ 이양법의 시행으로 인해 볍씨를 키우는 동안 농지에서 보리를 키울 수 있게 되면서 이모작이 가능해졌다.
ⓔ 이양법의 시행으로 인해 농사에 필요한 노동력이 절감되어 넓은 토지를 경영하는 광작이 유행하였다.

오답　ⓐ 이양법의 시행으로 많은 노동력이 필요하지 않게 된 양반
분석　지주들은 소작지를 줄이고 머슴 등을 이용하여 토지를 직접 경영하였다.
ⓑ 이양법의 확산으로 생산력이 향상된 것은 맞으나 이로 인해 농촌 내 빈부 격차는 심화되었다.

### 이것도 알면 합격

**이양법(모내기법)**

| 시행 방법 | 모판을 만들어 싹을 틔운 후 모가 한 움큼 이상 자라면 한 번에 3~5모씩 논에 심는 방법 |
|---|---|
| 실시 과정 | 조선 전기에는 가뭄에 취약하여 정부가 이양법 실시 제한<br>→ 정부의 반대에도 농민들이 수리 시설을 확충하면서 이양법이 남부 일부 지방을 시작으로 전국으로 확산 |
| 결과 | • 직파법에 비해 노동력이 훨씬 절감됨<br>• 벼와 보리의 이모작 가능 → 단위 면적당 생산량 증가<br>• 일부 농민들은 광작 등을 통해 부를 축적하여 부농으로 성장 |

## 05 조선 후기의 경제 모습　　　　정답 ③

해설　제시문에서 도성에 전황이 든 것을 근래의 큰 폐해로 여기고 있다는 것을 통해 조선 후기임을 알 수 있다.

③ 조선 후기에는 일부 공인과 사상이 대규모로 자본을 축적하면서 특정 물품을 대량으로 취급하는 독점적 도매 상인인 도고로 성장하였다.

오답　① 조선 후기에는 설점수세제의 실시로 민간 광산 경영이 허용
분석　되면서 민간인에 의한 광산 경영이 활기를 띠었고, 청과의 무역으로 은의 수요가 늘어나면서 은광 개발이 활발해졌다.
② 삼한통보, 해동통보 등은 모두 고려 시대의 화폐이다. 한편 조선 후기에는 상품 화폐 경제가 발달함에 따라 교환의 매개로 상평통보가 전국적으로 유통되었다.
④ 『양화소록』은 강희안이 화초 재배법을 소개한 농서로, 조선 전기인 세조 때 편찬되었다. 한편 고추와 같은 상품 작물의 재배법과 양잠법 등 농촌 생활 전반에 대한 지식들을 소개한 조선 후기의 저서로는 홍만선의 『산림경제』, 서유구의 『임원경제지』 등이 있다.

### 이것도 알면 합격

**조선 후기의 경제 변화**

| 농민들의 경제적<br>지위 성장 | 생산력의 증대와 상품 화폐 경제의 발달로 농민들의 경제적 지위가 전반적으로 상승함 |
|---|---|
| 지주 전호제의<br>변화 | • 지주 전호제: 지주가 토지를 소작 농민에게 빌려 주고 소작료를 받는 방식의 지주 전호제로 경영<br>• 지주와 전호가 신분적인 예속 관계에서 경제적 계약 관계로 변화 |
| 지대 방식의<br>변화 | 타조법(수확량의 일정 비율 납부) → 도조법(수확량에 관계없이 일정 액수 납부) 확산 |
| 모내기법의 보급 | 모내기법(이양법) 시행으로 면적당 생산량이 증가하여 농업 생산력 증대 |
| 상품 작물의<br>재배 확대 | 쌀, 면화, 채소, 담배, 약초 등 상품 작물을 재배·판매 |
| 몰락 농민의<br>증가 | • 일부 농민은 토지를 개간하거나 매입하면서 지주(부농)로 성장<br>• 다수의 농민들은 몰락하여 도시, 광산, 포구 등의 임노동자가 됨 |

## 06 조선 후기의 상업 활동　　　　정답 ④

해설　제시문에서 이현과 칠패 등의 난전이 도고 행위를 하고 난매하였다는 내용을 통해 조선 후기의 경제 상황임을 알 수 있다.

④ 조선 후기에 보부상은 지방의 장시를 돌아다니며 물건을 사고 팔아 전국의 장시를 연결하는 역할을 하였다. 또한 선박을 이용하여 각 지방의 물품을 포구에서 판매하던 선상은 전국의 포구를 하나의 유통망으로 연결하였다.

오답　① 팔포 무역은 조선 후기 중국과 이루어진 사무역의 한 형태
분석　로, 중국 연경으로 가는 역관 등의 사행원에게 인삼 꾸러미를 8개까지 가져갈 수 있게 허용한 데서 비롯되었다. 한편 부산의 왜관은 대일 무역이 주로 이루어진 곳이었다.

② 조선 후기 정조 때 신해통공을 반포하여 시전 상인의 금난 전권을 폐지한 것은 맞으나, 그 대상에서 육의전은 제외되 었다.

③ 의주를 중심으로 중국과의 무역을 주도한 사상은 만상이다. 송상은 개성을 중심으로 활동하였고 주로 인삼을 재배·판 매하였다.

**사상의 성장**

| 구분 | 내용 |
|---|---|
| 배경 | 상품 화폐 경제 발달로 사상의 활동이 활발해지면서 시전 상인과의 마찰 심화 → 정조 때 육의전을 제외한 시전 상인들의 금난전권을 폐지(신해통공)하여 사상의 자유로운 상업 활동 보장 |
| 특징 | • 이현·칠패·송파·개성·평양·의주 등을 중심으로 활동<br>• 각 지방의 장시 연결, 각 지방에 지점을 설치하여 상권 확대<br>• 대외 무역에도 관여하여 부 축적 |
| 대표 사상 | • 송상: 개성을 근거지로 송방이라 불리는 지점을 전국에 설치, 인삼을 재배하고 판매<br>• 경강 상인: 한강을 근거지로 미곡·소금 등의 운송·거래를 장악, 운송업 외에도 선박 건조업 등 생산 분야까지 진출<br>• 기타: 의주의 만상, 동래의 내상, 평양의 유상 등 |

**07** 조선 후기의 경제 　　　　　　　정답 ②

해설　제시문은 정약용의 '장기농가'의 일부이다. 제시문에서 상품 작물인 담배를 심는다는 내용을 통해 조선 후기의 경제 상황에 대해 묻고 있음을 알 수 있다.

ⓐ 조선 후기에는 일정 비율로 지대(소작료)를 납부하는 기존의 타조법(정률 지대) 대신, 일정 액수로 지대를 지불하는 도조법(정액 지대)이 확산되었다.

ⓔ 조선 후기에 광산을 경영하는 전문가인 덕대는 광산 주인과 계약을 맺고 상인 물주의 자본을 바탕으로 채굴업자, 노동자 등을 고용하여 광물을 채굴하고 제련하였다.

오답 분석　ⓑ 고려 시대의 사실이다. 고려 시대에는 예성강 하구의 벽란도가 국제 무역항으로 번성하였다.

ⓒ 고액 화폐인 활구(은병)가 주조되었던 것은 고려 숙종 때이다. 조선 후기의 화폐로는 상평통보가 있는데, 상평통보는 인조 때 최초로 만들어져 숙종 때 이르러 전국적으로 유통이 확대되었다.

**08** 조선 후기의 경제 활동 　　　　　　정답 ③

해설　제시문에서 장인들을 공조에 등록하던 규정들이 점차 폐지되었다는 내용을 통해 공장안(장인 등록제)이 폐지된 조선 후기의 경제 상황임을 알 수 있다.

③ 2년 3작의 윤작법이 보급되기 시작한 것은 고려 시대의 일이다. 조선 시대에는 윤작법이 널리 확대되어 일반화되었다.

오답 분석　① 조선 후기에는 민간 수공업자들이 모여 사는 마을인 점촌이 발달하였다. 점(店)은 민간 수공업자들의 작업장으로, 조선 후기에 소득을 올리기 위한 상품 생산이 증가하면서 수공업

자들이 모여 살며 유기·철기와 같은 특정 상품을 전문적으로 생산하였다.

② 조선 후기에는 상품의 유통이 활발해지면서 각 포구에 형성된 객주와 여각을 중심으로 거래를 중개하는 거간이 등장하였다.

④ 조선 후기에는 상품 화폐 경제가 발달하여 상평통보가 전국적으로 유통되었으며, 대규모 상거래에서는 상평통보 대신 환이나 어음 등의 신용 화폐가 사용되기도 하였다.

**03** 조선 후기의 사회 　　　　　　　p.182-183

| 01 ① | 02 ③ | 03 ④ | 04 ① | 05 ② |
|---|---|---|---|---|
| 06 ③ | 07 ① | 08 ③ | | |

**01** 조선 후기의 사회 모습 　　　　　　정답 ①

해설　제시문에서 딸은 출가한 후에 다른 집안 사람이 되므로 예법에 차등을 두며, 사위나 외손자에게는 제사를 윤행시키지 말라는 내용을 통해 조선 후기 가족 제도의 모습임을 알 수 있다.

① 서얼의 허통이 이루어지자 이에 자극을 받은 기술직 중인들은 철종 때 청요직 허통을 요구하는 대규모 소청 운동을 전개하였으나, 이들의 허통은 이루어지지 않았다.

오답 분석

② 조선 후기에 부농층은 신분 매입, 족보 위조, 납속책 등을 통해 양반으로의 신분 상승을 도모하였다.

③ 조선 후기에는 남귀여가혼(처가살이)의 결혼 풍습은 점차 쇠퇴하고, 대신 혼인 후 곧바로 남자 집에서 생활하는 친영 제도가 정착되었다.

④ 조선 후기에 광작 등으로 일부 농민은 부농으로 성장하였지만, 대부분의 농민들은 토지를 상실하고 소작농이나 임노동자로 전락하였다.

**조선 후기 신분 체제의 동요**

| 구분 | 양반층의 분화 | 상민·노비 수 감소 |
|---|---|---|
| 배경 | 붕당 정치의 변질로 어느 한 붕당이 권력을 독점하는 일당 전제화가 전개됨 | 부농층이 양반 신분을 사거나 족보를 위조 |
| 결과 | 권력을 잡은 일부 양반을 제외한 다수의 양반이 몰락 → 향반이 되거나 잔반이 됨 | 양반의 수는 더욱 증가하고, 상민과 노비의 수는 감소함 |

**02** 기술직 중인 　　　　　　　정답 ③

해설　제시문에서 의료직과 통역의 역할을 대대로 전하며, 중촌의 오래된 집안이라는 내용을 통해 (가) 계층이 조선 시대의 기술직 중인임을 알 수 있다.

③ 위항 문학이란 양반 사대부가 아닌 중인 이하 하급 계층인 위항인들에 의해 이루어진 문학을 말한다. 조선 후기에 중인들은 주도적으로 시사를 조직하여 활발한 위항 문학 활동을 전개하였다.

① 조선 후기에 신분 상승 운동을 통해서 규장각 검서관에 등용되기도 하였던 계층은 서얼이다. 정조 때 유득공, 이덕무, 박제가 등 서얼 출신들이 규장각 검서관으로 등용되었다.

② 조선 시대에 신분상으로는 양인이었지만 천역을 담당한 것은 신량역천으로, 조례(관청의 잡역 담당)·나장(형사 업무 담당)·일수(지방 고을 잡역 담당)·수군·역졸·봉수꾼 등이 해당된다.

④ 『규사』는 서얼과 관계되는 사실들을 모아서 펴낸 위항 문학 작품이다. 한편 중인들과 관계된 사실을 담은 위항 문학 작품으로는 『연조귀감』(향리들의 사적을 집약), 『이향견문록』(중인층 이하 인물들의 뛰어난 행적을 기록) 등이 있다.

## 03 조선 후기의 가족 제도 정답 ④

해설 제시문에서 적자와 서자의 구별, 영구히 서족이 되어 버려진 사람들이 되었다는 내용을 통해 조선 후기에 서얼들이 신분 상승을 위해 작성한 상소문임을 알 수 있다.

④ 조선 후기에는 혼인 후 사위가 처가의 집에서 생활하는 경우(남귀여가혼)보다, 혼인 후 여자가 바로 남자 집으로 가서 생활하는 친영제가 일반적이었다.

① 조선 후기에 제사는 반드시 큰아들이 지내야 한다는 인식이 확산되면서, 재산 상속에서도 제사를 지내는 큰아들이 우대를 받았다.

② 조선 후기에 성리학적 종법 질서의 강화로 인해 윤리 덕목으로 효와 정절이 강조되면서 과부의 재가를 강력하게 금지하고 효자나 열녀를 표창하였다.

③ 조선 후기에 양반들은 군현 단위로 농민을 지배하기 어렵게 되자 촌락 단위의 동약을 실시하였고, 족적 결합을 강화함으로써 자신들의 지위를 지켜 나가고자 하였다. 이에 따라 많은 동족(동성) 마을이 만들어졌다.

**이것도 알면 합격**

**가족·혼인 제도의 변화**

| 고려~조선 중기 | 조선 후기 |
|---|---|
| • 여성 호주 가능 | • 남성만 호주 가능 |
| • 연령 순으로 호적 기재 | • 선남후녀 순서의 족보 기재 |
| • 사위의 입적 허용 | • 부계 친족 중심의 문중 형성 |
| • 처가살이하는 경우가 많음 | • 시집살이(친영 제도) |
| • 과부 재가 허용 | • 과부 재가 금지 |
| • 자녀 균분 상속 | • 장자 우대 상속 |
| • 윤회 봉사 | • 장자 봉사 |
| • 외손·사위 음서 혜택 | • 음서 범위 축소 |

## 04 조선 후기의 사회 상황 정답 ①

해설 제시문에서 향회의 기능이 변질되었다는 내용을 통해 조선 후기의 사회 모습임을 알 수 있다.

㉠ 조선 후기에 납속책과 공명첩을 통한 신분의 상승과, 양반 신분의 매입 및 족보 위조가 성행하면서 양반의 수가 증가한 반면, 상민과 노비의 수는 감소하였다.

㉡ 조선 후기의 사회 혼란으로 성리학적 명분론이 설득력을 잃어가면서, 『정감록』·『토정비결』 등 비기·도참을 이용한 예언 사상이 유행하였다.

㉢ 유향소를 통제하기 위하여 경재소가 설치된 시기는 조선 전기이다. 경재소는 조선 시대에 중앙 고관이 자기 고향의 유향소를 관리·감독하며 중앙과 지방 사이의 연락을 담당하게 한 기구로 선조 때 폐지되었다.

㉣ 조선 후기 향촌 사회에서는 수령을 중심으로 한 관권이 강화되고 아울러 관권을 맡아 보고 있던 향리의 역할이 커졌다.

## 05 홍경래의 난과 임술 농민 봉기 정답 ②

해설 (가)는 조정에서 관서를 버림이 분토와 다름없으며, 임금(순조)이 나이가 어린 까닭에 김조순·박종경 등의 무리가 국가 권력을 가지고 있다는 내용을 통해 홍경래의 난(1811)임을 알 수 있다. (나)는 우병사 백낙신의 수탈에 반발하여 일어났다는 내용을 통해 임술 농민 봉기(1862)에 대한 설명임을 알 수 있다.

② 토지를 골고루 나누어 경작하게 하는 것은 동학 농민군이 주장한 폐정 개혁안의 내용이다.

① 홍경래의 난은 몰락한 양반 홍경래의 지휘 아래 영세 농민, 중소 상인, 광산 노동자 등이 합세하여 전개하였다.

③ 임술 농민 봉기에서 농민들은 유계춘의 지도 하에 봉기하여 한 때 진주성을 점령하기도 하였다.

④ 임술 농민 봉기 때 봉기가 확산되자, 정부는 삼정이정청을 설치하여 삼정의 문란을 시정할 것을 약속하였다.

## 06 신유박해 정답 ③

해설 제시문에서 정약전·정약용 형제가 유배되었으며, 황사영의 문서 중 북경(베이징) 천주당의 서양인에게 보고하려는 백서가 있었다는 내용을 통해 신유박해와 관련된 내용임을 알 수 있다.

③ 신유박해(1801)는 순조 때 정권을 장악한 노론 벽파가 남인 시파 탄압을 목적으로 이승훈·정약종 등의 남인 학자와 청나라 신부 주문모를 사형에 처하고, 정약용·정약전 형제를 비롯한 약 400명을 유배보낸 사건이다. 이 사건 이후 황사영이 중국 베이징에 있던 프랑스인 주교에게 신앙과 포교의 자유를 위해 군대 동원을 요청하는 서신을 보내려다 발각되기도 하였다(황사영 백서 사건).

① 기해박해(1839)는 헌종 때 천주교에 대한 탄압을 강화하면서 정하상 등 천주교 신도들과 서양인 신부들이 처형당한 사건이다.

② 병인박해(1866)는 고종 때 흥선 대원군이 프랑스 선교사와 수천 명의 천주교 신자들을 처형한 사건으로, 이 사건을 계기로 병인양요가 일어났다.

④ 신해박해(1791)은 정조 때 천주교 신자인 윤지충이 모친상에서 신주를 불사르고 천주교식으로 장례를 치른 사건(진산 사건)을 계기로 일어난 천주교 박해 사건이다.

**조선 후기의 천주교 탄압**

| | | |
|---|---|---|
| 정조 | 신해박해<br>(1791) | 진산 사건(윤지충 모친상에서 신주를 불태우고 천주교식으로 장례를 치른 사건)으로 윤지충, 권상연을 사형시켰으나 대대적인 박해는 이루어지지 않았음 |
| 순조 | 신유박해<br>(1801) | • 원인: 노론 벽파가 집권한 이후 남인 시파를 탄압하기 위해 천주교 박해<br>• 경과 및 결과: 중국인 신부 주문모와 이승훈, 정약종 등이 처형 당하고, 정약용·정약전 형제를 비롯한 약 400명이 유배 보내졌음 → 황사영 백서 사건으로 천주교에 대한 박해가 더욱 심화됨 |
| 헌종 | 기해박해<br>(1839) | • 원인: 벽파인 풍양 조씨가 집권하면서 천주교에 대한 탄압 강화<br>• 경과 및 결과: 신사 색출을 위해 오가작통법을 시행, 정하상 등 많은 신도들과 서양인 신부들을 처형, 척사윤음(천주교에 대한 강력한 처벌)을 반포 |
| | 병오박해<br>(1846) | 김대건 신부(한국인 최초의 천주교 신부) 처형 |
| 고종 | 병인박해<br>(1866) | • 남종삼 등 수천 명이 순교<br>• 병인양요의 원인이 됨 |

○ 순조 즉위 직후 대대적인 탄압(신유박해)을 받은 종교는 천주교이다. 동학은 그 이후인 철종 때 창시되었다.

ⓒ 서학(천주교)과 서양 세력에 대항하는 종교라는 의미로 '동학'이라는 이름이 붙여진 것은 맞지만, 동학의 교리는 천주교의 영향을 받았다. 동학은 교리적으로 유교·도교·불교 및 민간 신앙의 요소와 함께, 평등 사상과 같은 천주교의 교리 요소들이 결합되어 있었다.

**동학의 성립**

| | |
|---|---|
| 창시 | 철종 때 경주 지역 잔반 출신 최제우가 창시(1860) |
| 성격 | 유교 + 불교 + 도교 + 천주교의 일부 교리 + 민간 신앙 융합 |
| 사상 | 평등 사상(시천주, 인내천 사상), 보국안민(반외세), 후천개벽(빈봉긴) |
| 확산 | 민중들의 지지를 받으며 삼남 지방을 중심으로 확산됨 |
| 탄압 | 혹세무민이라는 죄목으로 1대 교주 최제우가 처형됨 |
| 교단<br>정비 | 2대 교주 최시형이 최제우가 지은 『동경대전』과 『용담유사』를 간행하여 교리를 정리하고 포·접 등의 교단 조직을 정비함 |
| 전국적<br>확산 | 최시형의 포교 노력으로 교세가 확대되어 경상도 지역을 넘어 충청도는 물론 강원도, 경기도 일대로 퍼져 나갔음 |

## 07 천주교
정답 ①

해설 제시된 글에서 '제사를 금한다'는 내용 등을 통해 (가)가 천주교임을 알 수 있다.

① 천주교는 17세기 청에 다녀온 우리나라 사신들에 의해 학문(서학)으로 소개되었다. 이후 천주교는 18세기 후반에 남인 계열의 실학자들에 의해 신앙으로 수용되어 점차 확산되었다.

② 동학에 대한 설명이다. 동학은 교리적으로 유교·불교·도교·천주교뿐 아니라, 주문과 부적·예언 등 민간 신앙의 요소들이 결합되어 있었다.

③ 천주교는 18세기에 서인이 아닌 일부 남인 계열 실학자들에 의해 신앙으로 수용되었다.

④ 신유박해(순조) 이후 집권한 안동 김씨(노론 시파)의 세도 정치 시기에는 천주교에 대한 탄압이 완화되었다. 이후 헌종 때 노론 벽파인 풍양 조씨가 집권하면서 천주교에 대한 탄압이 다시 강화되었다.

## 08 동학
정답 ③

해설 제시문은 '사람이 곧 하늘'이라는 인내천 사상을 바탕으로 평등 사상을 강조한 동학에 대한 설명이다.

ⓒ 동학은 경상도 경주에서 잔반 출신인 최제우에 의해 창시되어, 삼남 지방을 중심으로 확산되었다.

ⓔ 동학의 제2대 교주인 최시형은 최제우가 지은 교리 경전인 『동경대전』과 포교 가사집인 『용담유사』를 간행하여 교리를 정리하였다.

## 04 조선 후기의 문화
p.190-193

| | | | | |
|---|---|---|---|---|
| 01 ② | 02 ② | 03 ③ | 04 ① | 05 ④ |
| 06 ③ | 07 ① | 08 ③ | 09 ④ | 10 ② |
| 11 ④ | 12 ④ | 13 ④ | 14 ③ | 15 ③ |
| 16 ② | | | | |

## 01 윤휴
정답 ②

해설 제시문에서 『중용』을 독자적으로 해석하는 등 주자의 학문 체계와 다른 모습을 보였다는 것과, 북벌을 주장하면서 한때 정국을 주도했다는 것 등을 통해 밑줄 친 '그'가 남인인 윤휴임을 알 수 있다.

② 성리학에 대한 독자적인 해석을 시도한 윤휴는 반대파 정치 세력인 송시열(노론)에 의해 사문난적으로 지목당했다.

① 노론의 중심 인물로 대의명분을 중시한 인물은 송시열이다.

③ 서양의 지리, 천문학, 의학 등을 소개하는 『지구전요』를 편찬한 인물은 최한기이다. 최한기는 서양의 지리, 천문학, 의학 등 과학 기술 도입에 적극적이었는데, 그의 저서인 『지구전요』에서는 코페르니쿠스의 지구 자전설과 공전설을 비롯한 세계 각국의 지리·역사·학문 등이 상세히 소개되어 있다.

④ 각종 작물 재배법과 가축 사육법 등을 정리한 농서인 『색경』을 저술한 인물은 박세당이다.

## 이것도 알면 **합격**

### 윤휴와 박세당

| 윤휴<br>(남인 계열) | • 북벌론과 호포 개혁 주장<br>• 유교 경전에 대한 독자적인 해석 시도 |
|---|---|
| 박세당<br>(소론 계열) | • 양명학과 노장 사상의 영향을 받아 주자의 학설 비판, 개방성과 포용성 강조, 반주자학적 유학 사상 전개<br>  → 조선 후기 실학 사상을 체계화하는 데 기여<br>• 저술: 『사변록』, 『색경』 |

## 02 양명학

정답 ②

해설 제시문은 주자학(성리학)을 곡해하여 주자학만을 숭상하는 학문계의 폐단을 지적하는 『존언』의 내용으로, 양명학 연구를 본격화한 정제두의 저서이다.

② 이황은 『전습록논변』에서 양명학이 인의를 해치고 천하를 어지럽힌다고 비판하며 이단으로 간주하였다.

오답 분석

① 18세기 초에 정제두와 그의 문인들을 중심으로 양명학에 대한 연구가 심화되며 정제두가 은거하였던 강화도를 중심으로 강화 학파가 형성되었다.

③, ④ 양명학에서는 모든 인간이 선천적으로 타고난 양지를 다스려 사물을 바로 잡을 수 있음(치양지)을 강조하며 일반 백성들을 도덕 실천의 주체로 인정하였다. 또한 양명학에서는 '앎은 행함을 통해 성립한다'는 지행합일을 강조하였다.

## 03 호락 논쟁

정답 ③

해설 ③ 인간의 본성과 사물의 본성은 다름을 강조한 호론의 주장은 인간의 본성에 해당하는 중화(명나라)와 사물의 본성에 해당하는 오랑캐(청나라)를 엄격히 구분하고, 조선은 중화의 정통성을 계승한 소중화로 인식하는 대의명분론을 바탕으로 하였다.

오답 분석

① 이간, 김창협 등으로 대표되는 서울(낙하) 중심의 노론은 낙론을 이루었다. 한편 호론은 권상하, 한원진 등으로 대표되는 충청도(호서) 중심의 노론이 주류를 이루었다.

② 위정척사 사상으로 발전한 것은 호론의 인물성이론이다. 낙론의 인물성동론은 북학파의 실학 사상으로 발전하였다.

④ 낙론 계열은 인간과 사물의 본성은 같다고 보았고(인물성동론), 호론 계열은 인간의 본성과 사물의 본성은 다르다고 보았다(인물성이론).

## 이것도 알면 **합격**

### 호락 논쟁

| 구분 | 호론 | 낙론 |
|---|---|---|
| 이론 | 인물성이론 | 인물성동론 |
| 본성 | 인간과 사물의 본성은 서로 다르다. | 인간과 사물의 본성은 동일하다. |
| 인물 | 권상하, 한원진 등 | 이간, 이재, 김창협 등 |
| 지역 | 충청도, 호서 지방 | 낙하(서울), 경기 지방 |
| 계승 | 위정척사 사상 | 북학파 실학 사상 |

## 04 중상학파(이용후생학파) 실학자

정답 ①

해설 제시문에서 이용후생하는 방법에 정통하다는 내용을 통해 중상학파(이용후생학파) 실학자와 관련된 내용임을 알 수 있다.

① 중상학파 실학자인 박지원은 「한민명전의」에서 토지 소유의 상한선을 정하는 한전제를 주장하였다.

오답 분석

② 나라를 좀먹는 여섯 가지 폐단을 지적한 인물은 중농학파 실학자인 이익이다.

③ 지방 행정의 개혁 및 수령이 지켜야 할 지침에 대해 정리한 『목민심서』를 저술한 인물은 중농학파 실학자인 정약용이다.

④ 『반계수록』을 저술하여 신분에 따라서 토지를 차등 있게 재분배하는 균전론을 주장한 인물은 중농학파 실학자인 유형원이다.

## 이것도 알면 **합격**

### 이익과 박지원의 한전론 비교

| 중농학파 실학자<br>이익의 한전론 | 중상학파 실학자<br>박지원의 한전론 |
|---|---|
| • 『곽우록』에서 주장<br>• 영업전(한 가정이 생계 유지를 위해 필요로 하는 최소한의 땅)을 설정하여 매매 금지, 그 외 토지 매매 허용 → 토지 소유의 하한선을 설정<br>• 농민의 최소한의 재생산을 보장하려는 목적 | • 「한민명전의」에서 주장<br>• 토지 소유의 상한선을 설정하여 그 이상의 토지 소유 금지 → 수십 년 후 매매와 상속을 통해 토지가 균등해질 것이라고 봄<br>• 토지 겸병을 방지하려는 목적 |

## 05 이익

정답 ④

해설 제시문에서 한 농가의 생활을 유지하는데 필요한 규모의 토지를 영업전으로 정하여 매매를 금지하자는 내용을 통해 이익의 주장인 한전론임을 알 수 있다.

© 이익은 역사를 움직이는 원동력을 시세 - 행불행 - 시비로 구분하고, 역사가에게 시세 파악이 가장 중요하다고 주장하였다.

② 이익은 중국 중심의 역사관을 탈피하고 우리 역사를 체계화할 것을 주장하였다.

오답 분석

⊙ 남북국 시대라는 용어를 처음 사용한 인물은 『발해고』를 저술한 유득공이다.

© 고대 설화에 비판적이었으나 신라에 대해서는 유리하게 서술한 인물은 『삼국사기』를 저술한 김부식이다.

## 06 정약용

정답 ③

해설 제시문에서 1여의 토지는 공동으로 소유·경작하고 공세(세금)를 제외한 수확물을 노동량에 따라 분배하자는 여전론을 주장하는 내용을 통해 이와 관련있는 실학자가 정약용임을 알 수 있다.

③ 정약용은 종두법을 최초로 조선에 소개한 『마과회통』을 저술하였다. 정약용은 홍역(마진)에 대한 의서를 종합하여 이 책을 저술하였다.

오답
분석
① 청에 다녀온 후 청의 문물을 소개한 『열하일기』를 저술한 인물은 박지원이다.
② 지구 자전설과 무한 우주론 등의 주장을 담은 『의산문답』을 저술한 인물은 홍대용이다.
④ 자신이 견문한 내용을 토대로 우리나라와 중국의 문화를 정리한 백과사전식 서적인 『성호사설』을 저술한 인물은 이익이다.

### 이것도 알면 **합격**
#### 토지 개혁론 비교(중농학파)

| | |
|---|---|
| 균전론<br>(유형원) | 옛날의 정전법은 아주 이상적인 제도이다. …… 진실로 현재의 적절하고 마땅한 점을 바탕으로 하여 옛 정전 제도의 취지를 살려 행한다면 할 수 있는 방법도 있으니 반드시 넓지 않고, 공전을 주지 않아도 1/10세를 확립할 수 있을 것이다. – 『반계수록』 |
| 한전론<br>(이익) | 농토 몇 부(負)를 한 집의 영업전으로 만들어 주어 농토가 많은 사람도 빼앗지 않고, 모자라는 사람도 더 주지 아니하며, 돈이 없어 사려는 사람은 얼마든지 허락하고, 농토가 있어서 팔려고 하는 사람은 영업전 몇 부를 제외하고 역시 허락한다. – 『성호집』 |
| 여전론<br>(정약용) | 이제 농사짓는 사람은 토지를 가지게 하고, 농사짓지 않는 사람은 토지를 가지지 못하게 하려면 여전제를 실시해야 한다. 산골짜기와 시냇물의 지세를 기준으로 구역을 획정하여 경계를 삼고, 그 경계선 안에 포괄되어 있는 지역을 1여(閭)로 한다. …… 1여마다 여장(閭長)을 두며 무릇 1여의 인민이 공동으로 경작하도록 한다. …… 여민이 농경하는 경우, 여장은 매일 개개인의 노동량을 장부에 기록하여 두었다가 가을이 되면 오곡의 수확물을 모두 여장의 집에 가져온 다음에 분배한다. 이때, 국가에 바칠 세와 여장의 봉급을 제하며, 그 나머지를 가지고 노동 일수에 따라 여민(閭民)에게 분배한다. – 『여유당전서』 |

---

**07 박지원** 정답 ①

해설 제시문에서 제한된 토지보다 많은 면적을 소유할 수 없다는 내용을 통해 토지 소유의 상한선 설정을 토대로 한 박지원의 한전론임을 알 수 있다.
① 박지원은 상공업 진흥을 위한 수레와 선박의 이용 및 화폐 유통의 필요성을 주장하였다.

오답
분석
② 『의산문답』을 통해 무한 우주론을 주장하며 중국 중심의 성리학적 중화 사상을 비판한 인물은 홍대용이다.
③ 『우서』에서 사농공상의 직업적 평등과 전문화를 강조한 인물은 유수원이다.
④ 천주교 박해 사건(신유박해 및 황사영 백서 사건)에 연루되어 강진으로 유배된 인물은 정약용이다.

---

**08 홍대용의 저서** 정답 ③

해설 제시문은 홍대용이 『임하경륜』에서 제시한 균전론의 내용이다. 홍대용은 성인 남자에게 2결의 토지를 지급하는 균전제를 토대로 병농일치의 군사 제도를 시행할 것을 주장하였다.
③ 홍대용은 우리나라·중국·서양의 수학 연구 성과를 정리한 『주해수용』을 저술하였다.

---

오답
분석
① 『곽우록』은 이익의 저서이다. 이익은 이 책에서 인사·군제·학교·과거 등의 국가적 당면 문제에 대한 해결책을 제시하고자 하였다.
② 『북학의』는 박제가의 저서이다. 박제가는 이 책에서 생산과 소비의 관계를 우물에 비유하며 절약보다 소비를 권장하였다.
④ 『명남루총서』는 최한기의 저서이다. 최한기는 이 책에서 뉴턴의 만유인력 법칙을 소개하였다.

---

**09 『연려실기술』** 정답 ④

해설 제시문에서 여러 야사를 채택하여 기사본말체를 모방하여 분류·기록하였다는 내용을 통해 ㉠이 『연려실기술』임을 알 수 있다.
④ 이긍익은 야사 400여 종을 참고하여 조선 시대의 정치·문화를 객관적 입장에서 기사본말체로 정리한 『연려실기술』을 저술하였다.

오답
분석
① 허목이 저술한 『동사(東事)』와 이종휘가 저술한 『동사(東史)』는 모두 기전체 서술 방식으로 정리된 조선 후기의 역사서이다.
② 『해동역사』는 한치윤이 저술한 기전체 서술 방식의 역사서이다.
③ 『삼국유사』는 고려 충렬왕 때 승려 일연이 저술한 역사서이다.

---

**10 안정복의 『동사강목』** 정답 ②

해설 제시문은 안정복의 『동사강목』 중 일부로, 정통과 무통을 구분한 것 등을 통해 확인할 수 있다. 안정복은 단군 조선 – 기자 조선 – 마한(삼한) - 통일 신라 - 고려로 이어지는 독자적인 삼한 정통론을 주장하였다.
② 『동사강목』은 고조선부터 고려 말까지의 역사를 강목체 형식의 편년체 통사로 정리한 역사서로, 안정복은 이 책에서 이익이 정립한 정통론을 더욱 체계적으로 발전시켰다.

오답
분석
① 조선의 정치사를 기사본말체로 정리한 역사서는 이긍익의 『연려실기술』이다.
③ 발해사 연구를 통해 한반도 중심의 사관을 극복하고자 한 역사서는 유득공의 『발해고』이다.
④ 500여 종의 중국 및 일본의 자료를 참고하여 저술한 기전체 역사서는 한치윤의 『해동역사』이다.

### 이것도 알면 **합격**
#### 18세기~19세기의 역사서

| | |
|---|---|
| 『동국역대<br>총목』<br>(홍만종) | • '단군 - 기자 - 마한 - 통일 신라'로 이어지는 정통론 주장<br>• 삼국 시대는 정통이 없는 시대로 인식 |
| 『동사회강』<br>(임상덕) | • 강목체 형식의 편년체로 서술<br>• 단군과 기자에 대한 문헌 고증 시도<br>• 『동사강목』에 영향을 줌 |

| | |
|---|---|
| 『성호사설』<br>(이익) | • 실증적이고 비판적인 역사 서술을 제시(시세 강조)<br>• 중국 중심의 역사관에서 벗어나 우리 역사를 체계화할 것을 주장 |
| 『동사강목』<br>(안정복) | • 강목체 형식의 편년체로 서술<br>• 삼한 정통론을 바탕으로 '단군 – 기자 – 마한 – 통일 신라 – 고려'로 이어지는 독자적 정통론 주장<br>• 고증 사학의 토대를 마련 |
| 『발해고』<br>(유득공) | • 고대사 연구의 시야를 만주 지방으로 확대시켜 한반도 중심의 협소한 사관 극복<br>• 남북국 시대 용어 사용 |
| 『연려실기술』<br>(이긍익) | • 기사본말체로 서술<br>• 실증적·객관적 입장에서 조선의 정치와 문화를 백과사전식으로 서술 |
| 『동사』<br>(이종휘) | • 기전체로 서술<br>• 고구려사 강조 |
| 『해동역사』<br>(한치윤) | • 기전체로 서술<br>• 단군 조선부터 고려까지 서술<br>• 540여 종이 넘는 다양한 중국 및 일본 자료를 인용하여 민족사 인식의 폭 확대 |
| 『금석과안록』<br>(김정희) | 고증학에 입각하여 황초령비와 북한산비가 진흥왕 순수비임을 고증 |

## 11 조선 후기의 서적 편찬 　　　　　정답 ④

해설　④ 편찬된 순서대로 나열하면 ㉣『동의보감』(광해군) → ㉢『농가집성』(효종) → ㉡『산림경제』(숙종) → ㉠『열하일기』(정조)가 된다.
　　　㉣ 광해군 때 허준이 우리나라의 전통 한의학을 체계적으로 정리한 의서인 『동의보감』을 편찬하였다.
　　　㉢ 효종 때 신속이 조선의 농서들을 집대성한 『농가집성』을 편찬하였다. 이 책에는 벼농사 중심의 수전 농법이 소개되어 있어 조선 후기에 이앙법의 보급되는데 공헌하였다.
　　　㉡ 숙종 때 홍만선이 농업과 임업·축산·식품 가공 등 농촌 생활에 필요한 지식들을 체계적으로 정리한 『산림경제』를 편찬하였다.
　　　㉠ 정조 때 중상학파 실학자인 박지원이 청나라에 다녀온 후 『열하일기』를 저술하여 청나라의 선진 문물을 소개하고 수레와 선박 등을 이용할 것을 주장하였다.

## 12 조선 후기의 문화 　　　　　정답 ④

해설　④ 『대동운부군옥』(선조, 권문해)과 『청장관전서』(정조, 이덕무)는 위항 문학 작품이 아닌, 조선 후기에 편찬된 대표적인 백과사전류 서적이다. 위항인(중인)들이 남긴 대표적인 문집으로는 『청구영언』, 『해동가요』 등이 있다.

오답<br>분석　① 서유구는 농촌 생활 백과사전인 『임원경제지』를 저술하여 토지 제도·수리·토질·농사 시기 등의 농업과 관계된 내용들을 정리하였다.
　　　② 김정희는 『금석과안록』에서 황초령비와 북한산비가 진흥왕 순수비임을 고증하였다.

③ 조선 후기에는 국어학 연구가 활발히 전개되어 여러 서적이 편찬되었다. 『자모변』은 황윤석이, 『언문지』는 유희가 편찬한 훈민정음 연구 서적이다.

**조선 후기의 국어 연구**

| 음운 연구서 | 『경세정운』(최석정), 『훈민정음운해』(신경준), 『언문지』(유희) 등 |
|---|---|
| 어휘집 | 『대동운부군옥』(권문해), 『고금석림』(이의봉), 『아언각비』(정약용) |

## 13 조선 시대의 지도 　　　　　정답 ②

해설　② 철종 때 김정호가 제작한 대동여지도는 목판으로 제작되었다. 김정호는 이 지도에 산맥·하천·포구·도로망 등을 정밀하게 묘사하고, 거리를 알 수 있도록 10리마다 눈금을 표시하였다.

오답<br>분석　① 요계관방지도는 숙종 때 이이명이 군사적 목적으로 제작한 대형 관방 지도이다.
　　　③ 혼일강리역대국도지도는 태종 때 제작된 것으로, 유럽과 아프리카 대륙이 그려져 있다.
　　　④ 정상기는 영조 때 우리나라 최초로 축척(백리척)을 사용한 동국지도를 제작하였다.

## 14 수원 화성 　　　　　정답 ③

해설　(가)는 정조 때 건립된 수원 화성이다.
　　　③ 수원 화성을 건설할 때 정약용이 제작한 거중기가 활용되어, 공사 기간이 단축되고 공사비를 절감하는데 크게 공헌하였다.

오답<br>분석　① 이괄의 난 때 인조가 피난한 곳은 공주 공산성이다.
　　　② 준천사는 영조 때 청계천 준설 사업을 위해 설치된 관청이다.
　　　④ 수어청은 남한산성을 중심으로 경기 남부 지역의 방어를 담당하였다.

**수원 화성**

| 건립 시기 | 정조(1796) |
|---|---|
| 목적 | 정치적·군사적 기능 부여 + 상공업 유치 → 정치적 이상을 실현하고자 함 |
| 특징 | • 방어와 공격을 겸한 성곽 시설<br>• 평상시: 생활 공간 + 경제적 터전<br>• 거중기·활차(滑車)·녹로 등 당대 동서양 과학 기술의 성과물이 총동원됨<br>• 유수부 지정: 왕이 유사시에 피난 갈 수 있도록 지정, 세금을 수도로 올리지 않음 |

## 15 조선 후기의 문화 정답 ③

해설 제시문은 조선 후기에 박지원이 저술한 「허생전」의 내용으로, 박지원은 허생의 모습을 통해 조선 후기에 등장한 도고의 폐단을 비판하였다.
③ 조선 후기에는 다층 건물이지만 내부는 하나로 통하는 구조인 거대한 규모의 건축물이 건립되었는데, 대표적으로 화엄사 각황전, 법주사 팔상전 등이 있다.

오답분석
① 분청사기가 유행한 것은 조선 전기의 일이다.
② 원각사지 10층 석탑은 조선 전기인 세조 때 지어진 것으로, 고려 후기에 건립된 경천사지 10층 석탑의 영향을 받았다.
④ 사물을 의인화한 전기 형식의 문학인 가전체 문학이 유행한 것은 고려 시대의 사실이다. 대표적인 작품으로는 『국순전』(임춘), 『국선생전』(이규보) 등이 있다.

## 16 진경 산수화 정답 ②

해설 우리나라의 경관을 우리 산천의 형상에 어울리는 방식으로 묘사하려는 (가) 화풍은 진경 산수화이다.
② 겸재 정선은 진경 산수화를 개척한 조선 후기의 화가로 그의 대표적인 작품으로는 인왕산을 그린 인왕제색도, 금강산을 그린 금강전도 등이 있다.

오답분석
① 김홍도의 무동(춤추는 아이)은 서민의 생활상을 그린 풍속화이다.
③ 몽유도원도는 조선 전기 세종 때 안견이 안평 대군의 꿈 이야기를 듣고 그린 산수화로, 자연스러운 현실 세계와 환상적인 이상 세계가 표현되어 있다.
④ 신윤복의 월하정인은 남녀의 애정을 해학적으로 묘사한 풍속화이다.

### 조선 후기 적중 마무리문제 01 p.194-195

| 01 ② | 02 ③ | 03 ④ | 04 ② | 05 ④ |
| 06 ④ | 07 ③ | 08 ③ | | |

## 01 조선 후기 정치·군사 제도의 개편 정답 ②

해설 ② 순서대로 나열하면 (가) 비변사 임시 기구로 설치(중종) → (다) 훈련도감 설치(선조) → (라) 북벌과 어영청 확대(효종) → (나) 금위영 설치(숙종)가 된다.
(가) 중종 때 발생한 삼포왜란을 계기로 임시 기구인 비변사가 설치되었다(1510). 비변사는 이후 명종 때 일어난 을묘왜변(1555)을 계기로 상설화되었다.
(다) 임진왜란 기간 중 유성룡의 건의에 따라 포수·사수·살수의 삼병병으로 구성된 훈련도감이 설치되었다(1593).
(라) 효종 때 송시열 등의 서인이 주도한 북벌 계획에 따라 어영청이 정비·강화되었다.
(나) 숙종 때 국왕 호위 및 수도 방어를 위해 금위영이 설치되며 5군영 체제가 완비되었다.

## 02 숙종 재위 시기의 사실 정답 ③

해설 제시문에서 안용복이 우산도(울릉도)에 출몰하는 왜인을 쫓아내었다는 내용을 통해 조선 숙종 재위 시기의 사실임을 알 수 있다.
③ 숙종 때는 왕권을 강화하기 위해 세 차례의 환국(경신환국, 기사환국, 갑술환국)을 단행하였다.

오답분석
① 서인과 남인 간에 두 차례의 예송 논쟁이 전개된 것은 현종 때이다.
② 안동 김씨 등의 세도 가문이 권력을 잡은 것은 세도 정치 시기(순조~철종)이다.
④ 당파와 관계없이 인물을 등용하는 완론 탕평이 실시된 것은 영조 때이다.

## 03 영조의 정책 정답 ④

해설 제시문은 조선 영조 대에 시행된 균역법에 대한 설명이다.
④ 영조 때는 붕당의 뿌리를 뽑고자 공론의 주재자로 인식되던 산림의 존재를 부정하고 그들의 본거지인 서원을 대폭 정리하였다.

오답분석
① 북한산성 및 경기 북부 일대의 수비를 강화하기 위하여 총융청을 설치한 것은 인조 때의 사실이다.
② 왕세제(연잉군)의 대리청정을 건의한 김창집, 이이명 등 노론의 핵심 인물들이 처형당한 것은 경종 때 발생한 신임사화(1721 ~ 1722)이다.
③ 통공 정책으로 육의전을 제외한 시전 상인들의 금난전권이 폐지된 것은 정조 대의 사실이다.

## 04 정조 정답 ②

해설 제시문은 정조가 신문체의 사용을 금지한 문체 반정에 대한 내용이다.
② 정조는 창덕궁 후원에 규장각을 설치하고, 비서실 기능과 문한 기능 등을 부여하여 정책 자문 기구로 육성하였다.

오답분석
① 비변사가 축소·폐지된 것은 고종 때 흥선 대원군에 의해서이다.
③ 삼정이정청은 철종 때 임술 농민 봉기를 계기로 설치되었다.
④ 선무군관포는 영조 때 균역법 실시로 인한 재정 부족분을 보충하기 위해 신설되었다.

## 05 환국과 탕평 정치의 전개 정답 ④

해설 ④ 순서대로 나열하면 (라) 경신환국(1680, 숙종) → (나) 갑술환국(1694, 숙종) → (가) 탕평비 건립(1742, 영조) → (다) 준론 탕평 실시(정조)이다.
(라) 숙종 때 일어난 경신환국(1680) 이후 남인에 대한 처벌 문제를 두고 서인이 강경파인 노론과 온건파인 소론으로 분리되었다.
(나) 기사환국(1689)으로 남인이 정권을 장악하며 인현 왕후가 폐비되었으나, 이후 갑술환국(1694)을 계기로 서인이 다시 집권하게 되면서 인현 왕후가 복위되었다.
(가) 영조가 성균관 입구에 붕당의 폐단을 경계하라는 내용이 담긴 탕평비를 세우고, 온건하고 타협적인 인물을 고루 등용하는 완론 탕평을 실시하였다.

(다) 정조가 각 당파의 주장의 옳고 그름을 명백히 가리는 준론 탕평을 실시하였다.

## 06 영정법 　　　　정답 ④

해설 　제시문에서 이괄이 난을 일으켰다는 내용을 통해 밑줄 친 '왕'은 인조임을 알 수 있다. 인조반정의 공신이었던 이괄은 논공행상에 불만을 품고 난을 일으켰다. 한편 인조 때에는 영정법을 실시하여 전세 수취 제도를 개편하였다.
④ 인조 때에는 풍흉에 관계없이 토지 1결당 4~6두를 조세로 징수하는 영정법이 실시되었다.

오답분석 　① 호를 단위로 군포를 부과하여 기존에 군포 납부가 면제되었던 양반들에게도 동일하게 군포를 징수한 호포제를 시행한 것은 고종 때 흥선 대원군이다.
② 세종 때 시행된 공법에 대한 설명이다.
③ 군포 징수액이 반으로 줄어 세원이 부족해지자, 지주에게 토지 1결당 2두의 결작미를 징수하여 재정을 보충한 것은 영조 때 시행된 균역법과 관련 있다.

## 07 시대별 수공업의 발달 　　　　정답 ③

해설 　③ 소규모의 민간 수공업자들이 상인·공인으로부터 주문을 받을 때 생산 자금과 재료·도구 등을 함께 받아 제품을 생산하는 선대제 수공업이 등장한 것은 조선 후기의 사실이다. 이로 인해 수공업자들이 상인 자본에 예속되었으나, 18세기 후반에 이르러 자본을 축적한 수공업자가 독자적으로 제품을 직접 생산하고 판매하는 독립 수공업이 등장하였다.

오답분석 　① 신석기 시대에 가락바퀴와 뼈바늘을 이용하여 옷이나 그물을 만들어 사용하는 원시 수공업이 시작되었다.
② 고려 시대에는 특수 행정 구역인 소에서 국가에서 필요로 하는 종이·먹·자기 등의 공물을 제작하는 소 수공업이 발달하였다. 또한 고려 후기에는 승려들이 베·모시·술·소금 등을 생산하는 사원 수공업이 발달하기도 하였다.
④ 조선 후기에는 부역제의 해이로 인해 관영 수공업이 제대로 된 기능을 하지 못한 반면, 장인세를 납부하고 자유롭게 수공업 제품을 생산하는 납포장이 증가하였다.

## 08 향전 　　　　정답 ③

해설 　제시문에서 향교에 다니는 자들과 향약을 주관하는 자들의 투쟁이 끊이지 않는다는 내용을 통해 조선 후기 발생한 향전에 대한 내용임을 알 수 있다.
③ 조선 후기에 양반들은 군현 단위로 농민을 지배하기 어렵게 되자 촌락 단위의 동약을 실시하였다. 군현 단위의 향약을 주관한 것은 수령으로, 수령의 권한을 강화하기 위해 정조 대부터 수령이 직접 주관하였다.

오답분석 　① 조선 후기의 향전은 향촌 운영을 둘러싸고 양반 사족(구향)과 부농층(신향)이 다툼을 벌인 것이다.
② 조선 후기에 경제력을 바탕으로 성장한 부농층을 중심으로 구성된 신향은 수령을 중심으로 한 관권과 결탁하여 향안에 이름을 올리고 향회에 참여하여 영향력을 확대하였다.

④ 조선 후기 향전의 결과로 인해 수령을 중심으로 한 관권이 강해졌고, 이는 세도 정치 시기에 수령과 향리의 농민 수탈이 극심해지는 배경이 되었다.

| 01 ① | 02 ③ | 03 ④ | 04 ④ | 05 ① |
| 06 ② | 07 ④ | 08 ② | | |

## 01 정조 재위 시기의 사실 　　　　정답 ①

해설 　제시문은 육의전(육전)을 제외한 시전 상인의 금난전권을 폐지한 신해통공의 내용으로, 정조 때 반포되었다.
① 정조는 이전의 법전들과 법령들을 모아 『대전통편』을 편찬하여 법령을 정비하였다.

오답분석 　② 영조 때의 사실이다. 영조 때 경종의 죽음에 영조가 관련되었음을 주장하며 이인좌를 중심으로 소론 강경파와 남인 일부 세력이 반란을 일으켰다(1728). 이를 진압한 영조는 기유처분을 발표하며 붕당을 타파하고 노론과 소론을 고루 등용할 것을 선언하였다(1729).
③ 청의 요구에 따라 조총 부대를 영고탑으로 파견한 것(나선 정벌)은 효종 때의 사실이다.
④ 청과 조선 사이의 국경을 확정하고자 백두산 정계비를 세운 것은 숙종 때의 사실이다.

## 02 정약용의 저서 　　　　정답 ③

해설 　㉠ 발해의 중심지가 백두산 동쪽임을 고증한 정약용의 저서는 『아방강역고』이다.
㉡ 제너가 발명한 종두법을 소개한 정약용의 저서는 『마과회통』이다.
㉢ 형옥의 임무를 맡은 관리들이 유의할 사항을 예로 들어 설명한 정약용의 저서는 『흠흠신서』이다.

오답분석 　• 『강계고』는 신경준의 인문 지리지이다.
• 『방약합편』은 황도연의 저서를 그의 아들인 황필수가 종합하여 편찬한 의서이다.
• 『경세유표』는 정약용의 저서로, 중앙의 행정을 개혁할 것을 주장한 것이다.

### 이것도 알면 합격

**정약용의 저서**

| 저서 | 내용 |
| --- | --- |
| 『목민심서』 | 지방 행정 조직 개혁, 목민관(지방관)의 자세 제시 |
| 『흠흠신서』 | 형옥 관련 법률 제시 |
| 『경세유표』 | 중앙 통치 체제 개혁, 정전제 주장 |
| 『기예론』 | 기술 교육과 기술 진흥 강조(북학파의 주장 지지) |
| 『마과회통』 | 홍역에 관한 의서, 제너의 종두법 소개 |

## 03 조선 후기의 경제 상황　정답 ④

**해설**　④ 민간의 광산 개발 참여를 허용하는 설점수세제를 처음 실시한 것은 효종 때이다.

**오답분석**　① 조선 후기에 쌀의 수요 증가와 쌀의 상품화로 인해 밭을 논으로 바꾸는 현상이 활성화되었다.
② 조선 후기 숙종 때 이르러 상평통보가 전국적으로 유통되었다.
③ 조선 후기에 의주의 만상은 청과의 무역을 통해, 동래의 내상은 일본과의 무역을 통해 성장하였다.

**이것도 알면 합격**

**설점수세제**

| 실시 | 효종 때 실시(1651) |
|---|---|
| 내용 | • 정부의 감독 아래 시체를 허용하는 대신 실침수세 징수<br>• 호조의 별장이 세금 징수 관리<br>• 개인의 광산 개발이 촉진되고 국가 재정이 보충됨 |

## 04 조선 후기의 사회 모습　정답 ④

**해설**　제시문의 돈 있는 백성들이 갖은 방법으로 군역을 회피하고, 뇌물을 쓰고 호적을 위조하여 양반 행세를 한다는 내용을 통해 조선 후기의 사회 모습에 대한 설명임을 알 수 있다.
④ 조선 후기에 재지 사족의 영향력이 약화되면서, 사족이 주도하던 향회는 수령의 부세 자문 기구로 전락하였다.

**오답분석**　① 조선 후기에는 향촌 사회에서 사족의 영향력이 크게 감소하였다.
② 조선 후기에 신분제의 동요로 반상제가 실질적인 신분제로 작용하였으나, 여전히 법제적으로는 양천제를 표방하였다.
③ 조선 후기에는 혼인 후 신랑집에서 생활하는 친영제가 정착하였다. 처가에서 생활하는 남귀여가혼(서류부가혼)은 고려 시대~조선 중기에 흔히 행해지던 혼인 풍습이다.

## 05 천주교　정답 ①

**해설**　제시문은 안정복의 『천학문답』에 나오는 내용으로, 밑줄 친 ① 서국의 천학은 천주교를 의미한다. 안정복은 정약용 등 남인 소장 학자들이 유교를 공부하였음에도 서학 서적을 가까이하는 것을 안타깝게 여겨 그들을 깨우치고자 이 책을 저술하였다.
① 천주교는 인간의 평등과 내세 사상을 강조하였고, 제사를 거부하였다. 이에 조선 정부는 양반 중심의 신분 제도를 부정하는 것이라 판단하여 천주교를 사교로 규정하였다.

**오답분석**　② 동학에 대한 설명이다. 동학 농민 운동(1894)을 일으킨 농민군은 전주 화약 이후 집강소를 설치하고 폐정 개혁을 추진하였다.
③ 양명학의 치양지에 대한 설명이다. 양명학은 조선 후기 정제두를 중심으로 형성된 강화 학파에 의해 발전하였다.
④ 천주교의 교리를 비판한 『천학문답』은 남인인 안정복의 저서이다. 이를 통해 안정복은 정약용·이벽 등 천주교와 연관된 남인 소장학자들을 깨우치고자 하였다.

## 06 유형원과 홍대용　정답 ②

**해설**　신분에 따라 토지를 차등 있게 지급하는 것을 통해 (가)는 중농학파 실학자 유형원이 주장한 균전론에 대한 내용이다. (나)는 중국 중심의 세계관을 거부하는 내용으로, 중상학파 실학자 홍대용의 주장이다.
ⓒ 유형원은 균전제의 실시를 통해 자영농을 육성하여 민생과 국가 경제를 안정시키고, 이를 바탕으로 군사·교육·관리 선발 제도 등을 실시할 것을 주장하였다.
ⓒ 홍대용은 『임하경륜』에서 선비들의 생산 활동 종사 및 균전제의 실시 등을 주장하였다.

**오답분석**　㉠ 『곽우록』을 통해 국가 제도 전반에 대한 개혁론을 제시한 것은 중농학파 실학자인 이익이다.
㉣ 북학 사상의 선구자로, 사농공상의 직업적 평등화와 전문화를 주장한 것은 중상학파 실학자인 유수원이다.

## 07 대동법　정답 ④

**해설**　제시문에서 광해군 때 시행되었다는 점, 경기에서 처음 실시하였다는 점을 통해 대동법에 대한 설명임을 확인할 수 있다.
ⓒ 광해군 때 과중한 공물 부담과 방납의 폐단을 시정하기 위해 대동법을 실시하였다.
㉣ 대동법의 실시로 등장한 공인의 활동 증가로 상품 화폐 경제가 발달하게 되었다.

**오답분석**　㉠ 대동법이 시행되면서 공납을 현물 대신 쌀, 면포, 동전 등으로 납부하게 되었다.
ⓒ 대동법은 가호 기준의 공물 납부 방식 대신 토지 결수에 따라 쌀·베·동전 등으로 납부하도록 한 제도였다.

## 08 조선 후기의 미술　정답 ②

**해설**　② 고사관수도는 조선 전기의 문신인 강희안의 문인화이다. 강희안은 고사관수도에서 바위에 기대어 엎드려 명상에 잠긴 선비의 모습을 그려 인물의 내면 세계를 표현하였다. 조선 후기 김정희의 대표적인 문인화 작품으로는 제주도 유배 당시에 그린 세한도가 있다.

**오답분석**　① 조선 후기에는 정선의 인왕제색도·금강전도와 같이 우리의 자연을 사실적으로 표현한 진경 산수화가 유행하였다.
③ 조선 후기에는 당시 사람들의 일상 생활 모습을 생동감 있게 묘사한 풍속화가 유행하였는데, 대표적인 화가로 김홍도·신윤복 등이 있다.
④ 조선 후기의 화가인 강세황은 영통동구도에서 서양식 원근법과 명암법 등의 서양화 기법을 동양화에 접목시켜 사물을 실감나게 표현하였다.

## 01 근대의 정치

p.211-217

| 01 ④ | 02 ③ | 03 ① | 04 ② | 05 ① |
|---|---|---|---|---|
| 06 ② | 07 ④ | 08 ③ | 09 ① | 10 ② |
| 11 ④ | 12 ② | 13 ④ | 14 ③ | 15 ② |
| 16 ② | 17 ④ | 18 ④ | 19 ④ | 20 ① |
| 21 ③ | 22 ② | 23 ③ | 24 ② | 25 ① |
| 26 ③ | 27 ④ | 28 ② | | |

### 01 흥선 대원군의 정책

정답 ④

해설 제시문에서 철종이 죽자 '그'의 아들(고종)을 왕위에 올렸으며 왕권을 강화하기 위한 여러 개혁 정책을 추진하였다는 것을 통해 밑줄 친 '그'가 흥선 대원군임을 알 수 있다.

④ 흥선 대원군은 군포를 호 단위로 부과하여 양반에게도 군역을 부담하게 하는 호포제를 시행하였다.

오답 분석
① 삼정이정청을 설치해 삼정의 문란을 시정하고, 농민의 불만을 해결하려 한 왕은 철종이다.
② 『대전통편』을 편찬하여 통치 체제를 정비한 왕은 정조이다.
③ 흥선 대원군은 세도 정치 시기에 국정 전반을 장악하고 있었던 비변사를 축소·폐지하고, 의정부와 삼군부의 기능을 부활시켜 정치와 군사를 분리하였다.

### 02 서양 열강의 침입

정답 ③

해설 ③ 순서대로 나열하면 ② 제너럴셔먼호 사건(1866. 7.) → © 병인양요(1866. 9.) → © 오페르트 도굴 사건(1868) → ㉠ 신미양요(1871)이다.

② 미국 상선 제너럴셔먼호는 평양 대동강에 진입하여 조선에 통상을 요구하며 횡포를 부렸으나, 당시 평안도 관찰사 박규수와 평양 군민이 상선을 공격하여 침몰시켰다(1866. 7.).
© 프랑스는 병인박해를 구실로 조선과의 통상 수교를 시도하였고, 프랑스 극동 함대 사령관 로즈 제독은 군함을 이끌고 강화도를 점령하였다(1866. 9.).
© 독일 상인 오페르트는 흥선 대원군의 아버지인 남연군의 묘를 도굴하려 하였으나 실패하였다(1868).
㉠ 미국은 제너럴셔먼호 사건을 구실로 조선에 침입하여 강화도의 초지진과 덕진진을 점령하고 광성보를 공격하였으나 어재연의 조선 수비대가 결사적으로 저항하였다(1871).

### 03 병인양요

정답 ①

해설 제시문에서 양공(양헌수)이 정족산성에서 적군을 공격하여, 강화부를 수복하였다는 내용을 통해 이 사건이 병인양요(1866. 9.)임을 알 수 있다.

① 병인양요 때 프랑스군은 강화도에서 퇴각하면서 외규장각에 있던 『의궤』 등의 도서를 약탈해 갔다. 이후 프랑스 국립 도서관에 보관되어 있던 외규장각 도서는 2011년에 5년마다 갱신 가능한 대여 형식으로 우리나라에 반환되었다.

오답 분석
② 어재연을 비롯한 조선군이 미국군을 상대로 광성보에서 항전한 것은 신미양요(1871) 때의 사실이다.
③ 독일 상인 오페르트가 흥선 대원군의 아버지인 남연군 묘의 도굴을 시도한 오페르트 도굴 사건(1868)은 병인양요 이후의 사실로, 조선 내에 서양 국가에 대한 반감이 더욱 심해지는 계기가 되었다.
④ 흥선 대원군이 프랑스 신부와 천주교도들을 처형한 사건은 병인박해(1866. 1.)로, 이 사건이 원인이 되어 병인양요가 일어났다.

### 04 강화도 조약

정답 ②

해설 일본이 조선에 운요호를 보내 개항을 요구하며 무력 시위를 벌였다는 내용을 통해, 운요호 사건을 계기로 체결된 강화도 조약(1876. 2.)과 관련이 있음을 알 수 있다.

② 강화도 조약에 따라 일본은 조선의 해안을 자유롭게 측량할 수 있는 해안 측량권을 보장받았다.

오답 분석
① 곡물 유출을 막는 방곡령 규정을 둔 것은 조·일 통상 장정 개정(1883)이다.
③ 강화도 조약을 통해 부산, 원산, 인천을 차례대로 개항하였다.
④ 강화도 조약에는 치외 법권 조항이 포함되어 있었으나, 거중 조정 조항은 포함되어 있지 않았다.

### 05 불평등 조약 체결

정답 ①

해설 (가)는 일본 정부 소속 선박에 대한 무항세 규정을 담고 있으므로 조·일 무역 규칙(조·일 통상 장정)이고, (나)는 양국 중 한 나라가 다른 나라의 핍박을 받을 경우 서로 돕고 분쟁을 해결하도록 주선한다는 거중조정의 내용을 담고 있으므로 조·미 수호 통상 조약이다. (다)는 방곡령 규정을 담고 있으므로 1883년에 개정된 조·일 통상 장정이다.

① 일본 상인의 활동 범위를 개항장 사방 10리로 설정한 조약은 조·일 수호 조규 부록(1876. 7.)이다. 이후 일본과 조·일 수호 조규 속약(1882. 7.)을 체결하면서 일본 상인의 활동 범위가 10리에서 50리, 2년 후 100리까지 확대되었다.

오답 분석
② 조·미 수호 통상 조약은 러시아와 일본을 견제하려는 청의 알선으로 체결되었다.

③ 1883년에 개정된 조·일 통상 장정을 통해 일본 상품에 관세가 부과되었다.

④ 순서대로 나열하면 조·일 무역 규칙(1876) → 조·미 수호 통상 조약(1882) → 개정된 조·일 통상 장정(1883)이다.

## 06 1882~1886년 사이의 사실　　　정답 ②

**해설** (가)는 조·미 수호 통상 조약(1882. 4.)이고, (나)는 조·프 수호 통상 조약(1886)이다. 따라서 1882~1886년 사이의 사실이 아닌 것을 고르면 된다.

② 일본이 청나라와 시모노세키 조약을 체결한 것은 청·일 전쟁(1894) 직후로, (나) 조약 체결 이후의 일이다.

**오답 분석** ① (가)와 (나) 사이 시기에 조선에 농무 목축 시험장이 설치되었다(1884). 농무 목축 시험장은 미국을 방문했던 보빙사 일행의 건의로 설립되었다. 보빙사 일행은 미국의 농상을 시찰한 후 국왕에게 새로운 농업 기술을 도입하기 위한 모범 농장의 설치를 건의하였고, 정부는 이를 수용하여 1884년에 농무 목축 시험장을 설치하였다.

③ (가)와 (나) 사이 시기인 1883년에 조선 정부는 외국 상인의 활동으로 인해 보부상의 상권이 침해되자 이를 보호하기 위해 보부상을 총괄하는 기관으로 혜상공국을 설치하였다.

④ (가)와 (나) 사이 시기에 김옥균, 박영효 등은 3차 수신사로 일본에서 차관 교섭을 벌이고 구미 외교 사절과 접촉하였다(1882. 9.).

## 07 온건 개화파　　　정답 ④

**해설** 제시문에서 변혁을 꾀하는 것이 기(器)이지 도(道)가 아니라는 내용을 통해 동도 서기론임을 알 수 있다. 동도 서기론은 온건 개화파의 주장이다.

④ 김윤식, 김홍집 등의 온건 개화파는 조선과 청의 전통적인 사대 관계를 유지하며 서양 문물을 수용하고, 이를 통해 열강들로부터 조선의 독립을 보존하고자 하였다.

**오답 분석** ① 흥선 대원군의 통상 수교 거부 정책을 지지한 세력은 이항로, 기정진 등의 위정척사파이다.

② 일본의 문명개화론을 수용하고자 한 세력은 갑신정변을 주도한 급진 개화파이다. 이들은 국가 발전을 위해 서양의 과학 기술과 제도는 물론 사상, 종교까지 받아들여야 한다고 주장하였다.

③ 서학에 대항하여 창도된 동학은 온건 개화파와는 관련이 없다. 동학은 외세를 배격하자는 입장을 취했기 때문에 서양의 문물을 부정적으로 보았다.

**이것도 알면 합격**

### 온건 개화파와 급진 개화파

| 구분 | 온건 개화파 | 급진 개화파 |
|---|---|---|
| 대표 인물 | 김홍집, 어윤중, 김윤식 | 김옥균, 박영효, 홍영식 |
| 개혁 방법 | • 청의 양무운동 모방<br>• 동도 서기론 주장<br>• 점진적인 개혁 추구 | • 일본의 메이지유신 모방<br>• 문명개화론 주장<br>• 급진적인 개혁 추구 |

## 08 위정척사 운동의 전개　　　정답 ③

**해설** ③ 순서대로 나열하면 ⓒ 통상 반대 운동(1860년대) → ㉠ 개항 반대 운동(1870년대) → ㉣ 개화 반대 운동(1880년대) → ㉢ 항일 의병 운동(1890년대)이 된다.

ⓒ 1860년대에 열강의 통상 요구와 병인양요에 대한 반발로 이항로, 기정진 등의 주도하에 척화 주전론(화친하자는 논의를 배척하고 외세와의 전쟁도 불사하겠다는 주장)에 입각한 통상 수교 반대 운동이 전개되었다.

㉠ 1870년대에 문호 개방을 전후하여 강화도 조약 체결이 임박하자 최익현 등이 서양과 일본은 한 무리이므로 서양은 물론 일본에도 문호를 개방하면 안 된다는 왜양 일체론을 내세우며 개항 반대 운동을 전개하였다.

㉣ 1880년대에 개화 정책이 추진되고 『조선책략』이 유포되자 이만손, 홍재학 등은 상소를 올려 개화 정책과 외국과의 수교 정책을 반대하였다.

㉢ 1890년대에 유인석과 문석봉 등이 일본의 침략에 저항하는 항일 의병 운동을 전개하였다.

**이것도 알면 합격**

### 위정척사의 성향

| 정치 | 전제 군주정 |
|---|---|
| 경제 | 지주 전호제 |
| 사회 | 차별적 신분제 유지 |
| 문화(사상) | 성리학 이외는 모두 배척 |

### 위정척사 운동의 전개

| 1860년대 | • 계기: 프랑스가 병인양요를 일으키며 통상 요구<br>• 전개<br>　- 이항로, 기정진 등이 서양과의 통상 수교 반대 운동 전개<br>　- 척화 주전론 주장하며 흥선 대원군의 통상 수교 거부 정책 지지 |
|---|---|
| 1870년대 | • 계기: 일본이 운요호 사건을 일으키며 개항 요구<br>• 전개<br>　- 유인석, 최익현 등이 개항 반대 운동 전개<br>　- 왜양 일체론, 개항 불가론 등을 주장 |
| 1880년대 | • 계기: 정부의 개화 정책 추진과 『조선책략』의 유포에 대한 반발<br>• 전개<br>　- 정부의 개화 정책 추진 반대<br>　- 이만손의 영남 만인소, 홍재학의 만언 척사소 등 유생들이 상소 운동 전개 |
| 1890년대 | • 계기: 을미사변과 단발령 시행<br>• 전개: 유인석, 이소응 등이 항일 의병 운동 전개 |

## 09 임오군란　　　정답 ①

**해설** 제시된 자료는 구식 군인들이 밀린 급료로 받은 쌀에 겨, 모래 등이 섞여 있는 것에 분노해 폭동을 일으킨 사건인 임오군란(1882)에 대한 설명이다.

① 임오군란은 한·청 통상 조약이 아닌 조·청 상민 수륙 무역 장정이 체결(1882)되는 계기가 되었다. 한·청 통상 조약은

1899년 대한 제국 시기에 속방이 아닌 대등한 위치에서 청과 체결한 조약이다.

오답분석 ② 임오군란 때 정부의 개화 정책에 반대하는 하층민까지 군란에 가담하면서 군란의 규모는 더욱 커졌다.

③ 임오군란을 진압하기 위해 정부는 청군에 출병을 요청하였고, 청군은 조선에 출병하여 군란을 진압하였다.

④ 임오군란 이후 청은 마젠창을 내정 고문으로, 묄렌도르프를 외교 고문으로 조선에 파견하여 조선의 내정과 외교 문제에 대한 간섭을 강화하였다.

### 이것도 알면 **합격**

#### 임오군란(1882)

| | |
|---|---|
| 배경 | • 구식 군인들이 신식 군대인 별기군과의 차별 대우와 급료의 체불 등으로 불만 누적<br>• 강화도 조약 이후 일본의 경제 침투가 가속화되자 농민을 비롯한 하층민들의 불만 고조 |
| 전개 | ① 구식 군인들이 선혜청 창고인 도봉소 습격, 민씨 정권의 고관 습격<br>② 구식 군인들이 별기군의 일본인 교관을 살해한 뒤 일본 공사관 습격<br>③ 민비는 충주로 피신, 대원군이 일시 재집권하면서 개화 정책 중단(5군영 부활, 통리기무아문·별기군 폐지)<br>④ 청이 민씨 정권의 지원 요청으로 조선에 출병해 군란 진압, 흥선 대원군을 청으로 압송, 민씨 재집권 |
| 결과 | • 친청 정권 수립, 청의 내정 간섭 심화<br>• 제물포 조약 체결(조선 – 일본): 일본 정부에 배상금 지불, 일본 공사관에 경비 병력 주둔 허용<br>• 조·일 수호 조규 속약 체결(조선 – 일본): 간행이정 확대, 양화진 개시, 내지 여행 허용 등<br>• 조·청 상민 수륙 무역 장정 체결(조선 – 청): 청 상인이 내륙 시장까지 진출이 가능해짐 |

### 10 조·청 상민 수륙 무역 장정　　　정답 ②

해설 제시된 자료에서 상무위원을 파견해 본국의 상인을 돌보며, 본국의 상인이 조선의 양화진과 서울에 들어가 영업소를 개설할 수 있다는 내용을 통해 조·청 상민 수륙 무역 장정(1882)임을 알 수 있다.

② 조·청 상민 수륙 무역 장정에서는 청 상무위원의 영사 재판권(치외 법권)이 인정되었다.

오답분석 ① 조·청 상민 수륙 무역 장정에서는 조선을 청의 속방으로 규정하였다.

③ 조·청 상민 수륙 무역 장정에서는 수출입 상품에 대한 무관세 무역을 규정하지 않았다. 한편 수출입 상품에 대한 무관세 무역을 규정한 대표적인 조약은 조·일 무역 규칙(1876)이 있다.

④ 조·청 상민 수륙 무역 장정에서는 최혜국 대우가 규정되지 않았다. 최혜국 대우를 규정한 대표적인 조약으로는 조·미 수호 통상 조약(1882), 조·일 통상 장정 개정(1883) 등이 있다.

### 11 갑신정변　　　정답 ④

해설 제시된 지도에서 주도 세력의 거사 행로가 우정국에서 출발하여 창덕궁, 경우궁 등으로 이동하고, 청군의 개입으로 퇴각하는 것을 통해 이 사건이 갑신정변(1884)임을 알 수 있다. 갑신정변은 김옥균 등 급진 개화파가 우정총국 개국 축하연을 기회로 정변을 일으켜 민씨 정권을 몰아내고 개화당 정부를 수립한 사건이다. 갑신정변은 민비의 요청으로 청군이 개입하면서 3일 만에 진압되었다.

④ 급진 개화파는 개혁의 기본 방향을 제시하는 14개조 혁신 정강을 발표하여 청에 대한 조공의 허례 폐지, 문벌의 폐지와 능력에 따른 관리의 임명, 지조법의 개혁 등을 주장하였다.

오답분석 ① 갑신정변을 주도한 김옥균 등은 일본으로부터 차관 도입을 시도하였다. 김옥균 등 급진 개화파는 일본으로부터 차관을 도입하여 개화 정책의 자금으로 사용하려 하였으나 실패하였고, 이로 인해 급진 개화파의 입지가 위축되자 갑신정변을 일으켰다.

② 영선사가 파견된 것은 1881년으로 갑신정변이 발발하기 이전의 사실이다.

③ 홍범 14조를 반포하여 개혁의 기본 방향을 제시한 것은 제2차 갑오개혁(1894) 때의 일이다. 갑신정변의 주도 세력인 급진 개화파는 14개조의 혁신 정강을 발표(1884)하였다.

### 이것도 알면 **합격**

#### ◎ 갑신정변(1884)

| | |
|---|---|
| 배경 | • 국내 정세: 임오군란 이후 청의 내정 간섭 심화, 온건 개화파가 급진 개화파를 탄압하여 개화 정책 후퇴, 일본과의 차관 교섭 실패로 급진 개화파의 입지 축소<br>• 국외 정세: 청·프 전쟁으로 조선 내 청의 군대가 일부 철수, 일본 공사가 정변 단행 시 재정 및 군사 지원을 약속 |
| 전개 | • 급진 개화파가 우정국 개국 축하연에서 정변 단행<br>• 김옥균, 박영효, 홍영식, 서광범 등을 중심으로 개화당 정부 수립, 14개조 혁신 정강 발표 |
| 결과 | • 지원을 약속한 일본의 배신과 청군의 개입으로 3일 만에 실패, 청의 내정 간섭 심화<br>• 한성 조약 체결(일본 – 조선): 조선이 일본 공사관 신축 비용을 부담, 일본에 배상금 지불<br>• 톈진 조약 체결(일본 – 청): 조선 내 청·일 양군 공동 철수, 조선 파병 시 상대방 국가에 미리 알릴 것 |

#### ◎ 14개조 혁신 정강

| | |
|---|---|
| 1 | 청에 잡혀간 흥선 대원군을 돌아오게 하며 청에 대한 조공 허례를 폐지한다. |
| 2 | 문벌을 폐지하고, 인민 평등의 권리를 세워 능력에 따라 관리를 임명한다. |
| 3 | 지조법을 개혁하여 관리의 부정을 막고 백성을 보호하며 국가 재정을 넉넉히 한다. |
| 4 | 내시부를 없애고, 그 중에 우수한 인재를 등용한다. |
| 5 | 부정한 관리 중 그 죄가 심한 자는 치죄한다. |
| 6 | 각 도의 환상미를 영구히 받지 않는다. |
| 7 | 규장각을 폐지한다. |
| 8 | 급히 순사를 두어 도둑을 방지한다. |

| 9 | 혜상공국을 혁파한다. |
|---|---|
| 10 | 귀양살이를 하고 있는 자와 옥에 갇혀 있는 자는 그 정상을 참작하여 적당히 형을 감한다. |
| 11 | 4영을 합하여 1영으로 하되, 영 중에서 장정을 선발하여 근위대를 급히 설치한다. |
| 12 | 모든 재정은 호조에서 관할한다. |
| 13 | 대신과 참찬은 의정부에 모여 정령을 의결하고 반포한다. |
| 14 | 의정부와 6조 외의 모든 불필요한 기관을 없앤다. |

## 12 동학 농민 운동  정답 ②

해설 (가) 보은 집회(1893. 3.) ~ 고부 민란(1894. 1.)
(나) 고부 민란(1894. 1.) ~ 황룡촌 전투(1894. 4.)
(다) 황룡촌 전투(1894. 4.) ~ 청·일 전쟁(1894. 6.)
(라) 청·일 전쟁(1894. 6.) ~ 우금치 전투(1894. 11.)
② 동학 농민군은 (나) 시기에 고부 민란을 수습하기 위해 정부에서 파견한 안핵사 이용태가 농민들을 탄압하자 백산에 집결하여 백산 격문과 4대 강령을 선언하였다(1894. 3.).

오답 분석
① 동학 교도들이 전라도 삼례에 집결하여 교조 신원 운동을 전개(1892. 10~11.)한 것은 보은 집회(1893. 3.) 이전에 발생한 사건이다.
③ 황토현 전투(1894. 4. 7.)는 황룡촌 전투(1894. 4. 23.) 이전에 발생하였으므로, (나) 시기에 해당한다.
④ 동학 농민군이 집강소를 설치하여 폐정 개혁안을 실천하고자 한 것은 청·일 전쟁이 발발하기 이전이므로, (다) 시기에 해당한다.

**이것도 알면 합격**

◎ 동학 농민 운동

| 구분 | 제1차 농민 봉기 | 제2차 농민 봉기 |
|---|---|---|
| 인물 | 전봉준, 김개남, 손화중 | 전봉준, 손병희 |
| 참가 | 남접(전라도) | 남접(전라도)+북접(충청도) |
| 활동 | 황토현·황룡촌 전투 | 공주 우금치 전투 |
| 특징 | 반봉건 | 반외세 |

◎ 폐정 개혁안 12개조

| 1 | 동학 교도와 정부는 원한을 씻고 서정에 협력한다. |
|---|---|
| 2 | 탐관오리는 죄상을 조사하여 엄징한다. |
| 3 | 횡포한 부호를 엄징한다. |
| 4 | 불량한 유림과 양반들을 징벌한다. |
| 5 | 노비 문서는 불태워 버린다. |
| 6 | 칠반 천인의 대우를 개선하고, 백정이 쓰는 평량갓은 벗겨 버린다. |
| 7 | 청상과부의 재가를 허용한다. |
| 8 | 무명의 잡세는 일체 폐지한다. |
| 9 | 관리의 채용에는 지벌을 타파하고 인재를 등용한다. |
| 10 | 왜와 내통하는 자는 엄징한다. |
| 11 | 공사채를 막론하고 기왕의 것을 무효로 한다. |
| 12 | 토지는 균등히 나누어 경작케 한다. |

## 13 제2차 갑오개혁  정답 ④

해설 제시문은 고종이 자주 독립의 뜻을 담아 발표한 독립 서고문의 내용으로, 이후 내정 개혁의 기본 방침을 담은 홍범 14조와 함께 발표되어 제2차 갑오개혁(1894~1895)이 추진되었다.
ⓒ 제2차 갑오개혁 때 재판소를 설치하고 사법권을 행정권에서 독립시켜 국민의 체포·구금·재판 업무는 경찰관과 사법관만이 담당할 수 있도록 하였다.
ⓔ 제2차 갑오개혁 때 교육 입국 조서를 발표하여 한성 사범 학교를 설립하였다.

오답 분석
ⓐ, ⓑ 과거제를 폐지하고 경무청을 신설한 것은 제1차 갑오개혁(1894)의 내용이다.

## 14 을미개혁  정답 ③

해설 제시문에서 국내의 육군을 친위와 진위 2종으로 나눠 친위는 중앙군으로 왕성 수비를 담당하며, 진위는 지방군으로 지방 진무와 변경 수비를 담당한다는 내용을 통해 을미개혁임을 알 수 있다.
③ 을미개혁 때에는 갑오개혁 때 사용하던 '개국 기년'을 폐지하고 '건양'이라는 연호를 사용하였다.

오답 분석
① 군국기무처가 최고 정책 결정 기관으로 개혁을 주도한 것은 제1차 갑오개혁 시기의 사실이다.
② 을미개혁 때 시행된 단발령이 폐지된 것은 을미개혁이 중단된 이후의 사실이다. 일본의 세력 확대에 위협을 느낀 고종이 아관 파천을 단행하면서 을미개혁이 중단되었고, 이로 인해 단발령이 폐지되었다. 한편 아관 파천 시기에는 제2차 갑오개혁 때 내각제로 개편되며 폐지되었던 의정부가 복설되었다.
④ 지방의 군현제가 폐지되고 지방 제도가 8도에서 23부로 개편된 것은 제2차 갑오개혁 시기의 사실이다.

**이것도 알면 합격**

을미의병

| 원인 | 을미사변, 단발령 시행에 대한 반발 |
|---|---|
| 주도 세력 | • 위정척사 사상을 가진 유생(유인석, 이소응 등) 중심<br>• 일반 농민들과 동학 농민군의 잔여 세력이 참여 |
| 활동 | 지방 관아 습격, 친일 관리 처단 |
| 해산 | • 아관 파천으로 친일 내각이 무너지면서 단발령 철회, 고종의 해산 권고 조칙으로 자진 해산<br>• 의병에 참여했던 동학 농민군 잔여 세력은 활빈당으로 계승 |

## 15 근대적 개혁의 추진  정답 ②

해설 ② 시기 순으로 나열하면 (가) 군국기무처 설치(1894. 6.) → (라) 홍범 14조 반포(1894. 12.) → (다) 삼국 간섭(1895. 4.) → (나) 을미개혁(1895. 8.)이다.
(가) 일본은 교정청을 폐지하고 군국기무처를 설치하여 조선의 내정 개혁을 강요하였다. 이후 군국기무처를 중심으로 제1차 갑오개혁이 추진되었다.

(라) 청·일 전쟁에서 승기를 잡은 일본이 군국기무처를 폐지하고 김홍집·박영효 연립 내각을 구성하여 제2차 갑오개혁을 추진하였다. 이때 고종은 자주 독립의 뜻을 담은 독립 서고문을 낭독한 뒤 홍범 14조를 반포하였다.

(다) 삼국 간섭으로 일본 세력이 약화되면서 박영효가 실각되고, 김홍집·김윤식·박정양 등 온건 개화파와 친러파의 연립 내각이 성립되었다.

(나) 태양력을 사용하고, 소학교를 설치한 것은 을미개혁의 내용이다. 일본은 조선 내에서 약화된 세력을 만회하기 위해 명성 황후를 시해하는 을미사변을 일으키고, 친일적인 제4차 김홍집 내각을 수립하여 을미개혁을 추진하였다.

**이것도 알면 합격**

**삼국 간섭**

| 배경 | 청·일 전쟁(1894~1895)에서 승리한 일본이 시모노세키 조약을 통해 청으로부터 요동 반도 및 대만을 할양받음 |
|---|---|
| 내용 | 위기를 느낀 러시아·프랑스·독일은 일본에게 요동 반도를 청에 반환할 것을 권고 |
| 결과 | • 일본은 청에 요동 반도를 반환<br>• 조선 내 일본 세력 약화, 조선 정부는 친러 내각을 수립 |

**16 헌의 6조 결의 이후의 사실** 정답 ②

해설 제시문에서 외국과의 이권에 관한 조약은 각 대신과 중추원 의장이 합동 날인한다는 내용을 통해 헌의 6조임을 알 수 있다.
② 관민 공동회에서 헌의 6조가 결의(1898. 10.)된 이후에 의회식 중추원 관제가 반포되었다(1898. 11.).

오답 분석
① 만민 공동회가 개최된 것은 헌의 6조 결의 이전의 사실이다(1898. 3.).
③ 고종이 러시아 공사관으로 거처를 옮기게 된 것은 헌의 6조 결의 이전의 사실이다(1896. 2.).
④ 서재필을 중심으로 민중 계몽을 위한 독립신문이 창간된 것은 1896년으로, 헌의 6조 결의 이전의 사실이다.

**이것도 알면 합격**

**헌의 6조**

| 구분 | 내용 | 의미 |
|---|---|---|
| 1 | 외국인에게 의지하지 말고 관민이 합심하여 전제 황권을 견고히 할 것 | 자주 국권 확립 |
| 2 | 외국과의 이권에 관한 조약은 각 대신과 중추원 의장이 합동 날인하여 시행할 것 | 이권 침탈 방지 |
| 3 | 국가 재정은 탁지부에서 전관하고 예산과 결산을 국민에게 공포할 것 | 재정 일원화 |
| 4 | 중대 범죄를 공판하되, 피고의 인권을 존중할 것 | 재판 공개, 피고 인권 존중 |
| 5 | 칙임관을 임명할 때에는 정부에 그 뜻을 물어서 중의에 따를 것 | 입헌 군주제 |
| 6 | 정해진 규정을 실천할 것 | 법치 행정 |

**17 우리나라의 근대 개혁 운동** 정답 ④

해설 (가) 14개조 혁신 정강은 갑신정변 때 급진 개화파가 주장한 것이다. 급진 개화파는 입헌 군주제를 지향하였으며, 양반 문벌 제도 폐지, 특권적 상업 체제 폐지, 국가 재정 일원화, 탐관오리 처벌 등을 주장하였다.

(나) 폐정 개혁안 12개조는 동학 농민군이 주장한 것이다. 동학 농민군은 토지 평균 분작, 노비 문서 소각, 일본에 대한 저항 등을 주장하였다.

(다) 홍범 14조는 제2차 갑오개혁 때 발표된 개혁안으로 청나라의 종주권 부인, 종친과 외척의 정치 개입 배제, 근대적인 내각제도 확립 등을 주장하였다.

(라) 헌의 6조는 독립 협회가 관민 공동회를 열고 자주 국권 확립, 탁지부에서 재정 일원화, 피고 인권 존중 등을 내용을 담아 결의한 개혁안이다.
④ 헌의 6조에서는 국가 재정은 탁지부에서 전관하고, 정부의 예산과 결산을 인민들에게 공개하여 국가 재정을 인민의 감시하에 둘 것을 주장하였다.

오답 분석
① 급진 개화파는 내각 제도의 수립과 정부 조직의 근대적 개편을 위해 불필요한 관청을 없애고자 하였다.
② 동학 농민군은 봉건적 신분제 철폐를 위해 노비 문서를 불태우고, 칠반천인의 대우 개선과 백정이 쓰는 평량갓을 없앨 것을 주장하였다.
③ 제2차 갑오개혁 때 발표된 홍범 14조에서는 청의 종주권을 부인하며 자주 독립의 기초를 세울 것을 명시하였다.

**18 독립 협회** 정답 ④

해설 제시문에서 관민이 합심하여 정부와 백성의 권리가 절반씩 함께 한 후에야 대한이 무강할 것이라는 주장을 펼친 단체는 독립 협회이다.
④ 독립 협회는 자강 개혁 운동의 일환으로 서구식 의회의 설치를 제안했으며, 고종은 이를 수용하여 관선 25명, 민선 25명으로 구성된 중추원 관제를 반포하여 우리나라 역사상 최초로 의회가 설립될 단계에까지 이르렀으나 실행되지는 못했다.

오답 분석
① 장교 양성을 위해 무관 학교를 설립한 것은 대한 제국 시기 광무개혁의 내용이다.
② 월보를 간행하고 고종 퇴위 반대 운동을 벌이다 해산된 단체는 대한 자강회이다.
③ 내시부를 없애고 우수한 인재를 등용한다는 내용은 갑신정변 때 발표된 14개조 혁신 정강의 내용이다.

**19 대한 제국 정부의 개혁 정책** 정답 ④

해설 제시문에서 공법을 참조하여 대한국 국제를 정한다는 내용을 통해 밑줄 친 '본국'이 대한 제국임을 알 수 있다.
④ 신식 화폐 발행 장정은 제1차 갑오개혁(1894) 때 공포되었다. 제1차 갑오개혁 때 신식 화폐 발행 장정을 공포하여 은 본위제로 화폐 제도를 채택하고 조세의 금납제를 시행하였다. 한편 대한 제국 정부는 금 본위 화폐 제도의 도입을 추진하였으나 재정 부족 등으로 실패하였다.

오답
분석
① 대한 제국 정부는 광무개혁 당시 상공업 진흥책에 따라 상
공 학교와 광무 학교 등 실업 학교를 설립하였다.
② 대한 제국 정부는 상업과 국제 무역, 보부상 활동, 기타 상행
위에 관한 업무를 관장하는 기관으로 상무사를 설립하였다.
③ 대한 제국 정부는 황제 직속의 군 통수 기관인 원수부를 설
치하고, 황제를 호위하는 시위대, 서울의 중앙군인 친위대,
지방의 진위대의 군사 수를 증강하였다.

## 20 광무개혁      정답 ①

해설 ① '개국' 기년을 사용하기로 한 것은 제1차 갑오개혁 때이다.
한편, 대한 제국은 광무(고종), 융희(순종)라는 연호를 사용
하였다.

오답
분석 모두 대한 제국 시기에 시행된 광무개혁의 내용이다.
② 대한 제국 정부는 양전 사업을 실시하여 토지 소유권 증명
서인 지계를 발급하였다.
③ 대한 제국 정부는 양잠 전습소와 잠업 시험장을 설치하여
양잠 기술을 발전시켰다.
④ 대한 제국 정부는 황실 재정 담당 기구인 내장원의 기능을
확대하여 홍삼 전매, 광산 개발, 철도 부설 등의 수입을 관할
하게 하였다.

## 21 1899~1910년 사이의 사실      정답 ③

해설 (가) 대한국 국제 발표(1899)~진위대 강제 해산(대한 제국 군
대 강제 해산, 1907)
(나) 진위대 강제 해산(대한 제국 군대 강제 해산, 1907)~한·
일 병합(1910)
③ 독도를 울릉군 관할로 한다는 대한 제국 칙령 제41호가 공
포된 것은 1900년으로, (가) 시기의 사실이다. 고종은 칙령
제41호를 통해 울릉도를 울도군으로 승격시키고, 독도를
울도군의 관할 구역에 포함시켜 독도에 대한 영유권을 확인
하였다.

오답
분석 ① (가) 시기인 1905년에 일본은 시마네현 고시 제40호를 반
포하여 독도를 시마네현으로 강제 편입하였다. 일본은 러·일
전쟁 중 시마네현 고시 제40호를 반포하여 독도가 국제법상
무주지라는 명목 하에 독도를 자국 영토로 불법 편입시켰다.
② (가) 시기인 1902년에 대한 제국은 간도 지방의 교민 보호
를 위해 이범윤을 간도 시찰사으로 파견한 뒤, 1903년에 북
변 간도 관리사에 임명하였다.
④ 일본은 (나) 시기인 1909년에 청과 간도 협약(간도에 관한
청·일 협정)을 체결하여 청으로부터 남만주 철도 부설권을
획득하는 대신 간도를 청의 영토로 인정하였다.

## 22 활빈당      정답 ③

해설 시장에 외국 상인의 출입을 엄금시킬 것과 철도 부설권을 허
락하지 말라는 내용을 통해 활빈당이 발표한 대한 사민 논설
(1900)임을 알 수 있다.
(가) 갑신정변(1884)~을미사변(1895)
(나) 을미사변(1895)~대한 제국 선포(1897)
(다) 대한 제국 선포(1897)~정미 7조약 체결(1907)

(라) 정미 7조약 체결(1907)~한·일 합병(1910)
③ 활빈당은 1900년부터 활동하기 시작하였는데, 을사늑약
(1905)이 체결되고 난 이후 의병 운동에 흡수되었다. 따라
서 (다) 시기에 해당한다.

## 23 한·일 의정서 체결의 결과      정답 ④

해설 제시문에서 대한 제국 정부가 일본이 용이하게 행동할 수 있도
록 충분한 편의를 제공할 것을 약속하고, 일제의 승인을 거치지
않고 위 협정에 반하는 협약을 제3국과 체결할 수 없다는 내용
을 통해 한·일 의정서(1904)임을 알 수 있다.
④ 일제는 한·일 의정서를 통해 한반도에서 전략상 필요한 군
사적 요충지를 마음대로 사용할 수 있게 되었다.

오답
분석 ① 대한 제국에 통감부가 설치된 것은 을사늑약(1905, 제2차
한·일 협약)을 통해서이다.
② 사법권과 감옥 사무 처리권이 박탈된 것은 기유각서(1909)
를 통해서이다.
③ 대한 제국 정부의 각 부에 일본인 차관이 임명된 것은 한·일
신협약(1907)을 통해서이다.

## 24 을사늑약      정답 ②

해설 제시문에서 일본을 거치지 않고는 외국과 어떠한 조약도 맺을
수 없다는 내용을 통해 1905년에 체결된 을사늑약(제2차 한·
일 협약)에 대한 것임을 알 수 있다.
② 을사늑약은 덕수궁 중명전에서 고종의 비준 없이 체결되
었다.

오답
분석 ① 제1차 한·일 협약에 대한 설명이다. 이 조약으로 일본인 재
정 고문(메가타)과 미국인 외교 고문(스티븐스)이 대한 제
국의 내정에 간섭하였다.
③ 한·일 신협약에 대한 설명이다. 이 조약의 부속 조약(대한
제국군 해산 조칙)으로 대한 제국의 군대가 해산되었다.
④ 제1차 한·일 협약에 대한 설명이다. 제1차 한·일 협약을 통
해 대한 제국의 재정 고문으로 임명된 메가타는 대한 제국
의 경제를 일본에 예속시키기 위하여 화폐 정리 사업을 실
시하였다.

## 25 을사의병      정답 ①

해설 최초의 평민 출신 의병장이라는 점과 태백산 호랑이라는 별칭
으로 불렸다는 점에서 밑줄 친 '그'가 을사의병 때 활약한 신돌
석임을 알 수 있다.
① 을사의병은 을사늑약의 체결에 항거하며 봉기하였다.

오답
분석 ② 13도 창의군을 결성하여 서울 진공 작전을 시도했던 것은
정미의병에 대한 설명이다.
③ 전라도 무장현에서 '나라를 보호하고 백성을 평안하게 한
다'는 보국안민과 '폭정을 제거하고 백성을 구한다'는 제폭
구민의 구호를 내세워 봉기한 것은 동학 농민군이다.
④ 을미의병과 관련된 설명이다. 이들은 아관 파천으로 친일 정
권이 무너져 단발령이 철회되고, 고종이 해산 권고 조칙을
내리자 자진 해산하였다.

## 26 신민회　　　　　　　　　　　정답 ③

해설　제시된 자료와 관련된 단체는 신민회이다.
　　　③ 신민회는 만주 삼원보에 독립운동 기지를 건설하는 등 독립
　　　　 전쟁의 터전을 마련하였다.

오답　① 신민회는 통감부가 아닌 조선 총독부가 설치된 이후 일제가
분석　　 조작한 데라우치 총독 암살 미수 사건인 105인 사건(1911)
　　　　 으로 인해 해체되었다.
　　　② 일제의 황무지 개간권 요구를 철회시킨 단체는 보안회
　　　　 (1904)이다.
　　　④ 보부상 중심의 단체로, 황권 강화를 통한 부국강병을 추구
　　　　 한 단체는 황국 협회이다. 한편 신민회는 공화 정치 체제의
　　　　 국민 국가 건설을 목표로 하였다.

## 27 기유각서(1909)　　　　　　　정답 ④

해설　제시문은 일제가 대한 제국의 사법권을 빼앗고 법부와 재판소
　　　등을 폐지하였으며, 감옥 사무 처리권을 박탈한 기유각서의 내
　　　용이다.
　　　(가) 제1차 영·일 동맹(1902. 1.)~한·일 의정서(1904. 2.)
　　　(나) 한·일 의정서(1904. 2.)~제2차 한·일 협약(1905. 11.)
　　　(다) 제2차 한·일 협약(1905. 11.)~한·일 신협약(1907. 7.)
　　　(라) 한·일 신협약(1907. 7.)~한·일 병합 조약(1910. 8.)
　　　④ 기유각서는 (라) 시기인 1909년 7월에 체결되었다.

## 28 일본의 국권 침탈 과정　　　　정답 ②

해설　② 시기순으로 바르게 나열하면 ⊙ 한·일 의정서(1904) →
　　　　 ⓒ 가쓰라·태프트 밀약(1905. 7.) → ⓔ 을사늑약(1905.
　　　　 11.) → ⓒ 한·일 신협약(1907)이 된다.
　　　⊙ 일본은 러·일 전쟁을 수행하기 위해 대한 제국의 국외 중
　　　　 립 선언을 무시하고, 우리나라의 군사적 요충지와 시설 등
　　　　 을 자유롭게 사용할 수 있음을 규정한 한·일 의정서(1904.
　　　　 2.)를 강제로 체결하였다.
　　　ⓒ 일본은 미국과 가쓰라·태프트 밀약을 체결(1905. 7.)하여
　　　　 미국으로부터 한국에 대한 지배권을 인정받았으며, 일본은
　　　　 미국의 필리핀 지배를 인정하였다.
　　　ⓔ 을사늑약의 체결(1905. 11.)로, 대한 제국에 통감부가 설
　　　　 치되었고, 대한 제국은 일본의 보호국으로 전락하면서 외
　　　　 교권을 박탈당하였다.
　　　ⓒ 일본은 헤이그 특사 파견을 구실로 고종을 강제로 퇴위시
　　　　 키고 한·일 신협약을 체결(1907. 7.)하여 통감의 권한을 강
　　　　 화하고 통감이 추천한 일본인을 대한 제국의 관리로 임명
　　　　 할 수 있게 되었다.

## 02 개항 이후의 경제와 사회　p.222-223

| 01 ① | 02 ① | 03 ① | 04 ③ | 05 ② |
| 06 ② | 07 ④ | 08 ① | | |

## 01 개항 이후의 경제 상황　　　　정답 ①

해설　그래프를 보면 개항 초기에는 대일 수출 품목 중에서 쇠가죽의
　　　수출 비중이 가장 높지만, 1890년대에 들어서는 쌀의 수출 비
　　　중이 가장 높다는 것을 알 수 있다.
　　　① 1890년대 일본이 산업화에 힘을 기울이면서 식량이 부족
　　　　 해지자 조선에서 쌀을 대량으로 수입함에 따라 쌀이 대일
　　　　 수출 품목에서 가장 높은 비율을 차지하게 되었다.

오답　② 국내의 쌀값이 폭등한 것은 대일 쌀 수출량이 급격히 늘면
분석　　 서 발생한 결과이지 원인은 아니다.
　　　③ 조·청 상민 수륙 무역 장정(1882)의 내용으로, 대일 수출
　　　　 품목 변화와는 관련이 없다.
　　　④ 개항 직후의 상황이다. 조·일 수호 조규 부록(1876)에 따라
　　　　 일본 상인의 활동 범위가 개항장으로부터 10리 이내로 제한
　　　　 됨으로써 개항장과 내륙을 이어주는 객주, 여각, 보부상 등
　　　　 의 상인들이 활발하게 활동하였다.

### 이것도 알면 합격

**청·일과 체결한 불평등 조약**

| 조·일 통상 장정 (1876) | • 조선국 여러 항구에 거주하는 일본인의 쌀과 잡곡 수출을 허용한다.<br>• 일본국 정부에 소속된 선박의 관세 납부를 면제한다. |
|---|---|
| 조·일 수호 조규 부록 (1876) | • 긴급 사태 때 일본인의 내지 여행을 허용한다.<br>• 부산에서 일본인의 간행이정(間行里程)을 10리로 한정한다.<br>• 개항장에서의 일본 화폐 유통을 허가한다. |
| 조·청 상민 수륙 무역 장정 (1882) | • 북경과 한성, 양화진에서 청과 조선 양국 상인의 무역을 허용한다. 지방관이 발행한 여행 허가증이 있으면 내륙까지 들어갈 수 있다.<br>• 책문, 의주, 훈춘, 회령에서의 개시를 허용한다.<br>• 국경 무역에서 홍삼을 제외하고는 5% 관세를 부과한다. |
| 조·일 수호 조규 속약 (1882) | • 개항장의 간행이정을 각 50리로 하고 2년 후에 100리로 한다. 1년 후 양화진을 개시한다.<br>• 일본국 공사·영사 및 그 수행원과 가족의 조선 각지 여행의 자유를 허가한다. |
| 조·일 통상 장정 (1883, 개정) | • 조선국 항구에 머무는 일본인의 쌀과 잡곡 수출의 권리를 인정한다.<br>• 자연재해 등으로 인해 방곡령을 실시할 경우 시행 1개월 전 지방관은 일본 영사관에 통고해야 한다.<br>• 조선 화폐에 의한 관세 및 벌금 납입을 규정한다.<br>• 일본 상인에 대한 최혜국 대우를 적용한다. |

## 02 일본의 이권 침탈

해설 제시문의 (가) 국가는 일본이다. 첫 번째 제시문은 『조선책략』
유포에 대응하며 이만손이 올린 영남 만인소이고, 두 번째 제시
문은 동학 농민군이 제2차 농민 봉기 때 발표한 격문이다.

① 일본은 대륙 침략을 위해 우리나라의 철도 부설에 주력하
여 경부선을 비롯해 경인선(미국인 모스가 최초로 착공하
였으나 일본이 완성), 경의선(프랑스가 부설권 획득 → 재력
부족으로 포기 → 일본이 부설), 경원선 등의 부설권을 획
득하였다.

오답
분석
② 운산 광산 채굴권은 미국이 획득하였다.
③ 당현 광산 채굴권은 독일이 획득하였다.
④ 울릉도 삼림 채벌권은 러시아가 획득하였다.

## 03 조·일 수호 조규 속약 체결의 결과

해설 제시문에서 일본 상인의 활동 거리를 50리(里)로 넓히고 다시
2년 뒤에 100리(里)로 하며, 일본국 공사 등이 조선의 내지를
여행할 수 있도록 허용한다는 내용을 통해 다음 조약이 조·일
수호 조규 속약(1882)임을 알 수 있다.

① 양곡의 무제한 유출이 허용된 것은 조·일 수호 조규 속약 체
결 이전에 체결된 조·일 무역 규칙(1876)을 통해서이다.

오답
분석
② 조·일 수호 조규 속약에 의해 조선에서 일본 상인의 활동 범
위가 넓어지면서 청나라 상인과의 상권 경쟁이 심화되었다.
③ 조·일 수호 조규 속약 이후 청·일 상인의 내지 상업 활동으
로 인해 조선의 객주, 여각 등의 중개 상인이 몰락하였다.
④ 조·일 수호 조규 속약 이후 청·일 상인들이 서울까지 진출
하여 상업 활동을 전개하자 서울 상인들은 이에 대항 하고
자 철시 운동을 전개하였다.

### 이것도 알면 합격

**청·일본 상인의 상권 경쟁**

| 강화도 조약 체결 이후 (1876~1882) → 일본 상인이 상권을 독점 | • 조·일 수호 조규 부록에 따라 일본 상인의 활동 범위(간행이정)를 개항장 10리 이내로 제한 → 조선의 중개 상인(객주·여각·보부상)이 활발하게 활동<br>• 일본 상인들은 조선 상인과의 중계 무역을 통해 영국산 면직물과 공산품 판매, 곡물(미곡·콩)·금 등을 매입 |
| --- | --- |
| 임오군란 이후 (1882~1894) → 청·일 간의 상권 침탈 경쟁 심화 | • 조·청 상민 수륙 무역 장정(1882)에 따라 청 상인의 내지 통상 허용<br>• 조·일 수호 조규 속약(1882)에 따라 일본 상인의 활동 범위가 확대(50리 → 2년 뒤, 100리)<br>• 조·일 통상 장정 개정(1883)에서 최혜국 대우를 인정하면서 일본도 조선의 내륙 시장에 진출 → 청·일 상인들 간의 경쟁이 과열됨 |
| 청·일 전쟁 이후 (1894) → 일본의 독점 | • 청·일 전쟁에서 승리한 일본이 조선 시장에 대한 독점적 지배권을 장악<br>• 일본은 조선에 일본산 면직물을 판매하고 곡물을 대량 수입 |

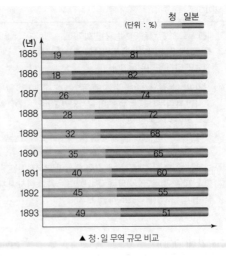

(단위 : %)　청 일본

| (년) | | |
| --- | --- | --- |
| 1885 | 19 | 81 |
| 1886 | 18 | 82 |
| 1887 | 26 | 74 |
| 1888 | 28 | 72 |
| 1889 | 32 | 68 |
| 1890 | 35 | 65 |
| 1891 | 40 | 60 |
| 1892 | 45 | 55 |
| 1893 | 49 | 51 |

▲ 청·일 무역 규모 비교

## 04 화폐 정리 사업

해설 제시문에서 구 백동화의 사용을 중지하고 기한 내에 매수하여
손해를 당하지 않게 하라는 것을 통해 화폐 정리 사업(1905)에
관련된 내용임을 알 수 있다.

③ 황국 중앙 총상회는 서울 시전 상인들이 외국 상인들의 상
권 침투에 대항하기 위해 설립된 단체로, 화폐 정리 사업이
실시되기 이전인 1898년에 설립되었다.

오답
분석
① 화폐 정리 사업은 제1차 한·일 협약에 따라 대한 제국의 재
정 고문으로 파견된 메가타의 주도로 시행되었다.
② 화폐 정리 사업에 따라 구 화폐의 사용이 중지되었고, 대신
일본 제일은행권이 대한 제국의 본위 화폐가 되었다.
④ 화폐 정리 사업은 금 본위 화폐 제도에 입각하여 추진되었다.

### 이것도 알면 합격

**화폐 정리 사업**

| 주도 | 일본인 재정 고문 메가타가 주도 |
| --- | --- |
| 목적 | 일본 화폐와 일본 자본의 유통·진출, 대한 제국의 경제를 일본에 예속화 → 대한 제국의 유통과 재정 체계 장악 |
| 전개 | 일본 제일은행권을 조선의 본위 화폐로 지정, 조선 화폐인 백동화와 엽전(상평통보)을 제일은행권 화폐로 교환하게 함<br>- 교환 기준: 액면가 기준 교환이 아니라 화폐의 질에 따라 갑종(2전 5리), 을종(1전), 병종(교환 ×)으로 나누어 차등 교환 |
| 결과 | • 국내 중소 상공업자들이 큰 타격을 입고, 국가 재정이 악화됨<br>• 조선 민족 은행(한성은행, 대한천일은행)이 파산하여 몰락함 |

## 05 혜상공국

정답 ②

해설 제시문에서 조선 상인의 상권 보호의 필요성에 따라 설립하였다는 내용을 통해 '이 관청'이 혜상공국임을 알 수 있다.

② 혜상공국은 전국의 보부상을 총괄 지배하던 정부 기관으로, 개항 이후 외국 상인의 자본주의적 시장 침투를 막고, 상업의 자유화에 밀려 위협받는 보부상을 보호하기 위해 설치되었다(1883).

오답 분석

① 보부상단을 통괄하는 혜상공국의 설치를 주장한 인물은 온건 개화파의 김병국으로, 정부는 김병국의 건의를 받아들여 혜상공국을 설치하였다. 한편 급진 개화파는 갑신정변 때 14개조 혁신 정강을 통해 혜상공국의 폐지를 주장하였다.

③ 독립 협회의 자유·자주·민권 운동에 대항하기 위해 조직된 단체는 황국 협회이다.

④ 보부상 조합인 혜상공국의 폐지를 주장하여 자유로운 상업의 발전을 꾀한 것은 제1차 갑오개혁이 아닌 갑신정변 때의 일이다.

## 06 국채 보상 운동

정답 ②

해설 제시문에서 나라의 빚이 1,300만 원이며, 나라를 보존하기 위해 이를 갚아야 한다는 내용을 통해 국채 보상 운동(1907)에 대한 내용임을 알 수 있다.

㉠ 국채 보상 운동은 일진회의 방해와 통감부의 탄압으로 실패하였다. 통감부는 국채 보상 기성회의 간사인 양기탁을 국채 보상금 횡령 혐의로 기소하였는데, 이 사건으로 인해 국채 보상 운동은 크게 위축되었다.

㉢ 국채 보상 운동은 대한매일신보, 황성신문, 만세보, 제국신문 등의 언론 단체들의 후원을 받아 전국적으로 확산되었다.

오답 분석

㉡ 사회주의자에게 자본가를 위한 운동이라는 비판을 받은 운동은 물산 장려 운동이다.

㉣ '한민족 1천만이 한 사람이 1원씩'이라는 구호로 모금 운동을 전개한 운동은 민립 대학 설립 운동이다.

## 07 여권 통문

정답 ④

해설 제시문에서 여자도 남자와 다름없는 한 가지 사람이며, 여학교를 설치하여야 한다는 내용을 통해 1898년에 발표된 여권 통문임을 알 수 있다.

④ 우리나라 최초의 여성 전문 학교는 1886년에 선교사 스크랜턴에 의해 설립된 이화 학당으로, 여권 통문이 발표되기 이전에 세워졌다.

오답 분석

① 여권 통문 발표에 참여한 부인들이 중심이 되어 우리나라 최초의 여성 운동 단체인 찬양회가 조직되었다. 찬양회는 여성 계몽을 위한 연설회와 토론회를 개최하였으며, 여성 교육을 위해 순성 여학교(1899)를 설립하였다.

②, ③ 1898년에 서울 북촌의 양반 부인들이 중심이 되어 여권 통문을 발표하였다. 여권 통문에서는 여성의 참정권·직업권·교육권 등의 확립을 주장하였다.

## 08 임오군란과 방곡령 선포 사이의 사실

정답 ①

해설 제시문에서 (가)는 갑술년 이후 5군영의 병사들이 봉급을 받지 못하자 난을 일으켰다는 내용을 통해 임오군란(1882)임을 알 수 있으며, (나)는 함경도에서 곡물 유출을 금지할 것을 선포(방곡령 선포, 1889)한 시기임을 알 수 있다.

① 백동화는 화폐 주조 기관인 전환국에서 1892년부터 1904년까지 주조되었으므로, (가), (나) 사이 시기(1882~1889)에 볼 수 없는 모습이다.

오답 분석

② 박문국은 1883년에 박영효의 건의에 따라 인쇄와 출판에 관한 사무를 관장하기 위해 설치되었다.

③ 임오군란의 결과로 체결된 조·청 상민 수륙 무역 장정(1882)에 따라 양화진에서 청과 조선 양국 상인의 무역이 허용되었다.

④ 1883년에 체결된 조·일 통상 장정 개정에 따라 일본의 수출입 상품에 대한 관세가 부과되었다.

## 03 근대의 문화

p.227

01 ④    02 ②    03 ②    04 ③

## 01 경인선 개통(1899) 이후의 사실

정답 ④

해설 제시문의 철도 회사에서 개업 예식을 하고, 경성에서 인천으로 향한다는 내용을 통해 자료에서 개통된 철도가 경인선임을 알 수 있다. 경인선은 1899년에 개통되어 운행을 시작하였다.

④ 대한 제국의 학부 내에 한글 연구 기관인 국문 연구소가 설치된 것은 1907년으로, 경인선 개통 이후의 사실에 해당한다.

오답 분석

① 한성순보는 1883년에 발간되어 1884년 갑신정변이 실패한 후 박문국이 불에 전소되면서 폐간되었으므로, 경인선 개통 이전의 사실에 해당한다.

② 외국어 통역관을 양성하기 위해 1883년에 설립된 동문학은 육영 공원이 세워진 1886년에 문을 닫았으므로, 경인선 개통 이전의 사실에 해당한다.

③ 고딕 양식의 명동 성당이 완공된 것은 1898년으로, 경인선 개통 이전의 사실에 해당한다.

## 02 근대에 발행된 신문

정답 ②

해설 ㉡ 독립신문은 우리나라 최초의 민간 신문으로, 영문판과 한글판으로 간행되었다.

㉢ 협성회 회보는 배재학당의 학생회인 협성회에서 창간하여 약 3개월 간 발행되었던 주간 신문이다. 이후 협성회 회보는 매일신문으로 계승되었다.

오답 분석

㉠ 만세보는 국내에서 창간·발행된 신문이다. 한편 미주 지역에서 발행된 신문으로는 공립 협회의 기관지였던 공립신보, 국민회의 기관지였던 신한민보 등이 있다.

② 천도교의 기관지로 일진회 등의 매국 행위를 주로 비판하였던 신문은 만세보이다. 경향신문은 천주교 측에서 애국 계몽 운동의 일환으로 간행한 신문이다.

## 03 원산 학사 정답 ②

해설 자료에서 덕원 부사 정현석과 덕원 주민들이 공동으로 설립하였다는 내용을 통해 밑줄 친 '학교'가 한 원산 학사(1883)임을 알 수 있다.
② 원산 학사는 관민이 합심하여 만든 최초의 근대식 사립 학교로, 근대 학문과 무술 등을 교육하였다.

오답 분석
① 교육 입국 조서 반포(1895)를 계기로 설립된 교육 기관은 소학교·한성 사범 학교·외국어 학교·한성 중학교 등 각종 관립 학교이다.
③ 정부가 설립한 최초의 근대식 관립 학교는 육영 공원이다. 육영 공원에서는 헐버트 등 외국인 교사를 초빙하여 상류층 자제들을 대상으로 근대 학문을 가르쳤다.
④ 통역관을 양성하기 위해 정부의 지원을 받아 묄렌도르프가 설립한 외국어 교육 기관은 동문학이다.

## 04 대한매일신보 발행 시기의 사실 정답 ③

해설 제시문에서 영국인 베델이 경영하는 신문이라는 내용을 통해 (가)가 1904년부터 1910년까지 발행된 대한매일신보임을 알 수 있다.
③ 대한 제국이 서울과 신의주 사이에 경의선을 부설하기 위해 서북 철도국을 개설한 것은 1900년이다. 그러나 서북 철도국은 자금난으로 별다른 성과를 거두지 못하였다. 한편 경의선은 일본에 의해 1906년에 완공되었다.

오답 분석
① 일제는 1907년에 신문지법과 보안법 등을 반포하여 언론·출판의 자유를 제한하고 민족 언론을 탄압하였다. 신문지법은 처음에는 국내에서 발행되는 민간 신문만 탄압의 대상으로 하였지만, 1908년에 외국인 명의의 국내 신문(대한매일신보)은 물론 해외 교포들이 발행하는 민족 신문까지 탄압할 수 있도록 그 내용이 개정되었다.
② 대한 자강회의 회지인 대한 자강회 월보는 1906~1907년에 발행되었다. 애국 계몽 운동 단체인 대한 자강회(1906)는 고종 강제 퇴위 반대 운동을 전개하다 일본의 탄압으로 해산(1907)되었다.
④ 우리나라 최초의 서양식 극장인 원각사는 1908년에 설립되었다. 이인직에 의해 설립된 원각사에서는 '은세계', '치악산' 등의 작품을 공연하였다.

○ **근대 적중 마무리문제 01** p.228-229

| 01 ④ | 02 ① | 03 ③ | 04 ② | 05 ① |
| 06 ④ | 07 ④ | 08 ③ | | |

## 01 흥선 대원군 정답 ④

해설 제시문에서 인정에 대해 세를 부과하는 신포를 사족들이 바치지 않아 모자란 액수를 백성에게 징수하였으며, 이를 수정하고자 동포(호포)제를 실시하였다는 내용을 통해 (가)에 들어갈 인물이 흥선 대원군임을 알 수 있다.
④ 수성윤음을 반포하여 수도 방어 체계를 강화한 인물은 영조이다. 영조는 1751년에 수성윤음을 반포하여 한양 내에 거주하는 백성들을 거주지에 따라 훈련도감, 금위영, 어영청의 군영에 각각 배속하고, 유사시 도성을 수비하도록 하여 수도 방어 체계를 강화하였다.

오답 분석 모두 흥선 대원군에 대한 내용이다.
① 흥선 대원군은 붕당의 근거지로서 백성들을 수탈해 온 서원을 47개만 남기고 모두 철폐하였다.
② 흥선 대원군은 『대전회통』과 『육전조례』 등을 편찬하여 조선의 법전 체제를 정비하였다.
③ 흥선 대원군은 세도 정치 시기의 핵심 기구인 비변사를 폐지하고 의정부와 삼군부를 부활시켜 왕권을 강화하였다.

## 02 불평등 조약 체결 정답 ①

해설 ① 1883년 개정된 조·일 통상 장정에는 최혜국 대우 규정이 마련되었다. 최혜국 대우는 한 나라가 어떤 외국에 부여하고 있는 가장 유리한 대우를 최혜국 대우를 체결한 상대국에게도 동일하게 부여하는 것을 의미한다.

오답 분석
② 일본 공사관의 경비병 주둔을 허용한 것은 임오군란(1882) 이후 일본과 체결한 제물포 조약의 내용이다.
③ 일본 공사 및 영사와 그 가족의 자유 여행을 허용한 것은 조·일 수호 조규 속약이다.
④ 조·미 수호 통상 조약에서는 미국 수출입 상품에 대해 낮은 비율의 관세 부과를 규정하였다.

## 03 통리기무아문 정답 ③

해설 제시문에서 청의 제도를 본떠 설치한 개화 정책 추진 기구라는 내용을 통해 ⊙ 기구가 통리기무아문임을 알 수 있다.
(가) 병인양요(1866) ~ 척화비 건립(1871)
(나) 척화비 건립(1871) ~ 강화도 조약 체결(1876)
(다) 강화도 조약 체결(1876) ~ 임오군란 발발(1882)
(라) 임오군란 발발(1882) ~ 한성 조약 체결(1884)
③ 통리기무아문은 (다) 시기인 1880년에 설치되었다. 통리기무아문은 조선 정부가 근대 개혁의 추진을 위해 청의 제도를 모방하여 설치한 기구로, 군국 기밀과 일반 정치를 총괄하였다.

## 04 신민회 정답 ②

해설 제시문에서 신교육·신윤리·신개혁이 필요하며 신국가의 건설을 주장하는 내용을 통해 (가) 단체가 신민회임을 알 수 있다. 신민회는 교육 진흥·국민 계몽·산업 진흥 등을 강조하며 공화정에 바탕을 둔 근대 국민 국가 건설을 지향하였다.
② 신민회는 민족 산업의 육성과 민중 계몽을 위해 평양, 대구 등에 태극 서관을 설립하였다. 태극 서관은 출판 사업뿐 아니라 신민회 회원들의 만남의 장소로도 활용되었다.

오답 분석 ① 관민 공동회를 개최한 단체는 독립 협회이다.
③ 정우회 선언을 계기로 조직된 단체는 일제 강점기에 만들어진 신간회이다.
④ 헌정 연구회를 계승하여 창립된 단체는 대한 자강회이다.

## 05 황룡촌 전투와 청·일 전쟁 발발 사이의 사실 정답 ①

해설 동학 농민군이 중앙에서 파견한 홍계훈의 경군을 황룡촌에서 격파한 것은 1894년 4월이며, 일본이 아산만 인근 풍도에 주둔하고 있던 청군을 공격하여 청·일 전쟁이 발발한 것은 1894년 6월 23일이다.
① 조선 정부는 황룡촌 전투 이후 전주성까지 점령한 동학 농민군과 전주 화약을 체결(1894. 5.)하여 국내 정세를 안정시키고, 청과 일본의 군사적 위협으로부터 벗어나고자 하였다. 또한 조선 정부는 자주적으로 개혁 정책을 실시하기 위해 교정청을 설치(1894. 6. 11.)하였다. 그러나 10여 일 후 경복궁을 점령한 일본군은 교정청을 폐지하고 (갑오)개혁 추진을 위한 친일 내각을 수립하였으며, 청·일 전쟁을 일으켰다.

오답 분석 ② 우금치 전투는 1894년 11월에 발발한 사건으로, 청·일 전쟁 발발 이후이다. 청·일 전쟁이 발발하고, 일본의 조선 침략이 본격화되자 동학 농민군은 1894년 9월에 재봉기를 단행하여 1894년 11월, 공주 우금치에서 관군과 일본군을 상대로 격렬한 전투를 벌였다.
③ 일본이 경복궁을 습격하여 명성 황후를 시해한 사건(을미사변)이 발생한 것은 1895년 8월로, 청·일 전쟁 이후이다. 일본은 이 사건을 계기로 친러파를 축출하고, 친일 내각을 수립하여 을미개혁을 단행하였다.
④ 전봉준을 중심으로 한 동학 농민군이 백산에 집결하여 보국안민의 뜻을 담은 격문을 발표한 것은 1894년 3월로, 황룡촌 전투 이전이다.

## 06 제1차 갑오개혁 정답 ④

해설 제시문에서 새로운 정부의 정령 일체를 심의 결정하며 총재는 김홍집, 부총재는 박정양이 겸임한다는 내용을 통해 (가)는 군국기무처임을 알 수 있다. 군국기무처에서 추진한 개혁은 제1차 갑오개혁이다.
④ 제1차 갑오개혁 때 신식 화폐 장정을 제정하여 은본위 제도를 채택하였고, 경제 개혁의 일환으로 조세의 금납화를 실시하였다.

오답 분석 ① 교육 입국 조서를 반포하여 근대적 교육 제도를 마련한 것은 제2차 갑오개혁 때이다.

② 의정부와 8아문을 내각과 7부로 개편한 것은 제2차 갑오개혁 때이다.
③ 모든 재정을 호조에서 관할하도록 하였던 것은 갑신정변 당시 급진 개화파가 발표한 14개조 혁신 정강의 내용이다.

## 07 화폐 정리 사업 정답 ④

해설 ⓒ 일본은 화폐 정리 사업을 통해 구 백동화의 남발로 야기된 인플레이션을 해결하고자 하였다.
② 화폐 정리 사업으로 대한 제국의 백동화가 일본 제일은행권으로 교환됨으로써, 일본 제일은행이 대한 제국의 화폐 발행을 담당하는 중앙은행의 역할을 하게 되었다.

오답 분석 ⓐ 화폐 정리 사업은 화폐의 질에 따라 등급을 매겨 교환해주는 방식으로, 우리나라 상인들이 보유하고 있던 화폐의 가치가 액면가대로 평가받지 못하였다.
ⓑ 일본은 본격적인 화폐 정리 사업을 시행하기에 앞서 대한 제국에서 화폐 주조를 담당하였던 전환국을 폐지하였다 (1904).

## 08 하와이 이주 동포의 삶 정답 ③

해설 제시문에서 최초로 합법적 이민이 시작되었으며, '사진 신부' 현상도 나타났다는 내용을 통해 (가) 지역이 하와이임을 알 수 있다.
③ 하와이로 이주한 우리나라 국민들은 대부분 사탕수수 농장의 노동자로 생활하였으며, 이외에 철도 공사, 개간 사업 등에도 참여하였다.

오답 분석 ① 2·8 독립 선언서는 일본에 거주하던 한인 유학생들을 중심으로 발표되었다.
② 일제 강점기인 1930년대에 연해주에 거주하던 우리나라 국민들은 중앙아시아로 강제 이주되었다. 소련의 스탈린은 소련과 일본 간에 전쟁이 일어나면 한국인들이 일본을 도울 것이라고 여겨 강제 이주 정책을 펼쳤다.
④ 서전서숙(1906)과 명동 학교(1908)는 북간도 지역에서 설립된 민족 교육 기관이다.

## 근대 적중 마무리문제 02 p.230-231

| 01 ③ | 02 ② | 03 ④ | 04 ④ | 05 ④ |
|------|------|------|------|------|
| 06 ② | 07 ③ | 08 ② | | |

## 01 김홍집 정답 ③

해설 제시문에서 영남에 있는 사람들이 (가)가 가져온 책이 유포된 것을 보고 통곡하였다는 내용을 통해 영남 만인소의 내용임을 알 수 있다. 영남 만인소는 (가) 김홍집이 가져온 『조선책략』 유포에 반발하여 유생들이 올린 상소이다.

③ 김홍집은 군국기무처 총재를 역임하여 제1차 갑오개혁을 추진하였다.

오답분석 ① 신민회를 설립한 인물로는 윤치호·안창호 등이 있으며, 김홍집과는 관련이 없다.
② 『서유견문』은 보빙사로 파견되었던 유길준이 미국을 유학하며 느낀 것들을 기록한 최초의 서양 기행문이다.
④ 초대 주미 공사로 미국에 파견된 인물은 박정양이다.

## 02 보빙사
정답 ②

해설 제시문에서 대통령을 만났으며 각종 근대 시설을 시찰하였다는 내용을 통해 밑줄 친 '사절단'이 우리나라 최초의 구미 사절단인 보빙사(1883)임을 알 수 있다. 보빙사는 조·미 수호 통상 조약의 체결과 미국의 공사 파견에 대한 답례로 미국에 파견되었다.
② 미국의 농장을 시찰하고 돌아온 보빙사 일행은 새로운 농업 기술을 도입하기 위한 모범 농장의 설치를 건의하였고, 정부는 이를 수용하여 1884년에 농무 목축 시험장을 설치하였다.

오답분석 ① 황쭌셴이 저술한 『조선책략』을 가지고 조선에 돌아온 인물은 김홍집으로, 2차 수신사로 일본에 파견되어 다녀온 것이다.
③ 귀국 후에 『일동기유』를 저술한 김기수는 보빙사가 아닌, 일본에 파견된 1차 수신사이다. 1차 수신사는 강화도 조약 체결 이후 근대 문물 수용의 필요성을 느낀 조선 정부가 일본에 공식적으로 파견한 사절단이다.
④ 귀국 후 근대식 무기 제조 공장인 기기창 설립에 기여한 사절단은 청나라에 파견되었던 영선사이다.

## 03 임오군란의 결과
정답 ④

해설 제시문에서 난리가 일어나자 흥선 대원군이 재집권하여, 무위영·장어영의 2영을 폐지하고 5군영의 군제를 복구하였다는 내용을 통해 임오군란(1882)임을 알 수 있다.
④ 일본이 청과 동등하게 조선에 대한 파병권을 가지게 된 것은 톈진 조약(1885)의 내용으로, 이는 임오군란이 아닌 갑신정변의 결과로 체결된 것이다. 갑신정변 이후 청과 일본은 조선에서 양국 군대의 공동 철수와 조선에 군대를 파병할 시에 상대 국가에 미리 통보한다는 내용의 톈진 조약을 체결하였다.

오답분석 ① 임오군란 이후 청은 조선에 내정 고문으로 마젠창, 외교 고문으로 묄렌도르프를 파견하여 조선에 대한 내정 간섭을 강화하였다.
② 임오군란 당시 흥선 대원군이 일시적으로 다시 집권하게 되어 통리기무아문과 별기군이 폐지되었다.
③ 임오군란 이후 일본의 요구에 따라 전국에 세웠던 척화비가 철거되었다.

## 04 동학 농민 운동의 전개
정답 ④

해설 ④ 순서대로 나열하면 (라) 고부 민란(1894. 1.) → (나) 백산 봉기(1894. 3.) → (가) 황토현 전투(1894. 4. 7.) → (다) 전주성 점령(1894. 4. 27.)이 된다.
(라) 고부 군수 조병갑의 횡포에 반발하여 백성들이 일으킨 고부 민란(1894. 1.)으로 제1차 동학 농민 운동이 발발하는 계기가 되었다.
(나) 전봉준을 중심으로 백산에 집결한 동학 농민군은 격문과 4대 강령을 발표하였다(백산 봉기, 1894. 3.).
(가) 동학 농민군은 태인을 점령하고 황토현에서 관군과 교전하여 크게 승리하였다(황토현 전투, 1894. 4. 7.).
(다) 동학 농민군은 황룡촌 전투에서 관군에게 승리한 뒤 북상하여 전주성을 점령하였다(전주성 점령, 1894. 4. 27.).

## 05 정미의병
정답 ④

해설 제시문에서 군사장 허위, 서울을 공격하겠다는 내용을 통해 정미의병의 서울 진공 작전에 대해 설명하고 있음을 알 수 있다.
④ 정미의병의 가장 큰 특징은 해산 군인의 합류로 군사력, 전투력 등이 증강되었다는 점이다.

오답분석 ① 명성 황후가 시해된 을미사변과 을미개혁 때 시행한 단발령이 원인이 되어 일어난 것은 을미의병이다.
② 신돌석 같은 평민 의병장이 처음으로 등장한 것은 을사의병이다.
③ 의병 잔여 세력이 활빈당 등으로 계승된 것은 을미의병이다. 을미의병의 의병들은 단발령 철회와 고종의 해산 권고 조칙에 따라 해산되었고, 해산 후 잔여 세력은 활빈당으로 계승·발전되었다.

## 06 근대적 개혁의 추진
정답 ②

해설 자료의 (가)는 갑신정변 때 발표된 14개조 혁신 정강(1884), (나)는 동학 농민 운동 때 발표된 폐정 개혁안 12개조(1894), (다)는 제2차 갑오개혁 때 발표된 홍범 14조(1894. 12.)이다.
㉠ 갑신정변은 민씨 일파의 요청으로 청군이 개입하면서 실패하였다.
㉣ 14개조 혁신 정강에는 모든 재정은 호조에서 관할한다는 내용이, 홍범 14조에는 조세의 징수와 경비 지출은 모두 탁지아문의 관할로 한다는 내용이 있어, 모두 재정 일원화에 대한 내용을 포함하고 있다.

오답분석 ㉡ 과거제 폐지는 제1차 갑오개혁의 내용이다. 동학 농민군은 관리의 채용에 지벌을 타파하고 인재를 등용할 것을 주장하였으나, 과거제의 폐지는 주장하지 않았다.
㉢ 공·사 노비법이 폐지되어 신분제가 철폐된 것은 홍범 14조가 발표되기 이전인 제1차 갑오개혁(1894. 6.~1894. 11.) 때이다.

## 07 개항기에 체결된 불평등 조약

정답 ③

해설 (가) 조·미 수호 통상 조약(1882), (나) 조·청 상민 수륙 무역 장정(1882), (다) 조·일 수호 조규(1876, 강화도 조약)에 대한 내용이다.

③ 강화도 조약의 부속 조약인 조·일 수호 조규 부록에 따르면 일본 상인의 활동 범위를 개항장에서 사방 10리 이내로 설정하였다. 이에 개항장과 내륙을 이어주는 객주, 여각, 보부상 등 중개 상인들이 활발하게 활동하였다.

오답
분석
① 조·미 수호 통상 조약에서는 미국 수출입 상품에 대하여 비록 세율은 낮지만 관세를 부과할 수 있었다.

② 개항 직후 우리나라 경제에서 우위를 장악한 세력은 일본 상인이었다. 그러나 조·청 상민 수륙 무역 장정으로 청 상인의 내지 통상이 허용되고, 일본도 조·일 통상 장정 개정에서 최혜국 대우를 인정받으면서 조선의 내륙 시장에 진출하여 청·일 상인 간의 상권 경쟁이 심화되었다.

④ (다) 조·일 수호 조규(강화도 조약)는 1876년, (가) 조·미 수호 통상 조약은 1882년 4월, (나) 조·청 상민 수륙 무역 장정은 1882년 8월에 체결되었다.

## 08 국문 연구소

정답 ②

해설 제시문에서 학부 대신이 설치하였으며, 국문을 연구하도록 하였다는 내용을 통해 (가) 기구가 국문 연구소(1907)임을 알 수 있다.

② 국문 연구소는 대한 제국의 학부 산하에 설치된 기구로 주시경, 지석영 등을 중심으로 우리말의 체계를 연구·정리하였다.

오답
분석
① 국문 동식회는 주시경이 1896년에 국문 연구를 위해 독립신문사 안에 설립한 최초의 국문 연구회이다.

③, ④ 조선어 연구회(1921)는 국문 연구소를 계승하여 조직된 단체로, 한글 기념일인 '가갸날'을 제정하고 잡지 『한글』을 간행하였다. 이후 조선어 연구회는 조선어 학회(1931)로 개편되어 『우리말 큰사전』의 편찬을 시도하고, 한글 맞춤법 통일안을 만들어 발표(1933)하였다.

### 이것도 알면 **합격**

**주시경의 활동**

| 1894년 | 배재 학당 입학 |
| --- | --- |
| 1896년 | 독립신문 창간에 참여, 철자법 표기 통일을 위해 국문 동식회 조직 |
| 1897년 | 독립신문에 논설 「국문론」 발표 |
| 1906년 | 『대한국어문법』 편찬 |
| 1907년 | 국문 연구소 주임 위원 역임 |
| 1908년 | 국어 연구 학회 조직(조선어 학회의 모체), 『국어문전음학』 편찬 |
| 1910년 | 『국어문법』 편찬 |

## 근대 적중 마무리문제 **03**

p.232~233

**01** ①    **02** ①    **03** ②    **04** ①    **05** ③
**06** ②    **07** ④    **08** ②

## 01 급진 개화파

정답 ①

해설 제시문에서 민씨 일족을 제거하기 위해 거사를 일으켰다는 내용을 통해 밑줄 친 '거사'가 갑신정변(1884)임을 알 수 있으며, 갑신정변을 주도한 세력은 김옥균, 박영효, 서광범 등의 급진 개화파이다.

① 갑신정변 때 급진 개화파가 발표한 14개조 혁신 정강 중 제9조의 내용으로, 급진 개화파는 특권적 상업 체제를 폐지하고 자유 상업 체제를 형성하기 위해 혜상공국의 폐지를 주장하였다.

오답
분석
② 동학 농민군이 주장한 폐정 개혁안 12개조의 내용이다.

③ 방곡령 시행에 관한 조항은 1883년 개정된 조·일 통상 장정에 추가되었다.

④ 제2차 갑오개혁 때 고종이 반포한 홍범 14조의 내용이다.

## 02 대한 제국 정부의 정책

정답 ①

해설 ① 대한 제국 정부는 금화를 기본 화폐로 한다는 내용의 「화폐 조례」를 선포(1901)하며 금 본위제의 실시를 시도하였으나, 재정 부족 등으로 실패하였다.

오답
분석
② 재판소를 설치하여 행정권과 사법권을 분리한 것은 제2차 갑오개혁 때이다. 제2차 갑오개혁 때 지방 재판소와 순회 재판소, 고등 재판소와 같은 신식 재판소를 설치하였다.

③ 궁내부를 설치하여 왕실 업무(궁내부)와 정부 사무(의정부)를 분리한 것은 제1차 갑오개혁 때이다.

④ 대한 제국 정부 시기에 청과 대등한 위치에서 한·청 통상 조약을 체결(1899)한 것은 맞지만, 조·일 통상 장정이 개정된 것은 대한 제국 정부 수립 이전인 1883년의 사실이다. 개정된 조·일 통상 장정에는 일본 수출입 상품에 대한 관세 규정과 방곡령 규정 등이 포함되었으나, 일본에 대한 최혜국 대우가 규정되었다.

## 03 포츠머스 조약 체결 이후의 사실

정답 ②

해설 제시문은 러시아가 대한 제국에 대한 일본의 독점적 지배권을 인정한 포츠머스 조약(1905)이다. 러·일 전쟁의 전세가 일본 쪽으로 기울자, 더 이상 전쟁을 지속하기 어렵게 된 러시아는 미국의 중재를 받아 일본과 포츠머스 조약을 체결하였다.

② 포츠머스 조약 체결 이후인 1907년에 헤이그 만국 평화 회의에 특사를 파견하여 을사늑약(제2차 한·일 협약, 1905)의 불법성을 국제 사회에 알리고자 하였다.

오답
분석
모두 포츠머스 조약 체결 이전의 사실이다.

① 대한 제국은 1899년에 원수부를 설치하여 황제가 육·해군의 통수권을 장악하도록 하였다.

③ 일본은 1896년에 일어난 아관 파천 이후 조선에서 자신들의 영향력이 약화되자 그 해 러시아와의 세력 균형을 위해 베베르·고무라 각서를 체결하였다.

④ 유인석이 이끄는 의병이 충주성을 점령한 것은 1895년 을미의병 때이다.

## 04 한·일 신협약          정답 ①

**해설** 제시문에서 통감의 권한이 강화된 것과 통감이 추천하는 일본인 관리를 고용할 것 등의 내용을 통해 한·일 신협약(정미 7조약, 1907)임을 알 수 있다.

① 한·일 신협약은 고종이 헤이그 특사 파견을 빌미로 강제 퇴위 당한 후 순종이 즉위한 상황에서 체결되었다.

**오답 분석**
② 을사늑약(1905)과 관련이 있다. 을사늑약의 체결 결과 주한 외국 공사들이 철수하였다.

③ 제1차 한·일 협약(1904)을 체결한 결과이다.

④ 가쓰라·태프트 밀약은 한·일 신협약 체결 이전인 1905년 7월에 체결되었다.

## 05 조·일 통상 장정 개정(1883)          정답 ③

**해설** 제시문에서 조약대로 곡물의 방출을 금지(방곡령)하였다는 내용을 통해 밑줄 친 '조약'이 조·일 통상 장정 개정(1883)임을 알 수 있다. 조·일 통상 장정 개정에는 지방관이 일본 영사관에 1개월 전에 미리 통보한 후 방곡령을 내릴 수 있다는 조항이 있다.

③ 조·일 통상 장정 개정에서는 일본 상인, 관리 등에 대한 최혜국 대우를 적용하였다.

**오답 분석**
① 조선 연해의 해양 측량권을 인정한 조약은 강화도 조약(조·일 수호 조규, 1876)이다.

② 조선이 청의 속방이라는 것을 명시한 조약은 조·청 상민 수륙 무역 장정(1882)이다.

④ 일본 상선에 대한 무항세·무관세 조항이 포함된 조약은 조·일 무역 규칙(조·일 통상 장정, 1876)이다. 한편 조·일 통상 장정 개정에는 일본 상품에 대한 관세를 규정하였다.

## 06 러시아와 영국          정답 ②

**해설** 제시문은 러시아의 남하를 견제하기 위해 영국이 거문도를 불법으로 점거한 사건이다(거문도 사건, 1885~1887). 따라서 (가)는 러시아, (나)는 영국임을 알 수 있다.

② 러시아는 압록강 벌채 사업을 보호한다는 구실로 용암포를 강제 점령하고 이 지역을 러시아의 조차지로 인정해 줄 것을 대한 제국 정부에 요구하였다(1903, 용암포 사건). 이는 러·일 전쟁이 발발(1904)하는 원인이 되었다.

**오답 분석**
① 『조선책략』에서는 러시아를 막기 위하여 중국과 친하게 지내고, 일본과 맺고, 미국과 연합할 것을 주장하였다.

③ 조선이 서양 국가 중 최초로 조약을 체결한 국가는 미국이다. 조선과 미국이 체결한 조·미 수호 통상 조약(1882)은 조선과 서양이 맺은 최초의 근대적 조약이며 치외 법권과 최혜국 대우를 규정한 불평등 조약이었다.

④ 일본에게 청의 요동 반도를 반환할 것을 요구한 국가는 러시아, 독일, 프랑스이다. 청·일 전쟁 이후 체결된 시모노세키 조약으로 일본이 청으로부터 요동 반도를 할양 받게 되자, 러시아와 독일, 프랑스는 일본에 요동 반도를 청에 반환할 것을 요구하였다(1895, 삼국 간섭).

## 07 육영 공원          정답 ④

**해설** 제시문에서 좌원, 우원, 교사 벙커 등의 내용을 통해 (가)가 육영 공원임을 알 수 있다.

④ 우리나라 최초의 근대식 관립 학교인 육영 공원은 문·무 현직 관료 중 선발된 학생을 좌원반, 양반 자제 중 선발된 학생을 우원반으로 편성하여 교육하였으며, 헐버트·길모어·벙커 등 외국인 교사를 초빙하였다.

**오답 분석**
① 동문학은 우리나라 통역관 양성을 위해 정부가 설립한 외국어 교육 기관이다.

② 배재 학당은 미국 선교사 아펜젤러가 서울에 설립한 사립 학교로, 우리나라 최초의 근대식 중등 교육 기관이다. 배재 학당에서는 영어, 지리학, 산술학, 화학 등을 학생들에게 가르쳤다.

③ 원산 학사는 덕원 부사 정현석과 덕원·원산 주민들이 기금을 조성하여 설립한 우리나라 최초의 근대식 사립 학교이다.

## 08 근대 신문          정답 ②

**해설** ㉠ 한성순보는 1883년에 창간된 우리나라 최초의 근대적 신문이다. 한성순보는 박문국에서 순한문체로 10일에 한 번씩 간행되었으며, 정부의 개화 정책 취지를 전달하는 관보적 성격을 띠었다.

㉢ 대한매일신보의 발행인인 양기탁이 신민회를 조직하면서 대한매일신보는 신민회의 기관지로 활용되었다.

**오답 분석**
㉡ 황성신문이 국·한문 신문인 것은 맞으나, 최초의 국·한문 신문은 한성주보이다. 한편 황성신문에는 을사늑약의 체결 과정을 설명한 '오건조약청체전말'이라는 기사가 실렸다.

㉣ 제국신문은 이종일이 주도하여 순 한글로 간행한 신문으로, 하층민과 부녀자들을 대상으로 한 계몽적 일간지였다. 이인직이 인수하여 친일지로 개편된 것은 국한문 혼용 신문인 만세보이다.

## 01 일제의 식민 통치와 독립운동 p.245-249

| 01 ③ | 02 ③ | 03 ① | 04 ① | 05 ③ |
|------|------|------|------|------|
| 06 ② | 07 ③ | 08 ① | 09 ① | 10 ④ |
| 11 ③ | 12 ② | 13 ② | 14 ③ | 15 ③ |
| 16 ① | 17 ④ | 18 ① | 19 ③ | 20 ③ |

### 01 무단 통치 시기의 사실     정답 ③

해설   제시문은 무단 통치 시기에 시행된 회사령(제정 : 1910, 시행 : 1911~1920)이다.
③ 무단 통치 시기에 일제는 경찰범 처벌 규칙(1912)을 제정하여 수상한 행동을 한 자를 경찰이 현행범으로 체포할 수 있게 하였고, 이를 통해 한국인의 항일 투쟁과 일상생활을 탄압하였다.

오답
분석
① 일제가 황국 신민 서사를 제정(1937)하여 암송을 강요한 것은 민족 말살 통치 시기의 사실이다.
② 대화숙을 설치(1940)하여 사상범에게 전향을 강요한 것은 민족 말살 통치 시기의 사실이다. 일제는 친일 전향자 단체로써 시국 대응 전선 사상 보국 연맹(1938)을 설치하여 사상범에게 전향을 강요하였으며, 이후 시국 대응 전선 사상 보국 연맹을 대화숙으로 개편(1940)하여 사상범에 대한 감시와 탄압을 강화하였다.
④ 일본 수출입 상품에 대한 관세가 철폐(1923)된 것은 문화 통치 시기의 사실이다. 일제는 일본 자본의 자유로운 한반도 진출을 위해 한국으로 들어오는 일본 상품에 대한 관세를 철폐하였다. 그 결과 국내 기업이 큰 타격을 입었으며 무역의 대일 의존도가 심화되었다.

### 02 문화 통치 정책의 실상     정답 ③

해설   ③ 문화 통치 시기에 일제는 도·부·면에 평의회와 협의회를 설치하여 조선인을 지방 행정에 참여시켰지만, 실제로는 친일파 및 상층 자산가만 참여할 수 있었다.

오답
분석
① 문화 통치 시기에 일제는 총독에 문관도 임명될 수 있도록 하였으나, 실상은 해방까지 문관 총독이 단 한 명도 임명되지 않았다.
② 문화 통치 시기에 일제는 기존의 헌병 경찰제를 보통 경찰제로 전환한다고 선전하였으나, 실상은 경찰 수를 확대하고 고등 경찰을 동원하여 독립운동가들에 대한 탄압을 지속하였다.

④ 문화 통치 시기에 일제는 민족 신문의 간행을 허용하였으나, 실제로는 기사의 검열·삭제·정간 등이 자행되었다.

### 03 국가 총동원법 공포 이후의 사실     정답 ①

해설   제시된 자료에서 국가 총동원이란 전시에 국방의 목적을 위해 인적·물적 자원을 통제 운영하는 것이며, 국가 총동원상 필요한 경우에 제국 신민을 징용한다는 내용을 통해 일제가 1938년에 공포한 국가 총동원법임을 알 수 있다.
① 일제가 초등 교육 기관의 명칭을 국민학교로 변경하도록 하는 국민학교령을 제정하였던 것은 1941년으로, 국가 총동원법 공포 이후의 사실이다.

오답
분석
② 만주 사변은 국가 총동원법 공포 이전인 1931년에 일어났다. 만주 사변을 계기로 1930년대에는 한·중 연합 전선이 형성되어 한국 독립군과 중국 호로군 등이, 조선 혁명군과 중국 의용군이 연합하여 항일 무장 투쟁을 전개하였다.
③ 임시 정부의 정부 형태가 국무령 중심의 내각 책임제로 개편(제2차 개헌)된 것은 국가 총동원법이 공포되기 이전인 1925년이다.
④ 일제가 토지 조사 사업을 실시한 것은 국가 총동원법 공포 이전인 1910년대이다. 이를 통해 일제는 조선인의 토지를 약탈하고 지세를 안정적으로 확보하고자 하였다.

### 04 산미 증식 계획 시행 시기의 사실     정답 ①

해설   제시문에서 일본의 급속한 공업화로 인한 자국의 쌀 부족 문제를 해결하고자 한국에서 (가) 정책을 추진하였다는 내용을 통해 밑줄 친 '(가) 정책'이 1920년부터 1934년까지 시행된 산미 증식 계획임을 알 수 있다.
① 산미 증식 계획이 실행되던 시기인 1928년에 일제는 신은행령을 공포하여 자본금 200만 원을 기준으로 기준금보다 규모가 작은 조선 금융 기관을 폐업시키거나 일본 은행에 강제 편입시켰다.

오답
분석
② 신문지법은 집회·결사·언론의 자유를 탄압하기 위해 제정된 법률로, 일제 강점기 이전인 1907년에 일본의 강요로 제정되었다.
③ 일제가 한국인의 광산 경영을 억제하고 광업 자원을 수탈하기 위해 조선 광업령을 제정한 것은 산미 증식 계획이 실시되기 이전인 1915년의 사실이다.
④ 일제가 호남선 철도를 개통하여 일본으로 농산물 반출을 확대한 것은 산미 증식 계획이 실시되기 이전인 1914년의 사실이다.

## 05 대한 광복회 　　　　　　　　정답 ③

해설　제시문은 대한 광복회 실천 강령이다. 대한 광복회는 독립 전쟁을 수행하기 위해 국내에서 조직된 단체이며, 의병 계열과 계몽 운동 계열이 통합된 단체였다.
　　③ 대한 광복회는 국권 회복과 민주 공화국 수립을 목표로 활동하였다.

오답분석
① 대한 광복회는 만주가 아닌 국내에서 조직된 비밀 결사 조직이다.
② 임병찬을 중심으로 군대식 조직을 갖추고 있던 단체는 독립 의군부이다. 대한 광복회는 박상진과 김좌진을 중심으로 군대식 조직을 갖추고 있었다.
④ 이상설과 이동휘를 정·부통령으로 한 지휘부를 구성한 것은 연해주에서 조직된 대한 광복군 정부이다.

### 이것도 알면 합격

**1910년대 기타 항일 비밀 결사 단체**

| 송죽회(1913) | 평양 숭의 여학교 교사와 학생으로 구성(항일 여성 비밀 결사) |
|---|---|
| 기성단(1914) | 평양에서 조직된 항일 학생 조직(대성 학교 출신) |
| 조선 국민회(1915) | 평양 숭실 학교 재학생과 졸업생 중심으로 조직된 단체로, 대조선 국민군단(하와이, 박용만)의 국내 지부로 시작 |
| 자립단(1915) | 방주익·강명환 등 기독교 교인 중심, 함경남도 단천에서 결성 |
| 조선 국권 회복단(1915) | • 조직: 윤상태, 이시영 등의 주도로 경북 지방의 유생들이 조직<br>• 활동: 3·1 운동에 참여, 임시 정부에 군자금 송금, 파리 강화 회의에 독립 청원서를 제출하는 데에도 참여 |
| 조선 산직 장려계(1915) | 사립 학교 교사와 경성 고등 보통 학교 부설 교원 양성소 재학생이 조직, 민족 경제 자립을 통해 국권 회복 |

## 06 상하이의 독립운동 　　　　　　정답 ②

해설　제시문에서 신한청년당이 조직되었다는 것을 통해 밑줄 친 '이곳'이 중국 상하이임을 알 수 있다.
　　② 상하이에서 신규식, 박은식 등의 주도로 동제사가 조직(1912)되었다. 동제사는 박달 학원을 설립하는 등 청년 교육에 주력한 단체이다.

오답분석
① 권업신문은 권업회의 기관지로 연해주에서 창간되었다. 권업회(1911)는 연해주에서 계몽 운동 계열과 의병 계열의 합작으로 조직된 독립운동 단체이다.
③ 대조선 국민 군단이 조직된 곳은 하와이이다. 박용만이 조직한 대조선 국민 군단(1914)은 독립군 양성을 위한 군사 훈련을 실시하였다.
④ 대한 독립 선언서가 발표된 곳은 만주이다. 대종교 계통의 인사들이 북간도에서 조직한 중광단(1911)의 인사들은 독립운동 39인의 이름으로 대한 독립 선언서를 발표하였다. 중광단은 이후 북로 군정서로 조직을 확대·개편(1919)하였다.

## 07 연해주의 독립운동 　　　　　　정답 ③

해설　제시된 자료에서 신한촌 건설과 권업회 조직의 내용을 통해 (가) 지역이 연해주임을 알 수 있다.
　　③ 연해주 블라디보스토크에서는 이상설을 중심으로 대한 광복군 정부가 조직(1914)되어 시베리아와 만주 지역의 독립운동을 주도하면서 독립 전쟁을 준비하였다.

오답분석
① 비행사 양성을 위한 한인 비행 학교를 설립한 곳은 미주 지역이다.
② 민족 교육을 실시하기 위해 서전서숙이 설립된 지역은 북간도이다.
④ 유학생들이 조선 청년 독립단을 조직하여 독립 선언서(2·8 독립 선언서)를 발표(1919)한 지역은 일본이다.

## 08 3·1 운동 이후의 사실 　　　　　정답 ①

해설　제시문은 기미 독립 선언서로 1919년 3월에 발표되었다.
　　① 서간도(남만주)의 삼원보에 신흥 강습소가 설립된 것은 1911년으로, 3·1 운동 이전의 사실이다.

오답분석
모두 3·1 운동 이후에 전개되었다.
② 김원봉이 의열단을 조직한 것은 1919년 11월로, 3·1 운동 이후의 사실이다. 의열단은 만주 길림(지린)에서 김원봉, 윤세주 등을 중심으로 조직되었다.
③ 중국 상하이에서 대한민국 임시 정부가 수립된 것은 1919년 9월로, 3·1 운동 이후의 사실이다. 3·1 운동 이후 조직적인 독립운동의 필요성이 대두하여 중국 상하이에서 대한민국 임시 정부가 수립되었다.
④ 일제가 통치 방식을 문화 통치로 전환한 것은 3·1 운동 이후의 사실이다. 3·1 운동에 놀란 일제는 기존의 무단 통치로는 한민족을 억압할 수 없다고 판단하여 문화 통치로 통치 방식을 전환하였다.

## 09 대한민국 임시 정부 　　　　　　정답 ①

해설　제시문에서 3·1 운동이 계기가 되어 만들어진 국내외의 임시 정부들이 통합된 민족 운동의 추진을 위해 상하이에 통합 정부를 수립하였다는 내용을 통해 (가)가 1919년 9월에 통합된 대한민국 임시 정부임을 알 수 있다.
　　① 대한민국 임시 정부의 초대 국무총리로 임명된 인물은 이동휘이다. 김구는 초대 경무국장을 맡았다.

오답분석
② 대한민국 임시 정부는 삼권 분립에 입각하여 입법부인 임시 의정원을 두었다. 3·1 운동 직후 임시 정부 수립의 필요성이 제기되자, 국내외의 독립운동가들은 1919년 4월에 상하이에서 임시 의정원을 구성하여 대한민국 임시 헌장을 제정하고 이를 토대로 상하이 임시 정부를 구성하였다(통합 이전). 이후 상하이 통합 임시 정부는 임시 헌장을 개정하여 대통령 중심제를 골자로 한 대한민국 임시 정부 헌법을 공포(1919. 9., 제1차 개헌)하였다.
③ 대한민국 임시 정부는 프랑스 파리와 미국 워싱턴에 각각 파리 위원부와 구미 위원부를 설치하고 외교 활동을 전개하였다.
④ 대한민국 임시 정부는 기관지로 독립신문을 간행하여 주로 국내외에 독립운동과 관련된 사실을 보도하였다.

**대한민국 임시 정부**

| 수립 | • 3·1 운동 이후 독립운동을 조직적·체계적으로 추진해야 할 필요성 대두<br>• 상하이 임시 정부, 한성 정부, 대한 국민 의회가 통합된 단일 정부 수립 |
|---|---|
| 활동 | • 독립 운동 자금 모금: 애국 공채를 발행하여 군자금 마련, 연통제·교통국을 통해 군자금 전달<br>• 군사 활동: 광복군 사령부 창설, 육군 주만 참의부 결성<br>• 외교 활동: 김규식을 파리 강화 회의에 파견, 미국에 구미 위원부 설치<br>• 문화 활동: 독립신문 간행, 사료 편찬소를 설치하여 『한·일 관계 사료집』 편찬 |

## 10 국민 대표 회의

정답 ④

해설 (가)는 임시 정부를 해체하고 새로운 정부 수립을 주장하였던 창조파, (나)는 현재의 임시 정부를 개편시킬 것을 주장하였던 개조파, (다)는 임시 정부를 유지하자는 현상 유지파이다.

④ 현상 유지파는 대한민국 임시 정부를 유지하자는 입장으로, 1923년에 개최된 국민 대표 회의 자체를 반대하며 참석하지 않았다.

오답분석 ① 안창호는 개조파에 해당하는 대표적인 인물이다. 창조파에 해당하는 대표적인 인물은 신채호, 박용만 등이 있다.

② 창조파는 이승만의 독립 청원서 제출을 비판하였다.

③ 즉각적인 무장 투쟁을 전개하여 독립을 쟁취할 것을 주장한 것은 창조파의 인물들이다. 안창호 등의 개조파 인사들은 독립운동 방향으로 외교와 실력 양성을 강조하였다.

**임시 정부의 노선**

| 창조파 | 개조파 | 현상 유지파 |
|---|---|---|
| • 임시 정부 해체<br>• 새로운 정부 수립 주장<br>• 무력 항쟁 강조 | • 임시 정부의 개편<br>• 실력 양성과 외교 활동 강조 | • 임시 정부 유지<br>• 국민 대표 회의 자체를 반대 |
| 박용만, 신채호 | 안창호 | 김구 |

## 11 임시 정부 수립과 광복 사이의 사실

정답 ③

해설 (가) 임시 정부 수립(1919)~국민 대표 회의 개최(1923)
(나) 국민 대표 회의 개최(1923)~한인 애국단 결성(1931)
(다) 한인 애국단 결성(1931)~충칭 정착(1940)
(라) 충칭 정착(1940)~광복(1945)

③ 대한민국 임시 정부가 국무령 중심의 내각 책임제에서 국무위원 중심 집단 지도 체제로 개헌한 것은 1927년의 일이므로, (나) 시기에 해당한다.

오답분석 ① (가) 시기에 임시 정부는 비밀 통신망으로 교통국을 두어 정보 수집, 연락 업무 등을 담당하게 하고, 비밀 행정 조직으로 연통제를 실시하여 정부 문서 전달, 군자금 조달 등의 업무를 담당하게 하였다(1919).

② (나) 시기에 국민 대표 회의가 결렬된 이후 임시 정부는 이승만을 탄핵하고, 제2대 대통령으로 박은식을 추대하였다(1925).

④ (라) 시기에 김원봉이 이끄는 조선 의용대 일부는 충칭으로 이동하여 한국광복군에 합류하였다(1942).

## 12 의열단

정답 ②

해설 제시문에서 왜적의 관·사설 기관을 파괴하려 한다는 것과, 동척 회사와 식산은행에 휴대 물품(폭탄)을 선사한다는 것을 통해 이 편지를 쓴 인물이 나석주임을 알 수 있다. (가) 의열단의 단원인 나석주는 동양 척식 주식회사와 조선식산은행에 폭탄을 투척(1926)하였다.

② 의열단은 민족 혁명당의 창당(1935)에 참여하였다. 민족 혁명당은 중국 내 독립운동 조직을 통합하고자 결성된 단체로, 의열단을 중심으로 조선 혁명당·신한 독립당·한국 독립당 등이 통합·결성된 단체이다.

오답분석 ① 대동 단결 선언은 의열단 설립 이전에 발표되었다(1917). 대동 단결 선언은 신규식, 박은식, 신채호, 조소앙 등 14명의 지식인들이 공화주의를 표방하며 임시 정부 수립의 필요성을 제기한 것이다.

③ 중국 상하이 육삼정에서 일본 공사 아리요시를 암살하려 하였던 백정기, 이강훈, 원심창은 남화 한인 청년 연맹 소속이다. 남화 한인 청년 연맹은 1930년에 상하이에서 조직된 무정부주의 단체로, 항일 폭력 투쟁을 전개하였다.

④ 만주 유화현 삼원보에 신흥 강습소를 설립(1911)하여 독립군을 양성한 단체는 신민회이다. 이후 신흥 강습소는 신흥 무관 학교로 개편되었다(1919). 한편 김원봉을 비롯한 일부 의열단원들은 중국 국민당의 황포 군관 학교에 입학(1926)하여 군사 훈련을 받았으며, 중국 국민당 정부의 지원 아래 조선 혁명 간부 학교를 설립하였다(1932).

**기타 의거 활동**

| 노인 동맹단 (1919) | 강우규가 조선 총독 사이토에게 투탄 |
|---|---|
| 불령사(1923) | 박열이 일본 황태자 폭살을 시도하였으나 실패 |
| 다물단(1925) | 김창숙이 조직한 단체, 친일파 밀정 김달하 암살 |

## 13 한인 애국단

정답 ②

해설 제시문에서 관병식을 마치고 황궁으로 돌아가던 일왕의 마차 행렬에 수류탄을 투척하였다는 것을 통해 이봉창의 의거에 대한 내용임을 알 수 있으며, 이봉창은 한인 애국단 소속이었다.

② 한인 애국단은 국민 대표 회의가 결렬된 이후 침체에 빠진 상하이 임시 정부를 활성화하기 위해 김구가 조직(1931)한 단체이다.

오답분석 ①, ④ 의열단에 대한 설명이다. 의열단은 1919년에 만주에서 김원봉이 조직한 단체로, 신채호가 작성한 「조선혁명선언」을 행동 강령으로 삼아 개인의 폭력 투쟁에 의한 독립 쟁취를 목표로 활동하였다. 이후 개별 투쟁의 한계를 느낀 의열

단은 단원들을 황포 군관 학교에 보내 조직적인 군사 훈련
을 받도록 하였다.
③ 상하이 황포탄에서 일본 육군 대장을 저격한 오성륜, 김익
상, 이종암은 의열단 소속이다.

## 14 신간회    정답 ③

해설 제시문에서 정치·경제적 각성 촉진, 기회주의를 일체 부인한
다는 내용을 통해 신간회 강령임을 알 수 있다.
ⓒ 신간회는 여성 운동과 조직적으로 연계하며 여성의 법률상
및 사회적 차별을 없애고자 하였으며, 신간회의 자매 단체
로 근우회가 결성되기도 하였다.
ⓒ 신간회는 합법적인 대중 단체였다. 일제는 독립운동가들을
쉽게 색출하고자 신간회를 합법 단체로 인정하였다.

오답 ⓒ 대한 자강회에 대한 설명이다.
분석 ⓔ 의열단에 대한 설명이다.

## 15 치안 유지법과 조선 농지령 제정 사이 시기의 사실  정답 ③

해설 (가)는 사회주의자 및 독립운동가들을 탄압하기 위해 일제가
제정한 치안 유지법(1925)이며, (나)는 소작 쟁의를 무마하기
위해 일제가 제정한 조선 농지령(1934)이다.
③ 1920년대 후반에 전개된 3부 통합 운동의 결과 결성되었
던 혁신 의회는 한국 독립당으로 개편되었으며, 한국 독립
당 산하에 지청천을 총사령관으로 하는 한국 독립군이 편
성되었다(1930).

오답 ① 일제의 대륙 침략으로 학도 지원병제(1943)와 징병제
분석 (1944)가 실시된 것은 (나) 이후의 사실이다.
② 상하이에서 대한민국 임시 정부의 활동 방향을 모색하기 위
한 국민 대표 회의가 개최(1923)된 것은 (가) 이전의 사실
이다.
④ 한국 국민당(김구)·한국 독립당(조소앙)·조선 혁명당(지
청천)의 합당으로 대한민국 임시 정부의 여당인 한국 독립
당이 결성(1940)된 것은 (나) 이후의 사실이다.

## 16 미쓰야 협정 체결 이전의 사실    정답 ①

해설 제시문은 조선 총독부 경무국장 미쓰야와 만주 군벌 장쭤린 휘
하의 만주 봉천성 경무국장 우진이 1925년에 체결한 미쓰야
협정의 내용이다.
① 미쓰야 협정 체결(1925) 이전인 1923년에 남만주에서 대
한민국 임시 정부의 직할 부대인 참의부가 조직되었다.

오답 ② 만보산 사건(1931)이 발생한 것은 미쓰야 협정 체결 이후의
분석 사실이다.
③ 조선 학생 과학 연구회 등의 주도로 6·10 만세 운동(1926)
이 일어난 것은 미쓰야 협정 체결 이후의 사실이다.
④ 임시 정부의 체제가 국무위원 중심의 집단 지도 체제에서
주석 중심의 단일 지도 체제로 전환된 것은 임시 정부의 제
4차 개헌(1940)의 내용으로, 미쓰야 협정 체결 이후의 사
실이다.

## 17 제암리 사건과 간도 참변 사이의 사실    정답 ④

해설 (가)는 제암리 학살 사건(1919. 4.), (나)는 간도 참변(1920. 10.)
의 내용이다.
④ (가)와 (나) 사이 시기인 1920년 6월에 홍범도의 대한 독립
군을 중심으로 군무 도독부(최진동)·국민회군(안무) 등이
연합한 독립군 부대가 일본군을 격파한 봉오동 전투가 일
어났다.

오답 모두 (나) 간도 참변 이후의 사실이다.
분석 ① 참의부는 1923년, 정의부는 1924년, 신민부는 1925년 3
월에 결성되었다. 3부는 모두 민정 기관과 군정 기관을 갖추
었으며, 행정·입법·사법의 3권 분립 형태를 띠었다.
② 민족 유일당 운동의 일환으로 3부 통합 운동의 결과 북만
주 지역에서 혁신 의회(1928), 남만주 지역에서 국민부
(1929)가 조직되어 만주의 독립운동 세력이 두 진영으로
정리되었다.
③ 1930년대에 한국 독립군이 중국 호로군 등과 연합 작전을
수행하여 쌍성보 전투(1932)·사도하자 전투(1933)·대전
자령 전투(1933) 등에서 대승을 거두었다.

### 이것도 알면 **합격**

**1920년대의 무장 독립 전쟁**

| 봉오동 전투 (1920. 6.) | · 홍범도가 이끄는 대한 독립군이 주축<br>· 독립군의 승리 |
|---|---|
| ⇩ | |
| 청산리 전투 (1920. 10.) | · 김좌진의 북로 군정서군과 대한 독립군(홍범도)의 연합 부대<br>· 독립군의 대승(백운평·어랑촌·고동하 전투) |
| ⇩ | |
| 간도 참변 (1920. 10.) | · 봉오동·청산리 전투의 패배에 대한 일제의 보복<br>· 독립군 근거지를 소탕한다는 명분으로 간도의 한인들을 학살 |
| ⇩ | |
| 대한 독립 군단 결성(1920) | 독립군은 밀산부에 집결해 대한 독립 군단 결성 |
| ⇩ | |
| 자유시 참변 (1921) | · 대한 독립 군단이 러시아 자유시로 이동<br>· 무장 해제를 요구하는 러시아 적색군에 의해 독립군 세력 와해 |
| ⇩ | |
| 3부의 성립 (1923~1925) | 참의부(1923), 정의부(1924), 신민부(1925)의 3부 성립 |
| ⇩ | |
| 미쓰야 협정 (1925) | 일제가 독립군의 활동을 위축시키기 위해 만주 군벌과 체결한 독립군 탄압에 대한 상호 협정 |
| ⇩ | |
| 3부 통합 운동 (1928~1929) | · 만주 독립운동 전선의 통일을 위해 3부 통합 운동 추진<br>· 북만주 지역에 혁신 의회, 남만주 지역에 국민부 결성 |

## 18 조선 혁명군

해설 제시문에서 총사령관이 양세봉이며 중국인 부대와 함께 일본 군을 추격하여 영릉가성을 점령하였다는 내용을 통해 ㉠에 들 어갈 부대가 조선 혁명군임을 알 수 있다. 조선 혁명군은 1930 년대 초에 남만주 일대에서 중국 의용군과 연합 작전을 전개하 며 영릉가·흥경성 전투 등에서 일본군을 대파하였다.

① 조선 혁명군은 조선 혁명당의 산하 부대로 조직되었다. 3부 통합 운동의 결과로 성립된 국민부는 조선 혁명당을 결성하 였으며, 조선 혁명당은 그 산하에 조선 혁명군을 조직하였다.

오답 분석
② 중국 관내에서 조직된 최초의 한인 부대는 조선 의용대 (1938)이다. 조선 의용대는 중국 국민당의 지원을 받아 중 국 한커우에서 조선 민족 연맹의 산하 부대로 조직되었다.

③ 동북 인민 혁명군을 확대·개편하여 조직한 단체는 동북 항 일 연군(1936)이다. 동북 항일 연군은 만주 지방에서 활동 하던 한인 항일 유격대와 중국 공산당 유격대가 결성한 부 대이다.

④ 북만주 일대에서 중국 호로군 등과 연합하여 동경성 전투· 쌍성보 전투·사도하자 전투 등에서 일본군에 대승을 거둔 부대는 한국 독립군이다.

## 19 한국광복군

해설 제시문에서 중국 항일군과 연합한다는 내용과, 정치·경제·교육 의 평등(삼균주의 중 인균에 해당)을 바탕으로 한 국가 건설을 강 조한 것을 통해 대한민국 임시 정부 산하의 한국광복군과 관련 된 자료임을 알 수 있다.

③ 1942년에 김원봉이 이끄는 조선 의용대 병력이 한국광복 군에 합류하여 군사력이 증강되었다.

오답 분석
① 이범석은 한국광복군의 참모장은 맞지만, 총사령은 양세봉 이 아닌 지청천이었다. 양세봉은 1930년대에 남만주 지역 을 중심으로 활동한 조선 혁명군의 총사령으로 1934년에 순국하였다.

② 함경남도 보천보를 습격하여 경찰 주재소, 면사무소 등을 습격한 것은 동북 항일 연군 내의 한국인 부대이다.

④ 중국 팔로군과 연합 작전을 전개하여 태항산 지구에서 일본 군에 대항한 단체는 조선 의용대 화북 지대이다. 조선 의용 대 화북 지대는 조선 독립 동맹 산하의 조선 의용군으로 개 편(1942)된 이후에도 화북 지역에서 항일전을 지속하였다.

## 20 1930~1940년대의 무장 독립 투쟁

해설 ③ 순서대로 나열하면 ㉣ 한국 독립군의 동경성 전투 승리 (1933) → ㉢ 민족 혁명당 결성(1935) → ㉠ 중·일 전쟁 발 발(1937) → ㉣ 조선 의용대 결성(1938) → ㉤ 한국광복 군 창설(1940)이 된다.

㉣ 한국 독립군이 중국 항일 부대와 연합하여 동경성 전투에 서 일본군에 승리하였다(1933).

㉢ 중국 난징에서 김원봉의 의열단, 조소앙의 한국 독립당, 지 청천의 신한 독립당 등이 연합한 민족 혁명당이 결성되었다 (1935).

㉠ 일제는 중·일 전쟁을 일으켜 중국의 베이징, 톈진, 상하이 등을 공격하였다(1937).

㉣ 중·일 전쟁이 일어나자 조선 민족 혁명당의 김원봉은 중국 을 지원하기 위해 군사 조직인 조선 의용대를 조직하였다 (1938).

㉤ 충칭에 정착한 임시 정부는 중국 정부의 지원을 받아 지청 천을 총사령관으로 한 한국광복군을 창설하였다(1940).

---

## 02 일제의 경제 수탈과 민족 운동 p.255-257

| | | | | |
|---|---|---|---|---|
| 01 ④ | 02 ③ | 03 ① | 04 ④ | 05 ② |
| 06 ② | 07 ② | 08 ① | 09 ② | 10 ③ |
| 11 ① | 12 ③ | | | |

## 01 토지 조사 사업의 결과

해설 제시문은 토지 조사령의 일부 내용이다. 일제는 토지 조사령에 따라 토지 조사 사업을 실시하였다.

④ 동양 척식 주식회사는 토지 조사 사업이 시행되기 이전인 1908년에 설립되었다. 동양 척식 주식회사는 일본이 조선 의 역둔토나 국유 미간지를 약탈하기 위해 세운 일본의 국책 회사로, 일본은 동양 척식 주식회사를 통해 토지의 매매와 임차·일본인의 이주·식민지 수탈 등의 업무를 수행하였다.

오답 분석
① 토지 조사 사업 결과 미신고 토지는 동양 척식 주식회사나 일본인에게 값싸게 불하됨으로써 일본인의 토지 소유가 증 가하였다.

② 토지 조사 사업을 통해 토지를 정확하게 파악한 조선 총독 부는 이를 바탕으로 지세 수입을 확대할 수 있었다.

③ 토지 조사 사업 과정에서 한국인 지주들의 소유권이 인정되 어 지주들의 권한이 강화되었고, 이를 통해 일제는 지주층 을 식민지 체제 내로 포섭하였다.

### 이것도 알면 합격

**토지 조사 사업(1912~1918)**

| 목적 | • 근대적인 토지 제도 확립<br>• 세원 확보 및 우리나라의 토지 약탈 |
|---|---|
| 내용 | • 토지 조사령 공포<br>• 기한부 신고제: 지정된 기간 안에 신고해야만 토지의 소유권 인정<br>• 복잡한 절차와 짧은 기간 |
| 결과 | • 미신고 토지 및 왕실·문중의 토지, 공공 기관의 토지 가 총독부에 귀속됨<br>→ 총독부의 지세 수입 증가<br>• 수탈한 토지는 동양 척식 주식회사 등을 통해 일본인 에게 싼값에 불하 → 일본인 이주민 증가<br>• 토지를 수탈당한 농민은 기한부 계약에 의한 소작농이 나 화전민으로 전락, 만주·연해주 등지로 이동<br>• 지주의 소유권만을 인정하여 지주의 권한 강화 |

## 02 일제 강점기의 경제 정책　　　　정답 ③

해설　③ 제정된 순서대로 나열하면 (다) 조선 광업령(1915) → (가) 신은행령(1928) → (나) 국민 징용령(1939) → (라) 여자 정신 대 근무령(1944)이 된다.

(다) 무단 통치 시기에 일제는 조선 광업령을 제정(1915)하여 한국인의 광산 경영을 억제하였다.

(가) 문화 통치 시기에 일제는 신은행령을 제정(1928)하여 한 국인 소유의 중소 은행을 일본 은행에 강제로 편입시켰다.

(나) 민족 말살 통치 시기에 일제는 국민 징용령을 제정(1939) 하여 군수 공장과 광산, 비행장 공사 등에 한국인을 강제 로 동원하였다.

(라) 민족 말살 통치 시기에 일제는 여자 정신대 근무령을 제정 (1944)하여 여성들도 군수 공장 등에 강제 동원하였다. 또한 일제는 이 법을 토대로 한국인 여성들을 일본군 '위 안부'로 불법·강제 동원하는 만행을 저지르기도 하였다.

## 03 산미 증식 계획의 결과　　　　정답 ①

해설　제시된 자료는 일제가 추진한 산미 증식 계획에 대한 그래프로, 미곡 생산량이 완만하게 증가하는 반면 미곡 수탈량의 상승폭 은 매우 가파름을 확인할 수 있다.

① 일제는 미곡 증산이 목표량에 미달되었음에도 불구하고 계 획대로 수탈을 진행하였다. 이로 인해 국내의 식량 부족 현 상이 심화되었고, 한국인 농민들은 만주에서 잡곡을 수입 하여 부족분을 충당했다.

오답분석　② 산미 증식 계획 추진 중에 국내 쌀 소비량이 감소한 것은 증 산량에 비해 수탈량이 더 많아져 국내에서 소비할 쌀이 부 족해졌기 때문이다. 한편 미국으로부터 밀 등을 원조받은 것은 해방 이후인 1950년대의 사실이다.

③ 산미 증식 계획으로 쌀 중심의 단작형 농업 구조가 형성됨 으로써 다양한 상품 작물의 재배가 축소되어 국내 농업 기 반이 붕괴되었다.

④ 산미 증식 계획을 통한 생산량의 증가분보다 더 많은 일제 의 수탈이 이루어져 농민 고통이 크게 가중되었다.

**이것도 알면 합격**

### 산미 증식 계획(1920~1934)

| 목적 | 일제의 공업화 정책에 따른 부족한 식량 탈취 |
| --- | --- |
| 방법 | 관개 시설 개선과 지목 전환, 개간·간척 사업 등의 토지 개량과 품종·농법·시비 개량 등을 통해 조선 내 쌀 생 산량 증대 |
| 결과 | 국내 식량 부족, 만주에서 잡곡 수입 증가, 농민 몰락, 쌀 중심의 단작형 농업 구조 형성 |

## 04 일제의 경제 수탈　　　　정답 ④

해설　④ 일제의 남면북양 정책은 1934년부터 실시되었다.

오답분석　① 일제는 1910년대에 조선 광업령(1915)·어업령(1911)·삼 림령(1911)과 조선 임야 조사령(1918) 등을 제정하여 한반 도의 광산·어장·산림 자원들을 수탈하였다.

② 1920년대에 일본 상품에 대해 관세가 철폐(1923)되어 수 출입의 대일 의존도가 심화되었다.

③ 1930년대에 일제는 국가 총동원법을 제정(1938)하여 대 륙 침략을 위한 각종 인적·물적 자원의 수탈을 강화하였다.

**이것도 알면 합격**

### 일제의 경제 수탈

| 1910 년대 | · 토지 조사 사업: 안정적인 지세 확보와 토지 약탈 을 위해 실시<br>- 복잡한 신고 절차와 기간 제한 등으로 인해 신 고율이 낮음<br>→ 미신고 토지, 왕실·문중의 토지 등 전체 토지 의 총 40%가 총독부에 귀속됨<br>- 농민의 경작권을 인정하지 않고, 지주의 소유권 만 인정<br>→ 농민의 몰락 및 유민화<br>· 회사령: 허가제, 민족 기업(자본)의 성장 억압 |
| --- | --- |
| 1920 년대 | · 산미 증식 계획: 일본의 공업화 정책으로 인해 부족 한 식량을 보충하기 위해 실시<br>- 토지 개량, 농사 개량 등으로 쌀 생산량을 높이 고자 함<br>- 증산량보다 많은 미곡 수탈 → 국내 식량 부족, 잡곡 수입 증가<br>· 관세 철폐: 수출입의 대일 의존도 심화<br>· 회사령: 신고제 |
| 1930~ 40년대 | · 남면북양 정책, 한반도 병참 기지화<br>· 공출 제도: 양곡을 비롯한 각종 물자 공출<br>· 산미 증식 계획 재개, 식량 배급제 실시<br>· 국가 총동원법(1938): 인적·물적 자원 수탈 자행 |

## 05 물산 장려 운동　　　　정답 ②

해설　제시된 사진은 1920년대에 '우리가 만든 것 우리가 쓰자'라는 구호 아래 전개된 물산 장려 운동의 광고이다.

② 물산 장려 운동은 조만식 등을 중심으로 평양에서 창립된 물산 장려회(1920)를 중심으로 시작되어 전국적으로 확산 된 경제적 구국 운동이다.

오답분석　① 물산 장려 운동은 일제의 회사령이 폐지된 이후에 전개되 었다. 일제는 일본 기업의 조선 진출을 원활하게 하기 위해 1920년에 회사령을 폐지하고 회사 설립을 신고제로 전환 하였다. 이로 인해 한국인이 설립한 회사도 증가하게 되면 서 물산 장려 운동이 전개될 수 있는 토대가 되었다.

③ 일제가 경성 제국 대학을 설립하여 무마하려 한 민족 운동 은 민립 대학 설립 운동이다.

④ 민족주의자들과 사회주의자들이 연대하는 계기가 된 민족 운동은 6·10 만세 운동이다. 한편 물산 장려 운동은 민족 자본가 계층을 중심으로 전개되었으며, 사회주의자들로부 터 '부르주아만을 위한 운동'이라는 비판을 받았다.

## 06 광주 학생 항일 운동　　　　정답 ②

해설　제시문에서 광주 고등 보통학교 학생들이 일본인 학생들과 다 툰 것을 계기로 시위가 전개되었다는 내용을 통해 광주 학생 항 일 운동(1929)에 대한 설명임을 알 수 있다.

② 광주 학생 항일 운동은 광주의 학생 조직인 독서회 중앙 본부가 주도하여 광주와 전라도 지역으로 시위가 확산되었다.

오답 분석 ① 식민지 차별 교육에 대항하여 민립 대학 설립 운동을 전개하기 위해 모금 운동이 시작된 것은 1920년대 전반의 사실로, 광주 학생 항일 운동과 관련이 없다.

③ 고종의 인산일을 계기로 대규모 시위가 일어난 것은 3·1 운동(1919)이다.

④ 학도 지원병제는 1943년에 실시된 일제의 정책으로 광주 학생 항일 운동과 관련이 없다.

## 07 일제 강점기의 소년 운동 정답 ②

해설 제시문은 소년 운동을 주도한 천도교 소년회가 어린이날을 제정한 것과 관련된 사료이다.

㉠, ㉢ 소년 운동은 1920년대에 방정환 등의 천도교 세력이 조직한 천도교 소년회를 중심으로 전개되었다. 천도교 소년회는 어린이날을 제정하고 잡지 『어린이』 등을 발간하는 등 아동 인권을 보호하고 존중할 것을 주장하였다.

오답 분석 ㉡ 이학찬의 주도로 진주에서 시작된 것은 형평 운동이다. 경남 진주에서 이학찬은 조선 형평사를 창립(1923)하고 형평 운동을 전개하여 백정에 대한 차별 철폐 등을 주장하였다.

㉣ 사립 학교 규칙이 제정된 것은 1911년으로, 소년 운동이 전개되기 이전의 사실이다. 무단 통치 시기에 일제는 사립 학교 규칙을 제정하여 사립 학교의 설립을 총독부가 인가하도록 하였다.

## 08 조선 형평사 정답 ③

해설 제시문에서 공평은 사회의 근본이고 계급을 타파하고 모욕적인 칭호를 폐지하자는 내용을 통해 형평 운동을 전개한 조선 형평사임을 알 수 있다.

③ 조선 형평사가 전개한 형평 운동은 계급을 타파하려 한 신분 해방 운동인 동시에 민족 해방 운동적 성격을 내포하였다.

오답 분석 ① 평양에서 조직된 대표적인 민족 운동 단체는 물산 장려회이다. 평양에서 조만식 등에 의해 창립된 물산 장려회(1920)를 중심으로 물산 장려 운동이 전국적으로 확산되었다. 조선 형평사는 진주에서 이학찬이 조직한 것으로, 백정에 대한 사회적 차별 철폐를 요구하는 형평 운동을 주도하였다.

② 기회주의를 배격할 것을 강령으로 삼은 단체는 신간회이다.

④ 조선 형평사는 대한 제국 시기가 아닌 일제 강점기인 1923년에 조직되었다.

## 09 암태도 소작 쟁의 정답 ②

해설 제시문의 사건은 1923년에 발생한 암태도 소작 쟁의이다.

② 암태도 소작 쟁의는 생존권 확보를 위한 경제적 투쟁의 형태로 전개되었다.

오답 분석 ① 일제에 의한 농촌 진흥 운동은 1932년부터 전개되었다.

③ 암태도 소작 쟁의는 소작료 인하라는 소작인들의 요구를 관철시킨 사건이었다. 당시 일본 경찰은 소작 쟁의가 확대되는 것을 부담스러워 해 소작인들의 요구를 수용하였다.

④ 사회주의와 연계된 혁명적 농민 조합이 농민 운동을 주도하기 시작한 것은 1930년대이다.

## 10 브나로드 운동 정답 ③

해설 제시문에서 동아일보에서 계획을 발표하였으며 한글, 산수에 관한 강습을 위한 교본을 전국 각지에 발송하였다는 내용을 통해 밑줄 친 '이 운동'이 브나로드 운동임을 알 수 있다.

③ 브나로드 운동(1931~1934)은 학생들이 중심이 되어 전개된 농촌 계몽 운동으로 한글 보급, 미신 타파, 구습 제거를 추진하였다.

오답 분석 ① 신간회가 결성(1927)되는 계기가 된 것은 6·10 만세 운동, 정우회 선언 등이다.

② 일제가 문화 통치를 실시하는 계기가 된 것은 3·1 운동(1919)이다.

④ '조선인이 만든 것을 입고, 먹고, 쓰자'라는 구호 아래 전개된 것은 물산 장려 운동(1920년대 초반)이다. 한편 브나로드 운동은 '배우자! 가르치자! 다 함께 브나로드!'를 구호로 내걸었다.

## 11 1920년대의 사회 모습 정답 ①

해설 제시문에서 민족주의적 세력과 적극적으로 제휴하여 일제와 싸울 것을 주장하는 것을 통해 1926년에 발표한 정우회 선언임을 알 수 있다.

① 경성 제국 대학은 조선 민립 대학 설립 운동을 저지하기 위해 1924년에 일제가 세운 대학으로, 정우회 선언이 발표된 1926년에 볼 수 있는 모습이다.

오답 분석 모두 1926년에 볼 수 없는 모습이다.

② 한성은행은 1897년에 설립되어 일제 강점기에도 존속되었으나, 제국신문은 1898년에 창간되어 1910년에 폐간되었다.

③ 동아일보사의 주도 하에 농촌 계몽을 위한 브나로드 운동(1931~1934)이 전개된 것은 1930년대 초반의 사실이다.

④ 전국적인 농민 조직이었던 조선 농민 총동맹이 조직된 것은 1927년의 사실이다.

## 12 1920~30년대의 사실 정답 ③

해설 ③ 순서대로 나열하면 (다) 6·10 만세 운동(1926) → (가) 신간회 결성(1927) → (라) 광주 학생 항일 운동(1929) → (나) 평원 고무 공장 파업(1931)이 된다.

(다) 6·10 만세 운동(1926. 6.)은 순종의 인산일에 맞추어 학생 단체들을 중심으로 일어났다. 6·10 만세 운동 준비 과정에서 사회주의 계열과 천도교 중심의 민족주의 계열이 연대하면서 이후 민족 유일당 운동이 전개되는 계기가 되었다.

(가) 정우회 선언(1926. 11.) 등을 계기로 비타협적 민족주의 계열과 사회주의 계열의 일부가 연대한 신간회가 결성(1927)되었다. 신간회는 광주 학생 항일 운동에 대한 진상 조사단을 파견하고, 원산 노동자 총파업(1929)을 적극 지원하기도 하였다.

(라) 3·1 운동 이후 전개된 최대 규모의 항일 민족 운동인 광주 학생 항일 운동은 광주의 통학 열차 안에서 발생한 한·일 학생 간의 충돌에 대해 일본 경찰이 편파적으로 수사한 것을 계기로 발생(1929. 11.)하였다.

(나) 1930년대에 평원 고무 공장의 노동자들이 일방적인 임금 삭감에 항의하며 파업을 일으켰다(1931). 이때 여성 노동자 강주룡이 평양 을밀대에 올라가 '여성 해방·노동 해방' 등을 주장하기도 하였다.

## 03 일제 강점기 민족 문화 수호 운동 p.262~263

| 01 ① | 02 ① | 03 ④ | 04 ① | 05 ① |
|------|------|------|------|------|
| 06 ② | 07 ③ | 08 ④ | | |

### 01 제1차 조선 교육령 시행 시기의 사실 정답 ①

해설 제시문에서 보통 학교의 수업 연한을 4년으로 한다는 내용을 통해 제1차 조선 교육령(1911~1922)임을 알 수 있다.
① 제1차 조선 교육령이 시행되던 시기인 1918년에 서당 설립을 기존의 인가제에서 허가제로 바꾸는 서당 규칙을 제정하여 민족 교육을 탄압하였다.

오답 분석
② 조선어가 선택 과목(수의 과목)이 된 것은 1938년으로, 제3차 조선 교육령 시행 시기의 사실이다.
③ 경성 제국 대학이 설립된 것은 1924년으로, 제2차 조선 교육령 시행 시기의 사실이다.
④ 고등 보통학교의 명칭이 중학교로 변경된 것은 1938년으로, 제3차 조선 교육령 시행 시기의 사실이다. 일제는 내선 일체와 일선동조론을 강조하며 보통학교(한국인)와 소학교(일본인)를 (심상)소학교로 개편하였다.

#### 이것도 알면 합격

**일제의 식민지 교육 정책(조선 교육령)**

| 제1차 (1911) | 보통학교 4년, 고등 보통학교 4년<br>→ 일본인 학교에 비해 교육 연한 짧음, 한국인의 고등 교육 X |
|---|---|
| 제2차 (1922) | • 보통학교의 연한이 6년으로 연장<br>• 조선어를 필수 과목화 |
| 제3차 (1938) | • 보통학교와 소학교를 심상소학교로 변경(이후 국민 학교로 재변경, 1941)<br>• 조선어 과목 수의(선택) 과목화 |
| 제4차 (1943) | • 수업 연한을 4년으로 축소<br>• 조선어·조선사 교육 완전 폐지 |

### 02 박은식 정답 ①

해설 제시문은 박은식이 저술한 「유교구신론」의 내용이다.
① 박은식은 1925년에 대한민국 임시 정부의 대통령을 역임하였다. 박은식은 위임 통치 청원 등으로 이승만이 탄핵된 이후 대한민국 임시 정부의 제2대 대통령에 취임하였다.

오답 분석
② 유물 사관을 바탕으로 『조선사회경제사』를 저술하고, 식민주의 사학의 정체성 이론을 반박한 인물은 사회·경제 사학자인 백남운이다.
③ 네덜란드 헤이그에서 개최된 만국 평화 회의에 특사로 파견(1907)된 인물은 이상설, 이준, 이위종이다.
④ 김원봉의 요청에 따라 민중의 직접 혁명을 강조하는 「조선혁명선언」을 작성(1923)한 인물은 신채호이다.

### 03 문일평 정답 ④

해설 제시문에서 조선글은 조선심에서 생겨난 결정인 동시에 조선학을 길러주는 비료라는 내용을 통해 문일평의 주장임을 알 수 있다.
④ 문일평은 『대미 관계 50년사』를 저술하여 실리적 외교 감각의 필요성을 강조하였다.

오답 분석
① 『한국통사』는 박은식의 저서이다. 박은식은 『한국통사』에서 국가를 구성하고 있는 두 요소를 '혼'과 '백'으로 파악하였으며, 국교와 국사 등의 '혼'이 망하지 않으면 나라도 망하지 않는다고 주장하였다.
② 『조선상고사』는 신채호의 저서이다. 신채호는 『조선상고사』에서 역사를 '아(我)와 비아(非我)의 투쟁'으로 규정하고, 고대사를 연구하였다.
③ 『을지문덕전』은 신채호의 저서이다. 신채호는 『을지문덕전』, 『이순신전』 등 우리나라 영웅들의 전기를 저술하여 민족의 자긍심을 높이고자 하였다.

### 04 일제 강점기 국학 연구 정답 ①

해설 ① 조선학 운동의 일환으로 한국사를 연구한 것은 정인보·문일평·안재홍 등이다. 조선학 운동(1934)은 정인보·문일평·안재홍 등이 정약용 서거 99주기를 기념하며 정약용의 저서를 모은 『여유당전서』를 간행한 것이 계기가 되어 전개된 민족 문화 운동이다. 백남운은 사회·경제 사학의 대표적인 학자로, 한국사의 발전 과정을 세계사적인 역사 발전의 보편성 위에 체계화하여 식민 사학의 정체성론을 반박하는 근거를 제공하였다.

오답 분석
② 신채호는 『조선사연구초』에서 묘청의 난을 '조선 역사상 일천 년래 제일 대사건'이라고 칭하였다.
③ 실증주의 사학자인 손진태는 청구 학회의 한국사 왜곡에 맞서 조직된 진단 학회의 발기인으로 참여하였으며, 『진단학보』를 발간하였다.
④ 정인보는 광개토 대왕릉비 비문을 연구하여 1930년대 말에 저술한 「광개토경평안호태왕릉 비문 석략」에서 도해파(渡海破)의 주어를 고구려로 파악해 일본(도해파의 주어를 일본으로 파악)과는 다른 견해를 제시하였다.

## 05 조선어 학회　　　　　　　　　　　정답 ①

해설　밑줄 친 '이 단체'는 조선어 학회(1931)이다. 제시문은 조선어 학회 사건(1942)과 관련된 내용으로, 이는 일제가 조선어 학회를 독립운동 단체로 간주하여 회원들을 체포·투옥한 사건이다. 이 사건으로 조선어 학회는 해체되었다.
　　① 조선어 학회는 '한글 맞춤법 통일안'과 '표준어'를 제정하였다.

오답분석　② 조선어 연구회(1921), ③ 국문 연구소(1907)의 주시경, ④ 한글 학회(1949)에 대한 설명이다.

**이것도 알면 합격**

**조선어 학회(1931~1942)**

| 조직 | 조선어 연구회를 계승, 이윤재, 최현배 등이 주도 |
|---|---|
| 활동 | • 『한글』 교재 편찬, 강연회를 통해 한글 보급<br>• 한글 맞춤법 통일안 제정(1933), 표준어 제정(1936), 외래어 표기법 통일안 발표<br>• 『우리말 큰 사전』 편찬 시도 → 실패 |
| 탄압 | 일제가 조선어 학회를 독립운동 단체로 간주하여 회원들을 체포·투옥하여 강제 해산 |
| 영향 | 해방 이후 한글 학회(1949)로 계승 |

## 06 일제 강점기 종교계의 활동　　　　　정답 ②

해설　ⓒ 한용운을 중심으로 한 불교계 인사들이 불교 교단의 친일화를 막기 위해 조선 불교 유신회를 조직하였다(1921).
　　ⓔ 천주교인들은 만주에서 항일 무장 단체인 의민단을 조직(1919)하여 청산리 전투 등에 참여하였다.

오답분석　ⓐ 박중빈은 원불교를 창시(1916)하고 개간 사업과 허례 폐지, 저축 운동 등 새 생활 운동을 전개한 인물로, 중광단과 관련이 없다. 한편 중광단은 단군 신앙을 기반으로 한 대종교가 북간도에서 조직한 무장 독립 단체이다.
　　ⓑ 민중 계몽 운동을 위해 잡지 『개벽』을 간행한 것은 천도교이다.

## 07 일제 강점기의 문학·예술　　　　　정답 ③

해설　③ 1930년대에 문학의 예술성과 작품성을 강조하는 순수시 운동을 전개한 것은 정지용·김영랑 등의 『시문학』 동인이다. 한편 1920년대에 등장한 신경향파 문인들은 사회주의의 영향으로 식민지 현실 고발과 계급 의식을 고취하는 등 문학의 사회적 기능을 강조하였다.

오답분석　① 1917년에 이광수는 우리나라 최초의 현대 장편 소설인 「무정」을 매일신보에 연재하였다.
　　② 1920년대에는 나운규가 민족의 비애를 담은 영화 '아리랑'을 발표하였다(1926).
　　④ 1940년대에 일제는 조선 영화령을 제정(1940)하여 민족적 정서를 담은 영화의 제작을 금지하고, 영화를 전시 체제 선전 수단으로 사용하였다.

## 08 일제 강점기의 생활 모습　　　　　정답 ④

해설　④ 일제 강점기에는 청계천을 기준으로 남쪽의 일본인 거리는 남촌, 북쪽의 한국인 거리는 북촌으로 불렸다.

오답분석　① 일제 강점기인 1920년대에 도시를 중심으로 대중문화가 형성되면서 서양식 의복과 새로운 머리 스타일을 한 최신 유행의 모던 보이와 모던 걸이 활동하였다.
　　② 일제 강점기인 1930년대에 주로 상류층이 거주하는 2층 양옥 형태의 문화 주택이 유행하여 곳곳에 지어졌다.
　　③ 일제의 수탈로 1인당 쌀 소비량이 줄어들었으며 이로 인해 잡곡 수입이 느는 한편, 빈민들은 풀뿌리나 나무껍질로 연명하기도 하였다.

**이것도 알면 합격**

**일제 강점기의 도시 주택**

| 1920년대 | 장식적 요소가 가미된 개량 한옥이 중류층을 중심으로 유행 |
|---|---|
| 1930년대 | 상류층을 위한 2층 양옥인 문화 주택이 유행 |
| 1940년대 | 도시 서민의 주택난 해결을 위한 국민 연립 주택인 영단 주택 등장 |

## 일제 강점기 적중 마무리문제 01　p.264~265

| 01 ② | 02 ② | 03 ① | 04 ④ | 05 ③ |
|---|---|---|---|---|
| 06 ④ | 07 ④ | 08 ③ | | |

## 01 무단 통치 시기의 사실　　　　　　정답 ②

해설　제시문은 경찰범 처벌 규칙(1912)의 내용으로 무단 통치 시기에 제정되었다.
　　② 무단 통치 시기에 일제는 일반 관리와 교원들에게 제복을 입고 칼을 착용하도록 하여 공포 분위기를 조성하였다.

오답분석　① 일제가 '일본과 조선이 하나'라는 내선일체 사상과 '일본 민족과 조선 민족의 조상이 같다'는 일선동조론을 강조한 것은 민족 말살 통치 시기(1930~40년대)의 사실이다.
　　③ 헌병 경찰제에서 보통 경찰제로 전환하여 경찰의 수가 증가된 것은 문화 통치 시기(1920년대)의 사실이다.
　　④ 성과 이름을 일본식으로 바꾸도록 강요한 창씨개명이 실시된 것은 민족 말살 통치 시기(1930~40년대)의 사실이다.

**이것도 알면 합격**

**일제가 제정한 악법**

| 신문지법 | 1907 | 신문, 잡지 등의 발행을 허가제로 바꾸고 사전 검열을 완전히 제도화함 |
|---|---|---|
| 보안법 | 1907 | 집회와 결사의 자유를 박탈, 일제에 대한 불온한 언행 금지 |

| | | |
|---|---|---|
| 출판법 | 1909 | 사전 검열 제도를 도입하여 일제의 식민 통치에 방해가 될 만한 문서와 도서의 출판이나 배포를 금지 |
| 범죄 즉결례 (즉결 처분권) | 1910 | 재판 없이 3개월 이하의 징역 또는 구류 처분과 벌금 과징 |
| 조선 태형령 | 1912 | 재판 없이 태형 집행, 조선인에게만 적용 |
| 경찰범 처벌 규칙 | 1912 | 수상한 행동을 한 자를 현행 경찰범으로 체포 가능 |
| 치안 유지법 | 1925 | 사회주의 사상과 단체 탄압 목적으로 제정, 단체의 결속 금지 |
| 조선 사상범 보호 관찰령 | 1936 | 독립운동가에 대한 감시 강화 |
| 조선 사상범 예방 구금령 | 1941 | 독립운동가는 언제든지 사상범으로 구금 가능 |

## 02 미주 지역에서의 민족 운동  정답 ②

해설  제시문에서 동포들이 3·1 운동의 봉기 소식을 듣고 한인 교회에 모여 만세를 불렀다는 내용과 서재필의 주선으로 한인 자유대회를 개최하여 시가 행진을 펼쳤다는 내용을 통해 밑줄 친 '이곳'이 미주 지역임을 알 수 있다.
② 독립운동가들이 모여 신한청년당을 조직한 지역은 중국 상하이이다. 신한청년당은 김규식을 민족 대표로 파리 강화 회의에 파견하는 등의 외교 활동을 전개하였다.

오답
분석
① 미주 지역의 샌프란시스코에서 안창호가 흥사단을 조직하여 민족 운동을 전개하였다.
③ 미주 지역의 하와이에서 박용만이 중심이 되어 군사 양성 기관인 대조선 국민 군단이 창설되었다.
④ 미주 지역에서 대한인 국민회가 조직되어 외교 활동을 전개하였다.

## 03 민족 유일당 운동의 전개  정답 ①

해설  ① 순서대로 나열하면 ㉠ 6·10 만세 운동(1926. 6.) → ㉡ 조선 민흥회 창립(1926. 7.) → ㉢ 정우회 선언 발표(1926. 11.) → ㉣ 신간회 창립(1927. 2.)이 된다.
㉠ 민족 유일당 운동의 계기가 된 6·10 만세 운동은 1926년 6월에 순종의 인산일을 계기로 전개되었다.
㉡ 1926년 7월에 조선 물산 장려회 계열의 비타협적 민족주의 세력과 서울 청년회를 중심으로 한 사회주의 세력의 제휴로 조선 민흥회가 결성되었다.
㉢ 1926년 11월에 사회주의 단체인 정우회가 민족주의 세력과의 연대를 주장하는 내용의 선언문(정우회 선언)을 발표하였다.
㉣ 신간회는 민족 유일당 운동의 일환으로 비타협적 민족주의 계열과 사회주의 계열이 연대하여 1927년 2월에 창설되었다.

## 04 대한민국 임시 정부  정답 ④

해설  제시문에서 하나의 전투 단위로서 추축국에 선전한다는 내용을 통해 대한민국 임시 정부가 발표한 대일 선전 성명서(1941)임을 알 수 있다.
④ 대한민국 임시 정부 산하의 한국광복군은 미군 전략 정보처(OSS)의 도움을 받아 국내 정진군을 편성하여 국내 진공 작전을 계획하였다(1945). 그러나 이 작전은 일제의 패망으로 실현되지는 못하였다.

오답
분석
① 김원봉을 중심으로 결성된 단체는 의열단과 민족 혁명당, 조선 의용대 등이 있다.
② 중국 의용군과 연합하여 영릉가·흥경성 등지에서 일본군을 물리친 단체는 조선 혁명군이다.
③ 북만주 지역에서 활동했던 한국 독립당의 산하 부대는 한국 독립군으로, 지청천의 지휘 아래 쌍성보·대전자령 전투 등에서 일본군을 물리쳤다.

## 05 제2차 조선 교육령 시행 시기의 사실  정답 ③

해설  제시문에서 보통학교의 수업 연한을 6년으로 한다는 내용을 통해 제2차 조선 교육령(1922)임을 알 수 있으며, 제2차 조선 교육령은 1922년에 공포되어 1938년 제3차 조선 교육령이 공포되기 전까지 시행되었다.
③ 대한민국 임시 정부가 건국 강령을 발표한 것은 1941년으로, 이 시기에는 제3차 조선 교육령이 적용되었다.

오답
분석
① 1925년 북만주 일대에서 대종교 계통 인사들을 중심으로 신민부가 결성되었다.
② 1936년에 일제가 조선 사상범 보호 관찰령을 공포하여 독립운동가들을 감시하였다.
④ 1932년에 한인 애국단의 윤봉길이 상하이 사변 승리 기념식이 열린 홍커우 공원에서 폭탄을 던져 일본 고위 관료와 군사 지휘관 다수를 처단하였다.

## 06 토지 조사 사업  정답 ④

해설  제시문은 토지 조사 사업(1910년대)의 근거가 된 토지 조사령(1912)이다.
④ 토지 조사 사업의 시행으로 지주의 토지 소유권이 법적으로 인정되었다. 이를 통해 일제는 지주층을 식민지 체제 내로 포섭하고자 하였다.

오답
분석
① 대한 제국 시기에 시행된 양전·지계 사업에 대한 내용이다.
② 토지 조사 사업을 실시한 일제는 전통적으로 인정되던 농민(소작농)의 관습적인 경작권과 도지권·입회권 등을 인정하지 않았다.
③ 국가 총동원법(1938)은 토지 조사 사업이 완료된 이후에 공포되었다.

## 07 근우회

해설 제시문에서 조선 자매 전체의 역량을 공고히 단결한다는 내용을 통해 제시문을 발표한 단체가 근우회(1927)임을 알 수 있다.
④ 근우회는 여성 계몽을 위한 토론회와 강연회 등을 열고, 기관지인 『근우』를 발간하였다.

오답 분석
① 한국 최초의 사회주의 여성 단체는 조선 여성 동우회(1924)이다. 근우회는 민족주의 여성 단체와 사회주의 여성 단체가 통합된 민족 유일당 성격의 여성 단체이다.
② 배화 학당은 1898년 미국 선교사 캠벨이 기독교 전파와 여성 교육을 목적으로 설립한 학교로, 근우회와는 관련이 없다.
③ 신간회의 자매 단체였던 근우회는 신간회가 해소된 1931년에 일제의 탄압과 내부적인 분열로 인해 해체되었다.

## 08 정인보 · 문일평 · 안재홍

정답 ③

해설 ③ 『조선상고사감』은 안재홍의 저서가 맞지만, 『조선사연구초』는 신채호의 저서이다.

오답 분석
① 정인보는 민족 정신으로 얼을 강조하였으며, 「5천 년간 조선의 얼」을 저술하여 우리 민족의 시조를 단군으로 설정하였다.
② 문일평은 민족 정신으로 조선심을 강조하였고, 조선글(한글)을 조선심의 결정체로 보았다.
④ 해방 직후에 중도 우파인 안재홍은 중도 좌파인 여운형 등과 연합하여 조선 건국 준비 위원회를 결성하였다(1945).

---

## 일제 강점기 적중 마무리문제 02 p.266~267

| 01 ① | 02 ④ | 03 ② | 04 ③ | 05 ① |
| 06 ② | 07 ④ | 08 ④ | | |

## 01 독립 의군부

정답 ①

해설 제시문에서 고종의 밀지를 받아 조직한 비밀 단체로 일본에게 국권 반환 요구서 발송을 추진하였다는 내용을 통해 밑줄 친 '이 단체'가 독립 의군부임을 알 수 있다.
① 독립 의군부는 국권을 회복한 후 군주정으로 다시 복귀하는 복벽주의를 표방하였다.

오답 분석
② 경성 부민관에서 열린 아세아 민족 분격 대회장에 폭탄을 투척한 단체는 대한 애국 청년당이다.
③, ④ 박상진을 중심으로 대한 광복단(풍기 광복단)과 조선 국권 회복단의 일부가 통합하여 만들어진 단체는 대한 광복회이다. 독립 의군부는 임병찬을 중심으로 조직되었다.

## 02 안중근

정답 ④

해설 제시문은 안중근이 작성한 동양평화론이다. 이토 히로부미를 처단한 직후 체포된 안중근은 옥중에서 『동양평화론』을 집필

하기 시작하여 이토 히로부미 암살이 동양 평화를 위한 의거였다고 하였다.
④ 13도 창의군을 결성하여 서울 진공 작전을 전개한 대표적인 인물은 이인영과 허위이다. 13도 창의군은 정미의병 때 전국의 의병들이 연합한 단체로, 이인영을 총대장, 허위를 군사장으로 추대하고 서울 진공 작전을 전개하였다.

오답 분석
① 안중근은 한·일 신협약이 체결된 이후 러시아 연해주로 이동하여 의병 투쟁을 전개하였다.
② 안중근은 만주 하얼빈에서 초대 통감 이토 히로부미를 사살하였다.
③ 안중근은 삼흥 학교를 설립하고, 돈의 학교를 인수하여 경영하는 등 인재 양성에 힘썼다.

## 03 1919년~1925년 사이 시기의 사실

정답 ②

해설 (가) 기미 독립 선언 발표(1919)~치안 유지법 제정(1925)
② (가) 시기인 1923년에 상하이에서 대한민국 임시 정부의 독립운동 방향에 대해 논의하기 위해 국민 대표 회의가 개최되었다. 그러나 국민 대표 회의는 임시 정부를 해산하고 새 정부를 만들자는 창조파와, 임시 정부를 그대로 두고 개편하자는 개조파의 대립으로 결렬되었다.

오답 분석
① 회사령이 공포(1910)된 것은 (가) 이전의 사실이다.
③ 한국인의 강제 징용을 위해 국민 징용령이 제정(1939)된 것은 (가) 이후의 사실이다.
④ 연해주에서 권업회의 주도 아래 대한 광복군 정부가 수립(1914)된 것은 (가) 이전의 사실이다.

## 04 의열단

정답 ③

해설 제시된 자료는 의열단이 창단 직후 발표한 공약 10조의 내용이다. 의열단은 공약 10조와 5파괴 7가살이라는 행동 목표를 독립운동의 지침으로 삼고 활동하였다.
③ 의열단의 단원인 김지섭은 일본 제국 의회와 황궁을 공격할 계획을 세우고 일본 궁성의 이중교에 폭탄을 투척하였다(1924).

오답 분석
① 장인환은 의열단이 조직되기 이전인 1908년에 일본의 한국 침략이 정당하다고 주장한 스티븐스를 샌프란시스코에서 사살하였다.
② 박재혁이 의열단 단원인 것은 맞으나 조선 총독부에 폭탄을 투척(1921)한 의열단 단원은 김익상이다. 박재혁은 부산 경찰서에 폭탄을 투척(1920)하였다.
④ 강우규는 노인(동맹)단(대한 국민 노인 동맹단)의 소속으로 서울에서 조선 총독인 사이토에게 폭탄을 투척(1919)하였으나, 총독 암살에는 실패하였다.

## 05 신간회

정답 ①

해설 제시문에서 민족 유일당 운동으로 조직되었으며, 전국 순회 강연으로 민족 의식과 항일 의식을 고취하고 사회 운동을 적극 지원하였다는 내용을 통해 밑줄 친 '이 단체'가 신간회임을 알 수 있다.

① 105인 사건(1911)을 계기로 와해된 단체는 신민회이다. 신민회는 일제가 날조한 105인 사건으로 인해 회원들이 대거 연행되면서 조직이 와해되었다.

② 신간회는 광주 학생 항일 운동(1929)에 진상 조사단을 파견하는 등 학생 운동을 적극적으로 후원하였다.
③ 코민테른이 '12월 테제'를 발표하여 민족주의자들과의 연합 노선을 폐기하자 사회주의자들이 신간회의 해소론을 주장하며 신간회에서 이탈하였다.
④ 신간회는 기회주의자 배격, 민족 대단결, 정치·경제적 각성을 강령으로 삼아 각종 사회 운동을 지원하였고, 민족 의식을 고취하기 위해 전국 순회 강연을 하였다.

## 06 물산 장려 운동과 브나로드 운동          정답 ②

해설 (가)는 조선 물산을 장려하지 않음을 지적하고 자작자급하자고 주장하는 것을 통해 물산 장려 운동임을 알 수 있다.
(나)는 브나로드라는 말과 바른 철자와 문법을 가르쳐 주는 것을 목적으로 한다는 것을 통해 문맹 퇴치 운동인 브나로드 운동임을 알 수 있다.
② 조선 물산 장려 운동은 일제가 한국의 경제를 일본에 예속시키기 위하여 한·일 간의 무역에서 관세를 철폐하려 하자, 이에 대항하여 전개되었다.

① 물산 장려 운동은 조만식 등의 민족 자본가들에 의해 전개되었으며, 사회주의자들은 이 운동이 자본가 계급만을 위한 운동이라고 비판하였다.
③ 일제가 경성 제국 대학을 설립하여 무마한 운동은 민립 대학 설립 운동이다. 경성 제국 대학은 브나로드 운동이 전개(1931)되기 이전인 1924년에 설립되었다.
④ 조선일보가 주도하고 학생들이 중심이 되어 전개된 운동은 문자 보급 운동이다. 한편 브나로드 운동은 동아일보가 주도하였다.

## 07 산미 증식 계획의 결과          정답 ④

해설 제시문에서 일본 내 쌀 부족분을 반도 및 외국의 공급에 의지하여 식량 문제를 해결할 것이라는 내용을 통해 (가)의 미곡 증수 계획이 산미 증식 계획(1920~1934)이라는 것을 알 수 있다.
ⓒ 산미 증식 계획의 시행으로 본래 지주들이 부담해야 할 종자 개량비, 수리 시설 개선 비용 등이 소작 농민들에게 전가되면서 소작농이 몰락하게 되었다.
ⓔ 산미 증식 계획의 시행으로 농업은 물론, 상업·금융·운수업 등의 유통 부문과 경공업 부문까지도 쌀 중심으로 편성되어 한국의 경제 구조가 파행적으로 왜곡되었다.

⊙ 산미 증식 계획으로 쌀 생산량이 어느 정도 증가하였으나, 일본으로의 쌀 반출량이 더 많았기 때문에 식량 부족 현상이 완화되지는 않았다.
ⓒ 농촌 진흥 운동은 농민들이 아닌 일제가 시행한 것이다. 1930년대에 농촌 경제가 파탄 상태에 이르면서 소작 쟁의가 극심해지고 사회주의 세력이 농촌으로 더욱 확산되자, 일제는 농민 회유책의 일환으로 농촌 진흥 운동(1932)을 전개하였다.

## 08 신채호          정답 ④

해설 제시문에서 민족을 빼면 역사가 없다는 내용 등 역사 서술의 주체를 민족으로 설정한 것을 통해 신채호가 저술한「독사신론」임을 알 수 있다.
④ 신채호는『조선상고사』에서 역사를 '아(我)'와 비아(非我)의 투쟁'으로 규정하였다.

① 민족 정신을 '국혼'으로 파악하였고, 혼이 담겨 있는 민족사의 중요성을 강조한 역사가는 박은식이다.
② 다산 정약용 서거 99주기를 맞아『여유당전서』의 간행을 계기로 우리 문화의 고유성과 세계성을 찾고 이를 학문적으로 체계화하려는 조선학 운동을 전개한 역사가는 정인보, 문일평, 안재홍 등이다.
③ 유물 사관에 입각하여 한국사가 세계사의 보편적 발전 법칙에 따라 발전하였음을 강조하면서 식민 사학의 정체성 이론을 반박한 역사가는 백남운이다.

### 일제 강점기 적중 마무리문제 03 p.268-269

| 01 ① | 02 ② | 03 ② | 04 ④ | 05 ④ |
| 06 ② | 07 ③ | 08 ④ | | |

## 01 서간도에 설립된 단체          정답 ①

해설 이회영이 형제들과 떠나와서 신흥 강습소를 설립하였다는 내용을 통해 밑줄 친 '이 지역'이 서간도임을 알 수 있다.
① 경학사는 이회영과 이시영 등의 신민회·대종교 인사들이 만주 서간도에 설립한 자치 기관으로 한인의 이주와 정착, 경제력 향상과 항일 의식 고취 등을 목표로 활동하였다.

② 13도 의군은 유인석, 이범윤이 의병들을 규합하여 연해주 지역에 조직한 단체로, 신민회의 안창호 등과 공동 전선을 모색하였으며, 고종에게 연해주로 망명할 것을 건의하였다.
③ 숭무 학교는 이근영 등이 무관 양성을 표방하며 멕시코에 설립한 학교이다(1910).
④ 권업회는 1911년 연해주 지역에 설립된 자치 기관으로, 권업신문을 발간하고 대한 광복군 정부 수립을 추진하였다.

## 02 원산 노동자 총파업          정답 ②

해설 제시문에서 라이징 선 석유 회사에서 일본인 간부가 조선인 노동자를 폭행한 사건을 계기로 일어났다는 것을 통해 (가)가 원산 노동자 총파업임을 알 수 있다.
② 노동 운동과 농민 운동을 포괄하는 전국적인 연합체인 조선 노농 총동맹이 결성된 것은 1924년으로, 원산 노동자 총파업이 발생하기 이전의 사실이다.

오답 분석
① 신간회는 원산 노동자 총파업을 지원하였다. 신간회는 노동
운동과 연계하여 최저 임금제 시행 등 노동자들의 권익 향
상을 요구하기도 하였다.
③ 원산 노동자 총파업은 노동자 2,200여 명이 참여한 일제 강
점기 최대 규모의 파업 운동이다.
④ 원산 노동자 총파업 때 중국·소련·프랑스 등 해외 노동 단
체들이 격려 전문을 보냈다.

**이것도 알면 합격**

**일제 강점기의 노동 운동**

| 1920 년대 | • 회사령 철폐 이후 국내에 많은 공장 설립, 노동자 수 증가 → 노동자들은 낮은 임금을 받으며, 장시간 노동 → 노동 운동 전개<br>• 생존권 투쟁 운동(노동 시간 단축, 임금 인상)<br>• 원산 노동자 총파업 전개(1929) |
|---|---|
| 1930 년대 | • 세계 경제 공황, 일제의 병참 기지화 정책으로 조선 인 노동자의 노동 조건 더욱 악화<br>• 사회주의와 연계하여 비합법적·혁명적 농민 조합 조직<br>• 반제국주의 항일 투쟁으로 변화 → 일제의 탄압으로 노동 운동 점차 쇠퇴 |

## 03 6·10 만세 운동
정답 ②

해설 제시된 자료에서 이척(순종)의 죽음과 일본 제국주의에 대항
하여 상복을 입고 통곡하며 단결할 것과 학교장을 조선인으로
선정할 것을 촉구하는 내용을 통해 학생들이 주도하여 일으킨
6·10 만세 운동(1926)과 관련된 내용임을 알 수 있다.
② 6·10 만세 운동은 민족주의 계열인 천도교와 사회주의 계
열의 단체가 함께 추진하여, 이후 민족 유일당 운동이 추진
되는 배경이 되었다.

오답 분석
① 학생의 날이 제정되는 계기가 된 민족 운동은 광주 학생 항
일 운동(1929)이다. 광주 학생 항일 운동이 본격적으로 시
작된 11월 3일은 '학생의 날'이라는 명칭으로 1953년에 국
가 기념일로 제정되었다.
③, ④ 대한민국 임시 정부가 수립되는 계기가 된 사건은 3·1
운동(1919)이다. 한편 일제는 3·1 운동을 탄압하기 위해
화성에서 제암리 학살 사건을 일으켰다.

**이것도 알면 합격**

**6·10 만세 운동(1926)**

| 배경 | 일제의 수탈과 식민지 차별 교육 정책에 대한 반발, 순 종의 사망 |
|---|---|
| 준비 | 사회주의 계열, 천도교 계열과 학생 단체들이 만세 운 동 계획 |
| 전개 | 사회주의 계열의 계획은 일제에 의해 사전에 발각됨, 학 생들이 주도적으로 만세 시위 전개 |
| 의의 | • 비밀 결사 형태의 학생 운동이 대중적 차원의 항일 민 족 운동으로 발전<br>• 민족주의 계열과 사회주의 계열의 연대 가능성 발견 (신간회 창립에 기여) |

## 04 민족 말살 통치 시기의 사회
정답 ④

해설 ④ 『신여성』(1923), 『별건곤』(1926) 등의 잡지가 창간된 시기
는 문화 통치 시기인 1920년대이다. 일제 강점기에 서양 문
화가 빠르게 유입되면서 대중 잡지들이 새로운 패션이나 화
장법을 소개하여 유행을 이끌었다.

오답 분석
① 산미 증식 계획은 1920년부터 시행되었다가 경제 대공황
(1929)으로 일본 지주들이 쌀 수입을 반대하면서 1934
년에 일시 중단되었다. 이후 1930년대 후반에 중·일 전쟁
(1937)으로 일본 내의 쌀 생산량이 감소하자 산미 증식 계
획이 재개되었다. 그러나 전쟁으로 인한 자원 부족으로 큰
성과를 거두지는 못하였다.
② 1940년대에 일제는 도시민, 특히 군수 공장에서 일하는 서
민 노동자들의 주거 문제를 해결하기 위해 국민 연립 주택인
영단 주택을 건설하였다.
③ 일제는 1939년에 조선 민사령을 개정하여 창씨개명 정책을
발표하고, 1940년부터 본격적으로 한국인에게 창씨개명을
강요하였다.

## 05 대한민국 임시 정부 체제 변화 과정과 각 시기의 사실
정답 ④

해설 (가) 대통령 중심제(1919) ~ 국무령 중심의 내각 책임제(1925)
(나) 국무령 중심의 내각 책임제(1925) ~ 국무위원 중심의 집
단 지도 체제(1927)
(다) 국무위원 중심의 집단 지도 체제(1927) ~ 주석 중심의 단
일 지도 체제(1940)
(라) 주석 중심의 단일 지도 체제(1940) ~ 주석·부주석 체제
(1944)
④ 김구를 중심으로 한국 국민당을 창당한 것은 1935년의 일
로, (다) 시기에 해당한다. 난징에서 김원봉 등 좌익 계열의
주도로 민족 혁명당이 결성되자, 김구는 한국 국민당을 조
직하여 임시 정부의 유지를 옹호하였다(1935).

오답 분석
① 신채호는 김원봉의 요청에 따라 (가) 시기인 1923년에
「조선혁명선언」을 작성하였고, 의열단은 이것을 활동 지침
서로 삼았다.
② (나) 시기인 1926년에 의열단원인 나석주가 동양 척식 주식
회사와 조선식산은행에 폭탄을 투척하였다.
③ 국민부는 민족 유일당 운동의 일환으로 (다) 시기인 1929년
에 남만주에서 결성되었다.

## 06 조선 의용대
정답 ②

해설 제시문에서 조선 민족 전선 연맹의 기치 아래에서 단결하였다
는 내용을 통해 (가) 군사 조직이 조선 의용대(1938)임을 알 수
있다. 조선 의용대는 (조선)민족 혁명당을 중심으로 중도 좌파 단
체들이 결합하여 조직한 조선 민족 전선 연맹의 산하 군대였다.
② 조선 의용대는 중국 관내(한커우)에서 조직된 최초의 한국
인 군사 조직이다. 조선 의용대는 김원봉을 중심으로 중국
국민당 정부의 지원을 받아 조직되었다.

오답
분석

① 압록강에서 사이토 총독을 저격한 것은 참의부 소속의 독립군이다. 참의부 소속의 독립군은 국경 지방 순시를 하고 있던 사이토 총독을 압록강에서 저격하였으나 실패하였다 (마시탄 의거, 1924).

③ 간도 참변 이후 조직을 재정비하여 자유시로 이동한 군사 조직은 대한 독립 군단이다. 일제가 봉오동·청산리 전투의 패배에 대한 보복으로 간도 참변을 일으키자 독립군 단체들은 북만주의 밀산부에 집결하여 대한 독립 군단을 결성하고 러시아의 자유시로 이동하였다(1920~1921).

④ 1930년대 초반에 남만주 일대에서 중국 의용군과 연합하여 영릉가·흥경성 전투에서 일본군을 격파한 군사 조직은 조선 혁명군이다.

- 『한·일 관계 사료집』은 대한민국 임시 정부 산하의 임시 사료 편찬소에서 간행(1919)한 것이다.
- 청구 학회(1930)는 한국사 왜곡에 앞장섰던 단체로, 경성 제국 대학 교수들과 조선사 편수회 간부들을 중심으로 조직되었다.

## 07 백남운 정답 ③

해설 제시문은 한국사의 발전 과정 역시 세계사적인 일원론적 역사 법칙에 따라 발전했다고 주장하는 『조선사회경제사』의 내용으로, 백남운의 저서이다.

③ 백남운은 유물 사관에 입각하여 한국사를 세계사적 보편성 위에 체계화함으로써 일제가 주장한 식민 사관의 정체성론을 비판하였다.

오답
분석

① 조선학 운동을 주도한 인물은 문일평·정인보·안재홍 등이다. 이들은 1934년에 정약용 서거 99주기를 기념하며 정약용의 저서를 모은 『여유당전서』를 간행한 것을 계기로 조선학 운동을 전개하였다.

② 민족 정신으로 '낭가 사상'을 강조한 인물은 신채호이다. 신채호는 우리 민족 고유의 낭가 사상을 민족 정신으로 강조하였다.

④ 미군정에서 민정 장관을 역임한 인물은 안재홍이다. 안재홍은 일제 강점기에 신간회·조선어 학회 등에서 활동하였으며, 해방 후 조선 건국 준비 위원회 부위원장을 역임하기도 하였다.

## 08 일제 강점기의 한국사 연구 정답 ④

해설 ④ ㉠~㉢에 들어갈 내용은 ㉠ 타율성론, ㉡ 『조선사』, ㉢ 진단 학회이다.

㉠ 타율성론은 한국사가 그 형성에서부터 중국 등의 식민 지배에서 출발하였으며, 주체적인 역량으로 역사를 전개시키지 못하고 주변의 간섭과 힘에 좌우되어 왔다는 식민 사관이다.

㉡ 조선 총독부 산하의 조선사 편수회(1925)는 식민 사관에 입각하여 『조선사』를 편찬하였다(1938).

㉢ 이병도, 손진태 등이 철저한 문헌 고증에 입각한 역사 연구를 지향하며 진단 학회를 조직하였다. 진단 학회는 실증 사관에 입각한 연구 활동을 전개하였으며, 이를 토대로 『진단 학보』를 발행하였다.

오답
분석

- 정체성론은 한국사가 근대 사회로 이행하기 위한 역사 발전 단계를 거치지 못하고 전근대 사회 단계에 머물러 있다는 주장이고, 당파성론은 한국사가 파벌을 형성하여 싸웠기 때문에 발전하지 못하였다는 주장이다.

p.281-285

## 01 현대의 정치

| | | | | |
|---|---|---|---|---|
| 01 ② | 02 ② | 03 ④ | 04 ① | 05 ③ |
| 06 ③ | 07 ③ | 08 ② | 09 ④ | 10 ② |
| 11 ② | 12 ② | 13 ④ | 14 ③ | 15 ④ |
| 16 ④ | 17 ③ | 18 ④ | 19 ③ | 20 ③ |

### 01 카이로 회담과 얄타 회담       정답 ②

해설 (가)는 적당한 시기에 한국을 독립시킬 것을 결의하였다는 것을 통해 카이로 회담(1943. 11.)의 내용임을 알 수 있고, (나)는 독일의 항복이 임박하자 소련이 연합국 편에서 일본에 대한 전쟁에 참여하기로 협정하였다는 것을 통해 얄타 회담(1945. 2.)의 내용임을 알 수 있다.

② 임시 정부가 건국 강령을 발표한 것은 얄타 회담이 열리기 이전인 1941년의 일이다. 임시 정부는 조소앙의 삼균주의(인균, 족균, 국균)를 바탕으로 건국 강령을 발표하였다.

오답
분석
① 카이로 회담에는 미국의 루스벨트, 영국의 처칠, 중국의 장제스가 참여하였다.
③ 카이로 회담은 제2차 세계 대전 중 최초로 한국의 독립을 국제적으로 보장한 회담이었다.
④ 얄타 회담에서 미국의 루스벨트가 한반도를 20~30년간 신탁 통치할 것을 제안하였다.

### 02 모스크바 3국 외상 회의       정답 ②

해설 제시문에서 조선에 임시 민주주의 정부 수립, 미·소 공동 위원회 설치를 결정하였다는 내용을 통해 모스크바 3국 외상 회의(1945. 12.)의 결정서임을 알 수 있다.

② 모스크바 3국 외상 회의에서 미국·영국·소련의 외무 장관들은 미국·소련·영국·중국 4개국이 최고 5년간 한국을 신탁 통치할 것을 협의하였다.

오답
분석
① 남북한 총선거를 실시하기로 결정한 것은 1947년에 열린 유엔 총회의 결정 사항이다.
③ 한반도에서 미군과 소련군의 군정이 시작된 것은 광복 직후의 사실로, 모스크바 3국 외상 회의 이전이다.
④ 조선 건국 준비 위원회는 모스크바 3국 외상 회의가 개최되기 이전인 1945년 8월에 조직되었다.

### 03 제1차 미·소 공동 위원회       정답 ④

해설 제시문에서 모스크바 삼상 회의에서 결정한 사항에 의하여 덕수궁 석조전에서 출범하였다는 내용을 통해 (가)가 제1차 미·소 공동 위원회(1946)임을 알 수 있다.

④ 제1차 미·소 공동 위원회에서는 임시 정부 수립을 위한 협의 대상을 선정하는 문제로 미국과 소련의 양국이 논쟁하였다.

오답
분석
① 제헌 헌법을 만든 것은 제헌 국회이다. 제헌 국회는 1948년 5월 10일 총선거에 의해 구성된 대한민국 최초의 국회로, 삼권 분립, 대통령제 등을 명시한 제헌 헌법을 제정하고 1948년 7월 17일에 이를 공포하였다.
② 조선 인민 공화국의 수립을 선포한 것은 조선 건국 준비 위원회이다.
③ 한국 민주당이 광복 직후인 1945년에 조직된 정당으로, 제1차 미·소 공동 위원회와는 관련이 없다.

### 04 좌·우 합작 위원회       정답 ①

해설 제시문은 좌·우 합작 7원칙의 일부 내용으로, 이와 관련된 단체는 좌·우 합작 위원회이다.

① 좌·우 합작 위원회가 주도한 좌·우 합작 운동은 미군정의 지원을 받으며 전개되었다.

오답
분석
②,③ 좌·우 합작 위원회는 김규식과 여운형을 비롯한 중도 우익·좌익 세력이 조직한 것으로, 우익 세력인 김구, 이승만과 좌익 세력인 박헌영 등은 참여하지 않았다.
④ 조선 건국 준비 위원회에 대한 설명이다.

**이것도 알면 합격**

◎ 좌·우 합작 운동

| | |
|---|---|
| 배경 | • 좌·우익의 분열: 모스크바 3국 외상 회의에서 한반도에 대한 신탁 통치 결정 → 처음에는 좌·우익 모두 신탁 통치 반대 → 좌익이 소련의 지시에 따라 찬성하는 입장으로 선회하자 좌·우익 세력의 대립 격화<br>• 이승만의 정읍 발언: 제1차 미·소 공동 위원회가 결렬된 상태에서 이승만이 남한만의 단독 정부 수립을 주장하는 정읍 발언 발표<br>• 미군정의 정책적·재정적 후원 |
| 조직 | 중도 우익 김규식과 중도 좌익 여운형이 중심이 되어 좌·우 합작 위원회 조직(1946. 7.) |
| 활동 | • 좌·우 합작 7원칙 발표(1946. 10.)<br>• 미군정이 초기에 좌·우 합작 운동 지원 |
| 실패 | • 김구와 박헌영 등이 불참<br>• 미군정이 지원 방침을 철회<br>• 여운형이 암살(1947. 7.)되면서 좌·우 합작 운동 실패<br>• 좌·우 합작 위원회 해산(1947. 12.) |

| 1 | 조선의 민주 독립을 보장한 모스크바 3국 외상 회의 결정에 의하여 남북을 통한 좌·우 합작으로 민주주의 임시 정부를 수립할 것 |
|---|---|
| 2 | 미·소 공동 위원회의 속개를 요청하는 공동 성명을 발표할 것 |
| 3 | 토지 개혁에 있어서 몰수, 유조건 몰수(有條件沒收), 체감매상(遞減買上: 토지 등급을 차례로 감하여 매상) 등으로 토지를 농민에게 무상으로 분여하며, 시가지의 기지 및 대건물을 적정 처리하며, 중요 산업을 국유화하며, 사회 노동 법령 및 정치적 자유를 기본으로 지방 자치제의 확립을 속히 실시하며, 통화 및 민생 문제 등을 급속히 처리하여 민주주의 건국 과업 완수에 매진할 것 |
| 4 | 친일파 민족 반역자를 처리할 조례를 좌·우 합작 위원회에서 입법 기구에 제안하여 입법 기구로 하여금 심리 결정하여 실시케 할 것 |
| 5 | 남북을 통하여 현 정권하에 검거된 정치 운동자들의 석방에 노력하고, 아울러 남북 좌우의 테러적 행동을 일체 즉시로 제지하도록 노력할 것 |
| 6 | 입법 기구에 있어서는 일체 그 기능과 구성 방법, 운영을 본 합작 위원회에서 작성하여 적극적으로 실행할 것 |
| 7 | 전국적으로 언론·집회·결사·출판·교통·투표 등의 자유가 절대 보장되도록 노력할 것 |

## 05 이승만의 정읍 발언과 유엔 총회 결의 사이의 사실 정답 ③

해설 (가)는 남방만이라도 임시 정부 혹은 위원회 같은 것을 조직하자는 내용을 통해 남한의 단독 정부 수립을 주장한 이승만의 '정읍 발언(1946. 6.)'임을 알 수 있다. (나)는 유엔 한국 임시 위원단을 설치한다는 내용을 통해 인구 비례에 따른 남북한 총선거 실시를 결정한 유엔 총회의 결의안(1947. 11.)임을 알 수 있다.

③ 김구가 '3천만 동포에게 읍고함'이라는 글을 발표한 것은 1948년 2월로, (나) 이후이다. 유엔 총회 결의에 따라 파견된 유엔 한국 임시 위원단의 방북이 어려워지면서 남북 총선거 및 통일 정부 수립이 좌절될 위기에 처하자, 김구는 단독 정부 수립에 반대하는 성명을 발표하였다. 또한 김구는 김규식 등과 함께 북측에 통일 정부 수립을 위한 남북 협상을 제의하기도 하였다.

오답 분석 ① 1947년 5월에 제2차 미·소 공동 위원회가 개최되었으나 미·소 간의 입장 차이로 타협점을 찾지 못하고 실질적 결렬 상태에 빠지게 되었다. 미·소 간의 합의가 어렵다고 판단한 미국은 한반도 문제를 유엔에 상정(1947. 9.)하였고, 결국 제2차 미·소 공동 위원회는 공식 결렬(1947. 10.)되었다.

② 이승만의 정읍 발언으로 남북 분단의 위기가 고조되자, 김규식·여운형 등의 중도파 인사들은 좌·우 합작 위원회를 조직(1946. 7.)하고, '좌·우 합작 7원칙'을 선포(1946. 10.)하였다.

④ 미군정은 좌·우 합작 운동을 지원하고, 통일 임시 정부를 구성할 때까지 사용할 법령의 초안을 작성하기 위해 남조선 과도 입법 의원을 구성(1946. 12.)하고 김규식을 의장으로 임명하였다.

## 06 6·25 전쟁 정답 ③

해설 ③ 순서대로 나열하면 ㉡ 인천 상륙 작전(1950. 9.) → ㉠ 서울 수복 및 평양 탈환(1950. 9.~10.) → ㉢ 흥남 철수 작전(1950. 12.) → ㉣ 휴전 회담 개최(1951. 7.)가 된다.

㉡ 국제 연합군(유엔 연합군)의 참전이 결정되고, 맥아더 장군의 인천 상륙 작전(1950. 9.)이 성공하면서 국군 및 유엔군이 전세를 역전시켰다.

㉠ 인천 상륙 작전의 성공으로 국군과 유엔군은 서울을 회복하고(1950. 9.) 평양까지 탈환(1950. 10.)하여 압록강까지 진격하였다. 이에 위협을 느낀 중공군은 한국 전쟁에 참전하여 북한군을 지원하였다.

㉢ 중공군의 참전으로 국군과 유엔군은 남쪽으로 밀려나면서 대규모 해상 철수 작전인 흥남 철수(1950. 12.)가 이루어졌다.

㉣ 1·4 후퇴 이후 국군 및 유엔군의 북진으로 38노선 부근에서 전선이 교착되었으며, 전쟁이 장기화 될 것을 우려한 소련 측의 제의로 개성에서 휴전 회담이 개최(1951. 7.)되었다. 이후 판문점에서 2년에 걸친 휴전 회담을 통해 휴전 협정이 체결(1953. 7.)되었다.

## 07 남조선 과도 입법 의원 정답 ③

해설 제시문에서 민정 장관 안재홍과 조선인 부장들이 이끄는 부서가 형성(남조선 과도 정부)되었고 입법 기관으로서의 기능을 하였다는 내용을 통해 (가) 기구가 남조선 과도 입법 의원임을 알 수 있다.

③ 남조선 과도 입법 의원은 간접 선거로 선출한 민선 의원 45명과 미군정에서 임명한 관선 의원 45명을 합쳐 총 90명의 의원으로 구성되었다.

오답 분석 ①, ④ 남조선 과도 입법 의원은 입법의원 의원 선거법을 비롯하여 미성년자 보호법, 민족 반역자·부일 협력자·간상배에 대한 특별법 등을 제정하였다.

② 남조선 과도 입법 의원의 초대 의장으로는 김규식이 선임되었다.

## 08 4·19 혁명 정답 ②

해설 제시문은 대학 교수단이 4·19 혁명 당시에 3·15 부정 선거와 폭력적인 시위 진압을 규탄하며 발표한 대학 교수단 4·25 선언문이다.

② 3·15 부정 선거에 반대하며 일어난 마산 1차 시위 때 실종된 김주열의 시신이 마산 앞 바다에서 발견되면서(1960. 4. 11.) 2차 시위가 전개되었고, 이후 시위가 점차 전국적으로 확산되면서 4·19 혁명이 전개되었다.

오답 분석 ① 최규하의 과도 정부는 10·26 사태(1979) 이후 수립되었다. 최규하는 10·26 사태로 박정희 대통령이 피살된 이후 대통령 권한 대행으로 있다가 통일 주체 국민회의를 통해 대통령으로 선출되었다(1979). 한편 4·19 혁명 이후 이승만 대통령이 하야하고, 허정을 수반으로 하는 과도 정부가 수립되었다.

③ 시민들이 박종철 고문 치사 사건의 은폐를 규탄하며 전개한 것은 6월 민주 항쟁(1987)이다.

④ 김종필과 오히라의 비밀 교섭 내용이 폭로되어 전개된 것은 6·3 항쟁(1964)이다.

**4·19 혁명(1960)**

| | |
|---|---|
| 원인 | • 이승만 정부의 장기 독재로 부정부패 만연<br>• 미국의 경제 원조 축소로 경기 침체<br>• 3·15 부정 선거 |
| 전개 | • 마산에서 두 차례의 시위 발생(1차 마산 시위 때 실종되었던 김주열의 시신이 발견되면서 2차 시위 전개)<br>• 고려대 학생들의 시위 전개, 귀교 도중 폭력배들의 습격을 받음<br>• 4·19 혁명 발생, 학생과 시민들이 대통령 집무실인 중앙청까지 진입 → 이승만 정부는 시민들을 향해 무차별 총격, 계엄령 선포<br>• 서울 시내 대학 교수들이 시국 선언문 발표 |
| 결과 | 이승만 대통령 하야, 허정의 과도 정부 수립 |

**09 장면 내각 시기의 사실**     정답 ④

해설 제시문에서 부정 선거(3·15 부정 선거)의 원흉과 발포 책임자에 대한 처벌, 군비 축소를 추진하였다는 내용을 통해 장면 내각의 시정 방침임을 알 수 있다.

④ 장면 내각은 외자 도입과 경제 원조 확대를 통한 경제 개발 5개년 계획을 수립하였다. 하지만 5·16 군사 정변으로 장면 정부의 경제 개발 5개년 계획은 시행되지 못하였고, 박정희 정부 때에 이르러 시행되었다.

오답 ① 조봉암이 진보당을 창당(1956)한 것은 이승만 정부 때이다.
분석    1956년 3대 대통령 선거에서 무소속으로 출마했던 조봉암은 30%를 득표하여 이승만의 강력한 경쟁자로 부상하였고, 이러한 기반 위에서 진보당을 창당하였다.

② 민주화 추진 협의회를 조직(1984)한 것은 전두환 정부 때이다. 김영삼과 김대중 등 재야 정치인들은 1984년 5월에 민주화 추진 협의회를 조직하고 민주화 운동을 전개하였다.

③ 판문점 도끼 만행 사건(1976)이 일어난 것은 박정희 정부 때이다.

**10 유신 헌법 시행 시기의 사실**     정답 ②

해설 제시문에서 대통령의 임기는 6년으로 하며, 대통령이 긴급 조치를 할 수 있다는 내용을 통해 박정희 정부 때 공포된 유신 헌법(제7차 개헌, 1972)임을 알 수 있다. 유신 헌법이 시행된 시기는 1972~1980년이다.

② 박정희 정부가 추진한 굴욕적인 한·일 회담에 반대하며 학생들을 중심으로 6·3 항쟁이 일어난 것은 1964년의 사실로, 유신 헌법 시행 이전이다.

오답 모두 유신 헌법이 시행되던 시기의 사실이다.
분석 ① 1976년에 윤보선, 김대중 등 재야 인사들이 명동 성당에서 긴급 조치 철폐, 박정희 정권 퇴진 등을 요구하는 3·1 민주 구국 선언을 발표하였다.

③ 1979년에 가발 제조 업체인 YH 무역의 여성 노동자들이 회사 운영의 정상화와 노동자의 생존권 보장을 요구하며 신민당 당사에서 농성을 전개한 YH 무역 사건이 일어났다.

④ 1977년에 처음으로 연간 수출 총액 100억 달러를 달성하였다.

**박정희 정부 시기(유신 체제 붕괴)**

| | |
|---|---|
| YH 무역 사건 | • YH 무역 도산으로 노동자의 6개월 임금 체불<br>• YH 무역 노조가 부당한 폐업 조치에 저항하는 과정에서 경찰의 강제 진압으로 여성 노동자가 사망<br>• 노동 운동, 민주화 운동, 야당 반대 운동이 결합되는 계기가 됨 |
| 부·마 항쟁 | • 유신 체제에 비판적이었던 김영삼 신민당 총재가 국회의원에서 제명됨<br>• 부산·마산 지역을 중심으로 유신 체제 반대 시위 전개 |
| 10·26 사태 | 부·마 항쟁 진압에 온건적이었던 김재규가 박정희 살해 → 유신 체제 붕괴 |

**11 대한민국 헌법의 개헌 과정**     정답 ②

해설 ② 내각 책임제를 채택한 것은 3차 개헌(1960)이다. 사사오입 개헌(2차 개헌, 1954)에서는 초대 대통령에 한해 중임 제한을 철폐하였다.

오답 ① 발췌 개헌은 임시 수도 부산에서 통과되었다.
분석 ③ 3차 개헌은 4·19 혁명의 결과로 이루어졌다. 4·19 혁명 직후에 수립된 허정 과도 정부는 내각 책임제, 양원제를 골자로 하는 3차 개헌을 추진하였다.

④ 7차 개헌은 유신 헌법으로, 대통령의 국회 해산권과 긴급 조치권 등을 규정하였다.

**역대 정권 변동 및 개헌 과정**

| | |
|---|---|
| 제1<br>공화국 | 1948 이승만 정부 수립, 대통령 간선제(4년)<br>1951 자유당 창당<br>1952 발췌 개헌: 간선제 → 직선제(제1차 개헌)<br>1954 사사오입 개헌: 초대 대통령의 중임 제한 철폐(제2차 개헌)<br>1960 4·19 혁명으로 이승만 하야 |
| 제2<br>공화국 | 허정 과도 정부: 내각 책임제, 양원제, 대통령 간선제(제3차 개헌)<br>장면 내각: 소급 특별법(제4차 개헌) |
| 군사 정치 | 1961 5·16 군사 정변<br>1962 대통령 중심제(직선제), 단원제(제5차 개헌) |
| 제3<br>공화국 | 1963 제3공화국 출범<br>1969 3선 연임 허용(제6차 개헌) |
| 제4<br>공화국 | 1972 유신 헌법(제7차 개헌), 대통령 권한 강화, 통일 주체 국민회의에서 간선제로 대통령 선출, 대통령 임기 6년, 중임 제한 철폐<br>1979 부·마 항쟁, 10·26 사태 |

| 제5<br>공화국 | 1979 12·12 사태<br>1980 5·18 민주화 운동, 대통령 간선제, 7년 단임제<br>(제8차 개헌), 전두환 당선 |
|---|---|
| 제6<br>공화국 | 1987 6월 민주 항쟁 → 6·29 선언(직선제, 5년 단임<br>제, 제9차 개헌) → 노태우 당선 |

## 12 한·일 기본 조약 체결 이후의 사실   정답 ②

해설  제시문은 한일 국교 정상화를 위해 1965년에 체결된 한·일 기본 조약의 내용이다.

⊙, ⓒ 한·일 기본 조약 체결 이후인 1968년에 북한이 미국의 첩보함인 푸에블로호를 납치한 사건과 북한 무장 공비들이 청와대를 기습하기 위해 서울에 침투한 사건인 1·21 사태 등을 계기로 향토 예비군이 상설되었다.

오답<br>분석  모두 한·일 기본 조약 체결 이전의 사실이다.

ⓒ, ⓔ 박정희 등의 일부 군부 세력이 사회 혼란을 명분으로 5·16 군사 정변(1961)을 일으키고, 국가 재건 최고 회의를 구성하여 실질적인 최고 통치 기구로 삼았다. 그해 군사 정부는 농어촌 고리채 정리법을 공포하여 농어촌의 고리채를 탕감하는 등의 경제 개혁을 추진하였다.

## 13 3·1 민주 구국 선언   정답 ④

해설  제시문은 3·1 민주 구국 선언의 내용이다.

④ 유신 체제에 대한 저항으로 윤보선, 김대중 등 재야 인사들이 중심이 되어 명동 성당에서 긴급 조치 철폐, 박정희 정권 퇴진, 민족 통일 추구 등을 요구하는 3·1 민주 구국 선언을 발표하였다(1976).

오답<br>분석  ① 장기 집권을 위해 대통령의 3선 연임을 허용하는 개헌안은 유신 체제 이전에 발표된 제6차 개헌(1969)이다. 3·1 민주 구국 선언은 유신 체제에 대한 반발로 일어났다.

② 계엄령 철폐와 김대중 석방을 요구하며 일어난 민주화 운동은 5·18 민주화 운동이다.

③ 김영삼 전 신민당 총재가 제명된 것을 계기로 부산, 마산 등지에서 전개된 시위는 부·마 항쟁이다.

**이것도 알면 합격**

**유신 체제에 대한 저항과 탄압**

| 개헌 청원 백만인<br>서명 운동(1973) | 장준하, 함석헌 등 재야 인사 중심으로 개헌<br>청원 운동 전개 |
|---|---|
| 민청학련 사건<br>(1974) | 전국 민주 청년 학생 총연맹이 조직되어 유<br>신 헌법 철폐와 개헌을 요구하는 투쟁 전<br>개 → 학생들을 간첩이라고 조작하여 탄압 |
| 3·1 민주<br>구국 선언<br>(1976) | 김대중, 함석헌 등이 명동 성당에서 발표한<br>것으로, 긴급 조치 철폐·박정희 정권 퇴진·<br>민족 통일 추구 등을 요구 |

## 14 5·18 민주화 운동   정답 ③

해설  제시문은 5·18 민주화 운동(1980) 당시 대학생들의 성명문이다. 신군부 세력이 전국에 비상 계엄을 확대하고 김대중 등 주요 정치 인사와 학생 운동 지도부를 체포·구속하자, 광주 지역의 학생과 시민들이 계엄령 철폐와 김대중 석방을 요구하며 민주화 운동을 전개하였다.

③ 5·18 민주화 운동의 발발과 진압, 이후의 진상 규명·보상 등과 관련된 문서, 사진, 영상 등의 관련 기록물이 2011년에 유네스코 세계 기록유산으로 등재되었다.

오답<br>분석  ① 대통령 직선제 개헌을 약속하는 6·29 선언을 발표한 것은 6월 민주 항쟁의 결과이다.

② 3·15 부정 선거가 직접적인 원인이 된 민주화 운동은 1960년에 일어난 4·19 혁명이다.

④ 전국 민주 청년 학생 총연맹(민청학련)을 중심으로 학생들이 유신 헌법 철폐 등을 요구하며 전개한 것은 박정희 정부 때로, 5·18 민주화 운동과는 관련이 없다.

## 15 6월 민주 항쟁   정답 ④

해설  ④ 순서대로 나열하면 ⓔ 1천만 서명 운동 전개(1985. 12.) → ⊙ 박종철 고문 치사 사건(1987. 1.) → ⓒ 전두환 정부의 4·13 호헌 조치 발표(1987. 4.) → ⓛ 이한열 최루탄 피격 사건(1987. 6. 9.)이 된다.

ⓔ 전두환 정부 말기인 1985년 12월부터 야당 정치인들과 재야 세력이 대통령 직선제 개헌을 위한 1천만 서명 운동을 전개하였다.

⊙ 1987년 1월에 학생 운동을 전개하던 서울대학생 박종철이 경찰 조사를 받던 중 고문과 폭행으로 사망하였다. 전두환 정부는 조직적으로 이 사건을 은폐하려 하였으나 결국 사건의 진상이 폭로되었다.

ⓒ 1987년 4월에 전두환 정부는 국민들의 대통령 직선제 요구를 거부하고 현행 헌법 유지 방침으로 일체의 개헌 논의를 금지시키는 4·13 호헌 조치를 발표하였다.

ⓛ 야당 정치인, 시민 단체, 학생, 종교계 인사 등은 1987년 5월에 민주 헌법 쟁취 국민 운동 본부를 결성하고, 4·13 호헌 조치의 철폐와 대통령 직선제 개헌을 위한 6·10 국민 대회를 계획하였는데, 대회 하루 전인 6월 9일에 연세대학생 이한열이 출정식을 마치고 시위 중 최루탄을 맞아 사망하면서 6월 민주 항쟁은 전국적으로 확산되었다.

**이것도 알면 합격**

**전두환 정부 시기(민주화 운동)**

| 5·18<br>민주화 운동 | • 배경: 신군부의 권력 장악과 비상 계엄 확대<br>• 전개: 광주 지역 학생과 시민들이 계엄령 철폐<br>를 요구하며 민주화 운동 전개<br>• 결과: 신군부의 무력 진압으로 다수의 사상<br>자 발생 |
|---|---|
| 6월 민주 항쟁 | • 배경: 전두환 정부가 4·13 호헌 조치를 발표,<br>박종철·이한열 등의 사망<br>• 전개: 시민과 학생들이 호헌 철폐·독재 타도·<br>민주 헌법 쟁취 등을 요구하며 시위 전개<br>• 결과: 노태우가 대통령 직선제 개헌안을 주요<br>내용으로 하는 6·29 선언 발표 |

해설 ④ 순서대로 나열하면 ㉣ 3선 개헌 반대 투쟁(1969) → ㉢ 5·18 민주화 운동(1980) → ㉡ 6월 민주 항쟁(1987. 6. 10.) → ㉠ 6·29 민주화 선언(1987. 6. 29.)이 된다.

㉣ 박정희 정부의 3선 개헌에 반대하며 전개된 시위 당시의 선언문이다. 박정희 정부에 의해 대통령의 3선 연임을 허용하는 개헌이 추진되자, 재야 세력과 야당 의원, 학생들을 중심으로 3선 개헌에 반대하는 시위가 전개(1969)되어 전국으로 확산되었다.

㉢ 1980년 5월 25일 광주 시민군이 발표한 '광주 시민군 궐기문'의 내용이다. 5·18 민주화 운동에서는 광주 지역의 학생과 시민들이 계엄령 철폐와 김대중 석방을 요구하며 민주화 운동을 전개하였으며, 계엄군의 탄압에 맞서 총으로 무장한 시민군이 조직되었다.

㉡ 6월 민주 항쟁 때 발표된 6·10 국민 대회 선언문의 내용이다. 1987년 6월 9일에 발생한 이한열 최루탄 피격 사건을 계기로 6월 10일 전국 각지에서 국민 대회가 열렸으며, 시민과 학생들이 호헌 철폐와 독재 타도, 민주 헌법 쟁취 등을 구호로 시위를 전개하였다.

㉠ 6·29 민주화 선언(1987. 6. 29.)의 내용이다. 6월 민주 항쟁의 결과 민주 정의당 대표이자 대통령 후보인 노태우는 대통령 직선제 개헌 등 8개 항으로 구성된 시국 수습을 위한 특별 선언을 발표하였다.

**이것도 알면 합격**

**민주주의의 발전**

| | |
|---|---|
| 노태우 정부 | • 5공 청문회 개최: 제5공화국 정부하의 비리와 5·18 민주화 운동 진상 규명 노력<br>• 서울 올림픽 개최: 국제적 지위 상승, 국민의 일체감 증대<br>• 북방 외교 추진: 중국과 소련 등 공산권 국가와 수교<br>• 남북 관계 개선: 북한과 유엔 동시 가입 |
| 김영삼 정부 | • 금융 실명제 실시: 금융 거래의 투명성 확보<br>• 지방 자치제 전면 실시<br>• 역사 바로 세우기 운동: 총독부 건물 철거, 국민 학교를 초등학교로 개칭, 전두환과 노태우 구속<br>• WTO(세계 무역 기구) 출범, OECD 가입<br>• 외환 위기: IMF(국제 통화 기금)에 지원 요청 |
| 김대중 정부 | • 최초의 평화적인 여·야 정권 교체로 성립<br>• 외환 위기 극복 노력: 금 모으기 운동, 노사정 위원회 설치, 기업·공공 부문의 구조 개혁 시도<br>• 남북 관계 개선: 제1차 남북 정상 회담, 6·15 남북 공동 선언 |

**17** 7·4 남북 공동 성명      정답 ③

해설 자주, 평화, 민족 대단결이라는 통일의 3대 원칙을 통해 제시문이 1972년 남북한이 합의한 7·4 남북 공동 성명임을 알 수 있다.

③ 1969년 닉슨 독트린이 발표되어 냉전이 완화되어 가는 상황에서 남한과 북한은 7·4 남북 공동 성명을 동시에 발표하였다. 그러나 7·4 남북 공동 성명은 남북 지도자들의 독

재 체제 강화에 이용되었고 발표 이후 남한에서는 유신 헌법이, 북한에서는 사회주의 헌법이 제정되었다.

오답분석 ① 남북 고위급 회담을 통해 채택된 것은 남북 기본 합의서(1991)이다.

② 금강산 관광 사업은 7·4 남북 공동 성명(1972)과 관련이 없다. 금강산 해로 관광이 시작된 것은 김대중 정부 시기인 1998년이다.

④ 핵 에너지를 평화적 목적에만 이용할 것을 선언한 성명은 한반도 비핵화 공동 선언(1991)이다.

**18** 전두환 정부 시기의 남북 관계      정답 ④

해설 ㉢ 전두환 정부 시기에 남북 대화가 재개되면서 남북 이산가족 상봉이 최초로 성사되었다(1985).

㉣ 전두환 정부 시기에 민족 화합 민주 통일 방안(1982)을 발표하였다.

오답분석 ㉠ 남북 기본 합의서를 채택한 것(1991)은 노태우 정부 시기의 일이다. 남북은 이 합의서를 통해 상호 불가침, 교류·협력의 확대 등을 규정하였고, 상호 체제 및 남북이 국가와 국가의 관계가 아닌 특수한 관계임을 인정하는 것에 대해 합의하였다.

㉡ 남북 적십자 회담이 처음으로 개최된 것(1971, 예비 회담/1972, 본 회담)은 박정희 정부 시기의 일이다. 1971년 대한 적십자사가 이산가족 문제 해결을 위한 남북 적십자 회담을 제안하였고, 북한이 이를 수용함으로써 남북한 적십자 회담이 이루어져 분단 이후 최초로 남북 대화가 시작되었다.

**19** 노태우 정부 시기의 사실      정답 ③

해설 제시문에서 남과 북이 핵무기의 시험·생산 등을 아니하고, 핵 에너지를 오직 평화적 목적에만 이용한다는 내용을 통해 노태우 정부 시기에 채택한 한반도 비핵화 공동 선언(1991)임을 알 수 있다.

③ 노태우 정부 시기에는 북방 외교 정책을 적극적으로 추진하여 소련(1990), 중국(1992) 등 공산권 국가와 수교를 맺었다.

오답분석 ① 베트남 파병을 시작(1964)한 것은 박정희 정부 때이다. 박정희 정부는 미국과의 정치·군사 동맹을 강화하고, 경제 개발에 도움을 얻기 위해 베트남 전쟁에 파병을 결정하였다.

② 개성 공단 건설을 합의(2000)한 것은 김대중 정부 때이다. 김대중 정부 때 최초로 남북 정상 회담(2000)이 개최되었으며, 6·15 남북 공동 선언이 채택되었다. 이때 남북한이 개성 공업 지구 조성에 합의하였으며, 노무현 정부 때인 2003년에 개성 공단 착공식이 열렸다.

④ 한반도 에너지 개발 기구(KEDO)가 발족(1995)한 것은 김영삼 정부 때이다. 한반도 에너지 개발 기구는 북핵 문제 해결을 위해 체결된 북·미 제네바 기본 합의서(1994)의 이행을 위해 한국·미국·일본 등이 협력하여 설립한 국제 기구이다.

## 20 김대중 정부의 통일 정책

정답 ③

해설 제시문에서 처음으로 여야간 정권 교체를 이루었다는 내용을 통해 밑줄 친 '정부'가 김대중 정부임을 알 수 있다.

③ 김대중 정부는 6·15 남북 공동 선언을 발표하였고(2000. 6.), 6·15 남북 공동 선언의 결과로 같은 해인 2000년 9월에 경의선 철도 복원 기공식을 가졌다.

오답 분석
① 남북 조절 위원회를 설치(1972)한 것은 박정희 정부이다. 박정희 정부는 7·4 남북 공동 성명을 발표한 이후 남북 조절 위원회를 조직하고, 서울과 평양 간 상설 직통 전화를 개설하였다.

② 10·4 남북 공동 선언(남북 관계 발전과 평화 번영을 위한 선언, 2007)을 합의한 것은 노무현 정부이다.

④ 한민족 공동체 통일 방안(1989)을 발표한 것은 노태우 정부이다.

### 이것도 알면 **합격**

**김대중 정부 시기의 남북 관계 개선**

| 햇볕 정책 | 대북 화해 협력 정책인 햇볕 정책을 추진하여 정부·민간 차원의 남북 교류가 확대됨 |
|---|---|
| 제1차 남북 정상 회담 | • 평양에서 남북 정상 회담이 개최되고, 그 결과로 6·15 남북 공동 선언을 발표하여 남북 간의 긴장 완화와 화해 협력이 진전됨<br>• 6·15 남북 공동 선언: 남북한 통일 방안의 유사성 인정, 통일 문제의 자주적 해결, 남북 교류 확대 등에 대해 합의 |
| 기타 | 개성 공단 설치에 합의, 경의선 복구 사업, 이산가족 상봉, 금강산 해로 관광 등 진행 |

---

### 이것도 알면 **합격**

**농지 개혁법과 귀속 재산 처리법**

| 구분 | 농지 개혁법 | 귀속 재산 처리법 |
|---|---|---|
| 내용 | • 3정보 이상의 토지 소유 금지<br>• 지주들에게 땅을 유상 매입하여 농민들에게 유상 분배 | • 국·공유 재산으로 지정된 것을 제외한 귀속 재산에 대해 불하 사업 추진<br>• 대부분 연고자들에게 특혜 매각 |
| 결과 | • 자영농 육성: 농민 중심의 토지 제도 확립<br>• 지주제 점차 소멸 | 불하 과정에서 정경 유착과 같은 부조리 초래 → 재벌 탄생 |

---

02 제1·2차 경제 개발 5개년 계획(1962·1971) 시기의 사실

## 02 제1·2차 경제 개발 5개년 계획(1962·1971) 시기의 사실

정답 ①

해설 제시문에서 경공업 중심의 수출 주도형 성장 전략을 추진하였으며, 국민 총생산이 10% 넘는 성장률을 보였다는 내용을 통해 박정희 정부 시기에 추진된 제1·2차 경제 개발 5개년 계획(1962~1971)임을 알 수 있다. 제3·4차 경제 개발 5개년 계획(1972~1981)에서는 중화학 공업화 정책이 적극적으로 추진되었다.

① 제2차 경제 개발 5개년 계획 시기인 1970년에 경부 고속 국도가 완공되었다.

오답 분석
② 귀속 재산 처리법은 이승만 정부 시기인 1949년에 제정·공포되었다. 이 법에 근거하여 일본인 소유였던 공장과 주택 등이 민간에 불하되었다.

③ 자유 무역 협정(FTA)을 통해 시장 개방이 확대된 것은 2000년대 이후의 사실이다. 노무현 정부 시기에 한·칠레 자유 무역 협정(2004)과 한·미 자유 무역 협정(2007)이 체결되었고, 이후 현재까지 세계 각국과 자유 무역 협정에 대한 협상과 체결이 이루어지고 있다.

④ 제2차 석유 파동이 발생한 것은 1970년대 후반의 일이다. 박정희 정부 때 발생한 제2차 석유 파동(1978~1980)으로 국내 경기 불황, 국제 수지 악화 등이 나타났으며, 마이너스 경제 성장률을 기록하여, 유신 체제 몰락에도 영향을 끼쳤다.

---

## 03 전두환 정부 시기의 경제 상황

정답 ③

해설 제시문에서 유화 정책 속에 컬러 TV 방송이 개막되었고, 프로 스포츠가 등장하였다는 내용을 통해 (가) 정부가 전두환 정부임을 알 수 있다.

③ 전두환 정부 시기에는 저금리, 저유가, 저달러의 일명 3저 호황으로 물가가 안정되고, 경제 성장을 계속해 나갈 수 있었다.

오답 분석
① 세계 무역 기구(WTO)에 가입(1995)한 것은 김영삼 정부 시기이다. 세계 무역 기구는 1995년 가입국 간의 무역과 투자의 자유를 확산시키기 위해 출범한 기구이다.

② 미국과 자유 무역 협정(FTA)을 체결(2007)한 것은 노무현 정부 시기이다. 미국과의 자유 무역 협정은 이후 재협상을 거쳐 이명박 정부 때 발효되었다(2012).

---

## 02 현대의 경제와 사회 변화
p.290-291

| 01 ③ | 02 ① | 03 ③ | 04 ③ | 05 ④ |
|---|---|---|---|---|
| 06 ③ | 07 ③ | 08 ② | | |

## 01 농지 개혁법

정답 ③

해설 제시문은 이승만 정부 시기에 제정된 농지 개혁법이다.

③ 신한 공사는 일본인과 일본 기업이 소유하고 있던 자산을 관리하기 위하여 미군정 시기에 설치(1946)한 기구이다.

오답 분석
① 농지 개혁은 3정보 이상의 농지를 가진 지주의 농지를 유상 매입하였기 때문에 3정보 이하 농지는 매수 대상에서 제외되었다.

② 농지 개혁은 유상 매수, 유상 분배의 원칙에 따라 시행되었다.

④ 농지 개혁은 농사를 짓는 사람이 토지를 소유한다는 경자유전의 원칙을 적용하여 실시하였다.

96 해커스공무원학원·공무원인강 gosi.Hackers.com

**96** 해커스공무원학원·공무원인강 gosi.Hackers.com

④ 제3차 경제 개발 5개년 계획(1972~1976)을 실시한 것은 박정희 정부 시기이다. 제3차 경제 개발 5개년 계획에서는 수출 주도형 중화학 공업 육성 정책을 실행하였고, 이에 따라 포항·광양 제철소, 울산·거제 조선소 등이 건설되었다.

## 04 김영삼 정부 시기의 경제
정답 ③

해설 제시문에서 전직 대통령을 구속하고 재판하였으며, 조선 총독부 건물을 철거하였다는 내용을 통해 역사 바로 세우기 운동을 실시한 김영삼 정부임을 알 수 있다. 김영삼 정부는 역사 바로 세우기 운동의 일환으로 12·12 사태를 군사 반란으로 규정하고, 전두환과 노태우 전직 대통령을 반란 및 내란죄로 구속·기소하였다.
ⓒ 김영삼 정부 때 우루과이 라운드가 타결되었다(1994).
ⓒ 김영삼 정부 때 경제 개발 협력 기구(OECD)에 가입하였다(1996).
ⓔ 김영삼 정부 때 세계 무역 기구(WTO)가 출범하였다(1995).

오답
분석
ⓒ 우리나라가 수출 100억 달러를 돌파한 시기는 박정희 정부 때이다(1977).

## 05 새마을 운동
정답 ④

해설 제시문은 박정희 정부에서 실시한 새마을 운동 때 불렀던 새마을 노래이다.
ⓒ 새마을 운동은 정부가 주도하여 농촌의 근대화와 생활 향상을 위해 실시되었다.
ⓔ 근면, 자조, 협동을 구호로 내걸었던 새마을 운동이 추진되어, 농촌 생활 환경 개선과 소득 증대에 일정한 성과를 올렸다.

오답
분석
ⓒ 새마을 운동은 1970년부터 추진되었다.
ⓒ 삼백 산업이 발달한 것은 이승만 정부 시기의 사실이다. 이승만 정부 때 미국의 원조로 받은 밀가루, 면화, 설탕을 원료로 한 제분·면방직·제당 공업의 삼백 산업이 발달하였다.

## 06 시대별 교육 문화의 변화
정답 ③

해설 ③ 대학 입학 본고사가 폐지된 것은 1980년대이다. 1970년대에는 처음으로 고등학교 입학 시험이 연합 고사로 바뀌었다.

오답
분석
① 1950년대에는 초등학교 의무 교육이 실시되었다.
② 1960년대에는 국민 교육 헌장이 발표되었고, 중학교 무시험 진학 제도가 실시되었다. 국민 교육 헌장은 우리 교육이 지향해야 할 이념과 목표를 제시한 것으로, 민족 주체성 확립과 새로운 민족 문화 창조, 반공 민주주의 정신 강조 등의 내용을 담고 있다.
④ 1980년대에는 과외를 전면 금지하고, 대학교 졸업 정원제가 시행되었다.

## 07 대한민국의 노동 운동
정답 ③

해설 ③ 순서대로 나열하면 ⓔ 전태일 분신 사건(1970) → ⓒ 국제 노동 기구 가입(1991) → ⓒ 전국 민주 노동 조합 총연맹 결성(1995) → ⓒ 노사정 위원회 설립(1998)이 된다.
ⓔ 박정희 정부 때 동대문 평화시장에서 재단사로 일하던 전태일은 근로 기준법 준수를 요구하며 분신 자살하였다(1970).
ⓒ 6월 민주 항쟁 이후 노동 운동이 급속히 활성화되었으며, 이러한 흐름에 맞춰 노태우 정부 때인 1991년에 국제 노동 기구(ILO)에 가입하였다.
ⓒ 김영삼 정부 때 1995년에 전국 민주 노동 조합 총연맹(민주노총)이 결성되어 노동 운동을 전개하였다.
ⓒ 김대중 정부 때 외환 위기를 극복하는 과정에서 노사정 위원회가 설립(1998)되었다.

## 08 시기별 언론 정책
정답 ②

해설 ② 언론 기관 통폐합 및 수많은 정기 간행물을 폐간하고 언론 기본법을 제정한 것은 신군부 세력으로 1980년대의 사실이다.

오답
분석
① 1950년대에 이승만 정부는 민주화 운동에 앞장선 경향신문을 폐간(1959)시켰다.
③ 1970년대에 유신 정권은 모든 언론인에게 정부가 발행하는 보도증(프레스 카드)을 소지하도록 하였는데, 이는 정부에 비판적인 기자들이 행정 부처 출입을 못하도록 통제하기 위한 것이었다.
④ 1980년대에 전두환 정부는 보도 지침을 각 언론사에 보내 신문과 방송 기사에 대한 통제와 검열을 강화하였다.

---

## 현대 적중 마무리문제 01
p.292-293

| 01 ② | 02 ② | 03 ④ | 04 ④ | 05 ① |
| 06 ② | 07 ② | 08 ③ | | |

## 01 조선 건국 준비 위원회
정답 ②

해설 제시문에서 일시적 과도기에 있어서 국내 질서를 자주적으로 유지한다는 내용을 통해 조선 건국 준비 위원회가 발표한 강령임을 알 수 있다.
② 조선 건국 준비 위원회는 중도 좌파인 여운형을 중심으로 조직되었다.

오답
분석
① 조선 건국 준비 위원회는 미군정의 인정을 받지 못하였다.
③ 조선 건국 준비 위원회에는 민족주의 우파 계열인 김성수, 송진우 등은 참여하지 않았다.
④ 조선 건국 준비 위원회는 조선 민주주의 인민 공화국이 아닌 조선 인민 공화국을 선포하였다. 한편 조선 민주주의 인민 공화국은 북한의 정식 명칭이다.

## 02 대한민국 정부 수립 과정  정답 ②

해설 ② 순서대로 나열하면 (가) 반탁 운동 전개(1945. 12.) → (나) 제1차 미·소 공동 위원회 결렬(1946. 5.) → (라) 좌·우 합작 위원회 조직(1946. 7.) → (다) 남북 협상 회의 개최(1948. 4.)가 된다.
- (가) 1945년 12월에 열린 모스크바 3국 외상 회의에서 4개국이 한국을 최대 5년 동안 신탁 통치할 것을 의결하자 우익 세력을 중심으로 반탁 운동이 전개되었다.
- (나) 제1차 미·소 공동 위원회는 반탁 운동을 펼치는 우익 세력을 협의 대상에 포함시키자는 미국과 신탁 통치에 반대하는 정당·단체와는 협의할 수 없다는 소련의 의견 차이로 1946년 5월에 결렬되었다.
- (라) 제1차 미·소 공동 위원회가 결렬되고 남한만의 단독 정부를 수립하려는 움직임이 확산되자, 김규식과 여운형 등의 중도 좌·우익 세력은 1946년 7월에 좌·우 합작 위원회를 조직하였다.
- (다) 유엔 소총회에서 남한만의 단독 총선거 실시가 결정되자 김구, 김규식 등은 김일성 등의 북측 지도자들에게 남북 협상을 제의하였고, 그 결과 1948년 4월에 평양에서 남북 협상이 개최되었다.

## 03 박정희 정부의 경제 정책  정답 ④

해설 제시문에서 제3공화국의 대통령에 취임(1963)했다는 내용을 통해 밑줄 친 '나'가 박정희임을 알 수 있으며, 박정희는 1963년부터 1979년까지 재임하였다.
- ④ 통화 단위의 명칭을 '환'에서 '원'으로 바꾼 화폐 개혁은 박정희의 대통령 재임 시기가 아닌 1961년 군사 정변 이후 정권을 장악한 군사 정부 시기에 시행(1962)되었다.

오답 분석 ①, ② 박정희 정부 당시 수출 주도형의 중화학 공업을 집중적으로 육성하여 1977년에는 수출액이 100억 달러를 돌파하였다.
③ 박정희 정부 당시 건설업의 중동 진출로 오일 달러를 벌어들여 제1차 석유 파동(1973~1974)을 극복하였다.

## 04 4·13 호헌 조치 이후의 사실  정답 ④

해설 제시문에서 임기 중 개헌이 불가능하다고 판단하여 후임자에게 정권을 이양한다는 내용을 통해 전두환 정부가 발표한 4·13 호헌 조치(1987)에 대한 내용임을 알 수 있다.
- ④ 신군부 퇴진과 계엄령 철폐를 주장하며 시위를 전개한 것은 5·18 민주화 운동(1980) 때이다.

오답 분석 ① 4·13 호헌 조치가 발표되자 야당 정치인과 시민 단체 및 학생들은 민주 헌법 쟁취 국민 운동 본부를 구성하여 4·13 호헌 조치 철회와 대통령 직선제로의 개헌을 주장하였다.
② 4·13 호헌 조치 이후 6월 민주 항쟁이 전개되자 당시 여당 대표이자 대통령 후보였던 노태우는 대통령 직선제 개헌과 기본권 보장 등을 약속하는 6·29 민주화 선언을 발표하였다.
③ 4·13 호헌 조치 이후 전개된 6월 민주 항쟁 과정에서 연세대 학생인 이한열이 최루탄을 맞고 사망하는 사건이 발생하였다.

## 05 유엔군의 전쟁 참전과 정전 협정 체결 사이의 사실  정답 ①

해설 제시문 (가)는 안전 보장 이사회에서 국제 연합(UN) 회원국에 북한군 격퇴를 위한 대한민국 원조를 권고하는 것을 통해 유엔군의 6·25 전쟁 참전 선언(1950. 6. 27.)과 관련된 내용임을 알 수 있다. 제시문 (나)는 군사 분계선의 확정과 전쟁 포로의 석방 및 송환에 대한 내용을 다룬 것을 통해 정전 협정(1953. 7.)의 내용임을 알 수 있다.
- ① (가), (나) 사이 시기인 1952년 7월에 대통령 직선제와 국회 양원제를 주요 내용으로 한 발췌 개헌이 이루어졌다. 제2대 총선(1950)에서 야당 계열 인사들이 대거 당선되며 재선이 어려워진 이승만 정부는 임시 수도인 부산에 계엄령을 선포하고 강압적인 분위기 속에서 국회 기립 표결로 제1차 개헌안(발췌 개헌)을 통과시켰다. 이를 통해 기존에 국회 간선제였던 정·부통령 선거는 직선제 방식으로 개편되었다.

오답 분석 ② 『우리말 큰 사전』이 완간된 것은 (나) 이후인 1957년이다. 일제의 탄압으로 조선어 학회가 해산되면서 중단되었던 『우리말 큰 사전』 편찬 사업은 광복 이후 조선어 학회를 계승한 한글 학회(1949)에 의해 완성되었다.
③ 한·미 상호 방위 조약이 체결된 것은 (나) 이후인 1953년 10월이다. 한·미 양국은 정전 협정 이후 한반도의 군사적 상황에 공동으로 대처하기 위해 미군의 한반도 주둔 등을 주요 내용으로 한 한·미 상호 방위 조약을 체결하였다.
④ 미국 국무 장관 애치슨이 미국의 태평양 극동 방위선에서 한국과 대만을 제외한다고 발표한 것은 (가) 이전인 1950년 1월이다. 이 선언은 6·25 전쟁이 일어나는 결정적인 원인 중 하나가 되었다.

## 06 노태우·김영삼·김대중 정부  정답 ②

해설 (가)는 노태우, (나)는 김영삼, (다)는 김대중 정부다.
- ② 5공 청문회는 (가) 노태우 정부 때 개최되었다.

오답 분석 ① 노태우 정부 때 남북이 유엔에 동시 가입하였다(1991).
③ 김대중 정부는 분단 이후 최초로 남북 정상 회담(2000)을 개최하였다.
④ 김대중 정부는 대북 화해 협력 정책의 결과로, 1998년부터 금강산 해로 관광 사업을 시작하였다. 이후 김대중 정부의 대북 정책을 계승한 노무현 정부 때 금강산 육로 관광 사업이 추진(2003)되었다.

## 07 6·15 남북 공동 선언  정답 ②

해설 제시문에서 남측의 연합제 안과 북측의 낮은 단계의 연방제 안이 서로 공통성이 있다고 인정한다는 내용을 통해 6·15 남북 공동 선언(2000)임을 알 수 있다.
- ② 6·15 남북 공동 선언에 남북은 이산가족 상봉의 시기를 구체화하고, 이산가족 문제 및 비전향 장기수 문제를 인도적 차원에서 조속히 해결할 것을 명시하였다.

오답 분석 ① 남북 고위급 회담을 통해 채택된 대표적인 통일 관련 문서는 남북 기본 합의서(1991)이다. 한편 6·15 남북 공동 선언은 평양에서 열린 제1차 남북 정상 회담(2000)을 통해 채택되었다.

③ 자주, 평화, 민족 대단결의 3대 통일 원칙에 대한 합의가 처음 이루어진 것은 7·4 남북 공동 성명(1972)이다.

④ 한반도 비핵화 공동 선언은 6·15 남북 공동 선언 발표 이전인 노태우 정부 시기에 작성되었다(1991).

## 08 노무현 정부　　　　　　　정답 ③

해설　제시문은 노무현 정부 때 발표한 10·4 남북 공동 선언이다.

③ 노무현 정부는 항일 독립운동, 반민주 반인권적 행위 등을 조사하여 왜곡되거나 은폐된 진실을 밝혀내기 위하여 진실·화해를 위한 과거사 정리 위원회를 설치하였다(2005).

오답
분석
① 최초의 평화적 여·야 정권 교체로 수립되어 '국민의 정부'를 표방한 것은 김대중 정부이다.

② 국제 통화 기금(IMF)의 채무를 조기 상환하여 외환 위기를 극복한 것은 김대중 정부이다.

④ 공직자 윤리법을 개정(1993)하여 고위 공직자 재산 공제 및 고위 공직자 재산 등록제를 실시한 것은 김영삼 정부이다.

---

## 현대 적중 마무리문제 02　　　p.294~295

| **01** ② | **02** ③ | **03** ③ | **04** ④ | **05** ④ |
|---|---|---|---|---|
| **06** ③ | **07** ③ | **08** ③ | | |

## 01 통일을 위한 노력　　　　　　정답 ②

해설　② 순서대로 나열하면 ㉠ 남북 조절 위원회 설치(1972) → ㉢ 최초 남·북 이산가족 상봉(1985) → ㉣ 민족 자존과 통일 번영을 위한 특별 선언(7·7 선언, 1988) 발표 → ㉡ 남·북한 유엔 동시 가입(1991)이 된다.

㉠ 남북 조절 위원회가 설치된 것은 박정희 정부 시기이다. 남북 조절 위원회는 7·4 남북 공동 성명의 합의 사항들을 추진하기 위해 설치(1972)되었다.

㉢ 최초로 남·북 이산가족이 상봉한 것은 전두환 정부 시기이다. 전두환 정부 시기인 1985년에 서울과 평양에서 남북 이산가족 고향 방문이 이루어져 최초로 이산가족이 상봉하였으며, 남북 예술단의 문화 교류가 이루어졌다.

㉣ 7·7 선언이 발표된 것은 노태우 정부 시기인 1988년이다. 7·7 선언에서는 남북 관계를 선의의 동반자이며 함께 번영해야 할 민족 공동체 관계로 규정하고 모든 부분에서의 교류를 표방하였다.

㉡ 남·북한이 동시에 유엔에 가입한 것은 노태우 정부 시기인 1991년으로, 유엔 총회에서 남북이 각각 독립된 국가의 자격으로 유엔의 회원국이 되었다.

## 02 이승만 정부 시기의 사실　　　정답 ③

해설　제시문은 귀속 재산 처리법(1949)의 내용으로, 이승만 정부 시기에 제정되었다.

③ 이승만 정부 시기에는 미국의 원조 경제에 힘입어 밀가루, 면화, 설탕을 원료로 한 제분, 면방직, 제당 공업의 삼백 산업이 발달하였다.

오답
분석
① 베트남 파병으로 인한 경제적 특수를 통해 고도 성장을 이룬 시기는 박정희 정부 때이다.

② 저유가·저금리·저달러의 3저 호황을 맞아 경제 성장을 이룬 시기는 전두환 정부 때이다.

④ 외환 위기가 발생하여 국제 통화 기금(IMF)의 지원을 받은 시기는 김영삼 정부 때이다.

## 03 박정희 정부 시기의 사실　　　정답 ③

해설　제시문은 판문점 도끼 만행 사건(1976)에 대한 내용으로, 박정희 정부 시기에 일어난 사건이다.

③ 박정희 정부 때 제정된 유신 헌법에 따라 통일 주체 국민회의를 조직하였다(1972). 박정희는 통일 주체 국민회의에서 뽑는 8대 대통령 선거에 단독으로 출마하여 당선되었다.

오답
분석
① 학도 호국단이 폐지된 것은 장면 내각 시기와 전두환 정부 때이다. 한편 학도 호국단은 박정희 정부 때 학생 자치 조직을 통제하려는 목적으로 부활(1975)하였으나, 정부의 의도와는 달리 반정부 시위에 학도 호국단이 앞장서자 1986년에 폐지되었다.

② 장준하를 발행인으로 하는 잡지 『사상계』가 창간(1953)된 것은 이승만 정부 시기의 사실이다.

④ 국가 보위 비상 대책 위원회는 1980년 5·18 민주화 운동을 무력으로 진압한 전두환 등 신군부가 국가의 통치권을 장악하기 위해 구성된 기구이다.

## 04 시기별 경제 정책　　　　　　정답 ④

해설　④ 마산과 익산을 수출 자유 무역 지역으로 선정하여 외자를 유치한 것은 박정희 정부 때인 1970년대의 일이다.

오답
분석
① 1950년대에 한·미 경제 조정 협정이 체결되었다. 6·25 전쟁 중이던 1952년에 이승만 정부와 미국 정부는 기존에 제공되고 있던 미국의 경제 원조와 관련하여 한·미 양자 간의 역할과 관계를 조정한 한·미 경제 조정 협정을 체결하였다.

② 1960년대에는 제1차 경제 개발 계획(1962~1966)이 추진되었으며 이에 따라 의류·신발 등 노동 집약적인 경공업이 주로 육성되었다.

③ 1970년대에 농어촌 환경 개선을 위하여 근면, 자조, 협동을 구호로 내걸었던 새마을 운동이 실시되었다.

## 05 현대 사회의 전개　　　　　　정답 ④

해설　(가) 7·4 남북 공동 성명(1972) ~ 10·26 사태(1979)

(나) 10·26 사태(1979) ~ 4·13 호헌 조치(1987)

(다) 4·13 호헌 조치(1987) ~ 금융 실명제 실시(1993)

(라) 금융 실명제 실시(1993) ~ 외환 위기 발생(1997)

④ 전국 민주 노동 조합 총연맹(민주 노총)은 (라) 시기인 1995년에 설립되었다.

오답
분석
　① 근로 조건 개선 등을 요구하며 전태일이 분신 자살한 것은 (가) 이전 시기인 1970년의 사실이다.
　② YH 무역 여성 노동자들이 폐업 철회 등을 요구하며 야당인 신민당 당사에서 농성을 시작한 것은 (가) 시기인 1979년 8월의 사실이다.
　③ 노사정 위원회를 설치한 것은 (라) 이후 시기인 1998년 김대중 정부 때 설립된 것으로, 노동자·사용자·정부 당사자가 대등한 입장에서 노동자의 고용 안정과 근로 조건에 관한 노동 정책 등을 협의하기 위해 만든 기구이다.

**이것도 알면 합격**

**노동 운동**

| 1970<br>년대 | • 전태일 분신 사건(1970) 이후 노동 운동이 본격적으로 전개됨<br>• YH 무역 사건(1979)이 발생하였고, 이 사건은 유신 체제 몰락의 계기가 됨 |
| --- | --- |
| 1980<br>년대 | • 노동자들의 생존권 요구 투쟁이 민주화 운동의 일환으로 전개<br>• 1987년 6월 민주 항쟁 이후 노동 조합 결성이 확산되었음<br>• 대기업 노동 조합 결성 본격화, 전교조 결성(1989, 합법화: 1999) |
| 1990<br>년대 | • 정부의 국제 노동 기구(ILO) 가입(1991)<br>• 민주 노총(전국 민주 노동 조합 총연맹) 결성(1995)<br>• 노사정 위원회 설립(1998) |

## 06 현대 사회의 변화
정답 ③

해설　③ 1989년 노태우 정부 시기에 전국민을 대상으로 의료 보험 제도가 도입되었다.

오답
분석
　① 다수확 품종인 통일벼의 보급으로 쌀의 생산량이 증가하여 자급자족이 가능해진 것은 1970년대의 사실이다.
　② 베이비 붐으로 출산율이 크게 증가한 것은 6·25 전쟁 직후인 1950년대의 사실이다.
　④ 여성부가 신설(2001)된 것은 2000년대의 사실이다.

## 07 현대의 사회와 문화
정답 ③

해설　(가) 6·25 전쟁(1950) ~ 4·19 혁명(1960)
　(나) 4·19 혁명(1960) ~ 유신 헌법 제정(1972)
　(다) 유신 헌법 제정(1972) ~ 6월 민주 항쟁(1987)
　(라) 6월 민주 항쟁(1987) ~ 김대중 정부 출범(1998)
　ⓒ (나) 시기인 1968년에 국민 교육 헌장이 선포되었다.
　ⓒ (다) 시기인 1980년대 초반에 프로 야구가 정식으로 출범하였다.

오답
분석
　ⓒ 6·3·3 학제가 도입된 것은 미군정기(1945~1948)의 일로, (가) 이전에 해당한다.
　ⓒ 경부 고속도로가 개통된 것은 1970년의 일이므로, (나) 시기에 해당한다.

## 08 박정희 정부 시기의 교육 정책
정답 ③

해설　제시문에서 '월남에 한국 전투 부대 증파', '한국군의 현대화 계획을 위한 장비 제공' 등의 내용을 통해 한국군의 베트남 파병과 미국의 한국 지원을 약속한 브라운 각서(1966)의 내용임을 알 수 있으며, 브라운 각서는 박정희 정부 시기에 합의되었다.
　③ 박정희 정부 때 중학교 무시험 진학제(추천제)가 도입(1969)되었다.

오답
분석
　① 과외 금지 조치는 신군부 집권 시기의 일이다.
　②, ④ 대학 수학 능력 시험을 실시(1993)하고, 국민학교를 초등학교로 개칭(1996)한 것은 김영삼 정부 때의 일이다.

# 01 지역의 역사와 세계 유산 p.303-305

| | | | | |
|---|---|---|---|---|
| **01** ② | **02** ② | **03** ④ | **04** ① | **05** ③ |
| **06** ④ | **07** ④ | **08** ③ | **09** ① | **10** ② |
| **11** ④ | **12** ④ | | | |

## 01 평양(서경) 지역의 역사 정답 ②

해설 제시문에서 서경 유수 조위총이 병사를 일으켜 정중부 등을 토벌하기로 모의하였다는 내용을 통해 밑줄 친 '이곳'이 평양(서경)임을 알 수 있다.
② 고려 시대에는 서경을 중요하게 여겨, 태조 때부터 서경에 중앙 정부의 주요 관서와 명칭이 같은 별도의 행정 체제를 갖추는 분사 제도를 실시하였다.

오답
분석
① 삼국 시대에 진흥왕이 영토 확장을 기념하는 순수비를 세운 곳은 서울 북한산(북한산비), 경상남도 창녕(창녕비), 함경남도 함흥(황초령비, 마운령비)이다.
③ 고려 시대에 원이 철령 이북 지역을 지배하기 위해 쌍성총관부를 설치한 곳은 화주(영흥)로, 이후 공민왕 때 무력으로 수복한 지역이다. 한편 원이 평양(서경)에 설치한 것은 동녕부이다. 동녕부는 원이 자비령 이북 지역을 통치하기 위해 설치한 것으로 충렬왕 때 고려에 반환되었다.
④ 조선 후기에 내상은 동래(부산)를 근거지로 일본과의 무역을 주도하였다. 평양을 근거지로 활동한 사상은 유상이다.

## 02 의주 지역의 역사 정답 ②

해설 제시문에서 선조가 이곳에 피난하여 명에 원군을 요청했다는 내용을 통해 (가) 지역은 의주임을 알 수 있다.
② 고려 말 홍건적의 침입으로 공민왕이 피난한 지역은 안동이다. 홍건적의 2차 침입(1361)으로 개경이 함락되면서 공민왕은 안동(복주)로 피신하였으나, 정세운, 이방실, 안우, 최영, 이성계 등이 홍건적을 격퇴하였다.

오답
분석
① 고려 시대에 의주에는 거란(요)과 물품 거래를 하기 위해 설치된 공식 무역장인 각장이 설치되었다.
③ 의주는 조선 후기 대청 무역을 주도한 만상의 활동 거점이었다.
④ 1920년 의주에서 항일 무장 독립 단체인 보합단이 조직되었다.

## 03 강화도 지역의 역사 정답 ④

해설 제시문에서 최우가 왕에게 속히 이 지역으로 행차할 것을 청하고, 자기 집 재물을 이 지역으로 보냈다는 내용을 통해 밑줄 친 '이 지역'이 강화도임을 알 수 있다. 고려 최우 집권기에 몽골이 고려를 침략하였고, 이때 몽골과의 장기 항쟁을 위해 최우는 강화도로 천도하였다.
④ 제너럴셔먼호가 군민들에 의해 격침된 곳은 평양이다. 제너럴셔먼호 사건 당시 평안도 관찰사였던 박규수는 평양 군민들과 함께 화공 작전을 전개하여 제너럴셔먼호를 침몰시켰다.

오답
분석
① 고려 최우 집권기에 몽골의 침입으로 소실된 초조대장경을 대신해 부처의 힘으로 몽골의 침입을 격퇴하고자, 강화도에 대장도감을 설치하여 팔만대장경(재조대장경)을 조판하였다.
② 정제두는 강화도에서 후학을 양성하면서 양명학 연구에 몰두하여 강화 학파를 형성하였다.
③ 1866년 병인양요 당시 프랑스군은 퇴각하는 과정에서 강화도의 외규장각에 보관하고 있던 도서와 보물들을 약탈해 갔다.

## 04 공주와 강진 지역의 역사 정답 ①

해설 첫번째 제시문에서 (가)의 도독 헌창이 반란을 일으켜 나라 이름을 장안, 연호를 경운이라 하였다는 것을 통해 통일 신라 시대에 웅천주 도독 김헌창이 일으킨 김헌창의 난(822)임을 알 수 있다. 따라서 (가)는 공주이다.
두번째 제시문에서 정묘년(1807)에 (나) 지역에 있었으며, 종두법과 관련된 의논을 한 것을 통해 조선 후기에 종두법에 대한 연구를 진행한 정약용에 대한 내용임을 알 수 있다. 따라서 (나)는 강진이다. 정약용은 1801년에 신유사옥(신유박해)으로 인해 유배형에 처해져 11년간 강진에서 생활하였다.
① 공주에서 백제 웅진 시기의 왕과 왕족들의 무덤인 송산리 고분군이 발견되었다.

오답
분석
② 임진왜란 때 조·명 연합군이 왜군으로부터 탈환한 곳은 평양(성)이다.
③ 영국이 러시아를 견제하기 위해 불법 점령한 곳은 거문도이다(거문도 사건, 1885~1887).
④ 백제와 신라 사이에 벌어졌던 황산벌 전투가 전개된 곳은 지금의 충청남도 논산이다.

## 05 독도　　　　　　　　　　　　　　정답 ③

해설　제시문에서 왜(일본)가 송도라고 말하였다는 내용을 통해 밑줄 친 섬이 독도임을 알 수 있다. 일본은 울릉도를 죽도, 독도를 송도라고 불렀다.
　　③ 일본 메이지 정부의 최고 행정 기관인 태정관은 울릉도와 독도는 일본과 상관없는 땅임을 밝힌 태정관 지령(1877)을 시마네 현에 내렸다.

오답
분석　① 일본이 시마네 현 고시 제40호(1905)를 통해 독도를 일본 영토로 불법 편입한 것은 러·일 전쟁 시기의 사실이다.
　　② 평화선 선언(1952)을 통해 독도를 평화선 안에 포함시켜 독도가 한국의 영토임을 공포한 것은 이승만 정부 시기의 사실이다.
　　④ 『은주시청합기』(1667)와 삼국접양지도(1785)는 울릉도와 독도를 고려와 조선의 영토로 표기하고 있는 일본 측 자료이다.

## 06 제주도 지역의 역사　　　　　　　　정답 ④

해설　세계 자연유산으로 지정되었으며 네덜란드 하멜이 처음 도착한 곳은 제주도이다.
　　④ 제주도에는 구석기 시대 및 신석기 시대 유적이 있다. 제주 빌레못 유적에서는 구석기 시대의 동물 뼈 화석과 석기 등이 출토되었으며, 제주 한경 고산리에서는 이른 민무늬 토기, 덧무늬 토기 등 신석기 시대의 토기가 출토되었다.

오답
분석　① 고려 충렬왕 시기에는 원이 설치한 탐라총관부를 반환받았다.
　　② 제주 4·3 사건은 5·10 총선거 실시 이전에 발생하였다.
　　③ 삼별초는 김통정의 지휘 아래 진도에서 제주도로 이동하여 대몽 항쟁을 전개하였다.

## 07 창덕궁　　　　　　　　　　　　　정답 ④

해설　1997년에 유네스코 세계 문화유산에 등재되었으며 태종 때 세워진 '이 궁궐'은 창덕궁이다.
　　④ 창덕궁에는 명나라 황제인 신종의 제사를 지내기 위한 대보단이 설치되었다.

오답
분석　① 서양식 건물인 석조전이 있는 궁궐은 덕수궁이다.
　　② 해방 이후 미·소 공동 위원회가 개최된 궁궐은 덕수궁이다.
　　③ 서울의 5대 궁궐(경복궁, 창경궁, 창덕궁, 경희궁, 덕수궁) 가운데 가장 먼저 건립된 궁궐은 경복궁이다(1395). 태조 이성계는 한양으로 도읍을 옮기기로 결정한 1394년에 경복궁 창건을 시작하여 이듬해에 완성하였다.

## 08 유네스코 세계 유산　　　　　　　　정답 ③

해설　③ 『시정기』와 「사초」 등을 종합·정리하여 편년체로 편찬한 것은 『조선왕조실록』이다. 『의궤』는 조선 왕실의 중요 행사를 글과 그림으로 기록한 의례서이다.

---

오답
분석　① 경주 역사 유적 지구는 총 5지구(남산 지구, 월성 지구, 대릉원 지구, 황룡사 지구, 산성 지구)로 구성되어 있는데, 그 중 월성 지구의 대표적인 문화유산으로는 계림과 첨성대 등이 있다.
　　② 조선 왕릉은 조선의 왕과 왕비 및 추존된 왕과 왕비의 무덤으로, 북한 지역 및 연산군·광해군 묘를 제외한 총 40기의 왕릉이 유네스코 세계 문화유산으로 등재되었다.
　　④ 『일성록』은 정조가 세손 시절부터 일기 형식으로 기록한 것이 정조 즉위 후 국정 기록이 된 것으로, 임금의 동정과 국정 운영 상황을 매일 기록하여 국정 운영에 참고하였다.

## 09 남한산성　　　　　　　　　　　　정답 ①

해설　2014년 유네스코 세계 문화유산에 등재되었으며 수도 한양을 지키던 조선 시대의 산성 (가)는 남한산성이다.
　　① 수어청에서는 남한산성의 수비를 담당하였다.

오답
분석　② 임진왜란 때 장군 권율이 왜군을 무찌른 곳은 행주산성이다.
　　③ 정조 때 행차 일정과 행차 모습의 그림 등이 수록된 『원행을 묘정리의궤』와 관련된 곳은 수원 화성이다.
　　④ 정묘호란 때 정봉수가 큰 전과를 거둔 곳은 철산의 용골산성이다.

## 10 『의궤』　　　　　　　　　　　　　정답 ②

해설　② 현존하는 『의궤』는 모두 임진왜란 이후에 만들어진 것이다. 현재 전해지는 가장 오래된 『의궤』는 선조 때 의인 왕후의 장례를 기록한 『의궤』이다.

오답
분석　① 『의궤』는 왕이 열람하는 어람용과 사고(史庫)에 보관하는 분상용으로 나누어진다.
　　③ 『화성성역의궤』는 정조 때 진행하였던 화성의 축조와 그 공사 내용이 기록되어 있다.
　　④ 『의궤』에는 이두와 차자(借字) 및 우리의 고유한 한자어가 많이 사용되어 있어 국어학 연구에도 귀중한 자료가 된다.

## 11 유네스코 세계 문화유산　　　　　　정답 ④

해설　④ 불국사와 월정사는 '산사, 한국의 산지 승원'에 속하지 않는다. 2018년에 유네스코 세계 문화유산으로 등재된 '산사, 한국의 산지 승원' 7개 사찰은 통도사, 부석사, 봉정사, 법주사, 마곡사, 선암사, 대흥사이다. 한편 불국사는 석굴암과 함께 1995년에 유네스코 세계 문화유산에 등재되었다.

오답
분석　① 정림사지는 백제의 대표적인 사찰 유적으로, 백제 역사 유적 지구 문화유산 중 부여군에 속한다.
　　② 화성의 건설에는 정약용이 제작한 거중기가 사용되었다. 화성은 정조가 사도 세자의 묘를 수원으로 옮기면서 축조한 성곽으로, 군사적·상업적 기능을 보유하였다.
　　③ 해인사 장경판전은 고려 시대 때 제작된 팔만대장경을 보관하기 위해 15세기인 조선 시대에 만들어진 건축물이다.

## 12 유네스코 세계 기록유산　　정답 ④

**해설** ④ 『난중일기』는 2013년, '이산가족을 찾습니다' 기록물은 2015년에 유네스코 세계 기록유산에 등재되었다.

**오답 분석** ① 『상정고금예문』은 유네스코 세계 기록유산에 등재되지 않았다. 고려대장경판 및 제경판은 2007년에 유네스코 세계 기록유산에 등재되었다.
② 『징비록』은 유네스코 세계 기록유산에 등재되지 않았다. 한국의 유교 책판은 2015년에 유네스코 세계 기록유산에 등재되었다.
③ 『비변사등록』은 유네스코 세계 기록유산에 등재되지 않았다. 『동의보감』은 2009년에 유네스코 세계 기록유산에 등재되었다.

---

### 시대 통합 적중 마무리문제 01　　p.306~307

| 01 ③ | 02 ② | 03 ④ | 04 ③ | 05 ③ |
|---|---|---|---|---|
| 06 ② | 07 ② | 08 ④ | | |

## 01 개성(개경) 지역의 역사　　정답 ③

**해설** 정몽주가 선죽교에서 살해당하고, 만적의 난이 발생한 곳은 개성(개경)이다.
③ 고려 숙종 때 기자 사당이 세워진 지역은 평양이다.

**오답 분석** ① 개성(개경)은 공민왕 때 홍건적의 2차 침입으로 함락되기도 하였다.
② 6·15 남북 공동 선언 이후 남북 경제 협력 사업의 일환으로 개성 공단이 설치되었다.
④ 개성에서는 6·25 전쟁 당시 소련의 제의로 휴전 회담이 처음 시작되었다. 이후 연합군과 공산군은 회담 장소를 파주에 있는 판문점으로 옮겼고, 휴전 협정도 판문점에서 체결되었다.

## 02 충주 지역의 역사　　정답 ②

**해설** 제시문의 (가) 지역은 충주이다. 김윤후는 몽골의 2차 침입 당시 처인성 전투에서 적장 살리타를 사살한 이후 충주산성의 방호별감이 되었으며, 몽골의 5차 침입 때 충주산성에서 몽골군에 맞서 항쟁하여 충주산성을 지켜내었다.
㉠ 고구려의 남하 정책을 기념하기 위해 충주 지역에 충주(중원) 고구려비가 세워졌다.
㉣ 임진왜란 때 도순변사 신립은 충주 탄금대에서 일본군에 맞서 싸우다가 패배하였다(충주 탄금대 전투).

**오답 분석** ㉡ 통일 신라의 신라 촌락 문서(민정 문서)는 서원경(지금의 청주) 부근에 위치한 사해점촌, 살하지촌 등 4개의 자연 촌락의 경제 상황을 기록한 문서이다.
㉢ 고려 말 우왕 때인 1377년에 청주 흥덕사에서 『직지심체요절』이 간행되었다. 『직지심체요절』은 현존하는 가장 오래된 금속 활자본으로, 현재 프랑스 국립 도서관에 보관되어 있다.

## 03 원산 지역의 역사　　정답 ④

**해설** ④ 조선 후기에 만상은 의주를 근거지로 삼아 활동하였고, 대중국 무역을 주도하며 많은 자본을 축적하였다.

**오답 분석** ① 원산은 강화도 조약에 따라 두 번째로 개항되었다.
② 원산에는 관민이 합심하여 설립한 최초의 근대식 사립 학교인 원산 학사가 설립되었다.
③ 원산에서는 1920년대 노동 운동 중에서 가장 규모가 큰 원산 노동자 총파업이 발생하였다.

## 04 진주 지역의 역사　　정답 ③

**해설** 제시문에서 임술년에 백성들이 머리에 흰 수건을 두르고 봉기하였다는 내용을 통해 밑줄 친 '이 지역'이 진주임을 알 수 있다.
㉠ 고려 무신 집권기에 최충헌은 진주 지역을 식읍으로 받았다.
㉢ 임진왜란 때 김시민은 진주에서 왜의 대군을 맞아 격전 끝에 진주성을 지켜냈다.
㉣ 일제 강점기에 백정들이 사회적 차별을 타파하고자 진주에서 조선 형평사를 조직하였다.

**오답 분석** ㉡ 견훤이 도읍으로 정하고 후백제를 세운 곳은 전주(완산주)이다.

## 05 독도　　정답 ③

**해설** 제시된 『세종실록지리지』의 ㉠은 독도이다.
③ 정약전이 저술한 『자산어보』는 독도가 아닌 흑산도 연해의 생태와 습성을 연구한 서적이다.

**오답 분석** ① 일본은 러·일 전쟁 중에 시마네 현 고시 제40호를 통해 울릉도와 독도를 불법적으로 일본 영토에 편입하였다.
② 숙종 때 안용복은 울릉도와 독도 주변에서 어로 활동을 하는 일본 어선을 쫓아내고, 일본에 건너가 울릉도와 독도가 조선의 영토임을 확인 받고 돌아왔다.
④ 대한 제국 시기에 고종은 칙령 제41호를 반포(1900)하여 울릉도를 군으로 승격하고 독도를 울릉군의 관할 구역 안에 포함시켜 독도에 대한 영유권을 확인하였다.

## 06 훈민정음(한글)　　정답 ②

**해설** 제시된 자료에서 ㉠은 세종 때 창제된 훈민정음(한글)이다.
② 15세기에 저술된 것으로 추정되는 김시습의 『금오신화』는 우리나라 최초의 한문 소설이다. 김시습은 『금오신화』를 통해 평양, 경주, 개성 등 옛 도읍지를 배경으로 우리나라 고유 신앙과 연결된 민중의 생활 감정 등을 표현하였다.

**오답 분석** ① 세종은 서리들이 한글을 습득하여 한글을 행정 실무에 이용할 수 있도록 하기 위해 서리 채용 시험에 한글을 도입하였다.
③ 1930년대에 정인보 등과 조선학 운동을 전개하였던 역사 학자인 문일평은 민족 정신으로 '조선심'을 강조하였으며,

한글을 조선심의 결정체로 보았다.

④ 한글의 창제 목적과 창제 원리, 용례 등을 정리한 『훈민정음 (해례본)』은 1997년에 유네스코 세계 기록유산으로 등재 되었다.

## 07 유네스코 세계 문화유산                              정답 ②

해설 ⊙ 강화 고인돌 유적은 고창·화순 고인돌 유적과 함께 2000 년에 유네스코 세계 문화유산에 등재되었다.

ⓒ 안동 하회 마을은 경주 양동 마을과 함께 2010년에 유네스 코 세계 문화유산에 등재되었다.

ⓔ 종묘는 1995년에 유네스코 세계 문화유산에 등재되었다.

오답 ⓒ, ⓔ 김해 대성동 고분군(가야 고분군), 울산 대곡리 반구대
분석 암각화는 모두 유네스코 세계 문화유산 잠정 목록에는 올
랐으나, 유네스코 세계 문화유산으로 지정되지는 않았다.

## 08 유네스코 세계 기록유산                              정답 ④

해설 ⓒ 한국의 유교 책판은 2015년에 유네스코 세계 기록유산에 등재되었다.

ⓜ 국채 보상 운동 기록물은 2017년에 유네스코 세계 기록유 산에 등재되었다.

오답 모두 유네스코 세계 기록유산에 등재되지 않았다.
분석 ⊙ 『징비록』은 유성룡이 임진왜란 동안의 사실을 기록한 책이다.

ⓒ 『비변사등록』은 비변사의 활동에 대해 기록한 책이다.

ⓔ 『무구정광대다라니경』은 8세기에 만들어진 세계에서 가장 오래된 목판 인쇄물이다.

## ○─ 최종점검 모의고사 1회　　p.310-314

| 01 ③ | 02 ② | 03 ② | 04 ② | 05 ④ |
| 06 ③ | 07 ③ | 08 ② | 09 ③ | 10 ① |
| 11 ④ | 12 ② | 13 ③ | 14 ③ | 15 ② |
| 16 ③ | 17 ② | 18 ① | 19 ④ | 20 ③ |

### 01 옥저와 삼한　　　　　　　　　　정답 ③

해설　(가)는 신랑 집에서 여자를 맞이하여 장성하도록 길러 아내로 삼는 민며느리제가 있었다는 내용을 통해 옥저임을 알 수 있다. (나)는 해마다 5월(수릿날)과 10월(계절제)에 제사를 지냈다는 내용을 통해 삼한임을 알 수 있다.
③ 삼한에서는 마한의 세력이 가장 컸으며, 마한의 소국 중 하나인 목지국의 지배자가 마한왕 또는 진왕으로 추대되어 삼한 연맹체를 주도하였다.

오답
분석　① 1세기 초 왕호를 사용한 국가는 부여와 고구려이다. 한편, 옥저는 고구려의 압력을 받아 연맹 왕국으로 성장하지 못하고 군장 국가 단계에서 멸망하였다.
② 왕과 신하들이 10월에 국동대혈에 모여 제사를 지내고 제천 행사(동맹)를 열었던 국가는 고구려이다.
④ 족장들이 별도의 행정 구역인 사출도를 다스렸던 국가는 부여이다.

### 02 박제가　　　　　　　　　　정답 ②

해설　제시문에서 재물은 우물과 같다고 비유한 것을 통해 박제가의 주장임을 알 수 있다. 박제가는 『북학의』에서 생산과 소비의 관계를 우물물에 비유하여 절약보다 소비를 권장해야 한다고 주장했다.
㉠ 박제가는 청에 다녀온 후 『북학의』를 저술하여 청의 문물을 적극적으로 수용할 것을 주장하였다.
㉢ 박제가는 상공업의 발달을 위해 수레와 선박의 이용 확대를 주장하였다.

오답
분석　㉡ 화폐 유통으로 인한 농민 생활의 피폐함을 지적하며 화폐 사용을 중지하자는 폐전론을 주장한 인물은 이익이다.
㉣ 지구가 우주의 중심이 아니라는 무한 우주론을 주장하며 중국 중심의 세계관을 거부한 인물은 홍대용이다.

### 03 원광　　　　　　　　　　정답 ②

해설　제시문에서 왕명으로 수나라에 군사를 요청하는 걸사표를 지었다는 내용을 통해 (가) 인물이 원광임을 알 수 있다.
② 원광은 유교·불교 등의 교리를 담아 화랑이 지켜야 할 행동 규범인 세속오계(사군이충, 사친이효, 교우이신, 임전무퇴, 살생유택)를 만들었다.

오답
분석　① 『해심밀경소』를 저술한 인물은 원측이다. 한편 원효도 『해심밀경소』라는 이름의 서적을 저술하기도 하였으나, 그 서문만 전해진다.
③ 일심 사상을 바탕으로 화쟁 사상을 주장한 인물은 원효이다.
④ 선덕 여왕에게 황룡사 9층 목탑의 건립을 건의한 인물은 자장이다.

### 04 발췌 개헌과 제3차 개헌 사이의 사실　　정답 ②

해설　(가)는 임시 수도 부산에서 대통령 직선제와 국회 양원제를 골자로 하는 개헌안을 통과시켰다는 내용을 통해 발췌 개헌(제1차 개헌, 1952)임을 알 수 있다.
(나)는 허정 과도 정부가 내각 책임제와 국회 양원제를 골자로 헌법을 개정하였다는 내용을 통해 제3차 개헌(1960)임을 알 수 있다.
② (가), (나) 사이 시기인 1958년에 조봉암을 비롯한 진보당 간부들이 북한의 간첩과 내통하였다는 혐의로 구속되었다(진보당 사건). 이후 진보당은 해체되고 조봉암은 간첩 혐의로 처형당하였다(1959).

오답
분석　① 한·일 기본 조약이 체결(한·일 협정, 1965)된 것은 박정희 정부 시기의 사실로, (나) 이후이다. 박정희 정부는 경제 개발을 추진하기 위한 자본을 확보하기 위해 한·일 기본 조약을 체결하여 한·일 양국의 국교를 정상화하고, 일본으로부터 독립 축하금 형식으로 차관을 제공받았다.
③ 화폐의 단위가 '환'에서 '원'으로 변경(1962)된 것은 박정희 군사 정부 시기의 사실로, (나) 이후이다.
④ 농지 개혁법이 제정(1949)된 것은 6·25 전쟁 발발 이전의 사실로, (가) 이전이다.

### 05 북인과 남인　　　　　　　　　　정답 ④

해설　건저 문제로 탄핵된 정철에 대한 처벌 문제로 동인은 강경파인 ㉠ 북인과 온건파인 ㉡ 남인으로 분열되었다.
④ 갑인예송(2차 예송) 때 남인은 1년 복의 상복을 입어야 한다는 기년설을 주장하였다.

오답
분석　① 경신환국을 통해 정국을 주도하게 된 붕당은 서인이다.

② 인조반정으로 몰락한 붕당은 북인이다. 북인은 광해군 집권 시기에 정국을 주도하였으나, 서인이 주도한 인조반정으로 광해군이 폐위되면서 함께 몰락하였다.

③ 대체로 이이와 성혼의 문인을 중심으로 형성된 붕당은 서인이다.

## 06 우리나라의 불교 문화유산     정답 ③

해설 ③ 논산 관촉사 석조 미륵보살 입상은 지역 특색이 반영된 고려 시대 특유의 대형 석불로, 비율이 불균형하다는 특징이 있다.

오답 분석
① 분황사 모전 석탑은 돌을 벽돌 모양으로 다듬어 쌓은 탑으로 신라 선덕 여왕 때 만들어졌다.
② 익산 미륵사지 석탑은 백제 무왕 때 건립된 것으로 추정되는 현존하는 가장 오래된 석탑이며, 목탑의 양식이 많이 남아 있는 것이 특징이다.
④ 부석사 소조 아미타여래 좌상은 신라 불상의 전통 양식을 계승하여 균형미가 뛰어난 고려 시대의 대표적인 불상이다.

## 07 고려 후기의 경제 상황     정답 ③

해설 제시문은 「청산별곡」과 「쌍화점」으로 모두 고려 후기에 유행한 고려 가요(속요)의 대표 작품이다.
③ 고려 후기 공민왕 때 문익점이 원으로부터 목화씨를 들여와 재배에 성공하였다.

오답 분석
① 시전에서 남초(담배)를 거래한 것은 조선 후기이다.
② 밭고랑에 씨를 뿌리는 견종법이 보급된 것은 조선 후기이다.
④ 어아주, 조하주 등의 비단과 해표피를 중국에 보낸 것은 통일 신라 시기이다. 특히 어아주와 조하주는 삼국 시대에 만들어진 고급 비단으로 그 품질이 좋아 통일 신라 시기에는 당과의 교역품으로 사용되었다고 전해진다.

## 08 대한 자강회     정답 ②

해설 제시문에서 헌정 연구회의 후신으로 설립되어 25개 지회를 설치하고 교육 진흥, 월보 발행 등을 통해 국권 회복 운동을 전개하였다는 내용을 통해 밑줄 친 '이 단체'가 대한 자강회임을 알 수 있다.
② 대한 자강회는 고종 강제 퇴위 반대 운동을 전개하다 일제의 보안법에 의해 강제로 해산되었다.

오답 분석
① 평양에 대성 학교를 설립한 단체는 신민회이다. 신민회는 평양에 대성 학교, 정주에 오산 학교를 설립하여 교육을 통한 민족 실력 육성에 관심을 가졌다.
③ 러시아의 절영도 조차 요구를 저지한 단체는 독립 협회이다. 독립 협회는 러시아가 저탄소 설치를 위하여 절영도의 조차를 요구하자, 만민 공동회를 개최하여 이를 규탄하였고, 결국 러시아는 조차 요구를 철회하였다.
④ 여성 단체인 근우회의 결성에 영향을 준 단체는 신간회이다.

## 09 유네스코 세계 기록유산     정답 ③

해설 ③ 옳게 짝지으면 (가)『난중일기』, (나)『일성록』이다.
(가)『난중일기』는 이순신이 임진왜란 때 쓴 친필 일기로, 전투 양상과 이순신 개인의 소회는 물론, 당시의 날씨와 백성의 생활 모습도 기록되어 있다.
(나)『일성록』은 정조가 세손 시절부터 쓰던 개인 일기가 즉위 이후 공식 국정 일기로 전환된 것으로, 영조 시기부터 순종 때까지 151년간 기록된 일종의 국정 일기이다.

오답 분석
• 『징비록』은 유성룡이 임진왜란 동안 경험한 사실을 기록한 책으로, 유네스코 세계 기록유산에 등재되지 않았다.
• 『한중록』은 정조의 생모인 혜경궁 홍씨가 자신의 생애와 궁중 생활을 저술한 회고록으로, 유네스코 세계 기록유산에 등재되지 않았다.

## 10 신미양요     정답 ①

해설 제시문에서 조선군과 미군이 전투를 벌인 점을 통해 신미양요임을 알 수 있다.
① 신미양요(1871)는 미국이 제너럴셔먼호 사건(1866)의 책임을 추궁하고 이를 빌미로 조선과의 통상 수교를 요구하기 위해 강화도에 침입한 사건이다.

오답 분석
② 제물포 조약이 체결된 것은 임오군란(1882)의 결과이다.
③ 양헌수 부대가 정족산성에서 적군을 격퇴한 것은 병인양요이다. 한편, 신미양요 때에는 광성보에서 어재연이 활약하였다.
④ 부산, 인천, 원산 항구가 개항되는 계기가 된 것은 강화도 조약(조·일 수호 조규, 1876)으로, 신미양요와 관련이 없다.

## 11 한인 애국단     정답 ④

해설 제시문에서 만보산 사건으로 악화된 중국인의 감정을 풀고 새로운 국면을 타개하기 위해 조직하여 암살과 파괴 공작을 한다는 내용을 통해 (가) 단체가 한인 애국단(1931)임을 알 수 있다.
④ 한인 애국단 소속의 윤봉길은 상하이 훙커우 공원에서 열린 일본군 전승 축하식에 폭탄을 투척하여 일본 장성과 고관들을 처단하였다(1932).

오답 분석
① 조명하가 독검으로 천황의 장인이자 육군 대장인 구니노미야의 암살을 시도하여 부상을 입힌 것(1928)은 한인 애국단과는 관련이 없다.
② 이재명이 명동 성당 앞에서 을사5적 중 한 명인 이완용을 칼로 찔러 중상을 입힌 것(1909)은 한인 애국단과는 관련이 없다.
③ 나석주는 의열단 소속으로, 동양 척식 주식회사와 조선식산은행에 폭탄을 투척하였다(1926).

## 12 명종 대의 사실
정답 ②

해설 제시문은 임꺽정의 난에 대한 내용으로, 명종 때의 사실이다. 임꺽정은 명종 대에 활동한 백정 출신 도적으로 황해도와 경기 일대에서 주로 활동하였다.
② 명종 때 정미약조를 체결하여 일본에 대한 무역 통제를 강화하자, 왜구들이 70여 척의 배를 이끌고 전라도 남쪽 지방에 침입하였다(을묘왜변, 1555). 그 결과, 임시 회의 기구였던 비변사가 상설 기구화되었다.

오답 분석
① 직전법이 도입된 것은 세조 대의 사실이다. 명종 때는 직전법이 폐지되면서 관리들에게 녹봉만 지급되었다.
③ 왕족의 서얼 출신인 이몽학이 동갑회라는 비밀 결사를 조직하여 충청도 홍산(지금의 부여 일대)에서 난을 일으킨 것은 선조 대의 사실이다.
④ 풍기 군수 주세붕이 안향에게 제사를 지내기 위해 백운동 서원을 세운 것은 중종 대의 사실이다. 한편, 명종 때는 이황의 건의로 백운동 서원이 소수 서원으로 사액되었다.

## 13 연개소문
정답 ③

해설 제시문에서 왕에게 아뢰어 당에 사신을 보내 도교를 구해 와서 나라 사람들을 가르치게 하자는 내용을 통해 밑줄 친 '그'가 고구려의 연개소문임을 알 수 있다.
③ 연개소문은 정변을 일으켜 영류왕을 죽이고, 보장왕을 왕으로 세운 다음 스스로 대막리지의 자리에 올라 권력을 장악하였다.

오답 분석
① 황산벌에서 계백이 이끄는 백제군을 물리친 인물은 신라의 김유신이다.
② 수군을 이끌고 산둥 반도를 공격한 인물은 발해의 장문휴이다.
④ 수나라 장군 우중문에게 5언시를 보냈다고 전해지는 인물은 고구려의 을지문덕이다. 을지문덕은 우중문에게 '여수장 우중문시'라는 5언시를 보낸 뒤, 회군하는 수나라 군대를 살수에서 격파하였다(살수 대첩).

## 14 진흥왕의 업적
정답 ③

해설 제시문에서 원화를 폐지하고, 좋은 가문 출신의 남자를 뽑아 명칭을 고쳐 화랑이라고 하였다는 내용을 통해 밑줄 친 '대왕'이 진흥왕임을 알 수 있다.
③ 진흥왕은 고구려의 영토였던 원산만까지 진출하여 황초령비와 마운령비를 건립하였다(568).

오답 분석
① 독서삼품과를 실시(788)하여 유교 교육을 진흥시킨 왕은 원성왕이다.
② 아시촌에 소경을 설치(514)한 왕은 지증왕이다. 소경은 신라가 복속 지역의 통치를 위해 설치한 지방의 특수 행정 구역으로, 주로 정치·군사적 요충지에 설치되었다.
④ '건원'이라는 독자적인 연호를 제정한 왕은 법흥왕이다. 한편, 진흥왕은 개국(551), 대창(568), 홍제(572)라는 독자적인 연호를 제정하였다.

## 15 조선 시대의 지방 제도
정답 ②

해설 ② 향리를 감찰하기 위하여 사심관 제도를 실시한 것은 고려 시대이다. 한편, 조선 시대에는 지방에 설치된 유향소가 향리를 감찰하였으며, 조선 정부는 중앙에 설치된 경재소를 통해 유향소를 통제하였다.

오답 분석
① 조선 시대에는 지방 사족들을 중심으로 구성된 향촌 자치 기구인 유향소가 설치되어 수령을 보좌하고, 향리를 감찰하며 향촌의 풍속을 교정하는 역할을 하였다.
③ 조선 시대에는 관료제를 최대한 공정하고 투명하게 운영하기 위해 수령이 자기 출신 지역에 부임하지 못하게 하는 상피제를 실시하였다.
④ 조선 시대에는 각 군현 밑에 면, 리, 통을 두고 5가구를 1통으로 편제하여 다스리는 오가작통법을 실시하였다. 오가작통법은 5가구를 1통으로 편성하여 통 내의 가호에 대해 연대 책임을 부과하는 제도로 백성들의 거주지 이탈, 절도범 은닉 등을 방지하고, 세금 수취를 원활하게 하기 위해 실시되었다.

## 16 3·1 운동
정답 ③

해설 제시문에서 파고다 공원에 모였던 학생들이 만세 운동을 전개하였다는 내용을 통해 3·1 운동(1919)에 대한 설명임을 알 수 있다.
③ 독서회 등의 학생 단체가 주도한 것은 광주 학생 항일 운동(1929)이다. 광주 학생 항일 운동은 광주의 학생 조직 성진회(1926)의 후신인 독서회 중앙 본부가 주도하여 광주와 전라도 지역으로 확산되었다.

오답 분석
① 3·1 운동은 국내뿐만 아니라 해외로도 확산되어 만주 서간도 삼원보와 북간도 용정, 연해주 블라디보스토크 등에서 만세 시위가 일어났으며, 일본 도쿄의 유학생들도 만세 시위를 전개하였다.
② 3·1 운동 당시 민족 대표들이 서울 종로 태화관에서 독립 선언서(기미 독립 선언서)를 발표하였다.
④ 3·1 운동 전개 과정에서 일제는 경기도 화성군 제암리에서 주민들을 교회에 감금하고 집단적으로 학살하는 사건을 벌였다.

## 17 권문세족
정답 ②

해설 제시문은 고려 후기에 권문세족이 백성들의 토지를 강제로 약탈하는 모습을 보여주는 자료로, 당시 권문세족들은 국가로부터 발급받는 일종의 개간 허가서인 사패를 통해 불법적으로 토지를 약탈하여 대농장을 확보하였다.
② 권문세족은 원 간섭기의 대표적인 지배 세력으로 도평의사사·첨의부·밀직사 등을 장악하고, 음서를 통해 신분을 세습하여 고위 관직을 독점하였다.

오답 분석
① 서원과 향약을 바탕으로 세력을 확대한 것은 조선 시대의 사림이다.
③ 성리학을 수용하여 불교의 폐단을 비판한 것은 고려 말 등장한 신진 사대부이다.

④ 이성계 세력과 연합하여 전제 개혁을 단행한 세력은 신진 사대부이다. 신진 사대부들은 경제적인 기반을 확보하기 위해 전면적인 전제 개혁을 추진하여 과전법을 실시하였다.

## 18 여운형 정답 ①

**해설** 제시문에서 조선 총독부 정무총감 엔도를 만나 다섯 가지 조건을 요구하였다는 내용을 통해 밑줄 친 '나'가 여운형임을 알 수 있다. 여운형은 일본이 항복하기 전에 조선 총독부 엔도 정무총감을 만나 일본인의 무사 귀환을 보장하는 대신 일본으로부터 치안권과 행정권을 넘겨받기로 하였다.

① 여운형은 중도 좌파 세력을 중심으로 조선 인민당을 창당하였다(1945. 11.).

**오답분석**
② 독립 촉성 중앙 협의회를 조직한 인물은 이승만이다.
③ 여운형은 전조선 제정당 사회 단체 연석 회의(남북 협상, 1948)가 개최되기 이전인 1947년에 암살되었다. 당시 회의에 참석한 인물로는 김구, 김규식 등이 있다.
④ 해방 이후 남조선 과도 입법 의원의 초대 의장을 역임한 인물은 김규식이다.

## 19 무신 집권기의 사실 정답 ④

**해설** (가) 정중부 집권(1170)~경대승 집권(1179)
(나) 경대승 집권(1179)~이의민 집권(1183)
(다) 이의민 집권(1183)~최충헌 집권(1196)
(라) 최충헌 집권(1196)~최우 집권(1219)
④ 이연년 형제가 담양에서 백제 부흥을 목표로 봉기한 것은 (라) 시기 이후인 1237년의 사실이다.

**오답분석**
① 정중부 집권 시기에 공주 명학소에서 망이·망소이가 신분 차별에 반대하며 봉기하였다(1176).
② 경대승 집권 시기에 전주의 주현군(군인)을 중심으로 관노들이 함께 봉기하여 40일간 전주를 점령하였다(죽동의 난, 1182).
③ 이의민 집권 시기에 김사미와 효심이 운문과 초전에서 신라 부흥을 목표로 봉기하였다(1193).

## 20 동학 농민 운동 전개 과정 정답 ③

**해설** ③ 시기순으로 바르게 나열하면 ⓒ 황토현 전투(1894. 4.) → ⓒ 전주 화약 체결(1894. 5.) → ⊙ 남·북접군 논산 집결(1894. 10.) → ⓔ 우금치 전투(1894. 11.)가 된다.
ⓒ 동학 농민군은 황토현 전투에서 전라 감영군을 격파하였다(1894. 4.).
ⓒ 정부와 동학 농민군은 청과 일본의 군대가 조선에 상륙하자 이에 위협을 느끼고 전주에서 화약을 맺었다(1894. 5.).
⊙ 조선에 상륙한 일본군이 경복궁을 점령하자 동학 농민군은 다시 봉기하였고, 이때 전봉준이 이끄는 남접과 손병희가 이끄는 북접이 논산에서 집결하였다(1894. 10.).
ⓔ 동학 농민군은 우금치에서 신식 무기로 무장한 관군과 일본군 연합 부대에 패배하였다(1894. 11.).

최종점검 모의고사 2회 p.315~319

| 01 ④ | 02 ③ | 03 ④ | 04 ④ | 05 ② |
|---|---|---|---|---|
| 06 ③ | 07 ② | 08 ③ | 09 ③ | 10 ④ |
| 11 ② | 12 ② | 13 ② | 14 ③ | 15 ③ |
| 16 ② | 17 ③ | 18 ③ | 19 ② | 20 ④ |

## 01 무열왕 재위 시기의 사실 정답 ④

**해설** 제시문에서 고구려에 군사를 요청하였으나 이루지 못하고 당나라에 들어가 군사를 요청하였다는 내용을 통해 (가) 인물이 김춘추(무열왕)인을 알 수 있다.
④ 무열왕 때는 백관의 감찰을 관장하는 기관인 사정부를 두어 관리들의 비리와 부정을 감찰하였다.

**오답분석**
① 김흠돌의 반란을 진압한 것은 신문왕 때이다. 신문왕은 김흠돌의 반란 사건을 진압하는 동시에 귀족 세력을 숙청하여 왕권을 강화하였다.
② 비담과 염종 등 귀족 세력의 반란이 일어난 것은 선덕 여왕 때이다. 이후 비담과 염종의 난은 진덕 여왕이 즉위한 해에 김춘추·김유신 등에 의해 진압되었다.
③ 주와 군에 외사정을 파견하여 지방관을 감찰한 것은 문무왕 때이다.

## 02 묘청 정답 ③

**해설** 제시문에서 서경 임원역의 땅이 아주 좋은 땅이라 하며 궁궐(대화궁)을 짓자고 주장하는 내용을 통해 묘청에 대한 설명임을 알 수 있다.
③ 묘청은 서경 천도를 주장하였으나 받아들여지지 않자 서경에서 국호를 대위국이라 하고, 연호를 천개, 군대를 천견충의군이라 하여 난을 일으켰다.

**오답분석**
① 전민변정도감 설치를 건의한 인물은 신돈이다. 신돈은 공민왕에게 전민변정도감의 설치를 건의하고 스스로 판사가 되어 개혁을 실시하였다. 한편 전민변정도감은 원종·충렬왕·우왕 때 설치되기도 하였다.
② 중방을 중심으로 권력을 장악한 것은 정중부 등 초기 무신 집권자들이다.
④ 십팔자 도참설을 유포하며 척준경과 함께 난을 일으킨 인물은 이자겸이다.

## 03 무오사화의 결과 정답 ④

**해설** 제시문에서 노산군(단종)을 의제에 빗대었다는 것을 통해 김종직이 작성한 「조의제문」에 대한 내용임을 알 수 있으며, 이를 계기로 일어난 사건은 무오사화이다.
④ 무오사화는 사관 김일손이 스승 김종직의 「조의제문」을 「사초」에 기록한 것을 훈구 세력이 문제를 삼으며 일어났다. 그 결과 김종직은 부관참시 당하였고, 김일손은 사형에 처해지는 등 대다수의 사림 세력이 정계에서 축출되었다.

**오답분석**
① 동인과 서인의 붕당이 형성된 것은 선조 때로, 무오사화와 관련이 없다.
② 외척 간의 권력 다툼으로 윤임 일파(대윤)가 제거된 것은 명종 때 발생한 을사사화의 결과이다.
③ 폐비 윤씨 사건과 관련된 자들이 처형당한 것은 연산군 때 발생한 갑자사화의 결과이다.

은 이기이원론적 주장을 펼쳤으며, 기대승은 이기일원론적 주장을 펼쳤다.
② 이황은 『성학십도』에서 군주 스스로 성학을 따를 것(성학 군주론)을 주장하였다. 한편 현명한 신하가 군주에게 성학을 가르쳐 그 기질을 변화시켜야 한다고 주장한 것은 『성학 집요』를 저술한 이이이다.

## 04 6두품 정답 ④

**해설** 제시문에서 제6관등인 아찬까지만 오를 수 있으며, 자색 공복은 입을 수 없었다는 내용을 통해 밑줄 친 '이 신분'이 6두품임을 알 수 있다.
④ 6두품은 신라 말기에 지방 토착 세력인 호족과 결탁하여 사회 개혁을 추구하였다. 대표적으로 최승우는 후백제의 견훤을, 최언위는 고려의 왕건을 보좌하였다.

**오답분석**
① 중앙과 지방의 장관직을 독점하였던 신분은 진골이다. 6두품은 장관직에 오를 수 없었으며 대개 차관급에 임명되었다.
② 화백 회의에 참여하여 국가의 중요한 일을 결정한 것은 진골 이상의 귀족이다.
③ 죄를 지으면 본관지로 귀향시키는 형벌이 적용된 것은 고려 시대의 귀족이다.

## 05 전두환 정부 시기의 사실 정답 ②

**해설** 제시문에서 대통령은 대통령 선거인단에서 무기명 투표로 선거하고, 대통령의 임기를 7년 단임제로 한다는 내용을 통해 제8차 개헌(1980)임을 알 수 있다. 제8차 개헌안에 따라 치러진 선거에서 12대 대통령으로 전두환이 당선되었다.
② 전두환 정부는 국민들의 대통령 직선제 요구를 거부하고 기존의 대통령 간선제를 고수하겠다는 취지의 4·13 호헌 조치를 발표하였다(1987. 4.). 이에 대한 반발로 학생과 시민들은 호헌 철폐, 독재 타도, 민주 헌법 쟁취 등을 구호로 6월 민주 항쟁을 전개하였다.

**오답분석**
① 호주를 중심으로 가족 구성원들의 출생, 혼인, 사망 등의 신분 변동을 기록하는 호주제를 폐지(2005)한 것은 노무현 정부 시기의 사실이다.
③ 부정 축재 처리법을 제정(1961)하여 부정 축재자를 처벌한 것은 5·16 군사 정변으로 성립된 군사 정부 시기의 사실이다.
④ 금강산 해로 관광을 시작(1998)한 것은 김대중 정부 시기의 사실이다.

## 06 조선 시대 성리학자 정답 ③

**해설** ⓒ 조식은 마음이 밝은 것을 '경(敬)'이라 하고 밖으로 과단성 있는 것을 '의(義)'라 하며 실천적 성리학풍을 강조하였다.
ⓒ 주기론의 선구자인 서경덕은 우주를 존재와 비존재, 생성과 소멸의 연속성을 가진 무한하고 영원한 기(氣)와 허(虛)로 인식하는 태허설을 주장하였다.

**오답분석**
㉠ 기대승과 사단 칠정 논쟁을 벌인 인물은 이황이다. 사단 칠정 논쟁은 사단과 칠정이 '이에 속하는가, 기에 속하는가' 와 '이가 발동할 수 있는가, 없는가'에 대한 논쟁으로, 이황

## 07 김원봉 정답 ②

**해설** 제시문에서 일부 단원(의열단 단원)들을 황포 군관 학교에 입교시키고, 조선 혁명간부학교를 설립하였다는 내용을 통해 밑줄 친 '그'가 김원봉임을 알 수 있다.
② 김원봉은 조선 민족 혁명당을 중심으로 조선 민족 전선 연맹을 조직(1937)하고, 산하 부대인 조선 의용대를 조직(1938)하여 중국 국민당 정부군과 항일 투쟁을 전개하였다.

**오답분석**
① 대한 광복군 정부의 정통령을 역임한 인물은 이상설이다. 권업회가 연해주 블라디보스토크에서 조직한 대한 광복군 정부는 이상설을 정통령, 이동휘를 부통령으로 하였다.
③ 화북 조선 독립 동맹의 주석으로 취임한 인물은 김두봉이다. 김두봉은 (화북)조선 청년 연합회와 조선 의용대 화북 지대가 결합되어 형성된 화북 조선 독립 동맹의 주석으로 취임하였다(1942).
④ 한국 독립군을 이끌고 중국 호로군 등과 연합하여 쌍성보 전투(1932)에서 일본군을 격퇴한 인물은 지청천이다.

## 08 외국과 체결한 조약 정답 ③

**해설** ③ 시기 순으로 나열하면 ⓒ 조·일 수호 조규 부록(1876) → ㉠ 조·미 수호 통상 조약(1882) → ⓒ 한성 조약(1884)이 된다.
ⓒ 조·일 수호 조규 부록에는 개항장에서 일본 화폐를 사용할 수 있도록 규정하였다(1876).
㉠ 조·미 수호 통상 조약에는 조선과 미국 두 나라 중 한 나라 가 제3국의 핍박을 받을 경우 도와주는 거중조정 조항이 규정되었다(1882).
ⓒ 한성 조약에는 조선이 갑신정변으로 인해 죽은 일본인 유족 및 부상자에게 배상금을 지불하고, 일본 공사관의 신축 비용을 지불한다는 내용을 규정하였다(1884).

## 09 개정 전시과와 경정 전시과 정답 ③

**해설** 제시문의 (가)는 개정 전시과, (나)는 경정 전시과에 대한 설명이다.
③ 개정 전시과에서는 전직·현직 관리에게 인품을 배제하고 관직만을 고려하여 전지와 시지를 지급하였다.

**오답분석**
① 무산계 전시와 승과에 합격하여 승계를 받은 승려와 지리업(풍수업) 종사자에게 수여한 별사 전시의 별정 전시과를 마련한 것은 경정 전시과이다.
② 4색 공복을 기준으로 등급을 나누어 지급한 것은 시정 전시과이다. 시정 전시과에서는 4색 공복(자·단·비·녹)에 따라 등급을 나누고, 다시 문반·무반·잡업 등으로 나누어 전·현직 관리에게 수조권을 지급하였다.

④ 원칙적으로 경기 지역에 한하여 토지를 지급한 것은 과전법 하에 과전이다. 한편 전시과는 전국의 토지를 대상으로 지급하였다.

## 10 서얼　　　정답 ④

해설　제시문에서 양반 사대부의 자식으로서 외가가 미천하다는 이유만으로 과거에 응시하고 벼슬에 진출하는 것을 막았다는 내용을 통해 (가) 신분층이 서얼임을 알 수 있다.
④ 서얼들은 조선 후기에 청요직 진출 허용을 요구하는 통청 운동을 전개하였다. 그 결과 정조 때 이덕무, 박제가 등 서얼 출신이 규장각 검서관으로 등용되었고, 18세기 후반부터는 점차 청요직에 진출할 수 있었다.

오답분석　① 조례(관청의 잡역 담당)와 나장(형사 업무 담당) 등이 포함된 신분층은 신량역천이다.
② 주로 기술직에 종사하며 재산을 축적한 신분층은 기술직 중인이다. 기술직 중인은 기술직에 종사하며 축적한 재산과 실무 경력을 바탕으로 신분 상승 운동을 전개하였으나 성공하지는 못하였다.
③ 백정은 갑오개혁 때 법적으로 신분 제도가 폐지되었으나, 여전히 남아 있는 백정에 대한 사회적 차별 철폐를 요구하며 1923년에 형평 운동을 전개하였다.

## 11 균역법 시행 결과　　　정답 ②

해설　제시문에서 군역의 폐단을 시정하기 위해 영조 때 실시한 제도라는 내용을 통해 밑줄 친 '이 제도'가 균역법임을 알 수 있다.
② 군역 의무자에게 군역을 대신하여 군포를 내게 하는 군적수포제가 법제화(1541)된 것은 중종 때로, 균역법이 시행되기 이전의 사실이다.

오답분석　①, ③, ④ 균역법의 시행 이후 부족해진 재정을 보충하기 위해 지주에게 결작이라고 하여 1결당 미곡 2두를 부담하게 하였다. 이외에도 부족분을 보충하기 위해 지방의 토호나 일부 부유한 평민에게 선무군관이라는 명예직을 수여한 후 1년에 군포 1필을 징수하였으며, 어장세·염세·선박세 등의 잡세를 징수하여 그 수입을 국고로 전환하였다.

## 12 조선 후기의 국학 연구　　　정답 ②

해설　② 『언문지』를 저술하여 우리말의 음운 체계를 연구한 인물은 유희이다. 신경준은 조선 영조 때 훈민정음의 음운을 연구하여 정리한 『훈민정음운해』를 저술하였다.

오답분석　① 유득공은 『발해고』를 통해 한반도 중심 사관을 극복하여 고대사 연구의 시야를 만주 지방까지 확대하였고, 남북국 시대라는 용어를 처음으로 사용하였다.
③ 정상기는 영조 때 우리나라 최초로 100리 척을 사용한 동국지도를 제작하였으며, 이를 통해 과학적인 지도 제작에 공헌하였다.
④ 한치윤은 500여 종의 중국 및 일본의 자료를 참고하여 단군 조선부터 고려 말까지의 역사를 고증하고 이를 기전체로 저술한 『해동역사』를 편찬하였다.

## 13 공민왕의 업적　　　정답 ②

해설　제시문에서 기철 등의 친원 세력을 비판하는 내용을 통해 밑줄 친 '과인'이 공민왕임을 알 수 있다.
㉠ 공민왕은 몽골풍의 의복과 변발을 폐지하였다.
㉢ 공민왕은 고려의 내정을 간섭하던 정동행성 이문소를 폐지하고, 2성 6부제로 관제를 복구하였다.

오답분석　㉡ 정치도감을 설치하여 개혁을 시도한 왕은 충목왕이다. 충목왕은 정치도감을 통해 권세가들이 빼앗은 토지와 노비를 본래 주인에게 돌려주고자 하였다.
㉣ 도병마사를 도평의사사로 개편하여 국정을 총괄하게 한 왕은 충렬왕이다.

## 14 남북 기본 합의서　　　정답 ③

해설　제시문에서 남북이 쌍방의 관계를 잠정적 특수 관계임을 인정한다는 내용을 통해 노태우 정부 시기에 발표된 남북 기본 합의서(1991)임을 알 수 있다.
③ 남북 기본 합의서에서 남북은 남북 화해 및 불가침 등을 이행하기 위해 남북 군사 공동 위원회를 설치하기로 하였다.

오답분석　① 개성 공단 건설에 합의한 것은 6·15 남북 공동 선언(2000)이다. 김대중 정부 시기에 6·15 남북 공동 선언을 발표하여 개성 공단 건설과 경의선 복원 사업에 대한 합의가 이루어졌다.
② 남북 정상 회담을 통하여 발표된 것은 6·15 남북 공동 선언(2000), 10·4 남북 공동 선언(2007), 4·27 판문점 선언(2018)이다.
④ 남북이 유엔에 동시 가입(1991. 9.)한 것은 남·북 기본 합의서를 발표(1991. 12.)하기 전의 일이다.

## 15 소수림왕　　　정답 ③

해설　제시문에서 고국원왕에 이어서 즉위하였으며, 태학을 설립하였다는 내용을 통해 (가) 왕이 소수림왕임을 알 수 있다.
③ 소수림왕은 국가 통치의 기본법인 율령을 반포(373)하여 중앙 집권 체제를 강화하였다.

오답분석　① 동옥저를 정복하고 만주 지방으로 세력을 확대한 왕은 태조왕이다.
② 낙랑군을 축출한 왕은 미천왕이다. 미천왕은 중국이 내부로 혼란스러운 틈을 타 요동 지역의 서안평을 점령하였으며, 낙랑군을 축출(313)하고 대방군을 축출(314)하여 대동강 유역을 확보하였다.
④ 역사서인 『신집』을 편찬하게 한 왕은 영양왕이다. 영양왕은 이문진에게 명하여 역사서인 『유기』 100권을 『신집』 5권으로 간추려 편찬하게 하였다.

## 16 백제의 관등제 정비와 불교 수용 사이의 사실　　　정답 ②

해설　6좌평제와 16관등제 등의 관등제를 정비(3세기 중엽)한 것은 고이왕 때이며, 마라난타를 통해 불교를 받아들인 것(384)은 침류왕 때이다.

② (가) 시기인 근초고왕 때 활발한 정복 활동을 전개하여 남쪽으로 마한을 통합하여 전라도 해안까지 영토를 확장하였다(369).

오답
분석  모두 백제의 불교 수용 이후의 사실이다.
① 관산성 전투에서 대패(554)한 것은 성왕 때이다.
③ 신라의 눌지 마립간과 동맹을 체결(433)한 것은 비유왕 때이다. 비유왕은 고구려 장수왕의 남하 정책에 대항하여 신라의 눌지 마립간과 나·제 동맹을 체결하였다.
④ 양나라에 조공하여 외교 관계를 강화(6세기)한 것은 무령왕 때이다.

## 17 민립 대학 설립 운동　　　　　　정답 ③

해설  제시문에서 최고 학부의 존재가 가장 필요하다는 내용을 통해 1920년대 전반에 전개된 민립 대학 설립 운동에 대한 설명임을 알 수 있다.
③ 민립 대학 설립 운동은 이상재, 이승훈 등이 '한민족 1천만이 한 사람이 1원씩'이라는 구호를 걸고 전국적인 모금 운동을 전개하였다.

오답
분석  ① 신간회의 후원으로 확산된 운동은 광주 학생 항일 운동이다. 광주 학생 항일 운동이 확산되자 신간회는 진상 조사단을 파견하였으며, 신간회 광주 지부를 중심으로 학생 투쟁 지도 본부가 설치되어 운동이 더욱 확산되었다.
② 사립 학교의 설립과 운영을 통제하는 사립 학교령이 공포된 것은 1908년으로, 민립 대학 설립 운동이 전개되기 이전의 사실이다.
④ 대구에서 시작되어 전국적으로 확산된 것은 국채 보상 운동이다. 국채 보상 운동은 대구에서 서상돈, 김광제 등의 주도로 시작되어 전국민적인 모금 운동으로 확산되었다.

## 18 고려 현종 재위 시기의 사실　　　정답 ③

해설  제시문에서 4도호부와 8목 체제로 개편하고, 전국을 5도와 양계로 이원화하였다는 내용을 통해 (가) 왕이 고려 현종임을 알 수 있다.
③ 현종 때 강감찬이 귀주에서 퇴각하는 거란군을 크게 격파하였다(귀주 대첩, 1019).

오답
분석  ① 문·무산계 제도를 정식으로 도입한 것은 성종 때이다. 성종 때 중국의 문·무산계 제도를 정식으로 도입 및 채택하여 유력 호족 출신의 중앙 관료와 지방의 향리 계층을 구분하고자 하였다.
② 김위제의 건의로 남경 건설을 추진한 것은 숙종 때이다. 숙종 때는 남경의 창건을 관장하는 관청인 남경개창도감을 설치하고 남경에 궁궐을 짓는 등 도시 건설을 추진하였다.
④ 중서문하성과 상서성이 합쳐져 첨의부가 된 것은 충렬왕 때이다. 충렬왕 때 원나라의 내정 간섭이 본격화되면서 중서문하성과 상서성이 첨의부로 통합되고, 6부가 4사로 축소되는 등 중앙 관제가 격하되었다.

## 19 반민족 행위 처벌법　　　　　　정답 ②

해설  제시문에서 한·일 합병에 협력하거나 일본 정부로부터 작위를 받은 것 등 친일 행위를 한 사람들의 재산을 몰수하고 처벌한다는 내용을 통해 제시된 법령이 반민족 행위 처벌법(1948)임을 알 수 있다.
② 이승만 정부는 반민족 행위 처벌법의 공소 시효를 단축하는 등 반민족 행위자 조사에 대해 비협조적인 태도를 보였다.

오답
분석  ① 반민족 행위 처벌법은 제헌 헌법의 101조인 '단기 4278년 8월 15일 이전의 악질적인 반민족 행위를 처벌하는 특별법을 제정할 수 있다.'는 조항에 따라 제정되었다.
③ 반민족 행위 처벌법에 의해 노덕술, 최남선, 이광수 등이 체포되고 총 7명이 실형을 선고 받았으나, 대부분 무혐의와 집행 유예로 풀려났다.
④ 반민족 행위 처벌법에 의해 반민족 행위자들을 색출하고 처벌하기 위해 반민족 행위 특별 조사 위원회(반민특위)가 구성되었다.

## 20 안창호　　　　　　　　　　　정답 ④

해설  제시문에서 양기탁, 신채호 등과 함께 신민회를 조직했다는 것과 흥사단을 창설한 것을 통해 안창호의 약력임을 알 수 있다.
④ 안창호는 여러 독립운동 단체들의 단결을 호소하는 한국 독립 유일당 북경 촉성회 선언을 발표하였다.

오답
분석  ① 조선 건국 동맹을 조직한 인물은 여운형이다.
② 독립군 양성을 위해 신흥 강습소를 설립한 인물은 이회영 등이다.
③ 『한국독립운동지혈사』를 저술하여 일제의 침략을 규탄한 인물은 박은식이다.

──○ 최종점검 모의고사 3회　　p.320~324

| 01 ③ | 02 ④ | 03 ④ | 04 ③ | 05 ③ |
| 06 ② | 07 ③ | 08 ② | 09 ③ | 10 ③ |
| 11 ② | 12 ③ | 13 ① | 14 ④ | 15 ③ |
| 16 ④ | 17 ② | 18 ① | 19 ④ | 20 ② |

## 01 구석기 시대의 생활 모습　　　정답 ③

해설  제시문에서 연천 전곡리에서 동아시아 최초로 아슐리안형 주먹 도끼가 출토되었다는 내용을 통해 (가) 시대가 구석기 시대임을 알 수 있다.
③ 구석기 시대에는 사냥의 성공을 기원하는 예술품을 만들었다. 대표적으로 구석기 시대 유적인 공주 석장리와 단양 수양개에서 출토된 고래와 물고기가 새겨진 조각 등이 있다.

오답
분석
① 넓적한 돌 갈판에 곡식을 갈아서 조리하였던 것은 신석기 시대이다.

② 농경이 시작되어 정착 생활을 시작한 것은 신석기 시대이다. 한편, 구석기 시대에는 사냥감을 찾아 무리를 지어 이동 생활을 하였다.

④ 군장이 부족의 풍요를 기원하는 제사를 지낸 것은 청동기 시대이다. 청동기 시대에는 권력과 경제력을 가진 지배자가 나타났는데, 이 지배자를 군장(족장)이라 하였다.

## 02 장수왕 재위 시기의 사실　　정답 ④

해설 제시문에서 고구려가 한성을 포위하였고, 왕(백제 개로왕)이 살해되었다는 내용을 통해 (가) 왕이 장수왕임을 알 수 있다.

④ 장수왕 때 북방의 유목 국가인 유연과 흥안령 산맥 일대의 지두우 지역을 분할 점령(479)하여 흥안령 일대의 초원 지대를 장악하였다.

오답
분석
① 졸본에서 국내성으로 수도를 옮긴 것은 유리왕 때이다. 한편 장수왕 때는 국내성에서 평양으로 수도를 옮겼다.

② 전진의 순도를 통해 불교를 수용·공인한 것은 소수림왕 때이다.

③ 후연(선비족)을 공격하여 요동 지역을 확보한 것은 광개토 대왕 때이다.

## 03 고려 성종의 업적　　정답 ④

해설 제시문에 흑창을 의창으로 바꾸도록 하였다는 내용을 통해 교서를 내린 왕이 고려 성종임을 알 수 있다.

④ 고려 성종은 개경에 비서성, 서경에 수서원이라는 도서관을 설치하는 등 교육 제도를 정비하였다.

오답
분석
① 주전도감을 설치한 왕은 고려 숙종이다. 숙종은 주전도감을 설치하고 화폐의 유통을 권장하였으며, 해동통보 등의 동전을 발행하였다.

② 노비안검법을 시행한 왕은 고려 광종이다. 광종은 노비안검법을 시행하여 억울하게 노비가 된 자들을 양인으로 해방시키고 공신과 호족들의 경제적·군사적 기반을 약화시켰다.

③ 『정계』와 『계백료서』를 지은 왕은 태조 왕건이다. 태조 왕건은 임금에 대한 관리들의 도리와 예의를 강조하기 위해 『정계』, 『계백료서』 등을 지어 관리가 지켜야 할 규범을 제시하였다.

## 04 천주교 박해　　정답 ③

해설 ③ 시기순으로 바르게 나열하면 ⓒ 신해박해(1791) → ⓔ 신유박해(1801) → ⓐ 병오박해(1846) → ⓑ 병인박해(1866)가 된다.

ⓒ 정조 때 윤지충이 모친상에서 신주를 불태우고 천주교식으로 장례를 치른 것이 알려지면서 신해박해가 일어났다(1791).

ⓔ 순조가 즉위한 후 정권을 장악한 노론 벽파가 남인 시파 탄압을 목적으로 청나라 신부 주문모를 비롯하여 실학자 이가환, 이승훈 등을 처형한 신유박해가 일어났다(1801).

ⓐ 헌종 때 우리나라 최초의 신부인 김대건이 처형당하였다(1846, 병오박해).

ⓑ 고종 때 흥선 대원군의 천주교 탄압(병인박해)으로 인하여 남종삼 등 수천 명의 천주교 신자들이 순교하였다(1866).

## 05 사림　　정답 ③

해설 제시문에서 한나라의 현량과와 방정과의 뜻을 이어 능력 있는 사람을 천거하게 하자는 내용을 통해 사림의 대표적인 인물인 조광조의 주장임을 알 수 있다.

ⓒ 사림은 정치적으로 향촌 자치와 도덕과 의리를 바탕으로 하는 왕도 정치를 추구하였다.

ⓔ 사림은 대체적으로 영남과 기호 지방을 중심으로 한 중소 지주 출신들이 많았다.

오답
분석
ⓐ, ⓑ 경학보다 문학 중심의 학문인 사장(詞章)을 중시하고, 성리학 이외의 타 사상에 대해 비교적 포용적이었던 것은 훈구이다. 한편 사림은 유교 경전을 연구하는 경학을 중시하였고, 성리학 이외의 사상을 배척하였다.

## 06 고려 시대의 승려　　정답 ②

해설 ② (가)는 혜심, (나)는 의천, (다)는 요세이다.

(가) 혜심은 유교와 불교의 통합을 시도하며 유불 일치설을 주장하였으며, 이를 통해 심성의 도야를 강조하여 이후 성리학을 수용할 수 있는 사상적 토대를 마련하였다.

(나) 의천은 교종과 선종의 사상적 통합을 위해 이론의 연마와 실천을 아울러 강조하는 교관겸수와 내적인 공부와 외적인 공부를 모두 갖추어 조화를 이루어야 한다는 내외겸전을 제시하였다.

(다) 요세는 민중 교화를 위해 자신의 행동을 진정으로 참회하는 것을 강조하는 법화 신앙을 중심으로 강진 만덕사에서 백련 결사를 제창하였다.

오답
분석
· 지눌은 명예와 이익에 집착하는 당시의 불교계의 타락상을 비판하며 승려 본연의 자세로 돌아가자는 수선사 결사 운동을 전개하였다.

## 07 우리나라 유네스코 세계 문화유산　　정답 ③

해설 ⓒ 소수 서원은 2019년에 안동 도산 서원, 경주 옥산 서원 등과 함께 유네스코 세계 문화유산으로 등재된 곳으로, 안향 등 선현을 배향하여 제사를 지내던 문성공묘, 성리학 교육 장소인 명륜당 등으로 구성되었다.

ⓔ 영주 부석사는 2018년에 양산 통도사, 보은 법주사 등과 함께 유네스코 세계 문화유산으로 등재된 곳으로, 통일 신라 승려 의상이 당에서 돌아와 창건한 사찰이다. 영주 부석사에는 주심포 양식과 배흘림 기둥으로 지어진 목조 건축물인 부석사 무량수전과 부석사 소조 아미타여래 좌상이 있다.

오답
분석
ⓐ 조선 왕들이 풍요를 기원하며 토지신에게 제사를 지내던 곳은 사직단이다. 조선 시대에는 경복궁을 중심으로 그 왼쪽(동쪽)에는 왕실 조상의 위패를 모신 종묘를 배치하고, 오른쪽(서쪽)에는 토지신에게 제사를 지내는 장소인 사직단을 따로 두었다.

ⓔ 정약용이 만든 거중기를 활용하여 축조한 것은 수원 화성이다.

## 08 홍범 14조가 발표된 시기 정답 ②

해설  제시문은 제2차 갑오개혁(1894. 11.~1895. 5.) 때 발표된 홍범 14조이다.
(가) 병인양요(1866)~임오군란(1882)
(나) 임오군란(1882)~아관 파천(1896)
(다) 아관 파천(1896)~대한 제국 선포(1897)
(라) 대한 제국 선포(1897)~러·일 전쟁 발발(1904)
② 홍범 14조는 (나) 시기인 1894년 12월에 발표되었다. 홍범 14조는 청의 종주권을 부인하고, 조세법 개정과 예산 제도의 수립 등을 통한 경제 개혁 등의 내용을 담고 있다.

## 09 6월 민주 항쟁 정답 ③

해설  제시문에서 대통령 직선제로 개헌하여 1988년 2월에 평화적 정부 이양을 실현하겠다는 내용을 통해 6월 민주 항쟁의 결과로 발표된 6·29 민주화 선언임을 알 수 있다.
③ 6월 민주 항쟁은 이한열 최루탄 피격 사건을 계기로 전국 각지에서 국민 대회가 열렸으며, 시민과 학생들이 호헌 철폐와 독재 타도, 민주 헌법 쟁취 등을 구호로 시위를 전개하였다.

오답 분석  ①, ④ 정부와 자유당의 3·15 부정 선거에 반발하여 일어났으며, 대통령이 하야하는 결과를 가져온 민주화 운동은 4·19 혁명이다.
② 한·일 회담에 반대하는 학생 시위가 전개된 것은 6·3 항쟁이다.

## 10 열강의 이권 침탈 정답 ③

해설  ③ 러시아는 개항 이후 압록강·두만강·울릉도의 삼림 벌채권과 경원·종성의 광산 채굴권 등의 경제적 이권을 차지하였다.

오답 분석  ① 전등 및 전화, 전차 부설권 등을 획득한 나라는 미국이다. 미국은 이 밖에도 운산 금광 채굴권을 차지하였다.
② 경부선, 경원선, 경의선 등의 각종 철도 부설권을 차지한 나라는 일본이다. 일본은 한반도 수탈과 대륙 진출의 수단으로 철도 건설을 매우 중요하게 생각하여 미국이 처음 획득한 경인선 부설권을 사들이고, 경부선·경의선·경원선의 부설권을 모두 차지하여 개통시켰다.
④ 은산 금광 채굴권을 차지한 나라는 영국이다. 한편 프랑스는 경의선 부설권을 획득(1896)하였지만 자금 부족으로 포기하였고, 창성(평북) 금광 채굴권을 획득하였다.

## 11 대간 정답 ②

해설  제시문에서 어사대의 관원(대관)과 중서문하성의 낭사(간관)를 합하여 불렀다는 내용을 통해 (가)가 대간임을 알 수 있다.

대간은 간쟁·봉박·서경의 권리를 바탕으로 왕권과 신권을 견제하며 정치 운영에서 균형이 이루어지도록 하였다.
② 조선 시대 홍문관의 기능이다.

오답 분석  ① 국왕의 비행에 대해 간언하는 것은 대간의 기능 중 하나인 '간쟁'이다.
③ 잘못된 조칙에 대해 시행을 거부하고 돌려 보내는 것은 대간의 기능 중 하나인 '봉박'이다.
④ 관리 임명, 법령 개폐 등에 대한 동의 및 거부권을 행사하는 것은 대간의 기능 중 하나 '서경'이다.

## 12 민족 말살 통치 시기 일제의 정책 정답 ③

해설  제시문에서 내선일체를 국시로 하여 황국 신민으로 만든다는 내용을 통해 민족 말살 통치 시기(1931 ~ 1945)임을 알 수 있다.
③ 민족 말살 통치 시기에 일제는 학도 지원병 제도를 실시(1943)하여 전문 학교 학생들과 대학생들까지 전쟁에 동원하였다.

오답 분석  ① 회사령을 폐지(1920)한 것은 문화 통치 시기이다. 일제는 일본 기업의 조선 진출을 원활하게 하기 위해 회사령을 폐지하여 회사 설립을 신고제로 변경하였다.
② 조선 태형령을 공포(1912)한 것은 무단 통치 시기이다.
④ 동양 척식 주식회사를 설립(1908)한 것은 대한 제국 시기이다. 일제는 조선의 토지와 자원을 수탈하고 일본인 농업 이민을 장려할 목적으로 동양 척식 주식회사를 설립하였다.

## 13 김영삼 정부의 경제 정책 정답 ①

해설  제시문에서 문민 민주주의 시대를 열었다는 내용을 통해 밑줄 친 '정부'가 문민 정부를 표방했던 김영삼 정부임을 알 수 있다.
① 김영삼 정부는 투명한 경제 활동을 위해 대통령 긴급 명령으로 금융 실명제를 실시하였다.

오답 분석  ② 한·미 자유 무역 협정을 체결한 것은 노무현 정부이다(2007). 미국과의 자유 무역 협정은 이후 재협상을 거쳐 이명박 정부 때 발효되었다(2012).
③ 다수확 품종인 통일벼를 전국적으로 보급(1970년대 중반)한 것은 박정희 정부이다.
④ 일본인 소유의 토지 분배를 위해 설치한 신한 공사를 중앙 토지 행정처(1948. 3.)로 개편하여 발족한 것은 미군정이다.

## 14 황산벌 전투와 매소성 전투 사이의 사실 정답 ④

해설  제시문 (가)는 계백으로 하여금 황산에서 싸우게 하였다는 내용을 통해 황산벌 전투(660)임을 알 수 있고, 제시문 (나)는 매소성에 주둔한 당의 군대를 쫓아버렸다는 내용을 통해 매소성 전투(675)임을 알 수 있다.
④ (가)와 (나) 사이 시기에 신라는 당으로부터 사비성을 탈환하고 소부리주를 설치(671)하여 신라 영토로 편입하였다.

오답 분석  ① 백제의 의자왕이 신라를 공격하여 대야성의 도독 김품석을 죽이고 신라 40여 성을 함락시킨 것은 642년으로, (가) 이전의 사실이다.

② 대조영이 고구려 유민과 말갈족을 규합하여 동모산에서 나라를 세우고 국호를 진국이라 한 것은 698년으로, (나) 이후의 사실이다. 이후 대조영(고왕)은 국호를 발해로 고쳤다 (713).

③ 고구려가 당의 침입을 대비하기 위해 요동 지방에 천리장성을 쌓기 시작한 것은 영류왕 때인 631년으로, (가) 이전의 사실이다. 이후 천리장성은 보장왕 때 이르러 완성되었다 (647).

## 15 국가별 대외 교역     정답 ③

해설 ③ 고려는 거란, 여진과도 교역하여 은·말·모피 등을 수입하였고, 농기구와 식량 등을 수출하였다.

오답 ① 백제는 남중국 및 왜와 활발한 대외 무역을 전개하였는데,
분석 중국에는 인삼과 직물류를, 왜에는 곡물 및 직물류를 수출하였다.

② 신라는 진흥왕 때 한강 유역을 확보한 이후에는 당항성을 통해 중국과 직접 교역하였다.

④ 조선 후기에 청과의 국경 지대인 중강·책문 등에서 열린 후시를 통해 사무역이 활발하게 전개되었다.

## 16 무령왕릉     정답 ④

해설 제시문에서 송산리 고분군 배수로 공사 중 발견되었으며 벽돌무덤의 형태로 만들어졌다는 내용을 통해 (가)가 무령왕릉임을 알 수 있다.

④ 무령왕릉에서는 일본산 금송으로 만들어진 관이 출토되었으며, 이를 통해 당시 백제와 일본이 밀접한 관계를 맺고 있었음을 알 수 있다.

오답 ① 무령왕릉에는 벽화가 그려져 있지 않다. 한편, 사신도가 그
분석 려진 무덤으로는 송산리 6호분, 고구려의 강서대묘 등이 있다.

② 천장이 평행 고임 구조로 된 무덤은 발해의 정효 공주 묘이다. 무령왕릉의 천장은 아치형 구조로 되어 있다.

③ 천마가 그려진 말꾸미개 장식(천마도)이 발견된 무덤은 신라의 천마총이다.

## 17 중종 대의 사실     정답 ②

해설 제시문은 중종 때 조광조가 공신 책정이 잘못되었음을 말하며, 부정한 방법으로 공신이 된 자들을 공신록에서 삭제할 것을 주장(위훈 삭제)하는 내용이다.

② 중종 때 삼포왜란(1510)을 계기로 여진족과 왜구의 침입에 대비하기 위한 임시 회의 기구로 비변사를 설치하였다.

오답 ① 신문고 제도를 처음 실시한 것은 태종 대의 사실이다. 태종
분석 은 백성들이 자신의 억울한 일을 호소할 수 있도록 대궐에 신문고를 설치하였다.

③ 조선 시대의 기본 법전인『경국대전』을 완성하여 반포한 것은 성종 대의 사실이다.

④ 불교 진흥 정책으로 승과 제도를 부활시킨 것은 명종 대의 사실이다. 명종 즉위 후 수렴청정을 하였던 문정 왕후(명종의 모후)의 지원으로 불교 진흥 정책이 실시되어 승려 보우가 중용되고, 승과 제도가 다시 실시되었다.

## 18 최익현     정답 ①

해설 제시문에서 비록 왜인이라고 하나 실은 양적이라는 내용을 통해 왜양 일체론을 주장한 최익현임을 알 수 있다.

① 최익현은 을사늑약이 체결되자 임병찬 등과 함께 전라도 태인, 순창 등에서 의병 활동을 전개하였으나, 체포된 후 대마도(쓰시마 섬)에서 순국하였다.

오답 ② 친일파 처단을 위해 5적 암살단을 조직한 인물은 나철, 오기
분석 호 등이다.

③ 『조선책략』의 유포에 반발하여 영남 만인소를 올려 개화 반대 운동을 주도한 인물은 이만손 등이다.

④ 『화서아언』을 저술하여 서양과의 통상 수교 반대 및 서양 세력에 항전해야 한다고 주장한 인물은 이항로이다.

## 19 농촌 진흥 운동     정답 ④

해설 제시문에서 자력 갱생 운동을 중심으로 전개되었으며, 농가 부채를 근절하려는 것이라는 내용을 통해 (가) 운동이 일제에 의해 전개된 농촌 진흥 운동(1932~1940)임을 알 수 있다.

④ 농촌 진흥 운동 당시 일제는 소작농을 보호한다는 명분으로 조선 소작 조정령(1932)을 제정하였다.

오답 ① 농상공부는 제2차 갑오개혁 때 농상아문과 공무아문이 합
분석 쳐져 농업·상업·공업 및 우체·전신 등의 업무를 관장한 관청으로 농촌 진흥 운동과는 관련이 없다.

② 농촌 진흥 운동은 민족 말살 통치 시기인 1930년대에 일제에 의해 실시되었다.

③ 일제가 관청 소유의 역둔토와 왕실 소유의 궁장토를 총독부 소유로 만든 것은 토지 조사 사업의 결과이다.

## 20 김구     정답 ②

해설 제시문에서 38도선을 베고 쓰러질지언정 단독 정부를 세우는 데 협력하지 않겠다는 내용을 통해 김구가 발표한 '삼천만 동포에게 읍고함'이라는 것을 알 수 있다.

② 김구는 한반도의 신탁 통치를 저지하기 위해 탁치 반대 국민 총동원 위원회를 조직하였다.

오답 ① 국민당을 창당한 인물은 안재홍이다.
분석 ③ 미국 정부에 국제 연맹이 대한민국을 위임 통치해 줄 것을 건의하는 위임 통치 청원서를 제출한 인물은 이승만이다.

④ 좌·우 합작 위원회에서 발표한 좌·우 합작 7원칙을 통해 임시 정부의 수립에 합의한 인물은 중도 좌파인 여운형과 중도 우파인 김규식이다.